MANUAL DE PROCESSO CIVIL

para concursos

Elaborada de acordo com a Metodologia
Questão vem primeiro

COORDENAÇÃO:
LEONARDO GARCIA

LEANDRO VALLADARES

MANUAL DE PROCESSO CIVIL

para concursos

2021

EDITORA JusPODIVM
www.editorajuspodivm.com.br

EDITORA *Jus*PODIVM
www.editorajuspodivm.com.br

Rua Território Rio Branco, 87 – Pituba – CEP: 41830-530 – Salvador – Bahia

Tel: (71) 3045.9051

• Contato: https://www.editorajuspodivm.com.br/sac

Capa: Maitê Coelho *(maitescoelho@yahoo.com.br)*

Diagramação: Lupe Comunicação e Design (*lupecomunicacao@gmail.com*)

M294 Manual de Direito Processual Civil / Leandro Valladares – Salvador: Editora JusPodivm, 2021.
704 p. (Manuais para Concursos / coordenador Leonardo Garcia)

Inclui bibliografia
ISBN 978-85-442-3420-4

1. Direito Processual Civil. 2. Métodos de estudo. I. Valladares, Leandro. II. Garcia, Leonardo. III. Título.

CDD 341.46

APRESENTAÇÃO

Ao longo dos últimos 10 anos venho me dedicando na elaboração de livros que possam auxiliar e ajudar os candidatos a concursos a alcançarem a tão sonhada aprovação.

São mais de 200 livros em mais de 10 coleções lançadas pela Editora Juspodivm.

Mesmo tendo tantos livros à disposição dos candidatos atualmente, senti falta de trabalhar a ideia de manuais em livro único, mas que fossem feitos com base nas questões de concursos e não simplesmente feitos da forma tradicional.

Explico melhor: normalmente os livros feitos pelos autores são baseados nos conhecimentos, estudos e experiências, e depois, quando "voltados para concursos", há a inclusão de questões. Ou seja, as questões são colocadas ao final ou, quando muito, no decorrer do processo de elaboração do livro. Chamo este processo de elaboração de "forma tradicional".

Nesta nova coleção o que se pretende é fazer um livro único por matéria voltado exclusivamente para concurso. Para isso os autores utilizaram a metodologia criada e desenvolvida por mim chamada de "Metodologia Questão Vem Primeiro". Com isso, os livros da Coleção contêm exatamente o que é necessário (nem mais nem menos) e com a didática correta para ajudar a preparar o candidato de forma mais direcionada e específica possível para conseguir a aprovação.

Fizemos uma coleta enorme de questões de cada matéria e elaboramos o livro com o enfoque necessário a partir das questões de concursos.

Assim, basicamente, a Coleção tem como premissas:

1. **Conteúdo extremamente didático e com linguagem acessível**, de acordo com os editais e com os assuntos cobrados em concursos, propiciando um estudo facilitado e fluído ao candidato. Os livros se propõem a ter todos os assuntos já cobrados em concursos e, ainda, com a expertise do autor, temas que podem ser cobrados (e que ainda não foram).
2. **Seleção de jurisprudências dos tribunais superiores** que caem em concursos. Ao estudar pelos livros da coleção, o candidato estudará automaticamente os entendimentos jurisprudenciais que caem ou que podem cair nas provas (jurisprudências importantes, recursos repetitivos, repercussão geral e súmulas).

3. **Direcionamento ao candidato** no decorrer do livro, apontando os assuntos que são mais cobrados, as pegadinhas das provas, etc. Acreditamos que livro para concurso não basta ter somente um bom conteúdo. É preciso apontar o que tem caído e como tem caído.

Antes de cada capítulo, o leitor encontrará uma lista de questões, criteriosamente selecionadas pelos autores, sobre o assunto a ser abordado. A ideia é propiciar ao leitor uma leitura destas questões para despertar uma visão da cobrança pelas bancas de concursos e, assim, acionar no cérebro o que tem que ser guardado na hora do estudo. Para quem conhece a *Metodologia Questão Vem Primeiro*, chamo isso de "óculos do concurso".

Estudar com os "óculos do concurso" é fundamental para que o estudo seja mais direcionado, propiciando e despertando no nosso cérebro o que deve ser guardado e com o enfoque correto. Assim, minha sugestão é que você, leitor, simplesmente leia as questões antes de estudar cada capítulo, sem tentar acertar o gabarito (até porque você não estudou a matéria!). Somente leia!

Você estará, ainda não que não perceba, despertando no seu cérebro, quando for ler o conteúdo depois, o que deve ser guardado para uma preparação correta para concurso.

Espero poder ajudar, mais uma vez, você na sua preparação em concursos. Desejo sempre (e minha busca é esta) propiciar materiais que possibilitem um estudo mais eficiente. Se o seu objetivo é passar em concurso, nada melhor do que saber o que os concursos exigem e estudar com base nesta cobrança. Boa sorte e conte sempre comigo!

Leonardo Garcia

Coordenador da Coleção Manuais para Concursos

⚠ *Caso você queira saber mais sobre este projeto e também sobre a Metodologia Questão Vem Primeiro, assista ao vídeo abaixo:*

SUMÁRIO

CAPÍTULO 1

NORMAS FUNDAMENTAIS DO PROCESSO CIVIL

RECADO

Caro (a) leitor,

O tema das normas processuais civis, em especial das normas fundamentais do processo, tem sido objeto de intensa cobrança em concursos. Primeiramente, por sua novidade em relação ao CPC anterior. Não havia na legislação anterior um capítulo sistematizado sobre o tema. Ainda que se pudesse extrair essas normas do texto constitucional, a previsão na legislação processual era esparsa. Especificamente em relação aos artigos 1 a 12 do CPC, temas como Contraditório e Boa-fé processual são muito recorrentes.

Boa leitura!

QUESTÕES

1. **(2018 – FCC – Câmara Legislativa do Distrito Federal – Procurador Legislativo)** No que se refere às normas fundamentais do Processo Civil:

A) todos os sujeitos do processo devem cooperar entre si para que se obtenha, em tempo razoável, decisão de mérito justa e efetiva.

B) é assegurado às partes tratamento diferenciado em relação ao exercício de direitos e faculdades processuais, inclusive quanto ao contraditório, a ser discricionariamente resguardado a elas pelo juiz.

C) as partes têm o direito de obter em prazo razoável a solução integral do mérito, excluída a atividade satisfativa.

D) o juiz não pode decidir, em grau algum de jurisdição, com base em fundamento a respeito do qual não se tenha dado às partes oportunidade de se manifestar, salvo se tratar-se de matéria sobre a qual deva decidir de ofício.

E) os juízes e tribunais atenderão obrigatoriamente à ordem cronológica de conclusão para proferir sentença ou acórdão.

2. (2018 – CONSULPLAN – TJ-MG – Juiz de Direito) São princípios fundamentais do processo civil, EXCETO:

A) Isonomia.

B) Cooperação.

C) Informalidade.

D) Boa-fé objetiva.

3. (2018 – VUNESP – Câmara de Campo Limpo Paulista – SP – Procurador Jurídico) Dr. Esculápio é juiz de direito de uma das varas cíveis da Comarca de Campo Limpo Paulista. Em uma ação que tramita pelo procedimento comum, após a citação, no momento do saneamento do processo, percebe que o direito da parte autora está prescrito. Diante dessa situação, levando em consideração os princípios que norteiam a nova estrutura do CPC/15, assinale a alternativa correta.

A) Independentemente da oitiva das partes, por se tratar de matéria de ordem pública, poderá o juiz aplicar a prescrição e assim extinguir a ação sem resolução do mérito.

B) Por ser vedada a decisão surpresa, deve o juiz, mesmo em se tratando de matéria de ordem pública, ouvir as partes antes de determinar a extinção do processo com resolução do mérito, aplicando-se a prescrição.

C) Em que pese seja vedada a decisão surpresa, tal princípio é excepcionado pelas matérias de ordem pública e, dessa forma, o juiz pode extinguir a ação com resolução do mérito, independentemente da oitiva das partes.

D) A prescrição somente será aplicada se o réu da causa alegá-la em sede de contestação, a fim de dar vazão ao princípio dispositivo.

E) Por ser vedada a decisão surpresa, deve o juiz ouvir as partes antes de determinar a extinção do processo sem resolução do mérito, por inépcia da petição inicial, aplicando-se a prescrição.

4. (2018 – FCC – ALESE – Analista Legislativo – Processo Legislativo) Os princípios processuais da inércia da jurisdição, da isonomia e da primazia do mérito significam, respectivamente, que o Judiciário:

A) só age, como regra, quando provocado pelas partes; deve o juiz tratar as partes com igualdade no processo; e deve, o juiz, priorizar a prestação da jurisdição julgando o mérito da ação, sempre que for possível suprindo e sanando irregularidades processuais.

B) age com menos eficiência do que deveria, mostrando-se inerte; o juiz deve tratar as partes com igualdade; e o juiz deve julgar com prioridade o mérito, sanando as irregularidades processuais sempre que possível.

C) só age quando provocado pelas partes; deve o juiz tratar as partes com base na lei, observando o contraditório e a ampla defesa; e somente quem tem mérito deve vencer o processo, não se permitindo privilégios a ninguém por sua condição pessoal.

D) deve vencer sua inércia, visando a tornar-se mais eficiente, em prol da sociedade; deve o juiz tratar as partes com igualdade; e o mérito do pedido deve prevalecer, devendo o juiz suprir e sanar irregularidades em qualquer ocasião.

E) só age, como regra, quando provocado pelas partes; o juiz deve ser imparcial e observar o contraditório e a ampla defesa; e o pedido de maior mérito deve ser julgado procedente pelo juiz.

5. **(2018 – CESPE – TCM-BA – Auditor de Controle Externo)** De acordo com norma presente no art. 286, inciso II do Código de Processo Civil (CPC), que trata da prevenção do juízo, devem ser distribuídas por dependência as causas de qualquer natureza "quando, tendo sido extinto o processo sem resolução de mérito, for reiterado o pedido, ainda que em litisconsórcio com outros autores ou que sejam parcialmente alterados os réus da demanda". Essa regra objetiva dar efetividade ao

A) do contraditório.

B) da inércia

C) da unidade.

D) do juiz natural.

E) da investidura.

6. **(2017 – CPCON – Prefeitura de Patos – PB – Advogado)** O artigo 1° da Lei n° 13.105/15 (Novo Código de Processo Civil) trata sobre as normas fundamentais do Processo Civil, ao preceituar que

A) o processo civil será instruído, ordenado e interpretado conforme os princípios, valores e as normas fundamentais estabelecidos na Constituição da República Federativa do Brasil, observando-se as disposições deste Código.

B) o processo civil será ordenado, disciplinado e interpretado conforme os valores e as normas fundamentais estabelecidos na Constituição da República Federativa do Brasil, observando-se as disposições deste Código.

C) o processo civil será ordenado e interpretado conforme os princípios, valores e as normas fundamentais estabelecidos na Constituição da República Federativa do Brasil, observando-se as disposições deste Código.

D) o processo civil será instruído, ordenado e interpretado conforme os valores e as normas fundamentais estabelecidos na Constituição da República Federativa do Brasil, observando-se as disposições deste Código.

E) o processo civil será instruído, organizado e interpretado conforme os princípios, valores e as normas fundamentais estabelecidos na Constituição da República Federativa do Brasil, observando-se as disposições deste Código.

7. (2017 - CESPE - TCE-PE - Analista de Gestão) Com relação ao processo, seus princípios e seus procedimentos, julgue o item subsequente. Dado o princípio da demanda, o juiz não pode agir sem ser provocado pelo interessado, salvo no caso das exceções previstas em lei.

Certo

Errado

8. (2017 - Quadrix - CFO-DF - Procurador Jurídico) Com base em conhecimentos relativos a direito processual civil e à legislação correlata, julgue o próximo item. O juiz não pode decidir, em grau algum de jurisdição, com base em fundamento a respeito do qual não se tenha dado às partes oportunidade de se manifestar, salvo se se tratar de matéria sobre a qual deva decidir de ofício, de acordo com o CPC.

Certo

Errado

9. (2018 -CESPE - STJ - Analista Judiciário - Área Judiciária) Com referência às normas fundamentais do processo civil, julgue o item a seguir. O exercício do direito ao contraditório compete às partes, cabendo ao juiz zelar pela efetividade desse direito.

Certo

Errado

10. (2017- CESPE - TCE-PE - Analista de Gestão - Administrador) A respeito dos princípios fundamentais e dos direitos e deveres individuais e coletivos, julgue o item a seguir. O princípio constitucional da publicidade de atos processuais alcança não apenas os autos do processo, mas também as sessões e audiências.

Certo

Errado

1. DIREITO PROCESSUAL CONSTITUCIONAL (ANÁLISE DO ART. 1º, CPC/2015)

Ao iniciarmos o estudo do Código de Processo Civil de 2015, percebemos que, em comparação ao Código de Processo Civil anterior, existe uma primeira parte que anteriormente era inexistente. O Código de Processo Civil de 1973 iniciava-se com o instituto da jurisdição. O CPC de 2015 por sua vez, tem início com uma parte denominada **"das normas fundamentais e da aplicação das normas processuais". (artigos 1º a 12 do CPC de 2015).**

Nesses artigos, estão previstos alguns princípios e regras relativas à parte introdutória do direito processual civil, os quais o legislador houve por bem trazer antes de iniciar o procedimento e as regras relativas à aplicação do processo. Na verdade, é possível observar que estão positivados na legislação ordinária princípios constitucionais do processo civil, tais como: **princípios da demanda, do acesso à justiça, da razoável duração do processo, da boa-fé, da cooperação, da igualdade, da publicidade, do contraditório.**

Dessa forma, indaga-se: qual a finalidade do legislador ordinário em trazer essas normas constitucionais que já estavam consagradas no direito processual civil, para a legislação ordinária?

O legislador objetivou fazer a amarração didática entre o texto constitucional e a norma processual civil, ou seja, **reforçar que toda aplicação do direito processual civil precisa ser realizada à luz da Constituição**. Podemos verificar, portanto, no art. 1º do CPC/2015, que o grande objetivo do legislador foi fazer com que o intérprete do direito processual civil, se habitue a realizar a leitura constitucional da norma processual civil.

Essa premissa vai ao encontro de um movimento no direito constitucional brasileiro, capitaneado pelo Professor e Ministro Luís Roberto Barroso, **chamado de neoconstitucionalismo** (BARROSO, 2005). Uma das premissas deste movimento é a interpretação da legislação infraconstitucional à luz da Constituição Federal (CF/1988). Alguns autores chegam a mencionar que existe um movimento específico em relação ao direito processual civil derivado do neoconstitucionalismo, chamado de ***neoprocessualismo.***

O neoprocessualismo nada mais seria do que **a leitura das normas processuais civis à luz da CF/1988,** com esta irradiando sua força normativa para os institutos da legislação ordinária processual.

Porém, além dessa função de dar iluminação constitucional às normas processuais, existe uma outra questão bastante interessante nesses princípios constitucionais do processo. É possível perceber que, quando esses princípios constitucionais estão previstos no art. 5º da CF, eles possuem um grau de abstração muito grande. Posteriormente, observaremos que **o CPC de 2015 efetuou uma maior concretude a essa abstração constitucional**. Ou seja, deu a esses princípios constitucionais uma aplicação mais concreta na realidade do texto processual.

O que veremos a partir deste momento do curso é a realidade destas normas fundamentais no CPC de 2015. Em verdade, analisaremos quais são estes princípios, e como eles podem ser cobrados em sua prova.

2. NORMAS FUNDAMENTAIS DO PROCESSO

2.1. Princípio da demanda/impulso oficial

No art. 2º do CPC coexistem dois princípios distintos, referentes a dois momentos processuais diferentes. Para o início da relação processual, **o Código consagra a preponderância do princípio do Dispositivo**, pelo qual o processo começará por iniciativa da parte interessada. Esta provocação é necessária para preservar a imparcialidade do Magistrado. Ao iniciar uma demanda de ofício, o juiz já identificaria uma situação de lesão a direito, trazendo um pré-julgamento antes mesmo das alegações das partes no processo. Assim, como regra, exige-se a iniciativa da parte para o início da relação.

Note-se que apesar de ser uma regra, existem situações extremamente excepcionais que permitem ao Judiciário iniciar uma demanda sem a necessária provocação. Um dos exemplos correntemente mencionados é o do art. 73 da lei 11.101 de 2005 (lei de recuperação judicial e falências). O dispositivo legal permite ao Juiz convolar a Recuperação Judicial em Falência (processo de execução concursal), de ofício. Portanto, seria uma pontual exceção à necessária demanda. Da mesma forma, outro exemplo atinente à possibilidade de início de uma relação processual de ofício pelo magistrado é o procedimento de restauração de autos, nos termos do art. 712 do CPC. Não há, portanto, necessidade de provocação.

Vê-se, portanto, que a provocação inicial é necessária. Todavia, após a iniciativa da parte, o desenvolvimento processual dar-se-á pelo Impulso oficial. Os atos posteriores de andamento do processo não dependeriam da parte, mas são oficiosos, ou seja, ficam a cargo do próprio Poder Judiciário. **Diz-se, portanto, que o desenvolvimento processual é inquisitivo**.

2.2. Princípio do acesso à justiça (inafastabilidade do controle jurisdicional)

Segundo o texto constitucional, toda e qualquer demanda que bata às portas do Poder Judiciário deve ser resolvida. Não pode o juiz, a pretexto de alegar omissão, obscuridade ou lacuna da lei, deixar de decidir sobre uma causa que lhe é colocada à disposição. Ou, como diriam alguns processualistas, é vedado no direito brasileiro o ***non liquet*** (ausência da decisão judicial).

De fato, o texto constitucional dispõe que é vedado ao poder judiciário deixar de analisar ameaça ou lesão à direito (art. 5º, XXXV), mas o CPC de 2015 trouxe esse acesso à justiça a um patamar mais concreto. Basicamente os parágrafos do artigo 3º do CPC tratam de formas diversas de acesso à justiça. Além da **forma jurisdicional do acesso**, prestada pelo poder judiciário, por meio da sentença proferida pelo juiz, o artigo 3º reconhece **arbitragem e os meios consensuais de resolução de conflitos (conciliação e mediação) como sistemas correlatos de acesso à prestação jurisdicional.**

O que veremos agora, caro leitor, é como o CPC/2015 trouxe as previsões desses meios de solução de conflitos. Começaremos pela Arbitragem, para depois analisarmos detidamente a conciliação e a mediação.

a) Arbitragem: o procedimento arbitral, ou arbitragem, foi criado no Brasil pela lei 9307/96. A legislação prevê a possibilidade de as partes celebrarem uma **"convenção de arbitragem"**, que pode dar-se por meio da cláusula compromissória ou pelo compromisso arbitral. Realizando este acordo de vontades, as partes excluem a apreciação daquele litígio ao poder judiciário e, assim, submetem a lide à apreciação a um profissional indicado consensualmente chamado de árbitro.

A diferença entre essas duas figuras é que uma delas é anterior ao surgimento do litígio, a outra é posterior. A cláusula compromissória (art. 4º da Lei 9.307 de 1996) é um dispositivo contratual, em que as partes inserem na relação à informação de que quaisquer lides eventuais relativas àquele pacto não serão resolvidas pelo Poder Judiciário, mas sim pela esfera da arbitragem. Costuma-se dizer, portanto, que a cláusula compromissória é prévia à lide instaurada.

Por outro lado, **o compromisso arbitral** possui como uma de suas principais características o surgimento após a instauração do litígio. Após a instauração litigiosa, da pretensão de uma das partes, ambas assinam um documento, submetendo a resolução daquela questão à via arbitral (art. 9º da Lei nº 9.307, de 1996).

Questionamentos devem ser feitos sobre o tema: a partir do momento em que é feita a opção pelo juízo arbitral é excluída a possibilidade do Poder Judiciário ou não? Ao ser inserida em um negócio jurídico, uma cláusula compromissória ou um compromisso arbitral, é possível recorrer posteriormente ao Poder Judiciário? Em outras palavras, realizando uma análise constitucional, determinar a definitiva exclusão do Poder Judiciário seria compatível com o art. 5º, XXXV, da CF?

Antes mesmo do CPC de 2015, essa questão já havia chegado ao Supremo Tribunal Federal (STF) por meio da homologação de sentença estrangeira nº 5.206/STF (antes da Emenda Constitucional – EC – nº 45/2004 a competência para homologação de sentença estrangeira era do STF). Naquela ocasião, ficou claro o posicionamento da Corte sobre o tema, **decidindo pela constitucionalidade da exclusão voluntária da apreciação judicial**.

Apesar de esse tema estar presente em uma decisão do STF, a legislação passada não contemplava essa chancela da permissão da arbitragem, ou em outras palavras, não havia no CPC de 1973 uma afirmação da arbitragem como meio de solução de conflitos. O CPC/2015, por sua vez, positivou esse tema, conforme o artigo 3º, §1º. Dessa forma, reafirmou e chancelou um posicionamento já existente no STF e na doutrina, de que a arbitragem é uma solução válida e constitucional de resolução conflitos.

Existe ainda uma discussão acadêmica bastante interessante sobre **se a arbitragem seria uma solução jurisdicional de conflitos ou um meio alternativo de solução de conflitos (paraestatal)**. Para o Superior Tribunal de Justiça (STJ), no CC nº111.230-DF, a arbitragem reveste-se de verdadeiro caráter publicista, sendo, portanto, uma solução jurisdicional de conflitos. Confira-se:

> A atividade desenvolvida no âmbito da arbitragem tem natureza jurisdicional, sendo possível a existência de conflito de competência entre juízo estatal e câmara arbitral (CC nº 111.230-DF, rel. Min. Nancy Andrighi, julgado em 08.05.2013. Informativo nº522/STJ).

Por fim, devemos analisar, sob a luz do CPC de 2015, qual seria a consequência processual da alegação, por uma das partes, da existência de convenção de arbitragem em uma dada demanda que fora submetida ao Poder Judiciário. A escolha da via arbitral importa na renúncia ao Judiciário. Mas, caso uma das partes desobedeça a essa declaração de vontade, qual seria a consequência?

Nos termos do art. 485, VII, do CPC, caso o juiz acolha a alegação de convenção de arbitragem, **a consequência será uma sentença terminativa, ou, em outras palavras, o juiz não analisará o mérito, relegando as partes ao juízo arbitral anteriormente escolhido**.

CONVENÇÃO DE ARBITRAGEM	
CLÁUSULA COMPROMISSÓRIA	**COMPROMISSO ARBITRAL**
A cláusula compromissória é um dispositivo contratual, é uma cláusula contratual que ambas as partes inserem no seu contrato dizendo expressamente que quaisquer lides eventuais relativas àquele contrato não serão resolvidas pelo Poder Judiciário, mas, sim, pela esfera da arbitragem. A cláusula compromissória é **prévia** à lide instaurada, ela surge antes que qualquer problema em relação àquela demanda se realize.	Surgimento **após** a instauração do litígio.
Lei nº 9.307/1996, Art. 4º A cláusula compromissória é a convenção através da qual as partes em um contrato comprometem-se a submeter à arbitragem os litígios que possam vir a surgir, relativamente a tal contrato.	Lei nº 9.307/1996, Art. 9º O compromisso arbitral é a convenção através da qual as partes submetem um litígio à arbitragem de uma ou mais pessoas, podendo ser judicial ou extrajudicial.

b) Meios consensuais de resolução de conflitos (conciliação e mediação): ao indagarmos uma pessoa que não possui formação em direito como se resolvem conflitos no Poder Judiciário, certamente ouviremos a resposta de que os conflitos são solucionados por meio da sentença do juiz. O Estado/juiz, quando decide uma lide, sub-roga-se em relação à vontade das partes. Ou seja, a partir do momento em que as partes delegam a solução ao Judiciário, este proferirá uma decisão independentemente da vontade das partes (sub-rogação).

Costuma-se dizer, portanto, que a sentença do juiz, proferida por um terceiro imparcial, é uma solução por heterocomposição. **Dessa forma, a heterocomposição é a decisão realizada por um terceiro que não participou da formação do conflito**, mas que a partir daquele momento irá proferir decisões a respeito daquela demanda.

Além da heterocomposição, há um segundo tipo de resolução de conflitos que é chamado de **autocomposição**. Ao contrário da forma anterior, em que um terceiro substitui a vontade das partes e profere uma decisão traumática, **na autocomposição as próprias partes, realizando concessões mútuas, podem chegar à finalização do litígio.**

Existem, basicamente, três formas de autocomposição no ordenamento brasileiro. **A primeira delas é a renúncia**. Por meio da renúncia, o autor abre mão integralmente da sua pretensão jurídica. A partir do momento em que há a renúncia, o autor está sacrificando em totalidade seus interesses em benefício do réu. No CPC de 2015, a renúncia do autor possui como consequência uma sentença definitiva, com resolução do mérito, nos termos do art. 487, III, c.

Ao lado da renúncia, há o reconhecimento jurídico do pedido, **em que o réu reconhece a pretensão do autor em sua totalidade**. Aqui, nesta figura, temos a total submissão do réu à vontade do autor. Também é considerada uma forma de autocomposição, tendo em vista que a solução do conflito é trazida pela vontade dos litigantes, ainda que somente de um deles. Assim como a renúncia, a presença do reconhecimento jurídico do pedido, no direito processual civil, tem como consequência uma sentença definitiva, nos termos do art. 487, III, *a*, do CPC.

Por fim, a terceira figura de autocomposição, de certa forma mais estimulada no CPC de 2015, é a transação. Por meio deste instituto, as partes fazem concessões mútuas, cada uma cedendo um pouco em sua pretensão, para que o conflito chegue ao seu fim. Portanto, ao contrário das outras duas figuras, em que há o sacrifício integral de uma das partes, na transação há o sacrifício parcial de cada uma delas, para o final da lide.

A transação, portanto, é uma solução consensual de conflitos por excelência. O §3º do art. 3º do CPC de 2015 dispõe que "a conciliação, a mediação e outros métodos de solução consensual de conflitos deverão ser estimulados por juízes, advogados, defensores públicos e membros do Ministério Público, inclusive no curso do processo judicial". Os meios que outrora eram chamados de "meios alternativos de solução de conflitos", foram alçados a meios preferenciais de resolução de conflitos. É evidente, portanto, que a conciliação e a mediação são as formas preferenciais e estimuladas de resolução de conflitos.

Cabe destacar, inicialmente, que conciliação e mediação não são figuras sinônimas. De fato, ambas possuem o mesmo objetivo, que é chegar à autocomposição.

Pode-se dizer, de acordo com o CPC de 2015, que ambas são diferentes técnicas para se chegar à resolução por autocomposição. O art. 165, §§ 2º e 3º dispõe acerca da diferença entre essas duas técnicas. Ademais, o artigo 334 do CPC/2015 reforça a diferença entre os dois institutos.

A conciliação será utilizada todas as vezes em que não há um vínculo anterior entre as partes, e o conciliador irá propor soluções ao litígio (art. 165, § 2º, do CPC/2015). Exemplo: imagine que Atlas esteja trafegando em uma avenida muito movimentada no Rio de Janeiro e realiza uma conversão na via de mão única. No mesmo momento, um condutor imprudente na contramão bate em seu carro. Atlas e o condutor discutem e não chegam a uma conclusão de como se resolverá aquele conserto. Atlas terá que propor uma ação judicial para forçar o condutor a consertar seu carro.

Percebe-se que, nesse caso, se amolda a primeira parte do art. 165 do CPC/2015, as partes não possuíam relação anterior à ocorrência do litígio, ou, em outras palavras, ambas se conheceram através do litígio.

Atlas ingressa com a petição inicial e coloca o orçamento do conserto de seu carro BMW, no valor de R$ 60 mil reais, a ser realizado na autorizada. A parte ré apresenta um outro orçamento que não é na autorizada, mas é na melhor oficina da cidade do Rio de Janeiro, no valor de R$ 40 mil reais. O conciliador, então, propõe que ao invés de Atlas consertar seu carro na autorizada, aceite o conserto na oficina no Rio de Janeiro mais R$ 10 mil reais e de outra forma propõe ao réu, além dos R$ 40 mil da oficina, mais R$ 10 mil para compensar os danos eventuais que Atlas sofreu.

O conciliador tentará resolver aquele problema havido entre as partes. Assim, a técnica da conciliação ocorrerá quando as partes não possuírem vínculo anterior ao litígio, **e a atuação do conciliador será propondo soluções à resolução do conflito**.

Já o art. 165, §3º determina que a mediação será utilizada todas as vezes em que as partes possuírem **um vínculo anterior ao litígio**. Dessa forma, essa técnica é utilizada quando as partes possuem uma relação anterior, e essa relação vai se deteriorando, a ponto de não conseguirem resolver por si sós, e, em função disso, levam ao conhecimento do Poder Judiciário. O mediador irá reestabelecer o diálogo entre as partes, de modo que as mesmas descubram qual a melhor solução para aquele problema. Ao contrário da conciliação, cuja atuação é direta, propondo soluções imediatas, a mediação foca nas causas do litígio, fazendo com que as próprias partes possam chegar a um consenso.

Exemplo: a mediação é altamente recomendada nas ações de família. Suponha que A e B tiveram um filho, e a partir do nascimento do filho o elo existente entre os dois foi se deteriorando, deteriorando até que essas partes atualmente não conseguem conversar de modo a determinar o momento de visitas do filho. Nesse caso, a técnica recomendada é a mediação, o mediador irá fazer com que as partes reestabeleçam o diálogo, identifiquem o problema e elas mesmas proponham a solução.

Um comentário final deve ser feito neste tópico, de um assunto que se encontra intimamente ligado ao acesso à justiça. **Um dos princípios estabelecidos pela legislação processual de 2015 é o chamado Princípio da primazia do mérito.** Trata-se de informação direcionada ao juiz, de que sempre que possível, o magistrado deverá priorizar a solução de mérito ao invés de uma sentença terminativa.

Ora, sabe-se que a resposta do juiz, a depender do preenchimento das condições da ação e dos pressupostos processuais, pode ser de mérito (art. 487 do CPC) ou sem resolução de mérito (art. 485 do CPC). No último caso, não há deliberação pelo magistrado sobre os fatos e fundamentos pela parte em juízo. **Quando propomos uma determinada demanda, é inegável que o objetivo é ver o mérito solucionado e que a decisão terminativa é indesejável, ao menos para o autor**. Pode-se dizer que é indesejável também ao Judiciário, já que há interesse do órgão jurisdicional em resolver o conflito.

Assim, reconhecendo que as partes vão ao judiciário para terem a lide de fato resolvida, a legislação processual estabelece que o Poder Judiciário deverá direcionar todos os seus esforços para priorizar a solução definitiva. Eis, portanto, o conteúdo do princípio da primazia do mérito. Dentre outros dispositivos, o princípio em questão encontra-se no art. 317 do CPC/2015.

2.3. Princípio da razoável duração do processo

O princípio da razoável duração do processo foi inserido no ordenamento jurídico brasileiro por meio do Pacto de São José da Costa Rica – Convenção Americana de Direitos Humanos, a qual foi ratificada pelo Decreto nº 678, de 1992. Confira-se:

> "Art. 8º, item 1 da Convenção: Toda pessoa terá o direito de ser ouvida, com as devidas garantias e dentro de um prazo razoável, por um juiz ou Tribunal competente, independente e imparcial, estabelecido anteriormente por lei, na apuração de qualquer acusação penal formulada contra ela, ou na determinação de seus direitos e obrigações de caráter civil, trabalhista, fiscal ou de qualquer outra natureza".

Posteriormente, com a Emenda Constitucional nº 45, de 2004, foi inserido o art. 5º, LXXVIII, da CF/1988, alçando a nível constitucional o princípio da razoável duração do processo. São garantidos a todos, nos processos judiciais e administrativos, a razoável duração do processo e os meios para garanti-la. A legislação processual civil o consagrou no art. 4º do CPC de 2015.

Nelson Nery Júnior alerta que a razoável duração do processo deve ser aferida com base em critérios objetivos (JÚNIOR, 2009). Os critérios são os seguintes: em primeiro lugar, deve-se analisar a complexidade da causa (algumas causas, com demanda pericial complexa, demoram mais). Em segundo lugar, deve-se analisar o comportamento das partes (se estão utilizando expedientes protelatórios), e, em terceiro lugar, analisa-se o comportamento do órgão julgador. Estes três critérios foram estabelecidos pela Corte Europeia de Direitos Humanos. Ainda, o autor acrescenta mais um critério para a determinação da razoável duração do processo. Estabelece que o processo deve ter uma duração mínima para garantir às partes prazos no cumprimento de atos processuais, que não comprometam o contraditório.

Como esse assunto foi cobrado em provas de concursos públicos

2018 – VUNESP – TJ-SP – Titular de Serviços de Notas e de Registros: "As partes têm o direito de obter em tempo razoável a solução integral do mérito, excluída a atividade satisfativa". (incorreto)

2.4. Princípio da boa-fé

Já consagrado em doutrina, o CPC de 2015 inseriu o princípio da boa-fé entre as normas fundamentais do processo. É importante mencionar que a boa-fé a que alude o art. 5º do CPC é objetiva. Eventual elemento anímico do agente processual não importa para a verificação da observância do princípio. Este é, ainda, o entendimento esposado pela I Jornada de Direito Processual Civil do CJF (Conselho da Justiça Federal):

Enunciado nº 1. A verificação da violação à boa-fé objetiva dispensa a comprovação do *animus* do sujeito processual.

É bom ressaltar, ainda, que o dever de boa-fé **se aplica a todo e qualquer sujeito que participa da relação processual**. Assim, não somente às partes devem a sua observância, mas também ao juiz, membro do Ministério Público, e auxiliares da Justiça.

Como esse assunto foi cobrado em provas de concursos públicos

2017 – CESPE – PGE-SE – Procurador do Estado: "A boa-fé no direito processual civil exige a verificação da intenção do sujeito processual". (incorreto)

2.5. Princípio da cooperação

Novidade legislativa de nosso sistema processual, o princípio da cooperação determina que todos no processo devem cooperar entre si, para se chegar a uma decisão justa e adequada. Costuma-se estabelecer que o princípio da cooperação possui como seu principal destinatário o juiz, o qual deverá observar os seguintes deveres na condução do processo:

a) **Dever de esclarecimento**: o juiz, ao verificar dificuldades de entendimento em relação ao requerido pelas partes, deverá indagá-los sobre os reais propósitos de sua manifestação. Alguns autores costumam chamar essa prática de "embargos de declaração às avessas", no sentido de que será o magistrado a questionar as partes por eventual não entendimento da manifestação.

b) **Dever de consulta**: o dever de consulta, também previsto no art. 10 do CPC, determina que o juiz deverá submeter às partes os fundamentos a serem utilizados em sua decisão judicial. Assim, é vedado ao juiz proferir decisão judicial com base em fundamento ao qual não tenha submetido às partes previamente, ainda que a matéria possa ser decidida de ofício.

c) **Dever de prevenção:** caberia ao magistrado, em virtude deste aspecto do princípio da cooperação, apontar eventuais deficiências e irregularidades processuais existentes no processo, para que sejam superadas e a decisão de mérito possa ser prolatada.

Como esse assunto foi cobrado em provas de concursos públicos

2017 – BANPARÁ – BANPARÁ – Advogado. A respeito do princípio da cooperação previsto no Código de Processo Civil, assinale a alternativa CORRETA: O princípio obriga o juiz, entre outras manifestações, a indicar as falhas que subsidiam a sua decisão de emenda da petição inicial.

Há quem sustente que a cooperação processual entre as partes seria, inclusive inconstitucional, pois feriria a parcialidade da advocacia. Assim, a cooperação deveria ser estabelecida entre as partes e o juiz, e entre o juiz e as partes. Apesar de a redação legislativa sugerir que as partes devem cooperar entre si, este aspecto da cooperação é questionável (STRECK, 2018).

2.6. Princípio da isonomia processual

O princípio da isonomia vem estabelecido no art. 5º, *caput* inciso I, da CF/1988. Quando a Constituição Federal estabelece que todos serão iguais perante a lei, este aspecto reflete na norma processual. **Assim, em relação ao processo, a lei e o juiz devem garantir a participação das partes em igualdade, sob o mesmo tratamento isonômico.**

Essa igualdade é chamada de "igualdade formal e negativa" (CINTRA *et al.*, 2009). Todavia, esta igualdade não pode ser uma igualdade meramente de forma. Por outro lado, é também material, porque visa garantir as partes desiguais no processo condições para que externem seus direitos de forma paritária. É o que se chama de "concepção positiva da isonomia".

Uma das manifestações mais interessantes da isonomia processual encontra-se no art. 373, § 1º, do CPC/2015. Trata-se da inversão do ônus probatório em favor de uma das partes, quando verificada a sua excessiva dificuldade de se desincumbir do ônus probatório. Essa inversão, todavia, não é automática, ou chamada pelos autores de inversão *ope legis*. Ao contrário, trata-se de uma inversão *ope judicis*, que depende de concessão judicial e do preenchimento de alguns requisitos.

Antes mesmo da edição do CPC de 2015, o STJ já teve a oportunidade de analisar se a inversão do ônus probatório seria uma regra de julgamento ou uma regra de instrução processual. Em outras palavras, o juiz poderia inverter o ônus probatório somente na sentença ou teria que fazê-lo antes mesmo da instrução. O tribunal decidiu que a inversão deve ser feita antes mesmo da produção probatória. Confira-se:

> "A Seção, por maioria, decidiu que a inversão do ônus da prova de que trata o art. 6º, VIII, do CDC é regra de instrução, devendo a decisão judicial que determiná-la ser proferida preferencialmente na fase de saneamento do processo ou, pelo menos, assegurar à parte a quem não incumbia inicialmente o encargo a reabertura de oportunidade para manifestar-se nos autos(EREsp. nº 422.778-SP, rel. originário Min. João Otávio de Noronha, rel. para o acórdão Min. Maria Isabel Gallotti (art. 52, IV, *b*, do RISTJ), julgados em 29.02.2012. Informativo nº 492/STJ)".

Este foi o posicionamento adotado pelo CPC de 2015, no art. 373, § 1º, ao manifestar que quaisquer inversões devem permitir à parte que se desincumba do ônus probatório, antes de realizado o julgamento.

2.7. Princípio do contraditório (efetivo, vedação da decisão surpresa e contraditório diferido)

A forma como foi previsto o princípio do contraditório é uma das principais novidades do CPC/2015, em relação à legislação passada. **A inovação é que o**

CPC/2015 trouxe concretude a esse princípio, e detalhou o contraditório em três faces, que se encontram nos arts. 7º, 9º e 10 do CPC/2015.

A primeira faceta é o contraditório efetivo/material, também chamado por alguns autores de contraditório democrático (art. 7º, CPC). A segunda chama-se contraditório e matérias de ofício, também chamada de **vedação a decisão surpresa (art. 10 CPC).** Por fim, o CPC trouxe, também, a vedação do contraditório diferido (art. 9º, CPC).

Passamos, pois, à análise de cada uma dessas formas do contraditório. Iniciaremos pelo contraditório efetivo, ou material, para depois vermos, sucessivamente, a vedação da decisão surpresa e a vedação do contraditório diferido.

a) Contraditório efetivo, material ou democrático: os autores clássicos sempre viram o contraditório de uma forma tradicional. Essa forma clássica, contudo, já não satisfaz mais o que o CPC/2015 deseja expressar. Abordavam essa visão tradicional, na qual citavam que o contraditório era a **"bilateralidade da audiência"**. O contraditório formal seria cumprido, em outras palavras, com a necessidade de a parte ter **informação** pelo juiz, sobre os atos processuais a serem praticados, aliada à **possibilidade de reação** àqueles atos. Basicamente, portanto, havia dois elementos (informação + possibilidade de reação).

Dessa forma, entendia-se que a concretude do princípio do contraditório era informar à parte de uma decisão que foi tomada (ou que eventualmente seria tomada), e, após isso, permitir que aquela parte pudesse impugnar a decisão. A **bilateralidade da audiência** seria, portanto, o direito de a parte ser informada pelo juiz sobre os atos processuais e a possibilidade de reação sobre uma determinada manifestação judicial.

Surge então outra face do contraditório, denominado contraditório material/substancial/democrático (art. 7º do CPC/2015). Entende-se, modernamente, que, além de meramente informar e permitir a reação, a realidade processual deve conceder às partes o chamado "**poder de influência**" na decisão do juiz. Em outras palavras, não basta garantir a mera oitiva formal no processo, mas o contraditório somente se completaria quando a parte efetivamente possui **o direito de ter os argumentos considerados na decisão judicial**, e, ainda, o direito de participar da construção da decisão judicial.

> **Atenção!** O contraditório substantivo ou material, é chamado pelos autores de **poder de influência** na decisão judicial, ou seja, não basta ter a oportunidade formal de se manifestar nos autos, mas, sim, que lhe seja permitido efetivamente ser ouvido e consiga influenciar no convencimento daquele magistrado.

Um questionamento deverá ser feito sobre o tema: como fazer com que a norma processual seja efetivamente respeitada pelos magistrados? Garantir à parte o poder de influência não basta. É necessário que a legislação crie mecanismos que façam com que o juiz efetivamente considere os argumentos deduzidos no processo. Há essa exigência no CPC de 2015? Como ela se instauraria? Vejamos:

O art. 489 do CPC de 2015 versa sobre os elementos de uma decisão judicial. São eles: o relatório, a fundamentação e o dispositivo. Em relação à fundamentação, o CPC inovou ao prever alguns requisitos para que uma decisão seja considerada fundamentada. Assim, os incisos do § 1º do art. 498 estabelecem uma série de situações, das quais uma determinada decisão judicial não é considerada fundamentada. Portanto, o artigo, em verdade, expressa o que uma decisão não pode cometer, sob pena de um de seus elementos restar comprometido.

Mais especificamente, o art. 489, § 1º, IV, do CPC estabelece que todos os argumentos deduzidos pelas partes, capazes de "em tese" influenciar na decisão, devem ser enfrentados, sob pena de não se considerar a decisão fundamentada. Esse dispositivo traz um **sistema de fundamentação exauriente da decisão judicial**, o qual é antagônico ao sistema de fundamentação muito utilizado pelos tribunais no CPC/1973 chamado de **sistema de fundamentação suficiente**.

Assim, será **garantido à parte o direito de ter seus argumentos considerados na decisão judicial**. Percebam que o contraditório efetivo ou material exige-se que se dê à parte um poder de influenciar na construção da decisão judicial. Esse poder de influência será efetivado com o sistema de fundamentação exauriente adotado pelo art. 489, §1º, IV, do CPC/2015.

b) Contraditório e vedação da decisão surpresa: esta faceta do contraditório encontra-se prevista no art. 10 do CPC de 2015. De acordo com o dispositivo, o juiz não poderá decidir, em grau algum de jurisdição, com base em fundamento que não tenha dado às partes a oportunidade de se manifestar. Para o direito processual civil, a partir do momento em que o magistrado traz ao processo uma decisão com fundamento jurídico alheio ao conhecimento prévio das partes, está praticando a chamada "decisão surpresa", o que feriria o princípio do contraditório, pois os litigantes não tiveram a oportunidade de falar sobre aquele ponto em específico.

Assim, se eventualmente o magistrado for se basear em um fundamento para decidir alguma questão no processo, será obrigado a primeiro submetê-lo ao debate das partes. Caso contrário, a não obediência dá azo a uma decisão surpresa, vedada pelo CPC/2015.

Muita atenção, caro leitor! As bancas costumam cobrar muito a parte final do dispositivo. Perceba que nem mesmo as matérias que podem ser conhecidas de ofício pelo juiz escapam da necessidade do debate prévio aos litigantes. Assim, reitera-se: As matérias que podem ser conhecidas de ofício também devem ser submetidas ao crivo do contraditório, nos termos do art. 10º do CPC.

Um exemplo poderá clarear melhor o tema: imagine a situação em que Atlas tenha sofrido um dano moral em 2011, e naquela época, em razão de timidez, não tomou nenhuma medida. Em 2018, ao formar-se em direito resolve tomar uma providência e ajuíza ação judicial. Ocorre que, conforme o Código Civil (art. 206, § 3º), a demanda está prescrita. Não atento à prescrição, Atlas ajuíza a ação. O magistrado também não se atenta à situação e determina a citação da parte contrária para comparecer à audiência. Passa também desapercebido pelo réu na contestação. Após a realização da audiência, o juiz se atenta à prescrição da ação e, de ofício, prolata sentença resolvendo o mérito pelo acolhimento da prescrição.

À luz do CPC/2015, o procedimento adotado pelo juiz não pode mais ser realizado. **Decidir de ofício é diferente de decidir sem ouvir as partes**. O magistrado, nesse exemplo, pode decidir determinada matéria de ofício, mas isso não significa que ele possa prolatar uma decisão surpreendendo as partes de um fundamento que não estava presente no processo anteriormente. A prescrição permanece sendo matéria de ordem pública e pode ser reconhecida de ofício pelo juiz. O que não pode mais ser feito é o seu reconhecimento por meio de uma "decisão surpresa", ou seja, decisão que surpreende as partes, pois não tiveram a oportunidade de se manifestar previamente.

Como o assunto foi cobrado em provas de concursos públicos

2017 – FCC – TST – Juiz do trabalho: "É possível decidir questão de ofício sem oportunizar a manifestação das partes sobre o fundamento adotado quando a decisão judicial estiver sendo tomada no âmbito jurisdicional dos tribunais superiores".

c) Vedação do contraditório diferido ou postecipado: trata-se da regra da impossibilidade de utilizar o contraditório diferido ou postecipado. Para melhor compreensão da vedação do contraditório diferido, é necessário o entendimento à estrutura usual do contraditório e a estrutura do contraditório diferido/postecipado.

Estrutura usual do contraditório requer que primeiro a parte interessada realiza requerimento ao juiz (por exemplo, tutela antecipada); após o requerimento, o juiz deve intimar a parte contrária para se manifestar sobre o pleito; para, finalmente, decidir. Confira-se:

ESTRUTURA USUAL DO CONTRADITÓRIO			
1. Requerimento/ pedido	2. Intimar a parte contrária	3. Resposta	4. Decisão

Todavia, algumas situações não suportam aguardar a estrutura usual do contraditório, dada a urgência na concessão da decisão.

Um exemplo poderá clarear melhor algumas situações em que a estrutura usual do contraditório prejudicaria a tutela do direito do autor: Atlas entra com uma ação judicial contra determinado plano de saúde, porque precisou fazer determinada cirurgia e o plano de saúde negou a cobertura. A cirurgia perseguida por ele é extremamente urgente e vital à sua saúde.

Para consagrar a efetividade de seu direito e ter a decisão em prazo razoável, é preciso utilizar uma técnica consagrada pela doutrina e a jurisprudência chamada de **"contraditório diferido ou postecipado"**. De acordo com essa técnica, quando a estrutura usual do contraditório colocar em risco um direito deduzido pela parte, ou quando atrasar o provimento causando um mal no processo, os juízes podem decidir primeiramente, para somente depois intimar a parte a se manifestar sobre o direito. Primeiro decide-se, para depois dar ciência à parte da decisão tomada, subvertendo-se a ordem do contraditório tradicional.

Assim, a estrutura do contraditório diferido ficaria da seguinte forma:

ESTRUTURA DO CONTRADITÓRIO DIFERIDO/POSTECIPADO			
1. Requerimento/pedido	2. Decisão	3. Intimar a parte contrária	4. Resposta

Sempre que há um valor maior que o contraditório sendo discutido no processo, o juiz usa a técnica do contraditório diferido ou postecipado, postergando-o para depois do momento decisório. No contraditório diferido ou postecipado, a regra é que se decida e postergue o momento contraditório para depois.

O CPC de 2015 consagrou a **regra da vedação do contraditório diferido ou postecipado**. Portanto, nos termos do art. 9º, essa técnica é inicialmente repudiada pelo nosso sistema. Entretanto, **há três situações** em que o contraditório diferido é permitido. A regra é a proibição, porém, não é uma regra absoluta.

Em primeiro lugar, em **qualquer tutela de urgência**, seja ela cautelar ou antecipada, não há necessidade de oitiva prévia da parte contrária, para que o juiz defira o pedido. Não há restrição de eventual tutela de urgência. Portanto, o juiz poderá decidir *inaudita altera pars* (sem ouvir a parte contrária).

Segunda exceção: em **algumas tutelas de evidência o magistrado poderá decidir mediante o contraditório diferido**. Podemos ver no art. 9º, II, que as tutelas de evidência previstas nos incisos II e III do art. 311 podem ser concedidas sem a oitiva prévia da parte adversa. Duas das quatro possiblidades de tutela de evidência podem ser utilizadas. Por fim, é possível a sua utilização **na decisão do mandado monitório.**

> **Atenção!** Em toda tutela de urgência é possível a adoção do contraditório diferido ou postecipado, mas nem em todas as tutelas de evidência será possível a adoção.

FACETAS DO CONTRADITÓRIO
CONTRADITÓRIO EFETIVO/SUBSTANTIVO MATERIAL (ART. 7º) – PODER DE INFLUÊNCIA
Art. 7º É assegurada às partes paridade de tratamento em relação ao exercício de direitos e faculdades processuais, aos meios de defesa, aos ônus, aos deveres e à aplicação de sanções processuais, competindo ao juiz zelar pelo efetivo contraditório.
CONTRADITÓRIO E MATÉRIAS DE OFÍCIO OU CONTRADITÓRIO E VEDAÇÃO DA DECISÃO SURPRESA (ART. 10)
Art. 10. O juiz não pode decidir, em grau algum de jurisdição, com base em fundamento a respeito do qual não se tenha dado às partes oportunidade de se manifestar, ainda que se trate de matéria sobre a qual deva decidir de ofício.
VEDAÇÃO DO CONTRADITÓRIO DIFERIDO OU POSTECIPADO (ART. 9º)
Art. 9º Não se proferirá decisão contra uma das partes sem que ela seja previamente ouvida. Parágrafo único. O disposto no *caput* não se aplica: I – à tutela provisória de urgência; II – às hipóteses de tutela da evidência previstas no art. 311, incisos II e III; III – à decisão prevista no art. 701.

2.8. Princípio da publicidade dos atos processuais

O princípio da publicidade dos atos processuais possui a sua previsão no art. 11 do CPC de 2015. Segundo o dispositivo, **"todos os julgamentos dos órgãos do Poder Judiciário serão públicos, e fundamentadas todas as decisões, sob pena de nulidade".** A exigência da publicidade já tinha previsão constitucional, contida no art. 93, IX, da CF/1988, ressaltando a importância da publicidade para a legitimidade democrática das decisões judiciais.

Ocorre que a publicidade dos atos processuais poderá sofrer restrições. Em algumas situações, o CPC de 2015 mitiga essa amplitude do conhecimento processual. Determinadas demandas correm em "segredo de justiça", sendo que os autos e todas as informações nele contidas só ficarão disponíveis às partes, aos advogados, ao juiz e membro do Ministério Público (parágrafo único do art. 11 do CPC).

Assim, as restrições à ampla publicidade processual vêm contempladas no art. 189 do CPC. São relações processuais:

a) em que o exija o interesse público ou social;

b) que versem sobre casamento, separação de corpos, divórcio, separação, união estável, filiação, alimentos e guarda de crianças e adolescentes;

c) em que constem dados protegidos pelo direito constitucional à intimidade;

d) que versem sobre arbitragem, inclusive sobre cumprimento de carta arbitral, desde que a confidencialidade estipulada na arbitragem seja comprovada perante o juízo.

O terceiro juridicamente interessado, apesar de não poder consultar os autos ou estar presente na realização dos atos processuais, poderá requerer certidão do dispositivo da sentença, nos termos do § 2º do art. 189 do CPC.

2.9. Regra da ordem cronológica do processo

O CPC de 2015 intentou realizar uma igualdade entre os litigantes de diferentes relações processuais. Para evitar que os órgãos judiciários preferissem o julgamento de determinados processos a outros, criou-se a ordem cronológica de julgamento. Segundo o instituto trazido no art. 12, as sentenças e decisões deveriam respeitar a ordem de conclusão para serem proferidas. Assim, tão logo os autos fossem conclusos para a sentença, deveriam receber uma numeração, a qual deveria ser respeitada pelo julgador.

Note-se, entretanto, que inicialmente essa ordem era peremptória. Antes mesmo de o CPC de 2015 entrar em vigor, fora feita uma modificação no dispositivo legal, tornando a ordem "preferencial". **Este ponto é muito exigido nos concursos públicos. As bancas costumam afirmar que a ordem ainda é peremptória, o que não é correto.**

> **Como esse assunto já foi cobrado em provas de concursos públicos**
>
> Ano: 2017 – Banca: IESES – Órgão: TJ-RO – Prova: IESES – 2017 – TJ-RO – Titular de Serviços de Notas e de Registros – Remoção. É correto afirmar no que tangem as normas fundamentais do novo Código de Processo Civil: Os juízes e os tribunais atenderão, obrigatoriamente à ordem cronológica de conclusão para proferir sentença ou acórdão. (incorreto)

Apesar de não estarem presentes nos dispositivos legais em questão, outros princípios são de extrema importância para a compreensão do Direito Processual Civil. Entre eles encontra-se um que é objeto recorrente de cobranças em concursos públicos. Trata-se do princípio do juiz natural. Tradicionalmente, a doutrina costuma dividi-lo em três aspectos distintos. Seriam componentes do juiz natural **a vedação dos juízos ou Tribunais de Exceção** – criação de órgão julgadores posteriormente ao acontecimento dos fatos; **a garantia do juiz competente** – o qual estabeleceria que a competência das autoridades preestabelecidas seria determinada antes do acontecimento dos fatos; e, por fim, **a garantia de imparcialidade do juiz**, chamado de aspecto material do juiz natural.

RESUMO

NORMAS PROCESSUAIS CIVIS
1. Direito processual constitucional
Nos termos do art. 1º do CPC, toda e qualquer análise da legislação processual civil deverá ser feita à luz da CF/1988 e de suas normas fundamentais.
2. Normas fundamentais
2.1. Princípio da demanda/impulso oficial
O processo inicia-se com a parte, mas desenvolve-se por impulso oficial. Assim, em regra, é vedado ao Poder Judiciário iniciar uma relação processual de ofício.

2.2. Acesso à justiça
CPC/2015 e o sistema multiportas de resolução de conflitos. Primazia dos meios consensuais de autocomposição – conciliação e mediação.
2.3. Razoável duração do processo
Critérios para se verificar a razoável duração do processo: comportamento das partes, complexidade da causa e comportamento do órgão julgador.
2.4. Princípio da boa-fé
Não se analisa o aspecto subjetivo do agente, trata-se de boa-fé objetiva. Aplica-se, também, ao magistrado.
2.5. Princípio da cooperação
Art. 6º, CPC. Dever de prevenção, auxílio e consulta. Trata-se de norma preponderantemente destinada ao juiz.
2.6. Princípio da isonomia processual
O CPC/2015 possui meios de concretizar a isonomia material, como a inversão do ônus probatório, nos termos do art. 373, § 1º, do CPC.
2.7. Princípio do contraditório (efetivo, vedação da decisão surpresa e contraditório diferido)
Contraditório material ou democrático (art. 7º, CPC), contraditório e vedação da decisão surpresa (art. 10, CPC) e vedação do contraditório diferido ou postecipado (art. 9º, CPC).
2.8. Princípio da publicidade dos atos processuais
A publicidade é a regra, no entanto, poderá sofrer mitigações, como no caso do art. 189 do CPC/2015.
2.9. Regra da ordem cronológica do processo
Trata-se de norma preferencial, nos termos do art. 12 do CPC de 2015. As bancas costumam colocá-la como obrigatória, o que não é correto.

GABARITO

1	A	**2**	C	**3**	B	**4**	A	**5**	D
6	B	**7**	Certo	**8**	Errado	**9**	Certo	**10**	Certo

CAPÍTULO 2

DIREITO DE AÇÃO E CONDIÇÕES DA AÇÃO

RECADO

Caro (a) leitor (a),

O tema do direito de ação e suas teorias aparece em alguns concursos mais complexos. Assim, quando cobrado, costuma exigir do candidato a diferença entre a teoria eclética e teoria da asserção. Em relação às condições da ação, o tema é de grande recorrência. Saber quais e quais as segmentações dentro de cada uma é muito importante ao desempenho do estudante.

Boa leitura!

QUESTÕES

1. **(2019 – FGV – DPE-RJ Técnico da Defensoria Pública)** São condições genéricas para o regular exercício da ação:

A) partes capazes e demanda regularmente formulada;
B) pedido e causa de pedir;
C) legitimidade *ad causam* e interesse de agir;
D) juízo competente e capacidade postulatória;
E) capacidade para estar em juízo e representação processual.

2. **(2019 – NC-UFPR – TJ-PR – Titular de serviços e notas – remoção)** A ação é considerada um direito público, subjetivo e abstrato de provocar a jurisdição.

Assim, todos têm o direito de ingressar em juízo, mas só aqueles que preenchem as condições da ação têm direito a uma decisão de mérito. Com relação aos elementos e às condições da ação, identifique como verdadeiras (V) ou falsas (F) as seguintes afirmativas:

( ) A causa de pedir, um dos elementos da ação, se desdobra em causa de pedir próxima (a descrição dos fatos da causa) e causa de pedir remota (os fundamentos jurídicos da demanda).

( ) Interesse e legitimidade são condições para se postular em juízo.

( ) Legitimado ordinário para a ação é aquele que pleiteia em juízo, em seu próprio nome, direito de que se considera titular.

( ) Entre os elementos da ação está o pedido, que se desdobra em imediato (a providência requerida) e mediato (o bem da vida que se quer tutelar).

Assinale a alternativa que apresenta a sequência correta, de cima para baixo.

A) F – V – V – V.

B) V – V – F – V.

C) F – V – F – V.

D) V – F – V – F.

E) V – F – F – F.

3. (2019 – IADES – AL-GO – Procurador) Uma ação é idêntica à outra, de acordo com o Código de Processo Civil, quando

A) os fatos jurídicos forem os mesmos em ambas as ações.

B) os autores e os réus dos processos forem os mesmos em ambas as ações.

C) o pedido de uma ação for mais amplo que o da outra.

D) as partes, a causa de pedir e os pedidos forem os mesmos em ambas as ações.

E) os fundamentos jurídicos forem os mesmos em ambas as ações.

4. (2018 – UEM – UEM Advogado) São elementos da ação:

A) possibilidade jurídica do pedido, legitimidade *ad causam* e interesse processual.

B) legitimidade *ad causam* e interesse processual.

C) partes, causa de pedir e pedido.

D) partes, causa de pedir e interesse processual.

E) partes, legitimidade *ad causam* e causa de pedir.

5. (2018 – INAZ do Pará – CORE-MS – Assistente jurídico) Ao longo do tempo, várias teorias surgiram a respeito da natureza jurídica da ação e da sua relação de dependência com o direito de ação. A teoria expressamente consagrada pelo Código de Processo Civil que defende que a existência do direito de ação não depende da existência do direito material, mas sim das condições da ação, é:

A) Teoria eclética.

B) Teoria abstrata do direito de ação.
C) Teoria concreta da ação.
D) Teoria imanentista.

6. (2018 – CESPE – STJ – Técnico Judiciário – Administrativa) Julgue o item a seguir, a respeito das ações no processo civil.

O código de processo civil estabelece duas condições para se postular em juízo: o interesse de agir e a legitimidade da parte.

Certo
Errado

7. (2018 – CESPE – STJ – Técnico Judiciário) Julgue o item a seguir, a respeito das ações no processo civil. A teoria eclética da ação, adotada pelo ordenamento jurídico brasileiro, define ação como um direito autônomo e abstrato, independente do direito subjetivo material, condicionada a requisitos para que se possa analisar o seu mérito.

Certo
Errado

8. (2017 – CESPE – TRF – 1ª REGIÃO – Técnico Judiciário) A respeito de aspectos relativos à ação, julgue o item a seguir. Os vícios relativos ao interesse de agir e à legitimidade podem ser reconhecidos a qualquer tempo, mesmo após o trânsito em julgado da ação.

Certo
Errado

9. (2017 – CESPE – TRF – 1ª REGIÃO – Técnico Judiciário) A respeito de aspectos relativos à ação, julgue o item a seguir. O interesse processual deverá estar presente tanto para propor quanto para contestar a ação.

Certo
Errado

10. (2016 – FGV – MPE-RJ – Técnico do Ministério Público) No que se refere à aferição da presença, ou não, das condições para o regular exercício da ação, a teoria aplicável é:

A) a asserção;
B) a substanciação;
C) a individuação;
D) a causa madura;
E) a concreta do direito de ação.

1. TEORIAS SOBRE O DIREITO DE AÇÃO

Em nosso direito processual positivo, o direito de ação é o direito a ter um provimento de mérito na relação processual. Conforme se infere pela leitura dos arts. 485 e 487 do Código de Processo Civil (CPC), a sentença no processo civil pode ser de extinção processual sem resolução de mérito (terminativa), ou pode resolver o mérito (definitiva). **Aquele que não preenche as condições da ação (requisitos mínimos para se ter um provimento de mérito) terá o seu processo extinto, sem resolução de mérito.**

Várias são as teorias que buscam explicar a natureza do direito de ação. Em termos práticos, e para o que interessa ao nosso estudo, duas delas possuem maior cobrança em provas de concursos públicos: **teoria eclética e teoria da asserção**. Assim, veremos as duas a partir de agora!

1.1. Teoria eclética

Esta teoria fora cunhada pelo processualista Enrico Tullio Liebman, a qual serviu de base para a redação e confecção do CPC de 1973. De acordo com suas ideias, o direito de ação era, de certa forma, acessível a todos os cidadãos, desde que demonstrassem em juízo a presença de determinados requisitos, os quais chamou de "condições da ação". **Direito de ação, na concepção de Liebman, era visto como o direito de ter, em juízo, uma tutela jurisdicional de mérito**. (ALVIM, 2018. P. 133).

Na concepção eclética, o Poder Judiciário era uma porta aberta, onde todos poderiam entrar de forma livre. Mas somente teriam direito de ação, ou o direito de ver uma sentença meritória em sua demanda (seja de procedência ou improcedência), aqueles que tivessem os requisitos mínimos para o seu exercício, ou seja, que demonstrassem ter as chamadas condições da ação.

É como se o direito de procurar e obter uma tutela jurisdicional do estado estivesse ao alcance de todos, mas, para tê-lo, a parte deveria preencher alguns requisitos. Sem sombra de dúvidas esta teoria fora adotada pelo CPC de 1973 e, positivamente, ainda continua adotada em nosso CPC de 2015. Conforme se pode inferir da leitura do art. 485, VI, do CPC, o processo não terá o mérito resolvido todas as vezes que o autor "carecer de ação", ou seja, nas hipóteses de ele não demonstrar a presença, em juízo, das faladas "condições da ação".

É reconhecida como a teoria adotada por nosso direito positivo. Por seus postulados, caso o autor preencha as condições da ação, terá direito a um julgamento de mérito, ao final da demanda (art. 487, I, CPC). No entanto, carecendo-lhe ação, a decisão do juiz será de extinção processual sem resolução de mérito (art. 485, VI, do CPC).

A análise dessas condições da ação seria feita com base no direito material afirmado em juízo pelo autor. Assim, à luz da relação jurídica de direito material, verificar-se-ia se o autor é legitimado a estar em juízo (se é potencialmente titular do direito afirmado na lide), e se possui interesse em estar em juízo (se é necessário ou se o procedimento escolhido é adequado). A análise desses fatores seria feita tendo em vista a relação jurídica de direito material.

Apesar de haver essa análise, ela não descarta um julgamento de improcedência dos pedidos do autor. É uma observação inicial, para que não se perca o tempo do processo com litigantes que não tenham qualquer relação com o direito material controvertido; ou que não precisam estar em juízo; ou não escolheram o procedimento adequado. É fator de otimização da jurisdição, para que não se desgaste tempo processual com sujeitos sem ligação com os escopos da jurisdição.

Um dos grandes traços característicos da teoria eclética é que **é dada ao juiz a oportunidade de analisar as condições da ação a qualquer momento processual, independentemente do momento probatório existente**. Essa, por exemplo, é a inteligência do nosso código, nos temos do art. 485, § 3º, do CPC de 2015.

1.2. Teoria da asserção

A elaboração da teoria da asserção adveio com a necessidade de resolução de um inconveniente prático. Segundo essa teoria não seria razoável que um processo se desenrolasse por anos e anos, e, ao final da instrução probatória – e como consequência da colheita de provas realizada no processo – o juiz prolatasse uma sentença sem resolução de mérito. Seria contra os escopos pacificadores da jurisdição que uma lide se arrastasse até o seu final, para não ter uma resposta definitiva sobre o problema que lhe foi colocado.

Assim, pensando nesse problema, **a teoria da asserção**, ou na linguagem original *in status assertionis*, **defende que o provimento jurisdicional sobre a ausência das condições da ação mudaria de natureza jurídica de acordo com o momento processual em que for prolatado**. Melhor dito, o magistrado somente extinguiria o processo sem resolução de mérito, por carência da ação, em um primeiro instante processual. Passado este instante, o seu julgamento, por mais que constate a falta de uma das condições da ação, seria de mérito, ou seja, de improcedência do pedido.

As condições da ação seriam analisadas somente de acordo com a narrativa dos fatos realizada pelo autor na petição inicial. Desta maneira, a constatação da presença ou não dos requisitos mínimos à propositura da demanda seria feita à luz da leitura da causa de pedir remota, exposta pelo autor em sua inicial. Caso a constatação da ausência de algum ou alguns elementos das condições da ação demande uma instrução probatória posterior, ainda que mínima, o caso não será de extinção processual sem resolução de mérito, mas, sim, de improcedência do pedido.

Pode-se dizer, analogicamente**, que esta teoria cria um momento preclusivo para o juiz analisar as condições da ação.** Este momento preclusivo seria o despacho da inicial. Caso o juiz a despache positivamente, ordenando a citação do réu para a sua defesa, toda a análise posterior das condições da ação resultaria no julgamento de mérito, com esteio no art. 487 do CPC. É como se estabelecesse um momento limite para a análise dos requisitos da ação: o despacho da inicial. Tudo o mais seria análise de mérito. A necessidade posterior de produção e análise de prova, para a verificação da presença das condições, resultaria na extinção processual com resolução de mérito.

Tome-se como exemplo a seguinte situação: o autor narra na inicial que possui uma relação jurídica contratual com determinado réu e que, em virtude de seu descumprimento, está exigindo as perdas e os danos competentes. Entretanto, com a oitiva posterior de testemunhas, verifica-se que o demandado, em verdade, não era responsável por aquele cumprimento contratual, sendo de incumbência de outrem.

Nesse caso, segundo a teoria da asserção, como foram necessárias a produção probatória e uma análise mais aprofundada do que a simples leitura da inicial, para a determinação da presença ou não das condições da ação, o provimento do juiz seria de improcedência do pedido (art. 487, I, do CPC), e não de extinção processual por ilegitimidade de parte (art. 485, VI, do CPC).

É importante dizer que, apesar da escolha legislativa realizada por nosso direito positivo, fora pela aplicação da teoria eclética, **a jurisprudência, em alguns casos, posiciona-se pela aplicação da teoria da asserção**. Desta feita, já é possível identificar alguns julgados no Superior Tribunal de Justiça (STJ), que tratam sobre a aplicação da matéria.

Existe, inclusive, julgamento repetitivo no âmbito do STJ, versando sobre a matéria. No caso a seguir, discutiu-se se a incorporadora imobiliária deveria responder por eventual comissão de corretagem paga pelo consumidor. Assim, se eventualmente a comissão foi paga pelo corretor, a empresa não teria legitimidade passiva para responder por este ponto em específico. O entendimento final foi de que à luz daquilo que foi exposto na inicial, a incorporadora deveria ocupar o polo passivo, com julgamento de improcedência (mérito), ao final.

> RECURSO ESPECIAL REPETITIVO. DIREITO CIVIL E DO CONSUMIDOR. PROCESSUAL CIVIL. INCORPORAÇÃO IMOBILIÁRIA. VENDA DE UNIDADES AUTÔNOMAS EM ESTANDE DE VENDAS. CORRETAGEM. CLÁUSULA DE TRANSFERÊNCIA DA OBRIGAÇÃO AO CONSUMIDOR. ALEGAÇÃO DE ABUSIVIDADE.TEORIA DA ASSERÇÃO. LEGITIMIDADE PASSIVA DA INCORPORADORA. VALIDADE DA CLÁUSULA. SERVIÇO DE ASSESSORIA TÉCNICO-IMOBILIÁRIA (SATI).COBRANÇA. DESCABIMENTO. ABUSIVIDADE. 1. TESE PARA OS FINS DO ART. 1.040 DO CPC/2015: 1.1. Legitimidade passiva "ad causam" da incorporadora, na condição de promitente-vendedora, para responder pela restituição ao consumidor dos valores pagos a título de comissão de corretagem e de taxa de assessoria técnico-imobiliária, nas demandas em que se alega prática abusiva na transferência desses encargos ao consumidor. 2. CASO CONCRETO: 2.1. Aplicação da tese ao caso concreto, rejeitando-se a preliminar de ilegitimidade. 2.2. "Validade da cláusula contratual que transfere ao promitente-comprador a obrigação de pagar a comissão de corretagem nos contratos de promessa de compra e venda de unidade autônoma em regime de incorporação imobiliária, desde que previamente informado o preço total da aquisição da unidade autônoma, com o destaque do valor da comissão de corretagem" (tese firmada no julgamento do REsp 1.599.511/SP). 2.3. "Abusividade da cobrança pelo promitente-vendedor do serviço de assessoria técnico-imobiliária (SATI), ou atividade congênere, vinculado à celebração de promessa de compra e venda de imóvel" (tese firmada no julgamento do REsp 1.599.511/SP). 2.4. Improcedência do pedido de restituição da comissão de corretagem e procedência do pedido de restituição da SATI. 3. RECURSO ESPECIAL PROVIDO, EM PARTE(REsp. nº 1.551.951/SP, rel. Ministro PAULO DE TARSO SANSEVERINO, Segunda Seção, julgado em 24.08.2016, DJe 06.09.2016).

Confira-se o seguinte quadro comparativo das duas teorias:

TEORIA ECLÉTICA	TEORIA DA ASSERÇÃO
Estabelece que a qualquer momento podem ser verificadas as condições da ação. Assim, não haveria momento processual preclusivo para a sua análise pelo juiz. Se sua observação resultar de atividade probatória posterior, não há qualquer entrave em uma sentença terminativa.	Estabelece que há momento preclusivo para a análise. Seria, portanto, no primeiro contato do juiz com a petição inicial, de acordo com a narrativa nela realizada. Caso a verificação de eventual inexistência de interesse ou legitimidade for realizada após mínima instrução probatória, trata-se de matéria de mérito.

2. CONDIÇÕES DA AÇÃO

2.1. Legitimidade (ordinária e extraordinária)

A legitimidade da parte está ligada à pertinência subjetiva para a ação, ou, em outras palavras, **na aparente coincidência entre as alegações da inicial com a possível titularidade do direito subjetivo afirmado no processo**.

Segundo esta condição da ação, a parte que pede algo em juízo, ou aquela em face de quem algo é pedido em juízo, deve ter correlação com o objeto processual litigioso.

Assim, o autor daquela ação judicial deve, pelo menos em tese, ter relação com o direito pleiteado no processo. O réu, de certa forma, deve ser, em tese, aquele que praticou o ato que gerou a lesão ao direito. A necessidade de legitimidade pode ser aferida à luz do art. 17 do CPC.

Ainda, o art. 18 do mesmo diploma estabelece a regra no ordenamento brasileiro, segundo o qual "ninguém poderá pleitear direito alheio em nome próprio, salvo quando autorizado pelo ordenamento jurídico". **Essa legitimidade, contida na primeira parte do art. 18 do CPC de 2015, é chamada de legitimidade ordinária**, ou, em outras palavras, aquela de quem possui relação com o objeto processual litigioso e está, em nome próprio, defendendo em juízo.

A expressão, contida no art. 18 do CPC, "salvo quando autorizado pelo ordenamento jurídico", revela o instituto da legitimidade extraordinária. Dá-se a legitimidade extraordinária sempre que um determinado sujeito age em juízo em nome próprio, mas defendendo direito alheio. Está em juízo como autor da ação judicial, mas na verdade o direto que está sendo disputado em juízo pertence a outrem.

Assim, não há coincidência entre a situação litigiosa, ou a sua possível titularidade, com aquele que defende os interesses em juízo. A legitimidade extraordinária também é chamada de substituição processual. Este titular do direito é chamado de substituído processual, e o legitimado extraordinário é chamado de substituto processual.

Como esse assunto foi cobrado em concursos públicos

2017 – IBEG – IPREV – Procurador Previdenciário. Ninguém poderá pleitear direito alheio em nome próprio, salvo quando autorizado pelo ordenamento jurídico. (correto)

O Professor Daniel Assumpção noticia a existência de autores que defendem uma diferenciação entre os termos legitimidade extraordinária e substituição processual. (NEVES, 2018. P. 135). Entendem que a legitimidade extraordinária pode ser exclusiva ou concorrente. É exclusiva quando a lei, ao outorgar a legitimidade de estar em juízo ao substituto processual, exclui a possibilidade de o substituído pleitear em nome próprio esse direito. Seria uma hipótese de um titular de um determinado direito não poder ingressar em juízo para defendê-lo, ficando à mercê da atuação do substituto processual para ter seus interesses resguardados.

Já no caso da legitimidade extraordinária concorrente, a lei atribuiria aos dois, substituído e substituto, a possibilidade de ingressarem em juízo para a defesa dos interesses do primeiro. Para esses doutrinadores, a expressão substituição processual somente poderia ser utilizada para os casos de legitimação extraordinária exclusiva. Atualmente, entretanto, há grande dificuldade prática de se encontrarem exemplos para a distinção realizada acima, de forma que pela maioria dos doutrinadores as expressões legitimidade extraordinária e substituto processual são tidas como sinônimos. (NEVES, 2018. P. 136)

Parece que essa distinção foi adotada pelo CPC de 2015. Perceba-se que no parágrafo único do art. 18 há a menção ao termo substituição processual, e a possibilidade de o substituído ingressar posteriormente em juízo como assistente litisconsorcial. Perceba: **"Havendo substituição processual, o substituído poderá intervir como assistente litisconsorcial"**.

Como esse assunto foi cobrando em provas de concursos públicos

2016 – CESPE – TCE-PA –Prova: CESPE – 2016 – TCE-PA – Auditor de Controle Externo – Área Fiscalização. Direito A respeito da jurisdição, da ação e dos sujeitos do processo, julgue o item subsecutivo. Na hipótese de substituição processual, é vedada pela legislação processual civil a intervenção do substituído como assistente litisconsorcial. (incorreto).

2.2. Interesse de agir

O interesse de agir está ligado à utilidade que a tutela jurisdicional traz ao autor da ação judicial. **Só tem interesse de agir aquele que demonstrar em juízo que o provimento jurisdicional buscado lhe trará uma vantagem jurídica**. Ou seja, o Estado só será chamado a intervir em uma demanda quando o resultado dela trouxer vantagens jurídicas (utilidade), para o autor da ação. O intento de uma ação judicial em que a providência prática não mais poderá ser alcançada constitui falta de interesse de agir, porquanto inexistente a utilidade do provimento.

Um dos exemplos que a doutrina cita (DIDIER, 2017. P. 404), a respeito desta falta de utilidade, está presente no art. 836 do CPC, pelo qual não se admite a penhora no processo de execução, quando o valor exequendo for totalmente absorvido pelas custas processuais. Há, portanto, falta de interesse de agir em uma das manifestações do poder de ação, consubstanciado na penhora de bem para a satisfação do direito do exequente.

O interesse de agir advém de duas situações, o que significa que somente há interesse de agir quando estiverem presentes, no caso concreto, duas situações. Em primeiro lugar, há interesse de agir quando existe uma pretensão de uma das partes, resistida pela outra parte, quando há, portanto, lide. Em uma segunda situação, haverá interesse de agir quando a própria lei exige que determinados direitos, apesar de não haver lide, sejam exercidos no Poder Judiciário. São as chamadas "ações constitutivas necessárias".

Conforme o professor Cândido Rangel Dinamarco (DINAMARCO, 2018. P. 117), O interesse de agir bifurca-se, para a análise de sua utilidade, **em necessidade e adequação**. A necessidade é a exigência de que a intervenção do Poder Judiciário seja a única via para a solução do litígio. Conforme já explicitado acima, a necessidade surge de duas situações: ou porque a outra parte resistiu à pretensão do autor (o autor solicitou o cumprimento de seu direito e o réu não o fez de forma espontânea); ou porque é o caso das chamadas "ações constitutivas necessárias". Estas ações dão-se com determinados direitos que só podem ser exercidos perante o Poder Judiciário, sendo vedado à parte exercê-los fora do processo. Um exemplo é o divórcio em que estejam presentes filhos incapazes.

Já a adequação dá-se com o pedido correto de tutela jurisdicional pretendida, com o direito solicitado e adequação do procedimento estabelecido.

2.3. Possibilidade jurídica do pedido

A possibilidade jurídica do pedido é uma condição autônoma inexistente no Código de Processo Civil de 2015. Dentro desse sistema de condições da ação, é a única que não sobrevive dentro do CPC/2015. Portanto, o que eram três condições do CPC anterior viraram duas.

Como esse assunto foi cobrado em provas de concursos públicos

2017 – CONSULPLAN – TJ-MG – Titular de serviços e notas – Remoção. A impossibilidade jurídica é uma das condições da ação. (incorreto).

3. DINÂMICA DAS CONDIÇÕES DA AÇÃO

Quando se ingressa com uma demanda, através de uma petição inicial, seja registrando ou distribuindo em juízo, são narrados os fatos e fundamentos. Em decorrência destes, será realizado ainda o pedido. Estes são dois dos requisitos da petição inicial, presentes do art. 319, CPC.

Pela narrativa dos fatos da petição inicial e pelas provas documentais que a acompanham, o juiz já tem uma mínima noção do preenchimento ou não das condições da ação. Neste momento inicial, se o magistrado entender que o autor não preenche as condições da ação, que tanto a ilegitimidade ativa está clara ou mesmo a ilegitimidade passiva está muito evidente, a atitude que o juiz vai tomar em relação ao caso será o indeferimento da petição inicial, conforme determina o art. 330, II e III, do CPC.

O indeferimento da petição inicial vai gerar uma sentença terminativa, sem resolução de mérito.

Caso o magistrado não verifique neste primeiro momento que as condições da ação estão inexistentes no provimento jurisdicional do autor, caberá ao réu apresentar ao juiz a sua inexistência. Todavia, em qual momento o réu deverá alegar a inexistência das condições da ação na realidade processual?

O art. 337, CPC traz as matérias que devem ser alegadas pelo réu na contestação. Estas matérias presentes neste dispositivo devem ser alegadas antes de adentrar o mérito, por isso são chamadas de preliminares. Dentre as preliminares, no inciso XI, encontra-se a ausência de legitimidade ou de interesse processual. Se o réu argui essas disciplinas em sua defesa, o juiz vai proferir o julgamento conforme o estado do processo, nos termos do art. 354, CPC, determinando a extinção do processo (sentença terminativa).

Em resumo, a ausência das condições da ação é matéria que pode ser reconhecida de ofício pelo juiz, podendo gerar o indeferimento da petição inicial e, caso não gere o indeferimento, **pode ser alegada em preliminar de contestação**.

Passado o momento da contestação, o juiz pode continuar reconhecendo a ausência das condições da ação, de acordo com o art. 485, §3º, CPC. Assim, nos termos do que preconiza nosso código, a qualquer momento a ausência desses elementos poderá ser analisada pelo juiz.

Mesmo ante a literalidade do §3º, art. 485, CPC, não é entendimento pacífico que o juiz pode, a qualquer momento, reconhecer a ausência das condições da ação. Conforme já exposto anteriormente, **caso o leitor adote a teoria da asserção, após o momento inicial da verificação da petição, a eventual ausência de legitimidade e interesse gerará uma sentença de mérito**. Lembre-se, contudo, que a literalidade do CPC de 2015 ainda permite ao juiz conhecer da inexistência das condições a qualquer momento.

Como esse assunto foi cobrado em provas de concursos públicos

2016 – CESPE – PGE-AM – Prova: CESPE – 2016 – PGE-AM – Procurador do Estado. A respeito das normas processuais civis pertinentes a jurisdição e ação, julgue o item seguinte. Segundo as regras contidas no novo CPC, a legitimidade de parte deixou de ser uma condição da ação e passou a ser analisada como questão prejudicial. Sendo assim, tal legitimidade provoca decisão de mérito. (Incorreto)

4. ELEMENTOS DA AÇÃO

O ordenamento jurídico pátrio, pelo dogma jurídico da coisa julgada, estabelecido na Constituição Federal (CF/1988), impede que duas ações idênticas sejam julgadas pelo Poder Judiciário. Caso uma das ações tenha transitado em julgado (coisa julgada), ou ainda se encontre em curso (litispendência), é defesa a propositura de outras ações idênticas.

O fenômeno de repetição de ações é coibido pelo ordenamento jurídico com a extinção processual sem resolução de mérito, do processo oriundo da ação mais nova, seja pelo trânsito em julgado da antiga, seja pelo andamento processual regular de uma ação idêntica anterior.

Da mesma forma, há uma previsão em nosso ordenamento de um fenômeno chamado perempção, nos termos do art. 486, § 3º do CPC. Segundo este instituto jurídico, o autor que der causa, por três vezes consecutivas, à extinção processual sem resolução de mérito, por sua desídia, perderá a oportunidade de propor novamente a demanda. Assim, mesmo que não haja a resolução definitiva de mérito, o autor fica obstado de propor nova ação idêntica. Os elementos que determinam a coincidência da demanda são: partes, causa de pedir e pedido. (DINAMARCO, 2018. P. 171).

Assim, a previsão legal dessa proibição encontra-se no art. 485, V, do CPC, sendo uma das causas de extinção do processo sem que o magistrado analise a questão de fundo envolvida.

Para que o ordenamento jurídico coíba as situações da repetição das ações, é necessário que se estabeleçam critérios para a sua identificação. Assim, para que sejam aplicados os fenômenos da coisa julgada e da litispendência, é primordial a lei dizer quais os pontos ou quais os requisitos que façam com que uma ação seja idêntica a outra.

A doutrina lembra, também, que a identificação das demandas não serve somente aos casos de demandas idênticas. (NEVES, 2018. P. 137). Existem alguns fenômenos processuais que estão ligados à coincidência de um ou de alguns dos elementos da demanda. Desta forma, as "demandas parecidas" também apresentam fenômenos processuais relevantes, como a conexão, a continência, a prejudicialidade externa, entre outros.

Os elementos da demanda são: partes, causa de pedir e pedido. Se inteiramente coincidentes, ocorre um dos fenômenos acima mencionados, o que levará a causa a uma sentença terminativa.

RESUMO

DIREITO DE AÇÃO E CONDIÇÕES DA AÇÃO
1. Teorias sobre o direito de ação
Direito de ação é o direito a ter um provimento de mérito na relação processual.
1.1. Teoria eclética
Direito de ação, na concepção de Liebman, era visto como o direito de ter, em juízo, uma tutela jurisdicional de mérito. Na concepção eclética, o direito de ação era, de certa forma, acessível a todos os cidadãos, desde que demonstrassem em juízo a presença de determinados requisitos, os quais chamou de "condições da ação".
1.2. Teoria da asserção
Defende que o provimento jurisdicional sobre a ausência das condições da ação mudaria de natureza jurídica de acordo com o momento processual em que for prolatado. O magistrado somente extinguiria o processo sem resolução de mérito, por carência da ação, em um primeiro instante processual. Passado este instante, o seu julgamento, por mais que constate a falta de uma das condições da ação, seria de mérito, ou seja, de improcedência do pedido.

2. Condições da ação
2.1. Legitimidade *ad causam*
A legitimidade da parte está ligada à pertinência subjetiva para a ação, ou, em outras palavras, na aparente coincidência entre as alegações da inicial com a possível titularidade do direito subjetivo afirmado no processo.
Um determinado sujeito age em juízo em nome próprio, defendendo direito alheio.
2.2. Interesse de agir
Tem interesse de agir aquele que demonstrar em juízo que o provimento jurisdicional buscado lhe trará uma vantagem jurídica.
O interesse de agir bifurca-se, para a análise de sua utilidade, em necessidade e adequação. A **necessidade** é a exigência de que a intervenção do Poder Judiciário seja a única via para a solução do litígio. A **adequação** dá-se com o pedido correto de tutela jurisdicional pretendida, com o direito solicitado e a adequação do procedimento estabelecido.
2.3. Possibilidade jurídica do pedido
A possibilidade jurídica do pedido é uma condição autônoma inexistente no CPC/2015.
3. Dinâmica das condições da ação
A ausência das condições da ação é matéria que pode ser reconhecida de ofício pelo juiz, podendo gerar o indeferimento da petição inicial e, caso não gere o indeferimento, pode ser alegada em preliminar de contestação.
4. Elementos da ação
Os elementos que determinam a coincidência da demanda são: partes, causa de pedir e pedido.

GABARITO

1	C	2	A	3	D	4	C	5	A
6	Certo	7	Certo	8	Errado	9	Certo	10	A

CAPÍTULO 3

JURISDIÇÃO

RECADO

Caro (a) leitor (a),

Conforme questões acima, os princípios da jurisdição e suas características são objeto de cobrança em concursos. O tema da jurisdição voluntária, apesar de menos recorrente, possui exemplo de cobranças recentes!

Boa Leitura!

QUESTÕES

1. **(2018 – FGV -TJ-AL – Analista Judiciário – Oficial de Justiça Avaliador)** Manuel propôs uma ação de separação judicial em face de Fernanda. Após a citação e já ultimada a fase instrutória, as partes peticionaram, em conjunto, apresentando requerimento de homologação de proposta de acordo de divórcio, partilha e alimentos entre si. Nesse cenário:

A) poderá o juiz homologar o acordo, uma vez que não está obrigado a observar o critério de legalidade estrita;

B) poderá o juiz homologar o acordo apenas quanto à partilha e alimentos, pois inéditos, e indeferir o divórcio;

C) poderá o juiz homologar o acordo apenas no tocante ao divórcio, pois tem a mesma causa de pedir já estabilizada;

D) não poderá o juiz homologar o acordo, uma vez que os pedidos têm ritos diferenciados;

E) não poderá o juiz homologar o acordo, uma vez que a demanda é de separação e já se estabilizou.

2) **(2018 – CESPE -STJ – Técnico Judiciário – Área Administrativa)** A respeito da jurisdição, julgue o item que se segue.

Entre os princípios que regem a jurisdição, o da investidura é aquele que determina que o juiz exerça a atividade judicante dentro de um limite espacial sujeito à soberania do Estado.

Certo

Errado

3. **(2019 – VUNESP – Prefeitura de São José do Rio Preto – SP – Procurador do Município)** Jurisdição é o poder que o Estado tem de resolver os conflitos, substituindo a vontade das partes e impondo essa decisão coercitivamente. Assinale a alternativa que estabelece, de acordo com a teoria clássica, majoritária no Brasil, a característica da jurisdição voluntária.

A) Tem caráter administrativo.

B) Ocorre em um procedimento em que há interessados e coisa julgada.

C) A jurisdição atua a partir de uma lide, na qual há conflitos de interesse.

D) Tem por finalidade a atuação do direito e a pacificação social.

E) Um exemplo de jurisdição voluntária é a ação de restauração de autos.

4. **(2019 – FGV – DPE-RJ – Técnico Superior Jurídico)** Constitui uma exceção à característica inerte da jurisdição:

A) ação possessória tendo por objeto bem público;

B) *habeas data;*

C) restauração de autos;

D) ação popular;

E) mandado de injunção.

5. **(2019 – NC-UFPR – TJ-PR – Titular de serviços de notas e registros)** O Estado democrático de direito é caracterizado pela distribuição de suas funções ou poderes e pelo respeito à Constituição Federal. Sobre a função jurisdicional do Estado, assinale a alternativa INCORRETA.

A) A jurisdição é atividade estatal revestida de imperatividade, e é exercida por agente imparcial.

B) As decisões dos órgãos jurisdicionais têm aptidão para se tornarem indiscutíveis, mas são passíveis de revisão pelas demais funções estatais.

C) Embora dotada de imperatividade, a jurisdição não é o único meio de solução de conflitos reconhecido pelo Estado, podendo o jurisdicionado optar por outros meios, como, por exemplo, a autocomposição.

D) Embora as formas de atuação da jurisdição possam ser divididas, como função exercida pelo Poder Judiciário a jurisdição é una.

E) Pelo princípio da inércia, em regra a jurisdição deverá ser provocada. Depois de instaurada a demanda, o processo se desenvolve por impulso oficial.

6. **(2019 – INAZ do Pará – CORE-PE – Assistente Jurídico)** Não se deve confundir a função jurisdicional com a administrativa. Só a jurisdição busca solucionar os conflitos de interesse aplicando a lei ao caso concreto e somente ela produz decisões de caráter definitivo. Tradicionalmente, a doutrina menciona quatro princípios inerentes à jurisdição; entre eles está o princípio do (a):

A) Competência, na qual aponta que somente um juiz ou promotor de justiça pode exercer a jurisdição.
B) Aderência ao território, no qual os juízes só têm autoridade dentro do território nacional.
C) Delegabilidade, que norteia a condição de delegação de responsabilidade jurídica apenas aos magistrados.
D) Afastabilidade, que indica a negação de culpabilidade ao Estado sobre qualquer ato ilícito no processo.
E) Unanimidade, indicando que os juízes e promotores de justiça devem tomar decisões uniformes.

7. **(2015 – COPS-UEL – UEL – Advogado)** Assinale a alternativa que apresenta, corretamente, o nome do princípio inerente à jurisdição, o qual estabelece que as partes hão de submeter-se ao quanto decidido pelo órgão jurisdicional.

A) Da indelegabilidade.
B) Da inerência.
C) Da inevitabilidade.
D) Da investidura.
E) Da territorialidade.

8. **(2018 – TRF – 3ª REGIÃO – Juiz Federal substituto)** Sobre a jurisdição é CORRETO afirmar que:

A) Ela é invariavelmente uma atividade estatal a cargo do Poder Judiciário.
B) Seu escopo social é a pacificação mediante a eliminação dos conflitos.
C) Seu escopo jurídico abrange a descoberta da verdade e a formação da coisa julgada material.
D) Ela é sempre uma atividade voltada à atuação do direito objetivo em concreto.

9. **(2018 – FCC – TRT – 6ª Região (PE) – Analista Judiciário/Oficial de Justiça Avaliador)** Dispõe o CPC que o juiz decidirá o mérito nos limites propostos pelas partes, sendo-lhe vedado conhecer de questões não suscitadas a cujo respeito a lei exija a iniciativa da parte. Esse enunciado compreende os princípios:

A) da adstrição ou congruência e da persuasão racional.
B) do impulso oficial e dispositivo.
C) da adstrição ou congruência e dispositivo.
D) da persuasão racional e do livre convencimento.
E) do livre convencimento e da eventualidade.

10. (2018 – CESPE – STJ – Técnico Judiciário) A respeito da jurisdição, julgue o item que se segue. Entre os princípios que regem a jurisdição, o da investidura é aquele que determina que o juiz exerça a atividade judicante dentro de um limite espacial sujeito à soberania do Estado.

Certo

Errado

1. PRINCÍPIOS DA JURISDIÇÃO

Tradicionalmente, existem duas posições clássicas sobre o conceito de jurisdição: a primeira é de Chiovenda, e a segunda é de Carnelutti. Para Chiovenda, a jurisdição é a atuação do juiz na concretização da norma geral no caso concreto. Para o autor, trata-se de aplicar a norma abstrata, tornando-a reguladora do caso concreto. O juiz, portanto, atua de acordo com a vontade concreta da lei. Já para Carnelutti, a jurisdição seria a criação da norma individual, a partir da regra geral, resolvendo a lide no caso concreto. As duas concepções de jurisdição decorrem das diferenciadas visões que os dois autores possuem do ordenamento jurídico. (MARINONI, 2017. P. 14)

Noticia Marinoni, que Chiovenda é adepto da teoria dualista (declaratória) do ordenamento jurídico, segundo o qual a jurisdição não teria o poder de criar o direito, mas tão somente de concretizar o comando legal. Já para Carnelutti, o ordenamento jurídico não teria o condão de regulamentar todas as situações ocorridas na prática. Assim, a jurisdição teria a função de integrar o ordenamento jurídico. O jurista é adepto da teoria unitária do ordenamento jurídico (constitutiva). (MARINONI, 2017. P. 24)

2. CARACTERÍSTICAS DA JURISDIÇÃO

A jurisdição é o primeiro instituto a ser estudado, dentre aqueles propostos pela teoria geral do processo. **A jurisdição é, ao mesmo tempo, poder, função e atividade. O poder jurisdicional cabe ao Estado (de resolver os conflitos).**

A função jurisdicional cabe ao Poder Judiciário. Já a atividade, na prática, é desenvolvida pelo juiz. Ressalte-se, todavia, que a disciplina das funções estatais deve ser vista de forma ponderada. Quando se fala que a atividade jurisdicional é função do Poder Judiciário não se está excluindo a possibilidade de outros Poderes praticá-la.

Assim, modernamente fala-se que é função preponderante do Judiciário a atividade em questão. **Em determinadas e excepcionais situações, a função pode ser exercida pelo Poder Legislativo.** Conforme art. 52, I da Constituição, é função do Senado Federal processar e julgar o Presidente da República nos crimes de responsabilidade. É, essencialmente, exercício da função jurisdicional por outros poderes.

Portanto, feitas as ressalvas anteriores, serão vistas algumas características da jurisdição.

2.1. Caráter substitutivo

A primeira característica da jurisdição é o seu caráter substitutivo. Ela constitui um poder estatal, de resolver os conflitos, quando a sociedade não consegue resolvê-los por si só. Assim, quando é chamada a resolver um determinado problema, dará uma solução imparcial, e equidistante das partes. **Esta solução, contudo, substitui a vontade das partes, aplicando o Direito ao caso concreto sem levar em conta os desejos de uma ou de outra parte.**

2.2. Lide

A lide é a pretensão de uma das partes, que foi insatisfeita pela outra. É uma das características da jurisdição. Sem o contraponto de interesses, não há a necessidade da atividade substitutiva do Estado. Em outras palavras, a jurisdição só atua quando existe uma situação concreta. **No entanto, existe a atuação da jurisdição sem lide, visto que há uma diferença entre a jurisdição atuar tendo sempre um caso concreto e sua atuação somente quando há lide**.

Modernamente, a doutrina aponta algumas situações que, apesar de não haver contraponto de interesses, há a atuação jurisdicional. Um exemplo dado são as ações de controle abstrato de constitucionalidade. Nelas há atuação jurisdicional sem haver conflito de interesses. Há tão somente a impugnação em abstrato de uma determinada norma. Assim, mesmo não havendo conflito de interesses, há atuação jurisdicional mediante decisão concreta. (DIDIER, 2017. P. 183).

Como esse assunto foi cobrado em provas de concursos públicos

2017 – CESPE – TCE-PE – Prova: CESPE – 2017 – TCE-PE – Analista de Gestão – Julgamento. Com relação ao conceito, à natureza e às fontes do direito processual, julgue o item a seguir. A lide é o conflito de interesse qualificado pela existência de uma pretensão resistida, sendo sempre de competência do Poder Judiciário. Incorreto.

2.3. Inércia

O Estado-juiz, em regra, não pode tomar a iniciativa de começar um processo. Ele deve aguardar que as partes o procurem, para que ele solucione o litígio. Isto ocorre por duas razões: a primeira delas é que é conveniente que as pessoas procurem o Poder Judiciário, quando não consigam resolver suas questões sozinhas. Permitir que o Estado inicie um processo, sem a vontade das partes, é incentivar algumas situações que não deveriam gerar conflitos, ou que as partes não o desejem, apesar de haver uma lesão a direito. Em segundo lugar, caso o magistrado pudesse iniciar um processo, teria a sua imparcialidade comprometida, pois estaria ligado subjetivamente à lide.

Existem exceções à regra da inércia do magistrado. Em alguns casos, o juiz poderá tomar a iniciativa de começar um processo de ofício, **como na convolação da recuperação judicial em falência (arts. 73/74 da Lei nº 11.101/2005)**. Também, o CPC de 2015 trouxe que o procedimento de restauração de autos pode ser iniciado de ofício pelo magistrado, sem a necessidade de provocação das partes. Seria, ainda, outra exceção à inércia mencionada.

Decorrente da característica da inércia, **advém o chamado princípio da congruência, o qual se encontra previsto nos arts.492 do CPC**. Por este princípio o juiz não está autorizado a decidir fora dos limites colocados pelo autor na petição inicial nem além do que lhe foi pedido.

Como esse assunto foi cobrado em provas de concursos públicos

2017 – Nosso Rumo – CREA-SP – Advogado. A fixação da jurisdição tem como base o pedido inicial. Diante disso, assinale a alternativa que apresenta o princípio processual aplicável a esta delimitação. "Princípio da congruência ou da adstrição. Correto.

Em outras palavras, a petição inicial traça os limites objetivos da demanda, dentro dos quais a decisão será proferida. A questão a saber é se existe possibilidade de o magistrado conceder um pedido que não foi solicitado na petição inicial. Ou seja, se existe no ordenamento jurídico possibilidade de excepcionar o princípio.

Há a possibilidade de exceção nos chamados pedidos implícitos.

Pedidos implícitos são pedidos que, mesmo não sendo feitos na petição inicial, podem ser concedidos pelo magistrado na sentença. São considerados pedidos implícitos os juros legais, a correção monetária e as verbas de sucumbência, inclusive os honorários advocatícios. Ainda, nas obrigações de trato sucessivo, as parcelas vincendas, ainda que não pedidas expressamente na inicial, consideram-se incluídas no pedido final (art. 322, § 1º, e 323 do CPC de 2015).

Há uma questão interessante que deve ser ventilada, no presente caso. Os juros legais e os honorários advocatícios sempre possuíram tratamentos diferenciados pela jurisprudência. Os juros legais, nos termos da Súmula nº 254 do Supremo Tribunal Federal (STF), podem ser computados na execução, ainda que não constantes da sentença condenatória. Assim, seriam eles verdadeiras condenações implícitas. Mesmo que não pedidos na inicial e, mesmo que não mencionados na sentença, podem ser cobrados em execução.

Em relação aos honorários sucumbenciais, o STJ editou a Súmula nº 453. Segundo o entendimento do tribunal, os honorários advocatícios, quando omitidos na decisão judicial, não podem ser objeto de execução, nem tampouco de ação autônoma de cobrança. Veja-se, portanto, a dualidade de entendimento em relação aos dois pedidos implícitos.

Todavia, **a súmula apresentada encontra-se parcialmente inválida, à luz do art. 85, § 18, do CPC de 2015**. Segundo o dispositivo legal, "Caso a decisão transitada em julgado seja omissa quanto ao direito aos honorários ou ao seu valor, é cabível ação autônoma para sua definição e cobrança". Assim, ainda que não possam ser cobrados na mesma demanda, podem ser objeto de fixação e cobrança em ação autônoma.

Como esse assunto foi cobrado em concursos públicos:

2017 – CESPE Órgão: TCE-PE Analista de Gestão. Com relação ao processo, seus princípios e seus procedimentos, julgue o item subsequente. Dado o princípio da demanda, o juiz não pode agir sem ser provocado pelo interessado, salvo no caso das exceções previstas em lei. Correto.

2.4. Definitividade

Somente a jurisdição possui a aptidão para gerar a coisa julgada material. Em outras palavras, somente o processo pode gerar a imutabilidade do conteúdo da decisão judicial. Isto quer dizer que o que foi definitivamente decidido na sentença judicial não poderá ser decidido novamente no mesmo processo e em nenhum outro posterior. **Da mesma forma, nenhuma autoridade administrativa poderá desrespeitar o que foi decidido na jurisdição**, nem tampouco o legislador poderá editar leis que contrariem a coisa julgada.

É certo que a aptidão para gerar a coisa julgada material não é um atributo obrigatório na caracterização da jurisdição. É correto dizer que existe atividade jurisdicional sem, contudo, haver coisa julgada material e imutabilidade da decisão judicial. Uma das claras hipóteses é a decisão na tutela cautelar. Não há dúvidas de que esta decisão judicial é proferida em atividade jurisdicional. Todavia, não possui o condão de gerar a coisa julgada material.

Em relação à definitividade, um debate é interessante: é possível a relativização da coisa julgada material?

A questão da relativização da coisa julgada material vem suscitando vários debates, existindo, de um lado, autores que defendem a sua relativização (DINAMARCO, 2003. P. 10) e, de outro lado, aqueles que defendem a intangibilidade da coisa julgada material (JÚNIOR, 2009. P. 60).

O STJ já se manifestou sob um dos aspectos do instituto, nas ações de investigação de paternidade que transitaram em julgado à época de inexistência do exame pericial de DNA. O tema foi objeto do Informativo de 512 do STJ.

Nele, o STJ decidiu sobre a possibilidade de relativização – trata de situação que a ação de investigação de paternidade originária tinha sido julgada improcedente por ausência de provas, posto que à época de seu julgamento não havia a técnica de exame de DNA, nem foram utilizadas as experiências científicas existentes. A averiguação da paternidade foi feita à luz da prova testemunhal, sendo que o autor não conseguiu atestar seu vínculo de parentesco. A posição do STJ, então, foi a seguinte: quando a ação de investigação de paternidade for julgada improcedente, por ausência de provas, mormente pela ausência da técnica do DNA, é possível a relativização da coisa julgada material.

Na visão do tribunal, a improcedência da ação, por ausência de provas, em que não foi possível se chegar à conclusão sobre a existência do vínculo, **admite a relativização. Confira-se:**

> Admite, todavia, a jurisprudência deste Tribunal a propositura de nova ação de investigação de paternidade, nas hipóteses em que o pedido foi julgado improcedente por falta de prova, mas não foi excluída expressamente a possibilidade de que o investigado seja o pai do investigante (REsp. nº 1.223.610-RS, rel. Min. Maria Isabel Galeote, julgado em 06.12.2012).

A questão da relativização definida pelo STJ já foi objeto de cobrança em concursos Públicos. Confira-se:

Como esse assunto foi cobrado em provas de concursos públicos

2018 – Quadrix – CREF – 13ª Região (BA-SE) – Analista. No que se refere à aplicação das leis no tempo e no espaço, julgue o item a seguir. Em caso de exclusão expressa da paternidade após a realização de prova pericial e técnica na primeira ação de investigação de paternidade, não restará excluída a possibilidade de propositura de nova demanda sobre esse idêntico objeto, em razão da interpretação modos in rebus da coisa julgada e da sua relativização para o alcance da Justiça. (incorreto)

3. PRINCÍPIOS DA JURISDIÇÃO

Como em outras áreas do Direito, a jurisdição possui seus princípios próprios. Nos tópicos a seguir serão analisados os princípios da jurisdição, que estão presentes na maioria dos ordenamentos modernos, e também no Estado brasileiro.

3.1. Investidura

Somente pode prestar a atividade jurisdicional aquele que se encontra regularmente investido do poder estatal. No Brasil, a investidura pode advir de duas situações: **ou pela aprovação no concurso público para juiz (art. 93, I, da CF/1988), de provas e títulos, ou por meio do quinto constitucional nos tribunais (art. 94, CF/1988).**

3.2. Aderência ao território ou territorialidade

Todo juiz somente pode atuar nos limites territoriais de sua competência. Havendo a necessidade de atuar fora desses limites, sempre deverá fazê-lo por meio da cooperação de outros magistrados. Como exemplo, temos a utilização da carta precatória, para juízes de competência territorial diversa. Assim, caso o juiz de uma determinada cidade necessite realizar um ato processual fora dos limites de sua competência, deverá utilizar-se deste instrumento, para que seu ato tenha validade.

Existem, todavia, **exceções ao princípio da territorialidade**, pelas quais é lícito ao magistrado praticar atos processuais fora de sua comarca de origem.

Uma das exceções é o art. 246 do CPC, nas **citações por correio**. Nos termos deste dispositivo legal, a citação por correio pode ser feita para qualquer comarca do Brasil, independentemente de carta de cooperação (precatória). Do mesmo modo, em se tratando de **penhora de bens imóveis e veículos automotores**, os arts. 845, § 1º, do CPC permitem ao magistrado realizar os atos de constrição patrimonial mediante termo nos autos, oficiando-se o cartório correspondente, independentemente de cooperação do juiz da comarca onde está situado o bem.

Ainda, não se pode esquecer o art. 255 do CPC, pelo qual se permite ao oficial de justiça realizar os atos de citação, intimação, notificação, penhora, ou quaisquer outros atos executivos, em comarcas contíguas ou na mesma região metropolitana. Do mesmo modo, o art. 60 do CPC permite a um juiz julgar causas imobiliárias em imóveis situados em mais de uma comarca, pela regra da prevenção.

3.3. Princípio da indelegabilidade

A indelegabilidade trata-se da impossibilidade de delegação da função jurisdicional. Como o Poder Judiciário possui a função preponderante de aplicar a norma jurídica ao caso concreto, a função jurisdicional é a sua função precípua e, portanto, e. não pode ser delegada. Este princípio da indelegabilidade age sob dois aspectos: **indelegabilidade externa e interna**. (NEVES, 2018. P. 87).

Sob o aspecto externo, a indelegabilidade impede que o Poder Judiciário, sem prévia previsão constitucional, delegue a outro poder a função jurisdicional. No aspecto interno, a indelegabilidade consiste na impossibilidade de um órgão do Poder Judiciário, ao ser investido de determinada competência, transferir o seu ofício de julgar a outro órgão do Poder Judiciário. No entanto, este princípio comporta as suas exceções.

A primeira delas é a aplicação do art. 102, I, "m", da Constituição Federal de 1988 (CFE/1988). Segundo este dispositivo, o STF poderá transferir aos órgãos inferiores a execução de seus julgados. Esta delegação vem sendo repetida em todos os tribunais, e não só no STF, pela aplicação analógica deste dispositivo legal. No entanto, esta delegação é feita de forma parcial, pois abrange somente os atos executivos (materiais). Os atos decisórios conservam a sua competência no tribunal delegante.

Outro exemplo dessa delegação interna é o art. 93, XI, da CF/1988. Pelo dispositivo em questão, permite-se ao tribunal com mais de 25 membros delegar as funções do plenário a um órgão especial constituído. Ainda, pode ser feita a delegação de atos meramente instrutórios do processo, como o art. 972 do CPC, em casos de ação rescisória.

Em relação à carta precatória, não há delegação de competência. O juízo deprecante sequer possui competência para praticar o ato em outra comarca. Se não há competência, não há delegação. Trata-se, em verdade, de genuíno ato de solicitação de cooperação judicial.

Muita atenção, caro leitor! Já foi cobrado em provas esse princípio sob outra denominação. Ele foi chamado de princípio da improrrogabilidade!

3.4. Princípio da inevitabilidade

A partir do momento em que as partes estão submetidas à lide, estarão inevitavelmente sujeitas aos efeitos da decisão judicial. O cumprimento da decisão do juiz não depende de vontade das partes, aliás, independe da vontade das partes. **Mesmo que não queiram suportar a sentença, estarão inevitavelmente submetidas a ela**. Assim, fala-se que a inevitabilidade age em dois momentos processuais distintos. O primeiro deles, nos termos do art. 238 do CPC, a partir do momento em que o réu é citado, não pode se negar a integrar a relação jurídica processual. A integração ao processo é inevitável. Em segundo lugar, uma vez integrado ao processo, as partes estão sujeitas, de forma inevitável, aos efeitos da decisão judicial. A jurisdição coloca os atores do processo em um estado de sujeição.

Como esse assunto foi Cobrado em concursos públicos

Ano: 2017 – Banca: CESPE – Órgão: DPE-AC – Prova: CESPE – 2017 – DPE-AC – Defensor Público. No que se refere à jurisdição civil nacional, assinale a opção correta: Em decorrência do princípio da inevitabilidade, essa jurisdição não alcança a todos os indivíduos incorreto.

4. ESCOPOS (OBJETIVOS) DA JURISDIÇÃO

O tema dos objetivos ou escopos da jurisdição é muito bem trabalhado pelo professor Cândido Rangel Dinamarco, em sua obra *A instrumentalidade do processo*. (DINAMARCO, 1987). De acordo com ele, o processo civil deverá ser instrumental. Esta instrumentalidade, entretanto, divide-se em instrumentalidade negativa e instrumentalidade positiva. São as duas facetas da instrumentalidade processual.

4.1. Instrumentalidade negativa

Instrumentalidade negativa do processo é vista como o direito processual civil ser um instrumento de aplicação do direito material. Em outras palavras, o processo não é um fim em si mesmo, mas tão somente uma via para a aplicação do direito material. Assim, essa postura leva o intérprete a entender que, ao aplicar a norma processual, se deve sempre buscar os resultados almejados pelo direito material. Fazer do processo um fim em si mesmo é desvirtuar a sua finalidade, que é resolver a lide que é colocada em juízo.

4.2. Instrumentalidade positiva

A instrumentalidade pelo seu aspecto positivo **diz respeito ao processo alcançar os seus fins éticos**. É a utilização da jurisdição para atender aos fins do Estado Democrático de Direito. Os objetivos do processo fogem aos seus fins estritamente jurídicos. Trata-se do aspecto valorativo do processo. Assim, o processo teria três objetivos, que são chamados de "escopos da jurisdição". São escopos da jurisdição: o escopo social, o escopo jurídico e o escopo político.

a) **Escopo social da jurisdição**: o escopo social do processo possui dois flancos. O primeiro deles é a **pacificação com justiça**. As decisões devem ser justas e tornar a questão jurídica irrelevante, dando ao caso a melhor solução e gerando a conformidade dos jurisdicionados. Já o segundo aspecto do escopo social diz respeito à **função educacional do processo**. Por meio das decisões judiciais o Poder Judiciário ensina os jurisdicionados quais são os seus direitos e qual é o seu modo de proceder diante do direito material.

b) **Escopo jurídico da jurisdição**: o escopo jurídico do processo diz respeito à aplicação concreta do direito objetivo, mantendo-se íntegro o ordenamento jurídico. Trata-se de resolver a chamada "lide jurídica" e solucionar a suposta agressão ao ordenamento jurídico.

c) **Escopo político da jurisdição:** em relação ao escopo político da jurisdição, existem três objetivos mais específicos. Em primeiro lugar, o processo deve ser utilizado para o **fortalecimento do Estado**, reafirmando o seu poder soberano.

Em segundo lugar, o escopo político do processo visa o **culto às liberdades públicas e aos direitos fundamentais**. Ao aplicar os direitos fundamentais aos casos concretos, a jurisdição está afirmando a posição política do Estado por garantir esses direitos. Garanti-los é, em certa medida, fortalecer o Estado Democrático de Direito. Em terceiro lugar, para cumprir este objetivo da jurisdição, a jurisdição deve ser uma forma de **garantir aos cidadãos a participação direta na administração do Estado**, criando instrumentos jurídicos para a interferência no poder. Um desses instrumentos é a legitimidade de qualquer cidadão para o intento da ação popular, prevista pela Lei nº 4.717 de 1965.

5. JURISDIÇÃO VOLUNTÁRIA

Uma das maiores polêmicas existentes na teoria geral do processo reside na natureza jurídica da jurisdição voluntária. Discute-se se a jurisdição voluntária é ou não jurisdição realmente, ou é mera atividade de administração de interesses privados, delegada ao Poder Judiciário, por meio de política legislativa. Antes de adentrar-se à polêmica, ver-se-á, primeiro, as características da jurisdição voluntária.

A primeira das características é a obrigatoriedade. Apesar de o nome ser estabelecido como "jurisdição voluntária" a maioria dos procedimentos ali estabelecidos caracteriza-se como "ações constitutivas necessárias", ou seja, uma das vias em que surge o interesse de agir/necessidade no processo. São previsões procedimentais de direitos que só podem ser exercidos na presença do Poder Judiciário. Ou seja, os direitos previstos pelos procedimentos não podem ter suas consequências jurídicas almejadas pelas partes, senão pelo ingresso e o início de um processo de jurisdição voluntária. Um exemplo seria o divórcio consensual, com a presença de nascituro ou filho absolutamente incapaz.

Outra característica da jurisdição voluntária é seu caráter inquisitivo. Dois são os sistemas presentes na iniciativa da prova e na investigação da verdade no processo civil. O primeiro deles é o princípio dispositivo, o qual atribui às partes a produção probatória e a demonstração da verdade possível no processo. Neste sistema, a tendência do juiz é quedar-se inerte ante as atividades probatórias das partes. Nos procedimentos de jurisdição voluntária, a lei confere amplos poderes investigatórios ao juiz, tanto no descobrimento da verdade, quanto na determinação da produção de provas. Neste sentido, a predisposição da jurisdição voluntária seria para o sistema inquisitivo, permitindo ao juiz maior liberdade na procura da verdade.

Ainda, há a possibilidade de decisão fundada em equidade. Conforme art. 723, parágrafo único, do CPC, o juiz não está adstrito à observação da legalidade estrita, na prolação de decisões na jurisdição voluntária. Permite o artigo que o juiz dê a decisão baseada na equidade, tendo em vista os juízos de conveniência e oportunidade no caso concreto. O juízo de equidade somente é possível quando expressamente permitido em lei.

Como esse assunto foi cobrado em provas de concursos públicos

2017 – CESPE – TRF – 1ª REGIÃO – Técnico Judiciário. "Na jurisdição voluntária não há lide: trata-se de uma forma de a administração pública participar de interesses privados". Correto (ressalva: Neste ponto, a banca adotou a teoria administrativista de jurisdição).

5.1. Polêmica doutrinária sobre a natureza da jurisdição voluntária

Existe uma grande polêmica doutrinária sobre a natureza da jurisdição voluntária. Os autores, mais antigos e modernos, discutem se a jurisdição voluntária teria caráter jurisdicional, ou seria só uma mera administração de interesses privados, fruto de uma opção de política legislativa. A seguir serão vistas as duas posições, com os expoentes mais importantes em cada uma delas.

a) Teoria administrativista: o primeiro posicionamento, relativo à doutrina mais tradicional, (JÚNIOR, 2018. P. 153) é daqueles que defendem a ausência de caráter jurisdicional na jurisdição voluntária. Para esses autores, em virtude da respeitabilidade, da imparcialidade e da confiança que a figura do juiz imprime, alguns negócios jurídicos praticados pelas partes, por sua importância e repercussão social, deveriam ser exercidos perante o Poder Judiciário.

Esses negócios jurídicos, apesar de serem de interesses das partes, possuem repercussão social. Em virtude disso, a lei processual exige que esses direitos necessariamente devam ser exercidos perante o Poder Judiciário. O Judiciário, então, não exerceria a função de resolução de conflitos, mas tão somente agiria como administrador de interesses privados.

b) Teoria revisionista: existem autores que defendem o caráter jurisdicional da jurisdição voluntária. Os adeptos deste posicionamento são chamados de revisionistas. (NEVES, 2018. P. 100). Para eles, a ausência de lide nada tem a ver com o conceito de jurisdição. A atividade jurisdicional, na perspectiva destes autores, seria uma atividade de tutela de direitos ameaçados, ou lesados (resolvendo a lide), e de **tutela e proteção de direitos socialmente relevantes**. Neste segundo caso estaria inserido o procedimento de jurisdição voluntária. Apesar de o juiz não resolver um conflito, tutelando uma lesão ou ameaça de lesão a direito, ele, por meio do procedimento, estaria protegendo e tutelando direitos socialmente relevantes, como é o caso do divórcio consensual, com a presença de menores. Essa teoria é também chamada de Teoria jurisdicionalista.

TEORIA ADMINISTRATIVISTA	TEORIA REVISIONISTA
Estabelece que a atividade desenvolvida na jurisdição voluntária não possui caráter jurisdicional. É Atividade meramente administrativa que, pela confiança e estabilidade do Judiciário, foi delegada a este Poder.	Estabelece que a atividade realizada no âmbito da jurisdição voluntária possui caráter jurisdicional. Justificam que a atividade jurisdicional seria, também, da proteção de direitos socialmente relevantes.

RESUMO

3. JURISDIÇÃO
1. Princípios da jurisdição
Para Chiovenda, a jurisdição é a atuação do juiz fazendo a concretização da norma geral no caso concreto. Para Carnelutti, a jurisdição seria a criação da norma individual, a partir da regra geral, resolvendo a lide no caso concreto.
2. Características da jurisdição
2.1. Caráter substitutivo
A jurisdição constitui um poder estatal, de resolver os conflitos, quando a sociedade não consegue resolvê-los por si só. Esta solução substitui a vontade das partes, aplicando o Direito ao caso concreto sem levar em conta os desejos de uma ou de outra parte.
2.2. Lide
A lide é a pretensão de uma das partes, que foi resistida pela outra.
2.3. Inércia
O Estado-juiz, em regra, não pode tomar a iniciativa de começar um processo.

2.4. Definitividade
Somente a jurisdição possui a aptidão para gerar a coisa julgada material, ou seja, a imutabilidade do conteúdo da decisão judicial.
Relativização da coisa julgada material: Informativo de nº 512 do STJ: "Quando a ação de investigação de paternidade for julgada improcedente, por ausência de provas, mormente pela ausência da técnica do DNA, é possível a relativização da coisa julgada material".
3. Princípios da jurisdição
3.1. Investidura
Somente pode prestar a atividade jurisdicional aquele que se encontra regularmente investido do poder estatal.
3.2. Aderência ao território ou territorialidade
Em regra, todo juiz somente pode atuar nos limites territoriais de sua competência.
3.3. Princípio da indelegabilidade
A indelegabilidade trata-se da impossibilidade de delegação da função jurisdicional.
3.4. Princípio da inevitabilidade
A partir do momento em que as partes estão submetidas à lide, estarão inevitavelmente sujeitas aos efeitos da decisão judicial.
4. Escopos (objetivos) da jurisdição
O processo civil deverá ser instrumental. Esta instrumentalidade, entretanto, divide-se em instrumentalidade negativa e instrumentalidade positiva.
4.1. Instrumentalidade negativa
O processo não é um fim em si mesmo, mas tão somente uma via para a aplicação do direito material.
4.2. Instrumentalidade positiva
A instrumentalidade pelo seu aspecto positivo **diz respeito ao processo alcançar os seus fins éticos**. É a utilização da jurisdição para atender aos fins do Estado Democrático de Direito.
Escopo social da jurisdição
O escopo social do processo possui dois flancos: pacificação com justiça e função educacional do processo.

Escopo jurídico da jurisdição
Resolver a chamada "lide jurídica" e solucionar a suposta agressão ao ordenamento jurídico.
Escopo político da jurisdição
1º – O processo deve ser utilizado para o fortalecimento do Estado, reafirmando o seu poder soberano. 2º – O escopo político do processo visa o culto às liberdades públicas e aos direitos fundamentais. 3ª – A jurisdição deve ser uma forma de garantir aos cidadãos a participação direta na administração do Estado.
5. Jurisdição voluntária
Características da jurisdição voluntária: obrigatoriedade, caráter inquisitivo.
5.1. Polêmica doutrinária sobre a natureza da jurisdição voluntária
Teoria administrativista
Ausência de caráter jurisdicional na jurisdição voluntária.
Teoria revisionista
Caráter jurisdicional da jurisdição voluntária.

GABARITO

1	A	2	Errado	3	A	4	C	5	B
6	B	7	C	8	B	9	C	10	Errado

CAPÍTULO 4

PROCESSO

RECADO

Caro (a) Leitor (a),

Conforme se observará nas questões, os temas mais cobrados deste capítulo são aqueles relativos à capacidade processual e as questões relativas à representação. Ainda, a capacidade postulatória possui certa recorrência. Por fim, saber a classificação dos pressupostos processuais, de acordo com a divisão mais usual, também é útil aos estudos!

Boa leitura!

QUESTÕES

1. **(2019 – CESPE – TJ-DFT – CESPE – 2019 – TJ-DFT – Titular de Serviços de Notas e de Registros – Remoção)** A respeito de pressupostos processuais subjetivos, assinale a opção correta.

A) Em regra, pessoas físicas e jurídicas possuem capacidade de serem partes em processo, mas não as pessoas formais, tais como a massa falida, o condomínio edilício e o espólio, por serem entes despersonalizados.

B) As pessoas incapazes de modo absoluto e aquelas que o sejam de modo relativo não possuem capacidade para estar em juízo, razão pela qual precisam ser, respectivamente, assistidas e representadas.

C) Embora o advogado possua capacidade postulatória plena, a parte poderá atuar nos autos sem advogado em casos como nos juizados especiais cíveis em causas de primeira instância cujo valor seja de até vinte salários mínimos.

D) Os magistrados podem ter duas extensões de parcialidade: a suspeição, que é fruto de uma presunção absoluta; e o impedimento, que decorre de uma presunção relativa.

E) No processo, o dever de imparcialidade é do juiz, assim, não se aplicam aos auxiliares da justiça as hipóteses legais de impedimento e de suspeição.

2. **(2018 – FEPESE – PGE-SC – Procurador do Estado)** Em uma ação de conhecimento pelo procedimento ordinário, é apontada como ré a "Secretaria de Saúde do Estado de Santa Catarina". Nessa hipótese:

A) Não há qualquer defeito processual a ser considerado.

B) Falta legitimidade passiva, razão pela qual é cabível a extinção do feito sem julgamento do mérito.

C) Falta capacidade postulatória e, por esse motivo, deve ser dado prazo para a solução do defeito processual.

D) Falta capacidade de ser parte, razão pela qual está ausente pressuposto de constituição do processo.

E) É mera possibilidade de nulidade relativa do feito e, por esse motivo, não necessita de qualquer providência imediata.

3. **(2018 – VUNESP – Prefeitura de Sorocaba – SP – Procurador do Município)** De acordo com o entendimento da doutrina majoritária, a inexistência de capacidade postulatória representa a ausência de um pressuposto processual

A) objetivo, de validade.

B) subjetivo, de validade.

C) objetivo, de existência

D) subjetivo, de existência.

E) objetivo, de desenvolvimento

4. **(2018 – VUNESP – Prefeitura de Bauru – SP – Procurador)** A relação jurídica processual possui requisitos próprios, denominados pressupostos processuais, que devem estar presentes a fim de que esse processo suporte resolução de mérito da relação jurídica material que está por detrás da lide. Sobre a capacidade processual, como pressuposto da relação jurídica processual, é correto afirmar que

A) toda pessoa, que se encontre no exercício de seus direitos ou não, tem capacidade para estar em juízo.

B) o juiz nomeará curador especial ao réu citado pelo correio, enquanto não for constituído advogado.

C) o Município será representado em juízo, ativa e passivamente, por seu prefeito ou procurador.

D) o cônjuge não necessitará do consentimento do outro para propor ação que verse sobre direito real imobiliário.

E) verificada a incapacidade processual, o juiz, de plano, deve extinguir o processo, sem resolução de mérito.

5. **(2017 – CETRO – TJ-RJ – Titular de serviço de notas e registros)** Sobre situações correlacionadas com o instituto da capacidade postulatória, assinale a alternativa correta.

A) O menor impúbere outorga procuração ad judicia por meio de instrumento público, necessariamente.

B) A interposição de agravo regimental em sindicância apresentada por funcionário público não necessita da participação de advogado no arrazoamento.

C) O advogado que se encontra impedido de advogar contra município no início do processo mantém-se impedido mesmo quando renuncia posteriormente ao cargo público.

D) A dispensa à demonstração da representação processual de município por meio de instrumento de mandato somente é possível quando seus procuradores estiverem investidos na condição de servidores municipais.

E) A capacidade postulatória do advogado inscrito na OAB em outro estado está vinculada à inscrição suplementar naquela seccional, sob pena de nulidade processual.

6. **(2019 -CESPE – Prefeitura de Boa Vista – RR – Procurador Municipal)** Acerca de representação processual, prazos processuais e advocacia pública, julgue o item seguinte. O representante legal do absolutamente incapaz possui legitimidade ativa para figurar como parte autora em ação judicial que objetive proteger direito do seu representado.

Certo

Errado

7. **(2017 – VUNESP – Prefeitura de São José dos Campos – SP – Procurador)** As autarquias municipais serão representadas em juízo, ativa e passivamente:

A) pelo prefeito.

B) pelo procurador municipal.

C) por seu presidente.

D) por quem a lei do ente federado designar.

E) por quem o estatuto social designar.

8. **(2016 – IADHED – Prefeitura de Araguari – MG – Procurador)** Considerando as afirmativas abaixo sobre a representação ativa e passiva em juízo, que podem ser verdadeiras ou falsas, assinale a alternativa que corresponde à sequência correta das afirmações. Serão representados em juízo, ativa e passivamente:

I. A União, pela Advocacia-Geral da União, diretamente ou mediante órgão vinculado;
II. O Estado e o Distrito Federal, por seus procuradores;
III. O município, por seu prefeito, procurador ou advogados;
IV. A autarquia e a fundação de direito público, por quem a lei federal designar;

A) I (verdadeira); II (verdadeira); III (verdadeira); IV (falsa);
B) I (verdadeira); II (verdadeira); III (falsa); IV (falsa);
C) I (falsa); II (verdadeira); III (falsa); IV (verdadeira);
D) I (verdadeira); II (falsa); III (falsa); IV (falsa).

9. **(2016 – CESPE – FUNPRESP-EXE – Especialista/Área jurídica)** Acerca da capacidade postulatória e do litisconsórcio, julgue o item a seguir. A capacidade postulatória, definida como a autorização legal para atuar em juízo, é prerrogativa de advogados públicos e privados e defensores públicos, por exemplo.

Certo

Errado

10. **(2017 – CESPE – TRE-BA Analista Judiciário/Área Administrativa)** É sabido que o advogado é indispensável à administração da justiça e que a capacidade postulatória é pressuposto processual de validade dos atos decorrente da representação por advogado. Contudo, conforme o Código de Processo Civil (CPC), mesmo sem procuração o advogado pode

A) postular em juízo para praticar ato considerado urgente.
B) obter cópias de todo e qualquer processo independentemente da fase de tramitação.
C) requerer vista dos autos de qualquer processo.
D) examinar autos de todo e qualquer processo em cartório de fórum e secretaria de tribunal.
E) retirar os autos em conjunto com o procurador da outra parte do processo.

1. INTRODUÇÃO

Processo é o meio pelo qual determinado ato estatal será desenvolvido. Assim, o Estado, quando emana um "ato", conta com um procedimento prévio e anterior, para atingir aquele fim. Esse prévio e anterior meio é chamado de processo. **Assim, há o processo legislativo, o processo administrativo e o processo judicial, que é o caminho percorrido pelo Poder Judiciário para**

solucionar os conflitos. Nas palavras do Professor Cândido Rangel Dinamarco "O Poder estatal exerce-se sempre mediante um procedimento preestabelecido, sob pena de ilegitimidade deste exercício – e o procedimento caracteriza-se como processo quando for realizado em contraditório e com a outorga dos poderes, deveres, faculdades e ônus aos seus sujeitos, ou seja, com a presença de uma relação jurídica processual". (DINAMARCO, 2018).

Processo não se confunde com autos processuais. O processo, como meio de atuação estatal, envolve as partes, o juiz, os atos processuais dos auxiliares da justiça, bem como todas as relações jurídicas cabíveis entre esses entes. No entanto, essa gama de relações jurídicas necessita ser materializada. A materialização do processo é chamada de **autos processuais** (em papel, ou por meio eletrônico).

Da mesma forma, não se confundem as noções acima com a noção de procedimento. O legislador, para otimizar a produção da tutela jurisdicional, dividiu o atuar estatal em vários caminhos, de acordo com a necessidade daquele que vem a juízo pedir a resolução de seu problema. Essa divisão da prestação da tutela jurisdicional em vários caminhos distintos – cada um apto para satisfazer determinada crise jurídica em específico, são os **procedimentos jurisdicionais, ou ritos**.

Dentro do processo, os modos de atuar do Estado podem variar, de acordo com a tutela jurisdicional pretendida pelo requerente. **Na tutela de conhecimento, tem-se a divisão entre o rito processual comum e os ritos processuais especiais**. Os especiais são casuísticos, sendo cada tipo de direito corresponde a um procedimento específico. Já o procedimento comum é aquele destinado aos direitos que não reclamam um tratamento processual diferenciado. Assim, caso o direito que se busca efetivar não esteja previsto em algum procedimento especial, o rito a ser adotado será o comum.

Atenção! No CPC de 1973, a tutela do procedimento comum era dividida em dois ritos diferentes, ordinário e sumário. No Código de Processo Civil (CPC) de 2015 essa divisão desapareceu por completo. Na legislação atual a tutela pelo procedimento comum é realizada por rito único, nos termos dos art. 319 e seguintes do CPC, tendo início com a petição inicial.

2. PRESSUPOSTOS PROCESSUAIS

O direito processual civil brasileiro conhece duas etapas de juízo de admissibilidade para que se chegue à análise do mérito da demanda que foi apresentada no Poder Judiciário. A primeira dessas etapas é a presença das **condições da ação**, que dizem respeito às qualidades subjetivas e objetivas em relação ao autor, ao réu, e ao pedido deduzido em juízo.

A segunda destas etapas é condizente com a validade da prestação da tutela jurisdicional. Trata-se de alguns pressupostos formais que devem estar presentes no processo, para a sua existência e seu desenvolvimento válido. A previsão legislativa está no art. 485, IV, do CPC. Neste dispositivo legal podemos vislumbrar que o processo, sem os seus requisitos mínimos de existência e validade, será extinto, sem resolução de mérito. São os chamados **pressupostos processuais**.

É interessante mencionar que nem sempre a ausência de pressupostos processuais levará à extinção do processo sem resolução de mérito. **O destino de uma relação processual que não atende um dos pressupostos processuais é heterogêneo**. A incompetência absoluta – que é um pressuposto processual de validade – se reconhecida, não gera a extinção do processo sem resolução de mérito, mas tão somente o envio dos autos processuais ao juízo competente. Portanto, não se pode falar que a ausência de algum dos pressupostos processuais levará, inexoravelmente, à extinção processual, pois as consequências apontadas pelo próprio CPC são heterogêneas.

Não há uniformidade de tratamento em relação aos pressupostos processuais. Cada um dos doutrinadores utiliza uma classificação diferente para esta categoria do processo. Segundo parte da doutrina (ALVIM, 2018. P. 166), dividem-se em **pressupostos de existência e pressupostos de validade**. É bom que se alerte que os autores não são unânimes na classificação terminológica dos pressupostos. Entretanto, a forma mais didática de dividi-los fora a mencionada acima.

2.1. Pressupostos de existência do processo

Os pressupostos de existência são aqueles necessários ao nascimento jurídico do processo. Um processo sem esses pressupostos terá existência meramente no plano dos fatos, mas não está apto a questionar sobre produção de efeitos. Assim, para que haja a existência processual, são necessários alguns requisitos. Portanto, existem os seguintes pressupostos processuais de existência do processo: **capacidade de ser parte; existência de órgão investido de jurisdição; e existência de ato inicial de provocação da demanda**. (DIDIER, 2017. P. 354)

Atenção! Mais uma vez ressalta-se que não existe uniformidade da doutrina em relação ao tratamento dos pressupostos processuais. Neste material, adotaremos a classificação mais usual entre os autores, sem embargo de existirem diversas outras.

2.1.1. *Capacidade de ser parte*

A capacidade de ser parte é a aptidão para ser autor de um determinado processo, ou de assumir uma situação processual passiva ou interveniente. Todos aqueles que possuem capacidade de direito possuem a capacidade de ser parte. Assim, as pessoas naturais e jurídicas podem ser autoras ou rés na relação jurídica processual. **Entretanto, a capacidade processual vai além da capacidade de direito.**

É correto dizer que todos aqueles que têm capacidade de direito têm capacidade processual. Mas alguns entes que possuem capacidade processual não possuem a de direito. Um exemplo é o espólio, a massa falida, o Ministério Público, entre outros entes que possuem personalidade judiciária. Também as comunidades indígenas possuem capacidade de ser parte no processo, mas não possuem capacidade de direito (art. 35 da Lei nº 6.001 de 1973 – Estatuto do Índio). **É um pressuposto processual de existência subjetivo**.

2.1.2. *Órgão investido de jurisdição*

O órgão ao qual caberá julgar o processo deve ser investido de jurisdição, ou seja, do poder de resolver os conflitos sociais. **Assim, procedimentos que correm na via administrativa, ou até no Ministério Público, não são considerados processo, em seu sentido judicial.**

Os procedimentos administrativos podem ser revistos pela via judicial. Os processos judiciais, depois de transitados em julgado, não podem, via de regra. É a Constituição Federal de 1988 (CF/1988), a partir do art. 92, que determina os órgãos que estão imbuídos de jurisdição, ou seja, não há processo "judicial" se não houver órgão investido de jurisdição. **É um pressuposto de existência subjetivo**.

Atenção para o posicionamento doutrinário divergente! Alguns autores, como Calmon de Passos, (Apud. DIDIER, 2017. P. 234) defendem que o descumprimento de uma norma de competência constitucional levaria à inexistência do processo. Segundo o autor mencionado, as normas constitucionais atribuem a jurisdição a cada um dos órgãos do Poder Judiciário. Assim, **havendo descumprimento de uma norma constitucional de atribuição de jurisdição, haveria ausência de jurisdição** e, portanto, inexistência de processo.

Todavia, a jurisdição é una, e admitir-se o posicionamento acima seria admitir a existência de "várias jurisdições", o que vai contra a lógica do sistema. Mesmo o juiz constitucionalmente incompetente pode declarar a sua incompetência, o que mostra que, mesmo sem competência, ele possui jurisdição para a decisão. Trata-se do princípio da *Kompetenz-Kompetenz*. (DIDIER, 2017. P. 224) Portanto, apesar de importante mencioná-lo, o posicionamento em questão não se amolda ao nosso sistema processual.

2.1.3. *Existência de demanda*

A jurisdição, ou a função jurisdicional, em regra, é inerte. Salvo naqueles casos expressamente previstos em lei, a atividade de dizer o direito somente pode ser prestada se houver provocação. É o que se chama de demanda (ou o ato de exercitar o direito de ação), que se instrumentaliza com a petição inicial.

Em regra, sem que a parte provoque o Poder Judiciário, ou seja, sem que se tenha a petição inicial, não há processo. Como o Estado só atua mediante provocação, não existe processo sem que a parte procure o Poder Judiciário.

É bom que se lembre que este princípio da demanda, que estabelece que **a provocação inicial é necessária à existência do processo, sofre mitigações**. Em algumas raras situações, o processo pode iniciar de forma válida, por ato oficioso do Poder Judiciário. **É um pressuposto de existência objetivo.** Um exemplo seria a convolação da Recuperação Judicial no processo de Falência, previsto nos artigos 73 e 74 da lei 11.101 de 2005. O Juiz poderá tomar a iniciativa de instaurar o processo de execução falimentar de ofício.

2.2. Pressupostos processuais de validade

Após a existência jurídica do processo, deve-se perquirir se a relação jurídica processual está apta a produzir os efeitos jurídicos que dela se espera. Nesta segunda etapa, após a existência, serão analisados os pressupostos de validade processual. Alguns autores preferem chamá-los de **requisitos de validade processual**. (DIDIER, 2017. P. 357). O raciocínio daqueles que adotam esta terminologia é de que somente pode ser chamado de pressuposto aquilo que antecede a existência de determinado instituto. Como o processo já existe antes de seus requisitos de validade, é incorreto adotar a terminologia de "pressupostos" para estes itens. Entretanto, na maioria das provas de concurso, o termo "pressupostos" é o mais utilizado.

2.2.1. *Capacidade de estar em juízo*

A capacidade de estar em juízo é a possibilidade de ir a juízo sem a representação ou assistência de outrem; ou interveniência de outrem.

Assim, a princípio, todos possuem capacidade de ser parte, mas nem todos possuem a capacidade de estar em juízo sozinhos, sem a interveniência de outrem. Registre-se que os absolutamente incapazes devem ser representados em juízo, ao passo que os relativamente incapazes devem ser assistidos em juízo (art. 71 do CPC). **Trata-se de mesma regra destinada ao direito material.** Note-se, contudo, que o representante do absolutamente incapaz, ou o assistente do relativamente incapaz, não são considerados partes na demanda. **Autores ou réus no processo continuam sendo os representados.**

Entretanto, frise-se que a **capacidade de exercício, ou capacidade de fato, nem sempre coincide com a capacidade de estar em juízo**. Pense, por exemplo, na hipótese de um menor com 16 anos de idade que pode propor uma ação popular, sem assistência de qualquer um (art. 1º da Lei nº 4.717 de 1965).

Como esse assunto foi cobrado em provas de concursos públicos

2018 – FCC – SEFAZ-SC – Auditor Fiscal da Receita Estadual. Quanto aos sujeitos do processo, é correto afirmar: Nem toda pessoa que se encontre no exercício de seus direitos tem capacidade para estar em juízo, o que pressupõe capacidade postulatória. (incorreto).

Havendo defeito de representação processual, o magistrado deve aplicar o art. 76 do CPC. O juiz suspenderá o processo e fixará prazo razoável para que o defeito seja sanado. Não sendo atendido o despacho do juiz que deu à parte tempo necessário para a realização da regularização na capacidade processual, as consequências são diversas, a depender de quem era a parte que padecia do defeito de representação: se for o autor, é decretada sua consequente extinção; se for o réu, será decretada a sua revelia; se for um terceiro, será decretada a sua exclusão do processo, ou a sua revelia, a depender de sua posição processual.

Como esse assunto foi cobrado em provas de concursos públicos

2018 – MPE-BA – MPE-BA – Promotor de Justiça Substituto. Verificada a irregularidade da representação processual, por se tratar de pressuposto de desenvolvimento regular da ação, o juiz deve, de ofício ou por provocação, extinguir a ação sem julgamento do mérito. (incorreto).

Questão que tem sido objeto de intensas cobranças em concursos púbicos é a representação em juízo das pessoas jurídicas de direito privado, público e entes despersonalizados. Há que diga que estes entes não são representados, mas sim presentados em juízo. Aqueles que estão em seu nome agem em sua presença e não em sua representação. A disciplina encontra-se no art. 75 do CPC. Para que seja exposta de uma forma mais didática, analisemos em formato de quadro as pessoas que fazem a (re) presentação em juízo:

REPRESENTAÇÕES NO CPC/2015 (ART. 75, CPC)	
União	Advocacia-Geral da União
Estado e Distrito Federal	Procuradores
Município	Prefeito ou Procurador
Autarquia ou fundação de Dir. Público	Quem a lei do ente designar
Massa falida	Administrador Judicial
Herança jacente ou vacante	Curador
Espólio	Inventariante
Pessoa jurídica de Dir. Privado	Quem o instrumento designar, ou, na ausência, seus diretores
Sociedades, entes despersonalizados ou associações irregulares	Por quem couber a Administração de seus bens
Pessoa Jurídica estrangeira	Pelo gerente, representante ou administrador de sua filial, agência ou sucursal aberta ou instalada no Brasil
Condomínio	Administrador ou Síndico

A capacidade de estar em juízo é um **pressuposto de validade subjetivo do processo.**

2.2.2. Capacidade postulatória

A capacidade postulatória é a possibilidade de falar validamente nos autos processuais.

É a aptidão de atuar processualmente de forma técnica. Em regra, a capacidade postulatória decorre da representação de advogado em juízo, regularmente inscrito nos quadros da OAB, conforme o art. 103 do CPC. Também, outras carreiras possuem a capacidade de postular em juízo, como a Defensoria

Pública, membros da Advocacia Pública e o Próprio Ministério Público, com sua capacidade postulatória específica e afetada aos seus fins institucionais.

Entretanto, **a parte poderá postular em causa própria quando a lei lhe conferir essa prerrogativa.** Essa situação ocorre, por exemplo, nos Juizados Especiais Cíveis, regidos pela Lei nº 9.099, de 1995, no qual as partes possuem a capacidade postulatória para atuarem nas causas de valor até 20 salários mínimos.

Em outros casos, entretanto, a lei também concede capacidade postulatória à parte para um ato isolado do processo, como no caso da lei de alimentos, que, em seu art. 2º da lei 5.478 de 1968 (lei de alimentos), permite que a parte solicite, sem a intercessão de um advogado, a providência jurisdicional. Todavia, após este primeiro ato postulatório, a sua capacidade técnica deve ser completada.

Os atos praticados por advogado sem procuração nos autos são ineficazes, caso não ratificados com o instrumento de procuração (art. 104, § 2º, CPC). O art. 104, § 1º, do CPC diz que o defeito poderá ser sanado no prazo de 15 dias, prorrogáveis por mais 15 dias, findos os quais os atos serão havidos por ineficazes. **Excepcionalmente, o advogado poderá atuar nos autos processuais sem procuração, salvo para evitar a preclusão, a decadência, a prescrição ou praticar ato considerado urgente**. (Art. 104, CPC)

Imagine que determinado cliente procura o causídico no último dia do prazo para a apresentação de contestação. Ora, dada a rapidez do ato e a necessidade urgente de apresentar a defesa, o Advogado não consegue colher a respectiva procuração. Neste caso, nos termos do dispositivo legal acima, seria lícita a sua atuação sem o mandato, tendo em vista que o ato evitará a preclusão.

Sob a égide do CPC de 1973, o art. 104 do CPC/2015, o qual permite que a procuração seja juntada posteriormente aos autos, não seria aplicável aos recursos extraordinário e especial. Nos termos da Súmula nº 115 do STJ, o recurso especial interposto por advogado sem procuração é havido por inexistente, não havendo possibilidade de saneamento do defeito.

Entretanto, **a doutrina atual (GAJARDONI, 2018. P. 345), maciçamente, estabelece que a referida súmula encontra-se superada**. A superação correu pela presença no CPC de 2015 do art. 932, parágrafo único, bem como o art. 1.029, § 3º. Os dois dispositivos legais determinam o saneamento de eventuais vícios formais em recurso, antes de inadmiti-lo. Assim, o enunciado mencionado não seria compatível com o Código de Processo Civil de 2015.

Questão interessante é saber se há a necessidade do advogado, para fins de validade do procedimento, no processo administrativo disciplinar. Ora, imagine uma sindicância conduzida contra um servidor público, em que a consequência é sua possível demissão. A ausência do Advogado geraria a nulidade do procedimento? Sobre o tema o STF possui uma súmula vinculante. Para o Tribunal, nos termos do enunciado vinculante nº 5º, a ausência do profissional não invalidaria o procedimento. Confira-se: "**A falta de defesa técnica por advogado no processo administrativo disciplinar não ofende a Constituição".**

Por fim, o art. 107 do CPC traz as prerrogativas processuais do advogado, em virtude de sua capacidade postulatória. A capacidade postulatória é um **pressuposto de validade subjetivo do processo.**

2.2.3. *Competência do juízo*

O juízo, para o processamento de determinada causa, pode ser relativamente incompetente ou absolutamente incompetente. **A incompetência do juízo, para ser considerada pressuposto processual de validade, é somente a absoluta**. O reconhecimento da incompetência absoluta gera a remessa dos autos ao juiz competente. Não há extinção processual, em regra, mas tão somente a remessa dos autos ao juízo competente para tanto (art. 64, § 3º, CPC).

Inclusive, a incompetência absoluta é um vício rescisório, conforme o art. 966, II, do CPC. Pode ser, portanto, objeto de ação rescisória. **É um pressuposto processual de validade subjetivo**.

2.2.4. *Imparcialidade do juiz*

Aqui, este requisito não diz respeito ao juízo, mas à pessoa do juiz, o julgador do caso. O juiz deve ser imparcial, ou seja, não tender para nenhuma das partes envolvidas no litígio. Esta parcialidade revela-se na ausência de impedimentos ou suspeições (arts.144 e 145 do CPC).

São situações em que o magistrado é proibido de atuar em determinada demanda, seja em virtude de questões de foro íntimo, seja em virtude de laços externos com as partes ou com o processo. Entretanto, a suspeição é vício que se convalida com o trânsito em julgado do processo. Já o impedimento, vício considerado mais grave pelo ordenamento, pode ser objeto de ação rescisória, mesmo após o trânsito em julgado da sentença. **É, igualmente, um pressuposto de validade subjetivo**.

2.2.5. *Respeito às formalidades do processo*

Um pressuposto de validade processual é o respeito às formalidades processuais, ou, em outras palavras, **a regularidade formal do processo**. Assim, se determinado ato processual tiver forma predeterminada em lei, deve ser praticado o ato daquela maneira. Registre-se, entretanto, o princípio do aproveitamento dos atos processuais ou da instrumentalidade das formas, presente no art. 277 do CPC.

Note-se que a legislação processual civil, baseada a instrumentalidade do processo, busca amainar eventuais efeitos negativos advindos de determinado erro de formalidade na manifestação da parte. Assim, como decorrência deste raciocínio pode-se mencionar o art. 317 do CPC, **o qual determina do que o juiz deverá conceder à parte oportunidade de corrigir vício processual, antes de proferir decisão sem resolução do mérito.** Ou mesmo o art. 488 do CPC/2015, determinando que o juiz poderá relevar eventual nulidade ou vício, se ela aproveitar à parte que terá o pronunciamento favorável na demanda.

Este pressuposto processual é considerado como pressuposto processual objetivo intrínseco.

2.2.6. *Aptidão da provocação inicial*

Para que seja válida a tutela, não basta que o autor provoque, por meio da petição inicial, a jurisdição. É necessário, outrossim, que esse instrumento da demanda esteja respeitando os requisitos legais estabelecidos para a sua regularidade.

O nosso CPC estabelece os requisitos da petição inicial, para que ela seja considerada apta, nos arts. 319 e 320. Caso ela seja apresentada sem algum dos requisitos estabelecidos nesses artigos, e o vício seja sanável, o juiz poderá determinar a sua emenda, no prazo de 15 dias, nos termos do art. 321 do CPC. Caso o vício seja insanável, será indeferida, conforme o art. 330 do nosso diploma processual. **É um pressuposto processual objetivo intrínseco**.

2.2.7. *Citação válida*

A validade da citação é pressuposto de validade processual, levando todos os atos posteriores à ausência de comunicação válida, à nulidade. Uma coisa deve ser dita neste momento: não é necessário que o réu seja pessoalmente citado para que o ato de informação processual seja válido. É necessário que seja utilizado, corretamente, algum meio de citação disposto no CPC.

A citação pode ser ficta, e somente presumir que o réu se tornou ciente do processo. Para alguns autores (ALVIM, 2003. P. 549/550), a citação é um pressuposto processual de existência do processo. No entanto, para a maioria da doutrina, é um pressuposto processual de validade objetivo intrínseco. (NEVES, 2018 P. 172).

Conforme disposto nos arts.332 e330, existe processo validamente sem a citação do réu ou sem a integração do réu ao polo passivo da demanda.

Uma questão interessante é que o vício de citação possui uma particularidade. Trata-se de um vício chamado de vício transrescisório, que nunca se convalesceria. Assim, mesmo após o trânsito em julgado da decisão judicial e, ainda, após o prazo bienal da ação rescisória seria possível alegar este vício por meio de uma ação chamada de ***querela nullitatis insanabilis***. Esta ação não teria prazo preclusivo, podendo ser intentada a qualquer momento, pois o vício de citação não seria passível de ser sanado.

Chama atenção a diferença de competência entre a ação rescisória e a ação de *querela nullitatis*. A ação rescisória é de competência hierárquica do tribunal. Em outras palavras, a propositura de uma ação rescisória em primeira instância levaria ao reconhecimento de sua incompetência absoluta para o julgado.

Por outro lado, a *querela nullitatis* é de competência do mesmo juízo que prolatou a decisão viciada. Desta forma, é possível e até recorrente que se processe essa ação em primeira instância, o que nunca seria possível em se tratando de ação rescisória.

Ressalte-se que existem decisões do Superior Tribunal de Justiça (STJ) neste sentido. Confira-se:

> Trata-se de definir a competência para processar e julgar a ação ajuizada pelo INSS, que alegava não ter sido citado para a demanda que determinou a revisão do benefício acidentário do segurado. Logo, versa sobre a competência para processar e julgar a *querela nullitatis*. A Seção entendeu competir ao juízo que proferiu a decisão supostamente viciada processar e julgar a ação declaratória de nulidade. Precedente citado: AgRg no REsp 1.199.335-RJ, DJe 22/3/2011(**CC nº 114.593-SP,rel. Min. Maria Thereza de Assis Moura, julgado em 22.06.2011. Informativo nº 478).**

Como esse assunto foi cobrado em provas de concursos públicos

2019 – FGV – DPE-RJ – Prova: FGV – 2019 – DPE-RJ – Técnico Superior Jurídico. Anastácia intentou determinada demanda em face de Otto, que, regularmente citado, aduziu em contestação que a autora não havia observado o prazo decadencial, o qual, na ótica do réu-contestante, era de três anos. O juiz da causa, concluindo, equivocadamente, que o prazo da decadência era o trienal, em vez do quinquenal, como previsto na lei civil, acabou por acolher a tese defensiva, pondo fim à fase cognitiva do procedimento. Por lapso de seu advogado, Anastácia perdeu o prazo para interpor recurso, assim permitindo que a sentença transitasse em julgado. Três meses depois disso, procurou ela a Defensoria Pública, solicitando orientação jurídica. A medida judicial adequada para se lograr a desconstituição da sentença proferida em desfavor de Anastácia é: querela nullitatis (incorreto).

2.3. Pressupostos objetivos extrínsecos

Os pressupostos processuais objetivos extrínsecos, que também são chamados por alguns autores de **pressupostos processuais de validade negativos**, são a ausência de litispendência, de perempção, de coisa julgada e a convenção de arbitragem. Note-se que a ausência desses últimos pressupostos leva a uma sentença terminativa, sem resolução de mérito. Portanto, em sendo reconhecido pelo juiz a presença de coisa julgada, litispendência, perempção, a decisão será baseada no art. 485 do CPC (sem resolução).

Como esse assunto foi cobrado em provas de concursos públicos

2017 – IESES – TJ-RO – Titular de serviços de notas e registros (remoção) Não haverá resolução do mérito pelo juiz quando: Reconhecer a existência de perempção, de litispendência ou de coisa julgada (correto).

PRESSUPOSTOS PROCESSUAIS	**Pressupostos de existência processual**	Capacidade de ser parte
		Órgão investido de jurisdição
		Existência de demanda
	Pressupostos de Validade Processual	Capacidade de estar em juízo
		Capacidade postulatória
		Competência do juízo
		Imparcialidade
		Formalidades processuais
		Aptidão da provocação inicial
		Citação válida
		litispendência, perempção, coisa julgada e convenção de arbitragem

RESUMO

1. Introdução
Processo é o meio pelo qual um determinado ato estatal será desenvolvido.
2. Pressupostos processuais
Pressupostos formais que devem estar presentes no processo, para a sua existência e seu desenvolvimento válido (art. 485, IV, do CPC).
2.1. Pressupostos de existência do processo
Os pressupostos de existência são aqueles necessários ao nascimento jurídico do processo: capacidade de ser parte; existência de órgão investido de jurisdição e existência de ato inicial de provocação da demanda.
Capacidade de ser parte
A capacidade de ser parte é a aptidão para ser autor de um determinado processo, ou de assumir uma situação processual passiva ou interveniente.
Órgão investido de jurisdição
O órgão ao qual caberá julgar o processo deve ser investido de jurisdição, ou seja, do poder de resolver os conflitos sociais.
Existência de demanda
Demanda é o ato de exercitar o direito de ação, que se instrumentaliza com a petição inicial.
2.2. Pressupostos processuais de validade
Capacidade de estar em juízo
A capacidade de estar em juízo é a possibilidade de ir a juízo sem a representação ou assistência de outrem; ou interveniência de outrem.
Capacidade postulatória
A capacidade postulatória é a possibilidade de falar validamente nos autos processuais.
Competência do juízo
A incompetência do juízo, para ser considerada pressuposto processual de validade, é somente a absoluta.
Imparcialidade do juiz
O juiz deve ser imparcial, ou seja, não tender para nenhuma das partes envolvidas no litígio. Esta parcialidade revela-se na ausência de impedimentos ou suspeições (arts. 144 e 145 do CPC).

Respeito às formalidades do processo
Se determinado ato processual tiver forma predeterminada em lei, deve ser praticado o ato daquela maneira.
Aptidão da provocação inicial
Para que seja válida a tutela, não basta que o autor provoque, por meio da petição inicial, a jurisdição. É necessário que esse instrumento da demanda esteja respeitando os requisitos legais estabelecidos para a sua regularidade.
Citação válida
A validade da citação é pressuposto de validade processual, levando todos os atos posteriores à ausência de comunicação válida, à nulidade. Não é necessário que o réu seja pessoalmente citado para que o ato de informação processual seja válido. É necessário que seja utilizado, corretamente, algum meio de citação disposto no CPC.
Pressupostos objetivos extrínsecos
Litispendência, perempção, coisa julgada e convenção de arbitragem.

GABARITO

1	C	**2**	D	**3**	B	**4**	C	**5**	D
6	Errado	**7**	D	**8**	B	**9**	Certo	**10**	A

CAPÍTULO 5

COOPERAÇÃO INTERNACIONAL

QUESTÕES

1. (2017 – CESPE – TRF – 5ª REGIÃO – Juiz federal substituto) De acordo com as regras do Código de Processo Civil (CPC) que tratam da cooperação jurídica internacional, o denominado auxílio direto passivo

A) depende, para que seja cumprido, da concessão de *exequatur*, exceto quando tiver por objeto ato de instrução processual.

B) deve ser, caso dependa de medida judicial, pleiteado em juízo pelo Ministério Público, independentemente de quem atue como autoridade central no caso.

C) deve ser encaminhado, pelo Estado estrangeiro interessado, diretamente a órgão do Poder Judiciário brasileiro.

D) pode ser utilizado para qualquer medida judicial ou extrajudicial, desde que não vedada pela lei brasileira e não sujeita a juízo de delibação no Brasil.

E) somente pode ser utilizado nos casos previstos em tratados internacionais ratificados pelo Brasil, dependendo a sua efetivação de homologação no STJ.

2. (2017 – FMP Concursos – PGE-AC – Procurador do Estado) Considere as seguintes afirmativas sobre o tema da cooperação internacional no âmbito do Código de Processo Civil.

I. Na cooperação jurídica internacional não será admitida a prática de atos que contrariem ou que produzam resultados incompatíveis com as normas fundamentais que regem o Estado brasileiro.

II. Cabe auxílio direto quando a medida não decorrer diretamente de decisão de autoridade jurisdicional estrangeira a ser submetida a juízo de delibação no Brasil.

III. Compete exclusivamente ao juízo federal do Distrito Federal apreciar pedido de auxílio direto passivo que demande prestação de atividade jurisdicional.

IV. Somente nas hipóteses previstas no Código de Processo Civil será possível a revisão do mérito do pronunciamento judicial estrangeiro pela autoridade judiciária brasileira.

Estão CORRETAS apenas as alternativas:

A) I e II.

B) II e III.

C) II e IV.

D) I, III e IV.

E) II, III e IV.

3. (2018 - CESPE - MPU - CESPE - 2018 - MPU - Analista do MPU - Direito) Com base nas normas que regem o processo civil, julgue o item seguinte, acerca da função jurisdicional; do Ministério Público; de nulidades processuais; e de sentença. Na cooperação jurídica internacional, poderá ser prestado auxílio direto caso a medida requerida não decorra diretamente de decisão jurisdicional que, proferida por autoridade estrangeira, será submetida a juízo de delibação no Brasil.

Certo

Errado

4. 2017 - IADES - CRF - DF - Analista/Advogado) Sobre jurisdição, competência e cooperação internacional, à luz do Novo Código de Processo Civil (NCPC), assinale a alternativa correta.

A) A solicitação de auxílio direto será encaminhada pelo órgão estrangeiro interessado à autoridade judiciária, com exclusividade, cabendo ao Estado requerente assegurar a autenticidade e a clareza do pedido.

B) Cabe auxílio direto quando a medida decorrer diretamente de decisão de autoridade jurisdicional estrangeira a ser submetida a juízo de delibação no Brasil.

C) O ato de apreciar pedido de auxílio direto passivo que demande prestação de atividade jurisdicional compete ao juízo estadual do lugar em que deva ser executada a medida.

D) Recebido o pedido de auxílio direto passivo, a autoridade central o encaminhará à parte interessada na medida, que a requererá em juízo. Neste sentido, o NCPC veda a atribuição ao Ministério Público do status de autoridade central, para fins de auxílio direto.

E) Quando houver cláusula de eleição de foro exclusivo estrangeiro em contrato internacional, arguida pelo réu na contestação, o processamento e o julgamento da ação não competem à autoridade judiciária brasileira. Todavia, tal restrição à jurisdição nacional não se aplica aos casos de competência internacional exclusiva, como nos casos relativos a imóveis situados no território da República Federativa do Brasil.

5. **(2017 – CONSULPLAN – TRF – 2ª REGIÃO – Analista Judiciário/Área Judiciária)** O Novo Código de Processo Civil de 2015, Lei Federal nº 13.105, trouxe consideráveis aprofundamentos em relação à cooperação jurídica internacional e aos instrumentos que a viabilizam. Sobre o tema proposto, assinale a alternativa correta.

A) O auxílio direto é via útil ao órgão estrangeiro interessado para requerer quaisquer medidas judiciais ou extrajudiciais não proibidas pela lei brasileira.

B) Não poderá ser objeto de auxílio direto a obtenção e prestação de informações sobre o ordenamento jurídico e sobre processos administrativos ou jurisdicionais findos ou em curso.

C) Apenas quando houver prévio tratado de cooperação jurídica bilateral celebrado entre o Brasil e o país requerente será possível a prática de atos de cooperação jurídica internacional em território nacional.

D) O Superior Tribunal de Justiça, no juízo de delibação da carta rogatória, pode rever o mérito do pronunciamento judicial estrangeiro para adequá-lo com as normas fundamentais que regem o Estado brasileiro.

6. **(2017 – IBFC – TJ-PE – Técnico Judiciário)** A Cooperação Internacional foi recentemente regulamentada em território nacional por meio da promulgação do novo Código de Processo Civil. A respeito do tema, assinale a alternativa que contém informação correta:

A) A solicitação de auxílio direto será encaminhada ao Brasil pela autoridade estrangeira, cabendo ao Estado brasileiro assegurar a autenticidade do pedido

B) É desnecessária a tradução juramentada de documento encaminhado juntamente com o pedido de cooperação jurídica internacional, desde que este seja enviado por meio de autoridade central ou via diplomática

C) Compete ao juiz estadual da comarca em que deverá ser executada a medida apreciar o pedido de auxílio direto

D) A cooperação jurídica internacional terá como objeto tão somente os atos de citação, intimação, notificação judicial e extrajudicial

E) Caso fira preceitos constitucionais, pode a autoridade judiciária brasileira revisar o mérito do pronunciamento judicial estrangeiro

7. **(2017 – TRF – 2ª Região – TRF – 2ª REGIÃO – Juiz Federal substituto)** Sobre sentença estrangeira, rogatória e cooperação internacional, assinale a opção correta:

A) Por entender que o auxílio direto nem sempre é questão decorrente de Tratado ou Contrato entre a União e o Estado estrangeiro ou organismo internacional, o CPC-2015 não atribuiu competência, para cumpri-lo, à Justiça Federal.

B) A sentença estrangeira só pode ser homologada no Brasil se a autoridade que a prolatou tiver jurisdição internacional exclusiva.

C) A homologação de sentença estrangeira e a execução de rogatória submetem-se à compatibilidade com a ordem pública brasileira, matéria a ser apreciada pelo Juiz Federal, no chamado juízo prévio de delibação.

D) A carta rogatória será cumprida como requerida pela via diplomática, de modo que, quando exista requerimento de que a testemunha preste juramento com a mão sobre a Bíblia, será esta a liturgia procedimental a ser observada.

E) Na ausência de designação de outro órgão, pelo tratado ou instrumento de cooperação internacional, o Ministério da Justiça exercerá as funções de autoridade central.

8. (2016 – IDECAN – Câmara de Aracruz – ES – Procurador Legislativo) Segundo o Novo Código de Processo Civil, a cooperação jurídica internacional NÃO terá por objeto:

A) Homologação e cumprimento de decisão.

B) Concessão de medida judicial de urgência.

C) Citação, intimação e notificação judicial e extrajudicial.

D) Medida processual, mesmo que proibida pela lei brasileira.

9. (2017 - FUNECE - UECE - Advogado) Assinale a opção que completa corretamente as lacunas do seguinte dispositivo legal: "O procedimento da carta _______________1 perante o Superior Tribunal de Justiça é de jurisdição _______________ 2 e deve assegurar às partes as garantias do devido processo legal".

A) rogatória^1; voluntária^2

B) rogatória^1; contenciosa^2

C) precatória^1; contenciosa^2

D) precatória^1; voluntária^2

10. (2018 – CESPE – STJ – Analista Judiciário) Julgue o item a seguir, relativo à função jurisdicional. O procedimento da carta rogatória perante o Superior Tribunal de Justiça é de jurisdição voluntária e deve obedecer ao devido processo legal.

Certo

Errado

1. INTRODUÇÃO

Caro (a) leitor (a), o Código de Processo Civil de 2015 inovou atribuindo maior importância à cooperação internacional, uma vez que, da globalização e consequente intensificação das relações internacionais, surgiu a necessidade de maior colaboração entre os países.

A jurisdição de um Estado está restrita à sua área territorial, o que impede o cumprimento das decisões fora dos limites jurisdicionais. No entanto, os tratados internacionais estabelecem regras de cooperação para a prática de atos processuais entre as nações.

Desse modo, o CPC/2015 estabeleceu algumas regras de cooperação internacional, fixando que a cooperação jurídica internacional será regida pelos tratados internacionais de que o Brasil seja signatário, **desde que sejam observados alguns princípios básicos, detalhados no art. 26 do CPC/2015**.

São, de acordo com o dispositivo legal, **condições para a relação recíproca da cooperação:** a) o respeito às garantias do devido processo legal no Estado requerente (art. 26, I, CPC); b) a igualdade de tratamento entre nacionais e estrangeiros, residentes ou não no Brasil (art. 26, II, CPC), em relação ao acesso à justiça e à tramitação dos processos, assegurando-se assistência judiciária aos necessitados (art. 26, III); a publicidade processual, exceto nas hipóteses de sigilo previstas na legislação brasileira ou na do Estado requerente (art. 26, IV, CPC); a existência de autoridade central para recepção e transmissão dos pedidos de cooperação; a espontaneidade na transmissão de informações a autoridades estrangeiras (art. 26, V, CPC).

Note-se que o caput do art. 26 condiciona, inicialmente, a presença de tratado entre os países para que os institutos sejam aplicados. Entretanto, **na falta dos tratados, a colaboração poderá realizar-se com base na reciprocidade manifestada por via diplomática**, exceto no caso de homologação de sentença estrangeira, que não exige reciprocidade. (art. 26, § 1º, CPC).

Atenção ao fato de que, apesar de ser possível a eficácia de atos de juízos estrangeiros, estes não serão admitidos se contrariarem ou produzirem resultados incompatíveis com as normas fundamentais que regem o Estado brasileiro, conforme art. 26, § 3º do CPC. Assim, imagine-se, por exemplo, o pedido de auxílio direto, em virtude da prática de colheita de determinada prova em território brasileiro (auxílio direto passivo), cujo objeto processual seja a possível sentença condenatória à pena de morte do investigado. Ora, este fato contraria frontalmente o direito à vida e à dignidade humana, normas fundamentais de nosso Estado. Assim, tendo em vista o art. 26, § 3º do CPC, a cooperação com esse fundamento não seria admitida em nossa legislação.

A realização do auxílio direto sempre dependerá de uma Autoridade Central, responsável pelo trâmite procedimental. No Brasil, na ausência de designação de outro órgão, pelo tratado ou instrumento de cooperação internacional, o Ministério da Justiça exercerá as funções de autoridade central. (art. 26, § 4º, CPC).

Como esse assunto já foi cobrado em concursos públicos

2019 – NC-UFPR – Prefeitura de Curitiba – PR – Procurador. O Superior Tribunal de Justiça exercerá as funções de autoridade central para a distribuição e recepção dos pedidos enviados ao Brasil na ausência de designação específica. (errado)

O art. 27 do CPC/2015 enumera os **objetos da cooperação jurídica internacional** e sugerimos que sejam memorizados: a) citação, intimação e notificação judicial e extrajudicial (art. 27, I, CPC) ; colheita de provas e obtenção de informações (art. 27, II, CPC); homologação e cumprimento de decisão (art. 27, III, CPC); concessão de medida judicial de urgência (art. 27, IV, CPC) ; assistência jurídica internacional (art. 27, V, CPC); qualquer outra medida judicial ou extrajudicial não proibida pela lei brasileira (art. 27, VI, CPC).

A primeira parte do capítulo traça as normas gerais da cooperação. Assim, os dispositivos acima analisados são aplicáveis, indistintamente, a quaisquer das modalidades de cooperação. As seções seguintes, contudo, trazem as espécies de cooperação. O CPC/2015 trata dos dois instrumentos de cooperação jurídica internacional: o **auxílio direto** e a **carta rogatória**. Suas principais características e a diferença entre os dois institutos costumam ser objeto de cobrança nas provas, por isso trataremos especificadamente sobre cada um deles.

2. AUXÍLIO DIRETO

O auxílio direto não era previsto pelo antigo código e tem sido cada vez mais utilizado pela agilidade do seu procedimento. No atual Código (CPC/2015), a matéria encontra-se disposta nos artigos 28 a 34**.**

É um instrumento de cooperação admitido para a efetivação de medida que não decorra diretamente de decisão da autoridade jurisdicional estrangeira a ser submetida a juízo de delibação no Brasil. O Juízo de delibação da decisão estrangeira é a análise pelo Poder Judiciário Brasileiro de sua compatibilidade com o ordenamento jurídico pátrio, a fim de conceder a plena eficácia do ato judicial em nosso território. Assim, a princípio, o auxílio direto não envolveria o cumprimento de decisões judiciais estrangeiras. Trata-se de instrumento mais célere e menos burocrático, para agilizar as relações internacionais.

AUXÍLIO DIRETO
Trata-se de medida destinada a atos que não necessitam de juízo de delibação, nos termos do art. 28. Juízo de delibação é aquele em que a decisão judicial é analisada sob a ótica da compatibilidade com o ordenamento brasileiro.

O **objeto** do auxílio é amplo, podendo ter como assunto qualquer medida judicial ou extrajudicial não proibida pela legislação. Pode ser **ativo**, quando o Brasil pretende a cooperação de outro país, ou **passivo**, quando um país requer a cooperação internacional do Brasil.

Especificamente em relação ao seu objeto, o art. 30 do CPC/2015 coloca as seguintes situações passíveis do auxílio direto: obtenção e prestação de informações sobre o ordenamento jurídico e sobre processos administrativos ou jurisdicionais findos ou em curso (art. 30, I, CPC); colheita de provas, salvo se a medida for adotada em processo, em curso no estrangeiro, de competência exclusiva de autoridade judiciária brasileira (art. 30, II, CPC); qualquer outra medida judicial ou extrajudicial não proibida pela lei brasileira (art. 30, III, CPC).

A solicitação será encaminhada pelo órgão estrangeiro à autoridade central, que, como vimos acima, será a pessoa designada no tratado internacional ou o Ministério da Justiça, conforme art. 26, § 4º, CPC. Havendo designação específica para a realização do auxílio direto, a autoridade central poderá ser feita por outro órgão, como o Ministério Público.

É dispensada a intermediação diplomática para o auxílio direto, de modo que a comunicação se dá diretamente com a autoridade central brasileira.

A título de exemplo: o auxílio direto pode ser solicitado por um determinado juiz estrangeiro (órgão estrangeiro interessado) ao Ministério da Justiça (à autoridade central brasileira), que determinará à autoridade judiciária competente a análise e o julgamento da questão. Imagine-se que exista uma hipótese de ação no exterior em que a competência seja concorrente com a autoridade judiciária brasileira. O Juízo estrangeiro, portanto, poderá solicitar informações sobre o curso do processo no Brasil, a fim de verificar eventual coisa julgada ou litispendência no estado de origem. Este pedido de auxílio teria como fundamento o art. 30, I do CPC.

Se o pedido de auxílio não demandar uma prestação jurisdicional típica, como, por exemplo, na realização de procedimentos administrativos: a autoridade central tem poderes para adotar as providências necessárias ao cumprimento do requerimento do Estado estrangeiro. **(art. 32, CPC).** Imagine-se que o pedido de auxílio passivo seja somente para obter a informação sobre o ordenamento jurídico brasileiro, ou em outras palavras, como se dá a aplicação de determinado instituto de acordo com a lei brasileira. Nesse caso, a autoridade central (Ministério da Justiça) poderá tomar as providências para o cumprimento da solicitação, sem a necessidade de interpelação do judiciário. Poderá, por exemplo, solicitar aos Assessores jurídicos do Ministério a resposta à informação solicitada.

Se o pedido de auxílio direto passivo demandar expressamente uma prestação jurisdicional, que não seja de cunho decisório (Art. 33, CPC), a autoridade central encaminhará à Advocacia-Geral da União, ou seja, ao órgão que representa a União perante o Poder Judiciário, para providenciar o requerimento em juízo. No caso de o Ministério Público Federal ser a autoridade central, pode ele mesmo realizar a análise e requerer em juízo o seu cumprimento. Tenha como exemplo a possibilidade de oitiva de testemunha residente na cidade do Rio de Janeiro. Neste caso, não há como a autoridade central realizar o cumprimento, por si só, da solicitação. Terá, portanto, que requisitar por meio da AGU o cumprimento da providência em um dos juízos federais da Seção Judiciária, a fim de que a testemunha seja ouvida. Por meio do órgão, a testemunha será ouvida em juízo e complementada a diligência necessária ao auxílio passivo solicitado.

> **Atenção!** O auxílio direto pode envolver atos jurisdicionais, mas não abrange questões de cunho decisório! **Neste caso, faz-se necessária a homologação perante o Superior Tribunal de Justiça (STJ), por isso deve ser praticado por meio de carta rogatória.**

Em regra, a **competência** para julgar o auxílio direto é da Justiça Federal, porque será sempre requerido perante a União, que é o ente federativo com capacidade para atuar no âmbito externo. A competência territorial, por sua vez, será do órgão da Justiça Federal da localidade em que deva ser executada a medida solicitada. Assim, a previsão do art. 34 do CPC estabelece o juízo da Justiça Federal do local onde deve ser executada a medida de auxílio direto passivo como competente para o ato.

AUXÍLIO QUE NÃO DEMANDA ATIVIDADE JURISDICIONAL	AUXÍLIO QUE DEMANDA ATIVIDADE JURISDICIONAL
Neste caso, a própria autoridade central poderá providenciar o seu cumprimento, não havendo necessidade de interpelar o juízo federal correspondente.	Nessas hipóteses, a AGU requererá a medida perante a Justiça Federal do local de cumprimento da diligência. Quando, contudo, a autoridade central dor o Ministério Público, o próprio órgão poderá solicitar a diligência ao juízo federal, dispensando a intercessão da AGU.

3. CARTA ROGATÓRIA

A carta rogatória, cuja previsão legal encontra-se no art. 36 do CPC/2016, é outro instrumento de cooperação entre jurisdições de Estados diferentes. Pode ser **ativa**, quando é dirigida da autoridade judiciária brasileira à autoridade judiciária estrangeira para que esta pratique o ato em território estrangeiro; ou **passiva**, quando a autoridade estrangeira se dirige à autoridade brasileira, para que, no território nacional, seja praticado ato necessário à jurisdição estrangeira.

A carta rogatória se processa perante o STJ **e segue procedimento de jurisdição contenciosa,** em que devem ser asseguradas às partes as garantias do devido processo legal. Deve-se atentar ao fato de que o legislador estabeleceu expressamente a vedação ao juízo de mérito da matéria envolvida. No trâmite e discussão sobre o objeto da carta rogatória, a defesa deve se restringir ao cumprimento dos requisitos para que o pronunciamento judicial estrangeiro produza efeitos no Brasil.

E por que razão isso acontece? Como forma de se assegurar a soberania do Estado estrangeiro em proferir suas decisões, com a certeza de que estas não sejam desrespeitadas no plano externo, quando da cooperação jurídica internacional.

Atenção!

AUXÍLIO DIRETO	CARTA ROGATÓRIA
Procedimento de jurisdição voluntária	Procedimento de jurisdição contenciosa
Tramita perante a Justiça Federal	Tramita perante o STJ
Independe de homologação	Depende da concessão de *exequatur*

3.1. Regras gerais

E como se dá o procedimento interno de tramitação das solicitações? Na cooperação internacional ativa, a autoridade brasileira competente envia o pedido à autoridade central, que o remete ao Estado requerido. O pedido, juntamente com os documentos que o instruem, deve estar devidamente traduzido para a língua estrangeira.

Caro (a) leitor (a), por fim, atente para o seguinte: sempre que for necessário executar, em território brasileiro, uma decisão estrangeira, serão duas as vias possíveis: por meio de **carta rogatória**, nos moldes já analisados; ou por meio de **ação de homologação de decisão estrangeira**, ajuizada diretamente perante o STJ e prevista no art. 960 do CPC/2015. Em caso de decisão não definitiva, o STJ se limitará à concessão do *exequatur* nas cartas rogatórias. Em contrapartida, em se tratando de decisão definitiva, com encerramento do feito, dar-se-á sua homologação.

Como esse assunto foi cobrado em provas de concursos

2018 – IADES – APEX Brasil – Analista Jurídico. O procedimento da carta rogatória perante o Superior Tribunal de Justiça é de jurisdição contenciosa e deve assegurar às partes as garantias do devido processo legal. (correto).

RESUMO

COOPERAÇÃO INTERNACIONAL
1. Introdução
2. Auxílio direto
É um instrumento de cooperação admitido para a efetivação de medida que não decorra diretamente de decisão da autoridade jurisdicional estrangeira a ser submetida a juízo de delibação no Brasil.
O **objeto** do auxílio é amplo, podendo ter como assunto qualquer medida judicial ou extrajudicial não proibida pela legislação. Pode ser **ativo**, quando o Brasil pretende a cooperação de outro país, ou **passivo**, quando um país requer a cooperação internacional do Brasil.
3. Carta rogatória
Pode ser **ativa**, quando é dirigida da autoridade judiciária brasileira à autoridade judiciária estrangeira para que esta pratique o ato em território estrangeiro; ou **passiva**, quando autoridade estrangeira se dirige à autoridade brasileira, para que, no território nacional, seja praticado ato necessário à jurisdição estrangeira.
3.1. Regras Gerais
Meios de cumprimento de uma decisão estrangeira em território nacional: Carta Rogatória e Homologação de decisão estrangeira.

GABARITO

1	D	2	A	3	Certo	4	E	5	A
6	B	7	E	8	D	9	B	10	Errado

CAPÍTULO 6

CAPACIDADE PROCESSUAL

RECADO

Caro (a) Leitor (a),

Dentro do estudo da capacidade processual, alguns temas são mais cobrados em concursos públicos. Assim, são recorrentes as questões sobre defeito de representação e suas consequências. Ainda, a figura do curador especial também é tema de bastante incidência.

Bons estudos!

QUESTÕES

1. (2016 – UFMT – DPE-MT – Defensor Público) Sobre o curador especial, assinale a afirmativa INCORRETA.

A) Nas ações em que réu preso for revel, caberá à Defensoria Pública exercer o múnus de curador especial, enquanto não for constituído advogado.

B) Nos casos em que o réu revel foi citado por edital ou com hora certa, caberá à Defensoria Pública exercer o múnus de curador especial, enquanto não for constituído advogado.

C) É necessária a intervenção da Defensoria Pública como curadora especial do menor na ação de destituição de poder familiar ajuizada pelo Ministério Público.

D) O Defensor Público não faz jus ao recebimento de honorários pelo múnus de curador especial, por estar no exercício das suas funções institucionais, para o que já é remunerado mediante o subsídio em parcela única.

E) O juiz nomeará curador especial ao incapaz, se concorrer na partilha com o seu representante, desde que exista colisão de interesses.

2. (2017 - FCC – TRT – 21ª Região (RN) – Analista Judiciário – Área Judiciária) De acordo com o novo Código de Processo Civil, o juiz nomeará curador especial

A) ao preso, seja ele autor ou réu.
B) ao réu preso, desde que revel.
C) a todo réu revel.
D) ao réu revel citado por edital, mas não ao revel citado com hora certa.
E) a toda pessoa menor de 18 anos, seja ela autora ou ré.

3. (2017 – CESPE – TRF – 1ª REGIÃO – Analista Judiciário – Oficial de Justiça Avaliador) A respeito da formação do processo, da penhora e do cumprimento de sentença, julgue o item que se segue. O juiz nomeará curador especial ao réu revel citado por edital enquanto este não for encontrado.

Certo
Errado

4. (2017 – CESPE – DPU – CESPE – Defensor Público Federal) No que se refere às atribuições institucionais da DP, à assistência jurídica gratuita e à gratuidade da justiça, julgue o item seguinte. De acordo com o entendimento do STJ, apesar de ser função institucional do órgão, a função de curador especial é hipótese de atuação atípica, desvinculada da comprovação de pobreza pelo beneficiário, razão por que a DP faz jus a honorários advocatícios pelo seu exercício.

Certo
Errado

5. (2017 – IMA – Prefeitura de Penalva – MA – Advogado) De acordo com a Lei n. 13.105, de 16 de março de 2015, é CORRETO afirmar que o ônus da impugnação específica dos fatos não se aplica:

A) Ao advogado dativo, ao curador especial e ao órgão do Ministério Público.
B) Ao defensor público, ao advogado dativo e ao curador especial.
C) Ao advogado dativo, ao defensor público e ao órgão do Ministério Público.
D) Ao advogado público, ao curador especial e ao órgão do Ministério Público.

6. (2018 – CESPE – Procurador do Município) Felipe é casado com Ana há cinco anos e pretende ajuizar ação referente a direito real imobiliário.

Nessa situação hipotética, para a propositura da ação, o consentimento de Ana será

A) dispensável, haja vista o tempo de união do casal.

B) indispensável, caso eles sejam casados pelo regime de separação absoluta de bens.
C) dispensável, caso eles sejam casados pelo regime de comunhão universal de bens.
D) indispensável, caso eles sejam casados em regime matrimonial diverso do de separação absoluta de bens.
E) dispensável, independentemente do regime matrimonial do casal.

7. (2016 – CONSULPLAN – Titular de serviços e notas – remoção) No que tange ao consentimento entre cônjuges para efeito de se tratar sobre direito real imobiliário, julgue as afirmações seguintes:

I. O cônjuge necessitará do consentimento do outro para propor ação que verse sobre direito real imobiliário, salvo quando casados sob o regime de separação absoluta de bens.
II. Ambos os cônjuges serão necessariamente citados para a ação que verse sobre direito real imobiliário, salvo quando casados sob o regime de separação absoluta de bens; que seja resultante de fato que diga respeito a ambos os cônjuges ou de ato praticado por eles; que seja fundada em dívida contraída por um dos cônjuges a bem da família; e que tenha por objeto o reconhecimento, a constituição ou a extinção de ônus sobre imóvel de um ou de ambos os cônjuges.
III. Nas ações possessórias, a participação do cônjuge do autor ou do réu somente é indispensável nas hipóteses de composse ou de ato por ambos praticado.
IV. É dispensável o consentimento quando se tratar de relacionamento identificado e comprovado como união estável. Está correto apenas o que se afirma em:

A) I, II e III.
B) II, III e IV.
C) I e II.
D) III e IV.

8. (2018 – VUNESP – TJ-RJ – Juiz Leigo) Quando a causa versar sobre direito real imobiliário, estará correto o seguinte:

A) Não há necessidade de vênia conjugal para a propositura da ação, tratando-se de litisconsórcio facultativo.
B) Salvo quando casados sob o regime de separação absoluta de bens, o cônjuge necessita de consentimento para propor a ação.
C) Qualquer cônjuge necessitará do consentimento do outro para propor a ação.
D) Os cônjuges devem ingressar com a ação em litisconsórcio unitário necessário.
E) Tratando-se de bem individual, não há necessidade de qualquer vênia conjugal para o ingresso da ação.

9. (2015 – INSTITUTO AOCP – EBSERH – Advogado) Assinale a alternativa correta.

A) O juiz dará curador especial somente ao incapaz, se não tiver representante legal, ou se os interesses deste colidirem com os daquele.

B) Em nenhuma situação, um cônjuge necessitará do consentimento do outro para propor qualquer tipo de ação.

C) Ambos os cônjuges serão necessariamente citados para as ações que versem sobre direitos reais imobiliários.

D) É inadmissível a ação declaratória, ainda que tenha ocorrido a violação do direito

E) O juiz poderá prestar a tutela jurisdicional quando a parte ou o interessado não a requerer.

10. (2016 – IBFC – EBSERH – Advogado) Considere as disposições do código de processo civil e assinale a alternativa correta depois de analisar com atenção os itens a seguir.

A) Os incapazes serão representados ou assistidos por seus pais, tutores ou curadores, na forma da lei de registros públicos.

B) O juiz dará curador especial ao incapaz, ainda que tenha representante legal.

C) O juiz dará curador especial ao réu preso, bem como ao revel citado por correio ou com hora certa.

D) O cônjuge somente necessitará do consentimento do outro para propor ações que versem sobre direitos reais imobiliários.

E) Serão representadas em juízo, ativa e passivamente as sociedades sem personalidade jurídica, por qualquer pessoa que nelas atue.

1. DIFERENÇAS TERMINOLÓGICAS

Caro (a) leitor (a), nesse capítulo trataremos da capacidade processual ou legitimidade para o processo, que é um dos pressupostos processuais, com previsão a partir do artigo 70, do Código de Processo Civil de 2015. Certo é que parte do tema foi observado no capítulo anterior, mas dentro da análise dos pressupostos processuais. Assim, os itens a serem observados neste ponto são pressupostos de existência (capacidade de ser parte) e requisitos ou pressupostos processuais de validade subjetivos (capacidade de estar em juízo e capacidade postulatória). Veremos, portanto, o estudo mais pormenorizado da matéria, passando por pontos não vistos anteriormente, como o curador especial e a capacidade dos cônjuges para a atuação em determinados processos.

Para começar, faremos a distinção entre as espécies do gênero capacidade processual:

CAPACIDADE PROCESSUAL		
Capacidade de ser parte	Capacidade para estar em juízo	Capacidade postulatória

1.1. Capacidade de ser parte (personalidade judiciária ou personalidade jurídica)

É a capacidade para ser sujeito de direitos e obrigações, ou seja, a aptidão para, em tese, ser sujeito de uma relação jurídica. Existe para as pessoas físicas, pessoas jurídicas, (art. 75, do CPC/2015) e para alguns entes despersonalizados. Conforme o professor Humberto Theodoro Júnior, "A capacidade processual consiste na aptidão de participar da relação processual, em nome próprio ou alheio. Em regra geral, a capacidade que se exige da parte para o processo é a mesma que se reclama para os atos da vida civil, isto é, para a prática dos atos jurídicos de direito material". (JÚNIOR, 2016. P. 158).

O STJ tem reconhecido a personalidade judiciária a entes públicos despersonalizados sempre que estiverem em juízo defendendo os interesses institucionais. É o exemplo dos tribunais de contas e das câmaras municipais, quando discutem questões sobre, por exemplo, autonomia, independência e prerrogativas do órgão.

Vejamos a Súmula 525, do STJ, que consolidou justamente esse entendimento: **"A Câmara de Vereadores não possui personalidade jurídica, apenas personalidade judiciária, somente podendo demandar em juízo para defender os seus direitos institucionais".**

> **Atenção!** A capacidade de ser parte é mais ampla que a personalidade civil, uma vez que é assegurada capacidade de ser parte a determinados entes sem personalidade jurídica, como, por exemplo, a massa falida e o condomínio. Ou seja, o ente sem personalidade jurídica poderá ingressar em juízo por possuir personalidade judiciária.

Uma outra questão merece atenção neste ponto. **O CPC de 2015 trouxe em determinadas intervenções a possibilidade de quaisquer entidades, sejam elas formais ou informais, organizações, de comparecerem nos autos a título de *amicus curiae*.** Assim, entes que até então não possuíam a mínima possibilidade de atuar na realidade processual passam a ter a possibilidade de atuar validamente nos autos. Lembre-se que o *amicus curiae* possui legitimidade recursal, inclusive (da decisão que julga o IRDR). Recentemente, no Poder Judiciário Paulista, o Tribunal de Justiça do Estado de São Paulo foi admitido a título de *amicus curiae*, podendo esclarecer os pontos em juízo e exercer os poderes decorrentes do art. 138 do CPC. (Processo 1008488-20.2017.8.26.0037 – 1ª Vara da Fazenda Pública de Araraquara-SP).

Assim, ainda que não seja considerado parte na demanda, a tendência do Direito Processual é reconhecer estes entes e dar-lhes a possibilidade de atuação processual, ainda que sem personalidade jurídica formal.

1.2. Capacidade de estar em juízo (capacidade processual em sentido estrito, *legitimatio ad processum*)

Aptidão para o exercício de faculdades e ônus processuais independentemente de assistência ou de representação, pessoalmente ou por intermédio de pessoas indicadas na lei. **Nos casos de incapacidade civil relativa ou absoluta da pessoa física, será necessária a intervenção de um assistente ou um representante, respectivamente**.

> **Atenção!** Nem sempre aquele que tem capacidade de ser parte tem capacidade de estar em juízo. Por que isso ocorre? Porque a capacidade de ser parte é uma aptidão para **atuar como autor ou como réu** e depende da **capacidade de direito**. Já a capacidade de estar em juízo é uma aptidão para **agir em juízo por si só** e depende da **capacidade de fato**.

Quer um exemplo? É o caso dos incapazes, que possuem capacidade de ser parte, mas necessitam estar representados ou assistidos em juízo, por seus pais, tutor ou curador, em razão da ausência de capacidade para tanto (artigo 71, do CPC/2015).

E as pessoas jurídicas? Elas possuem capacidade de estar em juízo, desde que representadas ou presentadas pelas pessoas físicas indicadas no artigo 75, do CPC/2015. Na representação, é indispensável o instrumento de procuração, porque a parte é representada em juízo por outra pessoa. Já na presentação, como a pessoa jurídica se faz presente em juízo por meio de seus órgãos, dispensa-se o instrumento de procuração.

1.3. Capacidade postulatória

A capacidade postulatória, definida como a autorização legal para atuar em juízo, é prerrogativa de advogados públicos e privados e defensores públicos, por exemplo. O Ministério Público, por outro lado existe uma capacidade postulatória *sui generis*, chamada de capacidade postulatória funcional, limitada aos fins institucionais do *parquet*. (NEVES, 2017. P. 170). A capacidade postulatória é pressuposto processual de validade dos atos decorrente da representação por advogado.

2. CURADOR ESPECIAL

O curador especial exerce um múnus público de defender o réu em juízo, possuindo os mesmos poderes processuais que a parte. Ou seja, pode oferecer defesa, produzir provas, interpor recurso. Obviamente, não pode dispor do direito do réu, como, por exemplo, reconhecer a procedência do pedido.

Os poderes de renúncia ou mesmo reconhecimento da procedência do pedido decorrem do contato que o Advogado tem com seu cliente e mediante análise da melhor estratégia para a causa. O Curador especial não possui contato direto com o réu no processo, de forma que lhe é vedado exercer atos de disposição de direito ou atos processuais que importem em reconhecimento do pedido. Trata-se, em verdade, de figura para efetivar o contraditório, ainda que de forma ficta.

Nos termos do art. 341 do CPC, ao curador especial não é imposto o ônus da impugnação específica da contestação. Ora, a regra é que a ausência de impugnação gere a presunção de veracidade dos fatos alegados pelo autor. Todavia, ao curador especial não se pode exigir esta prática. Somente é possível realizar a impugnação mediante o contato com o cliente/assistido, para saber a verdade dos fatos e, com clareza, opor às teses levantadas pelo Autor. Como não há este contato, é lícito ao curador especial realizar defesa pela chamada "negativa geral", na qual, além das teses de direito possíveis de serem levantadas, poderá contestar de forma genérica ao arguido na demanda.

Uma das funções institucionais da Defensoria Pública é a de exercer a curadoria especial nos casos previstos em lei. Assim, caberá a ela exercer o múnus de curador especial, enquanto não for constituído advogado. Se não houver Defensoria Pública, o juiz poderá nomear outra pessoa, advogado dativo, que fará jus a honorários pagos pelo ente estatal.

Como esse assunto foi cobrado em provas de concursos públicos

2018 – VUNESP – TJ-MT – Juiz Substituto. A Advocacia Pública, o Ministério Público e a Defensoria Pública compõem as chamadas funções essenciais à justiça. A respeito da atuação dessas instituições no processo civil, assinale a alternativa correta: A curadoria especial é função institucional da Defensoria Pública e do Ministério Público. (incorreto).

Conforme entendimento do STJ, os **honorários advocatícios não são devidos à Defensoria Pública no exercício da curadoria especial, visto que essa função faz parte de suas atribuições institucionais** (STJ- Corte Especial, REsp 1.201.674-SP, Rel. Min. Luis Felipe Salomão, julgado em 06.06.2012).

Como esse assunto foi cobrado em provas de concursos públicos

2017 – CESPE – DPE-AC – Defensor Público. De acordo com a jurisprudência do STF acerca dos honorários advocatícios decorrentes da atuação da DP, assinale a opção correta. A atuação de DP como curador especial não impede a condenação da parte vencida em honorários advocatícios em favor da DP. (incorreta).

Questão interessante é a atuação da Defensoria Pública na curadoria especial, e a dispensa de pagamento de preparo e outras taxas processuais. Ora, quando o órgão atua na defesa dos hipossuficientes econômicos, é presumida a impossibilidade da parte em pagar as custas e despesas processuais, e, assim, a gratuidade judiciária é medida que se impõe. Entretanto, na atuação como curador especial, não necessariamente o curatelado é hipossuficiente. Haveria, portanto, a necessidade de custear as despesas do processo? Recentemente o Superior Tribunal de Justiça entendeu que não. Exigir o pagamento de custas em caso de curadoria especial pela Defensoria iria contra a própria natureza do instituto. Ora, não se atingiria a função de efetivar o contraditório se houvesse necessidade de pagamento de custas processuais. Confira-se:

> "Deve-se observar que se o réu é revel e está sendo assistido pela Defensoria Pública, a exigência do pagamento das custas processuais implica, na prática, a impossibilidade de interposição do recurso, uma vez que não se pode esperar tampouco exigir que o curador especial efetue o pagamento do preparo por sua conta. Aliás, não é essa a sua função. A Defensoria Pública tão somente tem o *munus* público de exercer a curadoria especial nos casos previstos em lei. Desse modo, tendo em vista os princípios do contraditório e da ampla defesa, o

> recurso interposto pela Defensoria Pública, na qualidade de curadora especial, está dispensado do pagamento de preparo. EAREsp 978.895-SP, Rel. Min. Maria Thereza de Assis Moura, por unanimidade, julgado em 18/12/2018, DJe 04/02/2019 (corte Especial)".

O artigo 72, do CPC/2015, prevê a nomeação de curador especial nas seguintes hipóteses:

a. Incapaz sem representante legal ou interesses do incapaz colidem com os interesses do representante legal

Nesse caso, o curador será nomeado para tratar dos bens e interesses do incapaz, uma vez que ele não tem capacidade de fazê-lo por si só. O curador tem por função proteger a esfera jurídica do incapaz que não tenha representante ou no caso de interesses colidentes.

Note-se que nesta hipótese a divergência dos interesses do representante não necessariamente precisa ser subjetiva. Não está a se dizer que há intenção manifesta do representante em contrariar os interesses. Mas, a colisão pode ser objetiva. Imagine a hipótese em que o representante é tio do representado, em virtude do falecimento anterior de seus pais. Ocorrendo a morte do avô do representado, teremos a figura do representante e representado como herdeiros na relação. Ora, a situação por si só cria conflito de interesses, ainda que não haja oposição subjetiva do representante.

b. Réu preso revel enquanto não for constituído advogado

Esta situação encerra uma hipótese de vulnerabilidade jurídica. O Réu preso não tem condições de defender-se em juízo em sua plenitude. A restrição de liberdade impede que possa contratar um advogado a qualquer momento e com ele comunicar-se a qualquer hora do dia. Assim, a revelia do réu preso cria uma situação que exige a figura do curador, para efetivar o contraditório nos autos. **A curadoria nessa hipótese persistirá até que o preso revel constitua um advogado.**

c. Réu revel citado por edital ou com hora certa, enquanto não for constituído advogado

A citação por hora certa e por edital são modalidades de citação ficta. O poder Judiciário não tem a certeza de que o réu está devidamente ciente da relação processual. Criam-se mecanismos de presunção, como a publicação em jornal e o aviso a vizinhos, para que a integração do réu ao processo não deixe de acontecer. Assim, diante desta particularidade, em que o réu não comparece nos autos, e ciente da grande possibilidade de não saber da existência da relação, é necessária a nomeação do curador. A curadoria nessa hipótese persistirá até que o preso citado fictamente constitua um advogado.

> **Atenção!** A curadoria especial se aplica inclusive em execução. Vejamos a Súmula 196, do STJ: **"Ao executado que, citado por edital ou por hora certa, permanecer revel, será nomeado curador especial, com legitimidade para apresentação de embargos".**

3. REGIME DE CAPACIDADE PROCESSUAL DOS CÔNJUGES

3.1. Capacidade ativa

Caro (a) leitor (a), os cônjuges não dependem da outorga um do outro para estar em juízo nas ações em geral. No entanto, o artigo 73, do CPC/2015 dispõe que "O cônjuge necessitará do consentimento do outro para propor ação que verse sobre direito real imobiliário, salvo quando casados sob o regime de separação absoluta de bens".

Sendo assim, no que tange às **ações reais imobiliárias**, qualquer um dos cônjuges dependerá do assentimento do outro para ingressar em juízo, sob pena de o processo ser invalidado. Apenas nos casos de **regime de separação absoluta de bens** (art. 1.647, I, Código Civil) é que um cônjuge pode pleitear sobre bens imóveis próprios sem necessidade do consentimento do outro.

A necessidade de outorga do cônjuge advém dos reflexos que a demanda pode ter em seu patrimônio. Imagine-se duas pessoas casadas sob o regime de comunhão de bens, em que quaisquer bens adquiridos antes e durante a constância do casamento comunica-se com o consorte. Ora, se um deles propõe uma demanda reivindicatória, pleiteando a declaração da propriedade em seu favor, aquele bem pertencerá ao outro cônjuge pela meação. Assim, em virtude dos reflexos patrimoniais dessas ações, faz-se necessária a concordância do outro.

Questão curiosa presente no CPC é a redação do art. 73, § 2º do CPC quanto a participação do cônjuge do autor nas ações possessórias, quando há composse. O dispositivo parece sugerir que quando a posse for exercida conjuntamente pelos dois, haverá a necessidade da participação. Entretanto, o instituto da composse permite que ambos os possuidores realizem a defesa da posse de forma autônoma. Exigir a formação de um litisconsórcio ativo (será?) nestes casos, é bem diferente.

E no caso de recusa caprichosa pelo cônjuge ou outros empecilhos? Quando isso acontecer, o consentimento poderá ser suprido judicialmente. Serve tanto para os casos em que a anuência do cônjuge for negada por impossibilidade (por exemplo, enfermidade), quanto para os casos de recusa injusta.

Preste atenção, quando falamos na exigência de consentimento trazida pelo artigo 73, **não** estamos nos referindo a um **litisconsórcio ativo necessário** entre os cônjuges. Basta a mera outorga concedida fora do processo. Assim, uma declaração assinada pelo esposo/esposa serve para cumprir a exigência do dispositivo legal. Por isso, existem posicionamentos que a nulidade do processo em que for descumprida a norma não é absoluta e precisa ser arguida pelo cônjuge interessado, segundo o STF (STF, 1ª T., RE 79.007/GO, Rel. Min. Djaci Falcão, ac. 07.06.1974, RTJ 70/900).

3.2. Capacidade passiva

Por outro lado, ambos os cônjuges serão necessariamente citados para a ação em determinados casos. Atenção, porque, nesse caso, há formação de **litisconsórcio passivo necessário** e, se não for observado, levará à extinção do processo, nos termos do art. 115, parágrafo único do CPC. As hipóteses estão enumeradas no §1º, do artigo 73, e devem ser memorizadas, porque as bancas examinadoras costumam explorar o tema com muita frequência:

São elas: a) Ação que verse sobre direito real imobiliário, salvo quando casados sob o regime de separação absoluta de bens; b) Ação resultante de fato que diga respeito a ambos os cônjuges ou de ato praticado por eles; c) Ação fundada em dívida contraída por um dos cônjuges a bem da família; d) Ação que tenha por objeto o reconhecimento, a constituição ou a extinção de ônus sobre imóvel de um ou de ambos os cônjuges.

Em relação à Ação fundada em dívida contraída ao bem da família, há uma interessante consideração a ser feita. Suponhamos que o credor não consiga realizar a prova de que os valores contraídos foram revertidos ao proveito familiar. E, suponhamos que a penhora recaia sobre um bem indivisível dos consortes, como, por exemplo, um apartamento do casal. Como se preservará a meação nesta hipótese? A oposição da meação impedirá a expropriação deste bem?

Nestas hipóteses o art. 843 do CPC resguarda a quota parte do cônjuge não devedor na alienação dos bens. Assim, o bem não será alienado em valor inferior ao da avaliação e a metade do produto da expropriação será entregue para a proteção da meação.

3.3. Ações possessórias

As ações possessórias são ações reais, mas o CPC/2015 só exigiu o litisconsórcio entre os cônjuges nas hipóteses de composse ou de ato por ambos praticado, nos termos do art. 73, parágrafo único do CPC. (Remeto o leitor às considerações críticas feitas no tópico anterior). Ou seja, se um cônjuge possuidor desejar propor ou for demandado em ação possessória, não dependerá da participação do outro, salvo se houver composse ou ato por ambos praticado.

Para fixar o conteúdo, veja a tabela:

AÇÕES REAIS IMOBILIÁRIAS	
Indispensável a anuência do cônjuge para a propositura da ação, **exceto** no regime da separação absoluta de bens.	**Litisconsórcio passivo necessário** nas ações propostas em desfavor de pessoa casada, exceto no regime de separação absoluta de bens.
AÇÕES REAIS MOBILIÁRIAS	
Dispensado o consentimento do cônjuge para a propositura da ação.	**Inexiste** litisconsórcio passivo necessário.
AÇÕES POSSESSÓRIAS	
Indispensável a participação do cônjuge para propor ação possessória **quando** a demanda se fundar em composse **ou** tratar de atos praticados por ambos os cônjuges.	

4. DEFEITO DE REPRESENTAÇÃO PROCESSUAL

Falaremos agora sobre as situações em que o magistrado verificar *ex officio* qualquer situação de incapacidade processual ou irregularidade de representação nos autos. Quando isso ocorre, deverá suspender o processo, marcando prazo razoável para que o defeito seja sanado pela parte (artigo 76, do CPC/2015). Assim, a incapacidade processual e o defeito de representação são vícios sanáveis (FREIRE, 2016. P. 126).

E o que acontece se a parte não regularizar o vício, descumprindo a determinação judicial? Nesse caso, incidirão as consequências previstas nos parágrafos do artigo 76.

O §1º, do artigo 76, trata dos processos que estejam **na instância originária**, ou seja, em que ele é analisado pela primeira vez, que, via de regra, ocorre perante os juízes de primeiro grau: a) Se a diligência competir ao **autor**: o processo será extinto; b) Se a diligência competir ao **réu**: ele será considerado revel; c) Se a diligência competir a **terceiro:** ele será considerado revel ou excluído do processo, dependendo do polo em que se encontrar.

Imagine a situação em que a relação processual exija a representação dos pais do absolutamente incapaz. Suponha que a procuração tenha sido outorgada diretamente ao Advogado pela parte, sem a intercessão de representante. Neste caso, há um nítido defeito de representação. Assim, incidirá a situação descrita no tópico anterior.

O §2º, do artigo 76, trata da hipótese em que o descumprimento se der em grau de recurso, seja em tribunal de justiça, tribunal regional federal ou tribunal superior. Neste caso, havendo descumprimento pela parte, as consequências serão as seguintes: a) Se a providência couber ao **recorrente:** não se conhecerá do recurso; b) Se a providência couber ao **recorrido:** se determinará o desentranhamento das contrarrazões.

RESUMO

1. Diferenças terminológicas		
Capacidade de ser parte	Capacidade de estar em juízo	Capacidade postulatória
2. Curador especial		
O juiz nomeará curador especial ao incapaz, se não tiver representante legal ou se os interesses deste colidirem com os daquele, enquanto durar a incapacidade; réu preso revel, bem como ao réu revel citado por edital ou com hora certa, enquanto não for constituído advogado.		
2.1. Incapaz sem representante legal ou interesses do incapaz colidem com os interesses do representante legal		
2.2. Réu preso revel enquanto não for constituído advogado		
2.3. Réu revel citado por edital ou com hora certa, sem advogado		
3. Regime de capacidade processual dos cônjuges		
3.1. Capacidade ativa		
O cônjuge necessitará do consentimento do outro para propor ação que verse sobre direito real imobiliário, salvo quando casados sob o regime de separação absoluta de bens.		

3.2. Capacidade passiva
Ambos os cônjuges serão necessariamente citados: a. Ação que verse sobre direito real imobiliário, salvo quando casados sob o regime de separação absoluta de bens; b. Ação resultante de fato que diga respeito a ambos os cônjuges ou de ato praticado por eles; c. Ação fundada em dívida contraída por um dos cônjuges a bem da família; d. Ação que tenha por objeto o reconhecimento, a constituição ou a extinção de ônus sobre imóvel de um ou de ambos os cônjuges.
3.3. Ações possessórias
Nas ações possessórias, a participação do cônjuge do autor ou do réu somente é indispensável nas hipóteses de composse ou de ato por ambos praticado.
4. Defeito de representação processual
Verificada a incapacidade processual ou a irregularidade da representação da parte, o juiz suspenderá o processo e designará prazo razoável para que seja sanado o vício. a. Descumprida a determinação na instância originária: • Se a diligência competir ao autor: o processo será extinto; • Se a diligência competir ao réu: ele será considerado revel; • Se a diligência competir a terceiro: ele será considerado revel ou excluído do processo, dependendo do polo em que se encontrar. b. Descumprida a determinação em grau de recurso: • Se a providência couber ao recorrente: não se conhecerá do recurso; • Se a providência couber ao recorrido: se determinará o desentranhamento das contrarrazões.

GABARITO

1	C	2	B	3	Errado	4	Errado	5	B
6	D	7	A	8	B	9	C	10	D

CAPÍTULO 7

COMPETÊNCIA JURISDICIONAL

RECADO

Caro (a) Leitor (a),

O tema desta unidade é de grande cobrança em concursos públicos. Questões sobre declaração de incompetência, a diferença entre competência absoluta e relativa, formas de alegação e reconhecimento, são frequentes.

Também, questões relativas ao reconhecimento da competência da Justiça Federal, o envio dos autos ao juízo competente, têm sido recorrentes.

Bons estudos!

QUESTÕES

1. **(2016 – FCC – Prefeitura de Campinas – SP – Procurador)** No que tange à incompetência absoluta e à incompetência relativa, é correto afirmar:

A) A competência determinada em razão de matéria, da pessoa ou da função é derrogável por convenção das partes.

B) Prorrogar-se-ão as competências relativa e absoluta se o réu não alegar a incompetência em preliminar de contestação.

C) A incompetência absoluta será alegada como preliminar de contestação, enquanto a relativa será arguida por meio de exceção.

D) Caso a alegação de incompetência seja acolhida, o processo será extinto, sem resolução de mérito.

E) A incompetência absoluta pode ser alegada em qualquer tempo e grau de jurisdição e deve ser declarada de ofício.

2. (2016 – TRT 4º Região – TRT – 4ª REGIÃO (RS) – Juiz do Trabalho substituto) Assinale a assertiva correta sobre incompetência.

A) A incompetência relativa será apresentada em peça apartada, suspendendo o curso do processo.

B) Após manifestação da parte contrária, o Juiz decidirá imediatamente a alegação de incompetência.

C) O oferecimento de reconvenção, pelo réu, depende do oferecimento de contestação.

D) Reconhecida a incompetência absoluta, são considerados desde logo nulos os atos decisórios já proferidos.

E) Reconhecida a incompetência relativa, são considerados desde logo nulos os atos decisórios já proferidos.

3. (2018 – CESPE – PC-MA – Delegado de Polícia Civil) De acordo com o CPC, a incompetência relativa

A) é vício que não pode ser superado por acordo entre as partes.

B) deve ser alegada mediante exceção de incompetência relativa.

C) não pode ser alegada pelo MP.

D) pode ser declarada de ofício pelo juiz.

E) será prorrogada se o réu não a alegar na contestação.

4. (2016 – CESPE – FUNPRESP-EXE – Especialista – Área jurídica) Julgue o item seguinte, relativos à intervenção de terceiros e à resposta do réu. O meio adequado para a arguição de incompetência do juízo, independentemente de sua natureza, é a oposição de exceção de incompetência, que deverá ser devidamente instruída com a indicação do juízo competente para o julgamento da demanda.

Certo

Errado

5. (2018 – CESPE – PC-SE – Delegado de Polícia) Texto associado Considerando essa situação hipotética, julgue o item que se segue. Eventual impugnação do réu relativa à competência do foro no qual a ação foi ajuizada deverá ser manejada por meio de exceção de incompetência.

Certo

Errado

6. (2019 – CESPE – Procurador Municipal) Tanto a incompetência territorial quanto o valor da causa deverão ser alegados como preliminares da contestação.

Certo

Errado

7. **(2015 – CESPE – TCE-RN – Assessor técnico jurídico)** No que diz respeito às normas processuais, à função jurisdicional, à petição inicial e ao tempo e lugar dos atos processuais, conforme o Novo Código de Processo Civil, julgue o item que se segue.

Em razão de critério territorial, pode-se alegar a incompetência como preliminar de contestação.

Certo

Errado

8. **(2016 – MPE-SC – MPE-SC – Promotor de Justiça)** No que se refere à competência, chamam-se absolutos os critérios criados para proteger interesses públicos e critérios relativos são aqueles criados para a tutela de interesses particulares. Nos termos do novo Código de Processo Civil, a incompetência relativa pode ser alegada pelo Ministério Público nas causas em que atuar.

Certo

Errado

9. **(2017 – CESPE – Prefeitura de Belo Horizonte – MG – Procurador Municipal)** Em determinada demanda, não chegou a ser designada a audiência preliminar de conciliação ou mediação. O réu, citado pelo correio e patrocinado pela defensoria pública, apresentou sua defesa em 14/3/2017, no décimo sexto dia a partir da juntada aos autos do aviso de recebimento cumprido. Em sua defesa, ele sustentou prescrição e incompetência relativa do juízo e, ao final, requereu a improcedência do pedido. Nessa situação hipotética,

A) o juiz poderia conhecer de ofício tanto a prescrição quanto a incompetência relativa, ainda que não tivessem sido alegadas.

B) a contestação poderia ter sido protocolada em foro diverso daquele em que foi ajuizada a demanda.

C) a exceção de incompetência relativa deveria ter sido arguida em petição apartada da contestação.

D) a contestação foi intempestiva.

10) **(2018 – FCC – SABESP – Advogado)** O juízo estadual, verificando que certa ação de ressarcimento de danos é proposta em face de Mévio e da Caixa Econômica Federal, dá-se por incompetente e remete os autos ao juízo federal que, por sua vez, após ouvir as partes, exclui do processo a referida empresa pública e devolve os autos ao juízo estadual. Nessa situação, segundo dispõe o Código de Processo Civil de 2015, o juízo

A) estadual, se discordar da decisão do juízo federal, deverá a este reenviar os autos, expondo as razões do seu convencimento.

B) federal, após excluir a Caixa Econômica Federal do feito, deveria ter suscitado conflito negativo de competência.

C) estadual, se discordar da decisão do juízo federal, deverá suscitar conflito negativo de competência, no prazo preclusivo de 5 dias.

D) federal agiu acertadamente ao devolver os autos ao juízo estadual após excluir a Caixa Econômica Federal do feito, não se cogitando, no caso, de conflito de competência.

E) estadual, ao verificar que a relação processual envolvia a Caixa Econômica Federal, deveria desde logo, ter suscitado o conflito de competência perante o Tribunal competente, sobretudo se, de acordo com o seu pensamento, a Caixa Econômica Federal fosse, sim, parte legítima no feito.

1. INTRODUÇÃO

A competência, na acepção clássica, é a medida de jurisdição, ou a quantidade de jurisdição a que é investido cada juiz. Em princípio, a jurisdição é exercida em todo o território nacional pelos juízes de direito (art. 16 do Código de Processo Civil – CPC). **Entretanto, para melhor organização do serviço judiciário, o direito positivo repartiu o exercício dessa jurisdição entre os seus diversos órgãos**, de acordo com vários critérios, a fim de aperfeiçoar a prestação da tutela jurisdicional. Essa divisão criou a chamada "competência jurisdicional", ou os limites de atuação legítima de um membro do Poder Judiciário.

O juiz, portanto, possui jurisdição em todo o território nacional. Todavia, só é lícito o exercício desta jurisdição nos limites de sua competência. Os atos praticados fora desta limitação são atos praticados fora dos limites legítimo de sua atuação. Entretanto, é importante tecer um comentário: **O juiz possui jurisdição, mesmo sem competência**. O princípio da *Kompetenz-Kompetenz* permite que o magistrado declare a sua incompetência, demonstrando que existe jurisdição mesmo sem competência.

Assim, mesmo que esteja atuando totalmente destoado com os limites impostos pelo ordenamento, o magistrado poderá reconhecer a sua incompetência e enviar os autos ao juízo competente. **Essa premissa, portanto, diferencia substancialmente as figuras da jurisdição (de caráter uno e indivisível) e a competência**, atribuição de atuação nas relações processuais em concreto.

Esses limites do exercício legítimo são traçados por nosso ordenamento jurídico. Podemos encontrar normas de competência na Constituição federal, no Código de Processo Civil, nas leis de organização judiciária dos Estados e nos próprios

Regimentos internos dos Tribunais. Ainda, existem normas de competência na legislação extravagante, como a lei 9.099 de 1995 (juizados especiais cíveis).

Nos termos do art. 44 do CPC, "a competência é determinada pelas normas previstas neste Código ou em legislação especial, pelas normas de organização judiciária e, ainda, no que couber, pelas constituições dos Estados". Passaremos, pois, ao estudo desta importante matéria.

2. *PERPETUATIO JURISDICTIONIS*

A competência é fixada no momento em que a ação é proposta. Nos termos do art. 312 do CPC, considera-se proposta a demanda quando protocolizada a petição. Note-se que aqui há uma diferença em relação ao CPC passado. Naquela legislação, havia diferença de momentos de propositura da ação. Nas comarcas de vara única, considerava-se proposta a demanda quando a inicial era despachada com o juiz, ao passo que nas comarcas de mais de uma vara a inicial era distribuída. O CPC atual, contudo, adotou um critério mais justo nos dois casos. **Independentemente da existência de vara única ou de várias serventias, será considerada proposta a ação no momento da apresentação da inicial, seja mediante distribuição ou registo**.

A partir do momento em que a demanda é proposta, eventuais modificações de fato e de direito ocorridas de forma superveniente não trazem quaisquer implicações para a mudança de competência do processo.

Essa regra foi criada para evitar que o processo seja itinerante, mudando de comarca a cada modificação fática ou jurídica, o que traria uma demora processual muito maior do que temos nos dias de hoje. Entretanto, existem **exceções ao princípio. Haverá modificação da competência sempre que houver modificação de competência absoluta ou suprimirem órgão judicial, nos termos do art. 43 do CPC**.

Tomemos um exemplo: João reside na cidade de Belo Horizonte, Minas Gerais. Nos termos do art. 46 do CPC, as ações de cunho pessoal devem ser propostas no domicílio do réu. O autor da demanda, portanto, ao ingressar com ação contra João, o faz na comarca da cidade Mineira. Após seis meses de tramitação processual, o réu muda-se para Contagem/MG. Ora, essa modificação posterior não afeta a competência já estabelecida, devendo a relação processual seguir na capital até o final.

O próprio dispositivo legal, por outro lado, prevê situações em que haverá modificação posterior da competência, como no caso de modificação de competência absoluta. Ora, imagine-se uma comarca em que há a criação posterior de uma Vara da Fazenda Pública. Os processos que tramitavam em face dos entes públicos municipais e estaduais, que até então estavam em varas cíveis, são redistribuídos ao novo órgão. Trata-se, portanto, de exceção ao princípio analisado neste tópico.

Como esse assunto foi cobrado em provas de concursos públicos

2016 – VUNESP – Prefeitura de Rosana – SP – VUNESP – 2016 – Prefeitura de Rosana – SP – Procurador do Município. Compreende-se pelo princípio da *perpetuatio iurisdictionis*: a regra geral que veda a modificação da competência, que é fixada no momento da propositura da ação. (Correto)

2.1. *Perpetuatio jurisdictionis* e Emenda Constitucional nº 45

Conforme afirmado no tópico anterior, uma das exceções ao princípio da *perpetuatio jurisdictionis* é a modificação de novas competências em relação à hierarquia e à matéria.

Em 2004, fora editada a Emenda Constitucional (EC) nº 45, a qual ampliou a competência da justiça do trabalho. Isso criou uma zona cinzenta sobre a competência de algumas ações que tramitavam no juízo cível.

Uma das ações que suscitaram maiores dúvidas são aquelas decorrentes de danos morais e materiais, advindos de acidentes de trabalho. Os tribunais entenderam que a sua competência foi passada à Justiça do Trabalho, após a EC nº 45/2004.

Entretanto, os tribunais fixaram uma regra de modulação desta modificação de competência. Conforme a Súmula nº 367 do Superior Tribunal de Justiça (STJ), a EC nº 45/2004 não alcança os processos já sentenciados. Ainda, a Súmula vinculante nº 22 do Supremo Tribunal Federal (STF) estabeleceu a competência da Justiça do Trabalho, para conhecer e julgar essas ações, que ainda não estejam sentenciadas em primeiro grau de jurisdição.

3. COMPETÊNCIA INTERNACIONAL

A competência internacional diz respeito à atribuição da autoridade judiciária brasileira para julgar os processos. Em suma, a competência internacional diz respeito se a autoridade judiciária brasileira pode conhecer da matéria em concorrência com as autoridades judiciárias de outros países – competência internacional concorrente ou cumulativa – ou se a autoridade judiciária brasileira possui exclusividade de conhecimento da matéria, no caso de competência internacional exclusiva. Essas regras de competência encontram-se nos Arts. 21, 22 e 23 do CPC.

3.1. Competência internacional concorrente

As causas de competência internacional concorrente ou cumulativa encontram-se nos artigos 21 e 22 do CPC. Nestas hipóteses, a sentença prolatada no estrangeiro poderá produzir efeitos no Brasil, desde que devidamente homologada no STJ. Ressalte-se que o CPC de 2015 trouxe um procedimento específico para reger as homologações de sentença estrangeira. Anteriormente, o rito era integralmente previsto na Resolução nº 9 do STJ. Atualmente, está previsto nos artigos 960 e seguintes do CPC.

3.2. Competência internacional exclusiva

Na competência exclusiva, somente a autoridade judiciária brasileira pode conhecer determinadas demandas. Assim, se eventualmente um juízo internacional proferir uma decisão nas hipóteses do art. 23, **a sentença não poderá ser homologada e nem produzir efeitos em nosso território**. O aqui afirmado pode ser comprovado com a análise do art. 963, I do CPC. O dispositivo legal determina que é requisito para a homologação da sentença estrangeira no Brasil a sua prolação pela autoridade judiciária competente. Portanto, havendo competência exclusiva da autoridade judiciária brasileira, automaticamente não haverá a competência da autoridade estrangeira, o que inviabiliza a produção de efeitos jurídicos no território nacional.

Também, o art. 30, II veda a realização do auxílio direto para colheita de provas em processos que sejam de competência exclusiva da autoridade judiciária brasileira. Neste ponto, sequer diligências probatórias podem ser realizadas em nosso território, porquanto nossa legislação processual reconhece como totalmente incompetente a autoridade estrangeira.

4. CRITÉRIOS DE DISTRIBUIÇÃO DE COMPETÊNCIA

A competência é o estabelecimento dos limites de atuação lícita do magistrado. Só é lícito ao magistrado atuar dentro dos limites traçados de sua competência. Essa afirmação, contudo, deve ser analisada com temperamentos. Algumas espécies de incompetência convalescem, de forma que o juiz que era incialmente incompetente para conhecer a causa, passa a ter a atribuição. **Assim, a incompetência territorial, nos termos do art. 65 do CPC, se não arguida no momento e modos oportunos, causa o fenômeno da prorrogação de competência**. Desta feita, o juiz que era inicialmente incompetente passa a exercer a sua atividade em limites legítimos.

Já, por outro lado, os critérios absolutos de distribuição de competência não convalescem, como veremos nos tópicos a seguir. Desta forma, o magistrado ou Tribunal que estiver atuando de forma absolutamente incompetente sempre extravasará os limites legítimos de sua atribuição.

O ordenamento jurídico estabeleceu várias formas de distribuição de competência, de forma que essa atribuição pode ser tomada de diferentes critérios pelo legislador. Entre as formas de distribuição de competência estão a competência material, a competência em relação ao grau hierárquico, a competência em relação ao território, a competência em relação ao valor da causa e a competência em relação à presença de um ente nos polos da relação jurídica (competência em *ratione personae*).

Ainda que existam outros critérios reconhecidos, nosso objeto de estudo ficará restrito aos acima mencionados, tendo em vista que são eles os mais recorrentes em cobranças de concursos públicos. Vejamos:

4.1. Competência material

A competência em razão da matéria é estabelecida com base na natureza do objeto processual litigioso. **Em outras palavras, determina-se a competência pela matéria que está sendo deduzida em juízo**. A própria Constituição cria determinadas competências especializadas. Assim, tem-se, na Constituição, as competências da Justiça do Trabalho (art. 114), da Justiça Militar (art. 125) e da Justiça Eleitoral (art. 121). A competência em razão da matéria é de índole absoluta.

Não só a Constituição Federal estabelece a competência de ordem material. A própria lei de organização judiciária dos Estados pode repartir a competência dos juízos em divisões materiais. Assim, as varas da família, varas de conflitos agrários, entre outras, são exemplos de atribuição material estabelecida por normas internas.

4.2. Competência em razão do grau hierárquico

A competência em razão do grau hierárquico é aquela que estabelece a competência dos tribunais, seja ela derivada ou originária. Um exemplo de competência originária dos tribunais é o da ação rescisória (art. 966, CPC). Mesmo que a decisão judicial a ser rescindida seja uma sentença de primeiro grau, a competência será sempre de um Tribunal e, portanto, originária. **Costuma-se dizer, portanto, que a competência originária do Tribunal é estabelecida quando o órgão atua em primeiro grau de jurisdição,** iniciando uma relação processual. Entretanto, cuidado! Não há que se falar que o Tribunal atua como órgão de primeira instância. Graus de jurisdição e instância são conceitos diferentes e que não se confundem.

É interessante notar que o tribunal competente para processar e julgar a ação rescisória é aquele que deu a última decisão de mérito no processo. Assim, se o Tribunal de Justiça (TJ) deu a última decisão de mérito no processo, será ele competente para processar e julgar a ação rescisória, quando eventual recurso especial ou extraordinário não tiver sido conhecido.

Em relação à competência para a ação rescisória, há uma questão bastante interessante. Os tribunais superiores fazem uma grande confusão terminológica entre o conhecimento recursal e o provimento recursal. Muitas vezes, não conhecem do recurso especial ou extraordinário, mas, ao mesmo tempo, apreciam a questão ventilada nos recursos extremos. Nesta situação, cria-se uma dúvida objetiva de qual tribunal será o competente para processar e julgar a causa. Se seria o tribunal *a quo*, ou o juízo *ad quem*, representado por um dos tribunais superiores, mesmo tendo empregado a expressão que "não conheceram o recurso".

Para sanear essa questão, foi editada, já há algum tempo, a Súmula nº 249 do STF, estabelecendo que o tribunal é competente para processar e julgar a ação rescisória quando, a despeito de ter utilizado a expressão "não conhecer o recurso extraordinário", tenha apreciado a questão submetida ao efeito devolutivo do tribunal.

Há, também, a chamada atuação derivada do Tribunal. Nestes casos, o Tribunal atua em grau recursal, conhecendo e julgando eventual recurso interposto contra uma decisão de grau inferior. A regra é que nestes casos o Tribunal somente pode julgar recursos de juízes hierarquicamente a eles vinculados. **Existe, portanto, a competência do Tribuna para julgar os recursos advindos de juízos a ele subordinados.** Não há a possibilidade, em regra, de julgamentos por Tribunais de Juízes sem vinculação hierárquica.

Todavia, algumas exceções interessantes podem surgir. Existem hipóteses em que há delegação de competência da Justiça Federal para a Justiça Estadual. As ações em face do INSS podem ser propostas na Justiça Estadual, quando no foro não houver sede da Justiça Federal. Nestes casos costuma-se dizer que o juiz Estadual está investido de jurisdição federal. **Eventual sentença por ele prolatada não será julgada pelo Tribunal de Justiça (Juízo de vinculação hierárquica), mas sim pelo TRF, nos termos do art. 109, § 4º da CF/88**.

4.3. Competência territorial

O critério territorial de competência é aquele que distribui a competência de acordo com o âmbito territorial ao qual é lícito ao juiz praticar a sua atividade. É a chamada competência de foro. No CPC/2015, a competência territorial é traçada nos artigos 46 e seguintes. Em regra, é estabelecida de forma relativa. Entretanto, existem regras de competência territorial absoluta, de forma que o foro estabelecido para processar e julgar a ação é absolutamente competente.

Como exemplos de competência territorial absoluta tem-se o art. 47, § 2º, do CPC, que estatui o foro competente para processar e julgar as ações relativas a ações possessórias. Este ponto é muito explorado em provas de concursos! Assunto recorrente é a competência territorial absoluta, do local onde está situado o imóvel, para processar e julgar as demandas possessórias imobiliárias. Ainda, o art. 2º da Lei nº 7.347/1985, que estabelece o foro do local de ocorrência do dano para processar e julgar a ação civil pública.

4.4. Competência em razão do valor da causa

Após a extinção dos tribunais de alçada e a unificação com os Tribunais de Justiça, a análise da competência em relação ao valor da causa ficou mais restrita aos Juizados Especiais Cíveis. Assim, tem-se três sistemas de estabelecimento da competência em relação ao valor da causa nos juizados especiais: **Juizados Especiais Cíveis, Juizados Especiais Federais e Juizados Especiais da Fazenda Pública**.

Note-se que **o valor da causa não é o único critério de competência desses órgãos especiais.** Combinado a ele existem outros critérios para a determinação de suas atribuições. Os Juizados especiais cíveis, por exemplo, possuem a limitação de complexidade da causa como fator de determinação de competência. Os Juizados da Fazenda Pública e Federais possuem, combinado ao valor da causa, a competência em razão da pessoa, exigindo-se a presença de algum dos entes públicos em um dos polos da relação processual.

Vejamos, pois, algumas particularidades dos Juizados:

a. **Juizados Especiais Cíveis**

Nos Juizados Especiais Cíveis (Lei nº 9.099/1995), a competência em relação ao valor da causa é de até 40 (quarenta) salários mínimos, conforme art. 3º. **É competência de índole relativa, de forma que o autor pode optar por ingressar em juízo nos procedimentos comuns**. Portanto, caso tenha uma demanda de valor inferior à alçada do órgão, é possível ingressar em varas cíveis ao invés de optar pelo procedimento especial. Costuma-se dizer, portanto, que a utilização dos Juizados é Facultativa.

Ressalte-se que, apesar de os Juizados Especiais não estarem hierarquicamente sujeitos ao TJ, em sua estrutura judiciária, o STJ possui entendimento de que é possível o ingresso de mandado de segurança no TJ, para controle da competência dos Juizados Especiais. O Sistema dos Juizados, compostos pela sua primeira instância e pela Turma Recursal, não permitiriam recurso ao Tribunal de Justiça. **Mas, para controle de competência, permite-se o mandado de segurança ao órgão**. Confira-se:

> É cabível mandado de segurança, a ser impetrado no Tribunal de Justiça, a fim de que seja reconhecida, em razão da complexidade da causa, a incompetência absoluta dos juizados especiais para o julgamento do feito, ainda que no processo já exista decisão definitiva de Turma Recursal da qual não caiba mais recurso. Inicialmente, observe-se que, em situações como essa, o controle por meio da ação mandamental interposta dentro do prazo decadencial de cento e vinte dias não interfere na autonomia dos Juizados, uma vez que o mérito da demanda não será decidido pelo Tribunal de Justiça. Ademais, é necessário estabelecer um mecanismo de controle da competência dos Juizados, sob pena de lhes conferir um poder desproporcional: o de decidir, em caráter definitivo, inclusive as causas para as quais são absolutamente incompetentes, nos termos da lei civil. Dessa forma, sendo o juízo absolutamente incompetente em razão da matéria, a decisão é, nesse caso, inexistente ou nula, não havendo, tecnicamente, que falar em trânsito em julgado. RMS 39.041-DF, Rel. Min. Raul Araújo, julgado em 7/5/2013 (Informativo nº 524 do STJ).

O mesmo raciocínio aplica-se aos Juizados Especiais Federais, também por decisão presente no STJ:

> **É possível a impetração de Mandado de Segurança nos Tribunais Regionais Federais com a finalidade de promover o controle da competência dos Juizados Especiais Federais.** Precedentes citados: RMS 17.524-BA, Corte Especial, DJ 11/9/2006; e AgRg no RMS 28.262-RJ, Quarta Turma, DJe 19/6/2013. RMS 37.959-BA, Rel. Min. Herman Benjamin, julgado em 17/10/2013 (Informativo nº 533 do STJ).

b. Juizados Especiais Federais

Já os Juizados Especiais Federais (Lei nº 10.259/2001) possuem competência absoluta para processar e julgar os feitos contra a União, de até 60 salários mínimos, conforme art. 3º, *caput*, § 3º, da Lei nº 10.259/2001. Assim, diferentemente dos juizados especiais cíveis, não existe ao autor a faculdade de optar pelo procedimento comum.

Interessante questão que chegou ao STJ diz respeito à competência quando a ação é intentada em litisconsórcio nos Juizados Especiais Federais. Segundo o tribunal, quando a demanda é proposta em conjunto por vários autores, deve ser considerado o valor da causa, dividindo-se o valor total pelo número de litigantes. Assim:

> **O valor da causa para fins de fixação da competência nos juizados especiais federais, na hipótese de existência de litisconsórcio ativo, deve ser calculado dividindo-se o montante pelo número de autores.** Dessa forma, se as parcelas percebidas e as supostamente devidas a cada um dos litisconsortes for inferior a sessenta salários mínimos, prevalece a competência absoluta do Juizado Especial Federal Cível para o julgamento da lide (art. 3º da Lei nº 10.259/2001). Precedentes citados: AgRg no REsp 1209914/PB, DJe 14.02.2011; AgRg no CC 104714/PR, DJe 28.08.2009 (REsp. nº 1.257.935-PB, rel. Min. Eliana Calmon, julgado em 18.10.2012).

Vamos a um exemplo, para a melhor compreensão do tema: Antônio e Pedro resolvem, em litisconsórcio ativo, proporem uma Ação nos Juizados Especiais federais. A competência do órgão é para processar e julgar demandas de até 60 (sessenta) salários. Utilizando-se do posicionamento mencionado, o valor da causa nesta ação poderá alcançar 120 salários mínimos, pois o que se exige é que as pretensões individuais sejam limitadas à alçada do órgão.

Como esse assunto foi cobrado em provas de concursos

2019 – FCC – TRF – 4ª REGIÃO – Técnico Judiciário Área Administrativa. Sobre Juizados Especiais Cíveis da Justiça Federal, é correto afirmar: Compete ao Juizado Especial Cível da Justiça Federal processar, conciliar e julgar causas de competência da Justiça Federal até o valor máximo de quarenta salários mínimos, bem como executar as suas sentenças. (incorreto).

c. Juizados Especiais da Fazenda Pública

Os Juizados Especiais da Fazenda Pública também possuem competência absoluta para processar e julgar as demandas de até 60 salários mínimos, no âmbito da Justiça Estadual, conforme o art. 2º, *caput*, § 4º, da Lei nº 12.153/2009. Assim, sua competência é de índole absoluta. Não há a facultatividade dispensada aos Juizados especiais cíveis.

4.5. Competência funcional

A competência funcional é aquela estabelecida em razão da função que o magistrado irá exercer no processo, geralmente em virtude de um contato anterior que teve com a lide.

São exemplos de competência funcional o art. 516, II, do CPC o qual estabelece que o juiz da causa principal, em regra, será competente para processar o cumprimento de sentença. Ainda, o art. 914, § 1ª do CPC estabelece a competência funcional do juiz da execução para processar e julgar os embargos à execução. Essa competência do mesmo juízo é explicitada no momento em que o dispositivo legal menciona que os autos dos embargos serão distribuídos por dependência.

No CPC passado, costumava-se citar como um dos principais exemplos de competência funcional a identidade física do juiz. Naquela ocasião, o art. 132 do CPC estabelecia que o juiz que presidisse a instrução deveria sentenciar o processo. Ressalte-se que este princípio não faz parte da legislação processual civil, no CPC de 2015. Não existe previsão na legislação atual da identidade física do magistrado.

4.6. Competência em razão da pessoa

A competência em razão da pessoa, ou em *ratione personae*, é aquela estabelecida em razão da presença de um ente em um dos polos da relação jurídica processual.

Na Constituição Federal brasileira, **tem-se a competência dessa natureza no art. 109, I,** o qual estabelece que a Justiça Federal será competente para processar e julgar as ações em que a União, suas autarquias e fundações encontrem-se em um dos polos da relação jurídica processual.

Do mesmo modo, as leis de organização judiciária dos estados costumam criar varas especializadas para o julgamento de ações em que figuram como parte o município ou o estado. Estas varas são comumente denominadas "Varas da Fazenda Pública", sendo que sua competência é estabelecida em razão da presença do ente público em um dos polos do processo.

O Estudo para concursos, principalmente concursos da área federal, realiza a cobrança de matérias relativas à competência da Justiça Federal. Veremos a seguir que, em matéria cível, a regra é que a atribuição do órgão seja feita em razão da presença de um dos entes federais nos polos da relação processual. **Entretanto, existem outros critérios de atribuição da competência à Justiça Federal.** Confira-se:

4.7. Competência da Justiça Federal

A Justiça Federal faz parte da chamada jurisdição comum, ou seja, não é estabelecida, em regra, em virtude de uma matéria específica a ser apreciada em juízo. Assim, ela não pode ser considerada uma justiça especializada, tendo em vista que não foi constituída para conhecer matérias em específico.

É muito comum afirmar que a competência da Justiça Federal é estabelecida tão somente em razão da presença da União ou suas pessoas jurídicas de direito público em um dos polos da relação jurídica. Entretanto, conforme já afirmado, a competência da Justiça Federal não é estabelecida tão somente em razão da presença do ente federal em um dos polos da relação jurídica. Ainda, existem causas de competência material da Justiça Federal e competência funcional da Justiça Federal.

a. Competência da Justiça Federal em razão da pessoa

O art. 109, I, da CF/1988 estabelece a competência da Justiça Federal em razão da presença da União em um dos polos da relação jurídica. Trata-se da chamada competência em *ratione personae*. Assim, havendo em um dos polos da relação jurídica a União, suas autarquias e empresas públicas, sejam como autoras, rés, assistentes ou opoentes, a competência é da Justiça Federal para processar e julgar a demanda.

As sociedades de economia mista, ainda que possuam a participação da União, não estão incluídas no art. 109, I, da CF/1988. Assim, a Súmula nº 42 do STJ estabelece que é de competência da justiça estadual processar e julgar os feitos cíveis contra as sociedades de economia mista.

Ainda, reafirmando o entendimento geral esposado na Súmula nº 42 do STJ, o **STF possui a Súmula nº 508**, pela qual deixa clara a competência da Justiça Estadual para processar e julgar os feitos contra o Banco do Brasil (o qual possui natureza jurídica de Sociedade de Economia Mista). Assim, as ações movidas contra o Banco do Brasil devem ser processadas e julgadas na Justiça Estadual. Há de se ressaltar que, nos termos da Súmula nº 66 do STJ, **as execuções fiscais promovidas pelos conselhos de fiscalização profissional são processadas na Justiça Federal**, pois possuem natureza jurídica de autarquia federal sob o regime especial.

O STJ possui o entendimento sobre a competência para ações civis públicas propostas pelo Ministério Público Federal (MPF), quando a União não se encontre em um dos polos da relação jurídica processual. De acordo com o entendimento do tribunal, o MPF é órgão integrante da União e, como tal, as demandas cíveis por ele propostas devem ser aforadas na Justiça Federal, independentemente da presença da União em um dos polos da relação jurídica processual.

Assim, conforme o STJ:

> **Compete à Justiça Federal processar e julgar ação civil pública quando o Ministério Público Federal figurar como autor.** A ação civil pública, como as demais, submete-se, quanto à competência, à regra estabelecida no art. 109, I, da CF, segundo a qual cabe aos juízes federais processar e julgar "as causas em que a União, entidade autárquica ou empresa pública federal forem interessadas na condição de autoras, rés, assistentes ou oponentes, exceto as de falência, as de acidente de trabalho e as sujeitas à Justiça Eleitoral e à Justiça do Trabalho". Assim, figurando como autor da ação o Ministério Público Federal, que é órgão da União, a competência para apreciar a causa é da Justiça Federal. Precedentes citados: AgRg no CC 107.638-SP, Primeira Seção, DJe 20/4/2012; e REsp 440.002-SE, Primeira Turma, DJ 6/12/2004. REsp 1.283.737-DF, rel. Min. Luis Felipe Salomão, julgado em 22/10/2013 (Informativo nº 533 do STJ).

O art. 109, § 3º, da CF/1988 estabelece que pode haver delegação de competência, por meio de lei, da Justiça Federal para a Justiça Estadual. A própria Constituição já traz uma hipótese. Trata-se do caso de ação proposta pelo segurado contra o INSS, onde não há sede da Justiça Federal. No mesmo dispositivo legal a Constituição estabelece que a lei poderá permitir que outros casos possam ser estabelecidos desta delegação, **desde que a comarca não seja sede de vara do juízo federal.**

Essa delegação ocorria no art. 15, I, da Lei Federal nº 5.010/1966, pela qual a competência para processar os executivos fiscais da União, onde não houver Justiça Federal, é da Justiça Estadual. Entretanto, essa delegação foi revogada por lei ordinária, não mais subsistindo esta possibilidade. Ressalte-se, todavia, que, sempre que houver delegação de competência para a Justiça Estadual, os eventuais recursos interpostos no processo deverão ser direcionados aos Tribunais Regionais Federais da respectiva região, conforme o art. 109, § 4º, da CF/1988.

Questão interessante é se a intervenção da União ou dos entes mencionados no art. 109 se der após o andamento da demanda, principalmente se a competência inicial for da justiça estadual. Ora, suponhamos, por exemplo, que a união solicite a sua intervenção no feito a título de assistente. Para que seja deferida esta intervenção de terceiro, é necessário que a parte demonstre interesse jurídico na causa. Em outras palavras, deve-se fazer um juízo prévio do ingresso ou não do ente. **Neste caso, o Juiz estadual teria competência para analisar o eventual interesse da União na intervenção do feito?**

O Posicionamento preponderante sempre foi aquele contido na súmula 150 do STJ, pelo qual somente o juiz federal teria competência para analisar o interesse da União na intervenção no feito. **Assim, solicitado o ingresso, caberia ao juiz estadual enviar os autos ao juízo federal, para que este fizesse a análise**. Esta foi a posição adotada pelo "caput" do art. 45 do CPC. Confira: "Tramitando o processo perante outro juízo, os autos serão remetidos ao juízo federal competente se nele intervier a União, suas empresas públicas, entidades autárquicas e fundações, ou conselho de fiscalização de atividade profissional, na qualidade de parte ou de terceiro interveniente".

Assim, o dispositivo parece sugerir que não há espaço para qualquer deliberação da Justiça Estadual. Algumas causas, todavia, mesmo com a entrada dos entes mencionados no "caput" do art. 45 não deslocam a competência para a Justiça Federal. São elas: de recuperação judicial, falência, insolvência civil e acidente de trabalho (inciso I); sujeitas à justiça eleitoral e à justiça do trabalho (inciso II)

Havendo ausência de interesse, na deliberação do Juiz Federal, este deverá restituir os autos à Justiça Estadual, sem suscitar conflito negativo de competência (art. 45, § 3º, CPC).

b. Competência da Justiça Federal em razão da matéria

Conforme já foi dito nesta unidade, não só em relação à presença da União é estabelecida a competência da Justiça Federal. Existem casos em que a competência da Justiça Federal é estabelecida em razão da matéria a ser discutida em juízo.

Nesse particular, dois incisos são relevantes no art. 109 da Constituição. Trata-se dos incisos V-A e XI da CF/1988. O primeiro estabelece a competência da Justiça Federal em razão da "grave violação de direitos humanos". Já o segundo estabelece a competência do órgão para tratar das lides que envolvem os "direitos indígenas".

Questão interessante a saber é se qualquer demanda envolvendo indígena seria de competência da Justiça Federal, ou somente aquelas questões que envolvem os direitos indígenas, como direitos coletivamente considerados. Em outras palavras, resta saber se a Justiça Federal é competente para tutelar o direito do índio ou o direito "dos índios".

O posicionamento do STJ é no sentido de que a **competência da Justiça Federal somente se impõe quando o direito deduzido em juízo é direito coletivo indígena, e não direito individual indígena.** Assim, ainda que confeccionada para tutelar o âmbito penal, confira-se a Súmula nº 140 do STJ, a qual atribui a competência à Justiça Estadual para processar e julgar os crimes em que o indígena foi autor ou réu. Em precedentes posteriores o STJ vem reafirmando o entendimento acima esposado, estabelecendo que as causas relacionadas com os direitos indígenas como povo e coletividade são de competência da Justiça Federal. Confira-se:

> O conceito de direitos indígenas, previsto no art. 109, XI, da CF/88, **para efeito de fixação da competência da Justiça Federal, é aquele referente às matérias que envolvam a organização social dos índios, seus costumes, línguas, crenças e tradições, bem como os direitos sobre as terras que tradicionalmente ocupam**, compreendendo, portanto, a hipótese em análise. Precedentes citados: CC 105.045-AM, DJe 1º/7/2009; e CC 43.155-RO, DJ 30/11/2005. CC 123.016-TO, rel. Min. Marco Aurélio Bellizze, julgado em 26/6/2013 (Informativo nº 527 do STJ).

Imagine uma ação de cobrança proposta por um indígena. Ora de acordo com o posicionamento anterior, a atribuição de julgamento seria da Justiça Estadual. Por outro lado, questões envolvendo demarcação de terras, preservação de costumes, seriam de competência da Justiça Federal.

c. Competência funcional da Justiça Federal

Um outro critério de distribuição de competência da Justiça Federal está no art. 109, X, da CF/1988. Pelo dispositivo legal, cabe à Justiça Federal a execução de sentença estrangeira, após a sua homologação pelo STJ. Trata-se de competência estipulada em razão de uma função específica (execução de sentença), sem estar relacionada com matéria. A homologação de sentença estrangeira é feita à luz dos artigos 960 e seguintes do CPC.

5. CAUSAS DE MODIFICAÇÃO DE COMPETÊNCIA

A competência absoluta, por ser estabelecida em razão de normas de ordem pública, **não pode ser modificada**. Assim, uma vez estabelecida pela lei ou pela Constituição Federal, reveste-se de estabilidade**. Já a competência relativa poderá ser modificada.** Duas são as causas de modificação da competência relativa: causas voluntárias e causas legais. As voluntárias são pela cláusula de eleição de foro (art. 63, CPC) e ausência de alegação de incompetência relativa; e as causas legais são pela conexão (art. 55, CPC) ou pela continência (art. 57, CPC).

5.1. Prorrogação da competência por ausência de alegação de incompetência

A forma de alegação da incompetência relativa dá-se pela apresentação da matéria em preliminar de contestação, nos termos do art. 337, II, do CPC. O prazo para a sua apresentação é de 15 dias, tendo em vista o mesmo prazo destinado à contestação (art. 335, CPC). Caso o réu não apresente a matéria da incompetência, o juiz que inicialmente era relativamente incompetente tem a sua competência prorrogada, de forma que tornará o juiz competente para processar e julgar aquela causa, até o seu final (art. 65, CPC).

5.2. Prorrogação por cláusula de eleição de foro

A competência pode ser modificada também pela derrogação, por meio da cláusula de eleição de foro (art. 63, CPC).

Assim, em se tratando de competência territorial relativa, as partes podem, por meio de uma cláusula prévia em negócio jurídico determinado, escolher o foro onde desejam solucionar os litígios oriundos daquela relação contratual. **Entretanto, o juízo não pode ser escolhido pelas partes.** A competência do juízo é absoluta. Quando no local houver mais de uma vara competente para processar e julgar determinado processo, as partes não podem optar por um ou por outro, mas somente pelo local do foro.

Ressalte-se que a cláusula, uma vez estipulada, **obriga os herdeiros e sucessores das partes.** Portanto, não possui caráter personalíssimo (art. 63, § 2º, CPC).

Outra questão interessante diz respeito à alegação e ao reconhecimento da abusividade da cláusula de eleição de foro. O juiz, de início, pode reconhecer a abusividade da cláusula de ofício. Todavia, em situação bastante inusitada, o CPC impõe que o magistrado o faça antes da citação do réu. Desta forma, quando o autor propuser uma demanda em um foro eleito, e o magistrado perceber que este foro foi constituído de forma abusiva, poderá, de ofício, declinar a sua competência para o juízo de domicílio do réu. Todavia, somente poderá fazê-lo antes da citação (art. 63, § 3º, CPC). Caso não o faça de ofício, **caberá ao réu alegar a abusividade em preliminar de contestação, sob pena de preclusão** (art. 63, § 4º, CPC).

Como esse assunto foi cobrado em provas em concursos públicos

2019 – Crescer Consultorias – Prefeitura de Jijoca de Jericoacoara – CE - Procurador do Município. Em razão da autonomia proporcionada às partes no contexto do Novo CPC, é assegurado o estabelecimento de cláusula geral de eleição de foro. (correto).

5.3. Modificação de competência por conexão e continência

Os elementos da demanda são pontos que identificam a ação e que servem para comparar uma ação com a outra. São três estes elementos: partes, causa de pedir e pedido. **Quando há integral coincidência desses três pontos de identificação da demanda, há coincidência total entre as demandas.**

Diante da total coincidência entre as demandas ocorrerá a litispendência, se as duas estiverem em trâmite ao mesmo tempo; a coisa julgada, se uma demanda foi proposta enquanto outra idêntica já tinha transitado em julgado fazendo coisa julgada material; ou perempção, quando a causa é extinta três vezes por abandono e o autor perde a possibilidade de propor a ação uma quarta vez. **A consequência de uma coincidência total das demandas é uma sentença terminativa sem resolução do mérito, nos termos do art. 485, V, CPC.**

Os elementos da demanda têm relevância não só na coincidência total dos elementos, pois, quando há coincidência parcial, também ocorrem consequências jurídicas relevantes, mas que não vão gerar a extinção do processo. **Os fenômenos de coincidência parcial desses elementos são: a conexão e a continência.**

a. Conexão

Nos termos do artigo 55 e seguintes do CPC, ocorrerá conexão toda vez que se identifica a mesma causa de pedir **ou** o mesmo pedido entre duas ações. Atente-se que não há a necessidade de coincidência dos dois elementos. **A identidade de somente um deles já é o bastante para a ocorrência da conexão.**

Vamos a um exemplo: Imagine que duas pessoas estão viajando de ônibus para uma determinada cidade. O motorista resolve trafegar por um atalho fora da rota tradicional. Em virtude deste desvio, o veículo é assaltado. Dois passageiros entendem que o assalto que gerou constrangimento moral e material e que estes fatos somente ocorreram em virtude do comportamento negligente do funcionário da empresa. Cada um resolve propor demandas autônomas de dano material e moral. São demandas com partes diferentes, mas com a mesma causa de pedir, advindas de mesma base de fato. **Portanto, são demandas conexas.**

Assim, a conexão, enquanto fenômeno de coincidência parcial da demanda, ocorre quando há causa de pedir ou pedidos coincidentes entre duas demandas. Havendo duas causas conexas, uma delas deixará a vara onde tramita, e será reunida no outro juízo, para evitar-se decisões contraditórias. **A conexão, portanto, apresenta-se como causa de modificação de competência, à medida que determina o deslocamento de uma demanda a outro juízo.**

A modificação de competência de demandas conexas encontra-se no art. 55, § 1º, do CPC. Entretanto, pode-se questionar: existindo uma demanda em uma vara (1ª vara cível, por exemplo), e outra tramitando em outra vara (2ª vara cível), qual delas irá deslocar-se para o outro juízo? Há algum critério para tanto?

O juízo prevento para conhecer as duas causas será aquele em que primeiro se registrou ou distribuiu a petição inicial, nos termos do art. 59 do CPC. Assim, a vara cível em que a primeira demanda houver sido distribuída será considerada competente para conhecer das demais.

Outra questão interessante versa sobre a reunião de demandas conexas, quando uma delas já tiver sido sentenciada. Como se verá repetidas vezes durante nossa explanação, em vários momentos o CPC de 2015 segue e adota a jurisprudência sedimentada do Superior Tribunal de Justiça, transformando-os em legislação.

Um desses entendimentos é o que constava da Súmula nº 235 do STJ, e que se tornou a parte final do § 1º, art. 55, CPC. Assim, a regra é que as causas conexas serão reunidas em um mesmo juízo, mas, se uma das pretensões já tiver sido sentenciada, **estas não serão reunidas**. Retomando o exemplo do ônibus (exemplo 2), vejamos uma situação hipotética:

Após o roubo, uma das pessoas assaltadas afirma que vai ingressar com ação judicial no dia seguinte. Outra passageira diz que não terá condição financeira para contratar advogado imediatamente e que, dessa forma, decide esperar a primeira passageira propor a demanda (o prazo prescricional para acidente de consumo é de cinco anos). Assim alega à colega que quando o juiz sentenciar e, sabendo previamente do resultado da ação análoga, ela proporá a sua ação.

A primeira passageira propõe a demanda inicialmente e o processo é distribuído para a 4ª Vara Cível, cujo juiz sentencia pela procedência do pedido. Depois de julgar procedente, a segunda passageira distribui a petição inicial, por dependência à 4ª Vara Cível, conforme permite o art. 286, CPC, alegando a conexão.

Nesse sentido, **o art. 55, § 1º, CPC determina que, se uma das ações conexas já tiver sido sentenciada, a conexão não determina reunião de**

processo. Este fato feriria o princípio do juiz natural, tendo em vista que o demandante já iria propor uma ação sabendo do resultado final. Essa situação seria boa para o autor, porém, péssima para o réu.

O princípio do juiz natural, em seu aspecto material, exige que o juiz seja imparcial. Portanto, quando um desses processos já foi sentenciado, **a petição estará sujeita à livre distribuição mesmo sendo conexa com outra causa, preservando-se o princípio mencionado**. Portanto, causas conexas devem ser reunidas em um mesmo juízo para evitar decisões contraditórias, salvo se uma delas já tiver sido sentenciada.

> **Atenção!** A doutrina sempre foi muito dura com a insuficiência dos critérios de conexão do CPC passado, porquanto tradicionalmente, a conexão, e a consequente reunião de processos, somente ocorria com a identidade da causa de pedir ou do pedido.

Todavia, algumas demandas, apesar de não se enquadrarem no conceito de conexão, apresentam uma relação de prejudicialidade clara. Em outras palavras, o que é decidido em uma pode influenciar diretamente na outra. Na legislação passada não havia instrumento legal para reunir essas duas ações em um mesmo juízo, o que trazia riscos de decisões contraditórias.

Imaginemos uma situação em que exista uma execução de título executivo extrajudicial contra o devedor e uma ação anulatória do débito proposta pelo devedor contra o credor. Note que são as mesmas partes que dizem respeito ao mesmo negócio jurídico, mas têm pedidos diferentes e causas de pedir diferentes.

No exemplo anterior, a causa de pedir da execução é a existência do título executivo extrajudicial, que é documento suficiente o bastante para promover a via executiva. Já na ação anulatória, a causa de pedir é a eventual nulidade ou vício naquele título, enquanto o pedido é a sua anulação.

Dessa forma, apesar de terem as mesmas partes, ambos os processos, as causas de pedir e os pedidos são totalmente diferentes, o que levava os juízes, na legislação passada, a entenderem que não havia conexão entre as duas demandas e, portanto, negarem a reunião desses autos no mesmo juízo prevento.

É inegável que há uma relação de prejudicialidade entre as duas demandas. Se, eventualmente, a ação anulatória for julgada procedente, a execução ficará prejudicada, mas, se for improcedente, a execução restará hígida.

Dessa maneira, o conceito legal de conexão no CPC passado – que os autores criticavam muito – era insuficiente para abarcar todas as situações em que haveria relação de prejudicialidade entre os processos. A partir disso, a doutrina (DIDIER, 2017. P. 261) criou, ainda sob a égide do CPC anterior, uma espécie de conexão denominada **"conexão por prejudicialidade"**, em que duas demandas que, ainda que não tenham a mesma causa de pedir ou o mesmo pedido, seriam reunidas em um mesmo juízo para evitar decisões contraditórias. Portanto, quando havia a possibilidade de a decisão de um processo afetar outro, essa reunião seria feita, **mesmo não havendo de fato a conexão.**

O CPC/2015 reuniu os posicionamentos doutrinários do código anterior com essas sugestões de alargamento das hipóteses de reunião por conexão e as transformou em norma positivada.

Assim, o § 2º do art. 55 reforça algumas situações de conexão que geram a reunião de processos. São posicionamentos sedimentados do STJ, que foram incorporados à norma. São consideradas conexas a ação de execução e a ação de conhecimento relativas ao mesmo negócio jurídico, e a duas execuções fundadas em um mesmo título.

A novidade maior fica por conta do § 3º do dispositivo legal. Aqui o CPC admitiu a reunião de processos, ainda que não haja conexão, quando há relação de prejudicialidade entre eles, corroborando o posicionamento mencionado acima.

Como esse assunto foi cobrado em provas de concursos

2016 – IDECAN – Câmara de Aracruz – ES – Procurador Legislativo. Sobre o tema "conexão", assinale a afirmativa INCORRETA. Serão reunidos para julgamento conjunto os processos que possam gerar risco de prolação de decisões conflitantes ou contraditórias caso decididos separadamente, mesmo sem conexão entre eles.

b. Continência

A continência ocorre quando duas relações processuais têm as mesmas partes e a mesma causa de pedir, e o pedido de uma é mais abrangente que o pedido da outra. Na continência, temos duas causas distintas, que são chamadas pela legislação processual e pelos autores (GAJARDONI, 2018. P. 294) em geral de causas continentes e causas contidas. A causa continente é a causa de pedido maior, já a causa contida é a causa de pedido menor.

Vamos a um exemplo: Supunha uma demanda proposta para o suprimento de autorização de viagem paterna. A mãe deseja realizar uma viagem internacional com a filha, mas o pai recursa-se injustificadamente em conceder a autorização. Ora, nestes casos, é possível ao judiciário realizar a autorização, reconhecendo o mero capricho determinado pelo genitor. É uma Ação de Suprimento de outorga. Posteriormente, a mão ingressa em juízo solicitando a destituição do Poder Familiar do Pai. Perceba-se que o objeto processual da segunda demanda engloba o primeiro. Desde que deferida a destituição, não haverá mais necessidade de outorga para viagem. **É um caso claro de continência.**

Se houver continência entre duas causas, e se a causa continente for proposta em primeiro lugar, a contida será extinta sem resolução do mérito. **Se a maior vier primeiro, a menor não subsistirá**. Se a menor vier primeiro, as duas serão reunidas em um mesmo juízo. Note que a continência, à luz do CPC/2015, somente determina a reunião de processos quando a causa menor (contida) for proposta em primeiro lugar. Se a continente for proposta em primeiro lugar, a causa contida sofrerá sentença terminativa sem resolução do mérito, este é o teor do art. 57 do CPC.

Como esse assunto foi cobrado em provas de concursos públicos

2016 – IESES – TJ-MA – Titular de serviço de notas e registros – Remoção – Dá-se a continência entre 2 (duas) ou mais ações quando houver identidade quanto à possibilidade jurídica do pedido e à causa de pedir. (incorreto)

6. DECLARAÇÃO DE INCOMPETÊNCIA

A declaração de incompetência visa estudar quais são as consequências do desrespeito de uma norma de competência absoluta e de uma norma de competência relativa. Assim, o que se verá a seguir é qual o regime jurídico de um e de outro caso, de como se comportará o juiz ao reconhecer-se incompetente, se haverá ou não necessidade das partes provocarem, e as consequências jurídicas do ato.

6.1. Incompetência absoluta

Conforme já observamos, a norma de competência absoluta é de natureza cogente, estabelecida em razão de critérios de ordem pública. Por este motivo, não pode ser modificada pelas partes ou pela vontade do órgão jurisdicional. Assim, em virtude destas características, possui um regramento jurídico diferenciado pelo CPC/2015.

Primeiramente, deve-se indagar: a incompetência absoluta poderá ser reconhecida de ofício pelo juiz? Ou, ao contrário, deverá o magistrado aguardar a parte contrária alegar, para somente depois reconhecê-la? Vamos explicar o tema a partir de um exemplo hipotético:

Vamos a um Exemplo: em virtude do crescente trabalho, um escritório de advocacia bastante renomado na cidade contrata um funcionário para auxiliar nas demandas diárias. No mesmo dia da contratação, o advogado do escritório desenvolveu uma petição de divórcio, e uma reclamatória trabalhista. **Ambas as demandas são de competência absoluta totalmente diferentes, porque envolvem matérias de competência material e, portanto, absolutas**. A reclamatória deverá ser proposta no foro da justiça do trabalho e o divórcio deverá ser proposto no foro da justiça estadual, na Vara de Família.

O advogado prepara as duas demandas para que sejam distribuídas em cada um dos foros diferentes. **Por engano, distribui a reclamatória na Justiça Estadual e o divórcio na Justiça do Trabalho**!

Nesse caso, o juiz não só pode, **como também deve reconhecer a sua incompetência absoluta de ofício, na forma do art. 64, § 1º, CPC**. Assim, em relação à incompetência absoluta, não há a necessidade de aguardar a manifestação da parte contrária, mas deverá o magistrado, sem qualquer provocação, reconhecê-la e enviar os autos ao juízo competente.

Já sabendo que o magistrado pode e deve reconhecê-la de ofício, outra questão se impõe na análise deste instituto. **Supondo que a incompetência passe ilesa ao juiz, qual a forma de sua alegação pelo réu?**

A mesma forma de alegação existente na legislação anterior continua sendo a adequada no CPC de 2015. Se o juiz não perceber que é absolutamente incompetente a partir do contato com a petição inicial, **incumbe ao réu alegar essa incompetência absoluta como preliminar de contestação, na forma do art. 337, II c/c o art. 64, *caput*, ambos do CPC**. O momento processual recomendado pelo código para o réu realizar a alegação de incompetência, portanto, é na própria contestação, como matéria preliminar.

Outra característica interessante da incompetência absoluta é a sua ausência de preclusão. Se o juiz não a reconhecer no primeiro contato com a petição inicial, e caso o réu não alegue em preliminar de contestação, este pode alegar a qualquer momento do processo (por simples petição, por alegação oral, nas alegações finais etc.). Assim, dizer que a matéria não está sujeita à preclusão significa que, mesmo não sendo alegada no momento estabelecido pelo CPC (preliminar de contestação), sua provocação poderá continuar a qualquer momento da relação processual.

Ainda, um último questionamento se impõe: **qual a consequência do reconhecimento da incompetência absoluta?** Duas são as consequências de seu reconhecimento.

Em primeiro lugar, os autos são enviados ao juízo competente. Assim, no exemplo anterior, o juiz da vara do trabalho, ao se deparar com um divórcio, deverá enviar os autos à Justiça Estadual, para que seja distribuída a uma das competentes varas da família.

Em segundo lugar, tem-se uma novidade no CPC de 2015, em relação ao reconhecimento da incompetência absoluta. Na legislação processual passada, o seu reconhecimento gerava a nulidade de todos os atos decisórios praticados pelo juiz incompetente.

No CPC de 2015, se não houver decisão em contrário, todos os atos praticados pelo juízo incompetente, **inclusive os decisórios**, permanecem válidos, podendo ser ratificados ou retificados pelo novo juiz.

Como esse assunto foi cobrado em provas de concursos públicos

2017 – FUNDEP (Gestão de Concursos) – MPE-MG – Promotor de Justiça substituto. Declarada a incompetência absoluta, somente os atos decisórios serão nulos, remetendo-se os autos ao juízo competente. (incorreta)

Uma questão colocada usualmente pelas bancas é afirmar que, "salvo decisão em contrário, os atos decisórios praticados pelo juízo incompetente permanecem válidos". A afirmativa está correta, vez que o art. 64, § 4º, CPC, ressalva expressamente a possibilidade de os atos decisórios permanecerem válidos, conforme explicado anteriormente.

Como esse assunto foi cobrado em provas de concursos públicos

2017 – CESPE – TJ-PR – Juiz de Direito. Ao reconhecer sua incompetência absoluta, o juiz deverá extinguir o processo sem resolução do mérito, justificando a medida na impossibilidade técnica em remeter os autos eletrônicos para o juízo competente. (incorreta).

6.2. Incompetência relativa

A incompetência relativa, ao contrário da absoluta, **é determinada por normas de índole privada, supletivas, que não dizem respeito a disposições cogentes no ordenamento jurídico.** Para estudarmos o seu regime jurídico, os mesmos questionamentos feitos em relação à incompetência absoluta se impõem: a incompetência relativa pode ser reconhecida de ofício pelo magistrado? Há preclusão? Qual a sua forma de alegação? Assim como fizemos anteriormente, explicaremos o tema por meio de um exemplo:

Exemplo: Ricardo é o autor de uma ação de cobrança, na qual almeja receber o valor de R$10.000,00 de Leandro. Ricardo reside em Curitiba/PR e Leandro tem endereço em Belo Horizonte/MG. Ao observar o art. 46, CPC, que trata da competência territorial (relativa por excelência), é de se observar que, caso Ricardo pretenda receber o valor pela via judicial, utilizando a técnica processual adequada, não deverá apresentar a ação de cobrança em seu domicílio, no Paraná. Isso porque o foro geral para as obrigações no CPC é o domicílio do réu. Portanto, a ação deveria ser proposta em Belo Horizonte.

A norma do exemplo é de índole territorial que, em regra, é de cunho relativo. Mesmo com conhecimento da norma processual, Ricardo resolve ajuizar a ação no Paraná, onde reside. Assim, desrespeita uma norma de competência relativa.

Analisando o art. 64, § 1º, CPC, tem-se que propositalmente o legislador não incluiu entre as regras de reconhecimento de ofício de competência a incompetência relativa. A única incompetência que deve ser reconhecida e declarada de ofício é a incompetência absoluta. **Há, inclusive, entendimento sumulado do STJ, esposado na Súmula nº 33, que, apesar de ter sido fabricada à luz do CPC/1973, ainda está eficaz**, no sentido da proibição do reconhecimento oficioso do magistrado da incompetência relativa. **Portanto, em regra, a incompetência relativa não pode ser reconhecida pelo juiz.**

Entretanto, excepcionalmente, o CPC reconhece hipótese em que o juiz pode ter a sua incompetência territorial declarada de ofício. **A hipótese está positivada no art. 63, § 3º, CPC.**

Trata-se de uma situação muito específica que depende da existência de cláusula de eleição de foro abusiva. Assim, todas as vezes que o magistrado verificar a presença de uma cláusula abusiva em uma relação contratual, não necessariamente de adesão, poderá reconhecer de ofício a abusividade da cláusula e enviar os autos ao juízo competente. Vamos exemplificar a situação, para melhor entendimento:

Vamos ao Exemplo: suponhamos que duas empresas realizam um contrato de prestação de serviço. A empresa A é de grande porte e está sediada na Comarca do Rio de Janeiro. A empresa B é uma empresa de pequeno porte e está situada no interior do estado de Minas Gerais.

Na relação havida entre essas duas empresas, coloca-se uma cláusula de eleição de foro, estabelecendo que quaisquer e eventuais problemas em relação ao contrato serão resolvidos na Comarca do Rio de Janeiro. A empresa A, valendo-se da possibilidade de fazer valer o seu foro, propõe demanda no Rio de Janeiro.

O que o art. 63, § 3º, CPC permite ao juiz é, no primeiro contato que o julgador tiver com a petição inicial, verificando que a demanda foi proposta no Rio de Janeiro (sede da empresa economicamente mais forte e que se valeu da cláusula), reconhecer a abusividade da cláusula de eleição de foro antes da citação e enviar os autos para o domicílio do réu, em Minas Gerais, fazendo valer a competência do art. 46, CPC.

Outra questão de suma importância em relação à incompetência relativa diz respeito à forma de sua alegação.

Aqui há uma grande diferença da legislação processual anterior. No CPC/1973, a forma que se tinha para alegar a incompetência relativa era por um instrumento processual autônomo, chamado de exceção de incompetência relativa.

A exceção tinha que vir em uma peça processual apartada da contestação, além de suspender o curso do procedimento principal até a decisão interlocutória que a julgasse. Dessa forma, havia dois problemas na forma de alegação desta matéria no CPC/1973: a formalidade excessiva e a suspensão do procedimento, o que levava os réus a alegarem a matéria como forma de retardar o curso processual.

Ainda sob a égide do CPC/1973, o STJ começou a editar entendimento no sentido de permitir a alegação de incompetência relativa por meio de preliminar de contestação, desde que não causasse prejuízo à parte contrária. O CPC/2015 decidiu endossar este posicionamento. **A nova legislação unificou a forma de alegação das incompetências.** Assim, o modo de arguição de ambas as incompetências é o mesmo, sendo a relativa provocada por meio de preliminar de contestação, conforme se verifica pelo art. 64, *caput*, c/c o art. 337, II, ambos do CPC.

Ainda, deve-se analisar, assim como fizemos em relação à incompetência absoluta, **se a relativa está ou não sujeita à preclusão.**

Se a incompetência absoluta é não preclusiva, ou seja, se pode ser manifestada e reconhecida de ofício a qualquer tempo e em qualquer grau de jurisdição, o mesmo não pode ser dito acerca da incompetência relativa. Essa última, se não apresentada no momento e do modo correto, está sujeita à preclusão e ao fenômeno da prorrogação da competência. **Assim, aquele juízo que seria inicialmente incompetente para processar e julgar a demanda, passa a ser competente, nos termos do art. 65 do CPC.**

As consequências do reconhecimento da incompetência relativa são as mesmas do reconhecimento da incompetência absoluta, quais sejam, os autos serão enviados para o juízo competente e os atos pelo juízo incompetente, salvo decisão em contrário, permanecem válidos.

Por fim, resta trazer uma questão de extrema relevância no CPC de 2015. Para evitar que o réu se desloque até a comarca em que o autor propôs a ação, o código previu a possibilidade de se apresentar a contestação, com alegação de incompetência relativa, na comarca de seu domicílio.

Pelo disposto no *caput* do art. 340, CPC, o réu poderá apresentar contestação alegando a incompetência relativa na sede de seu domicílio, o que será comunicado, preferencialmente por meio eletrônico, ao juízo da causa onde tramitam os autos principais (o mesmo poderá ocorrer com a alegação de incompetência relativa). Assim, se eventualmente a alegação de incompetência for acolhida, o juízo em que a contestação foi apresentada ficará prevento para o restante da relação processual.

7. QUADRO COMPARATIVO

Para fixarmos melhor a matéria, é importante trazer um quadro comparativo, para a análise do regramento das duas incompetências:

	ABSOLUTA	RELATIVA
Forma de alegação	Preliminar de contestação	Preliminar de contestação
Reconhecimento de ofício	Sim	Não*
Preclusiva?	Não	Sim
Consequência do reconhecimento	Envio dos autos/validade	Envio dos autos/validade

* No caso de abusividade da cláusula de eleição de foro, nos termos do art. 63, § 3º do CPC, o juiz poderá reconhecer a sua incompetência territorial (portanto relativa), de ofício. Ressalte-se, porém, que é um expediente excepcional em nosso sistema, de forma que a regra é que a incompetência relativa não possa ser reconhecida de ofício pelo juiz.

RESUMO

COMPETÊNCIA
1. Introdução
2. *Perpetuatio jurisdictionis*
A partir do momento que a demanda é proposta, **eventuais modificações de fato e de direito ocorridas de forma superveniente** não trazem quaisquer implicações para a mudança de foro do processo.
2.1. *Perpetuatio jurisdictionis* e EC 45
Súmula vinculante nº 22 do Supremo Tribunal Federal (STF) estabeleceu a competência da Justiça do Trabalho, para conhecer e julgar essas ações, que ainda não estejam sentenciadas em primeiro grau de jurisdição.
3. Competência internacional
Cumulativa ou exclusiva: a competência internacional concorrente ou cumulativa, em que a autoridade judiciária brasileira pode conhecer conjuntamente com a internacional a demanda – ou a autoridade judiciária brasileira possui exclusividade de conhecimento da matéria, no caso de competência internacional exclusiva.
3.1. Competência internacional concorrente
Permite que a demanda tramite tanto no Brasil quanto no Poder Judiciário estrangeiro.
3.2. Competência internacional exclusiva
As causas de competência exclusiva da autoridade judiciária brasileira excluem da apreciação do Judiciário estrangeiros as causas ali mencionadas. Assim, se eventualmente uma demanda de competência exclusiva tramitar no exterior, não poderá surtir efeitos na realidade judiciária brasileira.
4. Critérios de distribuição de competência
4.1. Competência material
A competência material é aquela determinada em relação ao direito discutido na lide. O grande exemplo é a competência prevista no art. 114, I, da CF/1988, ou seja, competência da Justiça do Trabalho para processar e julgar as demandas relativas a relações de trabalho.

4.2. Competência em razão do grau hierárquico

A competência em relação ao grau hierárquico é aquela determinada pelo conhecimento da matéria em segundo grau de jurisdição. Assim, costuma-se dizer que na ação rescisória (art. 966 do CPC) a competência é determinada em razão do grau hierárquico, do tribunal.

4.3. Competência territorial

Competência territorial é aquela fixada em razão do foro onde deverá ser proposta a demanda. Como exemplo, tem-se o art. 46 do CPC, em que se considera competente o domicílio do réu para as demandas obrigacionais.

4.4. Competência em razão do valor da causa

O grande exemplo de competência em razão do valor da causa, na atualidade, são os juizados especiais. Dos três juizados existentes (Cíveis, Fazenda Pública e Federal), somente o Juizado Especial Cível, criado pela lei 9.099 de 1995, possui sua competência relativa. Os demais possuem a competência absoluta.

4.5 Competência funcional

É aquela estabelecida em razão de uma função anterior já estabelecida pelo magistrado. São exemplos o cumprimento de sentença (art. 516, II CPC), e os embargos à execução.

4.6. Competência em razão da pessoa

A competência em razão da pessoa é aquela fixada pela presença de um ente em algum dos polos da relação jurídica. Um exemplo seria o art. 109, I, da CF/1988, em que a competência da Justiça Federal é fixada pela presença da União ou outros entes no polo ativo ou passivo.

4.7. Competência da Justiça Federal

A competência da Justiça Federal não é estabelecida somente em razão da presença da União ou seus entes em um dos polos. No art. 109 da CF/88 há hipóteses de competência material e funcional.

5. Causas de modificação de competência

5.1. Prorrogação de competência por ausência de alegação de incompetência

Nos termos do art. 65 do CPC/2015, a ausência de apresentação da alegação de incompetência ocasiona na prorrogação da competência, sendo que o juiz que era inicialmente incompetente passa a ser competente para a causa.

5.2. Prorrogação por cláusula de eleição de foro

Nos termos do art. 63 do CPC, as partes podem eleger o foro ao qual querem vincular uma futura demanda. Todavia, não podem eleger o juízo competente. Essa eleição obriga aos herdeiros e sucessores.

5.3. Modificação da competência por conexão e continência
Os conceitos de conexão e continência encontram-se nos arts. 55 e 57 do CPC. A conexão gera a reunião de processos, salvo se um deles já fora sentenciado. A continência, por sua vez, somente gerará a reunião se a demanda contida for proposta primeiro. Caso contrário, gerará a reunião dos processos.
6. Declaração de incompetência
6.1. Incompetência absoluta
Pode ser reconhecida de ofício, não está sujeita à preclusão, e deve ser alegada em preliminar de contestação.
6.2. Incompetência relativa
Em regra, não pode ser reconhecida de ofício pelo juiz, é alegada em preliminar de contestação, e está sujeita à preclusão. O MP pode alegá-la nos processos em que atuar.
7. Quadro comparativo
Incompetência absoluta: Pode ser reconhecida de ofício, não preclui e pode ser alegada por qualquer forma. Incompetência relativa: Deve ser alegada em preliminar de contestação, é preclusiva e não pode ser conhecida de ofício pelo juiz.

GABARITO

1	E	**2**	B	**3**	E	**4**	Errado	**5**	Errado
6	Certo	**7**	Certo	**8**	Certo	**9**	B	**10**	D

CAPÍTULO 8

DOS DEVERES DAS PARTES E PROCURADORES

RECADO

Caro (a) leitor (a),

Este é um tema extenso, previsto nos arts. 77 a 102 do Código de Processo Civil de 2015. Possui grande importância para provas de concursos públicos, principalmente na diferença entre os atos de litigância de má-fé e atos que são considerados atentatórios à dignidade da Justiça.

Costuma-se cobrar qual é a sanção para cada um deles, bem como o destino de eventual multa ou indenização aplicada à parte transgressora.

Bons estudos!

QUESTÕES

1. **(2018 – FCC – MPE-PE - Técnico Ministerial)** A parte que incorrer em litigância de má-fé será condenada pelo juiz ao pagamento de multa

A) correspondente a 1% do valor corrigido da causa, podendo ser fixada em até 100 vezes o valor do salário-mínimo quando o valor da causa for irrisório ou inestimável.

B) que não poderá ser superior a 1% do valor corrigido da causa, podendo ser fixada em até 10 vezes o valor do salário-mínimo quando o valor da causa for irrisório ou inestimável.

C) que não poderá ser superior a 1% do valor corrigido da causa, podendo ser fixada em até 100 vezes o valor do salário-mínimo quando o valor da causa for irrisório ou inestimável.
D) que deverá ser superior a 1% e inferior a 10% do valor corrigido da causa, podendo ser fixada em até 10 vezes o valor do salário-mínimo quando o valor da causa for irrisório ou inestimável.
E) que deverá ser superior a 1% e inferior a 10% do valor corrigido da causa, podendo ser fixada em até 100 vezes o valor do salário-mínimo quando o valor da causa for irrisório ou inestimável.

2. (2018 – COSEAC – Prefeitura de Maricá – RJ – Procurador do Município) Pelo novo Código de Processo Civil, a multa por litigância de má-fé é de, em regra, no máximo:
A) dez por cento do valor da causa
B) quinze por cento do valor da causa.
C) um por cento do valor da causa.
D) vinte por cento do valor da causa.
E) dois por cento do valor da causa.

3. (2016 – FACET Concursos – Prefeitura de Marcação – PB – Procurador do Município) Sobre a litigância de má-fé, analise as seguintes assertivas:
I. ocorre quando o autor da pretensão por equívoco distorcer a verdade dos fatos;
II. pode ser aplicada apenas ao Autor e ao Réu, nunca aos terceiros no processo;
III. é uma punição processual que depende apenas de provocação judicial;
IV. pode ser aplicada para o caso de pessoas que apresentam reconvenção contra texto expresso da lei

A opção que traz a informação mais correta é:
A) estão erradas somente as opções I e III
B) está correta apenas a IV e as demais estão erradas
C) estão correta II e IV e as demais erradas
D) somente a III está errada
E) estão corretas I e IV

4. (2016 – FCC – CREMESP – FCC – Advogado) Considere a seguinte situação hipotética: Kaila, celebrou contrato de prestação de serviços médicos, com o cirurgião plástico, Dr. X, visando uma mamoplastia redutora. Após a realização da cirurgia, Kaila, sem qualquer motivo, se arrependeu da realização da referida cirurgia, ajuizando ação de reparação de danos morais e estéticos em face do Dr. X. O trabalho do Dr. X foi impecável e a cirurgia ocorreu da forma pela qual foi solicitada expressamente por Kaila. Na referida ação, Kaila altera a verdade dos fatos deliberadamente visando a obtenção de vantagem indevida. Durante a instrução processual, o magistrado percebe que Kaila está litigando de má-fé e, ao proferir a sentença de improcedência, condena de ofício Kaila a pagar multa de 7% sobre o valor corrigido da causa e a indenizar Dr. X pelos prejuízos que este sofreu com o ajuizamento da demanda, bem como em honorários advocatícios sucumbenciais e todas as despesas que Dr. X efetuou. Neste caso, segundo o Código de Processo Civil, o magistrado

A) aplicou corretamente as penalidades inerentes à litigância de má-fé, mas não poderia ter feito de oficio, uma vez que tal condenação necessita de requerimento expresso da parte contrária.
B) aplicou corretamente as penalidades inerentes à litigância de má-fé, sendo permitida a condenação de ofício.
C) não aplicou corretamente as penalidades inerentes à litigância de má-fé, uma vez que a multa é limitada em 5% sobre o valor corrigido da causa.
D) não aplicou corretamente as penalidades inerentes à litigância de má-fé, uma vez que a multa é limitada em 3% sobre o valor corrigido da causa.
E) não aplicou corretamente as penalidades inerentes à litigância de má-fé, uma vez que a multa é limitada em 2% sobre o valor corrigido da causa.

5. (2017 – FCC – TRF – 5ª REGIÃO – Analista Judiciário – Oficial de Justiça Avaliador Federal)

Atenção: Considere o novo Código de Processo Civil para responder à questão.

Em ação de cobrança de valor estimado e não irrisório, seu autor, na fase de conhecimento, formulou petição na qual deliberadamente alterou a verdade dos fatos. Essa conduta é considerada

A) litigância de má-fé, podendo ser apenada com multa de até 1% do valor corrigido da causa.
B) litigância de má-fé, podendo ser apenada com multa, que deverá ser superior a 1% e inferior a 10% do valor corrigido da causa.
C) litigância de má-fé, podendo ser apenada com multa de até 20% do valor corrigido da causa.
D) ato atentatório à dignidade da justiça, podendo ser apenada com multa de até 1% do valor corrigido da causa.
E) ato atentatório à dignidade da justiça, podendo ser apenada com multa de até 20% do valor corrigido da causa.

6. (2018 – CESPE – PGE-PE – Procurador do Estado) A multa por ato atentatório à dignidade da justiça

A) é aplicável às partes e aos seus procuradores.
B) pode ser acumulada com sanções criminais, civis e processuais.
C) enseja a comunicação à respectiva corregedoria se aplicada aos advogados públicos.

D) tem por base o valor da causa, vedada a utilização do salário mínimo em qualquer hipótese.

E) aplica-se quando a parte apresenta defesa que sabe ser destituída de fundamento.

7. **(2017 – CESPE – TRF – 1ª REGIÃO - Analista Judiciário – Área Judiciária)** Conforme o Código de Processo Civil vigente, julgue o item seguinte, a respeito da função jurisdicional, dos deveres das partes e de procuradores, do litisconsórcio e da assistência. Procurador estadual que crie embaraços à efetivação de decisão judicial estará sujeito à aplicação de multa pela prática de ato atentatório à dignidade da justiça.

Certo

Errado

8. **(2016 – CESPE – TCE-PA – Auditor de Controle externo (direito))** A respeito da jurisdição, da ação e dos sujeitos do processo, julgue o item subsecutivo. Situação hipotética: Determinado réu criou embaraço à efetivação de decisão judicial provisória. Considerando a gravidade dessa conduta, o magistrado aplicou multa de 15% sobre o valor da causa. Assertiva: Nessa situação, a imposição da multa é legítima, visto que a conduta do réu constitui ato atentatório à dignidade da justiça.

Certo

Errado

9. **(2017 – CESPE – DPE-AL – Defensor Público)** No processo de conhecimento, o réu devidamente citado que, injustificadamente, não comparecer à audiência de conciliação

A) será considerado revel e seu ato será considerado atentatório à dignidade da justiça.

B) será sancionado com multa, cujo valor deve ser revertido em favor da União ou do estado.

C) será considerado revel e sancionado com multa, cujo valor deve ser revertido em favor da União ou do estado.

D) será sancionado com multa, cujo valor deve ser revertido em favor do autor.

E) terá o prazo de dez dias para manifestar seu interesse na autocomposição.

10. **(2018 – INAZ do Pará – CREFITO-16ª Região (MA) Advogado)** Em uma demanda judicial contra Armando, a autora Albertina, ao ser intimada da audiência de conciliação, informa ao seu advogado que se recusa a comparecer na audiência, uma vez que não há da parte dela nenhuma possibilidade de acordo. Entretanto, seu advogado recomenda que não proceda desta forma. Acerca da audiência de conciliação, com base no Novo Código de Processo Civil, pode-se afirmar:

A) Albertina possui essa faculdade, pois na audiência de conciliação as partes não são obrigadas a comparecerem.

B) O não comparecimento de Albertina é considerado ato atentatório à dignidade da justiça.

C) Não haverá audiência, uma vez que não há interesse processual por parte de Albertina.

D) Armando deverá logo apresentar contestação.

E) Albertina deverá contratar outro advogado por não concordar o atual com ela.

1. ATO ATENTATÓRIO À DIGNIDADE DA JUSTIÇA

O art. 5º do CPC/2015 consagrou de forma expressa o princípio da boa-fé objetiva, de forma que todos os sujeitos processuais devem ter conduta idônea no processo, em respeito à lealdade e à boa-fé processual. Por isso, o CPC/2015 estabeleceu **deveres** que devem ser observados pelas partes, seus procuradores e todos aqueles que de qualquer forma participem do processo, sob pena de ser sancionado.

Esses deveres encontram-se no art. 77 do CPC. São eles: a) Expor os fatos em juízo conforme a verdade, b) Não formular pretensão ou defesa destituída de fundamento, c) Não produzir provas e não praticar atos inúteis ou desnecessários para declaração ou defesa do direito; d) Informar e manter atualizados os endereços para recebimento das notificações, e) Cumprir com exatidão as decisões jurisdicionais e não criar embaraços à sua efetivação, f) Não praticar inovação ilegal no estado de fato de bem ou direito litigioso.

Dos deveres mencionados no dispositivo legal, dois incisos trazem obrigações das partes que, se descumpridos, geram sanções pecuniárias extremamente gravosas. **Assim, trata-se de situações que constituem Atos atentatórios à dignidade da Justiça.**

Nos casos em que partes, seus procuradores ou aquele que de qualquer forma participe do processo **descumprir as decisões jurisdicionais** (art. 77, IV, primeira parte), **criar embaraços à sua efetivação** (art. 77, IV, segunda parte) **ou praticar inovação ilegal no estado de fato de bem ou direito litigioso** (art. 77, VI), o juiz deverá advertir que a conduta pode ser punida com o já mencionado **ato atentatório à dignidade da justiça** (art. 77, § 1º)**.** Vamos ver, agora, as consequências destes atos:

Assim, caso a parte pratique algum destes atos em juízo, deve o juiz intimá-lo, advertindo da prática do ato (art. 77, § 1º, CPC)**. Vamos a um exemplo:** Suponha que um determinado juiz, ao deferir uma tutela de urgência, consistente em obrigação de não fazer, intime o destinatário para realizar o seu cumprimento. Mesmo com a intimação, o destinatário continua praticando o ato processual proibido. Neste caso, a parte está praticando o disposto no inciso IV do CPC. O Juiz, portanto, deverá intimá-lo advertindo da gravidade da conduta, e mencionando que o ato se trata de atentatório à dignidade da justiça.

Há doutrina, contudo, que estabelece que o magistrado não possui a obrigatoriedade de realizar a intimação prévia. Que a previsão legal seria uma recomendação ao magistrado. Este poderia, independentemente de aviso anterior, aplicar a sanção. Confira-se: "Absolutamente nada impede que o magistrado, constatada diretamente a violação do disposto no artigo 77, incisos IV e VI, do CPC/2015, já aplique as sanções estabelecidas no artigo 77, § 2.º, do CPC/2015". (GAJARDONI, 2018. P. 356).

Se, mesmo com a advertência, o ato for ou continuar sendo praticado, o juiz deverá aplicar ao responsável multa de **até 20%** do valor da causa, independentemente de quem for a parte vencedora da demanda, revertida aos fundos do Poder Judiciário.

Um questionamento deverá ser feito. Quando o valor da causa for irrisório ou não puder ser estimado? Imagine, por exemplo, uma causa de valor de R$ 100,00. Caso apliquemos o percentual de 20%, o valor da sanção não atingirá seu fim, de trazer ao infrator algo que o desestimule de realizar o ato novamente. **Em casos semelhantes a este, o juiz deverá verificar o um valor que consiga atingir estes fins.** Este valor, contudo, deverá ser limitado a até 10 vezes o salário mínimo (art. 77, § 5º, CPC).

Como esse assunto foi cobrado em provas de concursos públicos

2018 – CESPE – TJ-CE – Juiz Substituto. Com base no CPC, é correto afirmar que o valor da causa não servirá de base de cálculo para a fixação de multa por ato atentatório à dignidade da justiça caso seja irrisório ou demasiado elevado. (incorreto).

A ausência de pagamento da multa no prazo gera inscrição em dívida ativa, para cobrança por meio de execução fiscal (art. 77, § 3º, CPC). **É muito importante saber que o produto desta multa não é revertido à parte contrária, mas aos cofres públicos.**

Atenção! A multa por ato atentatório à dignidade da justiça não se confunde com a multa de 10% prevista para aqueles que não realizarem o pagamento voluntário do débito no prazo de 15 dias no cumprimento definitivo da sentença (art. 523, § 1º, do CPC/2015), nem com a previsão de multa coercitiva quando a sentença reconhecer a exigibilidade de obrigação de fazer ou de não fazer (art. 536, § 1º). **A multa, no entanto, não se aplica aos Advogados Públicos ou privados, membros da Defensoria Pública e do Ministério Público (art. 77, § 6º do CPC).** Eventual responsabilidade disciplinar será apurada pelo respectivo órgão de classe ou corregedoria. O Juiz, portanto, fará o ofício a estes órgãos para comunicar o ocorrido.

Como esse assunto foi cobrado em provas de concursos públicos

2019 – CESPE – MPE-PI – Promotor de Justiça Substituto. O juiz deverá aplicar multa pecuniária aos membros do Ministério Público que praticarem ato atentatório à dignidade da justiça. (incorreto)

Para a melhor fixação do tema, confeccionamos o seguinte quadro:

Atenção! É comum a cobrança em provas dissertativas sobre a possibilidade da prática, pelo Poder Público, de ato atentatório à dignidade da justiça. A doutrina diverge sobre o tema: de um lado defendem que não pode ser imposta qualquer multa, pois haveria confusão patrimonial; outra parcela dos doutrinadores afirma que deve ser punido o agente público responsável pelo descumprimento da ordem judicial; por fim, uma derradeira corrente defende que a multa seja revertida ao Estado quando a União for a infratora, e vice-versa, a fim de superar a confusão patrimonial. (a divergência pode ser encontrada em NEVES, 2017. P. 212).

Por fim, resta saber qual a responsabilidade do representante judicial quando couber à parte o cumprimento da decisão. Nesse caso, ele não pode ser compelido a cumprir a decisão no lugar da parte que representa, somente podendo ser cobrada dela referida responsabilidade.

Além da multa, em caso de ato atentatório à dignidade da justiça por **praticar inovação ilegal no estado de fato de bem ou direito litigioso**, o magistrado poderá impedir a parte de se manifestar validamente nos autos do processo até que cumpra a determinação já exarada (purgação do atentado) para restabelecer o estado anterior. (art. 77, §7º, CPC).

Sobre o tema, cumpre ainda colacionar ao presente material importante Observação do Professor Elpídio Donizetti. Confira-se: "O CPC/2015 estabelece que os representantes judiciais das partes – incluindo-se aqueles que as representam em razão de incapacidade processual – não podem ser compelidos a cumprir decisão em substituição de seus representados (art. 77, § 8º). Por exemplo, descabe ao juiz determinar que o advogado do autor entregue o bem discriminado na sentença na hipótese de seu cliente descumprir determinação judicial no mesmo sentido" (DONIZETTI, 2018. P. 102).

Existem outras previsões de multas por ato atentatório à dignidade da justiça em diferentes partes do Código de Processo Civil. Assim, o art. 334, § 8º do CPC estabelece a penalidade para a ausência injustificada à audiência de tentativa de autocomposição. Neste caso, contudo, o percentual de multa a ser aplicado é diferente da previsão do art. 77. **A parte faltante arcará com multa de até 2% sobre o valor atualizado da causa**.

Ainda, há previsão específica de ato atentatório à dignidade da justiça no procedimento executivo. O art. 774 do CPC estabelece uma série de condutas que, se praticadas pelo executado, são consideradas atos atentatórios. Aqui, uma ressalva deve ser feita. Diferentemente do art. 77 do CPC, o valor da multa é revertido ao exequente, ou seja, para própria parte. Vimos nos parágrafos anteriores que a previsão contida na parte geral do código destina o valor aos cofres públicos.

Em execução, contudo, a quantia é revertida ao litigante prejudicado (exequente). Confira-se a redação do parágrafo único do art. 774 do CPC: Nos casos previstos neste artigo, o juiz fixará multa em montante não superior a vinte por cento do valor atualizado do débito em execução, **a qual será revertida em proveito do exequente**, exigível nos próprios autos do processo, sem prejuízo de outras sanções de natureza processual ou material.

2. LITIGÂNCIA DE MÁ-FÉ

Trataremos agora do **dano processual** causado pela **litigância de má-fé**. O art. 79 determina a responsabilidade por perdas e danos, com previsão de sanção, para os casos em que o autor, o réu ou o terceiro interveniente atuarem com má-fé, e o art. 80 traz um rol **exemplificativo** das condutas, que você deve memorizar, por ser objeto de frequente cobrança nos concursos.

O art. 142, por exemplo, estabelece outra hipótese: a condenação por litigância de má-fé ao autor e réu que se servirem do processo para praticar ato simulado ou conseguir fim vedado por lei.

a) **Rol exemplificativo**

- **Deduzir pretensão ou defesa contra texto expresso de lei ou fato incontroverso:** pretensões com fundamentos inconsistentes, sem um mínimo de seriedade.
- **Alterar a verdade dos fatos:** alteração intencional dos fatos, a fim de induzir em erro o órgão jurisdicional.
- **Usar do processo para conseguir objetivo ilegal:** o objetivo ilegal deve ser aquele apto a provocar danos à esfera jurídica da parte adversária.
- **Opor resistência injustificada ao andamento do processo:** opor entraves ao andamento processual normal, agindo maliciosamente, como, por exemplo, obstruir o acesso aos meios de provas.
- **Proceder de modo temerário em qualquer incidente ou ato do processo:** conduta imprudente dentro dos autos, como, por exemplo, apresentação de sucessivos embargos com a mesma fundamentação.
- **Provocar incidente manifestamente infundado:** é a conduta imprudente na condução dos processos: promover questões sem fundamentação consistente, como, por exemplo, a arguição de falsidade para tumultuar o andamento do feito.
- **Interpor recurso com intuito manifestamente protelatório:** apresentar recurso com objetivo de delongar o feito.

Como esse assunto foi cobrado em provas de concursos

2018 – FCC – SABESP – Advogado. Se Lucrécia interpôs recurso com o manifesto intuito de protelar a solução final do processo, não fica caracterizada a litigância de má-fé, porque o princípio da ampla defesa confere à parte o direito de se utilizar dos recursos cabíveis para fazer valer o seu direito. (incorreto)

Atenção! Questão interessante diz respeito à apresentação de embargos de declaração, para prequestionar eventual matéria a ser apresentada em RESP ou RE. Ora, sabe-se que o requisito do prequestionamento exige que a matéria seja especificamente mencionada ou analisada pelo Tribunal recorrido, para que seja levada aos Tribunais superiores. Em outras palavras, a regra é que não se pode inovar em Recursos Extremos. Os advogados, portanto, utilizavam do expediente dos embargos de declaração para que fosse apreciada eventual matéria a ser levada a esses tribunais. Ora, no entendimento do STJ, a apresentação desses embargos não poderia ser considerada um expediente meramente protelatório. Portanto, qualquer sanção advinda da litigância de má-fé, ou mesmo sanções específicas dos embargos, não poderiam ser aplicadas.

Como esse assunto foi cobrado em provas de concursos públicos

2019 – CEV-URCA – Prefeitura de Mauriti – CE – Advogado. Considera-se litigância de má fé, EXCETO: Opuser resistência fundada ao andamento processual. (correto)

Confira-se a Súmula nº 98 do Superior Tribunal de Justiça (STJ): "**Embargos de declaração manifestados com notório propósito de prequestionamento não têm caráter protelatório**".

Veremos agora as consequências da litigância de má-fé.

A primeira delas é a aplicação de **Multa.** Nos termos do art. 81 do CPC/2015, O juiz, de ofício ou a requerimento da parte, condenará o litigante de má-fé a pagar multa, que deverá ser superior a 1% e inferior a 10% do valor corrigido da causa. Se houver dois ou mais litigantes: cada um será condenado na proporção de seu interesse ou solidariamente se houve coligação para lesar a parte. (art. 81, "caput", CPC).

E quando o valor da causa for irrisório ou não puder ser estimado? Nesse caso, o juiz deve usar da razoabilidade, podendo fixar valor de até 10 vezes o salário mínimo. (art. 81, § 2º, CPC).

Além da multa fixada, a parte litigante pode ser condenada a indenizar a parte contrária pelos eventuais danos causados pelo ato. Neste particular, é importante diferenciar as figuras da multa e da indenização. A multa é uma sanção pecuniária pelo mero descumprimento da norma por si. Quando há a aplicação de multa processual a correspondente resposta da lei é imediata, tão somente demonstrando-se o descumprimento das premissas legais. A multa não se enquadra no campo da responsabilidade civil.

Por outro lado, quando se fala em indenização, o objetivo da norma é de tornar indene algo que foi lesado anteriormente, ou seja, recompor o patrimônio do prejudicado. Assim, a indenização tem correspondência com o campo da responsabilidade civil, a qual possui em um dos seus requisitos a ocorrência de um dano. Neste sentido, para a aplicação da multa por litigância de má-fé não há a necessidade da prova de qualquer consequência patrimonial. Ao passo que a indenização requer a demonstração de efetivo dano sofrido pela parte. Confira-se o posicionamento do Superior Tribunal de Justiça neste sentido:

> "A discussão posta resume-se a verificar se, para a configuração de litigância de má-fé, nos termos do art. 18 do CPC/73, com a consequente aplicação de penalidade, o dano processual é pressuposto. A multa aplicada reflete mera sanção processual, que não tem o objetivo de indenizar a parte adversa e, por esse motivo, não exige, para sua aplicação, a comprovação inequívoca da ocorrência de dano processual. Justamente por não exigir tal comprovação é que se mostra possível o reconhecimento de ofício da litigância de má-fé, com a aplicação da multa correspondente. Vale ressaltar que, para fins de responsabilidade processual, diversamente, é que se mostra imprescindível a prova do efetivo prejuízo sofrido pela parte adversa, do que não se trata a hipótese analisada. REsp 1.628.065-MG, Rel. Min. Nancy Andrighi, Rel. para o acórdão Min. Paulo de Tarso Sanseverino, por maioria, julgado em 21/2/2017, DJe 4/4/2017. (informativo 601 STJ)".

Atenção! Não confundir a multa por **litigância de má-fé** com a multa por **ato atentatório à dignidade da justiça**, estudado no capítulo anterior. Na primeira, o valor da multa será revertido à parte contrária. Além disso, o litigante de má-fé será obrigado a indenizar pelos prejuízos causados pelo ato. **Perceba-se, pois, que os atos praticados em litigância de má-fé atingem, principalmente, a esfera jurídica da parte adversa.** A segunda, por sua vez, não tem como destinatária a parte contrária, seu produto será revertido ao fundo de modernização do Poder Judiciário, porque não se trata de dano para as partes. (Pelo menos em uma perspectiva primária. É claro que, de forma secundária, o ferimento à boa-fé processual atingirá em maior ou menor grau a parte).

RESUMO

DEVERES DAS PARTES E DOS PROCURADORES

1. Ato atentatório à dignidade da justiça	2. Litigância de má-fé
Deveres das partes:	**Hipóteses:**
Expor os fatos em juízo conforme a verdade.	Deduzir pretensão ou defesa contra texto expresso de lei ou fato incontroverso.

Não formular pretensão ou de apresentar defesa quando cientes de que são destituídas de fundamento.	Alterar a verdade dos fatos.
Não produzir provas e não praticar atos inúteis ou desnecessários à declaração ou à defesa do direito.	Usar do processo para conseguir objetivo ilegal.
Cumprir com exatidão as decisões jurisdicionais, de natureza provisória ou final, e não criar embaraços à sua efetivação.	Opor resistência injustificada ao andamento do processo.
Declinar, no primeiro momento que lhes couber falar nos autos, o endereço residencial ou profissional onde receberão intimações, atualizando essa informação sempre que ocorrer qualquer modificação temporária ou definitiva.	Proceder de modo temerário em qualquer incidente ou ato do processo.
Não praticar inovação ilegal no estado de fato de bem ou direito litigioso.	Provocar incidente manifestamente infundado.
	Interpor recurso com intuito manifestamente protelatório.
Multa	**Multa**
Até 20% do valor da causa ou até 10 salários mínimos quando o valor da causa for irrisório ou inestimável.	De 1% a 10% do valor da causa ou até 10 salários mínimos quando o valor da causa for irrisório ou inestimável.
Revertido para o fundo de modernização do Poder Judiciário.	Revertido para a parte que sofreu o dano.

GABARITO

1	D	**2**	A	**3**	B	**4**	B	**5**	B
6	B	**7**	Errado	**8**	Certo	**9**	B	**10**	B

CAPÍTULO 9

DOS HONORÁRIOS, DAS DESPESAS E DAS MULTAS

QUESTÕES

1. **(2019 - Quadrix - CRA-PR - Advogado)** Acerca dos honorários advocatícios, julgue o item a seguir.

   Os honorários advocatícios contratuais são contemplados pelas despesas processuais em sentido amplo e, por consequência, nos ônus sucumbenciais quando houver requerimento expresso nesse sentido.

   Certo

   Errado

2. **(2018 - VUNESP - TJ-SP - Juiz Substituto)** Sobre honorários advocatícios, afigura-se **INCORRETO** afirmar:

A) eles serão proporcionalmente distribuídos e compensados entre os litigantes se cada qual for parcialmente vencido.

B) na majoração em grau de recurso, o limite máximo deverá computar apenas o valor dos honorários e não aqueles decorrentes de multas e de outras sanções processuais.

C) a verba será devida no cumprimento de sentença contra a Fazenda Pública que enseje a expedição de precatório, se tiver sido ofertada impugnação.

D) não são devidos em processo de mandado de segurança, ainda que haja má-fé da parte.

3. (2016 - IDECAN - Câmara de Aracruz - ES - Procurador Legislativo) Sobre o tema "honorários advocatícios", assinale a afirmativa INCORRETA.

A) Nos casos de perda do objeto, os honorários serão devidos por quem deu causa ao processo.

B) Quando os honorários forem fixados em quantia certa, os juros moratórios incidirão a partir da data do trânsito em julgado da decisão.

C) Serão devidos honorários no cumprimento de sentença contra a Fazenda Pública que enseje expedição de precatório, mesmo que não tenha sido impugnada.

D) São devidos honorários advocatícios na reconvenção, no cumprimento de sentença, provisório ou definitivo, na execução, resistida ou não, e nos recursos interpostos, cumulativamente.

4. (2017 - FCC - TRT - 11ª Região (AM e RR) - Analista Judiciário/área Judiciária) A respeito dos honorários advocatícios, é correto afirmar que

A) os honorários advocatícios não podem exceder 5% do valor da condenação, nas causas em que a Fazenda Pública for parte.

B) os honorários fixados na sentença não podem ser cumulados com os honorários arbitrados na fase recursal.

C) não são devidos honorários no cumprimento de sentença contra a Fazenda Pública que enseje a expedição de precatório, desde que não tenha sido impugnada.

D) não são devidos honorários advocatícios no cumprimento provisório de sentença.

E) não são devidos honorários advocatícios nos casos de perda de objeto.

5. (2018 - VUNESP - TJ-RS - Juiz de Direito Substituto) São devidos honorários advocatícios, nos termos do Código de Processo Civil:

A) por quem deu causa à extinção, nos casos de perda de objeto.

B) nos procedimentos de jurisdição voluntária.

C) na apelação de sentença denegatória de mandado de segurança.

D) pelo Fundo Público, no caso do vencido ser beneficiário da justiça gratuita.

E) no cumprimento provisório de sentença.

6. (2019 - Quadrix - CRA-PR - Advogado) Acerca dos honorários advocatícios, julgue o item a seguir. Os honorários periciais são contemplados pelas despesas processuais em sentido amplo e, por consequência, nos ônus sucumbenciais.

Certo

Errado

7. (2019 - Quadrix - CRA-PR - Advogado) Acerca dos honorários advocatícios, julgue o item a seguir. Nos cumprimentos de sentença em geral, somente há de se falar em honorários sucumbenciais se houver resistência do devedor.

Certo

Errado

8. (2019 – CESPE – PGE-PE – Analista administrativo de Procuradoria) À luz do Código de Processo Civil, julgue o próximo item, relativos às normas fundamentais do processo civil e aos elementos da sentença, aos honorários advocatícios, à advocacia pública e à aplicação das normas processuais.

Caso a fazenda pública seja vencida em demanda judicial, os honorários sucumbenciais do advogado da parte contrária deverão ser fixados segundo a apreciação equitativa do juiz.

Certo

Errado

9. (2018 – COSEAC – Prefeitura de Maricá – RJ – Procurador do Município) Acerca dos honorários advocatícios nas causas em que a Fazenda Pública for parte, é correto afirmar que:

A) o valor do salário mínimo para fins de aplicação dos percentuais de honorários será o vigente no momento da propositura da ação.

B) os honorários de sucumbência devidos aos advogados públicos reverterão em favor da pessoa jurídica que representam.

C) não serão devidos honorários no cumprimento de sentença contra a Fazenda Pública que enseje expedição de precatório, desde que não tenha sido impugnada.

D) não havendo condenação, a condenação em honorários dar-se-á sobre o valor atribuído à causa, sem atualização.

E) os limites e critérios de fixação previstos no Código de Processo Civil não serão observados nos casos de extinção do feito sem resolução do mérito.

10. (2017 – FUNECE – UECE – Advogado) Quanto às despesas processuais, honorários advocatícios e multas aplicadas no curso do processo, é correto afirmar que

A) incumbe ao réu adiantar as despesas relativas a ato cuja realização o juiz determinar de ofício ou a requerimento do Ministério Público, quando sua intervenção ocorrer como fiscal da ordem jurídica.

B) não são devidos honorários advocatícios na reconvenção e no cumprimento de sentença.

C) se cada litigante for, em parte, vencedor e vencido, ainda que um deles venha a sucumbir em parte mínima do pedido, serão proporcionalmente distribuídas entre eles as despesas.

D) se o réu reconhecer a procedência do pedido e, simultaneamente, cumprir integralmente a prestação reconhecida, os honorários serão reduzidos pela metade.

1. HONORÁRIOS ADVOCATÍCIOS

Caro (a) leitor (a), neste capítulo estudaremos sobre despesas processuais, honorários advocatícios e multas. A parte sofreu substancial modificação no

CPC/2015, merecendo uma análise mais minuciosa da atual legislação. Veremos que em alguns casos, o legislador adotou alguns entendimentos dos Tribunais Superiores. Em outros, todavia, trouxe previsão diversa daquilo que já estava consolidado na jurisprudência.

Para estudar esta parte do conteúdo, recomendamos a leitura atenta da legislação, especialmente dos parágrafos do art. 85, porque não há outra forma de fixar essa matéria, senão pelo confronto de cada dispositivo.

Os honorários advocatícios são a remuneração dos advogados pela prestação dos serviços jurídicos. Dividem-se em **honorários contratuais**, pagos pela parte ao advogado que constituiu, geralmente no início da demanda, e **honorários de sucumbência**, fixados na sentença, condenando o vencido a pagar honorários ao advogado do vencedor (art. 85 do Código de Processo Civil de 2015). Trata-se da condenação da parte vencida ao pagamento de honorários de sucumbência, a fim de poupar a parte vencedora do ônus da ação processual, já que sua pretensão tinha fundamento. Os **honorários advocatícios** são os arbitrados judicialmente, diferentemente dos **honorários contratuais**, que não são discutidos na sentença, e sim estabelecidos entre a parte e o advogado que constitui.

Note-se que os honorários sucumbenciais, apesar da regra de serem fixados na sentença, ao final da demanda, possui outros momentos de fixação, a depender do procedimento e fase processual em que os litigantes se encontram. **No cumprimento de sentença, os honorários são fixados em decisão judicial ulterior à constatação da ausência de pagamento voluntário pelo devedor**. Assim, findados os 15 (quinze) dias de pagamento do débito, serão fixados honorários de 10% sobre o valor exequendo (art. 523, § 1º, CPC).

Também, **na execução de título executivo extrajudicial os honorários são fixados no despacho inicial que determina a citação do Executado**. Como a execução se processa em nome do desfecho único (interesse do credor), não há sentença final sobre quem foi a parte sucumbente na demanda. Assim, essa particularidade do procedimento justifica a fixação da verba no momento inicial do processo, nos termos do art. 827 do CPC.

A legislação atual procurou estabelecer parâmetros objetivos para a fixação da verba. Assim, situações em que o juízo de equidade poderia ser exercido no CPC anterior, foram substancialmente, reduzidas. Como exemplo, podemos citar a fixação de honorários em face da Fazenda Pública. No CPC de 2015 existem parâmetros fixos e objetivos para a sua fixação. Vejamos a regulamentação da matéria:

1.1. Valor e percentuais de fixação dos honorários

Os honorários advocatícios são fixados entre 10% a 20% do valor **da condenação, do proveito econômico obtido ou, não sendo possível mensurá-lo, sobre o valor atualizado da causa**, levando em conta o grau de zelo do profissional, o lugar de prestação do serviço, a natureza e importância da causa, o trabalho realizado pelo advogado e o tempo exigido para o seu serviço. (art. 20, § 2º, CPC).

O Dispositivo legal traz uma aplicação subsidiária dos critérios de fixação. A demanda pode ter pretensão condenatória ou não. Dentro da divisão das pretensões judiciais e sentença, há ainda as ações constitutivas e declaratórias. Havendo pretensão e capítulo condenatório na sentença, os honorários devem ser fixados levando em conta a condenação imposta. Ora, tratando-se, por exemplo, de uma ação de reparação por danos morais, em que o réu foi condenado na quantia de R$ 50.000,00 (cinquenta mil), a primeira parte do dispositivo determina a incidência da verba sobre esse valor.

Demandas existem, todavia, em que não há conteúdo condenatório, sendo impossível a fixação dos honorários com base no critério anterior. Imagine-se, por exemplo, a ação de embargos de terceiro, em que se requer a desconstituição da penhora sobre um bem de R$ 100.000,00 (cem mil reais). Ora, não haverá, em relação ao réu, condenação pecuniária para a aplicação do primeiro critério. Trata-se de demanda constitutiva negativa. Neste caso, o juiz fixará a verba de acordo com o proveito econômico obtido. Em minha opinião, o valor do bem que foi retirado na responsabilidade patrimonial (R$ 100.000,00), nos termos da segunda parte do art. 85, § 2º do CPC.

Outras demandas por outro lado, não possuem natureza condenatória e nem é possível estimar um proveito econômico imediato da parte. Nestes casos, comuns em demandas meramente declaratórias, **a fixação dos honorários deve ser feita com base no valor atualizado da causa**. Tem-se, portanto, uma escala subsidiária a ser seguida pelo magistrado.

E quando for inestimável ou irrisório o proveito econômico ou, ainda, quando o valor da causa for muito baixo? Imagine, por exemplo, causa de valor de R$ 100,00 (cem reais), em que não seja possível a atribuição de um conteúdo econômico direto. **Nestes casos, o juiz fixará o valor dos honorários de forma equitativa**, levando sempre em conta o zelo do profissional, o lugar de prestação do serviço, a natureza e a importância da causa, o trabalho realizado pelo advogado e o tempo exigido para o seu serviço. (art. 85, § 8º, CPC).

O Superior Tribunal de Justiça reiterou recentemente que a aplicação equitativa dos honorários advocatícios é excepcional e subsidiária. Somente pode ser aplicado quando não houver condições de fixação nas bases de cálculo mencionadas no art. 85, § 2º do CPC. Confira-se: "O juízo de equidade na fixação dos honorários advocatícios somente pode ser utilizado de forma subsidiária, quando não presente qualquer hipótese prevista no § 2º do art. 85 do CPC. REsp 1.746.072-PR, Rel. Min. Nancy Andrighi, Rel. Acd. Min. Raul Araújo, por unanimidade, julgado em 13/02/2019, DJe 29/03/2019".

Também, o Tribunal enfrentou uma questão de Direito intertemporal na fixação dos honorários. O CPC de 2015 trouxe extremas diferenças em relação à legislação anterior, no que diz respeito à essa verba. Assim, qual seria a lei aplicável a uma ação proposta anterior ao Código Atual? Segundo o entendimento prolatado pelo STJ a sentença seria o marco temporal para a determinação da lei aplicável. **Assim, se a sentença foi prolatada sob a luz do CPC de 2015, essa legislação é que deve reger o capítulo relativo aos honorários Advocatícios**. Confira-se: "A sentença, como ato processual que qualifica o nascedouro do direito à percepção dos honorários advocatícios, deve ser considerada o marco temporal para a aplicação das regras fixadas pelo CPC/2015". EAREsp 1.255.986-PR, Rel. Min. Luis Felipe Salomão, Corte Especial, por unanimidade, julgado em 20/03/2019, DJe 06/05/2019.

1.2. Decisões passíveis de fixação dos honorários Advocatícios (cabimento)

Nos termos do art. 85, § 1º do CPC: São devidos honorários advocatícios na reconvenção, no cumprimento de sentença, provisório ou definitivo, na execução, resistida ou não, e nos recursos interpostos, cumulativamente. Se o processo contar com uma ou mais dessas fases, em cada uma delas poderá haver a fixação de honorários. Ao final, o valor devido será o somatório. **Alguns pontos merecem destaque:**

Como esse assunto foi cobrado em provas de concursos públicos

2016 – CESPE – PGE-AM – Procurador do Estado. Proposta pelo estado do Amazonas ação de rescisão contratual cumulada com perdas e danos contra uma empreiteira, o juízo acolheu o pedido e fixou honorários sucumbenciais. Depois de transitada em julgado a decisão e liquidada a sentença, a requerimento do ente autor, a referida empreiteira foi intimada para o cumprimento voluntário da obrigação, não tendo, contudo, cumprido tal obrigação e tampouco apresentado impugnação à medida. Assertiva: Nesse caso, devem ser fixados novos honorários advocatícios referentes à fase de cumprimento de sentença. (correto).

Inicialmente, cumpre mencionar que **não é cabível a condenação em honorários advocatícios nas ações de mandado de segurança** (Súmulas nº 512 do Supremo Tribunal Federal – STF, e 105 do STJ).

Ainda, Questão inexistente no CPC anterior é a fixação de honorários recursais. Nos termos do art. 85, § 11 do CPC, o Tribunal majorará os honorários advocatícios ao Julgar o recurso interposto. Esses novos valores fixados serão aumentados levando em conta as verbas anteriormente determinadas pelo juízo recorrido.

Vamos a um exemplo: Imagine que o autor tenha a procedência de seu pedido em primeira instância, para condenar o réu a uma determinada quantia. Os honorários são fixados em 10% sobre o valor da condenação. Inconformado com a decisão, o requerido interpõe recurso de apelação. O Tribunal, ao realizar o julgamento, nega provimento à pretensão recursal. Neste caso, em atenção ao art. 85, § 11º do CPC, majora a verba honorária para 12% sobre o valor de condenação.

Outra questão interessante diz respeito à ausência de condenação expressa dos honorários na decisão Judicial. Nos termos do art. 322, § 1º do CPC, os honorários constituem pedidos implícitos. Caso não sejam expressamente requeridos na inicial, podem ser concedidos pelo magistrado. Entretanto, o raciocínio que se indaga na presente questão é a seguinte: E se não houver a condenação na decisão, seria possível executá-lo? **Os honorários, para além de um pedido implícito poderiam ser considerados uma condenação implícita**?

A resposta é negativa. **Deve haver condenação expressa dos honorários advocatícios pelo juiz. Sua cobrança depende da presença no título executivo**. Caso não conste do título, não há a possibilidade de execução. Entretanto, mesmo se a decisão for omissa, cabe ação para sua definição e cobrança.

Assim, é possível ação autônoma para a definição e cobrança dos honorários, por força do § 18 do art. 85. Com a entrada em vigor do CPC/2015, a **Súmula nº 453 do Superior Tribunal de Justiça (STJ)**, que impedia execução ou ação própria para a cobrança dos honorários, não mais se aplica em sua totalidade. A súmula ainda possui aplicabilidade no que diz respeito à cobrança nos próprios autos em que a decisão omissa transitou em julgado. **Entretanto, no que diz respeito à cobrança em nova relação processual, encontra-se ultrapassada pela previsão do Código de Processo Civil (CPC) de 2015**.

Vale destacar, ainda em relação a posicionamentos interessantes, a Súmula nº 421, STJ: – "Os honorários advocatícios não são devidos à Defensoria Pública quando ela atua contra a pessoa jurídica de direito público à qual pertença".

Por fim, ponto que tem sido objeto de intensa cobrança em concursos públicos é a fixação de honorários advocatícios no cumprimento provisório da sentença. Ora, até a entrada em vigor da legislação atual, os Tribunais posicionavam-se pela impossibilidade de concessão da verba. O cumprimento provisório é uma antecipação da efetivação da decisão pelo exequente. O Executado, portanto, não possui a obrigação de realizar o pagamento da condenação antes do trânsito. Quem dá causa ao cumprimento provisório é o exequente. Assim, não seria possível a verba. **O CPC de 2015, entretanto, foi contrário a este posicionamento, determinando que há a fixação de honorários no cumprimento provisório da sentença (art. 520, § 2º, CPC).**

Não há autorização da legislação processual para fixação de honorários diferenciados ou módicos quando a sentença é terminativa. (art. 85, § 6º, CPC). **O Juiz deverá ser ater aos critérios anteriormente mencionados (art. 85, § 2º) no caso de sentença sem resolução do mérito.** Imagine a propositura de uma demanda, cujo valor da causa seja 100.000,00 (cem mil reais). Em contestação, o réu alega a falta de interesse de agir (condição da ação). Acolhendo a matéria, o juiz julga extinto o processo, sem resolução do mérito. Neste caso, deverá fixar a verba de honorários, no percentual de 10% a 20%) com base no valor da causa/proveito econômico (R$ 100.000,00).

1.3. Caráter alimentar dos honorários e vedação de compensação

Os honorários de sucumbência pertencem ao advogado, portanto, são devidos ainda que o advogado atue em causa própria e possuem natureza alimentar, com os mesmos privilégios dos créditos oriundos da legislação do trabalho, **sendo vedada a compensação em caso de sucumbência parcial (art. 85, § 14, CPC)**. Note-se que esse parágrafo em especial veio confrontar um antigo e consolidado entendimento do Superior Tribunal de Justiça.

Como esse assunto foi cobrado em provas de concursos públicos

2017 – FCC – TRT – 24ª REGIÃO (MS) – Analista Judiciário/área Judiciária. No caso de sucumbência parcial é permitida a compensação dos honorários advocatícios. (incorreto)

A súmula 306 daquele Tribunal permitia a compensação de honorários em casos de sucumbência recíproca. Assim, caso o autor e réu fossem vencedores e vencidos na relação processual, haveria a fixação de honorários a cada um dos advogados. Pelo entendimento sumulado, os causídicos não receberiam nada, tendo em vista que os percentuais seriam compensados, neutralizando qualquer valor a receber. **O dispositivo em comento, contudo, vedou expressamente essa prática, não havendo permissão para a compensação das verbas.**

A questão na natureza alimentar dos honorários, também prevista no dispositivo legal acima mencionado, repercute em alguns interessantes posicionamentos do STJ. Assim, inicialmente, **o tribunal endente que não é possível a penhora de Fundo de Garantia do Tempo de Serviço (FGTS) da parte, para pagamento dos honorários advocatícios**. Ainda que este posicionamento tenha se firmado no CPC de 1973, entende-se que sua aplicabilidade continua com o CPC atual, tendo em vista nenhuma disposição expressa de lei em sentido contrário. Confira-se:

> Inicialmente, cumpre salientar que, embora os honorários advocatícios tenham natureza alimentar, não se confundem com a prestação de alimentos, sendo esta última obrigação periódica, de caráter ético-social, lastreada no princípio da solidariedade entre os membros do mesmo grupo familiar. Apesar da distinção havida entre as verbas, esta Corte Superior, em linhas gerais, tem dado interpretação extensiva à expressão "prestação alimentícia" constante do § 2º do art. 649 do CPC/73, para englobar não somente as prestações alimentícias stricto senso, como também os honorários advocatícios. Ocorre que, no caso dos autos, a hipótese não é propriamente de penhora de salários e vencimentos, mas, sim, de saldo do Fundo de Garantia por Tempo de Serviço – FGTS, que tem regramento próprio. (...) Nessa linha de entendimento, tem-se admitido a penhora de saldo do FGTS para pagamento de prestação alimentícia stricto senso, considerando que a dignidade do trabalhador está em risco, diante da possibilidade de sua prisão, assim como de seus dependentes. Destaca-se, porém, que a penhora de verbas do FGTS é medida extrema, que só se justifica para evitar a prisão do devedor de alimentos e atender as necessidades imediatas de sua prole. Dessa forma, não se justifica a liberação de valores do fundo de garantia fora das hipóteses legais para o pagamento de dívidas do trabalhador, ainda que tenham natureza alimentar em sentido amplo, como as decorrentes de honorários sucumbenciais e quaisquer outros honorários devidos a profissionais liberais. (REsp. nº 1.619.868-SP, rel. Min. Ricardo Villas Bôas Cueva, por unanimidade, julgado em 24.10.2017, *DJe* 30.10.2017, Informativo nº 614 do STJ).

No entanto, os posicionamentos mais recentes do STJ são pela possibilidade de penhora salarial do devedor, para pagamento dos honorários, tendo em vista a sua natureza alimentar. Ora, o art. 833, § 2º do CPC permite a penhora do salário para pagamento de alimentos, independentemente de sua origem. **O caráter alimentar dos honorários, portanto, faz com que a penhora seja possível**. Confira-se:

> As exceções destinadas à execução de prestação alimentícia, como a penhora dos bens descritos no art. 833, IV e X, do CPC/15, e do bem de família (art. 3º, III, da Lei 8.009/90), assim como a prisão civil, não se estendem aos honorários advocatícios, como não se estendem às demais verbas apenas com natureza alimentar, sob pena de eventualmente termos que cogitar sua aplicação a todos os honorários devidos a quaisquer profissionais liberais, como médicos, engenheiros, farmacêuticos, e a tantas outras categorias. (RESP. 1.815055/SP. Corte Especial STJ).

1.4. Outras hipóteses de fixação dos honorários

Na ação de indenização por ato ilícito contra pessoa, o percentual de honorários incidirá sobre a soma das prestações vencidas acrescida de 12 prestações vincendas (art. 85, § 9º, do CPC). Assim, nas ações advindas de atos ilícitos é possível que o réu seja condenado em prestações de trato sucessivo, consideradas como alimentos indenizatórios. A sentença, por sua vez, determinará o marco inicial da obrigação alimentar (retroagirá a data do ato ilícito) e projetará a obrigação para o futuro, mantendo o dever de manutenção por um período. Neste caso, a verba honorária será fixada sobre os valores já vencidos (devidos desde a data do ato, por exemplo), e, ainda, acrescido este valor à soma de mais 12 (doze) parcelas a vencer.

Nos casos de perda de objeto, os honorários serão devidos por quem deu causa ao processo. **Trata-se da aplicação do chamado princípio da causalidade no pagamento dos honorários.** O direito processual civil afasta-se do princípio da sucumbência (quem perdeu a demanda), para fixar os honorários com base na causalidade.

Imagine uma empresa que se viu desclassificada em uma das fases da licitação pela municipalidade. Entendendo que não houve motivo para tanto, ingressa com uma ação em face do ente público. Esse, ao ser citado, reviu o ato administrativo, modificando a decisão e permitindo que a pessoa jurídica continuasse no procedimento. Ora, neste caso, o processo perdeu o objeto (perda superveniente do interesse de agir). Deve-se indagar: Quem deu causa ao início da relação processual? Certamente, no exemplo citado, o Município, que deverá ser condenado ao pagamento de honorários.

Ainda, quando os honorários forem fixados em quantia certa, os juros moratórios incidirão a partir da data do trânsito em julgado da decisão (art. 85, § 16, do CPC). Esse dispositivo, contudo, incidirá nas hipóteses de fixação equitativa da verba, sem incidência sobre os percentuais estabelecidos no art. 85, § 2º. Trata-se da hipótese, portanto, de o juiz fixar em valor determinado. Exemplo: "Fixo os honorários em R$ 5.000,00 (cinco mil reais), em atenção ao art. 85, § 8º do CPC. Neste caso, a correção será determinada de acordo com o aqui exposto.

Como esse assunto foi cobrado em provas de concursos

2018 – FCC – TRT – 2ª REGIÃO (SP) – Analista Judiciário – Área Judiciária. Fixados os honorários advocatícios em quantia certa pelo Magistrado na sentença, os juros moratórios incidirão a partir da data da publicação da sentença.

Questão interessante diz respeito à restituição dos honorários contratuais, que a parte arcou para a contratação de seu advogado. A doutrina majoritária (NEVES, 2017. P. 294) possui o entendimento de que o princípio da restituição integral obriga ao perdedor restituir ao vencedor os gastos que este teve com a contratação de advogado privado. Esta interpretação é baseada no art. 389 e 404 do Código Civil. A posição mais recente do STJ, todavia, é em sentido contrário:

> Destaca-se, inicialmente, que o art. 20 do CPC/1973, ao tratar do custo do processo, imputou ao vencido, com base nos princípios da causalidade e da sucumbência, a responsabilidade final pelo pagamento dos gastos endoprocessuais, ou seja, aqueles necessários à formação, desenvolvimento e extinção do processo. Os gastos extraprocessuais – aqueles realizados fora do processo –, ainda que assumidos em razão dele, não se incluem dentre aquelas despesas às quais faz alusão o art. 20 do CPC/1973, motivo pelo qual nelas não estão contidos os honorários contratuais, convencionados entre o advogado e o seu cliente, mesmo quando este vence a demanda. Assim, os honorários advocatícios contratuais não se incluem na rubrica despesas processuais do art. 20 do CPC/1973, cabendo, pois, ao advogado buscar a via judicial adequada para exercer a sua pretensão de cobrança das respectivas verbas. REsp 1.571.818-MG, Rel. Min. Nancy Andrighi, por unanimidade, julgado em 09/10/2018, DJe 15/10/2018

Portanto, os honorários contratuais, definidos no âmbito privado entre o cliente e o advogado, **não poderão, em regra, serem ressarcidos pelo perdedor.**

1.5. Honorários em face da Fazenda Pública

Nas causas em que a Fazenda Pública for parte, os advogados perceberão honorários de sucumbência, mas a fixação observará os seguintes percentuais, considerando o valor da condenação ou do proveito econômico obtido (art. 85, § 3º, do CPC). Trata-se de inovação do CPC atual, em comparação ao anterior (FREIRE, 2017. 143). Os percentuais são escalonados, incidindo percentuais menores quanto maiores forem os valores condenatórios. Para melhor fixação da matéria, apresentaremos os percentuais e valores de fixação através do quadro a seguir:

PERCENTUAIS E VALORES INCIDENTES	
Condenação ou proveito de até 200 salários	10% a 20% de honorários
Condenação ou proveito de 200 salários mínimos, até 2.000 salários mínimos	8% a 10% de honorários
Condenação ou proveito de 2.000 salários mínimos até 20 mil salários mínimos	5% a 8% de honorários
Condenação ou proveito de 20 mil salários a 100 mil salários mínimos	3% a 5% de honorários
Acima de 100 mil salários mínimos	1% a 3% de honorários

Havendo liquidez da sentença (decisão que determina o *quantum debeatur*), o percentual deve ser aplicado imediatamente pelo juiz. Assim, não há a possibilidade de, diante de sentenças líquidas, postergar a fixação de honorários. Todavia, sendo a sentença pendente de liquidação posterior, os percentuais serão aplicados, de acordo com a regra exposta acima, **no momento em que a quantificação for realizada**, qual seja, ao final da liquidação de sentença. (art. 84, § 4º, I e II, CPC).

A aplicação dos percentuais previstos acima deve incidir de forma progressiva nos honorários que eventualmente ultrapassarem a primeira faixa de percentual. Caso um determinado juiz condene o ente público ao pagamento de 2.500 (dois mil e quinhentos) salários mínimos, a fixação dos honorários seria realizada assim: 10 a 20% até 200 salários, na faixa correspondente de 20 a 2.000 salários 8% a 10% e naquilo que exceder os dois mil salários o percentual será de 5% a 8%. Os percentuais deverão incidir de acordo com cada faixa!

Se não for possível mensurar o proveito econômico ou não houver condenação principal, dar-se-á sobre o valor da causa, atualizado (art. 85, § 4º, III CPC).

Por fim, não serão devidos honorários nos casos de cumprimento de sentença contra a Fazenda Pública que resulte na expedição de precatório, desde que não tenha sido impugnada. Neste caso, não houve resistência do ente público na fase de cumprimento da decisão, o que não gera a fixação da verba ao Advogado.

2. DAS DESPESAS PROCESSUAIS

2.1. Conceito

Despesas processuais são todos os dispêndios que a parte teve para custear a tramitação processual até o seu final. Logo, as despesas abrangem **as custas dos atos do processo, a indenização de viagem, a remuneração do assistente técnico e a diária de testemunha** (art. 84, do CPC).

A ausência de pagamento das despesas processuais poderá acarretar dispensa do ato processual que dependia da despesa, ou, em último caso, a extinção processual sem resolução do mérito.

Neste particular, é de bom tom transcrever a importante lição do Professor Humberto Theodoro Júnior: "**O descumprimento do ônus financeiro processual, pelo não pagamento antecipado das despesas respectivas, conduz à não realização do ato requerido, em prejuízo da parte que o requereu.** Assim, se se requereu o depoimento de testemunha, mas não se depositou a verba necessária para a devida intimação, a diligência não será praticada e a audiência será realizada sem a coleta do depoimento. Mutatis mutandis, o mesmo acontecerá com a parte que requereu prova pericial, mas não depositou, no prazo que o juiz lhe assinou, a importância para cobrir a remuneração do perito e outros gastos da prova técnica. Se a falta do ato realizado impedir o prosseguimento da marcha processual (citação de litisconsorte necessário ou promoção de prova determinada pelo juiz como indispensável ao julgamento da causa), o não pagamento de preparo prévio provocará a figura do abandono da causa e poderá redundar em extinção do processo, sem resolução de mérito, observado o disposto no art. 485, II e III, § 1º". (JÚNIOR, 2017. P. 193).

a. Regra

As despesas processuais serão pagas pela parte vencida. **Em caso de sucumbência recíproca**, ou seja, se ambos forem, em parte, vencedor e vencido, as despesas serão proporcionalmente distribuídas, exceto se um sucumbir em parte mínima, quando o outro arcará por inteiro pelas despesas (art. 86, do CPC). **Em caso de litisconsórcio ativo ou passivo**, os vencidos respondem proporcionalmente, devendo a sentença distribuir a responsabilidade (art. 87, do CPC).

b. Adiantamentos

O CPC/2015 prevê que **cada parte** deverá adiantar a despesa que realizar ou requerer, salvo disposições relativas à gratuidade da justiça (art. 82, *caput*, do CPC). No caso de atos determinados pelo juiz, de ofício ou a requerimento do Ministério Público (quando atuando como fiscal da ordem jurídica), o **autor** é quem realizará o adiantamento das despesas (art. 82, § 1º, do CPC).

As despesas dos atos processuais praticados a requerimento da **Fazenda Pública, do Ministério Público ou da Defensoria Pública** serão pagas **ao final pelo vencido** (art. 91, do CPC).

c. Hipóteses específicas

Procedimentos de jurisdição voluntária: as despesas serão adiantadas pelo requerente e rateadas entre os interessados (art. 88, do CPC).

Juízos divisórios: se não houver litígio, os interessados pagarão as despesas proporcionalmente a seus quinhões (art. 89, do CPC). Juízos Divisórios são aqueles oriundos de litígios relativos à divisão e demarcação de terras, em que os confinantes procuram o Poder Judiciário para verificarem os limites e contornos de seus terrenos. Podem ser litigiosos, quando há resistência da parte ré, ou consensuais, em que não há resistência e a apuração dos limites é feito de forma consensual. O art. 89 menciona a segunda hipótese de juízo divisório.

Atos adiados ou cuja repetição for necessária: as despesas extras correm por conta de quem deu causa (art. 93, do CPC).

Perícia: será adiantada pela parte que requereu. Se requerida de ofício ou por ambas as partes, será rateada. O adiantamento do assistente técnico compete à parte que indicou (art. 95, do CPC).

RESUMO

DOS HONORÁRIOS, DAS DESPESAS E DAS MULTAS
1. Honorários advocatícios
Percentuais: 10% a 20% do valor da condenação, do proveito econômico obtido com a ação ou sobre o valor da causa.
Critérios para definição do percentual: grau de zelo do profissional, lugar de prestação do serviço, natureza e importância da causa, trabalho realizado pelo advogado, tempo exigido para o seu serviço.

Cabimento: sentença de mérito, reconvenção, cumprimento (provisório ou definitivo), execução (resistida ou não) e recursos.					
2. Despesas processuais					
Custas judiciais	Honorários advocatícios	Multas	Indenizações de viagens	Diárias de testemunhas	Remunerações de peritos e de assistentes técnicos

GABARITO

1	Errado	**2**	A	**3**	C	**4**	C	**5**	E
6	Certo	**7**	Errado	**8**	Errado	**9**	C	**10**	D

CAPÍTULO 10

GRATUIDADE JUDICIÁRIA

RECADO

Caro (a) leitor (a),

A Constituição Federal (CF/1988) prevê a garantia da assistência jurídica integral e gratuita em seu art. 5º, LXXIV: "o Estado prestará assistência jurídica integral e gratuita aos que comprovarem insuficiência de recursos." Nesse dispositivo foram consagradas duas garantias: a assistência jurídica gratuita, que é a orientação e defesa jurídica prestada aos necessitados pelo Estado por meio da Defensoria Pública (art. 134, da CF), e a gratuidade da justiça, que será objeto de estudo neste capítulo.

Dentre as diversas alterações promovidas pelo Código de Processo Civil de 2015, merece destaque a regulamentação do benefício da gratuidade de justiça, antes previsto somente na Lei nº 1.060/1950. Por isso a cobrança ativa em provas de concursos públicos. Veremos, no tópico em questão, que a previsão do CPC atual foi muito mais minuciosa que a presente na legislação anterior.

Bons estudos!

QUESTÕES

1. **(2017 – CESPE – DPE-AC – Defensor Público)** No que concerne a assistência jurídica integral, assistência judiciária e gratuidade judiciária, assinale a opção correta.

A) A gratuidade judiciária é o instituto mais amplo entre os referidos, tendo abrangido a assistência judiciária.

B) A assistência jurídica integral é exercida por advogados públicos ou privados nomeados pelo Poder Judiciário para prestar auxílio judicial e extrajudicial à população.

C) Exercem a assistência judiciária, entre outros, os profissionais liberais designados para o encargo de perito nos processos judiciais em que tenha sido deferida a gratuidade da justiça.

D) O benefício da gratuidade da justiça é destinado somente às pessoas naturais.

E) A assistência judiciária garante a concessão pelo Poder Judiciário de isenção de custas, taxas e despesas processuais, mas não de emolumentos.

2. (2017 - CESPE - DPU - Defensor Público Federal) No que se refere às atribuições institucionais da DP, à assistência jurídica gratuita e à gratuidade da justiça, julgue o item seguinte. Segundo a jurisprudência do STJ, o benefício da assistência judiciária gratuita gera efeitos ex nunc e, uma vez concedido, afasta a necessidade de renovação do pedido em cada instância.

Certo

Errado

3. 2018 - FUNDATEC - DPE-SC - Técnico Administrativo) Sobre a gratuidade de justiça, assinale a alternativa correta.

A) A pessoa beneficiária de gratuidade de justiça fica dispensada de efetuar depósito previsto em lei para interposição de recurso e para propositura de ação.

B) A pessoa beneficiária de gratuidade de justiça fica isenta da responsabilidade de pagamento das despesas processuais em caso de sucumbência.

C) A gratuidade de justiça se estende aos honorários contratuais devidos ao advogado particular contratado.

D) Os atos extrajudiciais de acesso à justiça não estão abarcados pela gratuidade de justiça.

E) A gratuidade de justiça em processos judiciais restringe-se a taxas, custas e emolumentos.

4. (2016 - CONSULPLAN - TJ-MG - Titular de serviços e notas - Remoção) Em se tratando da gratuidade de justiça, assinale a afirmação INCORRETA, de acordo com o CPC/2015.

A) Se superveniente à primeira manifestação da parte na instância, o pedido de gratuidade judiciária não poderá ser formulado por petição simples nos autos do próprio processo.

B) O juiz somente poderá indeferir o pedido se houver nos autos elementos que evidenciem a falta dos pressupostos legais para a concessão de gratuidade, devendo, antes de indeferir o pedido, determinar à parte a comprovação do preenchimento dos referidos pressupostos.

C) Presume-se verdadeira a alegação de insuficiência deduzida exclusivamente por pessoa natural; todavia, a assistência do requerente por advogado particular não impede a concessão de gratuidade da justiça.

D) O recurso que verse exclusivamente sobre valor de honorários de sucumbência fixados em favor do advogado de beneficiário estará sujeito a preparo, salvo se o próprio advogado demonstrar que tem direito à gratuidade.

5. **(2018 – TRF – 3ª REGIÃO – Juiz Federal Substituto)** Relativamente à gratuidade no processo civil, indique a afirmativa INCORRETA:

A) Ela compreende, dentre outros, as taxas judiciais, os depósitos exigidos para interposição de recurso ou propositura de ação e, ainda, os honorários de perito e advocatícios, inclusive aqueles decorrentes da sucumbência.

B) Sua concessão poderá ocorrer apenas em relação a algum dos atos processuais e poderá consistir em parcelamento de despesas.

C) No caso de assistência por advogado particular, a gratuidade não abrange o preparo de recurso que verse exclusivamente sobre valor de honorários de sucumbência fixados em favor daquele primeiro.

D) Quando houver recurso contra a decisão que a indeferir ou revogar, o recorrente estará dispensado do recolhimento de custas até decisão do relator sobre a questão, preliminarmente ao julgamento do recurso.

6. **(2019 – FUNDEP (Gestão de Concursos) – Defensor Público)** A respeito da gratuidade da justiça, assinale a alternativa correta.

A) É imperioso, para viabilizar o processamento de eventual recurso, que o beneficiário da justiça gratuita faça expressa referência na petição recursal acerca do prévio deferimento do benefício.

B) Tratando-se de pessoas jurídicas sem fins lucrativos, tais como sindicatos e associações, é prescindível a comprovação da hipossuficiência financeira para fins de concessão do benefício da assistência judiciária gratuita.

C) A decisão que indefere a justiça gratuita independe de prévia oitiva da parte interessada, na medida em que o CPC não garante presunção de veracidade da alegação de pobreza firmada por pessoa natural.

D) A concessão de gratuidade, amparada em ampla prova de insuficiência de recursos, não afasta a responsabilidade do beneficiário pelas despesas processuais e pelos honorários advocatícios decorrentes de sua sucumbência.

7. **(2018 – FGV – TJ-AL – Analista Judiciário/Oficial de Justiça Avaliador)** A gratuidade de justiça:

A) não pode ser deferida em favor de pessoa jurídica;

B) afasta o dever de o beneficiário pagar as multas processuais que lhe sejam impostas;

C) não pode ser requerida em petição de recurso;

D) não compreende o depósito de cinco por cento do valor da causa, na ação rescisória;

E) pode abarcar um, alguns ou todos os atos, ou consistir na redução percentual das despesas a cargo do beneficiário.

8. (Ano: 2018 – Banca: IBFC – Órgão: TRF – 2ª REGIÃO – Prova: IBFC – 2018 – TRF – 2ª REGIÃO – Juiz Federal Substituto) A gratuidade da justiça não compreende:

A) Os emolumentos devidos a notários ou registradores.

B) as despesas com a realização de exame de código genético – DNA.

C) A dispensa da publicação em outros meios que não oficiais.

D) Os honorários do advogado.

E) as obrigações decorrentes da sucumbência, que ficarão sob condição suspensiva.

9. (2019 – FUNDEP (Gestão de Concursos) Defensor Público) A respeito da gratuidade da justiça, assinale a alternativa correta.

A) É imperioso, para viabilizar o processamento de eventual recurso, que o beneficiário da justiça gratuita faça expressa referência na petição recursal acerca do prévio deferimento do benefício.

B) Tratando-se de pessoas jurídicas sem fins lucrativos, tais como sindicatos e associações, é prescindível a comprovação da hipossuficiência financeira para fins de concessão do benefício da assistência judiciária gratuita.

C) A decisão que indefere a justiça gratuita independe de prévia oitiva da parte interessada, na medida em que o CPC não garante presunção de veracidade da alegação de pobreza firmada por pessoa natural.

D) A concessão de gratuidade, amparada em ampla prova de insuficiência de recursos, não afasta a responsabilidade do beneficiário pelas despesas processuais e pelos honorários advocatícios decorrentes de sua sucumbência.

10. (2016 – IDECAN – Câmara Municipal de Aracruz – ES – Procurador Legislativo) Estabelece o Novo Código de Processo Civil que a pessoa natural ou jurídica, brasileira ou estrangeira, com insuficiência de recursos para pagar as custas, as despesas processuais e os honorários advocatícios tem direito à gratuidade da justiça, na forma da lei. A gratuidade da justiça NÃO compreende:

A) As taxas ou as custas judiciais.

B) Multas processuais que lhe sejam impostas

C) As despesas com a realização de exame de código genético – DNA e de outros exames considerados essenciais.

D) A indenização devida à testemunha que, quando empregada, receberá do empregador salário integral, como se em serviço estivesse.

1. CONCEITO

Gratuidade da justiça é a isenção, ainda que sob condição suspensiva, para toda pessoa que se encontrar em situação de insuficiência de recursos, das custas, das despesas processuais e dos honorários advocatícios que forem necessários à defesa dos seus interesses em um processo judicial. Vejamos o que está previsto no CPC/2015: "A pessoa natural ou jurídica, brasileira ou estrangeira, com insuficiência de recursos para pagar as custas, as despesas processuais e os honorários advocatícios tem direito à gratuidade da justiça, na forma da lei".

Ao contrário do que se possa confundir, **a gratuidade judiciária não afasta a obrigação de realizar os pagamentos das verbas anteriormente mencionadas em caso de sucumbência do beneficiário (art. 98, § 2º, CPC).** Apenas as coloca em uma condição suspensiva. Isso quer dizer que, sobrevindo situação patrimonial suficiente para suportar o ônus, o até então beneficiário da medida pode ser chamado a arcar com os valores correspondentes. Assim, em até 5 (cinco) anos após a certificação do trânsito em julgado da decisão judicial, poderá a parte contrária executar as verbas suspensas, caso comprove que a situação patrimonial da parte se modificou. (art. 98, § 3º).

Assim, a regra é que, vencido o beneficiário, suas obrigações ficarão com a exigibilidade suspensa pelo prazo de cinco anos contados do trânsito em julgado da decisão. Se, nesse prazo, for constatada que a situação de insuficiência deixou de existir, as obrigações poderão ser executadas. Após esse prazo, serão extintas (art. 98, § 3º, CPC).

Vamos a um exemplo: José ingressou com ação de reparação de danos morais, requerendo a condenação de Pedro ao pagamento de R$ 50.000,00 (cinquenta mil reais). O Juiz julgou improcedente a sua pretensão, condenando o autor ao pagamento de 10% de honorários advocatícios, os quais ficaram suspensos, em virtude do deferimento da gratuidade judiciária. Após dois anos do trânsito, José adquire farto patrimônio, em virtude de herança recebida. Nesta hipótese, o Advogado de Pedro, valendo-se do disposto no art. 98, §3º do CPC, poderá demonstrar ao juiz a nova situação financeira de José e executar eventuais verbas sucumbenciais de honorários.

2. DESTINATÁRIOS

Podem ser destinatários tanto a pessoa natural (brasileira ou estrangeira) quanto a pessoa jurídica (brasileira ou estrangeira).

O STJ entende que o estrangeiro sem residência fixa no Brasil tem direito ao benefício da gratuidade de justiça. Assim: "**A gratuidade da justiça passou a poder ser concedida a estrangeiro não residente no Brasil após a entrada em vigor do CPC/2015**". Pet 9.815-DF, Rel. Min. Luis Felipe Salomão, por unanimidade, julgado em 29/11/2017, DJe 15/03/2018 (corte especial).

Conforme mencionado anteriormente, tanto a pessoa natural quanto a pessoa jurídica fazem jus ao benefício em questão. Todavia, há uma inversão quanto à presunção de hipossuficiência. Enquanto a pessoa natural a presunção advém da mera afirmação, na pessoa jurídica haverá necessidade de comprovação da condição de incapacidade de carcar com as custas e despesas processuais. Assim, de acordo com o STJ: **"Faz jus ao benefício da justiça gratuita a pessoa jurídica com ou sem fins lucrativos que demonstrar sua impossibilidade de arcar com os encargos processuais"** (Súmula nº 481, STJ). Portanto, Enquanto a mera afirmação já é suficiente para a pessoa natural (conforme art. 99, § 3º do CPC), em relação à pessoa jurídica há necessidade de comprovação de sua situação.

Como esse assunto foi cobrado em provas de concursos públicos

2019 – FCC – TRF – 4ª REGIÃO – Analista Judiciário – Oficial de Justiça Avaliador. De acordo com o Código de Processo Civil, a gratuidade da justiça não pode ser deferida a empresas, em nenhuma hipótese. (incorreto).

Trata-se de benefício de caráter pessoal, não extensível ao litisconsorte ou sucessor do beneficiário (art. 99, § 6º, CPC). Caso ocorra a morte do beneficiário e a sucessão processual por seus herdeiros, estes deverão comprovar a situação de hipossuficiência para fazerem jus à continuidade da gratuidade judiciária. **Conforme dito, é personalíssimo o benefício.**

Como esse assunto foi cobrado em provas de concursos públicos

2018 – CESPE – DPE-PE – Defensor Público. A respeito da gratuidade da justiça para brasileiros e estrangeiros residentes no Brasil, assinale a opção correta. Como decorre de direito pessoal, a gratuidade de justiça se estende aos sucessores do beneficiário. (incorreta).

Outra questão interessante diz respeito ao beneficiário ser assistido por advogado privado. Será que essa circunstância, por si só, já afastaria a possibilidade de concessão da gratuidade? O CPC de 2015 não fez a relação necessária entre uma premissa e outra. **A assistência do beneficiário por advogado não impede a concessão do benefício** (art. 99, § 4º, CPC).

Como esse assunto foi cobrado em provas de concursos públicos

2018 – FGV - TJ-SC – Oficial de Infância e Juventude. No que concerne à gratuidade de justiça, é correto afirmar que: só pode ser deferida ao litigante cuja causa seja patrocinada pela Defensoria Pública; (incorreto).

3. ATOS PROCESSUAIS ABRANGIDOS

A gratuidade abrange os atos processuais que geram custos. O § 1º do art. 98 enumera, **exemplificativamente**, alguns desses atos:

> I – as taxas ou as custas judiciais;
>
> II – os selos postais;
>
> III – as despesas com publicação na imprensa oficial, dispensando-se a publicação em outros meios;
>
> IV – a indenização devida à testemunha que, quando empregada, receberá do empregador salário integral, como se em serviço estivesse;
>
> V – as despesas com a realização de exame de código genético – DNA e de outros exames considerados essenciais;
>
> VI – os honorários do advogado e do perito e a remuneração do intérprete ou do tradutor nomeado para apresentação de versão em português de documento redigido em língua estrangeira;
>
> VII – o custo com a elaboração de memória de cálculo, quando exigida para instauração da execução;
>
> VIII – os depósitos previstos em lei para interposição de recurso, para propositura de ação e para a prática de outros atos processuais inerentes ao exercício da ampla defesa e do contraditório;
>
> IX – os emolumentos devidos a notários ou registradores em decorrência da prática de registro, averbação ou qualquer outro ato notarial necessário à efetivação de decisão judicial ou à continuidade de processo judicial no qual o benefício tenha sido concedido.

4. MOMENTO DE CONCESSÃO

Geralmente, **o pedido de justiça gratuita é formulado na petição inicial, no caso do autor, ou na contestação, no caso do réu.** Assim, ao elaborar a inicial o advogado já cuida de informar à autoridade judiciária que seu cliente não possui condições de arcar com as custas e despesas processuais sem prejuízo do próprio sustento. Da mesma maneira, ao ingressar pela primeira vez nos autos, o réu, através da contestação, também o faz, solicitando a concessão da medida.

Como esse assunto foi cobrado em provas de concursos públicos

2018 – CESPE – PGM – João Pessoa – PB – Procurador do Município. O pedido de gratuidade da justiça pode ser feito m contestação, apenas, e, se deferido em favor do réu, o eximirá do pagamento de honorários advocatícios decorrentes da sucumbência. (incorreto)

Também pode ser formulado na petição para ingresso de terceiro no processo e em recurso (art. 99, CPC). Todavia, o próprio código fez a ressalva de que, posteriormente ao momento citado no dispositivo legal, a gratuidade poderá ser requerida por simples petição nos autos. Portanto, a partir da leitura do § 1º do dispositivo, **chega-se à conclusão de que não existe momento preclusivo para a sua realização**, podendo ser solicitado a qualquer momento da relação, mediante a comprovação dos pressupostos.

Atenção! É indispensável que haja pedido expresso pela parte, ou seja, **o juiz não pode conceder o benefício da assistência judiciária gratuita de ofício** (AgRg nos EDcl no AREsp. nº 167.623/SP, rel. Min. Luis Felipe Salomão, 4ª Turma, julgado em 05.02.2013).

Conforme já afirmado neste capítulo, presume-se a insuficiência alegada pela pessoa natural (98, § 3º, CPC). Essa presunção de veracidade é relativa, ou seja, a parte contrária poderá impugnar a alegação e o magistrado decidirá a respeito à luz dos elementos trazidos aos autos, podendo indeferir o requerimento. Ainda, poderá o juiz, à vista dos elementos contidos na demanda até então, indeferir mesmo sem a impugnação da parte contrária, ao verificar que existem vestígios de que a parte pode arcar com os valores. Entretanto, sempre deverá dar a oportunidade para que o interessado demonstre a impossibilidade, previamente à negativa (art. 99, § 2º, CPC).

Imagine-se que um determinado autor vem a juízo discutir a rescisão de um contrato de compra e venda de imóvel de alto padrão, de valor de mercado considerável. Ora, nesta hipótese, o magistrado possui elementos de que a parte tem condições de arcar com as custas e despesas processuais. Assim, eventual afirmação realizada pela parte, ainda que sob o manto da presunção, pode ser questionada pelo juiz, solicitando que comprove a impossibilidade dos gastos. **Entretanto, o fato de estar discutindo em juízo bem de elevado valor não impede a concessão do benefício, após a análise da justificativa**. Caso o autor tenha vendido o imóvel e não recebido eventual quantia, é possível que esteja em situação financeira delicada.

A gratuidade poderá ser concedida em relação a algum ou a todos os atos processuais, bem como poderá consistir na redução de despesas processuais que o beneficiário tiver que adiantar no curso do processo (art. 98, § 5º, CPC). Assim, é perfeitamente possível ao magistrado conceder somente a gratuidade em relação a uma perícia extremamente onerosa, por exemplo. Da mesma forma, é possível a redução percentual, isentando o magistrado 50% das custas processuais à parte interessada. Ora, a parte pode ter condição de arcar com as custas iniciais e no momento da realização da prova técnica, o perito apresenta uma proposta de honorários fora de suas condições de adiantamento. Portanto, concede-se o benefício somente em atenção àquele ato processual.

Questão interessante do CPC de 2015 é a possibilidade de parcelamento das custas processuais. Ora, não se trata de ato de isenção da quantia, mas sim de propiciar à parte condições melhores e mais favoráveis de acesso à justiça. A depender do valor da causa, as custas iniciais podem assumir uma quantia vultuosa, que o autor não teria como desembolsar de imediato. Nesta situação, portanto, nos termos do art. 98, § 6º do CPC, é possível a divisão (parcelamento) deste valor, a fim de que a parte possa conduzir a relação processual até o final.

Interessante questão é a extensão da concessão do benefício da gratuidade. Uma vez concedido em primeira instância, ou mesmo no Tribunal, não haveria a necessidade de renovações sucessivas de pedidos. Assim, caso o autor interponha um Recurso Especial, por exemplo, não necessitará solicitar a gratuidade novamente. Somente se houver expressa deliberação de revogação é que o novo pedido se faz necessário. Confira-se o entendimento do STJ no sentido do que aqui foi exposto:

> "Quando a assistência judiciária gratuita for deferida, a eficácia da concessão do benefício prevalecerá, independentemente de renovação de seu pedido, em todas as instâncias e para todos os atos do processo – alcançando, inclusive, as ações incidentais ao processo de conhecimento, os recursos, as rescisórias, assim como o subsequente processo de execução e eventuais embargos à execução –, somente perdendo sua eficácia por expressa revogação pelo Juiz ou Tribunal. AgRg nos EAREsp 86.915-SP, **Rel. Min. Raul Araújo, julgado em 26/2/2015, DJe 4/3/2015. (corte especial)".**

5. IMPUGNAÇÃO

A concessão da gratuidade segue o contraditório diferido, pois a parte contrária se manifestará após o deferimento pelo juiz. Ou seja, primeiro o juiz defere o pedido ou intima a parte para comprovar o preenchimento dos requisitos legais, se entender que nos autos há elementos contrários à concessão do benefício. Não há manifestação prévia da parte contrária antes da apreciação pelo juiz. O que ocorre é, deferido o benefício, o adversário processual poderá demonstrar ao juiz que a parte não possui os requisitos de concessão.

Após a **análise e deferimento** do requerimento de gratuidade da justiça, a parte contrária terá prazo de 15 dias para apresentar impugnação, que deverá ser apresentada: – na contestação, se o requerimento foi formulado pela parte autora na petição inicial; – na réplica, se o requerimento foi formulado pela parte ré na contestação; – nas contrarrazões de recurso, se o requerimento foi apresentado no recurso; – por petição simples, caso se trate de pedido superveniente por mera petição ou elaborado por terceiro (art. 100, *caput*, CPC).

Se o benefício for revogado, a parte deverá pagar as despesas processuais e, se agiu de má-fé, sofrerá multa no valor equivalente até 10 vezes o valor das custas devidas, que será revertido para a Fazenda Pública, com inscrição em dívida ativa (art. 100, parágrafo único, CPC). Note-se que a revogação da gratuidade possui efeitos *ex tunc*. O beneficiário indevidamente agraciado com a medida deverá recolher todas as custas que deixou de pagar anteriormente (art. 100, parágrafo único).

6. RECORRIBILIDADE

Contra decisão interlocutória que **indeferir a gratuidade** ou que **acolher pedido de sua revogação** é cabível o **agravo de instrumento** (arts. 101, *caput*, e 1.015, inciso V, do CPC).

Quando a questão for resolvida na **sentença**, caberá **apelação**. Não há previsão de cabimento do agravo de instrumento contra decisão que **indefere a impugnação** à concessão da gratuidade.

Havendo recurso contra a **decisão que indeferir a gratuidade judiciária, ou mesmo que acolhe a impugnação e revoga o benefício (art. 101, CPC)**, a parte estará dispensada do recolhimento de custas até decisão do relator sobre a questão, preliminarmente ao julgamento do recurso (art. 101, § 1º, CPC). Se for confirmada em sede recursal a denegação ou revogação da gratuidade, a parte que recorreu deverá recolher os valores referentes às custas do recurso no prazo de cinco dias, sob pena de não conhecimento do recurso interposto.

Como esse assunto foi cobrado em provas de concursos públicos

2018 – CESPE – DPE-PE – Defensor Público. A respeito da gratuidade da justiça para brasileiros e estrangeiros residentes no Brasil, assinale a opção correta. A decisão a respeito das custas processuais de agravo de instrumento interposto contra o indeferimento da gratuidade de justiça deve ser tomada preliminarmente ao julgamento do mérito recursal. (correto)

Imagine que o autor de uma determinada demanda, ao distribuir a sua inicial, faça o pedido de concessão da gratuidade. O Juiz, antes de proferir o despacho de citação, concede à parte o prazo para demonstrar a impossibilidade de arcar com as custas e, após manifestação da parte, indefere o pedido. Nesta situação, conforme já mencionado, o recurso cabível é o de agravo de instrumento. Em relação ao agravo, não há a necessidade de recolhimento de preparo. **Seria um contrassenso exigir que a parte pague a verba, para demonstrar a impossibilidade de fazê-lo**. O relator fará uma análise preliminar dos elementos e deliberará sobre a necessidade ou não das custas. Caso entenda que não há motivos para a concessão da gratuidade, determinará o seu recolhimento.

Se o requerimento de gratuidade for feito em sede recursal, a princípio a parte também não deverá recolher o preparo do recurso interposto. Suponha que em primeira instância o réu não tenha requerido o benefício. Após a sentença, para interpor a apelação, dá conta de que não está amparado pela gratuidade. Poderá recorrer, solicitar a gratuidade em sede recursal e não apresentar o comprovante de pagamento do preparo. Neste caso, nos termos do art. 99, § 7º do CPC, o relator fará uma análise preliminar da situação econômica do recorrente e, entendendo que possui condições, o intimará para o recolhimento do preparo, sob pena de não conhecimento recursal.

De acordo com o art. 102 do CPC/2015, em caso de revogação da gratuidade, a parte deverá recolher todas as despesas que deixou de efetuar no prazo fixado pelo juiz. Caso a parte autora não faça o recolhimento do valor devido, o processo será extinto sem julgamento de mérito e, se o recolhimento não for efetuado por parte do réu, os atos ou diligências requeridos não serão deferidos.

RESUMO

GRATUIDADE JUDICIÁRIA

1. Conceito

Art. 98, CPC. A pessoa natural ou jurídica, brasileira ou estrangeira, com insuficiência de recursos para pagar as custas, as despesas processuais e os honorários advocatícios tem direito à gratuidade da justiça, na forma da lei.

2. Destinatários

Pessoa natural (brasileira ou estrangeira).

Pessoa jurídica (brasileira ou estrangeira).

3. Atos processuais abrangidos

CPC, Art. 98, § 1º A gratuidade da justiça compreende:

I – as taxas ou as custas judiciais;

II – os selos postais;

III – as despesas com publicação na imprensa oficial, dispensando-se a publicação em outros meios;

IV – a indenização devida à testemunha que, quando empregada, receberá do empregador salário integral, como se em serviço estivesse;

V – as despesas com a realização de exame de código genético – DNA e de outros exames considerados essenciais;

VI – os honorários do advogado e do perito e a remuneração do intérprete ou do tradutor nomeado para apresentação de versão em português de documento redigido em língua estrangeira;

VII – o custo com a elaboração de memória de cálculo, quando exigida para instauração da execução;

VIII – os depósitos previstos em lei para interposição de recurso, para propositura de ação e para a prática de outros atos processuais inerentes ao exercício da ampla defesa e do contraditório;

IX – os emolumentos devidos a notários ou registradores em decorrência da prática de registro, averbação ou qualquer outro ato notarial necessário à efetivação de decisão judicial ou à continuidade de processo judicial no qual o benefício tenha sido concedido.

4. Momento de concessão

Nos termos do art. 99 do CPC, O pedido de gratuidade da justiça pode ser formulado na petição inicial, na contestação, na petição para ingresso de terceiro no processo ou em recurso. O entendimento jurisprudencial, contudo, estabelece que a qualquer momento, surgindo a necessidade, poderá ser feito o pedido de gratuidade.

5. Impugnação
Nos termos do art. 100 do CPC, quando o pedido for deferido, a parte poderá impugnar a gratuidade na contestação, na réplica, nas contrarrazões de recurso ou, nos casos de pedido superveniente ou formulado por terceiro, por meio de petição simples, a ser apresentada no prazo de 15 (quinze) dias, nos autos do próprio processo, sem suspensão de seu curso.
6. Recorribilidade
Contra **decisão interlocutória** que indeferir a gratuidade ou que acolher pedido de sua revogação é cabível o **agravo de instrumento**. Quando a questão for resolvida na **sentença**, caberá **apelação**.

GABARITO

1	C	2	Certo	3	A	4	A	5	A
6	D	7	E	8	E	9	D	10	B

CAPÍTULO 11

SUCESSÃO DAS PARTES E DOS PROCURADORES

RECADO

Caro (a) Leitor (a),

No presente capítulo alguns temas destacam-se no estudo para os concursos públicos. A parte relativa à alienação da coisa litigiosa e suas consequências (modificação ou não nos polos da relação processual), possui grande incidência.

Bons estudos!

QUESTÕES

1. (2018 – FGV - TJ-AL – Analista Judiciário – Área Judiciária) No tocante à alienação de coisa litigiosa, por ato entre vivos e a título particular, é correto afirmar que:

A) pode dar azo à substituição processual, do alienante pelo adquirente, caso assim consinta a parte contrária;

B) o adquirente poderá intervir no processo como assistente simples;

C) não altera a legitimidade dos litigantes, ressalvada a hipótese de consentimento da parte contrária;

D) os limites subjetivos da coisa julgada material não alcançam o adquirente, se este não tiver participado do processo;

E) o alienante deverá promover a denunciação da lide em relação ao adquirente.

2. **(2018 – CESGRANRIO – Petrobras – Advogado Júnior)** No decorrer do processo em que X move ação contra Y, reivindicando a propriedade de um iate, ocorre a alienação do bem em disputa por Y, que teria constatado provável derrota no processo. O efeito jurídico da operação de venda desse bem é a

A) nulidade, a ser declarada de ofício pelo juiz.
B) nulidade, declarada pelo juiz após requerimento do autor.
C) oponibilidade da sentença ao adquirente do bem.
D) nomeação do adquirente do bem como assistente do réu.
E) substituição processual de X, de forma automática, pelo adquirente do bem.

3. **(2017 – VUNESP – Prefeitura de Andradina – SP – Assistente Jurídico e Procurador Jurídico)** Eduardo é representado pelo advogado Marcos das Neves em um processo de divórcio que lhe move sua esposa Nair. Eduardo é o réu da ação. O casal tem dois filhos maiores, Mônica e Arthur, e não possui qualquer patrimônio, sendo o rompimento do casamento o único objeto da ação. Durante o curso da demanda, Eduardo falece. Diante desses fatos, é correto afirmar que

A) a morte de Eduardo suspenderá o processo até que o advogado Marcos possa habilitar Mônica e Arthur como representantes do espólio, no prazo de 15 dias fixados em lei.
B) o processo deverá ser extinto sem resolução do mérito, por tratar a causa de direito intransmissível aos herdeiros de Eduardo.
C) a morte de Eduardo suspenderá o processo até que o advogado Marcos possa habilitar Mônica e Arthur como representantes do espólio, no prazo que deve ser fixado livremente pelo juiz dada a natureza e complexidade da causa.
D) o processo deverá ser extinto com resolução do mérito, decretando-se de plano o divórcio de Nair e Eduardo, pois ele era réu dessa ação e a autora pretendia se tornar divorciada.
E) se o falecimento fosse de Nair, a ação deveria ser julgada extinta sem solução de mérito pela perda do interesse de agir. Porém, ocorrendo o falecimento de Eduardo, a ação deverá ser suspensa até a habilitação dos herdeiros, o que deverá ser feito em até 10 dias a contar da morte do de cujus.

4. **(2018 – FGV - AL-RO – Advogado)** Nos autos da demanda que propôs em face de João, Carlos se dá conta de que as suas chances de vitória são inexistentes, pois o direito em disputa, efetivamente, assiste ao réu. Já supondo que João não concordaria com sua eventual manifestação de desistência da ação, Carlos resolve, antes da prolação da sentença, revogar o mandato outorgado ao seu único advogado. O juiz da causa, então, determina a intimação do autor para regularizar a sua representação processual, o que deliberadamente não foi atendido. Nesse cenário, o juiz deve

A) decretar a nulidade do feito.
B) julgar extinto o feito, sem resolução do mérito.

C) suspender o feito, até que o vício processual seja sanado.

D) nomear curador especial para patrocinar a causa de Carlos.

E) julgar o meritum causae, rejeitando o pedido de Carlos.

5. **(2018 – CESPE – PGM – Manaus – AM – Procurador do Município)** Considerando as disposições do CPC pertinentes aos sujeitos do processo, julgue o item a seguir. O advogado poderá renunciar ao mandato a qualquer tempo, sendo indispensável a comunicação da renúncia ao mandante, ainda que a procuração tenha sido outorgada a vários advogados e a parte continue representada.

Certo

Errado

6. **(2018 – MPE-BA – Promotor de Justiça Substituto)** O advogado é indispensável à administração da Justiça, sendo-lhe conferida a capacidade postulatória para representar a parte em juízo, sem o qual haverá nulidade do processo. Sobre **a parte e seus procuradores, é lícito afirmar que**

A) o advogado poderá postular em juízo sem procuração da parte em caso de urgência, apresentando o instrumento de mandato posteriormente, embora esse ato não suspenda a preclusão, prescrição ou a decadência.

B) renunciando ao mandato, um dos advogados constituídos no instrumento procuratório deverá comunicar à parte para que esta o substitua no prazo de 15 dias.

C) verificada a irregularidade da representação processual, por se tratar de pressuposto de desenvolvimento regular da ação, o juiz deve, de ofício ou por provocação, extinguir a ação sem julgamento do mérito.

D) verificada a incapacidade processual, poderá resultar no desentranhamento das contrarrazões ou no não conhecimento do recurso, se não obedecida ordem de saneamento da irregularidade da representação nos tribunais de justiça ou tribunal superior.

E) serão representados em juízo, ativa e passivamente, direta e unicamente por seus procuradores, a União, o Distrito Federal, os Estados e os Municípios, mas as suas autarquias por quem a lei do ente federado determinar.

1. SUCESSÃO DE PARTES

Caro (a) aluno (a), antes de mais nada, é preciso distinguir os institutos da sucessão processual e da substituição processual.

A **sucessão processual** é a substituição da parte em razão da **modificação da titularidade do direito material** afirmado em juízo. Ocorre sempre que um sujeito que compõe o polo ativo ou passivo é retirado da relação jurídica processual para que um terceiro tome o seu lugar. Nesse caso, o terceiro que assume o lugar do litigante originário **atua em nome próprio na defesa de interesse próprio**. Exemplo: morte de uma das partes.

Já a **substituição processual** ocorre quando alguém, autorizado por lei, **atua em nome próprio na defesa de direito e interesse alheio.**

No Código de Processo Civil de 2015, a sucessão só será admitida em casos expressos em lei, ou seja, não depende apenas da vontade das partes. (art. 108, CPC). Antes da citação do réu a demanda ainda não se encontra estabilizada, podendo o autor alterar a causa de pedir e o pedido livremente, incluindo ou excluindo indivíduos da relação processual (Art. 329, CPC). **Somente após o réu se integrar ao processo por meio da citação é que a referida alteração das partes estará limitada às hipóteses legais.**

2. ALIENAÇÃO DE COISA LITIGIOSA

A citação do réu torna a coisa litigiosa (art. 240, *caput*, CPC/2015). **A alienação da coisa ou do direito litigioso por ato entre vivos, a título particular, não altera a legitimidade das partes**, de forma que, mesmo não sendo mais o dono da coisa, o réu continua a ser a parte legítima no processo. (art. 109, CPC).

2.1. Consequências

Se ocorrer a alienação de bem litigioso ou cessão de crédito litigioso, só será admitida a sucessão processual se a parte contrária concordar. Assim, a efetividade da alteração no polo da relação jurídica somente acontecerá com a concordância da parte contrária.

Se o autor concordar com a sucessão processual no polo passivo, o réu originário será retirado do processo, com o ingresso do terceiro adquirente em seu lugar. **Nesse caso, a legitimidade passiva continua a ser ordinária, pois o adquirente ou cessionário realizará a defesa de direito próprio em nome próprio.**

Imagine que João e Pedro disputam a titularidade de uma motocicleta em um processo Judicial. João, que a até então encontrava-se com o bem em seu Poder, o aliena Alberto. O Autor noticia o fato nos autos, pedindo a sua retirada da relação processual e o ingresso de Alberto. Caso a parte contrária consinta, haverá a alteração do polo processual, constando o novo réu daquele momento em diante. Alberto, a partir do momento do ingresso, **defende interesse**

próprio (manutenção da propriedade da motocicleta), **em nome próprio** (já que se encontra em um dos polos da relação processual).

Se o autor não concordar com a sucessão processual, o réu originário continua a figurar no polo passivo e o adquirente ou cessionário, que é o novo titular da coisa litigiosa, não poderá ser réu na demanda em razão da resistência do autor. No exemplo anteriormente narrado, apesar de o bem ser alienado a Alberto e esse ser o novo titular, ao menos temporariamente, a posição processual ainda continua ocupada por João. Vejamos:

Antes da alienação: o alienante/cedente atua em nome próprio defendendo interesse próprio (legitimação ordinária). **Depois da alienação**: o alienante/cedente atua em nome próprio em defesa de direito alheio (legitimação extraordinária/substituição processual).

Você pode estar se perguntando: e como se dará a intervenção do adquirente ou cessionário no caso de resistência do autor à sucessão processual? **O art. 109, § 2º, do CPC/2015 prevê que ele poderá intervir no processo como assistente litisconsorcial do alienante** ou cedente, pois é o novo titular da coisa ou direito litigioso em razão da alienação por ato entre vivos.

Assim, em terceiro cenário, João e Alberto (assistente litisconsorcial) estaria em um dos polos da relação processual, litigando contra Pedro. Portanto, trata-se de hipótese de ingresso voluntário do adquirente, sem, contudo, ocorrer a saída do titular anterior.

Para fixação:

CONCORDÂNCIA DA PARTE CONTRÁRIA	DISCORDÂNCIA DA PARTE CONTRÁRIA E AUSÊNCIA DE ASSISTÊNCIA LITISCONSORCIAL PELO ADQUIRENTE/CESSIONÁRIO	DISCORDÂNCIA DA PARTE CONTRÁRIA E INTERVENÇÃO PELO ADQUIRENTE/CESSIONÁRIO
Sucessão processual: o adquirente/cessionário substitui o alienante/cedente.	Substituição processual: o alienante/cedente age em nome próprio na defesa de interesse alheio.	Assistência litisconsorcial.

Os efeitos da sentença proferida entre as partes originárias se estendem ao adquirente ou cessionário, logo, ele deverá suportar os efeitos da coisa julgada material, ainda que não figure no polo passivo do processo nem tenha desejado atuar como assistente, já que é o titular do direito ou da coisa discutida. (art. 109, § 3º CPC).

No caso da disputa pela titularidade do bem mencionado nos exemplos anteriores, caso o juiz entenda que o bem não pertenceria a João, Alberto sofreria a sua perda, pois, de acordo com o dispositivo legal mencionado, **estaria sujeito aos efeitos da sentença judicial.**

Atenção! O Superior Tribunal de Justiça (STJ) possui entendimento no sentido de que, **se o terceiro adquiriu o bem antes de configurada a litigiosidade, não há que se falar em extensão dos efeitos da coisa julgada em relação a ele**. Desta forma, a aquisição, para a sujeição dos efeitos da decisão, deve ser realizada no curso da relação processual. STJ, 3ª Turma, REsp. nº 1.458.741/GO, rel. Min. Ricardo Villas Bôas Cueva, j. 14.04.2015, *DJe* 17.04.2015).

Como esse assunto foi cobrado em provas de concursos públicos

2017 – FAU – E-Paraná Comunicação – PR – Advogado. Sobre as partes e seus procuradores, assinale a alternativa correta: Ocorrendo a alienação da coisa ou do direito litigioso por ato entre vivos, a título particular, o adquirente ou cessionário poderá intervir no processo como assistente litisconsorcial do alienante ou cedente.

3. MORTE DA PARTE

Em caso de morte de qualquer das partes, dar-se-á a sucessão pelo seu espólio ou pelos seus sucessores (art. 110, CPC/2015). É um caso de sucessão processual obrigatória. A morte é causa de suspensão do processo, e nesse período deverão ser habilitados novos legitimados. As normas relativas à morte da pessoa humana se aplicam por analogia à pessoa jurídica quando houver sua extinção durante o processo. (GAJARDONI, 2018. P. 491).

Verificando a morte de qualquer das partes, e não havendo ação de habilitação, **o juiz deverá suspender o processo** e adotar uma das seguintes providências (art. 313, § § 1º e 2º do CPC).

Falecido o réu, ordenará a intimação do autor para que promova a citação do respectivo espólio, de quem for o sucessor ou, se for o caso, dos herdeiros no prazo que designar, de no mínimo dois e no máximo seis meses. (art. 313, § 2º, I, CPC).

Falecido o autor, e sendo transmissível o direito em litígio, determinará a intimação de seu espólio, de quem for o sucessor ou, se for o caso, dos herdeiros, pelos meios de divulgação que reputar mais adequados, para que manifestem interesse na sucessão processual e promovam a respectiva habilitação no prazo designado, sob pena de extinção do processo sem resolução de mérito. (art. 313, § 2º, II, CPC).

Perceba-se que o dispositivo legal condiciona o procedimento à transmissibilidade do direito. A morte da parte em direitos personalíssimos ocasiona a extinção do processo sem resolução do mérito. Imagine uma ação de divórcio, na qual a tutela pretendida é a modificação da situação pessoal da parte. **Ora, não há como transmitir ou passar eventuais direitos dessa pretensão a herdeiros. Dessa feita, intransmissível o direito, haverá sentença terminativa processual.** (art. 485, IX CPC).

Como esse assunto foi cobrado em provas de concursos públicos

2018 – COSEAC – Prefeitura de Maricá – RJ – Procurador do Município. O juiz poderá conhecer de ofício e a qualquer tempo as questões que seguem, de forma a promover a extinção do feito sem resolução do mérito, EXCETO: em caso de morte da parte, e a ação for considerada intransmissível por disposição legal. (incorreto).

No caso de morte do procurador de qualquer das partes, ainda que iniciada a audiência de instrução e julgamento, **o juiz suspenderá o processo, nos termos do art. 313, I do CPC e determinará que a parte constitua novo mandatário, no prazo de 15 dias**, ao final do qual extinguirá o processo sem resolução de mérito, se o autor não nomear novo mandatário, ou ordenará o prosseguimento do processo à revelia do réu, se falecido o procurador deste (art. 313, § 3º, CPC/2015).

Como esse assunto foi cobrado em provas de concursos

2017 – IESES – TJ-RO – Titular de serviços e notas – Remoção. Suspende-se o processo, entre outras possibilidades, pela: Morte ou pela perda da capacidade processual de qualquer das partes, de seu representante legal ou de seu procurador. (correto).

O Superior Tribunal de Justiça possui entendimento de que, **se não houver suspensão, mas não for constatado prejuízo, os atos praticados não precisam ser anulados** (STJ, 2ª Turma, AgRg no AREsp. nº 759.411/DF, rel. Min. Humberto Martins, j. 27.10.2015, *DJe* 12.11.2015).

Além disso, não há nulidade se a omissão de informar ao juízo a morte da parte ou a extinção da pessoa jurídica decorreu da parte que alega o vício em benefício próprio (STJ, 6ª Turma, REsp. nº 1.461.111/BA, rel. Min. Rogério

Schietti Cruz, j. 04.09.2014, *DJe* 15.09.2014). Trata-se, de inegável aplicação do princípio da boa-fé objetiva processual, em seu aspecto que proíbe o comportamento contraditório. Ora, imagine-se que a morte da parte tenha ocorrido e que seus sucessores, a fim de resguardar a possibilidade de alegarem eventual nulidade posterior, não informam essa condição ao juiz. Trata-se do que os Tribunais têm chamado de "nulidade de algibeira", oportunamente trazida aos autos diante de uma situação desfavorável à parte.

Atenção! Conforme afirmado anteriormente, frise-se que o art. 110, CPC/2015, não se aplica se o direito material discutido no processo se tratar de direito personalíssimo, que não está sujeito a transmissão. Nesse caso, haverá extinção do processo, e não sucessão processual. Exemplo: se o autor da ação de indenização por danos morais falecer, há sucessão. Se o autor de uma ação de divórcio falecer, há sentença terminativa. Neste sentido é, também, a previsão do art. 313, § 2º, II do CPC, ao estabelecer que a Sucessão pelos herdeiros somente se dará quando o direito for transmissível.

Como esse assunto foi cobrado em provas de concursos públicos

2018 – IESES – TJ-CE – Titular de serviços e notas – Provimento. Acerca da disciplina da Formação, Suspensão e Extinção do Processo no Código de Processo Civil, considere as seguintes afirmações:

I. Extingue-se o processo pela morte ou pela perda da capacidade processual de qualquer das partes, de seu representante legal ou de seu procurador. (incorreto).

4. REVOGAÇÃO DE MANDATO

A parte pode revogar o mandato outorgado a seu advogado, constituindo, no mesmo ato, outro que assuma o patrocínio da causa, para atender ao requisito da capacidade postulatória. **Não sendo constituído novo procurador no prazo de 15 dias, haverá suspensão do processo e fixação de prazo pelo juiz que seja razoável à regularização da capacidade postulatória da parte**. Assim, o art. 111 do CPC remete à aplicação da regularização processual prevista no art. 76, com as consequências nele expressas.

A revogação pode ser expressa, quando há a declaração clara de que houve outro advogado constituído naqueles autos, ou tácita, quando a parte junta aos autos procuração sem reserva de poderes para outro causídico.

Conforme o art. 11 do Código de Ética da OAB, há um impedimento ético de o advogado aceitar procuração de quem já tenha patrono constituído sem prévio aviso desse.

4.1. Renúncia de mandato

O advogado poderá renunciar ao mandato a qualquer tempo, provando que comunicou a renúncia ao mandante, a fim de que este nomeie sucessor. Se houver necessidade, o advogado continuará a representar o mandante durante os 10 dias seguintes. **Referida comunicação é dispensada se a procuração tiver sido outorgada a vários advogados** e a parte continuar representada por outro, apesar da renúncia. Além disso, cabe ao advogado informar nos autos a renúncia.

RESUMO

<table>
<tr><th colspan="3">SUCESSÃO DAS PARTES E DOS PROCURADORES</th></tr>
<tr><td colspan="3">1. Sucessão de partes</td></tr>
<tr><td colspan="3">Sucessão processual: o terceiro que assume o lugar do litigante originário atua em nome próprio na defesa de interesse próprio.
Substituição processual: ocorre quando alguém, autorizado por lei, atua em nome próprio na defesa de direito e interesse alheio.</td></tr>
<tr><td colspan="3">2. Alienação de coisa litigiosa</td></tr>
<tr><td colspan="3">A alienação da coisa ou do direito litigioso por ato entre vivos, a título particular, não altera a legitimidade das partes.</td></tr>
<tr><td>Concordância da parte contrária</td><td>Discordância da parte contrária</td><td>Assistência litisconsorcial</td></tr>
<tr><td>O adquirente/cessionário substitui o alienante/cedente.</td><td>O adquirente/cessionário não ingressa no processo, mas o alienante/cedente passa a agir em nome próprio na defesa de interesse alheio.</td><td>O adquirente/cessionário intervém na qualidade de assistente litisconsorcial.</td></tr>
<tr><td>Sucessão processual</td><td>Substituição processual</td><td>Intervenção de terceiros</td></tr>
</table>

3. Morte da parte
Havendo morte de qualquer das partes, haverá a sucessão por seus herdeiros ou sucessores. Lembre-se, contudo que isso somente se dará quando o direito for transmissível. Em caso de direito personalíssimo não haverá a sucessão, mas a extinção do feito, como no caso do divórcio.
4. Revogação de mandato
Havendo revogação do mandato, a parte deverá constituir outro causídico para o patrocínio da causa. Caso isso não ocorra, haverá suspensão do processo e fixação de prazo para que a parte realize o fato.

GABARITO

1	C	**2**	C	**3**	B
4	E	**5**	Errado	**6**	D

CAPÍTULO 12

LITISCONSÓRCIO

RECADO

Caro (a) Leitor (a),

O tema em estudo no presente capítulo é muito recorrente. Primeiramente, as costumam cobrar conhecimentos sobre a classificação do litisconsórcio. Da mesma forma, a relação entre os litisconsortes é conhecimento prévio necessário para a realização das provas. Veremos esses pontos, além de outros, no texto a seguir.

Bons estudos!

QUESTÕES

1. **(2019 - FCC – TRF – 4ª REGIÃO – Analista judiciário – oficial de justiça avaliador)** Acerca do litisconsórcio, considere:

I. O juiz poderá limitar o litisconsórcio facultativo quanto ao número de litigantes na fase de conhecimento, mas não na liquidação de sentença.

II. Se a eficácia da sentença depender da citação de todos que devam ser litisconsortes, haverá litisconsórcio unitário.

III. No litisconsórcio unitário, os atos e as omissões de um litisconsorte não prejudicarão os demais, mas poderão beneficiá-los.

IV. Quando o litígio versar sobre obrigação solidária, a intimação de um dos litisconsortes acerca dos atos do processo dispensa a intimação dos demais.

V. O requerimento de limitação do número de litisconsortes facultativos interrompe o prazo para manifestação ou resposta, que recomeçará da intimação da decisão que o solucionar.

É correto o que se afirma APENAS nos itens:

A) I e II.
B) I e III.
C) II e IV.
D) III e V.
E) IV e V.

2. (2019 – FCC – TRF – 4ª REGIÃO – Técnico judiciário – Área Administrativa) André ajuizou ação de cobrança contra Reinaldo e Letícia, demandando o pagamento de alugueres de um imóvel que lhes havia locado, mediante contrato verbal. Em sua contestação, Reinaldo nega a existência de locação, argumentando que o imóvel lhes havia sido cedido em comodato. Por sua vez, na contestação de Letícia, ela admite a existência da locação, sustentando que ela e Reinaldo, seu irmão, deixaram de pagar os alugueres por conta de dificuldades financeiras. Nesse caso, dada a existência do litisconsórcio passivo, a confissão de Letícia quanto à existência da locação

A) faz prova apenas contra ela, Letícia.
B) faz prova contra ela, Letícia, e também contra Reinaldo.
C) faz prova apenas contra Reinaldo.
D) faz prova contra ela, Letícia, somente se corroborada por outros meios.
E) não faz prova contra ela, Letícia, nem contra Reinaldo.

3. (2019 – CESPE – DPE-DF – Defensor Público) A respeito da função jurisdicional, dos sujeitos do processo, dos atos processuais e da preclusão, julgue o item seguinte. Salvo se o regime de bens for o da separação absoluta, haverá litisconsórcio necessário entre os cônjuges para que um deles proponha ação que verse sobre direito real imobiliário.

Certo

Errado

4. (2019 – VUNESP - TJ-RS – Titular de serviços de notas e registros) De acordo com a nova sistemática estabelecida pelo Código de Processo Civil, a falta de citação de um dos litisconsortes acarreta:

A) nulidade da decisão de mérito, em se tratando de litisconsórcio necessário simples.
B) nulidade da decisão de mérito, em se tratando de litisconsórcio necessário ou facultativo.
C) ineficácia da decisão em relação ao litisconsorte não citado, em se tratando de litisconsórcio necessário unitário.
D) nulidade da decisão de mérito, em se tratando de litisconsórcio facultativo.
D) ineficácia da decisão em relação ao litisconsorte não citado, em se tratando de litisconsórcio necessário simples.

5. **(2019 - Instituto Consulplan – TJ-CE – Juiz leigo)** Considere que o Estado do Ceará tenha realizado um concurso público de provas e títulos para o provimento de cargos efetivos. Na hipótese de uma eventual demanda judicial, o litisconsórcio passivo necessário ocorreria na situação em que o candidato

A) pleiteasse a revisão da correção de sua prova dissertativa.

B) pleiteasse a anulação de uma questão de múltipla escolha da fase objetiva do certame.

C) reprovado na etapa de provas objetivas pleiteasse liminar para participar da etapa de prova dissertativa.

D) aprovado em segundo lugar pleiteasse nomeação em primeiro lugar, alegando ter mais títulos que o primeiro colocado.

6. **(2019 – NC-UFPR – Prefeitura de Curitiba - PR – Procurador)** No tocante às partes do processo, o Código de Processo Civil trata das hipóteses de pluralidade, ou seja, a possibilidade de que mais de um autor e mais de um réu estejam nos polos da demanda, o que configura o chamado litisconsórcio. Sobre o litisconsórcio, é correto afirmar:

A) O juiz poderá limitar o litisconsórcio necessário e unitário quanto ao número de litigantes na fase de conhecimento, na liquidação de sentença ou na execução, quando este comprometer a rápida solução do litígio ou dificultar a defesa ou o cumprimento da sentença.

B) O litisconsórcio será necessário por disposição de lei ou quando, pela natureza da relação jurídica controvertida, a eficácia da sentença depender da citação de todos que devam ser litisconsortes, hipótese em que sentença de mérito que venha a ser proferida será nula se a decisão deveria ser uniforme em relação a todos que deveriam ter integrado o processo.

C) Nas hipóteses de assistência simples, forma-se um litisconsórcio posterior necessário entre o assistente e o assistido, e, portanto, poderá a parte principal desistir da ação mesmo sem a anuência do assistente.

D) Transitada em julgado a sentença no processo em que interveio o assistente, este não poderá, em processo posterior, discutir a justiça da decisão, mesmo que, pelo estado em que recebeu o processo, tenha sido impedido de produzir provas suscetíveis de influir na sentença.

E) A assistência será admitida em qualquer procedimento até a fase de saneamento, recebendo o assistente o processo no estado em que se encontre, formando-se, neste caso, um litisconsórcio necessário posterior.

7. **(2019 – CESPE – TJ-PR – Juiz substituto)** Renato, recém-nascido, e Antônia, sua mãe, são autores de ação ajuizada em desfavor de Luiz, suposto pai de Renato. Na ação, são pleiteados a declaração de paternidade de Luiz em favor de Renato e o ressarcimento de despesas decorrentes do parto em favor de Antônia. Essa situação configura hipótese de litisconsórcio facultativo e

A) unitário.
B) eventual.
C) sucessivo.
D) alternativo.

8. **(2019 – INAZ do Pará – CORE-PE – Assistente jurídico)** Trata-se de um entendimento correto sobre "litisconsórcio":
A) Em razão de demandas ajuizadas perante a justiça federal com a participação de centenas de pessoas consideradas autoras, estabeleceu-se o litisconsórcio multiprocessual.
B) É um fenômeno que ocorre quando duas ou mais pessoas figuram como autoras em um processo, configurando-se assim, o litisconsórcio bilateral ou misto.
C) O que justifica a formação do litisconsórcio é a existência de uma inter-relação entre as situações extrajurídicas de direito civil e processual dos litisconsortes.
D) Não há multiplicidade de processos, mas sim um processo com mais de um autor ou réu. Todos os litisconsortes são partes e possuem iguais direitos.
E) Será considerado um litisconsórcio ativo quando duas ou mais pessoas figurarem em um processo judicial ou extrajudicial configurando ambas como rés.

9. **(2019 – MPE-PR -Promotor de Justiça Substituto)** Sobre a disciplina do litisconsórcio no Código de Processo Civil de 2015, assinale a alternativa ***incorreta***:
A) Uma das hipóteses para a formação do litisconsórcio é a ocorrência de afinidade de questões por ponto comum de fato ou de direito.
B) A distribuição de petição inicial que não indica todos os réus em litisconsórcio passivo necessário é causa para a imediata extinção do processo.
C) O juiz poderá limitar o litisconsórcio facultativo quanto ao número de litigantes na fase de conhecimento, na liquidação de sentença ou na execução, quando este comprometer a rápida solução do litígio ou dificultar a defesa ou o cumprimento da sentença.
D) O litisconsórcio será unitário quando, pela natureza da relação jurídica, o juiz tiver de decidir o mérito de modo uniforme para todos os litisconsortes.
E) Os litisconsortes serão considerados, em suas relações com a parte adversa, como litigantes distintos, exceto no litisconsórcio unitário, caso em que os atos e as omissões de um não prejudicarão os outros, mas os poderão beneficiar.

10. **(2018 - FCC – Prefeitura de Caruaru – PE – Procurador)** O litisconsórcio
A) necessário poderá ser limitado pelo juiz quanto ao número de litigantes na fase de conhecimento, na liquidação de sentença ou na execução, quando o número excessivo de litigantes comprometer a rápida solução do litígio ou dificultar a defesa ou o cumprimento de sentença.

B) conduz a que os litisconsortes sejam considerados, em suas relações com a parte adversa, como litigantes distintos, exceto no litisconsórcio unitário, caso em que os atos e as omissões de um não prejudicarão os outros, mas os poderão beneficiar.

C) será unitário por previsão legal ou quando, pela natureza da relação jurídica controvertida, a requerimento da parte adversa, a eficácia da sentença depender da citação de todos que devam ser litisconsortes.

D) implica sempre a necessidade de o juiz decidir o mérito de modo uniforme para todos os litisconsortes.

E) também ocorre quando terceiro jurídica ou economicamente interessado em que a sentença seja favorável a uma das partes, passe a integrar o polo ativo ou passivo da lide.

1. INTRODUÇÃO

Caro (a) leitor (a), este tema sofreu diversas modificações no Código de Processo Civil (CPC) de 2015. O litisconsórcio é extensamente cobrado em provas de concursos.

Devemos tomar cuidado, pois não há que se falar em litisconsórcio como forma de intervenção de terceiros. **Litisconsórcio é forma originária de ingresso na ação**. Intervenções de terceiros tratam da forma de ingresso superveniente na demanda. Assim, o chamamento ao processo, a denunciação da lide, o *amicus curiae* e a desconsideração da personalidade jurídica não se confundem com o litisconsórcio.

Litisconsórcio é um acúmulo subjetivo em um dos polos da relação jurídica processual. Explicando com uma linguagem mais simples, litisconsórcio é uma pluralidade de autores, ou pluralidade de réus, ou de autores e réus na relação jurídica processual. As hipóteses em que se permite a formação do litisconsórcio estão previstas no art. 113 do CPC.

Como esse assunto foi cobrado em provas de concursos públicos

Ano: 2018 – Banca: FCC – Órgão: DPE-RS – Prova: FCC – 2018 – DPE-RS – Defensor Público. No que se refere ao instituto do litisconsórcio é correto afirmar: A vontade de duas ou mais pessoas é elemento suficiente para que figurem juntos no mesmo polo processual, caso em que se tem litisconsórcio facultativo.

2. CLASSIFICAÇÃO DO LITISCONSÓRCIO

Um tema muito cobrado em concursos públicos é a classificação do litisconsórcio. A doutrina em geral o classifica em três critérios: **a) quanto ao polo da relação jurídica, b) quanto à obrigatoriedade da formação do litisconsórcio e c) quanto à uniformidade da decisão**. O que veremos a partir de agora é o tratamento jurídico de cada uma dessas classificações.

2.1. Quanto ao polo da relação jurídica

A classificação do litisconsórcio levando em conta o polo da relação processual o divide em **litisconsórcio ativo (se vários autores), litisconsórcio passivo (se vários réus) ou litisconsórcio misto** (quando estiverem presentes vários autores e vários réus).

2.2. Quanto à obrigatoriedade de sua formação

Neste aspecto, o litisconsórcio pode ser dividido em **facultativo ou necessário**.

No litisconsórcio facultativo, **sua formação fica a critério da parte**, ou seja, a parte o forma se ela quiser. Assim, é possível demandar em face de somente um réu, ou com somente um autor. Ou, caso o autor deseje, é possível a formação litisconsorcial. Um exemplo poderá clarear melhor a situação do leitor:

Exemplo: Suponhamos que duas partes assinem um contrato de mútuo, com o devedor principal e o fiador, sendo que este renunciou ao benefício de ordem. Nesta hipótese, há uma obrigação solidária, em que se pode exigir integralmente a dívida de qualquer um deles. Logo, nessa demanda pode-se colocar somente o devedor principal no polo passivo, somente o fiador no polo passivo ou, ainda, os dois como réus da relação jurídica processual. Perceba-se, portanto, que a formação do litisconsórcio não foi imposta pela lei, mas ficou a critério da parte autora. Nesse caso, portanto, estamos diante de um litisconsórcio facultativo.

No litisconsórcio necessário **o autor está obrigado a formar a pluralidade de sujeitos**, ou seja, em outras palavras, não há escolha na formação ou não do litisconsórcio. Essa obrigatoriedade pode vir da natureza da relação jurídica, ou mesmo da lei.

Como exemplo, podemos imaginar uma ação real imobiliária, em que o réu é casado pelo regime de comunhão de bens. Obrigatoriamente, por imposição do art. 73, § 1º, I, do CPC de 2015, tanto o marido quanto a esposa deverão figurar do polo passivo da demanda. Nesta hipótese, portanto, teremos um litisconsórcio necessário, por força de lei.

Ainda, como afirmado anteriormente, **a obrigatoriedade de constituição do litisconsórcio poderá advir da natureza da relação jurídica material.** Imagine uma relação contratual em que quatro empresas participaram da prestação do serviço. Caso uma delas deseje a anulação do negócio jurídico, deverá, necessariamente, incluir as três demais no polo passivo. Não existe previsão legal para a inserção dessas outras partes, mas a natureza da relação exige a formação do litisconsórcio.

Um questionamento se faz importante em relação a este tema: quando se tem um litisconsórcio passivo necessário, seja por força da relação jurídica ou por força de lei, qual a consequência em se deixar de fora do processo um litisconsorte necessário?

Nos termos do art. 115 do CPC de 2015, a ausência fará com que **o juiz determine ao autor que requeira a citação de todos que devam ser partes** (integração dos litisconsortes ao processo), dentro do prazo que assinar, **sob pena de extinção da relação processual.**

> **Como esse assunto foi cobrado em provas de concursos públicos**
>
> Ano: 2017 – Banca: FEPESE – Órgão: CIASC – Prova: FEPESE – 2017 – CIASC – Advogado. Assinale a alternativa correta sobre o litisconsórcio. O litisconsórcio será necessário quando, pela natureza da relação jurídica, o juiz tiver de decidir o mérito de modo uniforme para todos os litisconsortes. (incorreta).

2.3. Limitação do litisconsórcio facultativo

Diante das hipóteses que permitem a formação do instituto, o litisconsórcio, principalmente o facultativo, serve à celeridade processual, porquanto permite que demandas que seriam resolvidas em processos distintos passem a ser resolvidas em uma única relação processual. Assim, demandas que dariam azo a quatro processos distintos podem ser reunidas em uma única relação**, desde que preencham os requisitos do art. 113 do CPC de 2015.**

Entretanto, caso exista em um processo um grande número de autores ou de réus **(Litisconsórcio multitudinário)** o efeito desejado com o litisconsórcio poderá ser contrário. Diga-se: se estivermos diante de uma relação processual, em que se admita a formação litisconsorcial, **o número exagerado de indivíduos poderá prejudicar a celeridade solicitada, ou mesmo o direito de defesa do réu**.

Imaginemos, **por exemplo**, uma audiência de instrução e julgamento, com 30 autores, e, considerando que o CPC permite cada autor arrolar 10 testemunhas, teríamos, em tese, uma audiência com possíveis 300 testemunhas! Ora, esse litisconsórcio, ao invés de beneficiar a celeridade processual, iria prejudicá-la.

Imagine, também, o trabalho que daria ao réu, para impugnar fato por fato de cada uma das pretensões individuais da demanda acima. Ainda que a pluralidade não prejudique a celeridade, ela poderá causar prejuízos ao direito de defesa das partes.

Nessas hipóteses é possível ao juiz promover a limitação do número de litisconsortes, **tanto na fase de conhecimento quanto na fase de cumprimento de sentença, e em qualquer outra fase do processo**. As bancas já cobraram o momento processual em que o magistrado poderia realizar essa limitação. Em algumas questões, costumam limitar à fase de conhecimento. Entretanto, nos termos do art. 113, § 1º, CPC, a qualquer momento pode ser realizada essa limitação.

Atenção! Essa limitação ao número de litisconsortes só acontece no litisconsórcio facultativo, nunca no necessário, que, por ser uma imposição legal, ou da natureza da relação, não admite a limitação, ainda que se configure alguma das situações mencionadas no dispositivo legal.

O juiz poderá determinar essa limitação do litisconsórcio **de ofício ou a pedido do réu**. Quando for solicitada pelo requerido, o pedido interromperá o prazo para a apresentação da defesa. O prazo de contestação do réu somente recomeçará após a decisão do juiz, deferindo ou não a limitação do litisconsórcio. Lembre-se que a interrupção do prazo restitui na integralidade o tempo para praticar o ato processual. Assim, **todo o prazo de defesa será concedido ao réu após a decisão mencionada**.

Como esse assunto foi cobrado em provas de concursos

Ano: 2018 – Banca: FEPESE – Órgão: Prefeitura de Rio das Antas – SC – Prova: FEPESE - 2018 - Prefeitura de Rio das Antas - SC - Advogado. Considerando a legislação processual, assinale a alternativa correta a respeito das regras do litisconsórcio: É vedado ao juiz limitar o litisconsórcio facultativo quanto ao número de litigantes na fase de conhecimento. (incorreto).

2.4. Quanto à uniformidade da decisão

Quanto ao critério mencionado acima, **o litisconsórcio pode dividir-se em unitário ou simples, este último também chamado de litisconsórcio comum.**

O litisconsórcio unitário é aquele em que a decisão judicial é uniforme para todos os litisconsortes. A sentença trata todos os litisconsortes de forma única na decisão. Um claro exemplo de litisconsórcio unitário é aquele representado pela ação de anulação de casamento, intentada pelo Ministério Público.

Ora, conforme art. 1.549 do Código Civil (CC) de 2002, a anulação do casamento pode ser pleiteada em juízo por qualquer interessado ou pelo Ministério Público. Sendo proposta a demanda pelo *parquet*, a sentença será uniforme para os cônjuges, decretando a invalidade do matrimônio em face dos dois. **Não há possibilidade de sentença com conteúdos e soluções diversas aos litisconsortes.**

Há uma aparente relação, de que todo litisconsórcio necessário seria de natureza unitária. **No entanto, essa premissa não é verdadeira.** Na maioria dos casos o litisconsórcio necessário será acompanhado de uma sentença unitária, mas a regra não é absoluta. Existem casos em que há o litisconsórcio necessário, mas com natureza simples. É o caso, por exemplo, do litisconsórcio formado na ação popular, consoante art. 6º da Lei nº 4.717 de 1965. O artigo estabelece uma pluralidade de réus na ação popular, de forma necessária. Todavia, a sentença condenará cada um na proporção de suas responsabilidades.

O Superior Tribunal de Justiça (STJ) já trouxe entendimento sobre o mencionado dispositivo na ação popular. Perceba-se:

> "A Turma entendeu que a Lei n. 4.717/1965, que estabelece o procedimento da ação popular, dispõe que há o litisconsórcio passivo necessário entre os partícipes e co-partícipes do ato impugnado, bem como seus beneficiários diretos. **Contudo não impôs que tal litisconsórcio seja unitário, pois, mesmo que a decisão constitutiva do ato tido como ilegal afete a esfera jurídica de todos, a condenação ao ressarcimento ao erário pode ser diversa entre os litisconsortes, cabendo a cada um responder na medida da sua contribuição à lesão do patrimônio público.** A sentença que acolhe o pedido é constitutiva e condenatória, uma vez que desconstitui o ato tido por ilegal e, por consequência de sua lesividade, que é um dos requisitos para a interposição de ação popular, ocorre a condenação para reparação do patrimônio público atingido pelo ato impugnado. (...) REsp 258.122-PR, Rel. Min. João Otávio de Noronha, julgado em 27/2/2007 (Informativo nº 311 do STJ – grifos nossos)".

Já **o litisconsórcio simples é aquele em que a decisão poderá ser dada de forma diversa para cada um dos litisconsortes presentes na lide**, ou seja, não há uniformidade de tratamento na sentença, em relação aos litisconsortes. Um claro exemplo de litisconsórcio simples seria a demanda proposta contra o fiador e o devedor principal. A sentença, ao final da demanda, poderia condenar o devedor principal ao pagamento do débito e, ao mesmo tempo, exonerar o fiador, por alguma das causas legais.

Como esse assunto foi obrado em provas de concursos

Ano: 2018 – Banca: FGV – Órgão: TJ-SC – Prova: FGV – 2018 – TJ-SC – Oficial da Infância e Juventude. Tendo apurado que uma criança de 5 anos de idade vem sendo vítima de crimes sexuais reiteradamente praticados pelo pai, e que, por sua vez, a mãe havia abandonado o lar, o Ministério Público ajuizou ação de perda do poder familiar em face de ambos os genitores. Nesse caso, está-se diante de um litisconsórcio: passivo, facultativo e simples. (correto).

3. VÍCIOS DA SENTENÇA PELA AUSÊNCIA DE LITISCONSORTES

O CPC atual dirimiu uma polêmica doutrinária em relação à legislação anterior, sobre eventual vício da sentença por ausência de citação dos litisconsortes. O fato é que a legislação de 2015, no art. 115, dividiu os efeitos em relação ao litisconsórcio unitário e o litisconsórcio simples.

Em relação ao unitário, reconhecida a ausência de citação de litisconsorte (art. 115, I, CPC), **a sentença não produzirá qualquer efeito, nem em relação ao litisconsorte não citado, nem entre as partes**. Ou seja, não possui qualquer efeito prático. Assim, a decisão é totalmente nula.

Já em relação ao litisconsórcio simples, ou seja, que permite diferentes soluções a cada um dos litisconsortes, **a decisão será ineficaz em relação àqueles que não foram integrados ao processo,** mas sendo perfeitamente válida entre os litigantes que participaram da relação jurídica (art. 115, II, CPC).

4. RELAÇÃO ENTRE OS LITISCONSORTES

A relação entre os litisconsortes varia, de acordo com a natureza, se simples ou unitário. **No simples, os litisconsortes são considerados como partes autônomas entre si,** podendo realizar livremente atos de disposição de direito material e processual sem a concordância dos demais envolvidos, podendo, inclusive, realizar o andamento processual sem a interferência dos demais (art. 118, CPC).

Já o litisconsórcio unitário, pela própria natureza e resultado homogêneo da sentença, não tem como conseguir essa total independência de relações. Dessa forma, nos termos do art. 117 do CPC, **determina que os atos e omissões de uns não prejudicarão os outros, mas poderão beneficiar.**

Como esse assunto foi cobrado em provas de concursos

Ano: 2018 – Banca: FEPESE – Órgão: PGE-SC – Prova: FEPESE – 2018 – PGE-SC – Procurador do Estado. Quanto ao litisconsórcio, é correto afirmar: No litisconsórcio simples, os atos e omissões de um prejudicarão os demais, e nem será possível qualquer benefício. (incorreto).

5. EFEITOS DO LITISCONSÓRCIO

A relação processual com a presença de litisconsortes possui algumas consequências. A seguir veremos esses efeitos, os quais se operam em relação aos prazos, em relação à contestação e à apresentação recursal.

5.1. Prazos

Nos termos do art. 229 do CPC, **há a possibilidade de prazo dobrado com a presença de litisconsortes em juízo**. Assim, é possível que os litisconsortes possuam o prazo diferenciado para a prática dos atos processuais. Entretanto, os requisitos impostos pelo CPC de 2015 são muito mais restritivos do que aqueles existentes na legislação anterior.

Em primeiro lugar, **somente há a possibilidade de prazo dobrado aos litisconsortes em processos em autos físicos!** Não há qualquer possibilidade de prazo dobrado em autos eletrônicos! Isso é muito importante, podendo ser cobrado em diversas bancas!

Ainda, os litisconsortes devem estar representados por diferentes advogados, **vinculados a escritórios de advocacia diversos.** Caso os procuradores pertençam a uma mesma banca, o escopo do prazo em dobro desaparece, pois ambos terão vista dos autos ao mesmo tempo. Assim, somente os litisconsortes que tiverem diferentes procuradores, vinculados a escritórios de advocacia diferentes, em autos físicos, possuem prazo dobrado para a manifestação processual.

5.2. Aproveitamento da contestação

Em relação à contestação, **a defesa apresentada por um dos litisconsortes aproveita a todos, conforme art. 345, I, CPC**. Assim, havendo pluralidade de réus, quando um deles contesta, evita-se o principal efeito da revelia, que é a presunção de veracidade dos fatos articulados na inicial. Entretanto, tratando-se de litisconsórcio simples, a contestação de um só aproveita aos demais se as matérias alegadas forem comuns.

5.3. Efeito expansivo recursal

Em relação aos recursos, o art. 1.005 do CPC estabeleceu que **o recurso interposto por um dos litisconsortes aproveita a todos,** naquelas matérias que lhes forem comuns. Em outras palavras, havendo comunhão de interesses entre os litisconsortes, o recurso interposto por um deles aproveitará a todos os demais. Havendo diferentes interesses entre eles, todavia, não haverá qualquer aproveitamento. A doutrina costuma chamar esse efeito de "efeito expansivo" recursal. Assim, conforme leciona Daniel Assumpção:

> "Será gerado o efeito expansivo sempre que o julgamento do recurso ensejar decisão mais abrangente do que a matéria impugnada – ou ainda quando atingir sujeitos que não participaram como partes no recurso, apesar de serem partes na demanda". (NEVES, 2018. P. 1.575).

Ainda sob a égide do CPC passado, o Superior Tribunal de Justiça (STJ) emanou um entendimento de que **o efeito extensivo recursal não se aplicaria a qualquer litisconsórcio, mas tão somente ao de natureza unitária**. Entendeu o tribunal que o recurso, em regra, e ainda na situação do litisconsórcio, somente se aproveita ao recorrente. Confira-se:

> **"O recurso produz efeitos somente ao litisconsorte que recorre, ressalvadas as hipóteses de litisconsórcio unitário.** Precedentes: AgRg no REsp 770.326-BA, DJe 27/9/2010; REsp 827.935-DF, DJe 27/8/2008; REsp 209.336-SP, DJ 26/3/2007; REsp 411.563-PR, DJ 10/5/2004 (AgRg no REsp. nº 908.763-TO, rel. Min. Ricardo Villas Bôas Cueva, julgado em 18.10.2012 – grifos nossos)".

Assim, apesar de o texto legal não apresentar qualquer ressalva em relação à espécie de litisconsórcio, o STJ possui o entendimento acima exposto.

RESUMO

LITISCONSÓRCIO
1. Introdução
2. Classificação do litisconsórcio
Pode ser classificado em relação ao polo: ativo, passivo e misto. Pode ser classificado em relação à obrigatoriedade: facultativo ou necessário. O litisconsórcio facultativo, e tão somente ele, pode ser limitado pelo juiz, a pedido da parte ou mesmo de ofício. Quando pedido pela parte, a solicitação interrompe o prazo para defesa. Ou classificado em relação aos efeitos da sentença: unitário ou simples.
3. Vícios da sentença pela ausência de litisconsortes
Caso a ausência seja em um litisconsórcio unitário, a sentença não produzirá qualquer efeito. Tratando-se de litisconsórcio simples, a sentença somente será ineficaz em relação àqueles que não participaram da relação processual.
4. Relação entre os litisconsortes
No litisconsórcio simples, a relação entre as partes é de total independência. No unitário, os atos e omissões não prejudicam os outros litigantes, mas podem beneficiar.
5. Efeitos do litisconsórcio
5.1. Prazos
Nos termos do art. 229 do CPC, havendo a implementação de todas aquelas condições, os litisconsortes terão prazo dobrado para manifestação processual.
5.2. Aproveitamento da contestação
Nos termos do art. 345, I, CPC, a contestação apresentada por um dos litisconsortes a todos aproveita.
5.3. Efeito recursal
Também, a contestação apresentada por um dos litisconsortes a todos aproveita, salvo se seus interesses forem distintos.

GABARITO

1	D	2	A	3	Errado	4	E	5	D
6	B	7	C	8	D	9	B	10	B

CAPÍTULO 13

INTERVENÇÃO DE TERCEIROS

RECADO

Caro (a) Leitor (a),

Dada a novidade de duas intervenções de terceiros em relação à legislação anterior, o tema tem sido objeto de muita cobrança. As partes relativas à intervenção à título de "amicus curiae" e a desconsideração da personalidade jurídica devem ser estudadas com atenção.

Além disso, as formas tradicionais, como a assistência e denunciação da lide não deixaram de ser cobradas.

Bons estudos!

QUESTÕES

1. (2019 – FCC – TRF – 4ª REGIÃO – Analista Judiciário) Tereza ajuizou ação de indenização contra a empresa "XPTO Comércio de Produtos de Informática Ltda.". Ainda na fase instrutória do processo, requereu a instauração de incidente de desconsideração da personalidade jurídica. Nesse caso, o juiz deverá

A) indeferir liminarmente o pedido, pois a instauração de incidente de desconsideração da personalidade jurídica só é cabível na fase de cumprimento de sentença.

B) deferir o pedido, suspendendo o processo, desde que o requerimento tenha demonstrado o preenchimento dos pressupostos legais específicos para a desconsideração da personalidade jurídica.

C) indeferir liminarmente o pedido, pois, na fase de conhecimento, a desconsideração da personalidade jurídica deve ser necessariamente requerida na petição inicial, dispensando a instauração do incidente.

D) deferir o pedido, sem suspender o processo, desde que o requerimento tenha demonstrado o preenchimento dos pressupostos legais específicos para a desconsideração da personalidade jurídica.

E) deferir o pedido, mas somente se ficar demonstrado perigo da demora, por risco de dilapidação de bens, que justifique a instauração do incidente antes da fase de cumprimento de sentença.

2. **(2019 – FCC – TRF – 4ª REGIÃO – Oficial de Justiça avaliador)** De acordo com o Código de Processo Civil, o *amicus curiae* será nomeado pelo juiz para atuar como assistente de qualquer das partes, desde que hipossuficientes, em causas para cuja solução seja necessário conhecimento técnico especializado.

B) intervirá no processo independentemente de prévia admissão pelo juiz, devendo restringir suas manifestações a matérias de ordem pública.

C) será nomeado pelo juiz para atuar como assistente do autor da ação popular ou da ação civil pública, desde que hipossuficiente, em causas com relevância social de caráter nacional.

D) será, necessariamente, pessoa natural.

E) pode recorrer da decisão que julgar o incidente de resolução de demandas repetitivas.

3. **(2019 – CESPE – PGM – Campo Grande – MS - Procurador Municipal)** Acerca de intervenção de terceiros, julgue o item seguinte. É admissível que Joana solicite o seu ingresso no processo como assistente, independentemente do procedimento ou do grau de jurisdição no qual esteja tramitando o processo, desde que demonstre seu interesse jurídico em que a sentença seja favorável à Maria.

Certo

Errado

4. **(2018 – VUNESP - Prefeitura de Pontal – SP - Procurador)** Assinale a hipótese de intervenção de terceiros, a qual deixou de existir no Código de Processo Civil vigente.

A) Litisconsórcio.

B) Chamamento ao processo.

C) Denunciação à lide.

D) Nomeação à autoria.

E) Assistência.

5. **(2019 – Instituto Consulplan – TJ-CE - Juiz Leigo)** Considere a assertiva: "O incidente de desconsideração da personalidade jurídica é cabível em todas as fases do processo de conhecimento, no cumprimento de sentença e na execução fundada em título executivo extrajudicial". Nos termos do que dispõe o Código de Processo Civil, no título sobre intervenção de terceiros, a assertiva é:

A) VERDADEIRA, correspondendo a dispositivo expresso no Código de Processo Civil.
B) FALSA, pois a desconsideração não é cabível na fase de cumprimento de sentença.
C) VERDADEIRA, correspondendo a dispositivo apenas implícito no Código de Processo Civil.
D) FALSA, pois a desconsideração não é cabível na execução fundada em título executivo extrajudicial.

6. **(2018 – Quadrix – CREF – 13ª Região (BA-SE) – Analista Advogado)** À luz do Código de Processo Civil, julgue o item subsequente quanto à intervenção de terceiros. Suponha-se que, nos autos de um determinado processo, Carlos ingresse como assistente simples de Moisés e, após a prolação de sentença de improcedência de seu pedido, Moisés, de forma expressa, renuncie a seu direito de recorrer. Nesse caso, Carlos poderá interpor recurso para manifestar sua própria irresignação à manifestação judicial.

Certo

Errado

7. **(2019 – CESPE – TJ-DFT - Titular de serviços de notas e registros)** Júlio, fiador de Vicente no contrato de aluguel de um imóvel, em certo dia recebeu citação por estar sendo demandado em processo referente ao bem resguardado pela fiança. Ao perceber que Vicente, como devedor principal não compunha o polo passivo da ação, Júlio procurou um advogado para incluir Vicente na demanda. Nesse caso, o procurador de Júlio deverá fazer um pedido de

A) denunciação da lide.
B) assistência simples.
C) assistência litisconsorcial.
D) chamamento ao processo.
E) *amicus curiae*.

8. **(2018 – Planexcon – Câmara de Bofete – SP - Procurador Jurídico)** O novo Código de Processo Civil – Lei nº 13.105, de 16 de março de 2015 – disciplinou de forma expressa o instituto da desconsideração de personalidade jurídica. Nesse contexto, analise as assertivas abaixo e assinale V para a verdadeira e F para a falsa:

( ) O incidente de desconsideração é cabível no cumprimento de sentença e na execução fundada em título executivo extrajudicial, exceto nas fases do processo de conhecimento.

( ) A instauração do incidente é dispensada caso a desconsideração da personalidade jurídica seja requerida na petição inicial, hipótese em que será citado o sócio ou a pessoa jurídica.

( ) Os pressupostos da desconsideração da personalidade jurídica encontram-se previstos em legislação específica, em especial no Código Civil e no Código de Defesa do Consumidor.

( ) Cabe agravo de instrumento da decisão interlocutória que decide o pedido de desconsideração da personalidade jurídica.

As afirmativas são, respectivamente, de cima para baixo:

A) V- F- V- V.

B) F- F- V- V.

C) V- F- V- F.

D) F- V- V- V.

E) V- V- V- V.

9. **(2019 – CESPE – MPE-PI - Promotor de Justiça Substituto)** Elder e César firmaram contrato de locação de imóvel residencial urbano, na qualidade, respectivamente, de locador e locatário. Em seguida, o imóvel foi legitimamente sublocado por César para Roberto. Meses depois, em razão de suposta prática de um ilícito contratual, Elder ajuizou ação de despejo contra César. Nessa situação hipotética, o ingresso voluntário de Roberto no processo para defesa de seus interesses

A) dependerá de autorização prévia das partes principais e ocorrerá por meio de chamamento ao processo.

B) deverá ser feito na qualidade de assistente litisconsorcial do locatário.

C) somente poderá ser realizado até o momento do saneamento do processo.

D) é expressamente vedado segundo regra prevista na lei que regulamenta a locação de imóveis urbanos.

E) não obsta que a parte principal reconheça a procedência do pedido da ação de despejo.

10. **(2019 – MPE-PR – Promotor de Justiça Substituto)** Sobre a disciplina da intervenção de terceiros no Código de Processo Civil de 2015, assinale a alternativa correta:

A) A admissão de assistente simples, pelo juízo, impede a transação sobre direitos controvertidos pelas partes.

B) A decisão que admite o amicus curie no feito é irrecorrível.

C) O Código de Processo Civil admite denunciações da lide sucessivas, hipótese que só encontra limites pelo número excessivo de partes.

D) O chamamento ao processo é hipótese de intervenção de terceiros que pode ser promovida tanto pelo autor quanto pelo réu.

E) Não pode o Ministério Público requerer a desconsideração da personalidade jurídica, ainda que o caso imponha sua atuação.

1. INTRODUÇÃO

A demanda estabiliza-se com o ingresso do réu, citado validamente, no processo civil. Assim é que a configuração mínima da demanda processual dá-se entre autor, réu e juiz. Essa configuração mínima forma o que a doutrina costuma chamar de partes na demanda. (NEVES, 2018. P. 137).

Entretanto, o processo civil brasileiro admite **formas secundárias de ingresso no processo,** depois da estabilização mínima da demanda. Esse ingresso processual posterior, de sujeito que inicialmente não era parte, **é chamado de intervenção de terceiros.**

A intervenção do terceiro no processo pode se dar de duas formas. Ou o seu **ingresso no processo é espontâneo**, sem que qualquer das partes o convide – intervenção de terceiros voluntária – **ou esse ingresso é provocado por uma das partes originárias do processo (autor ou réu).** Neste caso, estaremos diante da intervenção de terceiros provocada. As formas reconhecidas de intervenção de terceiros no CPC são a assistência, o chamamento ao processo, a denunciação da lide, o incidente de desconsideração da personalidade jurídica, e o *amicus curiae.*

São exemplos de intervenção de terceiros voluntária a assistência e o *amicus curiae*. Por outro lado, é provocada a intervenção de terceiros por meio do chamamento ao processo, da denunciação da lide e do incidente de desconsideração da personalidade jurídica. Há uma outra espécie de intervenção de terceiros que não está prevista no capítulo próprio destinado ao instituto. **Cuida-se do recurso de terceiro prejudicado.** Nos termos do art. 996 do Código de Processo Civil (CPC), o terceiro prejudicado possui a possibilidade de manejar o recurso em processo que não é parte.

2. ASSISTÊNCIA

A assistência é uma modalidade de intervenção de terceiros em que uma parte, estranha à relação jurídica originária, ingressa em juízo, para auxiliar uma das partes, visando a obtenção de uma decisão judicial favorável ao assistido (art. 119, CPC). **A assistência pressupõe interesse jurídico na causa. Este interesse difere-se do interesse meramente econômico ou moral.**

Interesse jurídico poderá se manifestar em dois casos: a) quando o assistente demonstrar que a sentença influenciará em uma relação jurídica entre ele e o assistido – interesse mediato ou reflexo; b) ou quando o assistido demonstrar que a sentença influenciará diretamente em uma relação entre o adversário do assistido e o assistente – interesse direto ou imediato.

Como esse assunto foi cobrado em provas de concursos

2018 – IESES – TJ-AM – Titular de serviços de notas e registros. Pendendo causa entre 2 (duas) ou mais pessoas, o terceiro juridicamente interessado em que a sentença seja favorável a uma delas poderá intervir no processo para assisti-la. A este instituto do direito civil damos o nome de: Assistência (correto).

2.1. Modalidades – simples e litisconsorcial

A primeira espécie de assistência **é chamada de assistência simples**, também chamada de assistência adesiva.

O interesse reflexo ou mediato, acima mencionado, dá ensejo à assistência simples, na qual o assistente possui uma relação e uma atuação processual totalmente subordinadas ao assistido. **O assistente, nesses casos, não poderá praticar atos que contrariem os interesses do assistido**, mas somente atos que o beneficiem ou que vão ao encontro de seus interesses. Neste sentido, caso o assistido manifeste o interesse processual em um sentido, o assistente não poderá praticar ato processual incompatível.

Um exemplo poderá mostrar melhor a questão: o assistido requer o julgamento antecipado da lide. O assistente, neste caso, não poderá requerer a produção probatória, pois ela é contrária aos interesses do assistido.

Sendo a atuação subordinada, **o assistido poderá praticar todos os atos de disposição de direito, os quais vincularão o assistente (art. 122, CPC).** Havendo revelia do assistido, o assistente será seu substituto processual (art. 121, parágrafo único, do CPC).

O interesse jurídico direto ou imediato dá ensejo à assistência litisconsorcial (art. 124, CPC). Ou seja, quando no processo a discussão dá-se em relação a objeto processual que o assistente será diretamente influenciado, a assistência é litisconsorcial.

Assim, para a caracterização da assistência do art. 124 do CPC, **o assistente deve ser titular do direito disputado na lide.** Um bom exemplo é a alienação da coisa litigiosa, prevista no art. 109, § 2º, do CPC. Quando a coisa litigiosa é alienada, a outra parte deverá concordar com a substituição do polo passivo da demanda, para que ingresse o comprador. Se ele não concordar, o comprador permanece de fora da demanda, mas poderá intervir a título de assistente litisconsorcial.

A atuação do assistente litisconsorcial tem a mesma autonomia do litisconsorte. Neste caso, portanto, a sua atuação não será subordinada, mas autônoma, já que os litisconsortes são considerados partes autônomas em relação ao adversário. Assim, todas as considerações feitas em relação ao litisconsorte unitário são aplicáveis ao assistente litisconsorcial.

2.2. Efeitos da sentença em relação ao assistente

Nos termos do art. 123 do CPC, o assistente não poderá discutir a justiça da decisão. Na verdade, por "justiça da decisão" entende-se que o assistente não pode mais questionar os fatos e fundamentos jurídicos fixados pela sentença. Em eventual demanda ulterior, **o assistente não pode insurgir-se contra o que ficou fixado na demanda originária**.

Entretanto, de acordo com os incisos do mesmo dispositivo, o assistente **não terá este efeito peculiar da coisa julgada em duas situações:** em primeiro lugar, não sofrerá os efeitos da imutabilidade se intervir no processo em um estágio que não possa produzir as provas e as alegações necessárias para influenciar na sentença, ou mesmo se foi impedido de produzir provas pelos atos do assistido (inciso I). Também, não sofrerá esta influência todas as vezes que desconheça provas que o assistido, por dolo ou culpa, ocultou (inciso II).

2.3. Procedimento

Inicialmente, cumpre mencionar, nos termos do art. 119, parágrafo único, do CPC, que **não existe momento preclusivo para realizar a assistência**. Da mesma maneira, não existe limitação inicial, quanto à espécie de procedimento e a admissão da intervenção.

Uma questão bastante cobrada em concursos públicos é sobre a possibilidade de atuação retroativa do assistente. Assim, a atuação do terceiro lhe permitiria praticar atos pretéritos processuais? A resposta é negativa. Costuma-se dizer que o assistente comparece ao processo de forma *ex nunc*, ou seja, **sem a possibilidade de praticar atos pretéritos, realizados antes de seu comparecimento processual.**

Após o pedido de intervenção, que é feito por simples petição nos autos, o juiz ouvirá a parte contrária no prazo de 15 dias. Não havendo impugnação, se não for o caso de rejeição liminar, admitirá a intervenção. Caso alguma das partes presentes no processo faça a arguição de ausência de interesse, o juiz decidirá, por meio de decisão interlocutória agravável (art. 1.015, IX CPC).

3. DENUNCIAÇÃO DA LIDE

A denunciação da lide é a intervenção de terceiros prevista no art. 125 e nos artigos seguintes do CPC. **Essa forma de intervenção é sempre provocada**

por uma das partes do processo e visa o exercício do direito de regresso do réu (ou do autor, em alguns casos), contra o terceiro que fora denunciado.

A doutrina (DIDIER, 2017. P. 555) estabelece que a denunciação da lide possui natureza jurídica de ação, a qual, por economia processual, pode ser realizada em uma demanda já instaurada. **Trata-se de demanda incidente, eventual, regressiva e antecipada.**

Como esse assunto foi cobrado em provas de concursos públicos

2016 – FUNDEP – Prefeitura de São Lourenço/MG – Advogado. Analise o caso hipotético a seguir. Armando é motorista contratado da transportadora de cargas ABC Transportes Ltda. Ao transitar numa rodovia estadual em direção ao porto de Santos/SP, o citado motorista surpreendeu-se com a repentina aparição de Francisco José, que transitava em sua bicicleta pela rodovia e veio a colidir com o caminhão dirigido por Armando, o que lhe causou sérios danos físicos que geraram consideráveis despesas médicas no tratamento hospitalar e ambulatorial do transeunte. Sem condições de arcar com os custos do tratamento, Francisco José acionou judicialmente a transportadora ABC Transportes Ltda., requerendo-lhe indenização por danos materiais e morais em razão do acidente ocorrido. Independentemente da discussão acerca da culpa no acidente, o advogado da transportadora pretende, em contestação, acionar a seguradora Salve Seguros Ltda., que contratualmente torna-se responsável pela cobertura de eventuais danos provocados a terceiros pela transportadora em questão. Nesse caso, como a seguradora não figura originalmente como ré, o advogado deve utilizar-se do seguinte instituto: Denunciação da lide (correto).

3.1. Hipóteses de cabimento da denunciação da lide

A primeira hipótese de denunciação da lide é a do evicto, quando terceiro reivindica a coisa judicialmente (art. 125, I, do CPC).

Assim, caso o adquirente seja surpreendido por uma ação judicial em que um terceiro requer a coisa para si, denuncia a lide ao alienante, **para exercer o seu direito de regresso nos mesmos autos processuais que eventualmente perder a coisa**.

No CPC passado havia uma intensa discussão da obrigatoriedade ou não da denunciação da lide para o evicto exercer o direito de regresso. Assim, alguns autores traziam a necessidade de realizar a denunciação nos mesmos autos, sob pena de não se poder exercer o regresso, nem em ação autônoma. O Código de Processo Civil de 2015, endossando a jurisprudência do STJ (REsp 1.332.112-GO,

Rel. Min. Luis Felipe Salomão, julgado em 21/3/2013) rechaçou essa formalidade excessiva. Assim, pelo art. 125, § 1º, do CPC, caso a denunciação não seja realizada, o evicto poderá solicitar seu direito de regresso em autos próprios.

Já a segunda hipótese de denunciação da lide diz respeito **à denunciação daquele que está obrigado, pela lei ou pelo contrato, a garantir o ressarcimento dos prejuízos à parte vencida na relação processual**. Neste sentido, todas as vezes que a parte tiver alguém de quem possa buscar o ressarcimento dos prejuízos que terá no processo, poderá realizar a denunciação da lide, com base no art. 125, II, do CPC. Um clássico exemplo é aquele advindo da denunciação da lide à seguradora, em caso de acidente provocado pelo segurado. Ora, nesta situação a seguradora possui o dever de ressarcir seu cliente por eventuais prejuízos experimentados no acidente.

Há intensa discussão doutrinária sobre a extensão da possibilidade da denunciação com base neste dispositivo legal, **dividindo-se os autores entre aqueles que defendem a denunciação com base na garantia própria (concepção restritiva de denunciação), e aqueles que garantem a denunciação no caso de garantia imprópria (concepção ampliativa da denunciação).** Entre os principais adeptos da primeira corrente está o professor Vicente Greco Filho. Já, pela segunda corrente, encontramos como um dos principais adeptos o professor Cândido Rangel Dinamarco (DIDIER, 2017. P. 566).

Para aqueles que defendem a denunciação da lide somente nos casos de garantia própria, **o direito de regresso deve estar cristalino e incontroverso na lei ou no contrato.** Não se admite a discussão no processo sobre a existência ou não deste direito de regresso. Assim, a denunciação da lide não poderia causar uma ampliação objetiva da demanda. Para os que afiguram como garantia imprópria, admite-se a ampliação objetiva da lide, **permitindo-se ao magistrado realizar a cognição sobre a existência ou não do direito de regresso**.

O CPC de 2015 não trouxe qualquer previsão legislativa sobre o tema, de forma que podemos mencionar o posicionamento anterior do STJ sobre o assunto. Aquele tribunal entendeu que a denunciação da lide não pode causar uma ampliação objetiva da lide. **Assim, filiou-se o STJ à teoria que defende a possibilidade de denunciação da lide por garantia própria**. Veja-se:

> **"Não cabe a denunciação da lide prevista no art. 70, III, do CPC quando demandar a análise de fato diverso dos envolvidos na ação principal.** Conforme entendimento doutrinário e da jurisprudência do STJ, não é admissível a denunciação da lide embasada no art. 70, III, do CPC quando introduzir fundamento novo à causa, estranho ao processo principal, apto a provocar uma lide paralela, a exigir ampla dilação probatória, o que tumultuaria a lide originária,

> indo de encontro aos princípios da celeridade e economia processuais, que essa modalidade de intervenção de terceiros busca atender. Precedentes citados: EREsp 681.881/SP, Corte Especial, DJe 7/11/2011; AgRg no REsp 1.330.926/MA, Quarta Turma, DJe 21/11/2013; AgRg no Ag 1.213.458/MG, Segunda Turma, DJe 30/9/2010; REsp, 1.164.229/RJ, Terceira Turma, DJe 1º/9/2010 (REsp. nº 701.868/PR, rel. Min. Raul Araújo, julgado em 11.02.2014; Informativo nº 535)".

Mesmo que o CPC de 2015 não tenha trazido a solução para o problema, foi feita uma previsão legal bastante interessante, a qual possui reflexos na discussão acima. Nos termos do art. 125, § 1º, do CPC, todas as vezes que a denunciação não for admitida, ou for indeferida (como nos casos de garantia imprópria), **o interessado poderá exercer o seu direito de regresso por meio de ação autônoma.**

Assim, caso o magistrado entenda pela impossibilidade, tendo em vista a ampliação objetiva da discussão, **a parte poderá buscar o regresso por meio de ação própria.**

3.2. Denunciação da lide sucessiva

Questão interessante versa sobre a possibilidade de denunciações da lide sucessivas, em uma cadeia de alienações de um determinado bem. **Ao contrário da legislação passada, o CPC de 2015 limitou o número de denunciações sucessivas**. Pela leitura do art. 125, § 2º, o denunciado somente poderá realizar a denunciação uma única vez, ao seu alienante imediato. Este, por sua vez, somente poderá exercer seu direito pela via autônoma. Por exemplo:

João vende uma casa a Antônio. Antônio vende a Pedro, que a vende a Arnaldo. Após efetuar o registro do imóvel, Pedro vê-se como réu em uma ação de usucapião, em que um terceiro alega ser proprietário da casa pela ocorrência da prescrição aquisitiva. Para ver-se indenizado pela eventual evicção, Pedro denuncia Antônio à lide. Este, por sua vez, poderá denunciar João. João, no entanto, não poderá realizar uma nova denunciação, tendo em vista a limitação de denunciações sucessivas no CPC/2015.

3.3. Denunciação *per saltum*

A chamada "denunciação *per saltum*", prevista anteriormente no art. 456 do Código Civil (CC) de 2002, consistia na possibilidade de realizar a denunciação da lide a qualquer dos alienantes da cadeia de venda de um bem, e não necessariamente do alienante imediato ao evicto.

Assim, imaginemos a seguinte cadeia de venda de um determinado imóvel:

Aroldo $> Pedro $> Roberto $> Sávio $> Marcos.

Na situação acima, suponhamos que Marcos seja o evicto, que perca o bem em virtude de uma sentença judicial, em ação movida por terceiro. A denunciação *per saltum* permitiria que Marcos realizasse a intervenção a qualquer um dos demais vendedores, diretamente, e não somente a Sávio.

No entanto, essa espécie de denunciação não resta mais possível em nosso sistema. Nos termos do art. 125, I, do CPC, a denunciação realizada pelo evicto somente pode ser feita ao alienante imediato. Nestes termos, conclui-se que a redação do dispositivo aboliu a possibilidade da denunciação *per saltum*.

4. CHAMAMENTO AO PROCESSO

O chamamento ao processo é uma intervenção de terceiro coercitiva, pela qual o chamado não possui a faculdade de recusar a sua qualidade de parte. **Serve para integrar ao processo outros corresponsáveis pela obrigação discutida em juízo**, nos casos estabelecidos no art. 130 do CPC.

Portanto, é cabível o chamamento ao processo: a) do afiançado, na ação em que o fiador for réu; b) dos demais fiadores, na ação proposta contra um ou alguns deles; c) dos demais devedores solidários, quando o credor exigir de um ou de alguns o pagamento da dívida comum.

O chamamento ao processo será requerido em contestação, cabendo ao réu promover citação dos demais devedores, em um prazo de 30 dias, sob pena da intervenção não ser levada a cabo.

Ao final do processo, a sentença poderá estabelecer dois tipos de responsabilidades do chamado ao processo: na hipótese do art. 130, I, do CPC (item "a" acima mencionado), dará ao fiador o direito de cobrar a dívida em sua totalidade do devedor principal. Desta forma, tendo o fiador satisfeito a obrigação, caso realize o chamamento ao processo, poderá receber integralmente do principal devedor, como efeito da sentença.

Nas demais hipóteses (incisos II e III) **dará ao codevedor a possibilidade de cobrar as respectivas frações e percentuais dos coobrigados**, caso tenha satisfeito integralmente a dívida.

Como esse assunto foi cobrado em provas de concursos

2018 – FEPESE – PGE-SC – Procurador do Estado. Identifique abaixo as afirmativas verdadeiras (V) e as falsas (F) em relação à intervenção de terceiros. O chamamento ao processo é possível em processo de execução. (Falso)

5. INCIDENTE DE DESCONSIDERAÇÃO DA PERSONALIDADE JURÍDICA

Essa forma de intervenção é uma inovação no CPC/2015, porque até então não estava positivada no CPC/1973, apesar de já estar prevista no direito material (CC e Código de Defesa do Consumidor - CDC) e de estar amplamente presente na jurisprudência do Superior Tribunal de Justiça (STJ). **Trata-se da possibilidade de estender a obrigação contraída por uma determinada pessoa jurídica aos seus sócios ou diretores**. Ou, no caso de desconsideração inversa da personalidade jurídica, fazer com que a dívida dos sócios atinja o patrimônio empresarial.

Em verdade, até a legislação processual civil de 2015, somente havia regulamentação legal dos pressupostos materiais da desconsideração. Não existia, portanto, um procedimento adequado para a realização do ato.

É instituto que visa coibir o abuso de direito, relativamente à autonomia da pessoa jurídica frente às suas obrigações. Os pressupostos materiais para a sua concessão devem ser observados pela legislação específica. A lei processual regula, tão somente, o procedimento para que se efetive dentro da realidade processual.

Como esse assunto foi cobrado em provas de concursos públicos

2016 – TRT 4º Região Juiz do Trabalho Substituto. Assinale a assertiva incorreta sobre o incidente de desconsideração da personalidade jurídica. O incidente de desconsideração da personalidade jurídica não se aplica às hipóteses de desconsideração inversa, que consiste em imputar à pessoa jurídica a responsabilidade por obrigações de seus sócios, ante a existência de pressupostos legais a serem atendidos, a exemplo de fraude e abuso de direito. (incorreto).

5.1. Momento de requerimento

O art. 134 do CPC/2015, endossando mais uma vez o posicionamento do STJ, quando não existia qualquer previsão legal sobre o tema, estabeleceu que o incidente de desconsideração da personalidade jurídica pode ser instaurado a qualquer momento no processo, seja na fase de conhecimento (primeira instância ou instâncias recursais) ou mesmo na fase de cumprimento de sentença. **Assim, de início, não haveria momento preclusivo para sua instauração ou deferimento**.

Também é possível requerer a desconsideração em execução de título extrajudicial. Por exemplo, a execução de um cheque dispensa o procedimento prévio da fase de conhecimento. Se for verificado o ato de abuso de personalidade na execução de título executivo extrajudicial é possível pedir a desconsideração nessa fase processual, instaurando-se o respectivo incidente.

Em suma, o CPC/2015, acatando posicionamento anterior do STJ, deu ampla liberdade processual para a parte para requerer a desconsideração da personalidade jurídica, seja na fase de conhecimento, seja em cumprimento de sentença e até mesmo em execução de título extrajudicial.

Ainda, a desconsideração **pode ser requerida na petição inicial** quando verificados os pressupostos materiais para a desconsideração da personalidade jurídica no momento da propositura da ação. Desta forma, o autor já colocaria o principal devedor como réu na ação, e, também, mencionaria na inicial a possibilidade de desconsideração, incluindo os "desconsiderados" no polo passivo.

Interessante notar, e este fato pode surgir como alguma pegadinha de concurso, que, requerida a desconsideração na petição inicial, não há que se falar em incidente processual. A desconsideração somente pode ser considerada intervenção de terceiros, e por consequência um incidente, se for requerida durante o curso da relação processual. **Assim, nos termos do art. 134, § 2º, do CPC, havendo requerimento na inicial, dispensa-se a formação do incidente**.

Questão recentemente decidida pelo Superior Tribunal de Justiça é a desnecessidade de instauração do incidente de desconsideração na Execução Fiscal. A questão envolveu a discussão se no direcionamento da execução aos sócios haveria a necessidade do incidente, ou poderia ser feita sem a sua instauração. **O Tribunal decidiu pela sua desnecessidade**. Confira-se:

> "Execução fiscal. Redirecionamento. Sucessão de empresas. Grupo econômico de fato. Confusão patrimonial. Instauração de incidente de desconsideração da personalidade jurídica. Desnecessidade. REsp 1.786.311-PR, Rel. Min. Francisco Falcão, Segunda Turma, por unanimidade, julgado em 09/05/2019, DJe 14/05/2019".

5.2. Legitimidade para requerimento

Nos termos do art. 133 do CPC, possuem legitimidade para o requerimento do incidente **as partes e o Ministério Público.** Importante: O Juiz não possui legitimidade para instaurar a desconsideração de ofício!

5.3. Procedimento

Quando a desconsideração da personalidade jurídica é requerida **no curso do processo**, ocorre a **suspensão** do procedimento principal, para citação dos desconsiderados e instrução do incidente.

Após a sua instauração, os sujeitos da desconsideração são citados, para apresentarem contestação ao pedido, no prazo de 15 dias (art. 135, CPC). Na defesa apresentada, os requeridos deverão realizar, também, o pedido de provas, se eventualmente foram necessárias. Após a conclusão da instrução, o juiz resolverá o incidente por meio de decisão interlocutória (art. 136, CPC).

A decisão que resolve o incidente é desafiada mediante agravo de instrumento, nos termos do art. 1.015, IV, do CPC.

Há a possibilidade de instauração do incidente via decisão monocrática no tribunal. Nesta hipótese, a decisão do relator será desafiada mediante agravo interno, recurso que possui o seu procedimento nos arts. 1.021 e seguintes do CPC (art. 136, parágrafo único, do CPC).

a) Incidente de desconsideração e juizados especiais

Um dos princípios informadores dos juizados especiais é o da celeridade processual. Em respeito a esse princípio, o art. 10 da Lei nº 9.099/1995 estabelece que não será admitida qualquer forma de intervenção de terceiros no procedimento regulamentado por aquela lei. Esse texto legal, quando criado, foi pensado nas hipóteses de intervenção de terceiros que existiam no CPC/1973 (assistência, nomeação à autoria, chamamento ao processo, denunciação da lide, oposição). Não se cogitava, naquela ocasião, da criação da desconsideração. Daí por que o CPC/2015 resolveu operar uma correção quanto ao ponto. Do art. 1.062 do CPC/2015 **consta a expressa ressalva de que o incidente de desconsideração da personalidade jurídica é cabível nos Juizados Especiais Cíveis.**

Portanto, o art. 10 da Lei nº 9.099, de 1995, deve ser observado com ressalvas. Não são admitidas quaisquer outras formas de intervenção de terceiros, salvo a desconsideração, a qual é permitida pelo art. 1.062 do CPC.

5.4. Eficácia processual da desconsideração

O CPC/2015 traz uma norma interessante para fins de eficácia processual contra os desconsiderados. O art. 137 do CPC estabelece que, deferida a desconsideração da personalidade jurídica, **todos os atos de alienação patrimonial realizados pelos desconsiderados serão realizados em fraude à execução**. Assim, a princípio, uma vez considerada a desconsideração, deferida pelo magistrado, os atos de alienação seriam ineficazes em relação ao credor.

Existe um posicionamento doutrinário interessante sobre o art. 137 do CPC, feito pelo professor Humberto Theodoro Júnior (JÚNIOR, 2016). O professor ensina que a expressão "acolhido" deve ser entendida como "instaurado". Desta forma, instaurado o procedimento de desconsideração da personalidade jurídica, todas as onerações e alienações de bens feitas pelos sócios serão consideradas como fraude à execução. Portanto, uma vez instaurado o incidente, com a determinação de citação dos desconsiderados para apresentar contestação, **qualquer ato de alienação de bens posterior será considerado um ato em fraude à execução**.

A interpretação literal do art. 137 do CPC deixa a entender que somente após o julgamento do incidente é que os atos deverão ser considerados fraudulentos. Caso adotássemos essa premissa, entre a citação e o julgamento o devedor poderia livremente alienar seus bens, frustrando o objetivo da norma processual.

6. *AMICUS CURIAE*

Segundo o Professor Daniel Amorim Assumpção Neves, o *amicus curiae* é a possibilidade de "intervenção de um terceiro desinteressado em processo em trâmite com objetivo de contribuir com o juízo na formação de seu convencimento" (NEVES, 2017, p. 372).

Amicus curiae, em verdade, é uma instituição, pessoa física, pessoa jurídica ou organização interessada no tema de julgamento em juízo, mas não interessada propriamente no julgamento da causa. **Por isso, não se pode falar que a intervenção a título de *amicus curiae* tem natureza de assistência,** porquanto o assistente tem nítido interesse no julgamento da causa. O *amicus curiae* surge apenas para prestar informações e esclarecer o juízo sobre o objeto processual litigioso.

6.1. Legitimidade para intervenção

As bancas de concurso estão cobrando muito esse ponto!

Nos termos do art. 138 do CPC, poderá intervir como *amicus curiae* pessoa jurídica – empresa, associação ou ente público – assim como organização sem personalidade jurídica e também pessoa natural. **Isso porque a legitimidade para intervir no ordenamento jurídico brasileiro é ampla,** incumbindo ao magistrado estabelecer se aquele determinado ente, ou pessoa, possui a adequada representação para demonstrar o conhecimento sobre o objeto processual litigioso.

Assim, o ordenamento jurídico brasileiro adotou o controle judicial para intervenção a título de *amicus curiae*. O que conta, na verdade, não é o rol estabelecido neste artigo, mas, sim, se aquela pessoa, ente, organização ou associação natural ou jurídica que pretende intervir a título de *amicus curiae* **representa adequadamente os interesses que estão sendo disputados em juízo.**

Ressalte-se, ainda, que a determinação da intervenção pode ser feita de ofício pelo magistrado (art. 138, *caput*).

6.2. Momento do requerimento

Há uma falsa impressão de que a intervenção de *amicus curiae* só pode ser feita a partir de segunda instância ou mesmo nos tribunais superiores, porque a forma mais usual que conhecíamos até o CPC de 2015 era nos processos de controle objetivo da constitucionalidade. No CPC passado tivemos a previsão dessa espécie de intervenção nos recursos especiais repetitivos. Logo, se ficarmos apegados a essa concepção histórica do *amicus curiae*, essa falsa impressão persistirá.

O art. 138 faz menção a duas figuras judiciais: juiz (autoridade judiciária da primeira instância) e relator, mas não especifica se o relator será das instâncias ordinárias (Tribunal de Justiça – TJ e Tribunal Regional Federal – TRF) ou das instâncias extraordinárias (Supremo Tribunal Federal – STF ou STJ). **Desta forma, em qualquer grau de jurisdição é possível a intervenção.**

> **Atenção!** A decisão que admitir ou inadmitir a intervenção é irrecorrível! Não há previsão para irresignação contra o indeferimento da intervenção. O próprio CPC, em seu art. 138, dispõe que o juiz ou relator, **em decisão irrecorrível**, poderá admitir ou solicitar a intervenção a título de *amicus curiae* para se manifestar em 15 dias. A irrecorribilidade trata-se de uma exceção ao previsto no art. 1.015, IX do CPC, o qual prevê caber agravo de instrumento contra decisão que verse sobre a intervenção de terceiros.

6.3. Poderes do interveniente

As bancas de concurso apegam-se bastante à questão dos poderes do interveniente, ou, em outras palavras, quais são as possibilidades processuais do *amicus curiae*. **O CPC deixou a cargo do magistrado fixar a extensão da intervenção**. Assim, quem decidirá a possibilidade de sustentação oral, apresentação de memoriais ou quaisquer outras manifestações é o julgador, conforme art. 138, § 2º, CPC.

No entanto, de qualquer decisão judicial, o interveniente poderá apresentar embargos de declaração (ED), conforme o art. 138, § 1º, do CPC. A regra é que recursos para reformar ou anular eventuais decisões judiciais não estão ao alcance do interveniente salvo recursos contra a decisão que julgar o incidente de resolução de demandas repetitivas (IRDR), por expressa permissão do § 3º do art. 138.

Como esse assunto foi cobrado em provas de concursos públicos

2016 – MPE-SC – Promotor de Justiça Substituto**.** Nos termos do novo Código de Processo Civil, no que se refere a intervenção do amicus curiae, o juiz ou o relator, considerando a relevância da matéria, a especificidade do tema objeto da demanda ou a repercussão social da controvérsia, poderá, por decisão irrecorrível, de ofício ou a requerimento das partes ou de quem pretenda manifestar-se, solicitar ou admitir a participação de pessoa natural ou jurídica, órgão ou entidade especializada, com representatividade adequada.

RESUMO

Intervenção de terceiros
1. Introdução
2. Assistência
Trata-se de uma intervenção de terceiros em que a parte ingressante objetiva auxiliar um dos polos da relação jurídica, para obter sucesso na decisão.
2.1. Modalidades de assistência – simples e litisconsorcial
Pode ser simples ou litisconsorcial. A assistência simples, decorrente de um interesse mediato, possui atuação subordinada do assistente. No entanto, a assistência litisconsorcial, cujo interesse é direto ou imediato, possui atuação autônoma, como um litisconsorte.

3. Denunciação da lide

Trata-se de intervenção de terceiros para o ressarcimento de uma pretensão indenizatória ou mesmo pela evicção. O CPC de 2015 extinguiu a denunciação *per saltum*, bem como vedou as denunciações sucessivas eternas, limitando a somente uma delas. Caso não seja realizada a denunciação nos autos, direito de regresso pode ser exercido por ação autônoma.

3.1. Hipóteses de cabimento da denunciação da lide

As hipóteses de denunciação da lide encontram-se no art. 125 do CPC.

3.2. Denunciação da lide sucessiva

O CPC/2015 limitou as denunciações sucessivas. Nos termos do art. 125, § 2º, o denunciado somente poderá fazer uma denunciação, ao seu alienante imediato.

3.3. Denunciação da lide *per saltum*

O CPC/2015 aboliu a denunciação da lide *per saltum*.

4. Chamamento ao processo

É cabível nas seguintes situações: a) do afiançado, na ação em que o fiador for réu; b) dos demais fiadores, na ação proposta contra um ou alguns deles; c) dos demais devedores solidários, quando o credor exigir de um ou de alguns o pagamento da dívida comum.

5. Incidente de desconsideração da personalidade jurídica

É requerida pela parte, ou Ministério Público. Pode ser requerida a qualquer momento do processo, ou mesmo na inicial. Se feita na inicial, não gera o incidente processual.

5.1. Momento de requerimento

Pode ser requerida na inicial, ou posteriormente. O incidente somente será instaurado se requerido após a distribuição da demanda. A qualquer momento do processo pode ser realizado.

5.2. Legitimidade para requerimento

A parte ou o Ministério Público possuem legitimidade para requerer a desconsideração.

5.3. Procedimento

Após a instauração, suspende-se o curso do procedimento principal, os réus são citados para apresentarem defesa em 15 dias e especificarem as provas. O incidente é resolvido por decisão interlocutória em primeira instância, ou monocrática no tribunal.

5.4. Eficácia processual da desconsideração

Após a instauração da desconsideração, todos os atos de alienação patrimonial são considerados fraudulentos, nos termos do art. 137, CPC.

6. *Amicus curiae*
Qualquer indivíduo ou pessoa (natural ou jurídica) ou mesmo organização podem ser intervenientes. A decisão do juiz que admite é irrecorrível.
6.1. Legitimidade para a intervenção
O CPC/2015 adotou a ampla legitimidade. Qualquer pessoa, física, jurídica, associação, entre outras, que representar adequadamente os interesses em juízo poderá intervir a título de *amicus curiae*.
6.2. Momento do requerimento
A intervenção poderá ser instaurada tanto em primeira instância quanto nos tribunais.
6.3. Poderes do interveniente
O magistrado que deferir a intervenção fixará os poderes do interveniente. Lembre-se que o interveniente somente possui legitimidade recursal para os EDs e para a decisão que julga o IRDR.

GABARITO

1	B	2	E	3	Correto	4	D	5	A
6	Errado	7	D	8	D	9	E	10	B

CAPÍTULO 14

DO JUIZ E DOS AUXILIARES DA JUSTIÇA

RECADO

Caro (a) leitor (a),

No presente capítulo, os temas relativos à clausula geral de efetivação judicial (art. 139, IV do CPC) e as causas de impedimento e suspeição do juiz são extremamente cobradas em concursos. O Superior Tribunal de Justiça já tem alguns posicionamentos interessantes sobre o dispositivo legal mencionado, como se verá ao longo do texto.

Bons estudos!

QUESTÕES

1. (2016 – FCC – TRT – 20ª REGIÃO (SE) Oficial de Justiça Avaliador) Analise as proposições abaixo, acerca dos impedimentos e da suspeição:

I. Há impedimento quando o juiz promover ação contra a parte ou seu advogado.

II. Há impedimento quando o primo do juiz estiver postulando como advogado.

III. Há suspeição quando o juiz for amigo íntimo ou inimigo das partes ou seus advogados.

IV. Poderá o juiz declarar-se suspeito por motivo de foro íntimo, sem necessidade de declarar suas razões.

Está correto o que se afirma APENAS em

A) I, II e III.

B) III e IV.

C) I, III e IV.

D) I e II.

E) II e IV.

2. **(2017 -FCC – TRE-SP – Analista Judiciário – Área Judiciária)** Acerca dos impedimentos e suspeições do juiz, segundo o novo Código de Processo Civil, considere: I. Há suspeição do juiz quando promover ação contra a parte ou seu advogado. II. Há impedimento do juiz que for amigo íntimo ou inimigo de qualquer das partes ou de seus advogados. III. Há impedimento do juiz quando qualquer das partes for sua credora ou devedora, de seu cônjuge ou companheiro ou de parentes destes, em linha reta até o terceiro grau, inclusive. IV. Há impedimento do juiz no processo em que figure como parte cliente do escritório de advocacia de seu cônjuge, companheiro ou parente, consanguíneo ou afim, em linha reta ou colateral, até o terceiro grau, inclusive. V. Há suspeição do juiz interessado no julgamento do processo em favor de qualquer das partes. Está correto o que consta APENAS em

A) I e III.
B) I e II.
C) II e IV.
D) III e V.
E) IV e V.

3. **(2019 – CESPE – DPE-DF Defensor Público)** Acerca do pedido, da tutela provisória, da citação, da suspeição e dos recursos, julgue o item que se segue. O juiz deve suspender o processo se arguida suspeição de membro do Ministério Público em razão de amizade íntima deste com o réu; nesse caso, será lícita apenas a prática de atos processuais urgentes.

Certo

Errado

4. **(2016 – TRF – 4ª REGIÃO Juiz Federal Substituto)** Dadas as assertivas abaixo, assinale a alternativa correta.

Considerando as regras do Código de Processo Civil de 2015:

I. A suspeição e o impedimento devem ser suscitados em preliminar da contestação, e não por petição separada.
II. Há suspeição do juiz que for amigo íntimo ou inimigo do advogado de qualquer das partes.
III. O benefício da gratuidade da justiça pode ser concedido apenas parcialmente ou consistir na redução percentual das despesas processuais iniciais ou ainda no parcelamento dessas despesas e não afasta o dever de o beneficiário pagar as multas processuais que lhe sejam impostas.
IV. As espécies de intervenção de terceiros são a assistência, o chamamento ao processo, o incidente de desconsideração de personalidade jurídica e a oposição.

A) Estão corretas apenas as assertivas I e IV.
B) Estão corretas apenas as assertivas II e III.
C) Estão corretas apenas as assertivas I, II e III.

D) Estão corretas todas as assertivas.

E) Nenhuma assertiva está correta.

5. **(2017 – CONSULPLAN – TJ-MG Titular de serviços de notas e registros)** Com relação ao incidente de impedimento do juiz, avalie as seguintes proposições:

I. Há impedimento do juiz, sendo-lhe vedado exercer suas funções no processo de que conheceu em outro grau de jurisdição, tendo proferido decisão.

II. É vedada a criação de fato superveniente a fim de caracterizar impedimento do juiz.

III. No prazo de 15 (quinze) dias, a contar do conhecimento do fato, a parte alegará o impedimento em petição dirigida ao Presidente do Tribunal ao qual o juiz está vinculado.

IV. Aplicam-se os motivos do impedimento aos auxiliares da justiça. Está correto apenas o que se afirma em:

A) I, II e IV.

B) II, III e IV.

C) I, II e III.

D) I e III.

6. **(2016 – IDECAN – Câmara Municipal de Aracruz – ES – Procurador Legislativo)** Sobre os conciliadores e mediadores, assinale a afirmativa INCORRETA.

A) Admite-se a aplicação de técnicas negociais, com o objetivo de proporcionar ambiente favorável à autocomposição.

B) As partes podem escolher, de comum acordo, o conciliador, o mediador ou a câmara privada de conciliação e de mediação.

C) A mediação e a conciliação serão regidas conforme a livre autonomia dos interessados, exceto no que diz respeito à definição das regras procedimentais.

D) A conciliação e a mediação são informadas pelos princípios da independência, da imparcialidade, da autonomia da vontade, da confidencialidade, da oralidade, da informalidade e da decisão informada.

7. **(2019 – MPE-PR – Promotor Substituto)** Assinale a alternativa correta a respeito da conciliação e da mediação judicial, nos termos do Código de Processo Civil de 2015:

A) Como o Ministério Público tem a função de fiscal da ordem jurídica, a legislação não lhe impõe a busca pela conciliação nem pela mediação.

B) O princípio da confidencialidade da conciliação e da mediação não se estende para a tomada de decisão do magistrado, caso a tentativa de composição resulte infrutífera.

C) O conciliador atuará preferencialmente nos casos em que não houver vínculo anterior entre as partes e pode sugerir soluções para o litígio, sendo vedada a utilização de qualquer tipo de constrangimento ou intimidação para que as partes conciliem.

D) O Código de Processo restringe a atuação de um único conciliador ou mediador, por processo.

E) A conciliação é indicada para casos em que houver vínculo anterior entre as partes.

8. (2017 – CONSULPLAN – TJ-MG – Titular de serviços de notas e registros) Quanto aos institutos da conciliação e mediação, analise as afirmações seguintes:

I. A conciliação e a mediação são informadas pelos princípios da independência, da imparcialidade, da autonomia, da vontade, da oralidade e da informalidade.

II. As partes não podem escolher o conciliador ou o mediador, devendo sempre submeter-se àqueles cadastrados no tribunal.

III. Os conciliadores e mediadores judiciais cadastrados nos tribunais, se advogados, estarão impedidos de exercer a advocacia nos juízos em que desempenhem suas funções.

IV. O conciliador e o mediador ficam impedidos, pelo prazo de 1 (um) ano, contado do término da última audiência em que atuaram, de patrocinar qualquer das partes.

Está correto o que se afirma em:

A) I e II, apenas.

B) III e IV, apenas.

C) I, III e IV, apenas.

D) I, II, III e IV.

9. (2016 – FCC – DPE-ES – Defensor Público) Sobre conciliação e mediação, diante dos conceitos e regras do novo Código de Processo Civil:

A) No procedimento comum, o não comparecimento injustificado do réu à audiência de conciliação ou mediação gera a sua revelia e impõe o pagamento de multa.

B) A audiência prévia de conciliação ou mediação somente não será realizada se o autor ou o réu manifestarem, expressamente, desinteresse na composição consensual.

C) A conciliação seria o método mais adequado para a solução consensual para uma ação ajuizada como divórcio litigioso.

D) Na sua atuação, o mediador deverá sugerir soluções para o litígio, sendo vedada a utilização de qualquer tipo de constrangimento ou intimidação para que as partes conciliem.

E) O conciliador e o mediador, assim como os membros de suas equipes, não poderão depor acerca de fatos ou elementos oriundos da conciliação ou da mediação.

10. (2018 – FCC – DPE-AM – Defensor Público) A respeito da conciliação e da mediação, o atual Código de Processo Civil dispõe que

A) a audiência prévia de tentativa de autocomposição deve ser dispensada nos casos em que se discutam direitos indisponíveis, tais como as ações envolvendo investigação de paternidade, divórcio e alimentos.

B) a audiência de tentativa de conciliação ou de mediação pode ser dispensada mediante prévia manifestação de desinteresse de qualquer das partes quanto à solução consensual.

C) o conciliador pode servir como testemunha em relação às tratativas entre as partes litigantes presenciadas em sua atuação, desde que mantenha condição de imparcialidade.

D) as diferenças entre as espécies autocompositivas (conciliação e mediação) decorrem da diferença do papel do conciliador e do mediador, e da inexistência ou existência de relação prévia entre as partes envolvidas no litígio.

E) o não comparecimento injustificado do réu na audiência de tentativa de conciliação ou mediação acarretará na sua revelia e na sua condenação ao pagamento de multa.

O Poder Judiciário brasileiro é dividido em **federal**, com jurisdição nacional, e órgãos **estaduais**, com jurisdição em cada Estado-membro. O aparelho federal compreende, além da justiça civil, órgãos com jurisdição especial, como a justiça eleitoral, a militar e a trabalhista.

A Jurisdição comum se divide da seguinte forma: aparelho federal, que compreende os Tribunais Regionais Federais e os juízes federais, e aparelhos estaduais, que compreendem os tribunais e juízes de direito de cada unidade da Federação. Dentro de cada aparelho (estadual e federal), os juízes podem se situar no primeiro grau de jurisdição (juízes singulares: juízes de direito e juízes federais) ou no segundo grau de jurisdição (juízos coletivos: Tribunais de Justiça e Tribunais Regionais Federais).

No primeiro grau de jurisdição, os órgãos judiciários são monocráticos ou singulares (um juiz). Nos graus superiores, são coletivos ou colegiados (vários juízes), formando tribunais.

1. DO JUIZ

São requisitos de atuação do juiz: **Jurisdicionalidade:** estar investido no poder de jurisdição**; Competência:** atuar dentro das atribuições conferidas por lei; **Imparcialidade:** equidistância em relação às partes interessadas; **Independência:** aplicar o melhor entendimento ao caso, derivado da análise das provas dos autos e do direito aplicável à espécie e **Processualidade:** obediência à ordem processual.

Caro (a) leitor (a), é relevante destacar alguns dos **poderes e deveres** procedimentais do juiz, previstos no art. 139 do Código de Processo Civil (CPC):

Em primeiro lugar, de acordo com o art. 139, I do CPC, deverá o magistrado Assegurar às partes **igualdade de tratamento.** Não se deve esquecer, contudo, que a igualdade exigida pelo direito processual civil é a **material**. Assim, deve ser observado regime especial em favor de determinados litigantes por suas condições pessoais. Por exemplo: hipossuficientes econômicos.

Também, nos termos do art. 139, II do CPC, deverá o juiz **velar pela duração razoável do processo,** em conformidade com a garantia constitucional de duração razoável do processo (art. 5º, LXXVIII, da Constituição Federal - CF/1988).

Nos termos do art. 139, III, deverá **prevenir ou reprimir qualquer ato contrário à dignidade da justiça** e indeferir postulações meramente protelatórias. Lembre-se que o ato atentatório à dignidade da Justiça está presente em várias passagens da legislação processual civil. De forma mais abrangente, encontra-se no art. 77, IV e VI do CPC. Da mesma for, existem outras previsões esparsas. O que deve o juiz, portanto, é zelar pela boa-fé processual, instando os litigantes a evitarem atos e omissões que firam este dever, constante no art. 5º.

Conforme art. 139, IV do CPC, deve o magistrado **determinar todas as medidas indutivas, coercitivas, mandamentais ou sub-rogatórias necessárias para assegurar o cumprimento de ordem judicial**.

O magistrado emite decisões de caráter mandamental e seu descumprimento equivale à desobediência ou resistência à ordem legal de autoridade pública. O dispositivo em questão, previsto no art. 139, IV, do CPC, é chamado pelos autores de "cláusula geral de efetivação". (DIDIER, 2017. P. 102). Foi inserido no nosso ordenamento jurídico para dar maior efetividade à execução e reforçar a atipicidade dos meios executivos. Por meio deste dispositivo é possível ao magistrado **adotar posturas para o cumprimento de sua decisão que não se encontram tipificadas em lei.**

Sobre o tema, registre-se a posição do Professor Alexandre Freitas Câmara:

> "Estas medidas podem ser aplicadas seja qual for a natureza da obrigação, tanto no procedimento destinado ao cumprimento das sentenças como na execução fundada em título extrajudicial, mas são subsidiárias às medidas executivas típicas, e sua aplicação depende da observância do princípio do contraditório (FPPC, enunciado 12). Além disso, é preciso ter claro que a aplicação dessas medidas não pode ser vista como uma punição ao devedor inadimplente. **São elas mecanismos destinados a viabilizar a satisfação do direito do credor, e nada mais.** Por isso são inaceitáveis decisões que determinam a apreensão de passaporte do devedor (que ficaria, com isto, impedido de viajar a trabalho) ou a suspensão da inscrição do devedor no cadastro de pessoas físicas - CPF -, o que impediria o devedor de praticar atos corriqueiros no cotidiano das pessoas, como se inscrever em um concurso público ou fazer a declaração de imposto de renda. Estes são

exemplos de decisões que foram proferidas (de verdade) nos primeiros meses de vigência do CPC/2015, e que mostram a importância de serem bem fixados os limites – e os objetivos – do poder do juiz que está previsto no inciso IV do art. 139" (CÂMARA, 2017, p. 102)".

Recentemente, o Superior Tribunal de Justiça (STJ) **entendeu que se encontra possível a suspensão da CNH como forma de execução indireta no processo civil**, baseando-se no art. 139, IV, do CPC. Entretanto, na mesma decisão o tribunal entendeu que a apreensão do passaporte não pode ser realizada, tendo em vista que representa uma indevida restrição à liberdade do devedor, esbarrando em preceitos constitucionais. Confira-se:

> Nos termos da jurisprudência do STJ, o acautelamento de passaporte é medida que limita a liberdade de locomoção, que pode, no caso concreto, significar constrangimento ilegal e arbitrário, sendo o habeas corpus via processual adequada para essa análise.3. O CPC de 2015, em homenagem ao princípio do resultado na execução, inovou o ordenamento jurídico com a previsão, em seu art. 139, IV, de medidas executivas atípicas, tendentes à satisfação da obrigação exequenda, inclusive as de pagar quantia certa. (...) 11. A jurisprudência desta Corte Superior é no sentido de que a suspensão da Carteira Nacional de Habilitação não configura ameaça ao direito de ir e vir do titular, sendo, assim, inadequada a utilização do habeas corpus, impedindo seu conhecimento. É fato que a retenção desse documento tem potencial para causar embaraços consideráveis a qualquer pessoa e, a alguns determinados grupos, ainda de forma mais drástica, caso de profissionais, que tem na condução de veículos, a fonte de sustento. É fato também que, se detectada esta condição particular, no entanto, a possibilidade de impugnação da decisão é certa, todavia por via diversa do habeas corpus, porque sua razão não será a coação ilegal ou arbitrária ao direito de locomoção, mas inadequação de outra natureza (STJ, RHC nº 97.876/SP, Quarta Turma, rel. Min. Luis Felipe Salomão, j. 05.06.2018, *DJe* 09.08.2018).

É dever do magistrado, ainda, nos termos do art. 139, V do CPC, **promover, a qualquer tempo**, a autocomposição, preferencialmente com auxílio de conciliadores e mediadores judiciais. Ora, as normas fundamentais do processo civil, constantes nos artigos 1 a 12 do Código, estabelecem a prioridade de resolução dos conflitos pelos meios consensuais. Trata-se de dever não só do magistrado, mas de qualquer dos procuradores ou atores processuais. **Trata-se do sistema multiportas de resolução**, em substituição ao protagonismo da sentença jurisdicional traumática.

Nos termos do art. 139, VI do CPC, compete ao juiz **Dilatar os prazos processuais e alterar a ordem de produção dos meios de prova**, adequando-os às necessidades do conflito de modo a conferir maior efetividade à tutela do direito. Conforme parágrafo único, a dilatação do prazo somente pode ocorrer antes de encerrado o prazo regular previsto.

A questão da inversão dos meios de prova mostra-se extremamente interessante. Imagine que na instrução e julgamento o magistrado perceba que a prova pericial se mostre necessária ao desenrolar da lide. Ora, poderia ele definir de ofício a sua produção. Em tese, esse meio probatório deveria ser realizado antes da oitiva das testemunhas. Todavia, poderia o juiz, com base no dispositivo mencionado acima, por razões de celeridade e economia processual, e desde que não atente contra a ampla defesa e o contraditório, determinar a realização da oitiva das testemunhas – que já se encontram a postos – para depois produzir a prova pericial.

Também, compete ao juiz **Exercer o poder de polícia, requisitando, quando necessário, força policial**, além da segurança interna dos fóruns e tribunais. (139, VII, CPC). Pense-se o cumprimento de uma liminar possessória, em que seria necessário o apoio de força policial. Ou, ainda uma testemunha exaltada em audiência, em que sua contenção por meio do aparato de força estatal se fizesse necessário.

Determinar, **a qualquer tempo, o comparecimento pessoal das partes, para inquiri-las sobre os fatos da causa**, hipótese em que não incidirá a pena de confesso (139, VIII).O comparecimento pessoal das partes, após a solicitação do juiz constitui dever advindo da cooperação processual (art. 6º, CPC), em que quaisquer dos sujeitos que participem da relação processual devem cooperar para a decisão final. Assim, poderia o magistrado determinar o depoimento pessoal, por exemplo, a fim de elucidar melhor os fatos da demanda.

Determinar **o suprimento de pressupostos processuais e o saneamento de outros vícios processuais (art. 139, XIX).** Em verdade, o dispositivo em questão deverá ser aplicado em conjunto com o art. 317 do CPC, chamado de "princípio da primazia do mérito". Todas as vezes que o magistrado verificar uma irregularidade sanável no processo, deverá oportunizar a parte saneá-la, antes de proferir qualquer decisão terminativa. Chega-se a conclusão desse dever na combinação dos dois dispositivos legais mencionados neste parágrafo.

Quando se deparar com diversas demandas individuais repetitivas, oficiar o Ministério Público, a Defensoria Pública ou outros legitimados. (139, X, CPC). Trata-se de medida de grande interesse. As ações coletivas podem ser propostas tendo como fundamento os direitos individuais homogêneos, em que há repetição de demandas individuais, de forma massificada. A propositura de uma ação coletiva pelos legitimados é fator de otimização da jurisdição, permitindo, nos termos do art. 95 do CDC, a formação de uma decisão padrão, em que todos que estiverem na situação descrita no *decisium* poderão promover a execução do julgado.

Assim, ao perceber inúmeras demandas idênticas, deverá o juiz oficiar um dos órgãos legitimados, **para a propositura da ação coletiva correspondente.**

1.1. Causas de impedimento e suspeição

É imprescindível que seja cumprida a garantia de imparcialidade do juiz. Trata-se, inclusive de requisito de validade processual, ou, de acordo com a terminologia mais usual, de pressuposto de validade subjetivo do juiz. Por isso, o código fixa causas que o tornam impedido ou suspeito. São situações específicas, em que o juiz está impedido de atuar em casos concretos, por meio de uma posição que encontre em relação à demanda. O **impedimento** é mais grave, por isso, se presente, compromete a coisa julgada, sendo causa, inclusive, de ação rescisória. Já a **suspeição** não afeta a coisa julgada se não houver recusa do juiz pela parte.

A seguir, algumas características dos institutos, que auxiliarão nos estudos do tema. Confira-se:

IMPEDIMENTO	SUSPEIÇÃO
Causa absoluta de parcialidade.	Causa relativa de parcialidade.
Basta a ocorrência de uma das hipóteses legais.	É necessária a demonstração de que a hipótese implicou parcialidade.
Não está sujeito à preclusão.	Está sujeito à preclusão.

Atenção! É importante fixar as hipóteses de impedimento e suspeição do Código de Processo Civil de 2015. Geralmente as bancas cobram a matéria de forma literal, exigindo do candidato as situações de uma ou outra parcialidade. Vejamos:

a) Causas de impedimento do juiz (art. 144 do CPC)

O rol, neste caso, é taxativo. É vedado ao juiz exercer suas funções no processo:

Em que interveio como mandatário da parte, oficiou como perito, funcionou como membro do Ministério Público ou prestou depoimento como testemunha (art. 144, I, CPC). Suponha que determinado advogado, após longos períodos de estudos, é aprovado como juiz no Tribunal em que atua. Ora, em seus processos anteriores, em que postulou, não terá imparcialidade para discordar de seus argumentos. Portanto, encontra-se impedido.

De que conheceu em outro grau de jurisdição, tendo proferido decisão (art. 144, II, CPC). Imagine um magistrado que, após sentenciar vários feitos em primeiro grau, é promovido ao Desembargador ao Tribunal de Justiça. Ora, ao analisar uma de suas sentenças, não terá a necessária imparcialidade para promover eventual modificação do julgado.

Quando nele estiver postulando, como defensor público, advogado ou membro do Ministério Público, seu cônjuge ou companheiro, ou qualquer parente, consanguíneo ou afim, em linha reta ou colateral, até o terceiro grau, inclusive. Trata-se de situação interessante. Escritórios de Advocacia, ou mesmo membros da Defensoria Pública que possuem relação de parentesco com o magistrado, causam o impedimento (art. 144, III CPC).

> **Atenção! Nos termos do art. 144, § 1º, não é permitido mudar de advogado ou defensor apenas para provocar o impedimento.** O impedimento só está configurado se o juiz toma conhecimento da causa quando já há advogado, defensor ou membro do Ministério Público atuando. Visando retirar o juiz da causa, a parte constitui um de seus parentes elencados no dispositivo legal, para forçar a saída do magistrado no processo. Neste caso, se ficar evidenciado esse animus, o dispositivo legal veda o ato.

Quando for parte no processo ele próprio, seu cônjuge ou companheiro, ou parente, consanguíneo ou afim, em linha reta ou colateral, até o terceiro grau, inclusive. **A relação de parentesco com a parte impede a necessária imparcialidade do juiz. (art. 144, IV CPC)**

Quando for **sócio ou membro de direção ou de administração de pessoa jurídica parte no processo. (art. 144, V, CPC) e que figure como parte instituição de ensino com a qual tenha relação de emprego ou decorrente de contrato de prestação de serviços**. (art. 144, VII, CPC). A questão do magistério do juiz é extremamente interessante. É comum magistrados terem vínculos de emprego com instituições de ensino superior. É realmente posição desconfortável ao juiz julgar causas em que empregador ou tomador de serviços esteja relacionada. Portanto, é boa a colocação do CPC em restringir a atuação jurisdicional nestes casos.

Quando for herdeiro presuntivo, donatário ou empregador de qualquer das partes. (art. 144, VI, CPC). Imagine um juiz do trabalho realizando julgamento de reclamatória trabalhista de empregado a ele subordinado. Ou mesmo julgando determinada demanda executiva contra a parte realizou o legado, em testamento, de bem valioso a seu favor.

Em que figure como parte cliente do escritório de advocacia de seu cônjuge, companheiro ou parente, consanguíneo ou afim, em linha reta ou colateral, até o terceiro grau, inclusive, mesmo que patrocinado por advogado de outro escritório (art. 145, VIII) ou quando promover ação contra a parte ou seu advogado (art. 145, XIX, CPC).

b) Causas de suspeição do juiz (art. 145 do CPC)

Ocorre suspeição de parcialidade nos seguintes casos:

Quando o magistrado For amigo íntimo ou inimigo de qualquer das partes **ou de seus advogados.** (art. 145, I, CPC). Em relação ao CPC anterior, o dispositivo legal acrescentou a amizade íntima com advogado da parte, e não só com a própria parte. Segundo o professor Luiz Guilherme Marinoni, a amizade com o advogado deve ser significativa, a ponto de abalar as convicções do juiz em relação à causa. É dispositivo que deve ser verificado com bastante cuidado a ponto de, em comarcas de menor porte, inviabilizar a atividade do juiz. (MARINONI, 2017. P. 291)

Receber **presentes de pessoas que tiverem interesse na causa antes ou depois de iniciado o processo, aconselhar alguma das partes acerca do objeto da causa** ou subministrar **meios para atender às despesas do litígio**. (Art. 145, II, CPC).

Qualquer das **partes for sua credora ou devedora**, de seu cônjuge ou companheiro ou de parentes destes, em linha reta até o terceiro grau, inclusive. (art. 145, III, CPC), ou mesmo quando for **interessado no julgamento do processo em favor de qualquer das partes.** (art. 145, IV, CPC).

1.2. Procedimento de alegação e julgamento

Via de regra, é o juiz quem deve reconhecer, de ofício, o impedimento e a suspeição. Assim, sendo realizado este ato, deverá remeter os autos ao seu substituto processual, para que este realize a condução da causa e profira o julgamento final. **Se isso não ocorrer, é cabível que o incidente seja formulado pela parte.** Trataremos, agora, de como se dá esse procedimento.

Conforme art. 146 do CPC, no prazo de 15 dias, a contar do conhecimento do fato, a parte **formula o pedido de afastamento do juiz nos próprios autos**, indicando o motivo da recusa, dentre as hipóteses dos arts. 144 e 145 do CPC/2015. A petição pode ser instruída com documentos e rol de testemunhas. Interessante notar que na legislação processual passada, o impedimento e suspeição eram formulados por meio de exceção de parcialidade, peça processual atuada em apartado. Algumas questões de concursos indicam ao candidato a forma antiga de alegação, para que se incorra em erro. **É importante que se saiba que a formalidade anterior foi abandonada no CPC atual.**

Após a alegação, poderá o juiz, ainda, reconhecer a sua parcialidade nos autos e remeter ao substituto. Se isso não ocorrer, a petição ocasionará a Suspensão do processo. Confira-se o art. 313, do CPC, inciso III: **"Suspende-se o processo: (...) III – pela arguição de impedimento ou de suspeição."**

Como esse assunto foi cobrado em provas de concursos

2017 – IESES – TJ-RO – Titular de serviços de notas e registros. Suspende-se o processo, entre outras possibilidades, pela: I. Arguição de impedimento ou de suspeição. (Correto)

Após o peticionamento, poderão advir as seguintes posturas do magistrado:

a) Conforme afirmado anteriormente, se o juiz **reconhecer** o impedimento ou a suspeição remete os autos ao seu substituto legal.

b) Se o juiz **não** reconhecer o impedimento ou a suspeição **determina a autuação em apartado da petição** e, no prazo de 15 dias, **apresentará suas razões**, acompanhadas de documentos e de rol de testemunhas, se houver, **ordenando a remessa do incidente ao tribunal.** (art. 146, § 1º, CPC).

Assim, após as formalidades mencionadas acima, os Autos são remetidos ao tribunal, sem ouvir a parte contrária do processo principal.

c) **Ao chegar ao respectivo tribunal, será distribuído relator para o caso.** Este, ao receber os autos declara os efeitos em que recebe o incidente: **Sem efeito suspensivo:** o processo volta a correr na primeira instância. **Com efeito suspensivo:** o processo permanece suspenso até o julgamento do incidente. A é realizada pelo relator nos casos em que percebe que, de fato, a arguição poderá ser fundada e julgada procedente ao final. (art. 146, § 2º).

Interessante notar que entre a distribuição do incidente e a decisão do relator poderá haver a necessidade de pedido de alguma medida de urgência. Ora, nos termos dos artigos 294 e seguintes do CPC, a tutela de urgência poderá ser requerida de forma incidental no processo. Neste caso, quem teria a competência para analisá-la? Nos termos do art. 146, § 3º do CPC, **o substituto legal deverá apreciar a medida, enquanto não decidido o efeito pelo relator**.

d) Julgamento no tribunal: **Rejeição do incidente:** encerra-se o incidente. **Acolhimento do incidente:** será fixado o momento a partir do qual o juiz não poderia ter atuado. O tribunal decretará a nulidade dos atos do juiz, **se praticados quando já presente o motivo de impedimento ou de suspeição. (art. 146, §§ 5º e 6º, CPC).** Havendo manifesto impedimento ou suspeição (em que se pressupõe certo dolo do juiz), haverá a condenação do magistrado em custas processuais.

1.3. Aplicação das causas de parcialidade a outros atores processuais

Aplicam-se os motivos de impedimento e de suspeição ao membro do Ministério Público, aos auxiliares da justiça e aos demais sujeitos imparciais do processo (perito, intérprete, serventuário de justiça). Nesse caso, o pedido de impedimento ou suspeição deve ser arguido em petição fundamentada e instruída, na primeira oportunidade em que couber à parte falar nos autos. Nos termos do art. 148, § 1º do CPC, O incidente será processado em separado, **sem** suspensão do processo, ouvindo o arguido no prazo de 15 dias e facultando a produção de prova, quando necessária. Ao final, será julgado pelo juiz da causa.

Esse é um ponto de intensa cobrança pelas bancas. Geralmente, as provas indicam que somente ao juiz seriam aplicadas as situações de parcialidade contidas nos artigos 144 e 145 do CPC. Trata-se de afirmação errada, à vista do afirmado no parágrafo anterior.

Como esse assunto foi cobrando em provas de concursos públicos

2016 – FCC – TRT – 20ª REGIÃO (SE) – Analista Judiciário. Considere as proposições abaixo, acerca da prova pericial. I. O perito não está sujeito às causas de suspeição e impedimento, por não ser parte no processo. (incorreto).

2. RESPONSABILIDADE DO JUIZ POR DANOS PROCESSUAIS

Conforme art. 143 do CPC, O juiz responde civilmente pela indenização dos prejuízos que causar à parte, nos seguintes casos: a) Quando proceder com dolo ou fraude no exercício de suas funções. **Note-se que a atuação culposa do juiz (negligência, imprudência ou imperícia), não geram o dever de indenizar.**

b) Quando recusar, omitir ou retardar, sem justo motivo, providência que deva ordenar de ofício ou a requerimento da parte. **Nesse caso, a sanção só se aplica se o juiz não apreciou, no prazo de 10 dias, o requerimento da parte para determinar a providência.**

3. DO CONCILIADOR E MEDIADOR

A conciliação e a mediação **são formas preferenciais de solução de conflitos**, nos termos do art. 3º do CPC. Buscam a autocomposição entre as partes, por meio de um terceiro que intervém no processo negocial, retirando do Poder Judiciário a exclusividade na composição das lides. Ao terceiro não cabe resolver o problema, por meio de decisão traumática. Trata-se de tentativa de realizar o desfecho consensual do processo, em que as partes, por si só, cheguem a um bom termo.

3.1. Diferenças entre a conciliação e a mediação

Primeiramente, deve-se ter em mente que as duas figuras estudadas aqui possuem o mesmo objetivo, qual seja, fazer com que as partes cheguem à autocomposição. No entanto, o fato de terem o mesmo objetivo não fazem com que sejam iguais. As diferenças entre a conciliação e a mediação são importantes. **São técnicas distintas de obtenção de autocomposição.**

O **conciliador** tem uma participação mais ativa no processo de negociação, podendo inclusive sugerir soluções para o litígio. Já o **mediador** serve como veículo de comunicação entre os interessados, facilitando o diálogo entre eles, de modo que eles possam identificar, por si sós, soluções consensuais. (artigos 165, §§ 2º e 3º do CPC).

Em ambos os casos é vedada a utilização de qualquer tipo de constrangimento ou intimidação para que as partes realizem a autocomposição. Nos termos do art. 166 do CPC, um dos princípios basilares da conciliação e mediação é a autonomia da vontade.

3.2. Hipóteses de aplicação preferencial da conciliação e da mediação

A mediação e a conciliação podem ocorrer extrajudicialmente ou judicialmente, quando já existir o processo jurisdicional. Neste último caso, o mediador e o conciliador são auxiliares da justiça. O conciliador atua preferencialmente nos casos em que **não houver vínculo anterior** entre as partes, como em demanda advinda de acidente automobilístico.

Já o mediador atua preferencialmente nos casos em que **houver vínculo anterior** entre as partes, como nos conflitos societários e familiares. Imagine uma ação de regulamentação de convivência de filhos. Ora, nesta situação, as partes já possuem ligação anterior ao litígio, em que a relação entre elas já fora amistosa. Nesta hipótese, o mediador deverá ser preferencialmente recomendado ao caso.

3.3. Princípios atinentes a conciliação e mediação

Conforme o CPC, **a conciliação e a mediação são informadas pelos seguintes princípios, contidos no art. 166 do CPC**:

a) **Independência:** o mediador e o conciliador têm que atuar com liberdade, sem pressão interna ou externa, nem subordinação.

b) **Imparcialidade:** mediador e conciliador não podem ter qualquer espécie de interesse no conflito. São terceiros estranhos às partes e devem agir de forma imparcial.

c) **Autonomia da vontade:** o respeito à vontade das partes é fundamental, de modo que elas têm o poder de definir as regras do procedimento, a fim de atender suas necessidades.

d) **Confidencialidade:** o conciliador e o mediador, assim como os membros de suas equipes, não poderão divulgar ou depor acerca de fatos ou elementos oriundos da conciliação ou da mediação.

e) **Oralidade:** a comunicação deve se dar em linguagem simples e acessível, com contato pessoal e direto entre o mediador/conciliador e as partes.

f) **Informalidade:** os procedimentos não devem ser rígidos, podendo as partes estabelecerem as regras de acordo com o que melhor atenda seus interesses.

g) **Decisão informada:** as partes devem ser esclarecidas dos seus direitos, para chegar a uma composição livre e informada.

3.4. Deveres e impedimentos do conciliador e do mediador

As hipóteses de **impedimento e suspeição do juiz aplicam-se aos conciliadores e mediadores.** (art. 148, CPC).

> **Como esse assunto foi cobrado em provas de concursos públicos**
>
> 2018 – FCC – Órgão: PGE-AP – Prova: FCC – 2018 – PGE-AP – Procurador do Estado. Em relação à mediação e autocomposição de conflitos por não ter poder decisório, não se aplicam ao mediador as hipóteses legais de impedimento e suspeição do juiz. (incorreto)

Também, nos termos do art. 167, § 5º, do CPC: "Os conciliadores e mediadores judiciais cadastrados na forma do caput, se advogados, estarão impedidos de exercer a advocacia nos juízos em que desempenhem suas funções. "**Importante mencionar que a atividade não implica um impedimento total para a Advocacia**. Se determinado mediador atua perante o Tribunal de Justiça do Estado, poderá exercer a sua atividade advocatícia perante a Justiça Federal, por exemplo.

Ainda, nos termos do art. 172 do CPC, caso tenham participado de alguma sessão de tentativa de autocomposição, o conciliador e o mediador ficarão impedidos de representar, assessorar ou patrocinar as partes pelo prazo de um ano. Assim, **mesmo que em outo Tribunal, não há a possibilidade do patrocínio antes de completado o prazo de um ano**.

4. DOS AUXILIARES DA JUSTIÇA

Para a execução das suas funções, **o juiz conta com a colaboração de órgãos auxiliares.**

Nos termos do Art. 149, CPC: "São auxiliares da Justiça, além de outros cujas atribuições sejam determinadas pelas normas de organização judiciária, o escrivão, o chefe de secretaria, o oficial de justiça, o perito, o depositário, o administrador, o intérprete, o tradutor, o mediador, o conciliador judicial, o partidor, o distribuidor, o contabilista e o regulador de avarias".

Esse assunto pode ser tratado com bastante objetividade. A leitura dos dispositivos, com algumas observações, é o suficiente para o perfil de cobrança das bancas no tema.

4.1. Escrivão ou chefe de secretaria

É o encarregado em dar andamento ao processo. Incumbe a ele: (art. 152, CPC) a) redigir ofícios, mandados, cartas precatórias e demais atos; b) efetivar as ordens judiciais, realizar citações e intimações; c) comparecer às audiências ou designar servidor para substituí-lo; d) manter sob sua guarda e responsabilidade os autos; e) fornecer certidão de qualquer ato ou termo do processo, independentemente de despacho, observadas as disposições referentes ao segredo de justiça; f) praticar, de ofício, os atos meramente ordinatórios.

Como esse assunto foi cobrado em provas de concursos

2018 – VUNESP – TJ-SP – Escrevente judiciário. Legalmente, incumbe ao escrivão ou ao chefe de secretaria: efetuar avaliações, quando for o caso. (Incorreto)

4.2. Oficial de justiça

É **o servidor do juízo encarregado de cumprir os mandados, como citações, intimações, notificações, penhoras, sequestros, busca e apreensão, entre outros**. O art. 154 do CPC enumera algumas das tarefas dos oficiais. O art. 151 exige que em cada juízo exista, ao menos, um oficial de justiça.

No art. 154 temos o rol de atribuições do oficial de justiça, cuja finalidade principal é dar cumprimento às determinações do magistrado: a) Executar as ordens determinadas pelo magistrado, com devolução posterior do mandado, b) Auxiliar o magistrado no exercício do poder de polícia, c) Certificar proposta de conciliação.

Como esse assunto foi cobrado em provas de concursos

2017 – FCC – TRF – 5ª REGIÃO – Oficial de Justiça Avaliador. São incumbências do oficial de Justiça: azer pessoalmente prisões, bem como certificar, em mandado, proposta de autocomposição apresentada por qualquer das partes; no entanto, não lhe cabe redigir os mandados e as cartas precatórias, providência que incumbe ao escrivão ou ao chefe de secretaria. (correto).

4.3. Perito

É um auxiliar eventual que, por necessidade técnica, atua quando a prova do fato litigioso depender de conhecimento técnico ou científico. **A regra é que seja escolhido pelo juiz.**

4.4. Depositário e administrador

Depositário e administrador podem ser nomeados pelo juiz sempre que houver apreensão judicial de bens. **O depositário é encarregado pela guarda e conservação do bem, e o administrador, além da guarda e conservação, pratica atos de gestão.** Em contrapartida ao exercício dessa obrigação, será fixada pelo juiz uma remuneração.

4.5. Intérprete e tradutor

A nomeação de intérprete ou de tradutor no processo civil poderá ocorrer nos seguintes casos: para traduzir documento escrito em língua estrangeira; para traduzir depoimentos colhidos em língua estrangeira dos depoentes que não conhecerem o idioma nacional; para realizar interpretação simultânea dos depoimentos quando a parte ou a testemunha se comunique por intermédio de LIBRAS.

RESUMO

DO JUIZ E DOS AUXILIARES DA JUSTIÇA
1. Do juiz
Requisitos de atuação **Jurisdicionalidade:** estar investido no poder de jurisdição. **Competência:** atuar dentro das atribuições conferidas por lei. **Imparcialidade:** equidistância em relação às partes interessadas. **Independência, aplicando o melhor entendimento ao caso, e processualidade:** obediência à ordem processual.
1.1. Causas de impedimento e suspeição
As causas de impedimento e suspeição do magistrado encontram-se nos arts. 144 e 145 do CPC. No primeiro caso, estão as causas de impedimento, No segundo dispositivo, as de suspeição,

1.2. Procedimento de alegação e julgamento
A alegação de impedimento e suspeição é apresentada por petição, nos próprios autos. Com o reconhecimento do juiz, os autos são imediatamente enviados ao substituto.
1.3. Aplicação das causas de parcialidade a outros atores processuais
Aplicam-se os motivos de impedimento e de suspeição ao membro do Ministério Público, aos auxiliares da justiça e aos demais sujeitos imparciais do processo (perito, intérprete, serventuário de justiça).
2. Responsabilidade do juiz por danos processuais
Quando proceder com dolo ou fraude, ou mesmo quando retardar providência que deveria tomar. O juiz responderá civil e regressivamente por perdas e danos.
3. Do conciliador e mediador
3.1. Diferenças entre a conciliação e a mediação
A conciliação fará com que o profissional proponha solução ao caso. Já na mediação o profissional restabelecerá o diálogo entre as partes, para que elas mesmas busquem a melhor solução ao caso. O mediador não fará propostas para encerramento da lide.
3.2. Hipóteses de aplicação preferencial da conciliação e da mediação
As hipóteses de aplicação de um e de outro caso encontram-se no art. 165, nos §§ 2º e 3º.
3.3. Princípios atinentes a conciliação e mediação
A conciliação e a mediação são informadas pelos princípios da independência, da imparcialidade, da autonomia da vontade, da confidencialidade, da oralidade, da informalidade e da decisão informada.
3.4. Deveres e impedimentos do conciliador e do mediador
Os conciliadores e os mediadores estão impedidos de exercerem a advocacia perante os juízos em que exerce as suas funções. Ainda, se eventualmente participarem de alguma sessão, estão impedidos de representar as partes pelo prazo de um ano.
4. Dos auxiliares da justiça
Art. 149, CPC. São auxiliares da Justiça, além de outros cujas atribuições sejam determinadas pelas normas de organização judiciária, o escrivão, o chefe de secretaria, o oficial de justiça, o perito, o depositário, o administrador, o intérprete, o tradutor, o mediador, o conciliador judicial, o partidor, o distribuidor, o contabilista e o regulador de avarias.
4.1. Escrivão ou chefe de secretaria
É encarregado de dar andamento ao processo, nos termos do art. 152 do CPC.

4.2. Oficial de Justiça
É o servidor, nos termos do art. 154 do CPC, de cumprir os mandados judiciais.
4.3. Perito
Auxiliar eventual do juízo, para conhecimento técnico sobre a matéria em juízo.
4.4. Depositário e Administrador
Nomeado pelo juiz quando houver a apreensão judicial de bens.
4.5. Interprete e Tradutor
Profissional nomeado nas seguintes situações: → para traduzir documento escrito em língua estrangeira; → para traduzir depoimentos colhidos em língua estrangeira dos depoentes que não conhecerem o idioma nacional; → para realizar interpretação simultânea dos depoimentos quando a parte ou a testemunha se comunique por intermédio de LIBRAS.

GABARITO

1	C	**2**	E	**3**	Errado	**4**	B	**5**	A
6	C	**7**	C	**8**	C	**9**	E	**10**	D

CAPÍTULO 15

DOS DEMAIS ATORES PROCESSUAIS

RECADO

Caro (a) leitor (a), neste capítulo estudaremos alguns sujeitos especiais do processo.

Muita atenção em relação aos prazos diferenciados de alguns sujeitos processuais, bem como as hipóteses em que ele não é aplicável (como em prazos específicos para o Ministério Público).

QUESTÕES

1. **(2018 – VUNESP – TJ-MT Juiz Substituto)** A Advocacia Pública, o Ministério Público e a Defensoria Pública compõem as chamadas funções essenciais à justiça. A respeito da atuação dessas instituições no processo civil, assinale a alternativa correta.

A) O juiz determinará, de ofício, a intimação pessoal da parte patrocinada pela Defensoria Pública quando o ato processual depender de providência ou informação que somente por ela possa ser realizada ou prestada.

B) A curadoria especial é função institucional da Defensoria Pública e do Ministério Público.

C) Os membros da Defensoria Pública, do Ministério Público e da Advocacia Pública serão civil e regressivamente responsáveis quando agirem com dolo ou fraude no exercício de suas funções.

D) Nos casos de intervenção como fiscal da ordem jurídica, o Ministério Público terá vista dos autos antes das partes, sendo intimado de todos os atos do processo.

E) A intimação pessoal do membro do Ministério Público se dá da mesma forma da intimação pessoal do membro da Defensoria Pública, mas de forma diversa da prevista para os membros da Advocacia Pública.

2. (2016 – FUMARC – Prefeitura de Matozinhos/MG – Advogado) Constitui conclusão CORRETA acerca da atuação do Ministério Público em juízo advinda da legislação processual civil vigente:

A) Nas causas em que atuar como fiscal da ordem jurídica, o Ministério Público não poderá recorrer.

B) A participação do Município na causa sub judice não configura, por si só, hipótese de intimação obrigatória do Ministério Público.

C) O direito de ação do Ministério Público no âmbito das ações cíveis deve ser exercido conforme suas atribuições legais definidas no Código de Processo Civil.

D) O Ministério deve ser obrigatoriamente intimado em qualquer hipótese de participação da Fazenda Pública.

3. (2018 - CESPE - MPU – Analista do MPU) Com base nas normas que regem o processo civil, julgue o item seguinte, acerca da função jurisdicional; do Ministério Público; de nulidades processuais; e de sentença. Em processo que envolva interesse de incapaz, tendo sido verificado que o parquet não foi intimado, o juiz decretará, de ofício, a nulidade do processo.

Certo

Errado

4. (2018 – CESPE – MPE-PI – Analista Ministerial) Acerca de normas processuais, atos processuais, tutela provisória e atuação do Ministério Público no processo civil, julgue o item subsequente. Situação hipotética: Uma ação de cobrança foi ajuizada contra uma pessoa incapaz, em foro distinto do de domicílio do seu representante. Assertiva: Nessa situação hipotética, atuando como fiscal da ordem jurídica, o membro do Ministério Público poderá arguir a incompetência relativa.

Certo

Errado

5. (2019 – MPE-SC – CESPE – Promotor de Justiça) O Ministério Público é parte legítima para propor demandas de saúde com beneficiários individualizados, contra entes federativos, ainda que não se tratem de direitos difusos, coletivos ou individuais homogêneos.

Certo

Errado

6. **(2016 – MPE-GO Promotor de Justiça Substituto)** Sobre o Ministério Público, de acordo com as disposições do Código de Processo Civil de 2015, é correto afirmar:

A) Nas causas em que atuar, mesmo que na condição de fiscal da ordem jurídica, o Ministério Público somente pode alegar a incompetência absoluta, cabendo-lhe emitir parecer caso a incompetência relativa seja suscitada por uma das partes.

B) O Ministério Público terá prazo em dobro para manifestar-se nos autos, a partir de sua intimação pessoal, mas não gozará do prazo dilatado quando a lei estabelecer, de forma expressa, prazo próprio para o órgão ministerial.

C) Como fiscal da ordem jurídica, o Ministério Público será intimado para intervir, além das hipóteses previstas na Constituição Federal ou na lei, nos processos que envolvam interesse público ou social, interesse de incapaz e em todos os processos de interesse das Fazendas Públicas Estadual e Municipal.

D) No incidente de resolução de demandas repetitivas, o Ministério Público intervirá se o incidente versar sobre processos que contenham repetidamente controvérsia relativa a questão inserida no rol das hipóteses legais de intervenção do órgão.

7. **(2019 – FUNCERN – Prefeitura de Jardim de Piranhas – RN – Procurador Adjunto)** Consoante o artigo 185 do Código de Processo Civil de 2015, a Defensoria Pública exercerá a orientação jurídica, a promoção dos direitos humanos e a defesa dos direitos individuais e coletivos dos necessitados, em todos os graus, de forma integral e gratuita. Sobre a Defensoria Pública o mencionado Código estabelece também que

A) a requerimento da Defensoria Pública, o juiz determinará a intimação pessoal da parte patrocinada quando o ato processual depender de informação que somente por ela possa ser prestada.

B) a Defensoria Pública gozará de prazo simples para todas as suas manifestações processuais, em homenagem ao princípio da celeridade processual.

C) o membro da Defensoria Pública não poderá ser civil e regressivamente responsável quando agir com dolo ou fraude no exercício de suas funções.

D) aplica-se o benefício da contagem em dobro mesmo quando a lei estabelecer, de forma expressa, prazo próprio para a Defensoria Pública.

8. **(2018 – VUNESP – MPE-SP – Analista do Ministério Público)** A Defensoria Pública exercerá a orientação jurídica, a promoção dos direitos humanos e a defesa dos direitos individuais e coletivos dos necessitados, em todos os graus, de forma integral e gratuita. A respeito da Defensoria Pública, assinale a alternativa correta.

A) A requerimento da Defensoria Pública, o juiz determinará a intimação pessoal da parte patrocinada quando o ato processual depender de providência ou informação que somente por ela possa ser realizada ou prestada.

B) Os escritórios de prática jurídica das faculdades de direito, reconhecidas na forma da lei, que prestam assistência jurídica gratuita, não gozam do benefício do prazo em dobro para manifestações no processo.

C) Seu membro será civil e regressivamente responsável quando agir com dolo ou culpa no exercício de suas funções.
D) Gozará de prazo em dobro para recorrer e em quádruplo para contestar.
E) A contagem do prazo para sua manifestação terá início com a intimação do defensor público pelo diário da justiça eletrônico, em se tratando de autos judiciais físicos.

9. **(2019 – FGV – DPE-RJ – Técnico da Defensoria Pública)** No âmbito do processo civil, a Defensoria Pública:
A) dispõe do prazo em quádruplo para contestar, em dobro para interpor recursos e simples para contra-arrazoá-los;
B) tem a prerrogativa da intimação pessoal, mediante carga, remessa ou meio eletrônico;
C) não pode propor ação civil pública, embora possa ajuizar a ação cautelar que lhe seja preparatória;
D) não pode requerer a intimação pessoal da parte patrocinada, ainda que o ato processual pendente dependa de providência somente por ela realizável;
E) caso perca, por negligência, o prazo para recorrer de sentença desfavorável à parte patrocinada, o Defensor Público poderá ser civil e regressivamente responsabilizado.

10. **(2016 – FEPESE – Prefeitura de Lages – SC Procurador)** Assinale a alternativa correta sobre a advocacia pública.
A) Não se aplica o benefício da contagem em dobro quando a lei estabelecer, de forma expressa, prazo próprio para o ente público.
B) A Advocacia Pública não goza do benefício da intimação pessoal.
C) A União, os Estados, o Distrito Federal, os Municípios gozarão de prazo em dobro para contestar e em quádruplo para recorrer de todas as suas manifestações processuais, cuja contagem terá início a partir da intimação pessoal.
D) O membro da Advocacia Pública não poderá ser responsabilizado civilmente, mesmo quando demonstrado que agiu com dolo ou fraude no exercício de suas funções.
E) Incumbe à Advocacia Pública, por meio da representação judicial, defender e promover os interesses públicos, em todos os âmbitos federativos, unicamente das pessoas jurídicas de direito público que integram a administração direta da União, dos Estados, do Distrito Federal e dos Municípios.

1. DO MINISTÉRIO PÚBLICO

O Ministério Público (MP) é o órgão encarregado de tutelar a ordem jurídica, o regime democrático e os interesses e direitos sociais e individuais indisponíveis. Figura entre os órgãos da Administração Pública. Nos termos do art. 127

da CF/1988, "O Ministério Público é instituição permanente, essencial à função jurisdicional do Estado, incumbindo-lhe a defesa da ordem jurídica, do regime democrático e dos interesses sociais e individuais indisponíveis".

1.1. Hipóteses de atuação (art. 178, CPC)

a) Exercício do direito de ação

O MP tem legitimidade ativa para propor a ação judicial. **Nestes casos, no direito processual civil, será considerado como parte**, estando sujeito ao regime de preclusões processuais. É um caso de legitimação extraordinária, em que haverá substituição processual, tendo em vista que atuará em nome próprio na defesa de interesse alheio. **Não age como procurador ou mandatário de terceiros, em razão da natureza e dos fins da instituição**.

O art. 129 da Constituição Federal (CF) de 1988 traz um rol exemplificativo das suas atribuições constitucionais. A título de exemplos, citemos alguns casos em que o MP age como parte: **ação civil pública (Lei nº 4.347/1985); ações previstas no Estatuto da Criança e do Adolescente – ECA (Lei nº 8.069/1990); ação de nulidade de casamento (art. 1.549 do Código Civil – CC); ação rescisória de sentença quando não houve a intervenção do MP e esta era obrigatória**.

Alguns entendimentos jurisprudenciais são interessantes sobre a atuação do MP como parte na relação processual. Recentemente, em Recurso Repetitivo, o Superior Tribunal de Justiça (STJ) emanou o entendimento de que **o MP possui legitimidade para propor ação tutelando o direito à saúde de beneficiários individualizados**. No acórdão restou claro que não se trata de beneficiários incapazes, o que seria próprio da sua missão constitucional. No entanto, considerou-se que **o direito à saúde é indisponível** e que, mesmo que os beneficiários individualizados não estejam em situação de incapacidade, poderá o *parquet* tutelar seus direitos. Confira-se:

> "O Ministério Público é parte legítima para pleitear tratamento médico ou entrega de medicamentos nas demandas de saúde propostas contra os entes federativos, mesmo quando se tratar de feitos contendo beneficiários individualizados, porque se refere a direitos individuais indisponíveis, na forma do art. 1º da Lei n. 8.625/1993 (Lei Orgânica Nacional do Ministério Público) (Tema repetitivo nº 766, REsp. nº 1.682.836/SP, Ministro Og Fernandes, 30.04.2018)".

Ainda, o mesmo tribunal possui o entendimento de que o MP possui legitimidade para ingressar com ação de alimentos em proveito da criança ou do adolescente, independentemente de estarem em situação de vulnerabilidade ou da ineficiência ou inexistência de Defensoria Pública na comarca. **Este é o teor da Súmula nº 594 do STJ.**

Na atuação como parte sempre se discutiu a atuação do parquet para a defesa de interesses individuais homogêneos. Sua atribuição constitucional, e também prevista na lei da ação Civil Pública, faz a ressalva expressa quanto à sua atuação em direitos Difusos e Coletivos (129, III da CF/88). Em relação aos Direitos Individuais homogêneos, por sua natureza disponível, a jurisprudência sempre foi vacilante. Todavia, a partir da súmula 601 do STJ, houve a pacificação quanto a matéria, admitindo a sua atuação na defesa desses direitos. Confira-se: "**O Ministério Público tem legitimidade ativa para atuar na defesa de direitos difusos, coletivos e individuais homogêneos dos consumidores, ainda que decorrentes da prestação de serviço público**".

b) Fiscal da ordem jurídica (*custos legis*)

O Código de Processo Civil de 2015 denomina **fiscal da ordem jurídica**, em vez de **fiscal da lei**, quando o MP atua na defesa da ordem jurídica e do bem comum. Na prática, terá todos os poderes que lhe são atribuídos quando atua como parte. Trata-se de intervenção diferente da atuação parcial nos autos. Encontra-se o Ministério Público, em atuação como fiscal da ordem jurídica, **comprometido com o zelo na aplicação do ordenamento, mas não defendendo interesse antagônico no processo**.

Assim, em uma demanda de alimentos, em que se encontra um absolutamente incapaz, será intimado para apresentar seu parecer nos autos. Portanto, a parte é o incapaz, sendo o réu o suposto pai/mãe ou que possui a obrigação alimentar. Neste caso, estará o órgão presente na demanda para observar a escorreita aplicação do ordenamento.

Nos termos do art. 178 do Código de Processo Civil (CPC), o MP será intimado para, no prazo de 30 dias, intervir como **fiscal da ordem jurídica** nas hipóteses previstas em lei ou na Constituição Federal ou nos processos que envolvam: **Interesse público ou social; Interesse de incapaz; Litígios coletivos pela posse de terra rural ou urbana**.

Foi revogado o dispositivo do CPC/1973 que previa a intervenção do MP nas causas concernentes ao estado da pessoa, pátrio poder, tutela, curatela, interdição, casamento, declaração de ausência e disposições de última vontade.

Nos casos de intervenção como fiscal da ordem jurídica, terá vista dos autos depois das partes, sendo intimado de todos os atos do processo, poderá produzir provas, requerer as medidas processuais pertinentes e recorrer. (art. 178, CPC). É interessante mencionar, também, que a atual legislação processual sanou a divergência da possibilidade de o Ministério Público alegar incompetência relativa, nas causas que atuar como fiscal da ordem jurídica. **Nos termos do art. 65, parágrafo único do CPC, há expressa possibilidade neste sentido.**

Como esse assunto foi cobrado em provas de concursos

2016 – MPE GO – Promotor de Justiça Substituto. Nas causas em que atuar, mesmo que na condição de fiscal da ordem jurídica, o Ministério Público somente pode alegar a incompetência absoluta, cabendo-lhe emitir parecer caso a incompetência relativa seja suscitada por uma das partes.

Atenção! A participação da Fazenda Pública não configura, por si só, hipótese de intervenção do MP. Só será imprescindível quando se evidenciar o interesse público. (art. 178, parágrafo único do CPC). Trata-se de entendimento do Superior Tribunal de Justiça, já consolidado, que foi incorporado pela legislação processual civil.

Como esse assunto foi cobrado em provas de concursos

2016 - MPE-SC – Promotor de Justiça Substituto. Nos termos do novo Código de Processo Civil, o Ministério Público será intimado para, no prazo de trinta dias, intervir como fiscal da ordem jurídica nos processos que envolvam litígios coletivos pela posse de terra rural ou urbana. (correto)

A responsabilidade civil dos membros do MP vem estabelecida no art. 181 do CPC "O membro do Ministério Público será civil e regressivamente responsável quando **agir com dolo ou fraude no exercício de suas funções**."

1.2. Prazos de manifestação

Conforme art. 180 do CPC, o MP **gozará de prazo em dobro para manifestar-se** nos autos, tanto se atuar como parte quanto como fiscal da lei, que terá início **a partir de sua intimação, que deve ser pessoal, por carga, remessa ou meio eletrônico**. Exceção: não se aplica a regra de prazo em dobro quando a lei estabelecer prazo próprio para o MP.

O STJ entende que a contagem do prazo tem início com o recebimento dos autos pela instituição (STJ, 5ª Turma, AgRg no AREsp. nº 160.742/DF, rel. Min. Marco Aurélio Bellizze, j. 26.11.2013, *DJe* 04.12.2013).

Questão interessante diz respeito à sanção processual pela ausência de intervenção do órgão, quando ela deveria ocorrer. Ora, nas hipóteses de atuação como fiscal da ordem jurídica, o parquet deverá ser intimado, de acordo com o visto nos parágrafos anteriores. **O que ocorre, portanto, quando não há essa intimação, para a correta intervenção?**

Conforme art. 279 do CPC, **o processo é atingido pela nulidade, sendo todos os atos declarados inválidos a partir do momento em que o Ministério Público deveria ter feito a intervenção no feito.** (art. 279, § 1º).

Questão interessante é que **essa nulidade deve ser acompanhada do respectivo e efetivo prejuízo, a ser analisado pelo Próprio membro do órgão.** Ao perceber a ausência de intervenção, o juiz intimará o membro da instituição, para primeiramente mencionar a existência ou não do prejuízo, na ausência de sua presença. Caso manifeste a inexistência de qualquer prejuízo, a relação processual seguirá normalmente, sem a decretação de nulidade. Por outro lado, manifestando-se pela existência, a nulidade será decretada. (art. 279, § 2º, CPC).

2. DA ADVOCACIA PÚBLICA

A Advocacia Pública é a instituição que, na forma da lei, **defende e promove os interesses públicos da União, dos estados, do Distrito Federal e dos municípios**, por meio da representação judicial, em todos os âmbitos federativos, das pessoas jurídicas de direito público que integram a administração direta e indireta. (art. 182, CPC).

2.1. Prazo diferenciado de manifestação

A União, os estados, o Distrito Federal, os municípios e suas respectivas autarquias e fundações de direito público gozam de **prazo em dobro** para todas as manifestações processuais, **cuja contagem terá início a partir da intimação pessoal, que será feita por carga, remessa ou meio eletrônico**. Porém, assim como o MP, os advogados públicos não se beneficiam com prazo em dobro quando a lei estabelecer, de forma expressa, prazo próprio para o ente público. (art. 183, CPC).

Assim, um dos exemplos em **que não haverá o prazo diferenciado encontra-se no art. 535, "caput" do CPC, em que a Fazenda Pública terá o prazo de 30 (trinta) dias para apresentar impugnação**. Ora, nesta hipótese já há prazo específico ao órgão, não se aplicando a disposição geral do art. 183 do CPC.

Como esse assunto foi cobrado em provas de concursos públicos

2018 – CESPE – PGM – João Pessoa – PB – Procurador Municipal. Às advocacias públicas municipais é garantido que o prazo para recorrer de decisões inicie-se no dia útil seguinte ao da publicação do ato jurisdicional, que deve ocorrer no diário oficial.

O Advogado público será responsável civilmente quando agir com dolo ou fraude no exercício de suas funções. (art. 184, CPC).

3. DA DEFENSORIA PÚBLICA

A Defensoria Pública exerce **a orientação jurídica, a promoção dos direitos humanos e a defesa dos direitos individuais e coletivos dos necessitados, em todos os graus, de forma integral e gratuita.** (art. 185, CPC).

Questão interessante diz respeito à vinculação automática da atuação do Defensor Público e a concessão da gratuidade judiciária. Indaga-se: A mera presença da Defensoria já traz consigo o deferimento automático da Gratuidade? Sobre este ponto, interessante é a lição de Fernando Gajardoni sobre o tema, (GAJARDONI, 2018. P. 786), determinando que o Judiciário não está vinculado aos critérios estabelecidos pela Defensoria para concessão ou não da gratuidade. Ambos os órgãos possuem autonomia para a verificação, **não sendo impossível a situação de patrocínio da Defensoria e indeferimento de gratuidade pelo Juiz**.

Assim, de acordo com o referido autor: "**A atuação da Defensoria Pública não traz consigo automaticamente a justiça gratuita ao potencial necessitado**, embora exerça forte presunção da ausência de recursos do último".

3.1. Prazo diferenciado de manifestação e considerações

A Defensoria Pública goza **de prazo em dobro** (art. 186, CPC) para todas as suas manifestações processuais, que terá início com a intimação pessoal do defensor público. **Essa regra se aplica aos escritórios de prática jurídica das faculdades de Direito reconhecidas na forma da lei** e às entidades que prestam assistência jurídica gratuita em razão de convênios firmados com a Defensoria Pública. (art. 186, §3º do CPC).

Assim como o MP e a Fazenda Pública, a Defensoria Pública não se beneficia com prazo em dobro quando a lei estabelecer, de forma expressa, prazo próprio para o ente público. A requerimento da Defensoria Pública, o juiz determinará a intimação pessoal da parte patrocinada quando o ato processual depender de providência ou informação que somente por ela possa ser realizada ou prestada.

Questão interessante, e que eventualmente tem sido objeto de cobranças em concursos públicos, é a percepção de honorários à Defensoria, quando o órgão atua em face da Fazenda Pública que a remunera. Imagine a situação de uma ação de fornecimento de medicamento em face do Estado ao qual o órgão encontra-se vinculado. **Nesse caso, conforme súmula 421 do Superior Tribunal de Justiça, não há a fixação de honorários.**

Como esse assunto foi cobrado em provas de concursos públicos

2018 – COSEAC – Prefeitura de Maricá – RJ – Procurador Municipal. Amanda, criança de um ano de idade representada por sua mãe, Aline, ingressa em face do município de Maricá para assegurar seu direito à creche, sendo assistida pela Defensoria Pública. Considerando o caso hipotético, julgue as afirmativas seguintes:

I O Ministério Público deve ser intimado para oficiar no presente feito, em razão do interesse de incapaz.

II A Advocacia Pública não terá prazo em dobro para contestar, uma vez que existe prazo próprio.

III O prazo para que a Defensoria se manifeste no feito é contado a partir da remessa dos autos para o órgão.

Das afirmativas apresentadas, apenas:

A – I e II estão corretas.

B – II e III estão corretas.

C – II está correta.

D – I e III estão corretas.

E – I está correta.

Os membros da defensoria Pública serão civilmente responsáveis quando agirem com dolo ou fraude no exercício de suas funções (art. 187, CPC).

RESUMO

DEMAIS ATORES PROCESSUAIS
1. Do Ministério Público
1.1. Hipóteses de atuação
O MP atua na defesa da ordem jurídica, do regime democrático e dos interesses e direitos sociais e individuais indisponíveis. Ainda, ele gozará de prazo em dobro para manifestar-se nos autos, que terá início a partir de sua intimação pessoal. Também, o órgão será intimado para intervir como fiscal da ordem jurídica nas hipóteses previstas em lei ou na Constituição Federal e nos processos que envolvam: interesse público ou social; interesse de incapaz; litígios coletivos pela posse de terra rural ou urbana.
1.2. Prazos de manifestação
Quando interveniente como fiscal da lei, o MP deverá se manifestar em 30 dias de sua intimação. Atuando como parte, terá o prazo em dobro para todas as manifestações do processo.

2. Da Advocacia Pública
A Advocacia Pública defende e promove os interesses públicos da União, dos estados, do Distrito Federal e dos municípios, por meio da representação judicial, em todos os âmbitos federativos, das pessoas jurídicas de direito público que integram a administração direta e indireta.
2.1. Prazo diferenciado de manifestação
A União, os estados, o Distrito Federal, os municípios e suas respectivas autarquias e fundações de direito público gozarão de prazo em dobro para todas as suas manifestações processuais, cuja contagem terá início a partir da intimação pessoal.
3. Da Defensoria Pública
A Defensoria Pública exercerá a orientação jurídica, a promoção dos direitos humanos e a defesa dos direitos individuais e coletivos dos necessitados, em todos os graus, de forma integral e gratuita.
3.1. Prazo diferenciado de manifestação e considerações
A Defensoria Pública gozará de prazo em dobro para todas as suas manifestações processuais.

GABARITO

1	C	**2**	C	**3**	Errado	**4**	Certo	**5**	Certo
6	B	**7**	A	**8**	A	**9**	B	**10**	A

CAPÍTULO 16

DOS ATOS PROCESSUAIS

RECADO

A maior autonomia das partes na relação processual é um dos valores trazidos pelo CPC atual. Esta autonomia revela-se, em grande parte, pela possibilidade de realização de negócios jurídicos processuais atípicos. O dispositivo legal que o permite, bem como questões relativas à calendarização do procedimento, são de extrema importância para seus estudos.

Bons estudos!

QUESTÕES

1. (2017 – CS-UFG – TJ-GO Juiz leigo) Quando for celebrado negócio ou calendário processual,

A) os processos que versem sobre arbitragem, independentemente da existência de cláusula de confidencialidade, devem tramitar em segredo de justiça.

B) as negociações que estabeleçam mudanças no procedimento são consideradas ilícitas.

C) as partes envolvidas ficarão vinculadas à sua observância, salvo o juiz, nos casos de calendarização.

D) a intimação das partes acerca dos atos agendados torna-se desnecessária nos casos de calendarização.

E) os atos processuais, inclusive os eletrônicos, devem ser realizados em dias úteis, das 06h às 20h.

2. **(2018 – CESPE – TJ-CE Juiz substituto)** A fixação de calendário para a prática de atos processuais

A) vincula as partes, mas não o juiz.

B) torna dispensável intimação para a audiência cuja data esteja designada no calendário.

C) é uma convenção processual e, portanto, não pode ser firmada pela fazenda pública.

D) deve assumir a forma determinada em lei para evitar falha que gere nulidade.

E) é uma convenção processual que, se estipular confidencialidade, permitirá que o processo tramite em segredo de justiça.

3. **(2018 – CESPE – EMAP Analista Portuário (Área Jurídica))** Julgue o item seguinte, relativo a atos processuais, mandado de segurança e processo de execução.

São exemplos de negócios processuais típicos: a fixação de calendário processual para a prática dos atos processuais; a eleição de foro; as hipóteses da tutela provisória.

Certo

Errado

4. **(2018 – IADES – APEX Brasil – Analista Jurídico)** Conforme dispõe o Código de Processo Civil, tramitam em segredo de justiça os processos

A) em que seja parte Estado estrangeiro ou pessoa jurídica de direito público externo.

B) que versem sobre arbitragem, inclusive sobre cumprimento de carta arbitral, desde que a confidencialidade estipulada na arbitragem seja comprovada perante o juízo.

C) em que seja parte associação qualificada como serviço social autônomo.

D) nos quais o valor da causa é superior a 40 salários mínimos vigentes à época da propositura da ação.

E) em que se discute a aplicação de direito estrangeiro incidente sobre contratos internacionais.

5. **(2017 – CESPE – TRF – 1ª REGIÃO – Analista Judiciário – Oficial de Justiça)** Acerca dos atos processuais, julgue o item subsequente: O interesse social é um critério utilizado para determinar que o processo judicial tramite em segredo de justiça.

Certo

Errado

6. **(2019 – NC-UFPR – TJ-PR – Titular de serviços de notas e registros (remoção))** O negócio jurídico processual envolve manifestações de vontade que, respeitadas as limitações legais, delineiam o conteúdo e/ou as consequências do ato no âmbito do processo. Sobre os negócios jurídicos processuais, assinale a alternativa correta.

A) Negócio jurídico processual é ato exclusivo das partes, que privilegia a autonomia de vontade destas, não se sujeitando ao controle de validade, por parte do juiz.
B) Para a celebração de negócio jurídico processual, não se exige que o sujeito tenha capacidade de ser parte e de estar em juízo.
C) A cláusula de eleição de foro é exemplo de negócio processual atípico.
D) O pressuposto objetivo geral para os negócios jurídicos processuais atípicos é a aptidão de o direito envolvido submeter-se a autocomposição.
E) O negócio jurídico que limita o processo a um único grau de jurisdição é exemplo de pacto meramente procedimental.

7. **(2018 – SIPROS – PGE-PA – Técnico em Procuradoria)** Acerca dos negócios jurídicos processuais, é CORRETO afirmar, conforme o disposto nos artigos 190 e 191, do CPC/2015, que:

A) Podem ser celebrados em processos que versam sobre direitos de qualquer natureza, ainda os que não admitam autocomposição.
B) Podem ser celebrados ainda que uma das partes seja incapaz, desde que devidamente representado e mediante oitiva do Ministério Público.
C) De ofício ou a requerimento das partes, o juiz controlará a validade das convenções.
D) Dada a natureza privada dos negócios processuais, o juiz não pode recusar sua aplicação, mesmo se alguma parte se encontrar em manifesta situação de vulnerabilidade.
E) Dentre as vedações aos negócios processuais, está a fixação de calendário para a prática dos atos processuais.

8. **(2018 – FGV – TJ-AL – Técnico judiciário)** Ao celebrar um contrato de compra e venda, os contratantes convencionaram sobre determinados ônus e deveres processuais. Nesse sentido, afirmaram que se houvesse necessidade de ação judicial para dirimir qualquer conflito em relação ao negócio jurídico ora entabulado, e pela possibilidade legal de autocomposição, o autor estaria desincumbido de provar a existência do contrato e que o réu não poderia contestar o feito. Nesse cenário:

A) o juiz não poderá controlar as validades destas convenções, pois se trata de direito disponível às partes;
B) estas convenções são nulas de pleno direito, pois convencionadas antes da existência do processo;
C) o juiz controlará as validades destas convenções de ofício, e deverá admiti-las por se tratarem de direitos disponíveis;
D) o juiz controlará as validades destas convenções, recusando aplicação de ambas as cláusulas;
E) o juiz controlará as validades destas convenções, recusando, de ofício, a cláusula que impossibilita o réu contestar.

9. (2016 – MPE-PR – Promotor de Justiça Substituto) Sobre a disciplina dos atos processuais no Código de Processo Civil de 2015, assinale a alternativa correta:

A) Os atos processuais podem ser parcialmente digitais, de forma a permitir que sejam produzidos, comunicados, armazenados e validados por meio eletrônico;

B) Os negócios jurídicos processuais e o calendário processual são faculdades que decorrem da negociação exclusiva das partes, devendo o magistrado apenas controlar a validade das convenções previstas;

C) Como a movimentação processual é exclusiva de advogado, não há no Código de Processo Civil preocupação com a acessibilidade aos sítios das unidades do Poder Judiciário na rede mundial de computadores;

D) A distinção entre sentença e decisão interlocutória é de conteúdo material, sendo irrelevante o momento e a situação processual em que o ato do juiz foi praticado e seus efeitos para o andamento do processo;

E) Toda decisão oriunda dos tribunais é considerada, pelo Código de Processo Civil, como um acórdão.

10. (2019 – FCC – DPE-SP Defensor Público) Os negócios processuais

A) típicos são, por exemplo, a eleição do foro, a desistência da ação após a apresentação de resposta do réu, a distribuição convencional do ônus da prova e a calendarização do processo.

B) autorizam que as partes possam estabelecer consensualmente a proibição da intervenção de terceiro na condição de amicus curiae e do Ministério Público na condição de fiscal da ordem jurídica, a fim de assegurar a celeridade do processo.

C) somente são permitidos caso o direito material em discussão naquele processo seja disponível, de maneira que são vedados quaisquer negócios processuais em processos que tenham por objeto algum direito substancial indisponível.

D) dependem somente da vontade das partes envolvidas, de modo que se mostra desnecessária a participação ou a homologação judicial das convenções processuais estabelecidas pela livre manifestação das partes.

E) são um instituto novo no sistema processual civil brasileiro, inaugurado com o advento do Código de Processo Civil de 2015, razão pela qual ainda pairam diversas controvérsias na doutrina e jurisprudência a seu respeito.

Caro (a) leitor(a), trataremos nesta unidade da forma, do tempo e do lugar dos atos processuais.

Ato processual é todo aquele comportamento humano volitivo apto a produzir efeitos jurídicos num processo. O processo é formado por um encadeamento de atos que são organizados para se chegar à decisão final.

Para início de estudo, é relevante destacar alguns princípios que regem os atos processuais: (GAJARDONI, 2018. P. 800).

O **princípio da instrumentalidade das formas ou princípio da liberdade das formas** foi consagrado no Código de Processo Civil de 2015, no art. 188, **ao estabelecer que os atos e os termos processuais independem de forma determinada**, salvo quando a lei expressamente a exigir, considerando-se válidos os que, realizados de outro modo, lhe preencham a finalidade essencial. Além disso, manifesta-se no art. 277, ao prever que, quando a lei prescrever determinada forma, o juiz considerará válido o ato se, realizado de outro modo, lhe alcançar a finalidade.

O **princípio da publicidade processual** está estabelecido no art. 189 do CPC/2015, ao **estabelecer que os atos processuais são públicos.** Essa garantia foi consagrada pela Constituição Federal (CF/1988), no art. 93, IX e X. No entanto, não se trata de uma publicidade ampla e irrestrita, pois é permitida a restrição da publicidade dos atos processuais quando assim exigirem a intimidade e o interesse social (art. 5º, LX, da CF/1988).

Conforme art. 189, **o CPC/2015 prevê que tramitam em segredo de justiça os processos:** em que o exija o interesse público ou social; que versem sobre casamento, separação de corpos, divórcio, separação, união estável, filiação, alimentos e guarda de crianças e adolescentes (rol exemplificativo); dos quais constem dados protegidos pelo direito constitucional à intimidade; que versem sobre arbitragem, inclusive sobre cumprimento de carta arbitral, desde que a confidencialidade estipulada na arbitragem seja comprovada perante o juízo.

1. NEGÓCIOS JURÍDICOS PROCESSUAIS

Abordaremos, agora, uma importante novidade trazida pelo Código de Processo Civil (CPC) de 2015**: o negócio jurídico processual.** Negócio processual é o fato jurídico voluntário, em cujo suporte fático se reconhece ao sujeito o poder de regular, dentro dos limites fixados no próprio ordenamento jurídico, certas situações jurídicas processuais ou alterar o procedimento (DIDIER JR., 2017, p. 425).

O art. 190 do CPC/2015 prevê que é possível às **partes plenamente capazes estipular mudanças no procedimento para ajustá-lo às especificidades da causa** e convencionar sobre os seus ônus, poderes, faculdades e deveres processuais, desde que o processo verse sobre direitos que admitam a autocomposição.

De ofício ou a requerimento, **o juiz controlará a validade das convenções**, recusando-lhes aplicação nos casos de nulidade ou de inserção abusiva em contrato de adesão ou em que alguma parte se encontre em manifesta situação de vulnerabilidade. Esses dispositivos afastam o rigor procedimental, privilegiando a vontade das partes. Ademais, constituem instrumentos que, se adequadamente utilizados, podem contribuir para a melhoria da qualidade da prestação jurisdicional.

Note-se que o negócio jurídico processual, advindo de sua cláusula geral presente no art. 189 do CPC, não depende de autorização previa do juízo, em regra. **O controle judicial da vontade das partes dar-se-á à *posteriori*, ou seja, controlando a validade dos atos a serem praticados.** Destacamos algumas **condições para o negócio jurídico processual** (NEVES, 2018. P. 398): a. Pode ser firmado antes ou durante o processo; b. As partes podem estipular regras procedimentais ou dispor sobre posições processuais (ônus, poderes, faculdades e deveres); c. Não pode afrontar os direitos e as garantias fundamentais do processo, d. nem os deveres de boa-fé e cooperação; e. Não pode alterar normas cogentes; f. Não pode versar sobre matéria de reserva legal; g. Só pode ser celebrado em processo cuja solução pode se dar por autocomposição; h. Não depende de homologação processual pelo juiz.

A desnecessidade de autorização prévia judicial é reforçada pelo enunciado nº 133 do Fórum Permanente de Processualistas Civis: **"Salvo nos casos expressamente previstos em lei, os negócios processuais do art. 190 não dependem de homologação judicial".**

Ainda, o entendimento do fórum permanente de Processualistas civis é de que, quando exigida a homologação judicial prévia, trata-se de condição de eficácia do negócio jurídico, nos termos de seu enunciado nº 260: **"A homologação, pelo juiz, da convenção processual, quando prevista em lei, corresponde a uma condição de eficácia do negócio".**

O art. 189 do CPC, traz a possibilidade das partes elaborarem negócios jurídicos atípicos, ou seja, que não se encontram presentes na legislação processual civil. Assim, a vontade das partes voltada a atender à especificidade da causa, pode fazer nascer pactos processuais ou pré-processuais, capazes de moldar a demanda ao caso. Imagine-se, por exemplo um negócio jurídico processual em que as partes decidam que somente a prova pericial será realizada no processo e que os quesitos já serão realizados na inicial e na contestação. Trata-se de mudança no procedimento para adequar à causa.

Por outro lado, além da cláusula geral prevista no art. 189, de liberdade na realização dos atos, existem os chamados negócios jurídicos processuais típicos. Estes ocorrem sempre que a lei prevê, de forma expressa, a possibilidade de negócio jurídico processual, desde que sejam respeitados os requisitos legais. **É o caso da cláusula de eleição de foro (art. 62, CPC/2015).** Por intermédio dessa cláusula, as partes negociam onde a demanda será julgada, dentro da margem concedida pelas regras de competência relativa. Trata-se de acordo de vontades concebido previamente pela norma processual.

Como esse assunto foi cobrado em provas de concursos públicos

2017 – FUNDEP (Gestão de Concursos) – MPE-MG – Promotor de Justiça Substituto. Assinale a alternativa INCORRETA sobre as normas processuais do CPC/2015: "Versando o processo sobre direitos que admitam autocomposição, é lícito às partes plenamente capazes estipular mudanças no procedimento para ajustá-lo às especificidades da causa e convencionar sobre os seus ônus, poderes, faculdades e deveres processuais, antes ou durante o processo".

Resposta: Correto.

2. CALENDARIZAÇÃO DO PROCEDIMENTO (CALENDÁRIO PROCESSUAL)

Um importante exemplo de negócio jurídico processual típico é a **calendarização do procedimento** (art. 191, CPC/2015), em que, de comum acordo, o juiz e as partes podem fixar calendário para a prática dos atos processuais. É uma regra de efetividade e celeridade processual, que implica a desburocratização do processo e a segurança jurídica.

Nesse caso, o calendário vinculará as partes e o juiz e será dispensada a intimação das partes para a prática de ato processual ou a realização de audiência cujas datas tiverem sido designadas no calendário. **Somente é possível alterar a data do calendário previamente fixado, em situações excepcionais e mediante justificativa.** (art. 191, § 1º do CPC).

Note-se que, diferentemente do que estabelece a cláusula geral (art. 189, CPC) **o calendário processual precisa de aquiescência prévia do magistrado.** Ora, se a prática dos atos irá impactar na própria atividade jurisdicional, deverá o órgão manifestar, também, a sua vontade.

Como esse assunto foi cobrado em provas de concursos públicos

2018 – IESES – TJ-CE – Titular de serviços de notas e registros. Acerca da regras jurídicas dispostas no Código de Processo Civil e que cuidam da disciplina dos Atos Processuais, considere as seguintes afirmações: De comum acordo, o juiz e as partes podem fixar calendário para a prática dos atos processuais, quando for o caso; esse calendário vincula as partes e o juiz, de modo que os prazos nele previstos somente serão modificados em casos excepcionais, devidamente justificados.

Resposta: Correto

2. DA PRÁTICA ELETRÔNICA DOS ATOS PROCESSUAIS

Os autos do processo e os atos processuais em sentido estrito podem ser total ou parcialmente digitais. A disciplina desses atos está prevista tanto no CPC quanto na Lei nº 11.419/2006, que normatiza o processo eletrônico. Em eventual confronto de normas, deverá prevalecer o CPC/2015, posterior à Lei nº 11.419/2006.

Embora tenha como característica a celeridade, o sistema eletrônico não pode deixar de atentar a determinadas garantias processuais: **Independência da plataforma computacional; Acessibilidade; Interoperabilidade dos sistemas, serviços, dados e informações que o Poder Judiciário administre no exercício de suas funções; Disponibilidade: os sistemas devem estar sempre em funcionamento.**

Em razão dessa garantia, se o sistema se tornar indisponível por motivo técnico, os dias do começo e do vencimento do prazo serão prorrogados para o primeiro dia útil seguinte à resolução do problema.

São requisitos dos registros dos atos processuais eletrônicos (art. 195, CPC): **Autenticidade:** o autor de cada ato processual deve ser identificado; **Integridade:** os atos processuais não podem ser alterados posteriormente; **Temporalidade:** o sistema deve indicar o dia e a hora da prática do ato; **Não repúdio:** autentica o envio e o recebimento das mensagens, de modo que não pode ser alegado desconhecimento; **Conservação:** preservação dos atos processuais no tempo; **Confidencialidade:** em casos de segredo de justiça.

Compete ao Conselho Nacional de Justiça (CNJ) e, supletivamente, aos tribunais, regulamentar a prática e a comunicação oficial de atos processuais por meio eletrônico. As unidades do Poder Judiciário deverão manter gratuitamente, à disposição dos interessados, equipamentos necessários à prática de atos processuais e à consulta e ao acesso ao sistema e aos documentos dele constantes. (art. 196, CPC).

Como esse assunto foi cobrado em provas de concursos públicos

2018 – VUNESP – Prefeitura de Bauru – SP – Procurador. O ato processual pode assim ser definido como toda manifestação de vontade praticada no processo, seja lá por qual participante da relação jurídica processual (autor, réu, juiz, perito, escrevente etc.), necessariamente previsto ou permitido pelo procedimento, sob o qual corre determinada ação. O Código de Processo Civil de 2015 regulamenta a prática eletrônica dos atos processuais, nos seguintes termos: as unidades do Poder Judiciário deverão manter gratuitamente, à disposição dos interessados, equipamentos necessários à prática de atos processuais e à consulta e ao acesso ao sistema e aos documentos dele constantes. (correto).

3. DOS PRONUNCIAMENTOS DO JUIZ

O juiz também pratica e participa de diversos atos processuais, mas o CPC/2015 destaca os pronunciamentos, que são os atos mais importantes do juiz: **sentenças, decisões interlocutórias e despachos.**

3.1. Sentença

Sentença é o pronunciamento por meio do qual o juiz encerra a fase de conhecimento do procedimento comum ou extingue a execução, com ou sem resolução do mérito (arts. 487 e 485 do CPC, respectivamente). **Possui caráter decisório** e desafia recurso de apelação ou embargos de declaração. (art. 203, § 1º, CPC).

Note-se que, em relação à legislação passada, o atual código procurou fixar um conteúdo seguro do que poderia ser conceituado como sentença. **Atualmente, o ato processual, para ser considerado como tal, deverá combinar dois critérios distintos**: **Um primeiro, de conteúdo** (o ato jurisdicional deve basear-se nos artigos 485 ou 487 do CPC) **e um temporal**, em que o magistrado deverá encerrar a fase de conhecimento ou fase executiva. Assim, qualquer decisão que, a despeito de basear-se nos dispositivos legais exigidos, não encerrar a fase processual (leia-se julgar o objeto processual em sua totalidade) não será considerada sentença.

Imagine, portanto, uma decisão judicial que reconhece a ilegitimidade passiva de dois réus e determina que a demanda prossiga em relação a outro. Ora, o ato encontra-se baseado no art. 485, VI do CPC. Não obstante, a relação processual vai prosseguir, **de forma que o segundo critério mencionado acima não**

se encontra satisfeito. Caso a decisão judicial reconhecesse a ilegitimidade de todos os réus, estaríamos diante de uma sentença.

3.2. Decisão interlocutória

A decisão interlocutória é o ato do juiz de natureza decisória que resolve questão incidente. O CPC, em seu art. 203, § 2º a conceitua como toda decisão que não se enquadra no conceito de sentença. Como tem caráter decisório, pode causar gravame a uma das partes. Assim, é cabível recurso, como embargos de declaração ou agravo de instrumento. Quando não é agravável, pode ser impugnado nas razões ou contrarrazões de apelação. Em termos práticos, toda e qualquer decisão proferida pelo magistrado de primeiro grau, que não coloque fim à fase de conhecimento ou execução, será denominada interlocutória.

Como exemplo, podemos citar a decisão do juiz que defere ou indefere uma tutela de urgência. É, inegavelmente, uma decisão interlocutória.

3.3. Despachos

Despacho é o ato praticado pelo juiz sem conteúdo decisório. São atos que têm por finalidade tão somente impulsionar o processo, denominados atos de mero expediente. Por não conterem conteúdo decisório, os despachos são irrecorríveis, em regra. Assim, um ato que designa a audiência de tentativa de autocomposição, informando as partes de sua data, trata-se de mero despacho. Note-se que o despacho não causa gravame a uma das partes, não prejudica e nem beneficia a esfera jurídica dos litigantes.

> **Atenção!** Os servidores recebem delegação para a prática de atos de administração e atos de mero expediente (art. 93, inciso XIV, da CF/1988). São atos previstos na legislação ou mesmo em provimentos de corregedorias ou portarias judiciais, denominados **atos meramente ordinatórios**, como a juntada e a vista obrigatória, que independem de despacho. (art. 203, § 4º, CPC).

3.4. Acórdãos

Acórdão é o julgamento colegiado proferido pelos tribunais. Constitui decisão que põe fim à fase de conhecimento, que extingue a execução e que resolve incidentes no processo no âmbito dos tribunais.

Possuem caráter decisório e, como podem causar prejuízo, desafiam recurso (embargos de declaração, recurso ordinário constitucional, recurso especial, recurso extraordinário ou embargos de divergência). **As decisões monocráticas ou singulares dos integrantes de tribunais não são consideradas acórdãos e normalmente desafiam agravo interno.**

4. DOS ATOS DAS PARTES

As partes, entretanto, praticam inúmeros atos no processo, unilaterais ou bilaterais, que imediatamente surtirão efeitos, tais como constituição, modificação ou extinção de direitos processuais. Em regra, não se exige homologação dos atos das partes para que produzam efeitos jurídicos processuais, com exceção da desistência da ação, que depende da homologação.

Para encerrar o tópico, o art. 202 do CPC/2015 estabelece uma regra sem muita relevância em termos de conteúdo, mas frequente cobrado em provas: é vedado lançar nos autos cotas marginais (manuscrito à margem do processo) ou interlineares (manuscrito entre as linhas do processo), as quais o juiz mandará riscar, impondo multa correspondente à metade do salário mínimo a quem as escrever.

Em caso de descumprimento da norma descrita, serão aplicadas as seguintes sanções: riscar dos autos o que foi escrito indevidamente e imposição de multa no valor de meio salário mínimo.

RESUMO

DOS ATOS PROCESSUAIS
Princípio da instrumentalidade das formas ou princípio da liberdade das formas: os atos e os termos processuais independem de forma determinada, salvo quando a lei expressamente a exigir, considerando-se válidos os que, realizados de outro modo, lhe preencham a finalidade essencial. **Princípio da publicidade processual:** em regra, os atos processuais são públicos. É permitida a restrição da publicidade dos atos processuais quando assim exigirem a intimidade e o interesse social.
1. Negócios jurídicos processuais
"Negócio processual é o fato jurídico voluntário, em cujo suporte fático se reconhece ao sujeito o poder de regular, dentro dos limites fixados no próprio ordenamento jurídico, certas situações jurídicas processuais ou alterar o procedimento" (DIDIER JR., 2017, p. 425).

Versando o processo sobre direitos que admitam autocomposição, é lícito às partes plenamente capazes estipular mudanças no procedimento para ajustá-lo às especificidades da causa e convencionar sobre os seus ônus, poderes, faculdades e deveres processuais, antes ou durante o processo.

De ofício ou a requerimento, o juiz controlará a validade das convenções previstas neste artigo, recusando-lhes aplicação somente nos casos de nulidade ou de inserção abusiva em contrato de adesão ou em que alguma parte se encontre em manifesta situação de vulnerabilidade.

1.1. Negócios jurídicos unilaterais

Trata-se de manifestação de vontade de uma das partes, que gera efeitos no processo. Um exemplo seria a renúncia ao prazo recursal.

1.2. Negócios jurídicos bilaterais

Negócio jurídico que depende da vontade de duas partes. Um exemplo seria convenção para a suspensão do processo, visando a tentativa de autocomposição.

1.3. Negócios jurídicos plurilaterais

Negócios jurídicos que envolvem, além das partes, a figura do juiz.

1.4. Calendarização do procedimento

Trata-se da possibilidade das partes, em comum acordo com o juiz, fixarem datas específicas para a prática dos atos processuais. Neste caso, será dispensada a intimação para os respectivos atos.

2. Da prática eletrônica dos atos processuais

A prática eletrônica dos atos processuais, além de ter previsões gerais no CPC de 2015, é regulamentada pela Lei nº 11.419 de 2006, a qual traz as condições de citação, intimação e demais atos.

3. Dos pronunciamentos do juiz

3.1. Sentença

Sentença é o pronunciamento por meio do qual o juiz encerra a fase de conhecimento do procedimento comum ou extingue a execução, com ou sem resolução do mérito (arts. 487 e 485 do CPC, respectivamente).

3.2. Decisão interlocutória

A decisão interlocutória é o ato do juiz de natureza decisória que resolve questão incidente.

3.3. Despachos

Despacho é o ato praticado pelo juiz, de ofício ou a requerimento da parte, sem cunho decisório.

3.4. Acórdãos
Julgamento colegiado proferido pelos tribunais.
4. Dos atos das partes
As partes podem praticar atos processuais relevantes no processo, tanto unilaterais, bilaterais ou plurilaterais.

GABARITO

1	D	2	B	3	Errado	4	B	5	Certo
6	D	7	C	8	E	9	A	10	A

CAPÍTULO 17

DOS PRAZOS

RECADO

Caro (a) leitor (a), esse é um assunto muito comum em provas, portanto redobre a atenção.

*Os prazos são lapsos temporais outorgados para a realização dos atos processuais. São o espaço de tempo delimitado entre dois termos: termo inicial (*dies a quo*), quando nasce a faculdade de promover o ato, e termo final* (dies ad quem), *quando essa faculdade é extinta, tenha ou não sido praticado o ato.*

QUESTÕES

1. **(2019 – FCC – TRF – 4ª REGIÃO Analista Judiciário – Oficial de Justiça avaliador)** A União moveu ação indenizatória contra Leandro e Jéssica, que se acham representados, nos autos eletrônicos do processo, por diferentes procuradores. Nesse caso, os réus

A) terão prazos contados em dobro para todas as suas manifestações, desde que seus respectivos advogados integrem escritórios de advocacia distintos.

B) terão prazos contados em dobro para todas as suas manifestações, ainda que seus respectivos advogados integrem o mesmo escritório.

C) não terão prazos contados em dobro para as suas manifestações.

D) terão prazos contados em dobro apenas para contestar a ação e interpor recursos, desde que tenham formulado prévio requerimento.

E) terão prazos contados em dobro apenas para contestar a ação e interpor recursos, independentemente de prévio requerimento.

2. **(2019 – CEV-URCA – Prefeitura de Mauriti – CE – Advogado)** Em relação aos prazos é INCORRETO afirmar:

A) Quando a lei for omissa, o juiz determinará os prazos em consideração à complexidade do ato.

B) Quando a lei ou o juiz não determinar prazo, as intimações somente obrigarão a comparecimento após decorridas 24 (vinte e quatro) horas.

C) Inexistindo preceito legal ou prazo determinado pelo juiz, será de 5 (cinco) dias o prazo para a prática de ato processual a cargo da parte.

D) Na comarca, seção ou subseção judiciária onde for difícil o transporte, o juiz poderá prorrogar os prazos por até 2 (dois) meses.

E) A parte poderá renunciar ao prazo estabelecido exclusivamente em seu favor, desde que o faça de maneira expressa.

3. **(2017 – CESPE – TRF – 1ª REGIÃO – Técnico Judiciário)** Julgue o próximo item, relativo ao ato processual. A parte poderá renunciar ao prazo estabelecido exclusivamente em seu favor, desde que o faça expressamente.

Certo

Errado

4. **(2017 – CESPE – TRT – 7ª Região (CE) – Analista Judiciário – Área Judiciária)** Eduarda e Carolina, demandadas por Mário em ação que tramita em autos eletrônicos, constituíram procuradores de escritórios distintos. Nessa situação hipotética, as litisconsortes terão prazo

A) em dobro somente para contestar.

B) em dobro para todos os atos.

C) em quádruplo para todos os atos.

D) simples para contestar.

5. **(2018 – FEPESE – CELESC Advogado. É correto afirmar sobre os prazos processuais civis:**

1. Quando a lei for omissa, o juiz determinará os prazos em consideração à complexidade do ato.
2. A prática de ato processual a cargo da parte, na ausência de preceito legal ou prazo determinado pelo juiz, será de dez dias úteis.
3. Quando a lei ou o juiz não determinar prazo, as intimações somente obrigarão a comparecimento após decorridas 48 horas.
4. Os atos de mero expediente deverão ser praticados no prazo de cinco dias.

Assinale a alternativa que indica todas as afirmativas corretas.

A) São corretas apenas as afirmativas 1 e 3.

B) São corretas apenas as afirmativas 2 e 3.

C) São corretas apenas as afirmativas 1, 2 e 3.
D) São corretas apenas as afirmativas 1, 3 e 4.
E) São corretas as afirmativas 1, 2, 3 e 4.

6. **(2017 – FGV – TRT – 12ª Região (SC) – Analista Judiciário – Área Judiciária)** Marcella, advogada de uma empresa em processo que tramita numa Vara Cível da Comarca de Caçador (SC), foi intimada pelo juízo, numa quarta-feira, para a prática de determinado ato processual no prazo de cinco dias. Considerando ser feriado na segunda-feira da semana seguinte, o termo final do prazo processual concedido à patrona se dá na:
A) segunda-feira da semana seguinte;
B) terça-feira da semana seguinte;
C) quarta-feira da semana seguinte;
D) quinta-feira da semana seguinte;
E) sexta-feira da semana seguinte.

7. **(2017 – FGV – TRT – 12ª Região (SC) – Analista Judiciário Oficial de Justiça Avaliador)** Armando se sentiu lesado em um pacote turístico que adquiriu para as suas férias e, assim, ajuizou em junho de 2016 uma ação contra a companhia aérea na qual voou e contra a operadora de turismo que lhe vendeu o pacote terrestre. Cada réu contratou um advogado diferente, mas que atuavam no mesmo escritório jurídico. Prolatada a sentença, e de acordo com o CPC, é correto afirmar que:
A) o prazo para recurso será contado de forma simples;
B) no caso concreto será em quádruplo o prazo para recorrer;
C) será contado em dobro o prazo para apelar;
D) o juiz decidirá, mas, em deferindo o prazo em dobro para os réus, deverá dar o mesmo tratamento ao autor, por isonomia;
E) o prazo em dobro será apenas para o réu principal.

8. **(2019 – CEV-URCA – Prefeitura de Mauriti – CE – Advogado)** Em relação aos prazos é INCORRETO afirmar:
A) Quando a lei for omissa, o juiz determinará os prazos em consideração à complexidade do ato.
B) Quando a lei ou o juiz não determinar prazo, as intimações somente obrigarão a comparecimento após decorridas 24 (vinte e quatro) horas.
C) Inexistindo preceito legal ou prazo determinado pelo juiz, será de 5 (cinco) dias o prazo para a prática de ato processual a cargo da parte.
D) Na comarca, seção ou subseção judiciária onde for difícil o transporte, o juiz poderá prorrogar os prazos por até 2 (dois) meses.
E) A parte poderá renunciar ao prazo estabelecido exclusivamente em seu favor, desde que o faça de maneira expressa.

9. (2019 – VUNESP – Prefeitura de Arujá – SP – Advogado) Assinale a alternativa correta no que se refere aos prazos processuais.

A) Será considerado intempestivo o ato praticado antes do termo inicial do prazo.

B) Sendo omissa a lei, o juiz fixará o prazo para cumprimento de determinado ato conforme a complexidade do mesmo.

C) Quando a lei não determinar prazo, as intimações somente obrigam ao comparecimento após decorridas 24 horas.

D) O juiz proferirá as sentenças e as decisões interlocutórias no prazo de 10 (dez) dias.

E) Considera-se data da publicação a data da disponibilização do ato no Diário da Justiça Eletrônico.

10. (2016 – VUNESP – Prefeitura de Alumínio – SP - Procurador) Com relação aos prazos no atual Código de Processo Civil, é correto afirmar que:

A) inexistindo prazo legal ou judicial para a prática dos atos processuais, esses deverão ser praticados em 15 (quinze) dias.

B) a contagem de prazos será feita em dias úteis, mesmo que tais interregnos tenham caráter de direito material.

C) será considerado intempestivo o prazo cumprido antes do termo inicial de sua contagem.

D) na seção ou subseção judiciária onde for difícil o transporte, o juiz poderá prorrogar os prazos por até dois meses.

E) por se tratar o processo de direito indisponível, as partes não poderão renunciar aos prazos processuais.

1. DETERMINAÇÃO DE PRAZOS LEGAIS X JUDICIAIS X CONVENCIONAIS

1.1. Classificação

a) Quanto à sua origem

Quanto à sua origem, os prazos podem ser classificados como legais, judiciais e convencionais. A maioria dos atos processuais está prevista no Código de Processo Civil de 2015. Em caso de omissão, caberá ao juiz determinar os prazos, levando em consideração a complexidade do ato processual.

Prazos legais são aqueles que estão previstos na legislação. Em regra, os prazos estão prescritos na lei. Assim, conforme art. 218, CPC "**Os atos processuais serão realizados nos prazos prescritos em lei**". Como exemplo de prazo processual tem-se o art. 335, do CPC, o qual estabelece que a contestação deve ser apresentada em 15 dias.

Prazos judiciais são aqueles que, devido à omissão da lei, são fixados pelo juiz, de acordo com a complexidade do ato. Conforme Art. 218. § 1º, CPC: **"Quando a lei for omissa, o juiz determinará os prazos em consideração à complexidade do ato".** Como exemplo, tem-se o prazo para regularização da capacidade processual, do art. 76 do CPC. Pra, o dispositivo legal determina que o juiz fixará prazo razoável para a prática do ato. **Nesta situação, caberá ao magistrado determinar o período no qual o ato deve ser praticado.**

Prazos convencionais são aqueles ajustados entre as partes, de comum acordo. É o caso, por exemplo, do prazo fixado em um negócio jurídico processual ou em razão da calendarização do processo.

Como esse assunto foi cobrado em provas de concursos públicos

2018 – VUNESP – FAPESP – Procurador. Com relação aos prazos processuais, é correto afirmar que inexistindo preceito legal ou prazo determinado pelo juiz, será de 10 (dez) dias o prazo para a prática de ato processual a cargo da parte. (incorreto).

b) Quanto às consequências de seu descumprimento

Quanto às consequências de seu descumprimento, os prazos podem ser classificados como **próprios**, quando a intempestividade gera a preclusão temporal, e **impróprios,** quando o ato praticado além do prazo é válido, não implicando preclusão. **Para as partes e os terceiros intervenientes, os prazos são próprios.** Para o juiz, MP (quando atua como fiscal da ordem jurídica) e auxiliares da justiça, em regra, **são impróprios, embora possa haver aplicação de sanção disciplinar.**

Os prazos impróprios são **ordinários** quando, embora não gerem a preclusão, podem implicar sanção disciplinar. É caso do servidor que não respeita o prazo de remessa dos autos conclusos, conforme previsto em lei: nesse caso, não ocorre preclusão da possibilidade de remessa. Pelo contrário, ele tem o dever de praticar o quanto antes, a fim de evitar sanções de natureza disciplinar.

Os prazos impróprios são **anômalos** quando há tão somente repercussão de natureza processual. Um exemplo é a intimação do Ministério Público para a prática de atos processuais, como fiscal da ordem jurídica. Nesses casos, se ele não se manifestar, não ocorre a preclusão nem a aplicação de penalidade.

c) Prazos dilatórios e peremptórios

E a distinção entre prazos dilatórios (prazos que podem ser alterados por convenção das partes, quando o processo versar sobre direitos que admitam autocomposição) e peremptórios (prazos cogentes, que não podem ser modificados pela vontade das partes).

d) Prazo subsidiário e prazo para comparecimento

Em regra, as intimações destinadas às partes contêm prazos fixados pela lei ou pelo magistrado. E se não houver explicitação do prazo? Nesse caso, temos duas regras relevantes no art. 218, §§ 2º e 3º:

A **primeira** estabelece que as intimações somente obrigarão o comparecimento em juízo após decorridas 48 horas**. Isto é, se a lei não marcar outro prazo, a intimação só obriga o comparecimento depois de decorridas 48 horas. (art. 218, § 2º, CPC).** Trata-se de prazo de espera, que serve para organização do intimado para o comparecimento em juízo. Trata-se de prazo destinado essencialmente à parte.

A **segunda** fixa que, inexistindo preceito legal ou prazo determinado pelo juiz, **a prática de ato processual a cargo da parte será de cinco dias**. Por exemplo, se o juiz intimar a parte para se manifestar sobre a juntada de algum documento e não houver, na legislação, o prazo, ou o juiz não fixar prazo determinado, o ato deverá ser praticado no prazo de cinco dias. (218, § 3º, CPC). Trata-se de prazo destinado ao exercício da capacidade postulatória do Advogado.

e) Ato processual prematuro

Se o ato for praticado antes da intimação, será válido? Todo ato tem um termo inicial que, geralmente, se dá com a intimação da parte, e um termo final, que é calculado com base no prazo previsto pela lei ou pelo juiz. **Com base nesse raciocínio, é intempestivo o ato processual praticado antes da intimação (termo inicial)?**

Sempre houve muita discussão na doutrina, e também na jurisprudência, acerca da possibilidade da prática do ato processual prematuro ou extemporâneo. O entendimento na vigência do CPC/1973 era de que é intempestivo o ato praticado antes da intimação das partes. A jurisprudência tinha manifestações no sentido de que a prática extemporânea do ato era inválida porque o prazo não existia.

Vejamos o teor da antiga **Súmula nº 418 do STJ, cancelada**: "É inadmissível o recurso especial interposto antes da publicação do acórdão dos embargos de declaração, sem posterior ratificação."

No entanto, o CPC/2015 consagrou expressamente, no art. 218, §4º, que **é considerado tempestivo o ato praticado antes do termo inicial do prazo.** Os Enunciados do Fórum Permanente de Processualistas Civis destacam que está afastada a chamada Intempestividade por prematuridade:

Enunciado 22: O Tribunal não poderá julgar extemporâneo ou intempestivo recurso, na instância ordinária ou na extraordinária, interposto antes da abertura do prazo. Ainda: **Enunciado 23:** Fica superado o enunciado 418 da súmula do STJ após a entrada em vigor do CPC.

Como esse assunto foi cobrado em provas de concursos.

2019 – CESPE – DPE-DF – Defensor Público. A respeito da função jurisdicional, dos sujeitos do processo, dos atos processuais e da preclusão, julgue o item seguinte. Será considerado intempestivo o recurso de apelação interposto antes da publicação da sentença. (incorreto).

2. PRECLUSÃO

A preclusão é a perda da possibilidade de praticar um ato processual, **seja pela perda do prazo (temporal), seja por ter praticado ato processual anteriormente incompatível (lógica), ou seja, por ter praticado validamente o ato de forma anterior (consumativa).** Logo, caso ocorra uma das situações descritas, a parte perde a possibilidade da prática do ato processual.

Um exemplo de preclusão temporal seria a apresentação do recurso de apelação no décimo sexto dia do prazo, após a intimação. Ora, nesta situação a parte perde a oportunidade da prática do ato, por não ter realizado a tempo correto.

A preclusão consumativa pode ser vislumbrada em uma situação que o réu apresenta a contestação, tempestivamente, e, dias depois, requer a sua complementação, com novas alegações e documentos. Ora, precluso o seu direito de contestar, tendo em vista já ter praticado a tempo e modo corretos.

Como exemplo de preclusão lógica tem-se a parte que dispensa a produção de outras provas no processo e arrola testemunhas para a audiência. São atos incompatíveis entre si. A parte perde a oportunidade de produzir a prova oral, em virtude de ter praticado ato incompatível anteriormente.

Preclusão Temporal	Perda do poder processual em razão do seu não exercício no momento oportuno; a perda do prazo é omissão que implica preclusão.

Preclusão Lógica	Perda de faculdade/poder processual em razão da prática anterior de ato incompatível com exercício desse poder.
Preclusão Consumativa	Perda de faculdade/poder processual, em razão de essa faculdade ou esse poder já ter sido exercido, pouco importa se bem ou mal.

Como esse assunto foi cobrado em provas de concursos públicos

2019 – CESPE – DPE-DF – Defensor Público. A respeito da função jurisdicional, dos sujeitos do processo, dos atos processuais e da preclusão, julgue o item seguinte. Ocorrerá a preclusão lógica do recurso para a parte que aceitar, ainda que tacitamente, sentença que lhe foi desfavorável. (correto)

2.1. Preclusão x decadência x prescrição

Convém destacar a diferença entre preclusão temporal, prescrição e decadência, já que todos se relacionam à ideia de tempo e de inércia. **Decadência é a perda do direito potestativo, em razão do seu não exercício dentro do prazo legal ou convencional.** (DIDIER, 2017. P. 484)

Assemelha-se à preclusão na medida em que há perda do direito pela inércia. Porém, a decadência se refere à perda de direitos pré-processuais, enquanto a preclusão se refere à perda de faculdades/poderes processuais.

De acordo com o art. 189 do Código Civil (CC) de 2002, o direito material violado dá origem à pretensão, que é deduzida em juízo por meio da ação. Extinta a pretensão, não há ação. Portanto, a prescrição extingue a pretensão, extinguindo também e indiretamente a ação. **Enquanto a prescrição se relaciona aos direitos a uma prestação, a preclusão temporal refere-se, tão-somente, a faculdades/poderes de natureza processual**.

Decadência	Perda de um direito potestativo em razão do seu não exercício dentro do prazo legal ou convencional.
Prescrição	Perda da eficácia de determinada pretensão por não a ter exercitado no prazo legal. Perde-se a pretensão, não o direito.
Preclusão	Perda da prerrogativa de praticar determinado ato processual. O objeto da preclusão é restrito ao processo.

3. PRAZOS DOS ATORES PROCESSUAIS

3.1. Prazos do juiz

São prazos impróprios e realizados pelo juiz, nos termos do art. 226 do CPC): Despachos: cinco dias; Decisões interlocutórias: 10 dias; Sentenças: 30 dias. O CPC anterior previa 10 dias para a prolação de sentença, o que foi alongado pela legislação vigente. Todavia, lembre-se que o prazo é impróprio.

3.2. Prazos dos servidores

Conforme art. 228 do CPC, cumprirá ao serventuário. Remeter **os autos conclusos no prazo de um dia e Executar os atos processuais em cinco dias.**

3.3. Prazos e Litisconsórcio

Questão que possui extrema relevância para os concursos públicos é a dos prazos diferenciados para litisconsortes. A legislação atual impôs alguns requisitos para a sua configuração, que não estavam presentes no sistema anterior. **O ponto em estudo encontra-se no art. 229 do CPC**.

Em primeiro lugar**, para que se aplique o prazo dobrado, os autos devem ser físicos.** Não há aplicação dessa situação em autos eletrônicos. A motivação é lógica. O prazo dobrado advém da dificuldade que o Procurador possui de analisar os autos fora de cartório, haja vista que havendo mais de um réu ou autor os prazos serão comuns. Ora, os autos eletrônicos ficam disponíveis a quaisquer das partes durante todo o tempo, o que não causa mais o transtorno que anteriormente era comum.

Além disso, **os litisconsortes devem ser representados por advogados distintos, vinculados a escritórios de advocacia distintos**. Caso os causídicos pertençam ao mesmo escritório, não haverá a dificuldade de acesso aos autos. Assim, a diversidade não só de advogados, mas de escritórios, é salutar para o instituto.

Para que a parte tenha o benefício mencionado no presente processo, não há necessidade de deferimento ou mesmo concessão pelo juiz. **Verificadas s condições de fato, a parte poderá usufruir da benesse processual.**

4. FORMA DE CONTAGEM DOS PRAZOS

Em regra, os prazos são contados em dias, embora também possam ser contados em horas, meses e anos.

Uma significativa alteração trazida pelo CPC/2015 está no art. 219, ao determinar que, **na contagem de prazo em dias, estabelecido por lei ou pelo juiz, computar-se-ão somente os dias úteis.** Logo, não são levados em consideração, para fins de contagem do prazo processual, os sábados, os domingos e os dias em que não haja expediente forense, tais como os feriados.

> **Atenção!** Essa regra de contagem não se aplica a prazos materiais, mas tão-somente aos processuais. Prazos materiais são aqueles destinados às partes, em atos que devem ser por elas mesmo praticados. Assim, como exemplo podemos citar o prazo dado pelo juiz para a retirada do nome dos autos dos cadastros restritivos de crédito.

Já os **prazos processuais são aqueles que devem ser praticados pelo advogado, em virtude de sua capacidade postulatória**, como a apresentação de um recurso. Questão que gerava polêmica na análise de sua natureza é o prazo de pagamento voluntário da obrigação no cumprimento de sentença (15 dias). Seria um prazo material ou processual?

Recentemente, o Superior Tribunal de Justiça dirimiu a questão, ao fixar o entendimento de que o referido prazo deve ser contado em dias úteis. Assim: "**Cumprimento de sentença. Intimação do devedor para pagamento voluntário do débito. Art. 523, *caput*, do Código de Processo Civil. Prazo de natureza processual. Contagem em dias úteis".** REsp 1.708.348-RJ, Rel. Min. Marco Aurélio Bellizze, Terceira Turma, por unanimidade, julgado em 25/06/2019, DJe 01/08/2019.

Na contagem do prazo, devemos **excluir o dia do começo e incluir o dia do vencimento**. (ART. 224, CPC) Se o dia de começo do prazo recair em dia em que o expediente seja encerrado antes, ou tenha se iniciado após, ou tenha ocorrido indisponibilidade no sistema eletrônico de comunicação processual, considera-se que o prazo começou no **primeiro dia útil seguinte**.

No caso específico do processo eletrônico, considera-se como **data de publicação** o primeiro dia útil seguinte ao da disponibilização no Diário da Justiça eletrônico. A **contagem do prazo** terá início no primeiro dia útil que seguir ao da publicação.

Vejamos um exemplo: se a parte foi intimada no dia 03.09.2018 (segunda-feira), o primeiro dia do prazo será o dia 04.09.2018 (terça-feira). O último dia para praticar um ato processual com prazo de três dias será o dia 06.09.2018 (quinta-feira), que está incluído na contagem.

b) Dia do começo do prazo:

Conforme art. 231, do CPC, O prazo se inicia em momento distinto, de acordo com a forma como se dá a **citação ou a intimação:**

Pelo correio	Data de juntada aos autos do aviso de recebimento.
Por oficial de justiça	Data de juntada aos autos do mandado cumprido.
Por ato do escrivão ou do chefe de secretaria	Data de ocorrência da citação ou da intimação.
Por edital	Dia útil seguinte ao fim da dilação assinada pelo juiz.
Eletrônica	Dia útil seguinte à consulta ao teor da citação ou da intimação ou ao término do prazo para que a consulta.
Em cumprimento de carta	Data de juntada do comunicado de que trata o art. 232 (comunicação por carta precatória, rogatória ou de ordem) ou, não havendo esse, a data de juntada da carta aos autos de origem devidamente cumprida.
Por Diário da Justiça impresso ou eletrônico	Data de publicação.
Por meio da retirada dos autos, em carga, do cartório ou da secretaria	Dia da carga.

c) Renúncia do prazo:

O art. 225 do CPC/2015 trata da possibilidade de a parte renunciar o prazo, quando não desejar praticar o ato para que o processo siga seu curso. É possível com duas exigências: **quando se tratar de prazo estabelecido exclusivamente a seu favor, e devendo-se renunciar de modo expresso, com petição nos autos.**

RESUMO

DOS PRAZOS PROCESSUAIS
1. Determinação de prazos legais x judiciais x convencionais
1.1 Classificação
Prazos legais: são aqueles que estão previstos na legislação. Em **regra**, os prazos estão prescritos na lei. Art. 218. Os atos processuais serão realizados nos prazos prescritos em lei.
Prazos judiciais: são aqueles que, devido à omissão da lei, são fixados pelo juiz, de acordo com a complexidade do ato. Art. 218. § 1º Quando a lei for omissa, o juiz determinará os prazos em consideração à complexidade do ato.
Prazos convencionais: são aqueles ajustados entre as partes, de comum acordo. É o caso, por exemplo, do prazo fixado em um negócio jurídico processual ou em razão da calendarização do processo.
2. Preclusão
2.1. Preclusão temporal
Preclusão temporal: perda do poder processual em razão do seu não exercício no momento oportuno; a perda do prazo é omissão que implica preclusão.
2.2. Preclusão lógica
Preclusão lógica: perda de faculdade/poder processual em razão da prática anterior de ato incompatível com exercício desse poder.
2.3. Preclusão consumativa
Preclusão consumativa: perda de faculdade/poder processual, em razão de essa faculdade ou esse poder já ter sido exercido, pouco importa se bem ou mal.
2.4. Preclusão x decadência e prescrição
A preclusão é a perda da possibilidade da prática de um ato processual, a decadência é a perda do direito, já a prescrição ataca a pretensão.
3. Prazos e litisconsórcio
Os litisconsortes que tiverem diferentes procuradores, de escritórios de advocacia distintos, terão prazos contados em dobro para todas as suas manifestações, em qualquer juízo ou tribunal, independentemente de requerimento.

Cessa a contagem do prazo em dobro se, havendo apenas dois réus, é oferecida defesa por apenas um deles. Não se aplica o disposto no *caput* aos processos em autos eletrônicos.	
3.1. Prazos do juiz	
O Juiz deverá proferir despachos em 5 dias, decisões interlocutórias em 10 dias e as sentenças em 30 dias.	
3.2. prazos dos servidores	
Remeter os autos conclusos, um dia. Executar as decisões judiciais, 5 dias.	
3.3.Prazos e penalidades	
Em relação às partes ocorrerá a preclusão. Em relação aos juízes e demais servidores, instauração de processo administrativo.	
3.4. litisconsórcio	
Os litisconsortes, com procuradores diferentes, vinculados a escritórios de advocacia diferentes, em autos físicos, possuem prazo dobrado, nos termos do art. 229, CPC.	
4. Forma de contagem dos prazos	
Pelo correio	Data de juntada aos autos do aviso de recebimento.
Por oficial de justiça	Data de juntada aos autos do mandado cumprido.
Por ato do escrivão ou do chefe de secretaria	Data de ocorrência da citação ou da intimação.
Por edital	Dia útil seguinte ao fim da dilação assinada pelo juiz.
Eletrônica	Dia útil seguinte à consulta ao teor da citação ou da intimação ou ao término do prazo para a sua realização.
Em cumprimento de carta	Data de juntada do comunicado de que trata o art. 232 (comunicação por carta precatória, rogatória ou de ordem) ou, não havendo esse, a data de juntada da carta aos autos de origem devidamente cumprida.
Por Diário da Justiça impresso ou eletrônico	Data de publicação.
Por meio da retirada dos autos, em carga, do cartório ou da secretaria	Dia da carga.

GABARITO

1	B	2	C	3	Certo	4	D	5	A
6	D	7	A	8	B	9	B	10	D

CAPÍTULO 18

DAS FORMAS DE COMUNICAÇÃO DOS ATOS PROCESSUAIS

RECADO

Caro (a) Leitor (a),

A primeira comunicação feita ao réu (citação) sofreu grandes modificações na legislação atual. O legislador aperfeiçoou o tema, para dar maior efetividade ao ato citatório. Portanto, temas como a possibilidade de citação do Administrador ou gerente da empresa, ou mesmo do funcionário de controle de acesso nos condomínios, revela-se de intensa cobrança.

Bons estudos!

QUESTÕES

1. **(2016 – VUNESP – Prefeitura de Alumínio – SP – Procurador)** João mora em um condomínio edilício e é réu de uma ação de conhecimento promovida por Maria. Diante dessa situação, sob a ótica da legislação processual, é correto afirmar que a citação de João

A) será válida apenas se for realizada pessoalmente por meio de oficial de justiça.

B) poderá ser feita pelo correio e terá validade mesmo que seja entregue a um funcionário da portaria do prédio onde ele mora.

C) só será válida se for por correio, pois em ações de conhecimento não é possível outra modalidade de citação.

D) poderá ser feita por hora certa caso o oficial de justiça por três vezes tente encontrar João sem sucesso, e suspeite que está se ocultando.

E) caso seja realizada por hora certa, deverá ser comunicada a João no prazo de quinze dias contados da juntada do mandado aos autos.

2. **(2017 – CONSULPLAN – TJ-MG – Titular do serviços de notas e registros – provimento)** Acerca da citação, todas as afirmações estão corretas, EXCETO:

A) Necessária para a validade do processo.

B) É um pressuposto processual de validade.

C) É matéria de ordem pública, no entanto, só poderá ser alegada sua nulidade ou vício na primeira oportunidade, sob pena de preclusão.

D) Ato formal que impõe uma série de requisitos, exigida em nome do contraditório, possibilitando ao réu sua participação no processo.

3. **(2017 – VUNESP – Câmara de Sumaré – SP – Procurador Jurídico)** A citação por edital será feita quando

A) desconhecido ou incerto o citando.

B) requerido pela parte autora.

C) o réu residir fora do país.

D) o recomendar o oficial de justiça.

E) a causa tiver como objeto interesse público.

4. **(2017 – IBFC – TJ-PE – Oficial de Justiça)** A relação jurídica processual está completa quando há a citação da parte, ou seja, quando há ciência inequívoca e plena acerca do procedimento judicial e seus termos. Sobre a temática, assinale a alternativa correta.

A) Poderá ser feita a citação de indivíduo que esteja participando de culto religioso ante a hipótese de perecimento do direito

B) A citação poderá ser feita por correio, mesmo quando o réu é incapaz

C) 0 A citação será sempre pessoal, vedada sua efetivação na pessoa do representante legal ou procurador do réu

D) Havendo suspeita de ocultação e ante o não atendimento pela parte em 3 (três) oportunidades distintas, poderá o oficial de justiça proceder a citação por hora certa

E) A citação por edital será realizada apenas na hipótese do citando ser desconhecido

5. **(2018 – FCC – SABESP – Advogado)** Com amparo no Código de Processo Civil de 2015, é correto afirmar:

A) A citação válida, ainda quando ordenada por juízo incompetente, sempre induz litispendência, torna litigiosa a coisa e constitui em mora o devedor.

B) Para a validade do processo é indispensável a citação do réu no caso de improcedência liminar do pedido.

C) Se o réu comparece espontaneamente para alegar a inexistência de citação, esta deverá ser feita em Cartório, na pessoa de seu advogado.

D) É absolutamente vedada a citação do militar em serviço ativo na unidade em que estiver servindo.

E) A indispensabilidade da citação do réu ou do executado para a validade do processo comporta exceções.

6. (2016 – FCC – Prefeitura de Campinas – SP – Procurador) No que se refere à citação, é correto afirmar:

A) A citação válida, desde que ordenada por juízo competente, induz litispendência, torna litigiosa a coisa e constitui em mora o devedor.

B) Em nenhuma hipótese se fará citação de quem estiver participando de ato de culto religioso ou se doente, enquanto grave seu estado.

C) Como regra geral, a citação far-se-á por mandado a ser cumprido por Oficial de Justiça; frustrado esse meio, a citação far-se-á pelo correio.

D) Sendo o citando pessoa jurídica, somente será válida a entrega do mandado citatório a pessoa com poderes de gerência geral ou de administração.

E) Nos condomínios edilícios ou nos loteamentos com controle de acesso, será válida a entrega do mandado a funcionário da portaria responsável pelo recebimento de correspondência, que, entretanto, poderá recusar o recebimento, se declarar, por escrito, sob as penas da lei, que o destinatário da correspondência está ausente.

7. (2017 – FCC – TJ-SC – Juiz Substituto) No que se refere à comunicação dos atos processuais, é correto que

A) para a eficácia e existência do processo é indispensável a citação do réu ou do executado, com a ressalva única de indeferimento da petição inicial.

B) o comparecimento espontâneo do réu ou do executado supre a falta ou a nulidade da citação, fluindo a partir desta data o prazo para apresentação de contestação ou de embargos à execução.

C) a citação válida, salvo se ordenada por juízo incompetente, induz litispendência, torna litigiosa a coisa e constitui em mora o devedor.

D) a citação será sempre pessoal, por se tratar de ato personalíssimo e, portanto, intransferível.

E) como regra geral, a citação será feita por meio de mandado a ser cumprido por oficial de justiça; frustrada esta, far-se-á pelo correio.

8. (2017 – IMA – Prefeitura de Penalva – MA – Procurador Municipal) De acordo com a Lei n. 13.105, de 16 de março de 2015, quantas tentativas frustradas são necessárias para se proceder a citação por hora certa?

A) 01 (uma) tentativa.

B) 02 (duas) tentativas.

C) 03 (três) tentativas.

D) Nenhuma, sendo necessária apenas a suspeita de ocultação do citando.

9. **(2017 – IESES – TJ-RO – Titular de serviços de notas e registros)** Segundo preconiza o novo Código de Processo Civil, não se fará a citação, salvo para evitar o perecimento do direito:

I. De doente, enquanto grave o seu estado.
II. De cônjuge, de companheiro ou de qualquer parente do morto, consanguíneo ou afim, em linha reta ou na linha colateral em segundo grau, no dia do falecimento e nos 30 (trinta) dias seguintes.
III. De quem estiver participando de ato de culto religioso.
IV. De noivos, nos 15 (quinze) primeiros dias seguintes ao casamento.

A sequência correta é:

A) Apenas a assertiva II está correta.
B) Apenas as assertivas I e III estão corretas.
C) As assertivas I, II, III e IV estão corretas.
D) Apenas as assertivas I, II, III estão corretas.

10. **(2018 – FCC – ALESE – Analista Legislativo)** Em relação à citação, a legislação vigente estabelece:

A) Será o ato citatório realizado inicialmente por Oficial de Justiça; frustrada a entrega por Oficial, realizar-se-á pelo correio.
B) Nos condomínios edilícios ou nos loteamentos com controle de acesso, será válida a entrega do mandado citatório a funcionário da portaria responsável pelo recebimento de correspondência, que, entretanto, poderá recusar o recebimento, se declarar, por escrito, sob as penas da lei, que o destinatário da correspondência está ausente.
C) Será ela realizada pelo correio para qualquer comarca do país, exceto apenas nas ações de estado ou quando o citando for incapaz.
D) Basta a afirmação do autor na petição inicial de que o réu encontra-se em lugar inacessível, ignorado ou incerto para justificar o deferimento imediato da citação por edital.
E) Não mais existe a denominada citação por hora certa na sistemática processual civil atual, pela insegurança jurídica decorrente de sua anterior utilização.

1. CITAÇÃO

A relação processual inicia-se com o registro ou a distribuição da petição. Perceba que, nesse primeiro contato do magistrado, a relação processual angular ainda não está formada, porque, nesse momento, **somente o autor e o juiz têm consciência da existência da relação jurídico-processual. Somente**

com a citação a relação processual completa-se. É, portanto, ato indispensável à validade procedimental.

Sobre a importância da citação, registre-se a lição do Professor Humberto Theodoro Júnior: "Tão importante é a citação, **como elemento instaurador do indispensável contraditório no processo,** que sem ela todo o procedimento se contamina de irreparável nulidade (JÚNIOR, 2018, p. 588).

Para que a relação fique estabilizada subjetivamente, portanto, é necessário que todos os sujeitos relevantes do processo estejam presentes. São eles: juiz, autor e réu. Por essa razão, é imprescindível a realização da citação da parte que ainda não faz parte do processo. A citação é, para a maioria da doutrina, um pressuposto processual da validade. Assim, para que a relação se desenvolva validamente, é necessária a integração do réu ao processo. (Arts. 238 e 239 do Código de Processo Civil – CPC).

Nos termos do art. 246 do CPC/2015, **são formas de citação, portanto, de integração do réu na realidade processual**: I – pelo correio; II – por oficial de justiça; III – pelo escrivão ou chefe de secretaria, se o citando comparecer em cartório; IV – por edital; V – por meio eletrônico, conforme regulado em lei.

Assim, a partir de agora, veremos as particularidades de cada uma dessas formas de citação no processo civil, focando naquilo que o CPC de 2015 trouxe de mais inovador.

Interessante mencionar que em determinadas situações o ato citatório não será necessário à validade do procedimento. Em alguns casos, o procedimento desenvolve-se e chega ao seu final sem a necessidade de citação do réu. Assim, duas situações excepcionais, em que isso ocorre são o indeferimento da inicial e o julgamento de improcedência liminar. Nessas duas hipóteses não há citação prévia do requerido à prolação da sentença. Todavia, ressalte-se que são situações excepcionais e pontuais.

Como esse assunto foi cobrado em provas de concursos públicos

2018 – FCC – TRT – 6ª Região (PE) – Analista Judiciário – Oficial de Justiça. Em relação à citação, é correto afirmar: Para a validade do processo é indispensável a citação do réu ou do executado, em qualquer hipótese. (incorreto).

A Ausência de citação ou mesmo a sua nulidade é causa de invalidade do procedimento. Assim, nos termos do art. 280 do CPC, quando a citação for feita em desconformidade com as prescrições legais, será nula. Aplicando-se o art. 281 do CPC, se anulada a citação, todos os atos posteriores do processo, em consequência, também o serão.

Todavia, é possível que o réu compareça espontaneamente nos autos, mesmo inexistindo o ato citatório ou sendo ele nulo. **Neste caso, seu prazo de defesa começará a fluir da data do comparecimento. (art. 239, § 1º do CPC).** Todavia, o juiz analisará a alegação de nulidade da citação. Se rejeitada, haverá a revelia da parte ou o prosseguimento da execução (art. 239, § 2º, CPC).

1.1. Citação por correio

No direito processual civil brasileiro, a **regra** é a citação **por correio, ou citação postal**! Isso se infere da análise da leitura do *caput* do art. 247 do CPC/2015. Trata-se de forma mais desburocratizada, rápida **e que não precisa respeitar os limites de territorialidade.** Assim, o magistrado poderá realizar a citação por correio para qualquer comarca do Brasil, independentemente de o réu estar situado dentro dos limites de sua competência territorial.

Imagine que uma demanda de alimentos tramite em uma comarca de Belo Horizonte (MG). A competência para esse tipo de ação é o domicílio do alimentando, que reside na cidade onde a demanda foi proposta. Contudo, o réu encontra-se domiciliado no município de João Monlevade (MG).

Um dos princípios da jurisdição é o da territorialidade, tal instrumento prevê que o juiz e os auxiliares da justiça só podem praticar atos processuais válidos dentro dos limites territoriais em que estão investidos.

Dessa forma, no exemplo apresentado, tanto o juiz como seus auxiliares somente podem praticar atos válidos em Belo Horizonte. Caso queira que um ato seja praticado fora dos limites territoriais de sua comarca, o magistrado deverá deprecar ao juízo de outro local, por meio de carta precatória, para que o juiz da localidade designe um oficial de justiça para cumprir o ato solicitado. Cumprido, será posteriormente devolvido à comarca de Belo Horizonte.

Repare que a utilização da carta precatória no caso em tela seria um procedimento bastante moroso, oneroso e burocrático para o processo. Entretanto, necessário, muitas vezes em razão da limitação territorial imposta pela jurisdição. **Por essa razão, o legislador processual inseriu a citação postal como regra de citação** (ressalvada a eletrônica anteriormente mencionada), pois o serviço postal não está limitado às normas de territorialidade já mencionadas, garantindo economia, rapidez e celeridade ao processo.

Assim, por configurar situação excepcional ao princípio da territorialidade, o próprio juízo de Belo Horizonte poderá ordenar a citação por correio do réu, estando ele em qualquer local do país. No exemplo citado, o réu poderá ser citado via correio em João Monlevade, sem qualquer problema.

Entretanto, a afirmação feita acima, de que a citação por correio é preferencial, deve ser vista com alguma parcimônia. Sensível ao processo eletrônico e as benesses da citação por este meio, o Código de Processo Civil estabeleceu que, **em relação às pessoas jurídicas de direito privado e público, a citação será preferencialmente realizada por meio eletrônico.** Desta forma, criou a necessidade das empresas (excetuadas as empresas de pequeno porte e as microempresas), de manterem cadastro no sistema do processo eletrônico, a fim de que a citação possa ser efetuada desta maneira (Art. 246, § 1º e 2º do CPC).

A citação por correio sofreu algumas modificações para otimizar o ato. O código alterou substancialmente a citação postal das empresas e das pessoas que residem em condomínios edilícios ou fechados (residências que tenham controle de acesso por porteiro).

a) Citação postal de pessoas jurídicas: Neste ponto, havia um grande problema na legislação processual civil anterior. Algumas empresas de grande porte utilizavam-se de algum ardil para evitar que as suas citações fossem consideradas válidas.

As empresas costumavam colocar em seus contratos sociais e estatutos uma cláusula determinando quem tinham poderes expressos para receber a citação, geralmente delegados a altos cargos dentro da pessoa jurídica, pessoas muitas vezes inacessíveis ou de difícil localização.

Dessa forma, permitiam que as citações por correios fossem assinadas por qualquer outro funcionário, para, em momento processual apropriado, **alegarem nulidade de citação em face de seu não recebimento por quem detinha poderes para recebê-la.** O Poder Judiciário ou mesmo os funcionários dos Correios não tinham como ter conhecimento dos exatos indivíduos que detinham poderes para receber o ato citatório.

Por essa razão, ainda na vigência do Código passado, **o STJ criou a Teoria da Aparência.** Segundo essa teoria, citação da empresa por correio será considerada válida caso seja recebida por um legítimo funcionário da empresa, desde essa pessoa não faça qualquer oposição ao recebimento da citação, **ainda que não tenha poderes estabelecidos no estatuto social.** Assim, de acordo com o entendimento então vigente:

> "A pessoa jurídica --ente evidentemente abstrato – faz-se representar por pessoas físicas que compõem seus quadros dirigentes. Se a própria diretora geral, mesmo não sendo a pessoa indicada pelo estatuto para falar judicialmente em nome da associação, recebe a citação e, na

> ocasião, não levanta nenhum óbice ao oficial de justiça, **há de se considerar válido o ato de chamamento, sob pena de, consagrando exacerbado formalismo, erigir inaceitável entrave ao andamento do processo.** Precedente citado: AgRg nos EREsp 205.275-PR, DJ 28/10/2002. EREsp 864.947-SC, **Rel. Min. Ministra Laurita Vaz, julgados em 06.06.2012.**"

O CPC adotou esse posicionamento do STJ para dar mais efetividade à citação postal. **O § 2º do art. 248 estabelece que a citação será considerada válida se recebida pelo gerente, administrador ou pelo funcionário responsável pelo recebimento das cartas.** Assim, afasta-se qualquer possibilidade de alegação de falta de poderes por quem recebeu efetivamente o ato citatório.

Desta maneira, mesmo que a pessoa jurídica insista que o recebedor do ato processual não detinha os poderes para tanto, a citação será apta a gerar a continuidade do processo, por expressa disposição legal.

b) Citação de residentes em condomínios: trata-se de outra novidade do CPC de 2015 para dar maior efetividade à citação. Em decorrência da animosidade de um conflito, em algumas situações o réu já sabe que será acionado judicialmente, já sabe que receberá uma citação postal ou a visita de um oficial de justiça para ser citado. Por vezes o réu faz de tudo para se furtar de receber o ato citatório.

Há situações em que o réu pede para que o porteiro de sua residência não receba correspondência ou não informe dados para sua localização, para ardilosamente não receber a citação. **Trata-se de barreira significativa para a efetivação do ato processual.**

Para evitar essa manobra processual, o CPC determinou, em seu art. 248, § 4º, que **considerar-se-á válida a citação feita na pessoa do porteiro ou do funcionário do controle de acesso em condomínio**, mesmo que não entregue pessoalmente a citação ao réu pelo carteiro. A única forma de se eximir desse ônus é se o porteiro declarar por escrito que o cidadão não se encontra ali, sob pena de sofrer as sanções legais caso a informação seja falsa.

Assim, à semelhança do que ocorreu com a citação das pessoas jurídicas, torna-se o ato mais efetivo, desprezando as barreiras contrárias a boa-fé processual eventualmente criadas pelo litigante.

Como esse assunto foi cobrado em provas de concursos públicos

2019 – VUNESP – Prefeitura de Ribeirão Preto – SP – Procurador Municipal. Citação é o ato pelo qual é convocado o réu para integrar a relação processual, cabendo ressaltar que deve ser realizada no procedimento comum, como regra, por oficial de justiça. (incorreto).

1.2. Citação por oficial de justiça

É uma modalidade excepcional de citação no ordenamento jurídico brasileiro. Assim, como prioritariamente o ato será feito por correio ou de forma eletrônica, a citação pelo servidor do Judiciário mostra-se de certa maneira excepcional. O código prevê a citação por oficial de justiça será realizada em duas situações: **nas hipóteses previstas na lei e todas as vezes que a citação por correio restar infrutífera (art. 249, CPC).**

São hipóteses legais de citação por oficial de justiça, presentes no art. 247 do CPC: a) nas ações de estado, observado o disposto no art. 695, § 3º; b) quando o citando for incapaz; c) quando o citando for pessoa de direito público; d) quando o citando residir em local não atendido pela entrega domiciliar de correspondência; e) quando o autor, justificadamente, a requerer de outra forma.

Em relação a este último dispositivo, há uma consideração interessante a ser feita. No Código anterior, bastava que o autor requeresse a citação por oficial de justiça, que ela ocorreria. Na legislação de 2015, **o autor tem que fundamentar a necessidade de citação por essa via.** Assim, o requerimento não pode ser feito de forma vazia, mas deve ser motivado.

Outra modificação importante foi trazida pelo CPC de 2015, no que diz respeito às hipóteses legais de citação por oficial. Não consta mais nas disposições apontadas no art. 247 **a citação por oficial de justiça no processo de execução.** Assim, a maioria da doutrina (GAJARDONI, 2018. P. 999), tendo em vista a omissão eloquente do dispositivo, **entende que a citação em execução de título extrajudicial poderá ser realizada por qualquer meio, inclusive correios.** Este é, inclusive o teor do enunciado 85 da I Jornada de Direito Processual Civil do CJF.

Também, conforme já mencionado, **a citação por oficial de justiça ocorrerá quando a citação postal for frustrada.**

Muitas vezes, o correio não efetua a citação por não encontrar o número da casa ou não localizar o morador apontado. Por força das atribuições do cargo, o oficial de justiça tem maior expertise para localizar o réu, o que torna mais efetiva essa forma de citação. Ademais, a citação postal está restrita a encontrar a pessoa no específico local apontado no documento, **já o oficial de justiça poderá citar o réu em qualquer lugar que o encontrar, salvo em alguns casos previsto na lei.** (art. 243, CPC). Existem, contudo, locais onde o ato não pode ser praticado ou circunstâncias nas quais ele é vedado (art. 244). **Todavia, em regra, pode ser feito em qualquer situação.**

Questão interessante é a relativização da territorialidade na citação feita por oficial de justiça.

Em regra, assim como o magistrado, os auxiliares da justiça somente podem praticar validamente os atos processuais nos limites territoriais onde estão investidos. O oficial de justiça, assim, também está restrito aos limites territoriais da comarca em que atua. **Porém, o art. 255 do CPC/2015 traz uma exceção, que permitirá ao oficial de justiça praticar atos fora dos limites de sua comarca**. Permite-se que, excepcionalmente, pratique atos nas comarcas contíguas ou presentes na mesma região metropolitana.

No CPC de 1973, o oficial de justiça apenas poderia efetuar citações e intimações em comarcas contíguas e de fácil comunicação. Atos de constrição processual não eram permitidos, como a penhora e avaliação de bens.

Pelas regras do CPC/1973, caso a demanda utilizada como exemplo fosse a execução de título executivo extrajudicial, o oficial de justiça de um determinado município não poderia cumprir o mandado de citação e penhora em município diverso.

Perceba que o código de processo civil atual (art. 255) acrescentou poderes ao oficial de justiça nas citações em comarcas contíguas ou situadas na mesma região metropolitana. A regra atual permite que ele realize em qualquer delas, **citações, intimações, notificações, penhoras, avaliações de bens e quaisquer outros atos executivos**. Assim, sua atuação extraterritorial não está restrita aos atos de comunicação processual.

a) Citação por hora certa: os autores (NEVES, 2018. P. 640) costumam dividir e classificar as **citações em citações reais e citações fictas.** As citações reais são aquelas em que o Poder Judiciário **tem a certeza de que o cidadão recebeu o ato citatório**. Por exemplo, na citação postal, quando o citado assina o aviso de recebimento, está documentado a cientificação.

A citação por oficial de justiça é, em regra, uma citação de cunho real, porquanto o servidor tem que se deparar pessoalmente com o citando, deve ler o inteiro teor do mandado, e exarar sua contrafé.

Na citação ficta, **o Poder Judiciário presume que o cidadão recebeu o ato citatório.** A citação por edital é um clássico exemplo de citação ficta. Nela há uma presunção legal e geral de que o réu foi cientificado. A citação por oficial de justiça excepcionalmente ocorrerá por meio ficto, **na modalidade citação por hora certa**.

Pode ocorrer do réu evitar, de forma maliciosa, ao cumprimento do ato citatório. Imagine que o oficial de justiça se dirija à casa do réu e tente citá-lo por duas vezes sem sucesso, pois o indivíduo se esconde ou se evade ardilosamente. Neste caso, o oficial deve certificar os horários e dias em que foi à casa do indivíduo. **Portanto, deve-se, em primeiro lugar, certificar da dificuldade em encontrá-lo, por duas vezes.**

Aliás, essa é a grande diferença entre a citação por edital e a citação por hora certa: na forma editalícia, não se sabe onde o réu se encontra, **já na citação por hora certa, sabe-se onde o réu está, contudo, ele está evitando a citação.**

Perceba que o sistema processual não pode ser condescendente com a artimanha utilizada pelo citando, por essa razão, **foi necessário criar um sistema de presunção de citação,** para impedir que a prática maliciosa atrapalhe o andamento do processo. Assim, caso os fatos demonstrem ou o oficial de justiça constate que o réu está se ocultando, furtando-se a receber o ato citatório, poderá, **após duas tentativas infrutíferas**, (art. 252, CPC) proceder à citação do réu por hora certa. (No CPC anterior, eram três).

Nessa hipótese, ele irá intimar um vizinho ou familiar do citando, **informará que irá retornar no dia útil seguinte em horário que estipular para citar o réu.** Pedirá que a pessoa intimada avise ao réu que a citação ocorrerá no dia e horário que o oficial retornar, estando ou não o réu presente ao ato de citação. Acontecerá mesmo à revelia do réu. **A citação com hora certa será efetivada mesmo que a pessoa da família ou o vizinho que houver sido intimado esteja ausente**, ou se, embora presente, a pessoa da família ou o vizinho se recusar a receber o mandado. (art. 253, § 2º, CPC 2015).

Interessante é a disposição do CPC de 2015, adotando o posicionamento do STJ, **que possibilitou a comunicação da citação por hora certa ao porteiro, ou funcionário de controle do acesso ao imóvel**, nos termos do art. 252, parágrafo único do CPC.

1.2.1. Citação por edital

Trata-se de citação ficta por excelência. **Há somente a publicação do ato citatório, sem a efetiva entrega do ato ao réu do processo.** Nos termos do art. 256 do CPC, é permitida nas seguintes situações: **I – quando desconhecido ou incerto o citando; II – quando ignorado, incerto ou inacessível o lugar em que se encontrar o citando; III – nos casos expressos em lei.**

Assim, imagine a hipótese de um determinado réu do qual o autor nem sequer tenha notícia de seu paradeiro. Como não há como integrá-lo à relação processual por outros meios, realizar-se-á a citação via edital.

A luz do CPC/1973, a citação por edital era realizada com a publicação de edital por uma vez em diário oficial, e por duas vezes em jornal de grande circulação, o que era moroso e extremamente dispendioso ao autor. Ressalte-se que, por vezes, essas citações eram consideradas nulas porque a parte não cumpria a quantidade de publicações exigidas ou não as fazia corretamente.

Atualmente, a publicidade dos editais está prevista no CPC/2015, no art. 257, inciso II. O dispositivo aponta como e onde o edital deve ser publicado: "a publicação do edital na rede mundial de computadores, no sítio do respectivo tribunal e na plataforma de editais do Conselho Nacional de Justiça, que deve ser certificada nos autos".

Além das publicações citadas, contudo, o CPC/2015 foi bastante flexível em relação à forma de publicidade do edital, pois o juiz pode determinar que seja impresso em jornais de grande circulação, **bem como adotar outros meios para dar maior publicidade ao edital de citação. (Art. 257, parágrafo único.)**

Além da publicidade, são demais requisitos do edital (art. 257, CPC): a) a afirmação do autor ou a certidão do oficial informando a presença das circunstâncias autorizadoras; b) a determinação, pelo juiz, do prazo, que variará entre 20 (vinte) e 60 (sessenta) dias, fluindo da data da publicação única ou, havendo mais de uma, da primeira; c) a advertência de que será nomeado curador especial em caso de revelia.

Importante! Se, eventualmente, **a parte requerer a citação dolosa por edital, incorrerá em multa de até cinco salários mínimos, revertida ao citando. (Art. 258, CPC.).** Imagine que o autor tenha pleno conhecimento do paradeiro do réu e, para que este não seja integrado à relação processual e sua pretensão seja efetivada de forma mais fácil, oculta dolosamente seu endereço. Ora, nesta situação, poderá sofrer as penas acima mencionadas.

Note-se que, a fim de evitar a citação maliciosa por edital, **deve-se tomar todas as cautelas possíveis para a tentativa de descobrir o endereço do citando.** Assim, nos termos do art. 256, § 3º do CPC "O réu será considerado em local ignorado ou incerto se infrutíferas as tentativas de sua localização, inclusive mediante requisição pelo juízo de informações sobre seu endereço nos cadastros de órgãos públicos ou de concessionárias de serviços públicos."

1.2.2. Citação eletrônica

Em todos os cantos do Brasil existem litigantes considerados contumazes, habituais, de processo em massa, tais como instituições financeiras e de crédito, operadoras de telefonia, os próprios entes federativos do Estado. O estabelecimento de citação eletrônica dessas pessoas traria bastante celeridade aos processos.

A citação eletrônica é a forma citatória mais rápida, desburocratizada e simples existente no ordenamento jurídico brasileiro. **Ela não é regulamentada pelo código de processo civil, mas, sim, pela Lei do Processo Eletrônico – Lei nº 11.419/2006.** O CPC de 2015 apenas faz a previsão de sua existência, nos termos do art. 246, V.

Conforme já afirmado anteriormente, além dessa previsão genérica, o CPC de 2015 cria uma obrigatoriedade de as pessoas jurídicas, seja de Direito Público ou Privado, efetuarem seus cadastros para a realização da citação eletrônica. Perceba:

O art. 6º da lei 11.419 de 2006 **estabelece que as citações eletrônicas serão feitas com a mesma cautela das intimações.** Assim, analisaremos o sistema traçado pela norma para as intimações e, assim, saberemos como a citação ocorre.

Em primeiro lugar, os destinatários da citação eletrônica, conforme já afirmado, terão a obrigatoriedade de manter um cadastro em site do Tribunal (atualmente, por disposição do CNJ, o sistema PJe). Assim, o envio das comunicações (e citações) será feita por meio deste portal. (Art. 5º da lei 11.419.) As citações, portanto, serão direcionadas a esse portal específico, no respectivo cadastro do réu.

Nos termos do art. 5º, § 1º, da referida lei "Considerar-se-á realizada a intimação no dia em que o intimando efetivar a consulta eletrônica ao teor da intimação, certificando-se nos autos a sua realização". **Assim, após o envio, a data de consulta será considerada a data da efetiva intimação (portanto citação), eletrônica.**

Imaginemos que o Tribunal tenha enviado uma citação à PJ no dia 10 de maio. Caso o réu demore dois dias para acessá-la, **portanto no dia 12 de maio, nesta data será considerada efetivada a citação/intimação.**

Caso essa consulta seja realizada em dia não útil, considerar-se-á realizada no próximo dia útil subsequente. (Art. 5º, § 2º, CPC).

Um questionamento se faz importante: após o envio do Tribunal, a citação ficará esperando eternamente pelo acesso do destinatário? E se esse destinatário demorar um longo tempo para acessá-la?

Ora, se assim fosse permitido, a celeridade e a eficiência da citação eletrônica se perderiam. Para essas hipóteses, o § 3º do art. 5º determina: **"A consulta referida nos §§ 1º e 2º deste art. deverá ser feita em até 10 dias corridos**

contados da data do envio da intimação, sob pena de considerar-se a intimação automaticamente realizada na data do término desse prazo."

Portanto, após o respectivo envio, a parte tem dez dias corridos para efetivar a consulta, sob pena de ser considerada citada!

Como esse assunto foi cobrado em provas de concursos públicos

2018 – FCC – TRT – 15ª Região (SP) – Analista Judiciário. No tocante à citação, com exceção das microempresas, das cooperativas e das sociedades de responsabilidade limitada, as empresas públicas e privadas são obrigadas a manter cadastro nos sistemas de processo em autos eletrônicos, para efeito de recebimento de citações e intimações, as quais serão efetuadas preferencialmente por esse meio. (incorreto).

1.2.3. Citação por comparecimento espontâneo

Por fim, o CPC de 2015 adicionou uma nova modalidade de citação: A parte vai espontaneamente à Secretaria, sendo efetivada a citação pelo escrivão, mediante certificação nos autos.

FORMAS DE CITAÇÃO NO CPC DE 2015	
Citação Postal	É a regra em nosso ordenamento, nos termos do art. 247, CPC.
Citação por oficial de Justiça	É realizada nas hipóteses previstas em lei (art. 247 CPC) e quando frustradas as tentativas pela citação postal.
Citação por edital	Trata-se de modalidade de citação ficta, excepcional e somente podendo ser realizada nas hipóteses previstas em lei.
Citação eletrônica	É regulamentada pela lei 11.419 de 2006.
Citação por comparecimento espontâneo	É realizada pelo escrivão, na secretaria, por conta do comparecimento do réu ao balcão.

1.3. Efeitos da Citação

Tema que aparece com certa frequência nos concursos púbicos é o dos efeitos da citação. Nos termos do art. 240 do CPC o ato produz as seguintes consequências em relação ao processo: "A citação válida, **ainda quando ordenada por juízo incompetente**, induz litispendência, torna litigiosa a coisa e constitui em mora o devedor, ressalvado o disposto nos arts. 397 e 398 da Lei nº 10.406, de 10 de janeiro de 2002 (Código Civil)".

A interrupção da prescrição opera-se pelo despacho que ordenou a citação, ou seja, em momento anterior ao ato citatório, retroagindo à data de propositura da ação. (art. 240, § § 1º e 2º do CPC). **A parte, contudo, deverá promover os atos e diligências necessárias à concretização do ato nos 10 dias subsequentes.** Como exemplo tem-se o recolhimento da verba de oficial de justiça. Caso não proceda desta maneira, não haverá interrupção da prescrição.

Entendimento anterior do STJ e muito bem recepcionado pelo CPC é de que a demora no ato citatório, por problemas relativos ao Poder Judiciário, e que não podem ser imputados à parte, não prejudicam o autor no que diz respeito à prescrição. (art. 240, § 3º, CPC).

2. INTIMAÇÕES

Após a citação do réu, bem como após a propositura da demanda pelo autor, todos os demais atos de comunicação processual com as partes serão feito por meio de intimações. É a forma de comunicação do Poder Judiciário, de um ato processual, para que as partes tenham ciência.

Uma questão interessante no CPC de 2015 é que a intimação deixou de ser ato exclusivo do Poder Judiciário. **Os próprios advogados podem proceder à intimação uns dos outros**. Todavia, essa possibilidade exige que o ato seja praticado via correio, com juntada do AR aos autos, bem como com o envio do despacho ou decisão que acompanha o ato de intimação. (Art. 269, § 2º do CPC).

A forma preferencial de citação no CPC/2015 é a eletrônica, nas comarcas onde houver o respectivo sistema, nos termos do art. 270. A esse respeito, recomendamos as considerações que fizemos em relação à citação eletrônica, especificamente nas menções ao art. 5º da Lei nº 11.419/2006.

Subsidiariamente, **caso não haja implantação do sistema eletrônico na comarca, a intimação dar-se-á pela publicação no Diário do Judiciário (art. 272 do CPC).**

Questão interessante sobre a intimação pelo diário oficial, diz respeito ao pedido, realizado por advogado integrante de sociedade, de que a comunicação seja feita exclusivamente em nome de determinado advogado. **Caso o Poder**

Judiciário não proceda dessa forma, o ato será considerado nulo! Assim, é muito comum que determinado advogado realize a audiência e peça que as intimações sejam feitas em nome do sócio da Sociedade Advocatícia. Se, eventualmente, as comunicações saírem em nome do advogado que compareceu ao ato, ainda que ele tenha procuração nos autos, será considerada nula! **Repita-se: o requerimento de intimação específica a um causídico vincula o Poder Judiciário (art. 272, § 5º, CPC).**

Além de do CPC permitir a intimação em nome de advogado específico, pode-se requerer que, na intimação a eles dirigida, figure apenas o nome da sociedade a que pertençam, desde que devidamente registrada na Ordem dos Advogados do Brasil. (art. 272, § 1º, CPC). **Portanto, eventual intimação poderá contar, por exemplo, o nome da Sociedade de Advogados Portela (nome fictício)**.

Caso não seja possível a intimação por meio eletrônico nem por meio de Diário Oficial, ela será realizada por algumas das seguintes formas, por meio do oficial de justiça (art. 273, CPC): **a) pessoalmente, se tiverem domicílio na sede do juízo; b) por carta registrada, com aviso de recebimento, quando forem domiciliados fora do juízo.**

Ainda, as mesmas formas fictas utilizadas para a citação, podem também ser utilizadas na intimação. Assim, nos termos do art. 275, § 2º do CPC, é possível a realização de intimação por edital, ou mesmo por hora certa.

RESUMO

FORMA DE COMUNICAÇÃO DOS ATOS PROCESSUAIS
1. Citação
Trata-se de ato indispensável à validade do processo. É o ato de integração do réu à relação processual. Nos termos do art. 246 do CPC, são formas de citação: postal, ou correio; oficial de justiça, edital, eletrônica e citação realizada pelo escrivão, por comparecimento espontâneo.
1.1. Citação por correio
É a regra no Direito Processual Brasileiro. Não há a necessidade de cooperação de juízes de outras comarcas. Quando realizada a empresas, considera-se perfeita com a assinatura do administrador, porteiro ou diretor.

1.2. Citação por oficial de justiça
É realizada em duas situações: ou quando a citação via correio é frustrada, ou nas hipóteses previstas em lei. Essas situações estão contempladas no art. 247 do CPC.
1.1.3. Citação por edital
Trata-se de modalidade de citação ficta, em que a publicação substitui a efetiva comunicação ao réu. Somente pode ser deferida após a expedição de ofícios e tentativa de efetivo encontro do réu. O seu requerimento doloso está sujeito a penalidades de multa.
1.1.4. Citação eletrônica
Apesar de ter previsão no CPC, e mesmo com a necessidade de as pessoas jurídicas realizarem o cadastro, sua regulamentação é feita por lei especial, a Lei nº 11.419/2006.
1.1.5. Citação por comparecimento espontâneo
Trata-se de modalidade nova de citação prevista no CPC. Em verdade, é o genuíno comparecimento espontâneo do réu.
2. Intimações
Os próprios advogados podem realizar o ato de intimação, por meio de carta com AR. Além disso, podem requerer que a intimação seja feita em nome da sociedade de advogados.

GABARITO

1	B	**2**	C	**3**	A	**4**	A	**5**	E
6	E	**7**	B	**8**	B	**9**	B	**10**	B

CAPÍTULO 19

DAS NULIDADES

RECADO

No presente capítulo recomenda-se o estudo do princípio da instrumentalidade das formas de maneira mais acurada. Existem alguns importantes posicionamentos jurisprudenciais destacados no texto. Da mesma forma, as consequências da decretação da nulidade do ato processual interessam ao estudo para concursos públicos.

Bons estudos!

QUESTÕES

1. **(2019 – MPE-SC – Promotor de Justiça)** Em atenção ao princípio da ampla defesa, segundo entendimento do Superior Tribunal de Justiça, o sistema processual civil brasileiro não admite o instituto da "supressio", ou renuncia tácita de um direito ou de uma posição jurídica, pelo seu não exercício com o passar dos tempos, podendo a parte alegar a nulidade de ato processual a qualquer tempo.

2. **(2019 – VUNESP – TJ-RS – Titular de serviços de notas e registros (remoção))** Sobre as nulidades, conforme expressa e literalmente, consta do Código de Processo Civil de 2015, cabe asseverar:

A) é nulo o processo quando o membro do Ministério Público não for citado a acompanhar o feito em que deva intervir.

B) o erro de forma do processo acarreta a anulação de todos os atos neles praticados.

C) a nulidade dos atos, seja lá de que espécie for, deve ser alegada na primeira oportunidade em que couber à parte falar nos autos, sob pena de condenação em litigância de má-fé.

D) quando a lei prescrever determinada forma sob pena de nulidade, a decretação desta pode ser requerida pela parte que lhe deu causa.

E) quando a lei prescrever determinada forma, o juiz considerará válido o ato se, realizado de outro modo, lhe alcançar a finalidade.

3. (2018 – VUNESP – Prefeitura de São Bernardo do Campo – SP – Assistente jurídico) Sobre as nulidades, é correto afirmar:

A) quando a lei prescrever determinada forma sob pena de nulidade, a decretação desta pode ser requerida pela parte que lhe deu causa.

B) quando a lei prescrever determinada forma, o juiz não considerará válido o ato realizado de outro modo, ainda que alcance a finalidade.

C) devem ser alegadas na primeira oportunidade em que couber à parte falar nos autos, sob pena de perempção.

D) devem ser alegadas na primeira oportunidade em que couber à parte falar nos autos, sob pena de preclusão.

E) a nulidade de uma parte do ato não prejudicará as outras que dela sejam dependentes.

4. (Ano: 2018 – Banca: IESES – Órgão: TJ-AM – Prova: IESES – 2018 – TJ-AM – Titular de Serviços de Notas e de Registros – Remoção) Relativamente ao título das nulidades, disposto no Código de Processo Civil – CPC/15, podemos afirmar que:

I. Quando a lei prescrever determinada forma sob pena de nulidade, a decretação desta pode ser requerida pela parte que lhe deu causa. II. A nulidade dos atos deve ser alegada na primeira oportunidade em que couber à parte falar nos autos, sob pena de preclusão. III. É anulável o processo quando o membro do Ministério Público não for intimado a acompanhar o feito em que deva intervir. IV. Ao pronunciar a nulidade, o juiz declarará que atos são atingidos e ordenará as providências necessárias a fim de que sejam repetidos ou retificados.

A sequência correta é:

A) As assertivas I, II, III e IV estão corretas.

B) Apenas as assertivas II e III estão incorretas.

C) Apenas a assertiva IV está incorreta.

D) Apenas as assertivas II e IV estão corretas.

5. (2018 – CESPE – ABIN – Oficial de Inteligência) Com base no Código de Processo Civil e no entendimento jurisprudencial e doutrinário acerca de processo civil, julgue o seguinte item: Presume-se o prejuízo do processo quando o Ministério Público não for intimado em ação na qual lhe caiba intervir, devendo o juiz declarar de imediato sua nulidade.

Certo

Errado

6. (2018 – FCC – PGE-TO – Procurador do Estado) Concernente às nulidades processuais, considere:

I. A nulidade dos atos deve ser alegada na primeira oportunidade em que couber à parte falar nos autos, ainda que essa nulidade tenha sido decretada de ofício pelo juiz.

II. Anulado o ato, consideram-se de nenhum efeito todos os subsequentes que dele dependam, todavia, a nulidade de uma parte do ato não prejudicará as outras que dela sejam independentes.

III. Quando a lei prescrever determinada forma sob pena de nulidade, a decretação desta pode ser requerida até mesmo pela parte que lhe deu causa, por se tratar de ato que não se convalida ou ratifica.

IV. O erro de forma do processo acarreta unicamente a anulação dos atos que não possam ser aproveitados, devendo ser praticados os que forem necessários a fim de se observarem as prescrições legais e aproveitando-se os atos praticados, desde que não resulte prejuízo à defesa de qualquer parte. Está correto o que se afirma APENAS em

A) I e III.

B) I, II e III.

C) II e IV.

D) II, III e IV.

E) I, III e IV.

7. (2017 – CESPE – TRF – 1ª REGIÃO – Analista Judiciário – Área Judiciária) A respeito da petição inicial, da tutela provisória, da suspensão do processo e das nulidades, julgue o próximo item à luz do Código de Processo Civil vigente: Caso verifique que o Ministério Público não foi intimado em processo que envolva interesse de incapaz, o juiz deverá, com base nos princípios da celeridade e da eficiência, decretar a nulidade do processo, intimando o Ministério Público da decisão.

Certo

Errado

8. (2017 – VUNESP – Câmara de Sumaré – SP – Procurador) Sobre as nulidades processuais, assinale a alternativa correta.

A) É anulável o processo quando o Ministério Público não for intimado a acompanhar feito em que deveria intervir.

B) A nulidade do ato deve ser alegada em qualquer caso na primeira oportunidade em que couber à parte falar nos autos, sob pena de preclusão.

C) O erro de forma do processo acarreta a nulidade dos atos que já foram praticados, sem qualquer aproveitamento.

D) As citações e as intimações serão nulas quando feitas sem observância das prescrições legais.

E) A nulidade de uma parte do ato prejudicará as outras, mesmo que delas seja independente.

9. **(2017 – COMPERVE – Câmara de Currais Novos – RN – Procurador Legislativo)** As nulidades ou invalidades são consequências jurídicas que devem ser apostas aos atos processuais defeituosos ou à sequência de atos que tomados isoladamente são regulares, mas que, em conjunto, são contrários à norma jurídica, sobretudo aquela relativa à ampla defesa e ao contraditório. Nesse sentido, o regime de nulidades do novo Código de Processo Civil prevê que

A) a não intimação de membro do Ministério Público para acompanhar processo no qual deva intervir gera a nulidade processual independente da manifestação deste acerca de prejuízo.

B) o juiz declarará, ao pronunciar a nulidade, quais atos são atingidos e ordenará as providências necessárias a fim de que sejam repetidos ou retificados.

C) a alegação de nulidade deve ocorrer na primeira oportunidade que a parte tenha de falar nos autos, sob pena de preclusão, incluindo as hipóteses em que o juiz deveria decretar de ofício.

D) o juiz, ao reconhecer a nulidade, mesmo que possa decidir a favor de quem a aproveite, deve pronunciá-la, mandar repetir o ato ou suprir-lhe a falta.

10. **(2017 – IESES – TJ-RO – Titular de serviços de notas e registros)** No tocante as nulidades processuais, dispostas no ordenamento jurídico brasileiro é correto afirmar:

A) A nulidade dos atos pode ser alegada a qualquer tempo, sempre que couber à parte falar nos autos.

B) É anulável o processo quando o membro do Ministério Público não for intimado a acompanhar o feito em que deva intervir.

C) Quando a lei prescrever determinada forma sob pena de nulidade, a decretação desta pode ser requerida também pela parte que lhe deu causa.

D) Anulado o ato, consideram-se de nenhum efeito todos os subsequentes que dele dependam, todavia, a nulidade de uma parte do ato não prejudicará as outras que dela sejam independentes.

1. CONCEITO

Caro (a) leitor (a), se os atos processuais são espécies de atos jurídicos, assim como estes, devem preencher os requisitos de validade, quais sejam, agente capaz, objeto lícito e forma prescrita ou não defesa em lei.

No que tange à forma legal, trataremos da teoria das nulidades processuais, em razão do caráter instrumental do processo e da necessidade de se respeitar a forma para atender seus fins. **As formalidades exigidas no processo são ínsitas à sua própria natureza, atribuindo previsibilidade e**

segurança ao procedimento. No entanto, não podem ser previstas além do necessário para alcançar esses valores. Caso contrário, obstruiriam a concretização do direito material.

A nulidade é, portanto, **uma sanção que incide quando o ato processual está em desconformidade com o ordenamento jurídico.** Quando a ilegalidade atinge a tutela de interesses de ordem pública, é absoluta. Quando atinge apenas interesses privados, é relativa.

Os atos processuais podem ser classificados como **atos inexistentes** (quando não atendem aos requisitos para a existência, de modo que não há ato jurídico viciado, mas sim um fato irrelevante para a ordem jurídica), **atos absolutamente nulos e atos relativamente nulos.** Sobre os dois últimos, que dão causas às nulidades absolutas e relativas, respectivamente, vejamos mais detalhadamente:

2. NULIDADES ABSOLUTAS

Os atos eivados de nulidade absoluta são aqueles em que a forma estabelecida em lei **visa resguardar valores de ordem pública, que protegem situações de interesse não somente das partes.** Assim, eventual desrespeito ao estabelecido pela norma gerará a sanção em questão. Imagine-se o desrespeito à citação no processo. O valor a ser preservado não é somente o patrimônio jurídico da parte, mas o contraditório e ampla defesa em si.

Nos casos de nulidade absoluta (nulidade), como esta diz respeito a interesse de ordem pública, o ato deve ser invalidado, **porque o vício é insanável e cumpre ao juiz decretar a nulidade absoluta de ofício.**

Atenção porque, nesse caso, **o ato jamais pode ser convalidado, perdurando apenas até que o juiz o declare absolutamente nulo**. Assim, nos termos do art. 278, parágrafo único do CPC, as nulidades deste jaez podem ser conhecidas pelo magistrado e não estão sujeitas à preclusão.

Ao pronunciar a nulidade, **o juiz declarará que atos são atingidos e ordenará as providências necessárias a fim de que sejam repetidos ou retificados.** (art. 282, CPC).

Isto é, o vício não impede que haja produção de efeitos, porque a nulidade depende de declaração por pronunciamento judicial. Além disso, uma vez declarado quais os atos atingidos, o juiz ordenará sua repetição, se houver oportunidade de praticar novo ato. Caso contrário, a parte sofrerá as consequências da preclusão, como se o ato não houvesse sido praticado.

Conforme já afirmado, um exemplo de ato absolutamente nulo é a citação sem observância das formalidades legais, quando ocorrer revelia do réu: a sentença será nula de pleno direito, **porque a relação processual não foi regularmente formada**. Por outro lado, se o réu comparecer ao processo, a nulidade (citação nula) pode ser suprida, já que o comparecimento não dá eficácia à citação, mas a substitui, produzindo efeitos. **Muita atenção nesse ponto, pois suprir a nulidade é diferente de dizer que houve convalidação do ato inválido!**

Ressalte-se que o Superior Tribunal de Justiça tem abrandado a decretação de nulidade, ainda que absoluta, quando a alegação da parte não corresponde aos ditames da boa-fé. Existem julgados no Tribunal que consideram válidos atos e procedimentos, ainda que eivados de vícios, quando a parte prejudicada pelo ato não a alega, apesar de sua ciência, para guardar o fato como um possível trunfo, a depender do resultado processual**. Trata-se da chamada "nulidade de algibeira", em que, ciente do vício, guardar-se a alegação para momento oportuno**.

Assim, situações como ausência de intimação para contrarrazões de recurso, podem ser relevadas, se houver comprovação de que a parte, por outro meio, teve conhecimento do ato processual. Para este tema confira-se REsp 1.372.802-RJ**, Rel. Min. Paulo** de **Tarso Sanseverino, julgado em 11/3/2014.**

Como esse assunto foi cobrado em provas de concursos públicos

2017 – Quadrix – SEDF – Professor Direito. Julgue o item subsequente em relação ao Direito Processual Civil. Ao se analisar a forma dos atos processuais e as nulidades à luz do princípio da instrumentalidade das formas, não é conveniente considerar nulo o ato somente porque praticado em desconformidade com a forma legal exigida, desde que atingida sua finalidade. (correto).

3. NULIDADES RELATIVAS

Diferentemente da nulidade absoluta, **a nulidade relativa visa proteger somente o interesse das partes. Assim,** "o ato é considerado relativamente nulo quando praticado com inobservância de forma legal que tenha como escopo preservar o interesse das partes. O principal aspecto da nulidade relativa, derivada justamente de sua razão política de existência — **proteção ao interesse das partes é depender seu reconhecimento da alegação oportuna e adequada da parte interessada** em ver tal nulidade declarada". (NEVES, 2017, p. 436).

Logo, nos casos de nulidade relativa (anulabilidade), cabe ao titular do interesse atingido pela ilegalidade a faculdade de requerer a declaração da invalidação do ato, pois o defeito recai sobre interesses privados.

NULIDADES RELATIVAS	NULIDADES ABSOLUTAS
Vícios de ordem pública, com vícios insanáveis, que podem ser conhecidos de ofício pelo juiz.	Trata-se de vício que tinge o interesse das partes, cabendo ao interessado alegar. Submetem-se à preclusão.

Portanto, a previsão estabelecida no art. 278 do CPC é estabelecida para as nulidades relativas, de forma que estas, ao contrário das absolutas, estão sujeitas a preclusão. **Caso a parte não as aponte na primeira oportunidade que tem para falar nos autos, perderá a possibilidade processual de alega-la posteriormente**.

4. PRINCÍPIO DA INSTRUMENTALIDADE DAS FORMAS

Pelo Princípio da Instrumentalidade das Formas **não há nulidade sem prejuízo**, e o ato só será considerado nulo se, além da inobservância da forma legal, **não tiver alcançado sua finalidade.** Existem dispositivos legais no Código de Processo Civil de 2015, que tratam, genericamente, do princípio da instrumentalidade das formas: **São eles os artigos 188 e 277 do CPC.**

O que se pretende é demolir a estrutura formal do processo tradicional sem contrariar princípios, como o devido processo legal, mas oferecendo melhores condições à sua plena realização.

Em decorrência desse princípio, o juiz não decretará a nulidade nem mandará repetir o ato ou suprir sua falta quando não houver prejuízo para a parte ou quando puder decidir o mérito a favor da parte a quem aproveite a decretação da nulidade, conforme art. 282, §§ 1º e 2º do CPC.

Atenção! O princípio da instrumentalidade das formas estabelece a primazia do conteúdo do ato sobre a formalidade legal. Assim, entre outras situações, se um ato foi praticado de forma incorreta, mas atingiu seu fim, será considerado válido pelo juiz.

Outro princípio que se relaciona com a nulidade dos atos processuais é o **Princípio da Fungibilidade**, pelo qual o juiz deverá procurar, sempre que possível, aproveitar os atos processuais praticados com irregularidades, de forma a converter o ato nulo em outro válido.

> **Como esse assunto foi cobrado em provas de concursos públicos**
>
> 2017 – TRF – 2ª Região –Juiz Federal substituto. ATENÇÃO. O acerto da presente questão consiste em IDENTIFICAR A ASSERTIVA FALSA. Em tema de nulidade processual, é ERRADO afirmar: O CPC adota a concepção de instrumentalidade das formas. (correto).

5. PRONUNCIAMENTO DAS NULIDADES PELO JUIZ

As nulidades devem ser alegadas sempre na primeira oportunidade que a parte tiver para se manifestar no processo, sob pena de preclusão. **Essa regra não se aplica aos processos cuja nulidade deve ser decretada de ofício pelo juiz** ou nas hipóteses em que a parte foi legitimamente impedida de fazê-lo.

Quando a intervenção do Ministério Público for obrigatória, será nulo o processo se ele não for intimado. O juiz deverá invalidar os atos praticados a partir do momento em que ele deveria ter sido intimado. A nulidade é decretada após a intimação do MP, que deve manifestar se houve ou não prejuízo na ausência de sua intimação. **Assim, somente após o pronunciamento do parquet, é que a nulidade será decretada. (art. 279 CPC).**

> **Como esse assunto foi cobrado em provas de concursos públicos**
>
> 2017 – Quadrix – CFO-DF – Procurador Jurídico. Com base em conhecimentos relativos a direito processual civil e à legislação correlata, julgue o próximo item. Diversamente do que ocorre no processo penal, no processo civil, a falta de intimação do Ministério Público para acompanhar feito em que deva intervir não gera nulidade, mas mera irregularidade. (errado).

Anulado o ato, **consideram-se de nenhum efeito todos os subsequentes que dele dependam**, afinal, o ato compõe o procedimento, que nada mais é que o encadeamento de atos. (art. 281, CPC). A nulidade de uma parte do ato não prejudicará as outras que dela sejam independentes, como é o caso da audiência de instrução e julgamento, em que poderá a nulidade se referir a apenas uma parte da complexidade.

O juiz não decretará a nulidade nem mandará repetir o ato se não houver prejuízo para a parte nem quando puder decidir do mérito a favor da parte a quem aproveita a decretação da nulidade. (art. 282, § 1º, CPC).

Com isso, podemos dizer que, pelo **Princípio da Instrumentalidade dos atos processuais, predominam, como regra, as nulidades relativas no processo**. O prejuízo processual que pode invalidar o ato é aquele que quebra o contraditório, causando perda da possibilidade do exercício da ampla defesa pela parte privada da regular intimação. Assim, como exemplo, podemos citar o dispositivo do art. 280 do CPC, o qual estabelece que são nulas as comunicações dos atos processuais sem o respeito ás formalidades legais. Portanto, trata-se de situação em que o contraditório resta prejudicado.

RESUMO

DAS NULIDADES
1. Nulidades absolutas
"A nulidade absoluta diz respeito às situações em que a forma do ato processual busca preservar algo superior ao interesse das partes. Busca-se preservar interesses de ordem pública, tratando-se a garantia do cumprimento das formas legais de verdadeira garantia de preservação do interesse público da Justiça e da boa administração jurisdicional."
2. Nulidades relativas
"O ato é considerado relativamente nulo quando praticado com inobservância de forma legal que tenha como escopo preservar o interesse das partes. O principal aspecto da nulidade relativa, derivada justamente de sua razão política de existência — proteção ao interesse das partes é depender seu reconhecimento da alegação oportuna e adequada da parte interessada em ver tal nulidade declarada.".
3. Princípio da instrumentalidade das formas
Não há nulidade sem prejuízo, e o ato só será considerado nulo se, além da inobservância da forma legal, não tiver alcançado sua finalidade.
4. Pronunciamento das nulidades pelo juiz
As nulidades devem ser alegadas pelas partes na primeira oportunidade que possa manifestar nos autos, em regra. Contudo, não se aplica às nulidades que devem ser reconhecidas de ofício pelo juiz.

GABARITO

1	Errado	2	E	3	D	4	D	5	Errado
6	C	7	Errado	8	D	9	B	10	B

CAPÍTULO 20

DA DISTRIBUIÇÃO E DO REGISTRO

RECADO

Caro (a) Leitor (a),

No presente capítulo costuma haver incidência sobre as hipóteses de distribuição por dependência, previstas no art. 286 de nossa legislação. Por ser uma exceção ao sorteio, costuma chamar a atenção do examinador.

Bons estudos!

QUESTÕES

1. **(2017 - CONSULPLAN - TRF - 2ª Região - Técnico Judiciário)** A Constituição da República Federativa do Brasil de 1988 disciplina o princípio do juiz natural. Este princípio possui desdobramentos no Código de Processo Civil de 2015 (Lei Federal nº 13.105/15) voltados à concepção que deve existir um determinado juízo, previamente criado e estabelecido, para julgar a causa submetida à sua apreciação. Sobre as regras processuais que disciplinam a distribuição e o registro dos procedimentos em âmbito judicial, analise as afirmativas a seguir.

I. Todos os processos estão sujeitos a registro e, onde houver mais de um juiz, devem ser distribuídos. Tal distribuição que poderá ser eletrônica, será alternada e aleatória, obedecendo-se rigorosa igualdade.

II. Serão distribuídas por dependência as causas de qualquer natureza quando, tendo sido extinto o processo sem resolução de mérito, for reiterado o pedido, ainda que em litisconsórcio com outros autores ou que sejam parcialmente alterados os réus da demanda.

III. A citação válida, quando ordenada por juízo incompetente, não produz quaisquer efeitos.

Está (ão) correta(s) apenas a(s) afirmativa (s)

A) I.

B) I e III.

C) II e III.

D) I e II.

2. **(2017 – CESPE – TRF – 1ª Região – Oficial de Justiça Avaliador)** A respeito da formação do processo, da penhora e do cumprimento de sentença, julgue o item que se segue. De acordo com o Novo Código de Processo Civil, considera-se proposta a ação quando a petição inicial for protocolada, sendo que o efeito da prevenção está vinculado à distribuição ou ao registro da petição inicial.

Certo

Errado

3. **(2018 – FGV – TJ-SC – Técnico Judiciário Auxiliar)** Define-se a prevenção do juízo para processar e julgar duas ações conexas, propostas perante órgãos jurisdicionais distintos, pela:

A) distribuição da petição inicial;

B) prolação do despacho liminar positivo;

C) prolação de qualquer despacho, ainda que se limite a determinar a emenda da petição inicial;

D) citação válida;

E) citação, ainda que inválida.

4. **(2018 – IBFC – TRF – 2ª REGIÃO – Juiz Federal Substituto)** No Processo Civil, determina-se a competência no momento:

A) da citação.

B) do registro ou da distribuição da petição inicial.

C) do despacho/decisão positivo que determina a citação.

D) do primeiro despacho ou decisão proferida pelo órgão julgador.

E) da estabilização da demanda, se o réu não alegar a incompetência em preliminar de contestação.

5. **(2018 – CESPE – TCM-BA – Auditor de Controle externo)** De acordo com norma presente no art. 286, inciso II do Código de Processo Civil (CPC), que trata da prevenção do juízo, devem ser distribuídas por dependência as causas de qualquer natureza "quando, tendo sido extinto o processo sem resolução de mérito, for reiterado o pedido, ainda que em litisconsórcio com outros autores ou que

sejam parcialmente alterados os réus da demanda". Essa regra objetiva dar efetividade ao princípio

A) do contraditório.
B) da inércia
C) da unidade.
D) do juiz natural.
E) da investidura.

1. INTRODUÇÃO

O início da demanda no Poder Judiciário dar-se-á pela apresentação da petição inicial em juízo. Assim, ao realizar o protocolo da petição, inicia-se o procedimento, apesar de aspectos relevantes da lide já serem traçados pelo advogado, da elaboração da peça processual.

Existem duas formas de apresentação da inicial em juízo: **o registro e a distribuição.** Primeiramente veremos o registro e, posteriormente, a distribuição.

1.1. Registro e distribuição

O registro da inicial ocorre nas comarcas de vara única, sendo que, inexistindo outros juízos para a distribuição**, a inicial necessariamente será levada ao juízo único**. Assim, diz-se que a inicial será registrada nas comarcas onde se encontra somente um juízo. Assim: "**Art. 284.** Todos os processos estão sujeitos a registro, **devendo ser distribuídos onde houver mais de um juiz.** "

No sentido do texto da norma, **nos locais onde o foro possua mais de um juízo competente, a inicial será distribuída entre um deles**. Imagine-se, por exemplo, uma comarca de quatro varas cíveis. Ora, ao propor a demanda, o advogado não sabe, de início, em qual das varas sua relação processual tramitará, tendo em vista que a inicial será distribuída entre um desses juízos.

Conforma lição de Humberto Theodoro Júnior: "Sempre que houver diversos órgãos concorrentes em matéria de competência ou atribuições, ou seja, vários juízes ou cartórios com igual competência, numa mesma comarca, haverá necessidade de distribuir os feitos entre eles na sua entrada em juízo. " (JÚNIOR, 2018. P. 634).

Importante mencionar que o Código do Processo Civil (CPC) de 2015 trouxe uma consequência primordial da distribuição e do registro. Diferentemente do que ocorria na legislação passada, **é o registro ou a distribuição (propositura da demanda) que previnem o juízo.** Portanto, nos termos do art. 59 do CPC, a prevenção ocorre pela propositura da demanda.

De acordo com o dispositivo mencionado: **Art. 59.** O registro ou a distribuição da petição inicial torna prevento o juízo.

Saber o momento de prevenção do juízo é importante. Uma situação determinada pela prevenção diz respeito à reunião de causas conexas, a qual se fará no juízo prevento. **Assim, é importante saber se determinado juízo para a verificação de qual dos juízos ficará responsável pela análise das duas ou mais demandas conexas**.

Imagine que duas demandas conexas – com a mesma causa de pedir – tenham sido distribuídas a dois juízos distintos. Ora, a consequência da conexão é a reunião dos feitos em um único juízo. Essa reunião, portanto, dar-se-á no juízo prevento. De acordo com o critério atual, será naquele em que a demanda foi primeiro apresentada, seja por meio do registro ou distribuição.

REGISTRO	DISTRIBUIÇÃO
Trata-se da forma de propositura da ação em comarcas de vara única, sem outros juízos competentes para conhecer da demanda.	Trata-se da modalidade de propositura da demanda onde exista mais de uma vara competente para conhecer a demanda.

2. FORMAS DE DISTRIBUIÇÃO

Existem duas formas de distribuição: **distribuição por sorteio e por dependência**. A sua realização por sorteio é a regra em nosso ordenamento. Assim, o critério para saber se determinada demanda irá ou não ser processada por uma das varas de uma determinada comarca é totalmente aleatório, respeitando a estrita igualdade na distribuição de trabalho entre os juízes. Não há como se determinar, de início, em qual das varas tramitará a relação processual.

De preferência, também, a distribuição será realizada por meio eletrônico.

Assim: "**Art. 285.** A distribuição, que poderá ser eletrônica, será alternada e aleatória, obedecendo-se rigorosa igualdade".

"Parágrafo único**. A lista de distribuição deverá ser publicada no Diário de Justiça".**

> **Atenção!** A distribuição pode ser realizada de duas formas: Ou por sorteio, sendo esta a regra em nosso ordenamento, ou por dependência, caso no qual o juízo estará previamente determinado para conhecer a causa.

2.1. Distribuição por dependência

Apesar de a distribuição por sorteio ser a regra, **excepcionalmente será realizada por dependência.**

Essa espécie de distribuição ocorre quando a demanda já é direcionada para algum juízo determinado, **não se submetendo ao fator aleatório para ser designada**. É realizada em hipóteses excepcionais, previstas em lei. No atual Código, essas situações estão presentes no art. 286 do CPC. São elas:

> **Art. 286.** Serão distribuídas por dependência as causas de qualquer natureza:
>
> **I – quando se relacionarem, por conexão ou continência, com outra já ajuizada;**

Os conceitos de conexão e continência encontram-se nos Arts. 55 e 57 do CPC. Lembre-se, contudo, de que somente quando a causa contida for proposta em primeiro lugar, os processos serão reunidos. Caso a continente seja em primeiro lugar proposta, a contida será extinta (*vide* art. 57 do CPC).

Imagine que duas partes tenham realizado um contrato. Uma dela propõe a execução dos valores advindos da relação, enquanto a outra propõe uma ação anulatória do contrato. Ora, nestas hipóteses o art. 55 do CPC determina a conexão dos processos. Assim, a reunião será imperativa. **Para que essa reunião seja determinada de início, impõe-se que a distribuição seja por dependência**. Se a execução se encontra em uma das varas cíveis da comarca, necessariamente a ação de conhecimento não estará sujeita à livre distribuição. Será, portanto, distribuída por dependência ao mesmo juízo executivo.

Segunda hipótese de distribuição por dependência: II – quando, tendo sido extinto o processo sem resolução de mérito, for reiterado o pedido, ainda que em litisconsórcio com outros autores ou que sejam parcialmente alterados os réus da demanda; (art. 286, II, CPC).

Essa segunda hipótese é bastante interessante**. Serve para não permitir a burla ao princípio do juiz natural.** Se essa situação não existisse, seria possível ao advogado redistribuir a demanda, após a desistência anterior, até que ela caísse em um juízo de sua predileção. Ora, esse inciso II impede a situação. Assim, se eventualmente a demanda for objeto de uma sentença terminativa, (o que não impede a sua nova distribuição), **será sempre direcionada ao mesmo juízo.**

Trata-se de rega apta a preservar o princípio do juiz natural. Ora, sua intenção é coibir a parte de escolher o juízo ao qual se destina a ação.

A terceira hipótese determina que haverá distribuição por dependência **quando houver ajuizamento de ações nos termos do art. 55, § 3º, ao juízo prevento** (286, III, CPC).

Conforme o dispositivo mencionado: "Serão reunidos para julgamento conjunto os processos que possam gerar risco de prolação de decisões conflitantes ou contraditórias caso decididos separadamente, mesmo sem conexão entre eles. " (Art. 55, § 3º, CPC.). **Portanto, mesmo que não exista a conexão, quando há nítida relação de prejudicialidade entre as demandas, haverá a distribuição por dependência.**

Como esse assunto foi cobrado em provas de concursos públicos

2017 – CESPE – Prefeitura de Belo Horizonte – MG – Procurador Municipal. Acerca de atos processuais e distribuição, assinale a opção correta. Havendo, na localidade, mais de um juízo competente e estando demonstrada a continência entre uma ação em curso e nova ação a ser proposta, pode o demandante distribuir sua nova ação por dependência ao juízo processante da ação em curso. (correto).

Questão interessante diz respeito à possibilidade de o advogado ou outros membros com capacidade postulatória, acompanharem e fiscalizarem a distribuição. Conforme já mencionado, o desejável é que o ato seja feito na forma eletrônica. Todavia, **nessa impossibilidade, poderá ser feita de forma analógica, o que requer o acompanhamento da parte interessada (art. 289, CPC).**

Outro ponto que merece destaque é a possibilidade de cancelamento da distribuição, por falta de pagamento das custas prévias. (Art. 290, do CPC).

Ora, em regra, se a parte não estiver albergada pelo pálio da gratuidade judiciária, deverá recolher um valor para o início da demanda, que é chamado pela legislação de "custas prévias".

Caso o autor distribua a inicial é não faça o seu recolhimento, será intimado para a realização do ato no prazo de 15 dias. **Se permanecer inerte, a distribuição é cancelada, e, consequentemente, será proferida uma sentença terminativa.** (art. 290, CPC).

Um efeito interessante da distribuição e do registro é a determinação da competência, para fins de aplicação do princípio da *perpetuatio jurisdictionis*. Ora, sabe-se que a relação processual não possui caráter itinerante, de forma que eventuais modificações após a fixação da competência não alteram o curso da demanda. **De acordo com o art. 43 do CPC, o momento em que essa competência é fixada, para os fins de perpetuação, é o registro ou distribuição da petição inicial.**

> **Como esse assunto foi cobrado em provas de concursos públicos**
>
> 2017 – IESES – ALGÁS – Analista de Projetos operacionais (área Jurídica). Sobre a competência processual, podemos afirmar: Determina-se a competência no momento do registro ou da distribuição da petição inicial, sendo irrelevantes as modificações do estado de fato ou de direito ocorridas posteriormente, salvo quando suprimirem órgão judiciário ou alterarem a competência absoluta. (correto).

RESUMO

1. Introdução
1.1. Registro e distribuição
O registro ocorre nas comarcas de vara única: onde somente um magistrado tem competência para processar e julgar todas as demandas. Já onde há mais de uma vara competente, ocorrerá a distribuição.
2. Formas de distribuição
Ocorre onde existe mais de uma vara competente para processar e julgar o feito. Assim, caso uma determinada comarca possua quatro varas cíveis, a demanda será efetivamente entregue a uma delas por distribuição. A regra é a distribuição por sorteio, na qual o fator aleatório determinará em qual juízo a demanda será processada e julgada.
2.2. Distribuição por dependência
Ocorre quando a causa já possui um juízo predeterminado para julgamento. Não está sujeita ao fator aleatório. As hipóteses de distribuição por dependência estão localizadas no art. 286 do CPC. É situação excepcional no ordenamento, sendo que a regra é a por sorteio.

GABARITO

1	D	**2**	Correto	**3**	A	**4**	B	**5**	D

CAPÍTULO 21

DO VALOR DA CAUSA

RECADO

Caro (a) Leitor (a),

Observe que o art. 292, V do CPC traz a necessidade de se quantificar o valor do dano moral pretenso na inicial. É uma diferença em relação ao sistema anterior, o que pode gerar cobranças em provas. Da mesma forma, a possibilidade de o juiz corrigir de ofício o valor da causa, sem determinar à parte que o faça, tem sido objeto de exames.

Bons estudos!

QUESTÕES

1. (2019 – VUNESP – Prefeitura de Valinhos – SP – Procurador) O valor da causa constará da petição inicial ou da reconvenção e será,

A) na ação de cobrança de dívida, a soma monetariamente corrigida do principal, dos juros de mora vencidos e de outras penalidades, se houver, até a data de propositura da ação.

B) na ação em que há cumulação de pedidos, a quantia correspondente a um dos pedidos.

C) na ação em que houver pedido subsidiário, a quantia correspondente à soma dos valores de todos eles.

D) na ação em que os pedidos são alternativos, o valor do pedido principal.

E) na ação indenizatória, salvo se fundada em dano moral, o valor pretendido.

2. (2018 – VUNESP – Câmara de Olímpia – SP – Procurador Jurídico) O valor da causa constará da petição inicial ou da reconvenção e será, na ação

A) em que houver pedido subsidiário, a quantia correspondente à soma dos valores desse pedido e do pedido principal.

B) indenizatória, inclusive a fundada em dano moral, o valor incontroverso.
C) de divisão, metade do valor de avaliação da área ou do bem objeto do pedido.
D) em que os pedidos são alternativos, a média dos valores dos bens.
E) que tiver por objeto a rescisão de ato jurídico, o valor do ato ou o de sua parte controvertida.

3. **(2019 – FGV – DPE-RJ – Técnico Superior Jurídico)** Ao apreciar uma petição inicial, para fins de exame positivo ou negativo de admissibilidade da demanda, o juízo percebeu ser relativamente incompetente para a causa e, ainda, que era equivocado o valor que lhe fora atribuído pelo autor. Nesse cenário, poderá o juízo, de ofício e imediatamente:
A) determinar a remessa do feito para o órgão competente;
B) retificar o valor atribuído à causa;
C) extinguir o feito, dada a ausência de um dos pressupostos processuais de validade;
D) determinar a intimação do réu para que ofereça impugnação ao valor da causa;
E) suscitar o conflito de competência.

4. **(2018 – VUNESP – Prefeitura de São Bernardo do Campo – SP – Assistente jurídico)** O valor da causa constará da petição inicial ou da reconvenção e será,
A) na ação de cobrança de dívida, a soma monetariamente corrigida do principal, dos juros de mora vencidos e de outras penalidades, se houver, a contar da citação.
B) na ação que tiver por objeto a existência, a validade, o cumprimento, a modificação, a resolução, a resilição ou a rescisão de ato jurídico, o valor do ato ou o de sua parte incontrovertida.
C) na ação de divisão, de demarcação e de reivindicação, o valor pretendido do bem objeto do pedido.
D) na ação em que os pedidos são alternativos, o valor da soma de todos os pedidos.
E) na ação em que houver pedido subsidiário, o valor do pedido principal.

5. **(Ano: 2019 – Banca: CESPE – Órgão: TJ-BA – Prova: CESPE – 2019 – TJ-BA – Juiz de Direito Substituto)** De acordo com o CPC, na ação em que houver pedido subsidiário, o valor da causa corresponderá
A) à soma dos valores dos pedidos principal e subsidiário.
B) ao pedido de maior valor, entre o principal e o subsidiário.
C) à média dos valores dos pedidos principal e subsidiário.
D) ao valor do pedido principal.
E) ao valor de qualquer dos pedidos, principal ou subsidiário, desde que a diferença dos seus valores seja de até 5%.

6. **(2018 – FEPESE – Prefeitura de Rio das Antas – SC Advogado)** Com base na legislação processual, o valor da causa constará da petição inicial ou da reconvenção e será, na ação em que os pedidos são alternativos:

A) o de maior valor.
B) o valor estimado.
C) o valor pretendido.
D) o valor do pedido principal.
E) a quantia correspondente à soma dos valores de todos eles.

7. **(2018 – VUNESP – UNICAMP – Procurador de Universidade Assistente)** Assinale a alternativa que traz o valor corretamente atribuído à causa.

A) Na ação em que se cobra uma dívida de R$ 100.000,00 (cem mil reais) vencida há mais de dez meses, o valor da causa deve ser o da dívida originária.
B) Em demanda que tem como objeto um contrato no valor total de R$ 30.000,00 (trinta mil reais), mas se discute apenas uma cláusula contratual que representa 50% desse valor, deve ser atribuída à causa obrigatoriamente o valor integral do contrato.
C) Em uma ação em que se requer a troca de um produto avaliado em R$ 10.000,00 (dez mil reais) ou a devolução da quantia paga acrescida de juros e correção monetária, deve ser atribuído à causa o maior valor.
D) Em uma ação onde se requer danos materiais e morais, o valor da causa deverá ser apenas aquele referente aos danos materiais uma vez que o pedido de danos morais deve ser genérico.
E) Quando o pedido for relativo a prestações vencidas e vincendas, deve-se atribuir à causa apenas o valor das vencidas até a propositura da ação, sendo a obrigação por prazo indeterminando.

8. **(2018 – CESPE – TJ-CE – Juiz Substituto)** Com base no CPC, é correto afirmar que o valor da causa

A) não servirá de base de cálculo para a fixação de multa por ato atentatório à dignidade da justiça caso seja irrisório ou demasiado elevado.
B) é um requisito legal da petição inicial, mas não da reconvenção.
C) não poderá ser corrigido de ofício pelo juiz, mesmo se verificado que a monta indicada não corresponde ao conteúdo patrimonial em discussão.
D) pode ser corrigido a qualquer tempo se comprovada alteração superveniente de fato ou de direito, oportunidade na qual será complementado o seu pagamento, se necessário.
E) corresponderá, em causa relativa a obrigação por tempo indeterminado, à soma das parcelas vencidas mais o valor de uma prestação anual relativa às parcelas vincendas.

9. **(2018 – FGV – TJ-AL – Analista Judiciário – Oficial de Justiça Avaliador)** O autor, na petição inicial, formulou o pedido principal de restituição de seu automóvel, que estava na posse do réu e que lhe custou 100 mil reais. Todavia, ante o receio de que esse pedido não fosse mais passível de acolhimento, formulou um pleito subsidiário de perdas e danos, no valor de 100 mil reais. Fixou

o demandante, então, o valor da causa em 200 mil reais, resultado da soma dos valores dos dois pedidos. Nesse quadro:

A) agiu corretamente o autor, pois no caso há uma cumulação simples, e o valor de 200 mil reais representa a soma dos dois pedidos;
B) agiu corretamente o autor, pois a fixação do valor da causa é livre, podendo o autor atribuir o valor que entender correto, devendo o réu, se discordar, impugná-lo;
C) agiu corretamente o autor, pois a cumulação sucessiva no caso importa na soma dos valores de todos os pedidos formulados;
D) agiu equivocadamente o autor, pois na cumulação subsidiária o valor da causa deve corresponder apenas ao valor pretendido no pedido principal;
E) agiu equivocadamente o autor, pois no caso há uma cumulação alternativa, devendo ser fixado o valor de 100 mil reais, correspondente ao bem de maior valor.

10. (2018 - FCC - DPE-AM - Defensor Público) A respeito do pedido e do valor da causa no novo Código de Processo Civil,

A) há previsão expressa da possibilidade de pedido genérico em ação indenizatória por danos morais, razão pela qual o valor da causa poderá se limitar ao valor dos danos materiais.
B) não mais subsiste o incidente de impugnação ao valor da causa, de modo que a forma e o momento oportuno para impugnação pelo demandado do valor dado à causa na petição inicial é em preliminar de contestação.
C) no caso de cumulação imprópria de pedidos, o valor da causa deverá ser o equivalente à soma do conteúdo econômico dos pedidos cumulados.
D) há previsão expressa de que a interpretação do pedido deverá ser feita de maneira restritiva.
E) ao juiz é vedado de ofício alterar o valor da causa atribuído pelo autor, dependendo de provocação do réu para tanto.

1. CRITÉRIOS PARA DETERMINAÇÃO DO VALOR DA CAUSA

Nos termos do art. 291 do Código do Processo Civil (CPC)**, toda causa terá um valor, independentemente de ter conteúdo econômico auferível**. Ainda, o art. 319 do CPC estabelece o valor da causa como um dos requisitos da petição inicial. (DIDIER JR. 2017. P. 626)

Assim, independentemente da natureza da demanda, será atribuído um valor à causa. Imagine-se, por exemplo, uma demanda sem qualquer pretensão financeira. Seria o caso de uma investigação de paternidade. **Ora, apesar de inexistir pretensão inicialmente material, há a necessidade de atribuição do valor da causa.**

> **Atenção!** O valor da causa não necessariamente está ligado à existência ou não de conteúdo econômico da causa. Independentemente de pretensão condenatória ou mesmo valor patrimonial, a demanda deverá ter um valor certo.

Qual seria a serventia de atribuição do valor da causa, mesmo sem conteúdo econômico imediato da demanda?

Ora, em vários aspectos, o valor da causa tem repercussão relevante no processo civil.

Em primeiro lugar, **a atribuição do valor serve para a determinação da competência do órgão jurisdicional.** Cite-se, por exemplo, a competência dos Juizados Especiais Cíveis, os quais possuem atribuição para processar e julgar as demandas de até 40 salários mínimos. Ou mesmo os Juizados Especiais Federais (60 salários mínimos), e Juizados Especiais da Fazenda Pública (60 salários mínimos).

Ainda, **o valor da causa serve para o cálculo das custas prévias**, necessárias à propositura da demanda. Os tribunais estabelecem valores progressivos de custas, sempre aumentando de acordo com o valor da causa.

O valor da causa pode servir, ainda, para o cálculo dos honorários advocatícios. Ora, nos termos do art. 85, § 2º do CPC, não havendo conteúdo condenatório e não sendo possível mensurar o proveito econômico, os honorários serão calculados sobre o valor da causa.

A legislação processual civil **traz algumas formas de cálculo do valor da causa, presentes no art. 292 do CPC**. Assim, se eventualmente a demanda enquadra-se em alguma situação do dispositivo legal, deverá ser calculada tendo em vista as regras nele estabelecidas. **Caso não haja a previsão no dispositivo, o valor da causa deve ser estabelecido sempre em atenção ao proveito econômico possível com a demanda**. Ainda assim, caso a demanda não tenha valor econômico calculável, pode-se atribuir o valor da causa para fins meramente fiscais.

De acordo com o dispositivo mencionado, são critérios de determinação do valor:

I – na ação de cobrança de dívida, a soma monetariamente corrigida do principal, dos juros de mora vencidos e de outras penalidades, se houver, até a data de propositura da ação;

Lembre-se de que os juros e a correção monetária, ainda que não pedidos na inicial, constituem pedidos implícitos, nos termos do art. 322 do CPC. Ainda assim, deve-se sempre levá-los em conta para o cálculo do valor da demanda.

II – na ação que tiver por objeto a existência, a validade, o cumprimento, a modificação, a resolução, a resilição ou a rescisão de ato jurídico, o valor do ato ou o de sua parte controvertida;

Exemplo: Imagine-se a anulação de uma compra e venda de um automóvel, no valor de R$ 40.000,00, por ocorrência de dolo. Ora, a referida ação, com base nos critérios, teria o valor atribuído em R$ 40.000,00.

III – na ação de alimentos, a soma de 12 (doze) prestações mensais pedidas pelo autor;

Exemplo: Se os alimentos pretendidos têm o valor de R$ 5.000,00, o valor da causa corresponderá a 60.000,00, em atenção à forma mencionada.

IV – na ação de divisão, de demarcação e de reivindicação, o valor de avaliação da área ou do bem objeto do pedido;

Exemplo: A pretensão é a divisão de um imóvel de R$ 100.000,00, este será o valor da causa.

V – na ação indenizatória, inclusive a fundada em dano moral, o valor pretendido;

Em relação a esse inciso, o CPC/2015 contrariou o entendimento consolidado no âmbito do Supremo Tribunal da justiça (STJ). O Tribunal, na vigência do CPC anterior, tinha a jurisprudência pacífica, no sentido de se permitir o pedido genérico de danos morais, sendo que a quantia seria posteriormente arbitrada pelo juiz. Assim, de acordo com o entendimento anterior:

> "**É pacífica a jurisprudência desta Corte quanto à possibilidade de formulação de pedido genérico de compensação por dano moral**, cujo arbitramento compete exclusivamente ao juiz, mediante o seu prudente arbítrio". (REsp 1534559/SP, Rel. Ministra NANCY ANDRIGHI, TERCEIRA TURMA, julgado em 22.11.2016, *DJe* 01/12/2016).

Todavia, de acordo com o referido inciso, **mostra-se impossível o pedido genérico de danos morais, na vigência do atual CPC.** O autor deverá revelar o *quantum* pretenso, sob pena de indeferimento da petição inicial.

VI – na ação em que há cumulação de pedidos, a quantia correspondente à soma dos valores de todos eles;

Aqui, o CPC/2015 trata da cumulação própria de pedidos. Pode ser cumulação própria simples (em que cada um dos pedidos é solicitado de forma independente), ou cumulação própria sucessiva (em que o segundo pedido é concedido somente se o primeiro for acolhido). Em ambos os casos, o valor da causa deverá ser calculado somando-se todos.

VII – na ação em que os pedidos são alternativos, o de maior valor;

Os pedidos alternativos são uma cumulação imprópria de pedidos, em que geralmente é utilizada a partícula "ou". Assim, o juiz condenará o réu à restituição do valor do negócio, ou à concessão de outro bem de igual valor. Nessas hipóteses, o valor da causa será tomado pelo maior valor de pedido.

VIII – na ação em que houver pedido subsidiário, o valor do pedido principal.

A cumulação subsidiária também é feita de forma imprópria. O segundo pedido somente é analisado se o primeiro não for acolhido. Nesses termos, o valor da causa será do pedido principal (primeiro pedido na ordem de preferência).

§ 1º Quando se pedirem prestações vencidas e vincendas, considerar-se-á o valor de umas e outras.

Parcelas vincendas são aquelas que ainda não venceram na propositura da ação, como um contrato de trato sucessivo. **Caso elas estejam incluídas no pedido, deverão ser analisadas para o cálculo do valor da causa.** O CPC/2015 traz uma regra para o cálculo do valor da causa, em relação às parcelas vincendas, quando a obrigação for por prazo indeterminado. Confira-se, no art. 292, § 2º, do CPC: O valor das prestações vincendas será igual a uma prestação anual, se a obrigação for por tempo indeterminado ou por tempo superior a 1 (um) ano, e, se por tempo inferior, será igual à soma das prestações.

2. CORREÇÃO OFICIOSA E IMPUGNAÇÃO

Conforme já afirmado anteriormente, a parte deverá calcular o valor da causa com base nos critérios objetivos trazidos pelo dispositivo legal. Ou, na ausência de previsão expressa de cálculo, com base no conteúdo econômico. Caso assim não proceda, a correção do valor da causa pode se dar de duas formas:

a) **De ofício pelo juiz:** nos termos do art. 292, § 3º, "O juiz corrigirá, de ofício e por arbitramento, o valor da causa quando verificar que não corresponde ao conteúdo patrimonial em discussão ou ao proveito econômico perseguido pelo autor, caso em que se procederá ao recolhimento das custas correspondentes".

Como esse assunto foi cobrado em provas de concursos públicos

2018 – FUNDEP (Gestão de Concursos) – MPE-MG – Promotor de Justiça Substituto. Analise as seguintes assertivas: O juiz corrigirá, de ofício e por arbitramento, o valor da causa quando verificar que não corresponde ao conteúdo patrimonial em discussão ou ao proveito econômico perseguido pelo autor, caso em que se procederá ao recolhimento das custas correspondentes. (correto).

b) Por provocação do réu: o réu poderá alegar, **em preliminar de contestação**, a incorreção do valor da causa (art. 293 do CPC). Assim, caso o magistrado não o faça de ofício, caberá à parte realizar a sua impugnação.

Em todos os casos, retificado o valor da causa, o autor será intimado a complementar as custas prévias, sob pena de cancelamento da distribuição.

Como esse assunto foi cobrado em provas de concursos públicos

2017 – VUNESP – DPE-RO – Defensor Público. O valor da causa poderá ser impugnado como preliminar de contestação. (correto).

FORMAS DE CORREÇÃO DO VALOR DA CAUSA	
No CPC de 2015 o juiz pode, ele mesmo, realizar a correção do valor da causa de ofício, intimar previamente a parte.	Ainda, o réu poderá, em preliminar de contestação alertar ao juízo sobre o valor da causa incorreto.

RESUMO

VALOR DA CAUSA
1. Forma de cálculo do valor
O art. 292 do CPC estabelece os critérios objetivos para o cálculo do valor da causa. Se a demanda não estiver presente em um dos incisos, o seu valor deverá ser calculado com base em seu proveito econômico.
2. Correção oficiosa e impugnação
Nos termos do art. 293 do CPC, o juiz poderá corrigir de ofício o valor da causa. Caso assim não proceda, o réu deverá alegar a incorreção do valor em preliminar de contestação. Acolhida a preliminar ou corrigido de ofício, o autor será intimado para complementar as custas prévias.

GABARITO

1	A	**2**	E	**3**	B	**4**	E	**5**	D
6	A	**7**	C	**8**	E	**9**	D	**10**	B

CAPÍTULO 22

TUTELAS PROVISÓRIAS

RECADO

Caro (a) Leitor (a),

As tutelas provisórias são objeto de intensa cobrança em provas de concursos, dada a profunda modificação que sofreram em relação ao sistema processual anterior. Em especial, merece atenção a possibilidade de requerimento da tutela antecipada em caráter antecedente, e sua estabilização.

Da mesma maneira, deve ser lida com atenção a parte relativa às tutelas da evidência, pela sua sistematização inexistente no sistema anterior.

Bons estudos!

QUESTÕES

1. **(2019 – VUNESP – Câmara de Mauá – SP Procurador Legislativo)** A tutela provisória pode fundamentar-se em urgência ou evidência. A respeito do tema, é correto afirmar que

A) a tutela provisória de urgência cautelar será concedida em caráter antecedente ou incidental e a tutela de urgência antecipada será concedida apenas em caráter incidental.

B) a tutela provisória requerida em caráter antecedente independe do pagamento de custas.

C) na petição inicial que se limita ao requerimento da tutela antecipada antecedente não há necessidade de indicação do valor da causa.

D) qualquer das partes poderá invalidar a tutela antecipada antecedente estabilizada por meio de ação rescisória a ser proposta em até dois anos, contados da ciência da decisão que extinguiu o processo.

E) efetivada a tutela cautelar requerida em caráter antecedente, o pedido principal terá de ser apresentado pelo autor em 30 (trinta) dias nos mesmos autos, não dependendo do adiantamento de novas custas processuais.

2. (2019 - CESPE - TJ-AM Assistente Judiciário) Rodrigo deixou de cumprir sua parte em obrigação de fazer firmada com Vinícius. Para assegurar seu direito, Vinícius ajuizou ação em desfavor de Rodrigo. Considerando essa situação hipotética, julgue o item subsequente. "Na hipótese de Vinícius requerer tutela provisória incidental, esta dependerá do pagamento de custas referentes ao feito".

Certo

Errado.

3. (2019 - CONSULPLAN - TJ-MG - Titular de serviços de notas e registros) Sabe-se que a tutela provisória pode fundamentar-se em urgência ou evidência. Sendo uma tutela provisória de urgência, cautelar ou antecipada, pode ser concedida em caráter antecedente ou incidental. Neste diapasão, é correto afirmar que:

A) Uma vez antecipada a tutela, ela conserva sua eficácia até o trânsito em julgado da sentença, não podendo ser revogada ou modificada.

B) Não cabe recurso de agravo de instrumento contra a decisão que concede, denega ou posterga indevidamente a apreciação do pedido de tutela provisória.

C) Apenas pode ser concedido provisoriamente aquilo que pode sê-lo definitivamente; entretanto, a técnica antecipatória pode se prestar a uma tutela do direito que se encontra fora da moldura da tutela final.

D) Como o código prevê a possibilidade de estabilização da tutela satisfativa de urgência, o conceito de provisoriedade adequado ao direito brasileiro deve sofrer um acréscimo: provisória é aquela decisão que tendencialmente não dura para sempre e potencialmente será substituída por outra com objeto coincidente no todo ou em parte.

4. (2019 - FCC - TJ-AL Juiz Substituto) A tutela da evidência

A) em nenhuma hipótese admite concessão de liminar judicial.

B) depende de demonstração de perigo de dano iminente.

C) depende de demonstração de risco ao resultado útil do processo.

D) não pode ser concedida se dependente de prova documental dos fatos constitutivos do direito do autor, ainda que o réu não oponha objeção capaz de gerar dúvida razoável.

E) será concedida, entre outras hipóteses, se se tratar de pedido reipersecutório fundado em prova documental adequada do contrato de depósito, caso em que será decretada a ordem de entrega do objeto custodiado, sob cominação de multa.

5. **(2019 – Quadrix – CREA-GO Advogado)** No que diz respeito ao direito processual civil, julgue o item. "Para a concessão da tutela de evidência, o autor deverá demonstrar o perigo de dano e o risco ao resultado útil do processo".

Certo

Errado

6. **(2019 – VUNESP – IPREMM – SP – Procurador Jurídico)** Cláudia e Rodrigo eram sócios em uma empresa de marketing. Após muitos anos de sociedade, Cláudia, desconfiada de que Rodrigo estava desviando valores, investiga as contas da empresa e descobre que na verdade ele está vendendo suas ideias para uma empresa concorrente. Diante da situação, Cláudia contrata um advogado e propõe ação para extinguir a sociedade empresária, e Rodrigo, ciente da propositura da ação, coloca à venda todos os bens da empresa, inclusive veículo, computadores e máquinas, sem informar Cláudia que está dilapidando o patrimônio da empresa. Considerando a situação hipotética, a medida processual mais adequada para resguardar os interesses de Cláudia é a tutela provisória de

A) evidência.

B) urgência antecipada em caráter incidental.

C) urgência antecipada em caráter antecedente.

D) urgência cautelar em caráter incidental.

E) urgência cautelar em caráter antecedente.

7. **(2019 – FCC – MPE-MT Promotor de Justiça Substituto)** A tutela provisória

A) se suspenso o processo, como regra perde ela sua eficácia durante o período respectivo.

B) de urgência de natureza cautelar pode ser efetivada mediante arresto, sequestro, arrolamento de bens, registro de protesto contra alienação de bem e qualquer outra medida idônea para asseguração do direito.

C) conserva sua eficácia na pendência do processo, só podendo ser revogada ou modificada por ocasião do saneamento processual ou da sentença.

D) se requerida em caráter incidental, depende do pagamento de custas processuais.

E) de urgência só poderá ser concedida em caráter antecedente, pois a urgência precede, quanto aos fatos, o pedido inicial de antecipação tutelar.

8. **(2019 – VUNESP – Prefeitura de Ribeirão Preto – SP – Procurador do Município)** A tutela provisória pode fundamentar-se em urgência ou evidência, destacando-se, no que concerne à tutela de urgência, que

A) será concedida quando houver elementos que evidenciem a probabilidade do direito e o perigo de dano ou o risco ao resultado útil do processo.

B) sendo o requerente hipossuficiente financeiro, o juiz pode, para a sua concessão, exigir caução idônea para ressarcir os danos que a outra parte possa vir a sofrer.

C) se requerida em caráter incidental, exige pagamento prévio de custas.
D) não deve ser concedida, caso haja necessidade de designação de justificação prévia para constatação de seus requisitos.
E) a de natureza antecipada deve ser concedida, como regra, ainda que possa ocorrer perigo de irreversibilidade dos efeitos da decisão.

9. **(2019 – VUNESP – Prefeitura de Valinhos – SP Procurador)** A tutela antecipada requerida em caráter antecedente é prevista para os casos em que a urgência é contemporânea ao ajuizamento da demanda. Seus efeitos podem ser estabilizados, novidade disposta no Código de Processo Civil como técnica destinada à rápida produção de resultados. A respeito do assunto, assinale a alternativa correta.
A) A tutela torna-se estável se a parte prejudicada não recorrer no prazo de dois anos contados da decisão concessiva.
B) A ação rescisória é o instrumento correto para reforma, revisão e anulação da tutela estabilizada.
C) A decisão que concede a tutela antecipada requerida em caráter antecedente, após a estabilização, faz coisa julgada.
D) Qualquer das partes poderá demandar a outra com o intuito de rever, reformar ou invalidar a tutela antecipada estabilizada.
E) No caso de estabilização, o processo será suspenso pelo prazo de dois anos e, depois, extinto.

10. **(2019 – MPE-SP – MPE-SP Promotor de Justiça Substituto)** A tutela da evidência será concedida, independentemente da demonstração de perigo de dano ou de risco ao resultado útil do processo. Poderá ser concedida liminarmente quando
A) ficar caracterizado o abuso do direito de defesa ou o manifesto propósito protelatório da parte.
B) se tratar de pedido reipersecutório fundado em prova testemunhal adequada do contrato de depósito, caso em que será decretada a ordem de entrega do objeto custodiado, sob cominação de multa.
C) as alegações de fato puderem ser comprovadas apenas documentalmente e houver tese firmada em julgamento de casos repetitivos ou em súmula vinculante.
D) a petição inicial for instruída com prova documental suficiente dos fatos constitutivos do direito do autor, a que o réu não oponha prova capaz de gerar dúvida razoável.
E) se tratar de pedido possessório fundado em prova documental adequada, caso em que será decretada a ordem de reintegração ou manutenção da posse, sob cominação de multa.

1. DIFERENÇA ENTRE TUTELA DEFINITIVA E PROVISÓRIA

Em regra, para se usufruir de um direito, há a necessidade de se obter chamada tutela definitiva. Essa **é prestada após a finalização da fase de conhecimento processual** ou, em outras palavras, após o trânsito em julgado da decisão de mérito no processo.

Sabe-se que o início da fase de conhecimento se dá com o registro ou a distribuição da petição inicial, inaugurando-se o procedimento, concluindo-se na sentença judicial. Nesta fase são produzidas e colhidas as provas, assim como é oportunizado o pleno contraditório, além de ser dado à parte a possibilidade de se manifestar nos autos processuais em todas as suas fases. Depois de esgotada a fase de conhecimento (tanto em 1ª quanto em 2ª instância), **há o chamado contraditório pleno ou, segundo alguns autores, o exercício da cognição exauriente pelo juiz**. O contraditório pleno dá azo à chamado **tutela definitiva.**

Os magistrados, tanto de primeira instância quanto de grau recursal, (após a finalização da fase de conhecimento) já exauriram todas as possibilidades do contraditório, analisando todas as alegações contidas pelas partes e todas as provas possíveis e imagináveis de serem produzidas pelo processo. Em decorrência dessa infinidade de provas e alegações, **a regra é que a tutela definitiva seja imutável**.

Entretanto, há outra espécie de tutela em contraponto à tutela definitiva. É a chamada tutela provisória, a qual se encontra nos artigos 294 e seguintes do CPC/2015.

A tutela provisória é prestada antes do momento final da fase de conhecimento processual. Desta forma, ela pode ser concedida liminarmente (no início da ação), durante o curso da fase de conhecimento e até, excepcionalmente, na sentença. O contraditório que o juiz tem acesso para proferir uma decisão de tutela provisória não é o contraditório pleno. No momento de prolação da decisão o magistrado ainda não teve acesso a todos os elementos probatórios e alegação das partes. **Costuma-se dizer que, nessa tutela provisória, a cognição do juiz é sumária ou não exauriente**.

Logo, se a tutela definitiva é, em regra, imutável, **a tutela provisória tem por si a característica de ser mutável**, revogável ou modificável no tempo. Assim, dada a ausência de contraditório pleno, o magistrado poderá, a qualquer tempo, modificar ou revogar a tutela provisória, desde que o faça em decisão fundamentada, nos termos dos artigos 296 e 298 do CPC/2015. **Assim, uma de suas principais características é a revogabilidade.**

Portanto, a diferença entre as duas espécies de tutela reside na **profundidade e extensão da cognição judicial**, o que fará grande diferente no seu regime de tratamento, bem como na aptidão para gerar a sua pretensa imutabilidade. A seguir, caro leitor, veremos as tutelas provisórias, seu regramento legal e suas espécies.

Na conceituação de Alexandre Freitas Câmara: "Tutelas provisórias são tutelas jurisdicionais não definitivas, fundadas em cognição sumária (isto é, fundadas em um exame menos profundo da causa, capaz de levar à prolação de decisões baseadas em juízo de probabilidade e não de certeza). Podem fundar-se em urgência ou em evidência (daí por que se falar em tutela de urgência e em tutela da evidência)". (CAMARA, 2017. P. 143).

2. ESPÉCIES DE TUTELA PROVISÓRIA

Existem duas grandes espécies de tutelas provisórias: **As tutelas de urgência e de evidência (ou tutela da evidência).**

Entretanto, um questionamento impõe-se: Se ambas são espécies de tutela provisória, ambas concedida em juízo de cognição superficial ou rarefeita, e se ambas são possíveis de serem revogadas, qual a diferença entre elas?

Cada uma dessas espécies será deferida e outorgada mediante a comprovação de requisitos diferentes e em situações totalmente diversas. Vejamos as peculiaridades dessas espécies, analisando os artigos 300 e 311 do CPC. Veremos que a concessão desses dois tipos de tutela é feita em situações totalmente diferentes e diversas.

Analisando o artigo 300 do CPC, nota-se que inicialmente são dois os requisitos para concessão da tutela de urgência: a probabilidade do direito e o risco de dano ou ao processo ou resultado útil. Aqui, já poderemos perceber a principal característica ou a essência da tutela provisória de urgência. Para qualquer das espécies de tutelas de urgência existentes no CPC/2015 (cautelar ou antecipada) é necessário sempre o risco de dano da não concessão da tutela ou o risco ao resultado útil ao processo. **Ou seja, é utilizada para evitar os males oriundos do transcorrer do tempo na relação jurídica processual.**

Perceba que **probabilidade e risco são conceitos jurídicos indeterminados**, são normas processuais abertas a serem preenchidas pelo magistrado no caso concreto. Quem determina se existe ou não a probabilidade ou o risco ao resultado útil do processo ou o risco de dano é o magistrado, com base nessa moldura traçada pela norma. Ora, não há como prever os casos e as hipóteses de permissão da concessão da tutela de urgência. A opção do legislador processual civil, tanto no atual CPC, como no CPC passado, foi colocar duas expressões com os conceitos jurídicos indeterminados (risco de dano ou resultado útil do processo e probabilidade) que o juiz, no seu sentir no exame da cognição é que vai verificar se houve ou não o preenchimento desses dois conceitos jurídicos indeterminados.

Bom, já que analisamos as características gerais de concessão das tutelas de urgência, **qual ou quais as situações em que a tutela da evidência pode ser concedida?**

A grande característica da tutela de evidência, é que ela seria concedida **independentemente de risco de dano ou resultado útil do processo**. Assim, a sua tônica de concessão não é de neutralizar os eventuais males que o tempo possa exercer no processo, sua ideia é ser concedida em situações de alta probabilidade do direito do autor se concretizar no caso concreto.

Assim, a ideia central da tutela da evidência é a presença da **alta probabilidade de concretização do direito do autor**, nas hipóteses previstas na legislação. Essas hipóteses de concessão das tutelas de evidência encontram-se no art. 311 do CPC.

TUTELAS DE URGÊNCIA	TUTELA DE EVIDÊNCIA
Para a sua concessão, é necessária a presença do perigo de dano ou resultado útil do processo (urgência na concessão).	Sequer é analisada a urgência na concessão do provimento. Não é requisito para seu deferimento. São outorgadas independentemente de eventual risco de dano.

3. TUTELAS DE URGÊNCIA

Verifica-se, à luz dos artigos 300 e seguintes do CPC/2015, que existem duas espécies de tutelas de urgência: **a tutela de urgência antecipada e a cautelar**. Ambas, no entanto, estão sujeitas aos mesmos requisitos de concessão, dispostos no dispositivo legal anteriormente mencionado.

Entretanto, se os requisitos de concessão básicos da tutela de urgência encontram-se em somente um dispositivo legal – que são probabilidade e risco de dano ou resultado útil do processo – e, para a seu deferimento o juiz terá que analisar esses mesmos requisitos, qual a diferença entre as duas espécies de tutela de urgência, se é que existem?

Os autores costumam mencionar que **a Tutela de Urgência Antecipada possui caráter satisfativo**. O que tutela antecipada visa no processo a imediata fruição daquilo que seria dado somente ao final do processo. Assim, ela antecipa para o início da relação processual a pretensão final da parte.

Um exemplo poderá clarear melhor o tema: Imagine-se uma Ação de sob o procedimento comum, com pedido final da petição inicial de fornecimento do medicamento. Todavia, a parte não poderá esperar o desfecho processual para obter o tratamento. Assim, como há urgência na concessão do pedido final, a parte pede que o fornecimento de medicamentos, que seria outorgado somente ao final da demanda, seja concedido no início. O instrumento processual, portanto, será o pedido de tutela antecipada. **Frise-se, portanto, que possui caráter satisfativo!**

Por outro lado, a tutela cautelar possui uma tônica totalmente diferente. **Os autores costumam mencionar que essa espécie de tutela que possui caráter instrumental.** A tutela cautelar é concedida para resguardar a eficácia do resultado final de uma outra relação processual, seja uma demanda de conhecimento, ou mesmo executiva. Assim, é medida instrumental, que visa proteger o resultado útil do processo!

Assim, como fizemos em relação à tutela antecipada, **utilizaremos um exemplo, para que o (a) leitor (a) perceba a sua principal característica**:

Imagine-se uma Ação de Cobrança, em que o único bem do devedor está sendo colocado à venda. Pede-se uma medida cautelar de arresto para impedir a sua alienação, a fim de que na futura penhora o bem possa responder pela obrigação. Observe que o dinheiro (objeto final do pedido) não foi requerido no início do processo, mas, por outro lado, foi praticado um ato instrumental, um ato acessório de cautela, para garantir que aquele dinheiro seja conseguido no julgamento final.

Em resumo, existem dois grandes tipos de tutela provisória, de urgência e de evidência. **Os requisitos de concessão diferenciam bem esses dois tipos de tutela, é o que se verifica dos artigos 300 e 311** do CPC. Ainda, que dentro das tutelas provisórias de urgência, há a antecipada – **que possui caráter satisfativo** – e a cautelar – **que possui caráter instrumental**. Esta última é somente para garantir a eficácia de um provimento futuro.

Tutela antecipada	Tutela cautelar
Possui caráter satisfativo. Outorga ao autor aquilo que é objeto de seu pedido. Propicia a imediata fruição do direito.	Possui caráter instrumental, praticando atos de conservação do direito. Não permite a fruição imediata do pedido mediato.

As tutelas de urgência podem ser concedidas mediante justificação prévia (art. 300, § 2º CPC). Isto quer dizer que, não se convencendo o magistrado da prova documental apresentada na inicial, poderá marcar uma audiência, para que o autor demonstre os requisitos de sua concessão por meio da prova testemunhal. Assim, a Justificação que se refere o dispositivo nada mais é do que a possibilidade de designação de uma audiência, para oitiva de testemunhas, a fim de analisar-se a tutela de urgência requerida na inicial.

Também, uma outra precaução tomada pela norma, é **a possibilidade do juiz exigir caução para o deferimento da medida (era. 300, § 1º CPC).** Trata-se de um ato de contracautela, por meio do qual preserva-se eventual dano que o deferimento da medida poderá causar no patrimônio jurídico do réu, e, ainda garantir eventual reparação de danos.

Como esse assunto foi cobrado em provas de concursos públicos

2019 – CESPE – PGM – Campo Grande – MS – Procurador Municipal. Em ação de natureza civil, o autor requereu que determinado estado da Federação fosse condenado ao fornecimento de medicamento de alto custo. O demandante, de forma incidental, fez pedido de tutela provisória antecipada, alegando que o seu direito é certo e que corre risco de morte caso não receba o medicamento com brevidade. Todos os fatos alegados pela parte autora foram exaustivamente comprovados por documentos idôneos, razão pela qual o juízo concedeu a referida tutela antecipada e determinou a intimação do requerido para que cumprisse a decisão. Considerando essa situação hipotética, julgue o item que se segue, concernentes à tutela provisória. "O pedido de tutela provisória de urgência de caráter incidental exige que a parte que a requer realize o pagamento de custas processuais". (incorreto).

3.1. Tutela antecipada

Os requisitos para a concessão da tutela antecipada encontram-se no art. 300, "caput" do CPC. São a probabilidade do direito, e o risco de dano, ou ao resultado útil do processo. Ainda, para este tipo de tutela, é exigido um requisito chamado pela doutrina de **"requisito negativo".** Trata-se da necessidade de reversibilidade do provimento jurisdicional. Em outras palavras, a antecipação de tutela, devido à sua provisoriedade, não pode assumir caráter irreversível, sob pena de não ser concedida. Portanto, deve ser possível "voltar atrás" no provimento, tanto juridicamente quanto faticamente.

A reversibilidade do provimento antecipatório não é absoluta, de forma que, o juiz deverá analisar no caso concreto se os riscos e danos da não concessão da tutela irreversível serão maiores que a sua rejeição. Em outras palavras, deverá utilizar o juízo de ponderação. Assim, havendo a ponderação positiva, poderá conceder a antecipação de tutela irreversível. (ZAVASKI, 2011).

Após vermos as grandes linhas das diferenciações entre as tutelas de urgência, analisaremos cada uma delas em separado, a iniciar pela tutela antecipada. Começaremos a análise pelo momento processual em que a tutela antecipada pode ser requerida.

Em relação ao momento de concessão, pode ser deferida em **caráter incidental ou antecedente.**

A tutela antecipada requerida em caráter incidental **é aquela realizada conjuntamente com o pedido principal**, ou mesmo posteriormente à sua existência. Assim, nesta forma de pedido, pressupôs-se a existência do pedido de tutela final.

Um Exemplo poderá clarear melhor a situação: imagine-se uma ação de reparação por danos morais, cumulada com obrigação de fazer e pedido de tutela antecipada de retirada do nome do autor dos cadastros restritivos de crédito. O pedido de tutela antecipada, neste caso, foi realizado entre os pedidos da inicial, ou seja, conjuntamente com a existência do pedido principal. **Desta forma, diz-se que fora solicitada em caráter incidental.**

A grande novidade no CPC atual não está no requerimento de tutela antecipada em caráter incidental, mas sim na criação do **requerimento de tutela antecipada em caráter antecedente.**

O art. 303, do CPC/2015, ao tratar do tema, estabelece que, quando a urgência for contemporânea à propositura da ação, pode-se apresentar uma petição inicial juízo solicitando, exclusivamente, uma tutela antecipada. Assim, **o início da relação processual dar-se-á exclusivamente com o pedido de tutela antecipada**. Não há, ainda, a existência do pedido principal.

Para a melhor compreensão do tema vamos fazer uma analogia com o que acontecia no Código de Processo Civil anterior, com a cautelar preparatória. Na sistemática processual anterior era possível ingressar com uma ação cautelar preparatória antes da existência do pedido final, para depois complementar, por meio de outra ação, o pedido final. Agora, a tutela antecipada em caráter antecedente traz a possibilidade de elaboração de uma petição inicial, cujo objeto exclusivo seja o requerimento de tutela antecipada. Posteriormente, após o deferimento ou indeferimento de pedido de tutela antecipada, é que a inicial será complementada com as razões do pedido final.

Nos termos do art. 303 do CPC, a solicitação da tutela antecipada antecedente está condicionada à comprovação de alguns requisitos legais pelo autor: "a petição inicial pode limitar-se ao requerimento da tutela antecipada e à **indicação do pedido de tutela final, com a exposição da lide, do direito que se busca realizar e do perigo de dano ou do risco ao resultado útil do processo**".

Ainda, além dos requisitos mencionados acima, o autor deverá atribuir um valor à causa ao requerimento, justamente para recolher as custas prévias de sua inauguração. (art. 303, § 4º CPC).

Após a distribuição da inicial do requerimento, o juiz poderá tomar duas posturas: **Indeferir a tutela antecipada, ou deferi-la**, por entender que se encontram presentes os requisitos legais atinentes.

No primeiro caso, do indeferimento, **o magistrado dará 5 (cinco) dias para a parte emendar a inicial**, transformando aquele requerimento inicial de tutela antecipada em um pedido de tutela final (art. 303, § 6º do CPC), sob pena de indeferimento da petição inicial, e a competente extinção do processo sem resolução do mérito.

Por outro lado, caso o magistrado entenda que há elementos para a concessão, e deferir a solicitação do autor, intimará a parte para complementar a inicial (novamente aditando as razões do pedido final), **no prazo de 15 (quinze) dias, ou prazo superior que eventualmente fixar (art. 303, § 1º, I CPC).** Note-se que há uma diferença na complementação da inicial, nos casos de indeferimento ou deferimento. Na primeira situação são cinco dias. Já no deferimento, são 15 (quinze) dias ou prazo superior. As bancas podem eventualmente cobrar esse ponto e tentar induzir o candidato a erro.

Além de intimar o autor para emendar a inicial, o juiz determinará a citação do réu para o comparecimento em audiência (art. 301, § 1º, II CPC). Não havendo acordo, segue-se o procedimento comum com a apresentação de defesa pelo requerido (art. 303, § 1º, III CPC). Perceba-se**, portanto, que o procedimento aqui descrito é especial até a citação do réu, momento no qual será adotado o restante do procedimento comum.**

Indeferimento da tutela	Deferimento
Prazo de 5 dias para a emenda da inicial.	Prazo de 15 dias (ou superior fixado pelo juiz) para a complementação da petição inicial.

3.1.1. Estabilização da tutela antecipada antecedente

Agora, falaremos da estabilização da tutela antecipada antecedente! Tema de muita relevância!

A estabilização da tutela antecipada antecedente é um instituto totalmente novo, diferente, que não guarda qualquer paralelo com Código de Processo Civil anterior. Trata-se da possibilidade dos efeitos da tutela antecipada estabilizarem-se, caso o réu não recorra da decisão que a concedeu. Muito cuidado! A estabilização somente ocorre na Tutela antecipada (modalidade de tutela de urgência), e, mesmo assim, somente no seu requerimento antecedente. Não há previsão de sua aplicação às tutelas cautelares, tampouco nas tutelas de evidência.

O instituto encontra-se no art. 304 do CPC 2015.

Conforme já mencionado no tópico anterior, assim que deferida a tutela antecipada, o juiz determinará a citação do réu (art. 303, §1º, I do CPC). Essa citação, contudo, trará a cópia da decisão que concedeu a tutela de urgência (art. 250, V do CPC). **Assim, conjuntamente à citação o réu será intimado para cumprir a decisão liminar**.

Dessa intimação do deferimento da tutela antecipada, o réu poderá interpor recurso, para reforma ou nulidade da decisão interlocutória. **Este recurso é o Agravo de instrumento (art. 1.015, I do CPC).** Ocorre que o CPC/2015 traz um ônus ao requerido. Caso ele não interponha este recurso, ocorre o fenômeno da "estabilização da tutela antecipada em caráter antecedente". Portanto, este instituto surge da ausência de apresentação do respectivo recurso, da decisão que concede a tutela antecipada antecedente.

A estabilização da tutela antecipada fará com que os efeitos da decisão que concedeu a liminar continuem (ficam perenes) e o requerimento de tutela antecipada é extinto. Assim, mesmo com a extinção do processo, o réu deverá continuar respeitando os efeitos da decisão judicial. Por outro lado, caso o réu apresente o respectivo recurso, o processo seguirá normalmente!

Portanto, no Código de Processo Civil de 2015 a apresentação de agravo de instrumento pelo réu é um ônus, pois não apresentado o recurso contra a decisão que deferir a tutela antecipada, os efeitos dessa tutela serão estabilizados e o processo será extinto.

Ressalte-se que **existe posicionamento doutrinário a estabelecer que o termo "recurso" presente no art. 304 do CPC deve ser interpretado com qualquer forma de impugnação**, não necessariamente como o recurso em sentido estrito (Agravo de instrumento). Assim: "Resta ao intérprete dizer que onde se lê "recurso" deve se entender "impugnação", criticando-se o legislador por ter preferido a utilização de espécie (recurso) em vez do gênero (impugnação)" (NEVES, 2017. P. 677).

A matéria encontra-se de forma divergente no Superior Tribunal de Justiça. Existem julgados que adotam os dois entendimentos acima mencionados. Primeiramente, a terceira turma adotou a posição de que qualquer forma de resistência, ainda que não por agravo de instrumento, faz com que se afaste a estabilização. Assim: "A tutela antecipada, concedida nos termos do art. 303 do CPC/2015, **torna-se estável somente se não houver qualquer tipo de impugnação pela parte contrária."** REsp 1.760.966-SP, Rel. Min. Marco Aurélio Bellizze, por unanimidade, julgado em 04/12/2018, DJe 07/12/2018.

Contudo, em decisão recente, **a primeira turma do Tribunal estabeleceu que somente o recurso, em sua acepção estrita (Agravo de Instrumento)** seria capaz de afastar a estabilização, sendo irrelevante qualquer forma de impugnação posterior. **Confira-se:** "Apenas a interposição de agravo de instrumento contra a decisão antecipatória dos efeitos da tutela requerida em caráter antecedente é que se revela capaz de impedir a estabilização, nos termos do disposto no art. 304 do Código de Processo Civil". (REsp 1.797.365-RS, Rel. Min. Sérgio Kukina, Rel. Acd. Min. Regina Helena Costa, Primeira Turma, por maioria, julgado em 03/10/2019, DJe 22/10/2019).

Assim, as posições no âmbito do Superior Tribunal de Justiça ainda são conflitantes.

Mas, **como se daria a modificação dessa decisão que estabilizou a tutela antecipada?** Como seria sua forma de impugnação?

Conjugando-se os §§ 2º e 4º do Art. 304 do CPC/2015, chegamos à conclusão que a forma de tentar reverter a respectiva decisão que estabilizou a tutela é por meio de ação autônoma (petição inicial). **Essa demanda, contudo, possui um prazo decadencial para ser proposta, de 2 anos, a contar da intimação da decisão que extinguiu o processo pela estabilização (art. 304, § 5º CPC).**

Após este prazo, não há instrumentos jurídicos aptos a modificar a decisão judicial. Nos termos do art. 304, §6º A decisão que concede a tutela não fará coisa julgada, mas a estabilidade dos respectivos efeitos **só será afastada por decisão que a revir, reformar ou invalidar, proferida em ação ajuizada por uma das partes**.

3.2. Tutela cautelar

A tutela cautelar sofreu significativas modificações com o Código de Processo Civil de 2015.

No Código de Processo Civil passado tinha-se uma parte geral da tutela cautelar e uma parte específica (parte especial). Esta trabalhava com procedimentos cautelares específicos e típicos. O código previa diversos procedimentos cautelares específicos (a exemplo do arresto, sequestro e da busca e apreensão). **O Código Processo Civil de 2015 extinguiu os procedimentos cautelares típicos.**

Ao invés de prever uma série de procedimentos autônomos, o art. 301, do CPC/2015, reforçou o poder geral de cautela do magistrado. O dispositivo traz um **rol exemplificativo** de tutelas cautelares possíveis de serem concedidos pelo juiz.

De acordo com o art. 301 do CPC/2015 a tutela de urgência de natureza cautelar pode ser concedida mediante arresto, sequestro, arrolamento de bens, registro de protesto contra alienação de bem e qualquer outra medida idônea para asseguração do direito. Acaba-se aqui com aquele rol extenso de cautelares típicas do código anterior, primando pela casuística, em que o juiz poderá amoldar a tutela à necessidade do caso concreto.

Existem duas formas de requerer a tutela cautelar a uma autoridade judiciária. Essas formas repetem as da tutela antecipada: **tutela cautelar requerida em caráter antecedente e incidental.**

Tratando-se de pedido cautelar incidental, a medida será requerida conjuntamente com o pedido principal, ou na petição inicial, ou mesmo em petição superveniente no processo.

Há, no entanto, a possibilidade de requerimento da tutela cautelar em caráter antecedente. Trata-se do pedido realizado antes mesmo da existência do pedido principal, assim como fizemos as considerações sobre a tutela antecipada. (art. 294, parágrafo único do CPC).

Servindo à instrumentalidade do processo e à simplificação dos procedimentos, o Código de Processo Civil de 2015 trouxe mudanças significativas na transição da tutelar cautelar para a tutela principal. **Não mais se precisa de processos autônomos, como antes se exigia, para fazer essa transição**. Caso a tutela cautelar seja requerida de forma antecedente, eventual continuidade na tutela principal dar-se-á por meio sincrético, ou seja, nos mesmo autos processuais. (Art. 308, "caput" CPC/2015).

Feito o requerimento antecedente, respeitando os requisitos do art. 305 "caput" do CPC, O réu será citado para, no prazo de 5 (cinco) dias, contestar o pedido e indicar as provas que pretende produzir (art. 306).

Não sendo contestado o pedido, os fatos alegados pelo autor presumir-se-ão aceitos pelo réu como ocorridos, caso em que o juiz decidirá dentro de 5 (cinco) dias (art. 307). Caso o réu apresente a defesa e conteste o pedido, o restante seguirá o procedimento comum (art. 307, § único).

Como esse assunto foi cobrado em provas de concursos públicos

2019 – MPE-SC – MPE-SC – Promotor de Justiça. Nos termos do Código de Processo Civil, no procedimento da tutela cautelar requerida em caráter antecedente, o réu será citado para, no prazo de 5 (cinco) dias, contestar o pedido e indicar as provas que pretende produzir.

4. TUTELA DA EVIDÊNCIA

A tutela de evidência **dispensa a análise do risco de dano**, ou ao resultado útil do processo. Nos termos do "caput" do Art. 311 do CPC, a sua concessão se dará independentemente destes requisitos. Trata-se de tutela baseada na alta probabilidade do direito do autor ser confirmado. **Estas hipóteses de alta probabilidade estão materializadas nos incisos do art. 311 do CPC.** São elas:

a) Quando ficar caracterizado o abuso do direito de defesa ou o manifesto propósito protelatório da parte;

b) as alegações de fato puderem ser comprovadas apenas documentalmente e houver tese firmada em julgamento de casos repetitivos ou em súmula vinculante;

c) se tratar de pedido reipersecutório fundado em prova documental adequada do contrato de depósito, caso em que será decretada a ordem de entrega do objeto custodiado, sob cominação de multa;

d) a petição inicial for instruída com prova documental suficiente dos fatos constitutivos do direito do autor, a que o réu não oponha prova capaz de gerar dúvida razoável.

Atenção! Não existe tutela da evidência em caráter antecedente. O caráter antecedente só é correlato às tutelas de urgência (tutela antecipada ou tutela cautelar). A tutela da evidência é sempre concedida em caráter incidental no processo. Ainda, O recurso cabível contra a concessão ou o indeferimento da tutela da evidencia é o agravo de instrumento, nos termos do art. 1015, II, do CPC.

Existem algumas espécies de tutela da evidência que podem ser concedidas pelo juiz liminarmente, ou seja, **sem a oitiva prévia da parte contrária**. Trata-se de ponto muito explorado pelas bancas de concurso. Mais especificamente, as hipóteses previstas nos incisos II e III **podem ser concedidas pelo Magistrado independentemente da oitiva prévia da parte.** Já nas demais hipóteses, é necessária a instauração prévia do contraditório.

Como esse assunto foi cobrado em provas de concursos públicos

2019 – CESPE – DPE-DF – Defensor Público. Acerca do pedido, da tutela provisória, da citação, da suspeição e dos recursos, julgue o item que se segue. Ao contrário da tutela de urgência, a tutela de evidência independe da demonstração de perigo de demora na prestação jurisdicional.

RESUMO

Tutelas Provisórias
1. Diferença entre tutela definitiva e provisória
A tutela definitiva é prestada mediante cognição exauriente. Após o esgotamento do contraditório pleno. Já a tutela provisória é prestada mediante um juízo de cognição sumária, sem o exercício pleno do contraditório. Por esta característica, é sempre revogável.
2. Espécies de tutela provisória
Existem duas espécies de tutelas provisórias: As tutelas de urgência, cujos requisitos encontram-se no art. 300 do CPC, e a tutela da evidência, que possui suas particularidades previstas no art. 311 do CPC.
3. Tutela de urgência
Duas são as tutelas de urgência: tutela antecipada, de caráter satisfativo, e tutela cautelar, em que a sua intenção é garantir a eficácia de um futuro provimento jurisdicional. É sempre instrumental.
3.1. Tutela antecipada
A tutela antecipada possui caráter satisfativo, proporcionando ao autor a imediata fruição do direito que somente lhe seria dado ao final. Pode ser antecedente o incidental.

3.2. Tutela cautelar
A tutela cautelar está sujeita aos requisitos do art. 300 do CPC. Sua concessão trará um provimento que garantirá o resultado útil do processo.
4.1. Formas de concessão da tutela cautelar
A tutela cautelar poderá ser requerida ou concedida em caráter incidental, conjuntamente com o pedido principal, ou em caráter antecedente. Caso seja deferida em caráter antecedente, a parte terá o prazo de 30 dias para a realização do pedido principal, feito nos mesmos autos.
5. Tutela da Evidência
Trata-se de provimento satisfativo, que será concedido, nos termos do art. 311 do CPC, independentemente de risco de dano ou resultado útil do processo.

GABARITO

1	E	2	Errado	3	D	4	E	5	Errado
6	D	7	B	8	A	9	D	10	C

CAPÍTULO 23

PETIÇÃO INICIAL

RECADO

Caro (a) Leitor (a),

Dentre os requisitos da petição inicial, é bom destacar a ausência da necessidade do requerimento de citação do réu, bem como a exigência de se externar a opção ou não da realização da audiência de tentativa de autocomposição.

Bons estudos!

QUESTÕES

1. (2019 – VUNESP – IPREMM – SP – Procurador) Sobre a possibilidade de modificação dos pedidos na petição inicial, o autor poderá

A) até o saneamento do processo, aditar o pedido independentemente de consentimento do réu.

B) até a citação, alterar a causa de pedir, desde que com o consentimento do réu, assegurado o contraditório.

C) emendar ou completar a petição, no prazo de 5 (cinco) dias, para correção dos defeitos e irregularidades capazes de dificultar o julgamento de mérito.

D) até o saneamento do processo, alterar o pedido, com consentimento do réu, não sendo facultado o requerimento de prova suplementar.

E) até a citação, aditar ou alterar o pedido ou a causa de pedir, independentemente de consentimento do réu.

2. **(2019 – VUNESP – Câmara de Piracicaba – SP – Advogado)** Determinada petição inicial traz o pedido de declaração de inexigibilidade do débito e indenização por danos morais em razão da cobrança indevida, objeto do pleito declaratório. Nesse caso, é certo afirmar que a cumulação de pedidos é

A) alternativa.

B) simples.

C) eventual.

D) sucessiva.

E) expansiva.

3. **(2019 – MPE-SC – Promotor de Justiça)** Nos termos do Código de Processo Civil, na ação que tiver por objeto cumprimento de obrigação em prestações sucessivas, essas serão consideradas incluídas no pedido, mediante pedido expresso do autor, e serão incluídas na condenação, enquanto durar a obrigação, se o devedor, no curso do processo, deixar de pagá-las ou consigná-las.

Certo

Errado.

4. **(2019 – FGV – DPE-RJ – Técnico nível médio)** Pedro propôs demanda em face de João, imputando-lhe o fato de tê-lo agredido fisicamente, o que, alegadamente, lhe gerou danos materiais e morais, cujas indenizações pleiteia. Está-se diante de cumulação de pedidos:

A) sucessiva;

B) alternativa;

C) subsidiária;

D) simples;

E) imprópria.

5. **(2019 – CESPE – PGE-PE – Analista Judiciário)** Considerando essa situação hipotética e as disposições do Código de Processo Civil, julgue o item seguinte. Se, na petição inicial apresentada por Roberta, faltarem provas indispensáveis à demonstração da verdade dos fatos por ela alegados, o juiz deverá indeferir imediatamente a inicial.

Certo

Errado

6. **(2018 – VUNESP – Câmara de Nova Odessa – SP – Assessor Jurídico)** Sobre o pedido na petição inicial, assinale a alternativa correta.

A) É lícito formular pedido genérico, quando não for possível determinar, desde logo, as consequências do ato ou do fato.

B) O pedido deve ser certo, contendo desde logo os juros legais e correção monetária, do contrário não haverá esse acréscimo ao principal.

C) Se tiver por objeto cumprimento de obrigação em prestações sucessivas, devem ser incluídas no pedido, para constarem da condenação final.

D) Se não houver conexão, não será possível a cumulação, em um único processo, contra o mesmo réu, de vários pedidos.

E) Os pedidos cumulados, alternativos ou em ordem subsidiária, não fazem parte do pedido reconvencional, por força de seu procedimento excepcional.

7. (Ano: 2019 – Banca: INSTITUTO AOCP – Órgão: PC-ES – Prova: INSTITUTO AOCP – 2019 – PC-ES – Perito Oficial Criminal – Área 8) Segundo o Código de Processo Civil em vigor, assinale a alternativa que NÃO apresenta um requisito da petição inicial.

A) Número do Registro Geral (RG) do autor e do réu.

B) Estado civil do autor e do réu.

C) A opção ou não do autor pela realização ou não de audiência de conciliação ou de mediação.

D) Número de inscrição no Cadastro de Pessoas Físicas ou no Cadastro Nacional da Pessoa Jurídica do autor e do réu.

E) As provas com que o autor pretende demonstrar o pedido e suas especificações.

8. (2019 – NC-UFPR – TJ-PR – Titular de serviços de notas e registros) O pedido é núcleo essencial da petição inicial, pois sobre ele deve incidir a decisão judicial. Sobre a petição inicial e o pedido nela formulado, assinale a alternativa INCORRETA.

A) O pedido deve ser certo, e a certeza diz respeito à clareza do pedido. Se a petição inicial não estiver suficientemente clara, contendo irregularidades no pedido, o juiz determinará que o autor a emende, indicando com precisão o que deve ser corrigido.

B) Nas relações jurídicas de trato sucessivo, o pedido deve ser aditado a cada vencimento das futuras prestações periódicas.

C) A alternatividade quanto ao pedido pode decorrer da própria natureza da obrigação, ou por estratégia processual, em que o autor cumula pretensões alternativas.

D) Pode haver pedidos subsidiários, em que o autor formula um ou mais pedidos subsequentes, que só deverão ser examinados pelo juiz se não acolhidos os pedidos antecedentes.

E) Para que se admita a cumulação de pedidos, não se exige que os pedidos cumulados sejam conexos.

9. (2019 – FCC – AFAP Analista de fomento (advogado)) O pedido deve ser certo e determinado. No entanto,

A) são compreendidos no principal os juros legais, a correção monetária e as verbas de sucumbência, inclusive os honorários advocatícios.
B) considera-se implícito o requerimento de multa, mesmo que não tenha sido prevista contratualmente.
C) na demanda que tenha por objeto o cumprimento de prestações sucessivas, essas serão consideradas incluídas no pedido, desde que haja pedido de declaração expresso do autor nesse sentido.
D) somente na hipótese de ações universais, se o autor não puder individuar os bens demandados, o pedido poderá ser genérico.
E) é lícita a cumulação, em um único processo, de vários pedidos contra o mesmo réu, desde que haja conexão ou continência entre eles.

10. (Ano: 2018 – Banca: IDHTEC – Órgão: CRQ – 19ª Região (PB) – Prova: IDHTEC – 2018 – CRQ – 19ª Região (PB) – Advogado) A petição inicial é o ato processual que dá início à Ação e inaugura a marcha processual. Diante de sua importância para o correto desenvolvimento processual, o Código de Processo Civil dispõe sobre requisitos da petição inicial. Entre esses requisitos, a petição inicial deverá indicar os nomes, os prenomes, o estado civil, a existência de união estável, a profissão, o número de inscrição no Cadastro de Pessoas Físicas ou no Cadastro Nacional da Pessoa Jurídica, o endereço eletrônico, o domicílio e a residência do autor e do réu.

Com relação ao enunciado, e à luz das normas processuais vigentes, assinale a alternativa que completa incorretamente a seguinte assertiva: "Quando a petição inicial deixar de indicar essas informações do autor ou do réu...

A) O juízo, em seu despacho inicial, deverá indeferir a petição inicial por ausência das condições que viabilizem o prosseguimento da ação, ou por apresentar defeitos e irregularidades capazes de dificultar o julgamento de mérito.
B) É possível ao autor requerer que o juízo tome as diligências necessárias para a obtenção dessas informações.
C) A petição inicial não será indeferida se, ainda assim, for possível a citação do réu.
D) A petição inicial não será indeferida se o juízo verificar que a obtenção de tais informações torna impossível ou excessivamente oneroso o acesso à justiça.
E) O juízo determinará que o autor emende ou complete a petição inicial, indicando com precisão o que deve ser corrigido ou completado, no prazo de quinze dias.

Caro (a) leitor (a), iniciaremos o estudo dessa matéria trazendo as principais diferenças entre os requisitos da petição inicial no novo e no revogado Código de Processo Civil. Na atual legislação **os requisitos estruturais encontram-se no art. 319 do CPC**. Confira-se:

CPC DE 1973	CPC DE 2015

Art. 282. A petição inicial indicará: I – o juiz ou tribunal a que é dirigida;	Art. 319. A petição inicial indicará: I – o juízo a que é dirigida;
II – os nomes, prenomes, estado civil, profissão, domicílio e residência do autor e do réu; III – o fato e os fundamentos jurídicos do pedido; IV – o pedido, com as suas especificações; V – o valor da causa; VI – as provas com que o autor pretende demonstrar a verdade dos fatos alegados; VII – **o requerimento para a citação do réu.**	II – os nomes, os prenomes, o estado civil, a **existência de união estável**, a profissão, o **número de inscrição no Cadastro de Pessoas Físicas ou no Cadastro Nacional da Pessoa Jurídica, o endereço eletrônico**, o domicílio e a residência do autor e do réu; III – o fato e os fundamentos jurídicos do pedido; IV – o pedido com as suas especificações; V – o valor da causa; VI – as provas com que o autor pretende demonstrar a verdade dos fatos alegados; VII – **a opção do autor pela realização ou não de audiência de conciliação ou de mediação.**

1. REQUISITOS DA PETIÇÃO INICIAL

A petição inicial é o documento do autor que inaugura o processo. Para que ela seja devidamente processada pelo Poder Judiciário, deverá preencher alguns requisitos, os quais estão presentes nos arts. 319 e 320 do Código de Processo Civil (CPC). **Esses artigos são muito importantes, porquanto configuram os requisitos mínimos da petição inicial, para o seu prosseguimento no processo.**

Ainda que não seja um requisito da petição inicial, não é demais lembrar do art. 434 do CPC. **Este dispositivo legal estabelece que ocorre a preclusão da produção da prova documental com a apresentação da petição inicial e da contestação.** Assim, toda prova documental que o autor dispor deverá ser apresentada na inicial. Só é lícita a juntada de novos documentos ao processo se o autor (ou o réu), provarem que não os juntaram no momento oportuno por motivos de força maior. (Art. 397 do CPC).

A seguir veremos as considerações sobre os requisitos da inicial acima citados:

1.1. Juízo a que é dirigida

Em primeiro lugar, **o autor deverá concretizar a competência do juízo, indicando qual é a unidade jurisdicional que irá processar e julgar a demanda.** (art. 319, I, CPC). Eventual erro no endereçamento da inicial poderá gerar o vício da incompetência absoluta, o qual poderá ser reconhecido de ofício pelo juiz, ou mesmo da incompetência relativa, sujeita à alegação da parte. Mas, nos dois casos, trata-se de uma matéria dilatória, que irá retardar o andamento processual.

1.2. Qualificação das partes

Nos termos do art. 319, II, do CPC, a qualificação das partes envolve: os nomes, os prenomes, o estado civil, a existência de união estável, a profissão, o número de inscrição no Cadastro de Pessoas Físicas ou no Cadastro Nacional da Pessoa Jurídica, o endereço eletrônico, o domicílio e a residência do autor e do réu. **Trata-se de requisito necessário para a individualização dos efeitos da coisa julgada.** Como a sentença produz efeitos somente entre as partes do processo, a qualificação inicial mostra-se extremamente relevante, haja vista que delimitará as consequências do julgado.

Em muitos casos o autor não possui a qualificação esmerada da parte ré. A ausência desses requisitos, entretanto, não é óbice para o exercício do direito de ação. Inicialmente, **o § 2º do art. 319 do CPC determina que a inicial não será indeferida se, a despeito de faltarem informações exigidas, for possível a citação do réu**. Nesses termos, caso a identificação do requerido for possível, por exemplo, por um apelido, é possível a realização da sua citação.

O autor, contudo, poderá requerer ao juiz, antes mesmo da tentativa de citação, diligências para descobrir as informações faltantes, nos termos do § 1º. Se essas diligências forem morosas ou expensas, a inicial não será indeferida e o réu será citado sem as informações completas presentes inicialmente no processo (§ 3º).

1.3. Fatos e fundamentos jurídicos do pedido

Este requisito, também chamado de causa de pedir, **divide-se em causa de pedir próxima e causa de pedir remota.** A causa de pedir remota seriam os fatos que deram origem à demanda (um acidente automobilístico, por exemplo), já a causa de pedir próxima seriam as consequências daquele acidente (os danos causados, como o dano material advindo da batida). (NEVES, 2018. P. 153).

Como esse assunto foi cobrado em provas de concursos públicos

2019 – CESPE – TJ-BA – Juiz de Direito Substituto. A respeito da petição inicial de ação civil, julgue os itens a seguir. II Ao contrário da ausência da indicação dos fundamentos jurídicos do pedido, a falta de indicação dos fatos acarreta o indeferimento de plano da inicial. (correto).

1.4. O pedido

O pedido constitui o núcleo da pretensão do autor.

Divide-se, inicialmente, em pedido mediato ou imediato: o pedido imediato seria a espécie de tutela jurisdicional solicitada. Assim, o autor poderia requerer imediatamente uma condenação, uma declaração ou a constituição ou desconstituição do negócio jurídico.

O pedido deverá ser certo, nos termos do art. 324 do CPC. **A certeza diz respeito ao objeto processual que será solicitado em juízo.** Ou, como alguns autores mencionam, certeza é "o que pedir". Todavia, existem algumas hipóteses de pedidos que, mesmo não solicitados na inicial podem ser concedidos pelo magistrado. **Trata-se, em verdade, dos chamados "pedidos implícitos".**

Nos termos do art. 322, § 1º, do CPC, **compreendem-se no principal os juros legais, a correção monetária e as verbas de sucumbência, inclusive os honorários advocatícios**. Ainda, conforme art. 323 do CPC, **as prestações vincendas, em obrigações de trato sucessivo,** também são consideradas pedidos implícitos.

Assim, os objetos de condenação acima expostos, ainda que não solicitados na inicial, podem ser objeto de condenação pelo magistrado. Imagine-se uma demanda condenatória, em que o autor não tenha solicitado ao juiz a correção monetária do valor imposto ao réu. Ora, não há qualquer problema nessa situação. Poderá o juiz, mesmo com a lacuna na inicial, determinar a correção do valor, por força do exposto acima. Note-se que **em relação aos juros a súmula 254 do STF estabelece verdadeira condenação implícita**. Mesmo que não seja objeto da decisão, pode ser incluída a correção no cálculo executivo.

Ainda, o pedido deverá ser, em regra, determinado. Isso quer dizer que, além de fixar o que pedir, **o autor deverá determinar na inicial o quanto do pedido, ou a extensão do objeto a ser solicitado**. Assim, é regra que o pedido seja determinado. Entretanto, é lícito à parte, excepcionalmente, formular o que chamamos de pedido genérico. **Trata-se de pedido em que a parte estabelece o objeto a ser solicitado, sem, contudo, estabelecer o quantum daquele objeto** na relação processual.

As hipóteses em que é possível realizar o pedido sem determinação estão previstas no art. 324, § 1º, do CPC. São elas: **I – nas ações universais, se o autor não puder individuar os bens demandados; II – quando não for possível determinar, desde logo, as consequências do ato ou do fato; III – quando a**

determinação do objeto ou do valor da condenação depender de ato que deva ser praticado pelo réu.

Nessas hipóteses, portanto, é possível a apresentação do pedido sem a competente determinação, o que será feito ou durante a instrução processual, ou mesmo em liquidação de sentença.

Ressalte-se que, no CPC atual, **a realização de pedido genérico fora das hipóteses previstas em lei configura-se inépcia da petição inicial**, gerando o seu indeferimento, nos termos do art. 330 do CPC.

Como esse assunto foi cobrado em provas de concursos públicos

2018 – VUNESP – Procurador Jurídico. Quanto ao pedido descrito na inicial, assinale a alternativa correta de acordo com o Código de Processo Civil. No pedido principal compreendem-se juros e correção monetária. (correto).

Questão interessante, que representa uma mudança de entendimento em relação ao sistema passado **é a impossibilidade de realizar o pedido genérico de dano moral na inicial.** O Superior Tribunal de Justiça admitia o pedido genérico de dano moral, entendendo que se encaixava na situação de impossibilidade de determinação da extensão de dano (REsp 693.172/MG, PRIMEIRA TURMA Rel. Min. LUIZ FUX, DJ de 12.9.2005). Assim, eram comuns os pedidos dos advogados em que solicitavam ao juiz a condenação por danos morais, de acordo com o prudente arbítrio do Juízo.

Entretanto, não é mais possível pela atual legislação processual realizar o expediente citado. Nos termos do art. 292, V do CPC, compete ao autor indicar o valor do dano moral pretenso, inclusive para fixação do valor da causa. **Entende-se, portanto, que a solicitação genérica, em regra, não é mais viável.**

Atenção! Pedidos implícitos são aqueles que, mesmo não sendo realizados de forma expressa na inicial, podem ser concedidos pelo juiz!

Como esse assunto foi cobrado em provas de concursos públicos

2018 – FCC – MPE-PE – Técnico Ministerial. Em regra, ao formular a petição inicial, caberá ao autor deduzir pedido determinado. Admite-se, porém, a formulação de pedido genérico, entre outras hipóteses, quando não for possível determinar, desde logo, as consequências do ato ou do fato. Correto.

1.4.1. Cumulação de pedidos

Há a possibilidade de o autor fazer vários pedidos na inicial. Trata-se, portanto, de realização da chamada cumulação de pedidos. **A cumulação pode ser inicialmente própria. Nela o autor pretende ver acolhidos todos os pedidos feitos na inicial. Divide-se em própria simples e sucessiva.** Na cumulação simples, nenhum pedido tem dependência com outro, de forma que o juiz poderá acolher ou rejeitar um deles, sem que haja influência nos demais. Como exemplo tem-se uma ação de reparação por danos morais, materiais e estéticos. Ora, há a possibilidade de o juiz acolher um deles, sem que necessariamente a decisão influencie na análise dos demais.

Na cumulação própria sucessiva, **o acolhimento dos pedidos depende do acolhimento do outro.** Assim, a rejeição de um influencia na análise dos demais. Imagine-se o pedido de declaração de inexistência de débito, cumulada com danos morais. Ora, o acolhimento dos danos morais encontra-se subordinado ao pedido de inexistência do débito.

Há, também, a chamada cumulação imprópria de pedidos. Nela, há a realização de vários pedidos, mas o autor mostra-se satisfeito com o acolhimento de somente um deles. **Pode ser pedido impróprio subsidiário e impróprio alternativo**.

Na cumulação subsidiária, há um pedido principal e, somente na hipótese dele não poder ser acolhido, o subsidiário é analisado. Imagine-se o pedido de devolução do dinheiro em uma compra defeituosa. O autor pede, portanto, que, não sendo possível a devolução do valor, que seja determinado o abatimento proporcional do preço. **Há uma relação de preferência entre os pedidos.**

Já na cumulação alternativa, há vários pedidos, e não há relação de preferência entre eles. O autor pede ou a devolução do dinheiro ou o abatimento do preço. Portanto, está satisfeito com o acolhimento de qualquer um deles.

1.5. O valor da causa

Nos termos do art. 291 do CPC, a toda causa corresponderá um valor, **independentemente de ter um conteúdo econômico**. O momento de se estabelecer esse valor é na petição inicial. Assim, mesmo nas demandas sem qualquer objeto financeiro, como uma investigação de paternidade (conteúdo declaratório puro), haverá a atribuição do valor à causa.

1.6. Requerimento de provas

O autor deverá especificar na inicial as provas pelas quais pretende atestar a veracidade dos fatos. A prática forense criou o momento costumeiro de "especificação de provas" logo após a impugnação à contestação. **Todavia, o CPC exige que tanto o autor quanto o réu especifiquem quais são as espécies probatórias na inicial e na contestação.** É o momento adequado, portanto, para o ato processual.

1.7. Opção pela audiência de tentativa de composição

Nos termos do art. 334 do CPC, o deferimento da inicial pelo juiz tem como resultado a designação de uma audiência de tentativa de solução consensual de conflitos. **Entretanto, nos termos do § 4º do mesmo dispositivo, caso ambas as partes manifestem o seu desinteresse na realização do ato, a audiência é cancelada.** O momento processual para o autor mencionar que não deseja a sua realização é a petição inicial.

1.8. Documentos indispensáveis à propositura da ação

Nos termos do art. 320 do CPC, **a inicial constará com os documentos indispensáveis.** Esses documentos se diferenciam dos probatórios, que são mencionados no art. 434 do CPC. Nestes, a sua ausência poderá gerar a improcedência do pedido, tendo em vista a ausência de provas dos fatos alegados pelo autor. Naqueles, entretanto, mencionados pelo art. 320, a ausência levará a uma sentença terminativa, por falta dos requisitos da petição inicial.

2. MODIFICAÇÃO DO PEDIDO E CAUSA DE PEDIR NA INICIAL

Costuma-se dizer que a petição inicial é o momento de fixação dos limites objetivos da demanda. Em outras palavras, traça a causa de pedir sobre a qual será produzida a prova, e determina também o pedido sobre o qual o juiz irá decidir. **A regra é que o juiz não pode decidir fora daquilo que foi**

proposto pelo autor, sob pena de incidir em julgamento nulo. No entanto, o Código **permite ao autor modificar tanto o pedido quanto a causa de pedir, até certa fase processual**. A matéria encontra-se no art. 329 do CPC e impõe três diferentes análises, a depender do momento em que a modificação é requerida. Vejamos:

Até a citação do réu, os elementos objetivos podem ser livremente modificados, sem a aquiescência da parte contrária. **Da citação até o saneamento processual, os elementos podem ser modificados com a concordância do réu** (facultado o prazo para manifestar-se sobre as diferenças iniciais da petição). **Após o saneamento processual, não há possibilidade de mudança**, nem com a concordância de autor e réu. O saneamento organiza a instrução processual e faz com que o magistrado delimite a atuação no processo. Caso fosse permitido a modificação, o juiz teria um retrabalho de fixar novamente todos os pontos sobre os quais a prova incidiria. (art. 329 CPC).

RESUMO

Petição inicial
1. Requisitos da petição inicial
1.1. Juízo a que é dirigida
Traduz a competência para processar a demanda. Trata-se do exercício de concretização de qual o juízo seria competente para processar e julgar a causa.
1.2. Qualificação das partes
Além de novos requisitos de qualificação, o CPC/2015 trouxe a possibilidade de o juiz diligenciar para descobrir os elementos necessários à sua descoberta, sendo que a ausência deles não seria empecilho para a citação do réu.
1.3. Fatos e fundamentos jurídicos do pedido
São os acontecimentos e suas consequências, que dão suporte ao pedido.
1.4. Pedido
O pedido deverá ser certo e determinado, somente admitindo-se pedido indeterminado nas hipóteses previstas em lei.
1.5. Valor da causa

O valor da causa deve ser calculado de acordo com os artigos 291 e seguintes do CPC.
1.6. Requerimento de provas
É na inicial que o autor deverá mencionar quais as espécies probatórias necessárias à prova do alegado.
1.7. Opção pela realização da audiência
A audiência de tentativa de autocomposição faz parte do procedimento, nos termos do art. 334. É na inicial que o autor deverá mencionar se a deseja ou não.
1.8. Documentos indispensáveis
São documentos que, se faltantes, não geram o impulso oficial do processo.

GABARITO

1	E	2	D	3	Errado	4	D	5	Errado
6	A	7	A	8	B	9	A	10	A

CAPÍTULO 24

POSTURAS DO JUIZ FRENTE À INICIAL

RECADO

Caro (a) leitor (a), passaremos agora ao estudo do primeiro contato que o magistrado terá com a petição inicial. Assim que ela é distribuída ou registrada, está pronta para a primeira decisão. Essa decisão pode ter quatro consequências, o que veremos neste momento.

QUESTÕES

1. **(2016 - CONSULPLAN - TJ-MG - Titular de serviços de notas e registros)** Todas as alternativas completam corretamente o enunciado, EXCETO: Nas causas que dispensem a fase instrutória, o juiz, independentemente da citação do réu, julgará liminarmente improcedente o pedido que contrariar

A) enunciado de súmula do Supremo Tribunal Federal ou do Superior Tribunal de Justiça.

B) acórdão proferido pelo Supremo Tribunal Federal ou pelo Superior Tribunal de Justiça em julgamento de recursos repetitivos.

C) entendimento firmado em incidente de resolução de demandas repetitivas ou de assunção de competência.

D) entendimento decorrente de julgados proferidos pelo juiz sentenciante, equiparado à condição de precedente pela atual legislação processual.

2. (2016 – MPE-GO – Promotor de Justiça Substituto) Proposta a ação, o juiz, ao analisar a inicial, verifica, desde logo, a ocorrência da decadência do direito do autor. Neste caso e de acordo com o NCPC:

A) cabe ao juiz indeferir liminarmente a petição inicial através de sentença a qual estará sujeita a recurso de apelação, havendo possibilidade do exercício do juízo de retratação.

B) cabe ao juiz indeferir liminarmente a petição inicial através de sentença a qual estará sujeita a recurso de apelação, não havendo possibilidade do exercício do juízo de retratação.

C) cabe ao juiz julgar liminarmente improcedente o pedido através de sentença a qual estará sujeita a recurso de apelação, havendo possibilidade do exercício do juízo de retratação.

D) cabe ao juiz julgar liminarmente improcedente o pedido através de sentença a qual estará sujeita a recurso de apelação, não havendo possibilidade do exercício do juízo de retratação.

3. (2017 – FCC – TRT – 24ª REGIÃO (MS)) Analista Judiciário Oficial de Justiça Avaliador. Paulo ajuizou ação indenizatória contra Moisés em decorrência de um acidente de trânsito que envolveu ambas as partes. Recebida a peça inicial o Magistrado, verificando desde logo a ocorrência da prescrição, poderá

A) julgar liminarmente improcedente o pedido, após a oitiva obrigatória da parte contrária, e Paulo poderá questionar a sentença por meio de recurso de apelação, sem possibilidade de retratação pelo Magistrado.

B) indeferir a petição inicial, cabendo a Paulo, se não se conformar, interpor recurso de apelação, com possiblidade de retratação pelo Magistrado em 5 dias.

C) julgar liminarmente improcedente o pedido, cabendo a Paulo, se não se conformar, interpor agravo de instrumento, com possibilidade de retratação pelo Magistrado.

D) julgar liminarmente improcedente o pedido, cabendo a Paulo, se não se conformar, interpor recurso de apelação, com possibilidade de retratação pelo Magistrado em 5 dias.

E) indeferir a petição inicial, cabendo a Paulo, se não se conformar, interpor agravo de instrumento, com possiblidade de retratação pelo Magistrado.

4. (2018 – CESPE – STJ – Analista Judiciário – Área Judiciária) Acerca do procedimento comum, julgue o item que se segue. Quando for dispensável a fase instrutória e o pedido contrariar súmula do Superior Tribunal de Justiça ou do Supremo Tribunal Federal, o juiz poderá julgar liminarmente improcedente o pedido, mesmo sem a citação do réu.

Certo

Errado

5. (2018 – CESPE – PGM – João Pessoa – PB – Procurador do Município) Luiza moveu ação contra Oliver, que não compareceu, injustificadamente, à audiência de conciliação. Conforme os dispositivos que regem o procedimento processual comum, a ausência de Oliver

A) ensejará a presunção de que as alegações formuladas por Luiza são verdadeiras.

B) impedirá a realização de audiência de instrução e do julgamento.

C) não implicará qualquer sanção.

D) motivará a extinção do processo, sem resolução de mérito.

E) implicará sanção de multa a ele.

6. (2018 – CESPE – PGM – Manaus – AM – Procurador do Município) À luz das disposições do CPC relativas aos atos processuais, julgue o item subsequente. O réu que não comparecer injustificadamente a audiência de conciliação ou mediação designada pelo juiz será considerado revel.

Certo

Errado

7. (2018 – CESPE – STJ – Analista Judiciário – Área judiciária) Com referência às normas fundamentais do processo civil, julgue o item a seguir. Não cabe ao Estado promover a solução consensual de conflitos: ela depende unicamente de iniciativa privada e deverá ser realizada entre os jurisdicionados.

Certo

Errado

8. (2018 – CESPE – PGM – Manaus – AM – Procurador do Município) À luz das disposições do CPC relativas aos atos processuais, julgue o item subsequente. É vedado ao juiz julgar pedido realizado em petição inicial sem antes citar o réu, em atenção aos princípios do contraditório e da ampla defesa.

Certo

Errado

9. (2019 – VUNESP – Prefeitura de Ribeirão Preto – SP – Procurador do Município) O juiz, ao analisar a emenda da petição inicial por ele determinada, poderá

A) indeferir a petição inicial, com fundamento na prescrição.

B) julgar liminarmente improcedente a ação, com base na existência de prévia coisa julgada.

C) julgar liminarmente improcedente o pedido, nas causas que dispensem a fase instrutória, que contrariar enunciado de súmula de tribunal de justiça sobre direito local.

D) indeferir liminarmente a exordial, se o objeto da demanda contrariar súmula vinculante.

E) determinar a citação do réu, a fim de que se manifeste sobre a decadência.

10. (2019 – CEV-URCA – Prefeitura de Mauriti – CE – Advogado) É caso de indeferimento da petição inicial, EXCETO:

A) Falta de legitimidade.

B) Quando o autor carecer de interesse processual.

C) Faltar-lhe pedido ou causa de pedir.

D) Quando a narração dos fatos não decorrer logicamente a conclusão.

E) Quando não estiver presente o valor da causa.

1. DEFERIMENTO DA PETIÇÃO INICIAL

Após a distribuição da inicial, **o juiz poderá assumir quatro posturas: ou** realiza o seu deferimento, ou determina a sua emenda; ainda, poderá ocorrer o indeferimento ou o julgamento de improcedência liminar. Começaremos a nossa análise pelo deferimento da petição inicial.

A petição inicial é um documento formal, **porque cumpre os requisitos estruturais no art. 319 do Código de Processo Civil (CPC), os quais devem ser rigorosamente observados**, tais como endereçamento, qualificação das partes, pedido, causa de pedir, valor da causa, preferência pela audiência de conciliação e mediação, além da presença dos documentos indispensáveis à propositura da demanda (art. 320, CPC).

Se **preenchidos todos esses requisitos e não lhe faltarem nem as condições da ação nem os pressupostos processuais, a petição inicial será deferida**. Esse deferimento é também denominado pelos doutrinadores de despacho positivo da petição inicial, o que significa que o juiz concorda que a petição inicial está em termos e é apta a gerar o impulso processual. (JÚNIOR, 2018. P. 801).

1.1. Designação de audiência

Após a análise da petição inicial e seu consequente deferimento, **qual seria a consequência?**

O deferimento da petição inicial gera a designação de uma audiência de tentativa de solução consensual de conflitos, isto é, de conciliação ou mediação, à luz do art. 334 do CPC. Somente após a realização desse ato processual, o réu terá a oportunidade de apresentar a sua defesa. Assim, no sistema processual de 2015, voltado para a autocomposição, o deferimento da petição tem como consequência a designação de audiência. Ao contrário do sistema processual passado, em que o réu era citado para a apresentação da defesa, **na sistemática do CPC de 2015, tenta-se, primeiro, a solução consensual de conflitos.**

PETIÇÃO INICIAL "EM TERMOS" = DEFERIMENTO	
CPC/1973	1º Citação do réu para apresentar defesa. 2º Agendamento de audiência de conciliação preliminar.
CPC/2015	1º Citação do réu para comparecer à audiência de solução consensual do conflito. 2º Apresentação da defesa.

A audiência poderá ser de conciliação ou de mediação, nos termos do art. 334 do CPC/2015!

O CPC/2015 diferenciou a conciliação da mediação e quais as hipóteses em que elas são utilizadas. Assim, o juiz, ao deferir a inicial e designar a audiência, deverá atentar-se a qual meio de autocomposição deverá ser preferencialmente utilizado para a solução da demanda. **Relembrando, a diferença está prevista no art. 165, §§ 2º e 3º, do CPC, cuja leitura recomenda-se**.

A **regra** é que o deferimento da inicial submeta as partes à audiência de solução consensual. Porém, o CPC/2015 aponta algumas exceções, hipóteses em que ela não será realizada.

O Código aposta na solução de conflitos, porém não fecha os olhos para situações nas quais não é possível a realização da autocomposição. Quando essa autocomposição não for possível, a audiência não vai acontecer. **O art. 334, § 4º do CPC estabelece que, em duas situações, essa autocomposição não é possível**: Por vontade das partes ou por impossibilidade de autocomposição pela natureza do direito disputado em juízo.

A audiência não vai acontecer por:

- Vontade das partes.
- Impropriedade do objeto litigioso.

Em primeiro lugar, a audiência não ocorrerá quando as partes desejarem dessa forma. O CPC de 2015 aponta uma novidade dentro dos requisitos da petição inicial. **Agora, o autor deverá indicar se deseja ou não a realização da audiência para composição consensual (art. 319, VII).** Assim, ao elaborar a sua peça, ele deverá dizer se quer ou não a realização do ato processual (audiência).

Entretanto, muito cuidado! **A audiência será designada ainda que o autor manifeste expressamente que não deseja a autocomposição.** Perceba que foi dito que a audiência não ocorrerá por "vontade das partes" e não por vontade somente do autor. Ainda que o autor manifeste o seu desinteresse em relação a sua designação, o ato processual será designado.

Perceba que o art. 334 aponta que, uma vez deferida a inicial, a audiência será designada com no mínimo 30 dias de antecedência, devendo o réu ser citado com no mínimo 20 dias de antecedência da data da audiência (art. 334, *caput*, CPC).

Após a citação, **o réu tem 10 dias contados da data da audiência para manifestar previamente seu desinteresse pela autocomposição**. Nesse caso, ele solicitará o cancelamento da audiência de conciliação e mediação (art. 334, § 5º, CPC). **Assim, não haverá a audiência somente se houver pedido de ambas as partes nesse sentido**, tanto na inicial do autor como na manifestação do réu no prazo assinalado.

Havendo litisconsórcio, o desinteresse na realização da audiência deve ser manifestado por todos os litisconsortes (art. 334, § 6º, CPC).

É exatamente neste ponto que as bancas pegar derrubar o candidato, porque afirmam que só o pedido do autor na inicial é suficiente para a não realização da audiência de solução consensual de conflitos. **Como vimos, faz-se necessária, também, a negativa do réu.**

Outra forma de cobrança realizada pelas bancas é a de afirmar que a manifestação do réu deve ocorrer na contestação. Como visto, a defesa só é apresentada após a ocorrência da audiência e, conforme o texto legal, **o réu dispõe de dez dias antes do ato processual para manifestar sua negativa por simples petição, distinta da contestação.**

A segunda hipótese em que a audiência de conciliação ou de mediação **não ocorrerá será por impossibilidade de autocomposição do objeto litigioso.** Há direitos que, a princípio, não admitem a autocomposição, como uma ação indenizatória contra a União. A não ser que exista autorização legislativa para tanto, inicialmente o ato está vedado.

As pessoas jurídicas de direito público só podem fazer ou deixar de fazer algo em virtude de lei (legalidade administrativa), logo, somente podem transacionar se houver lei permitindo tal atitude processual. Se não houver autorização legislativa para tanto, nem adiantaria o juiz determinar a audiência, pois esta não terá efeito algum, em face da impossibilidade de autocomposição. Assim, nos termos do art. 334, § 4º, II, do CPC, a audiência nem sequer é designada!

O que acontece se uma das partes faltar injustificadamente à audiência de conciliação e mediação?

A princípio, todos podem faltar a um ato processual, a uma audiência, por motivos justificáveis. A ausência de forma injustificada traz uma consequência interessante apontada pelo CPC/2015.

No Código antigo, caso a parte não comparecesse à audiência preliminar, não haveria qualquer sanção. Tão somente se perderia a oportunidade de fazer acordo naquele momento inicial do processo. De maneira diversa, a legislação processual civil atual trouxe consequências ao não comparecimento das partes à audiência.

A consequência é aplicável tanto ao autor quanto ao réu. A falta é entendida como um **ato atentatório a dignidade da justiça, "um desrespeito à Corte", cuja penalidade é uma multa de até 2% do valor atualizado da causa ou da vantagem econômica pretendida. (Art. 334, § 8º do CPC)**.

Por exemplo, o autor propõe uma causa no valor de cem mil reais e o réu não comparece injustificadamente ao ato de conciliação e mediação. Neste caso, a parte ré será condenada a pagar até dois mil reais por esse desrespeito ao Poder Judiciário.

A partir do momento em que o autor propõe uma demanda, o interesse na solução do conflito deixa de ser apenas do autor e passa a ser também interesse do Estado, representado, no caso, pelo Poder Judiciário. **Por essa razão, a sanção pecuniária pelo desrespeito é revertida em favor do Poder Público.** Nesse sentido, se o processo tramitar na Justiça Estadual, o destinatário da multa será o Estado, contudo, se a tramitação ocorrer no âmbito da Justiça Federal, o destinatário será a União.

As partes precisam comparecer pessoalmente a essa audiência?

Não, **os litigantes podem constituir um representante**, desde que esse indivíduo possua poderes especiais para negociar e transigir, conforme previsão contida no § 10 do art. 334 do CPC/2015.

Outra observação importante é o fato de que **as partes devem estar obrigatoriamente acompanhadas de advogados ou de defensores públicos** nessa audiência (art. 334, § 9º, CPC).

Nos termos do art. 334, § 2º, do CPC, **poderá ser designada mais de uma sessão de conciliação ou de mediação.** As audiências são predeterminadas e não há óbices para a realização de mais de uma audiência, caso seja necessário, desde que não ultrapasse o prazo total de dois meses o prazo total de realização das audiências, contados da primeira tentativa. **Neste caso, conforme art. 335 do CPC, o prazo de defesa do réu será contado somente a partir da última sessão de autocomposição realizada.**

Como esse assunto foi cobrado em provas de concursos públicos

2017 – PGR – Procurador da República. DE ACORDO COM O NOVO CPC: Não será realizada audiência de conciliação ou mediação apenas se ambas as partes manifestarem, expressamente, desinteresse na composição consensual. (incorreto).

2. INDEFERIMENTO DA PETIÇÃO INICIAL

Alguns autores costumam chamar essa hipótese de **despacho negativo da petição inicial.**

Em primeiro lugar, para que ocorra o impulso oficial e a relação processual chegue até o final, com a consequente análise da pretensão de mérito, a parte deve cumprir os requisitos dos arts. 319 e 320 do CPC/2015, além de atender a todas as condições da ação e aos pressupostos processuais. **Não pode haver qualquer vício na petição que impeça a análise do mérito.** Caso exista esse vício insanável, não suscetível de ser corrigido pela parte, ocorrerá o **indeferimento** da petição inicial. É muito importante a compreensão de que esse vício não seja passível de ser corrigido pela parte. Não gerará a emenda, mas a rejeição da continuidade processual de imediato.

O indeferimento da inicial é uma restrição ao direito de ação contido no art. 5º da Constituição Federal (CF/1988). Porque, segundo o texto constitucional, todos têm o direito de provocar o Poder Judiciário para obter uma solução adequada e tempestiva para um conflito. A partir do momento em que esse direito é tolhido, obstado, ocorrerá uma restrição ao direito de ação.

Por essa razão, uma vez que se trata de tão importante restrição, o indeferimento da petição inicial somente poderá ocorrer em hipóteses taxativas, previstas expressamente em lei. **No CPC/2015, a maioria dessas hipóteses encontra-se contida no art. 330 do diploma processual.**

Como esse assunto foi cobrado em provas de concursos públicos

2019 – MPE-PR - Promotor de Justiça Substituto. Sobre as hipóteses de indeferimento da petição inicial e de improcedência liminar do pedido, assinale a alternativa correta, de acordo com o Código de Processo Civil de 2015: A inépcia da petição inicial, a manifesta ilegitimidade da parte e a ausência de interesse processual são hipóteses de indeferimento da petição inicial.

2.1. Hipóteses

São situações em que a inicial será indeferida (art. 330, CPC): I – for inepta; II – a parte for manifestamente ilegítima; III – o autor carecer de interesse processual; IV – não atendidas as prescrições dos arts. 106 e 321.

O magistrado irá proferir uma sentença terminativa quando estiver diante de um dos casos de indeferimento da petição inicial, o que acarretará a extinção do processo sem julgamento do mérito, ou seja, **o juiz nem sequer irá apreciar a pretensão do autor, na forma do inciso I do art. 485 do CPC/2015**.

Sabe-se que o recurso cabível para atacar uma sentença é o recurso de apelação, que tem dois efeitos recursais bastante conhecidos (além de outros efeitos recursais aqui não tratados): **efeito devolutivo** – transfere ao tribunal o conhecimento da matéria impugnada; e **efeito suspensivo** – retira a eficácia momentânea da decisão impugnada que somente poderá produzir os seus efeitos depois de ser confirmada pelo Tribunal.

Pouco se fala de um outro efeito da apelação, aplicável em algumas situações, qual seja, **o efeito regressivo**. Esse efeito consiste na possibilidade de o magistrado rever a decisão que proferiu e voltar atrás no seu entendimento, permitindo uma possível retratação.

Uma vez publicada a sentença, em regra, o juiz não pode alterá-la, conforme aponta o art. 494 do CPC/2015. **Desde o código anterior, a regra que ainda vigora é a da irretratabilidade da sentença**.

Entretanto, em algumas situações específicas, é possível que o juiz volte atrás em seu entendimento e modifique a sentença após a interposição de apelação pela parte irresignada. Nesse caso, emprestará o efeito regressivo àquela apelação interposta. **Uma das situações nas quais o Código prevê que o juiz pode voltar atrás no seu entendimento é na apelação contra sentença que indefere a petição inicial**. (Essa possibilidade de retratação encontra-se no art. 331 do CPC).

Um exemplo facilitará a compreensão do tema. Imagine que Caio seja um cessionário de um crédito, ou seja, ele adquiriu o crédito de uma relação contratual existente entre Alex e Bruno. Perceba que ele não faz parte, inicialmente, da relação contratual, porém deseja ingressar na justiça para cobrar os valores devidos.

Caio procurou o Judiciário e apresentou sua petição inicial acompanhada da cópia do contrato assinado entre Alex e Bruno, o referido documento não continha sua assinatura, uma vez que Caio ingressou na relação contratual posteriormente. De forma conjunta, o autor apresentou um instrumento de cessão de crédito, que lhe dá legitimidade para efetuar a ação de cobrança.

Ao analisar a petição de forma superficial e rápida, o juiz verificou que o titular do crédito do contrato não era o mesmo que propôs a ação e, **dessa maneira, indeferiu a petição inicial com base no art. 330, II, CPC/2015.** Equivocadamente, julgou que Caio não era parte legítima para propor aquela demanda e proferiu uma sentença terminativa.

Irresignado, Caio apresentou um recurso de apelação visando à reforma da decisão pelo Tribunal, contudo, antes de enviar o processo ao órgão de segunda instância, **a lei permite, nesse caso específico, que o juiz de primeiro grau reveja sua decisão e corrija eventual erro, modificando a própria decisão**.

Assim, valendo-se do efeito regressivo, o juiz vai reformar sua própria decisão e atestará que Caio é, de fato, parte legítima, tornando sem efeito a decisão anteriormente proferida e determinando a citação do réu para comparecer à audiência de conciliação e mediação.

Assim, conclui-se o estudo da segunda postura que pode ser adotada pelo juiz quando da análise da peça exordial, qual seja, o indeferimento da petição inicial, **situação que gera o surgimento de uma sentença terminativa**, facultando ao autor o direito de apelar da decisão que extinguir o processo sem resolução do mérito, com possibilidade de efeito regressivo.

3. EMENDA DA PETIÇÃO INICIAL

Uma terceira postura do juiz frente à peça exordial é a emenda à petição inicial. Quando a petição inicial contiver **vícios sanáveis**, defeitos passíveis de serem corrigidos, o magistrado irá determinar que a parte autora emende a peça, procedendo às correções necessárias.

Em decorrência do princípio da primazia da resolução do mérito trazido no CPC/2015, o juiz oportunizará ao autor o direito de emendar a inicial antes de indeferi-la. Por exemplo, o autor apresenta sua inicial sem apontar um dos requisitos essenciais previstos no art. 319 do CPC/2015, especificamente, o valor da causa. O valor é importante para definição do cálculo das custas prévias, iniciais do processo. O erro é um erro sanável, de possível correção; **neste caso, o juiz determinará que o autor proceda à correção do vício.**

De quanto tempo o autor dispõe para emendar a inicial?

No CPC anterior, o autor tinha dez dias para emendar a petição inicial. Contudo, no CPC de 2015, ele dispõe do prazo de 15 dias úteis. (Art. 321, CPC). **Diante desse prazo estabelecido, o autor tem dois caminhos possíveis:**

a) **Efetuar as correções necessárias no prazo,** para que a petição possa ser deferida, atendendo os demais requisitos e condições. Assim, uma vez corrigidos os vícios, o processo seguirá normalmente.

b) Não proceder à emenda da inicial no prazo. Nessa hipótese, a petição será **indeferida** e o processo será **extinto sem julgamento de mérito**.

Questão interessante é a previsão, no CPC de 2015, **da necessidade de o juiz apontar, especificamente, qual é o vício constante na peça**, para que o autor possa identificá-lo com mais precisão e corrigi-lo, atendendo ao comando judicial. Essa previsão decorre do princípio da cooperação, previsto no art. 6º do CPC/2015. Esse princípio está ligado à atividade do magistrado e traz, entre os seus subprincípios, o da informação pelo juiz e o dever de auxílio do magistrado perante as partes.

O código antigo não fazia qualquer alusão ao dever do juiz de dizer qual era o ponto omisso da petição inicial nem qual era o ponto que o autor deveria sanear, corrigir.

Muitos despachos de petição inicial foram emitidos com a simples determinação: "Intime-se o autor para emendar a inicial". Nesses casos, algumas vezes a parte autora analisava, procurava e de fato não encontrava o vício que não havia sido apontado pelo juiz. **O art. 321 do CPC/2015 prevê que o juiz expressamente deve determinar qual o ponto omisso, o vício da petição inicial.** Trata-se de regra louvável no sistema processual.

Perceba que há plena aplicação do princípio da cooperação, contido no já transcrito art. 6º do CPC/2015, porquanto, o juiz coopera com as partes para a ocorrência do julgamento do mérito da causa e resolução do conflito.

Como esse assunto foi cobrado em provas de concursos públicos

2018 – VUNESP – Câmara de Orlândia – SP – Procurador Jurídico. A petição inicial será indeferida quando apresentar defeitos e irregularidades capazes de dificultar o julgamento do mérito e, intimado pelo juiz, o autor não emendar a inicial no prazo de 5 (cinco) dias.

4. JULGAMENTO DE IMPROCEDÊNCIA LIMINAR

A improcedência liminar da petição inicial é a postura do juiz mais cobrada nas provas de concursos públicos. O julgamento de improcedência liminar, também chamada por muitos de sentença liminar, é a quarta postura que pode ser adotada pelo juiz diante da petição inicial. **Visa evitar o chamado "contraditório inútil"**.

A experiência processual demonstra que algumas demandas são consideradas natimortas, chamadas também de pretensões natimortas. **São demandas que, desde a sua origem, já estão condenadas ao fracasso, ao insucesso.**

Por exemplo: A parte autora apresenta uma demanda judicial contrária a uma hipótese que já está julgada em Incidente de Resolução de Demandas Repetitivas (IRDR). As decisões proferidas em IRDR são vinculantes aos juízes e tribunais, todos devem seguir o entendimento firmado no incidente.

Assim, a partir do momento em que é proposta uma ação contrária a uma tese já firmada em IRDR ou em Incidente de Assunção de Competência (IAC), a parte está cometendo um dito "suicídio processual", um contraditório inútil, pois a ação vai nascer já condenada ao fracasso (a não ser que ele proceda à distinção do caso, estabelecendo que sua pretensão não se amolda ao paradigma vinculante).

Fazer com que esse tipo de pretensão tramite e siga até o seu final é realizar um gasto de atos processuais e de tempo totalmente inútil. Por essa razão, criou-se, ainda na vigência do código anterior, a improcedência liminar, que nada mais é do que **a possibilidade de o juiz rejeitar inicialmente a pretensão do autor com base em algumas situações previstas em lei.**

Esse julgamento *prima facie* é a possibilidade de o juiz rejeitar o pedido do autor sem mesmo determinar a citação do réu. Todas as vezes que o juiz constatar a presença dos requisitos do art. 332 do CPC/2015, poderá rejeitar, julgar improcedente o pedido do autor, **sem que tenha havido qualquer manifestação ou integração do réu à relação processual.**

Atenção! O julgamento de improcedência liminar distingue-se do de indeferimento da petição inicial.

Ambos são uma "rejeição" da pretensão do autor. Todavia, o indeferimento da petição inicial gera uma sentença terminativa, uma extinção sem julgamento do mérito com base no art. 485, I, do CPC/2015. **Faz coisa julgada meramente formal.** Em sentido contrário, o julgamento por improcedência liminar acarreta o exame do mérito da pretensão do autor, com consequente extinção do processo com julgamento de mérito. **Faz coisa julgada formal e material, que impede a propositura de nova demanda sobre o tema.**

INDEFERIMENTO DA PETIÇÃO INICIAL	IMPROCEDÊNCIA LIMINAR DA PETIÇÃO INICIAL
Produz uma sentença terminativa.	Produz uma sentença terminativa.
Extinção do processo **SEM** julgamento de mérito.	Extinção do processo **COM** julgamento de mérito.
Faz coisa julgada **apenas FORMAL.**	Faz coisa julgada **FORMAL e MATERIAL.**
Não impede a propositura de nova demanda sobre o mesmo assunto.	**Impede** a propositura de nova demanda sobre o mesmo assunto.

4.1. Hipóteses em que é permitido o instituto

A primeira hipótese de improcedência liminar ocorrerá quando a demanda **dispensar a fase instrutória e for contrária a uma das situações de consolidação jurisprudencial presentes nos incisos do art. 332 do CPC.**

No Direito Processual Civil, há dois momentos distintos de produção probatória. No primeiro deles, é determinado que o autor e o réu produzam a prova documental em juízo, na fase postulatória, isto é, **a prova documental deve ser produzida na petição inicial e na contestação.** (Art. 434, CPC).

As demais formas probatórias que não sejam documentais devem ser produzidas em um outro momento do processo, **na chamada fase instrutória**, cujo principal ato é a audiência de instrução e julgamento.

Nesse sentido, **as demandas que dispensam a fase instrutória são ações que podem ser satisfeitas somente com documentos que acompanham a inicial**, porque não será necessário complementar essas provas contidas na inicial com outros tipos de prova. Para o CPC/2015, a causa não precisa ser exclusivamente de direito. Poderá ser de fato ou de direito para a ocorrência da improcedência liminar. **Para tanto, basta que ela traga a dispensa da fase instrutória.**

A jurisprudência será considerada como consolidada quando (incisos do art. 332):

Existir súmula do Superior Tribunal de Justiça (STJ) ou do Supremo Tribunal Federal – STF (vinculante ou não);

Houver acórdão do STJ ou do STF proferido em julgamento de recursos repetitivos;

Estiver diante de entendimento firmado em IRDR ou IAC;

Existir súmula de Tribunal de Justiça sobre direito local.

Observe que o julgamento de improcedência liminar **só pode ser utilizado quando o juiz for aplicar a rejeição total dos pedidos do autor.**

O seguinte exemplo auxiliará a compreensão do tema: Caio propõe uma ação judicial para discutir a incidência de determinado tributo na atividade empresarial que desenvolve. Em sua inicial, o autor defende que o tributo não deve ser cobrado, contudo, o STF já se posicionou anteriormente sobre o tema por meio de súmula, consolidando entendimento no sentido de que o tributo deve ser cobrado. Como a prova desse tipo de ação ocorre satisfatoriamente na fase postulatória, a prova documental acostada na petição inicial será suficiente aos autos e dispensará a fase instrutória.

Note que, ao analisar a petição inicial de Caio, o juiz verificará que já existe jurisprudência consolidada sobre o tema e que a causa dispensa a realização da fase instrutória. Dessa maneira, decidirá pela improcedência liminar da petição inicial e rejeitará o pedido de Caio no primeiro contato que tiver com a inicial, sem nem sequer proceder à citação da Fazenda Pública ré.

A segunda hipótese de improcedência liminar ocorrerá quando o juiz reconhecer a prescrição ou a decadência do direito do autor. Nesse caso, poderá, independentemente de dispensa da fase probatória, rejeitar liminarmente a pretensão do autor.

Atenção! Essa hipótese ocorrerá ainda que o processo dependa exclusivamente de prova de fato. Na improcedência liminar do pedido por prescrição ou decadência, não se exige que a causa dispense a fase instrutória! Pode ser aplicado inclusive quando houver a necessidade de produção de prova oral, entre outras! **Diferencia-se neste aspecto fundamental do cabimento mencionado nos itens anteriores.**

Exemplo para melhor compreensão da matéria: Alex ingressa com uma ação de reparação por danos morais em virtude de uma briga em bar. Nessa ação, terá que provar a existência da briga, o que aconteceu, como foi a dinâmica, as palavras utilizadas que ofenderam o autor. É inegável a necessidade de produção de prova testemunhal para a solução da demanda. Entretanto, o autor demorou mais de quatro anos para propor a ação, e o art. 206, § 3º, do Código Civil (CC), determina que o prazo prescricional máximo para a propositura dessa demanda é de três anos. Assim, a pretensão do autor está flagrantemente prescrita.

Ao receber a inicial o magistrado irá verificar que se mostra necessária a fase instrutória para solucionar a lide, contudo, ao perceber a existência do direito prescrito, o juiz julgará liminarmente improcedente o pedido do autor.

Assim como no julgamento do indeferimento da petição inicial**, as apelações interpostas das sentenças de improcedência liminar também permitem o exercício do efeito regressivo pelo juiz.** Portanto, apresentada a apelação contra a sentença de improcedência, o juiz terá cinco dias para retratar-se do ato e realizar a citação do réu. (art. 332, § 3º, CPC).

Como esse assunto foi cobrado em provas de concursos públicos

2016 – CESPE – TCE-PR – Auditor. Carlos ajuizou ação contra Pedro, visando a reparação material por danos causados ao seu veículo. Com referência a essa situação hipotética, assinale a opção correta. Se for verificado que Carlos ajuizou a ação após ter decorrido o prazo prescricional, a improcedência liminar do pedido será medida conferida ao juiz. (correta).

RESUMO

POSTURAS DO JUIZ FRENTE À PETIÇÃO INICIAL
1. Deferimento
1.1. Designação de audiência
Ao contrário do CPC passado, no qual o deferimento da petição dava azo à apresentação da defesa pelo réu, no CPC/2015 o seu despacho positivo encerra uma audiência de tentativa de autocomposição, que pode ser de conciliação ou mediação.
2. Indeferimento da petição inicial
O indeferimento da inicial é a sua rejeição por conter vícios insanáveis, ou seja, que não são possíveis de serem sanados pelo advogado.
2.1. Hipóteses
As hipóteses estão previstas no art. 330 do CPC, e seu acolhimento leva a uma sentença sem resolução do mérito. O autor poderá apelar da decisão, tendo em vista tratar-se de uma sentença. A apelação, nesse caso, tem efeito regressivo, podendo o juiz voltar atrás em seu provimento no prazo de cinco dias.
3. Emenda da petição inicial
A emenda é a postura do juiz quando se depara com vícios sanáveis da inicial. O autor terá 15 dias úteis para realizá-la, sob pena de indeferimento da peça.
4. Julgamento de improcedência liminar
A improcedência liminar é a rejeição do pedido do autor, com mérito.
4.1. Hipóteses em que o instituto é permitido
Conforme art. 332 do CPC, o julgamento de improcedência liminar é realizado em duas situações. A primeira delas ocorre quando é dispensada a fase instrutória, e existe uma situação de consolidação jurisprudencial, nos termos dos incisos do art. 332 do CPC. A outra hipótese é quando o juiz verifica a prescrição ou a decadência, o que pode ser feito independentemente de dispensa da fase instrutória. A apelação contra essa decisão tem efeito regressivo, permitindo ao magistrado voltar atrás em seu provimento no prazo de cinco dias.

GABARITO

1	D	**2**	C	**3**	D	**4**	Certo	**5**	E
6	Errado	**7**	Errado	**8**	Errado	**9**	C	**10**	E

CAPÍTULO 25

POSTURAS DO RÉU

RECADO

Caro (a) leitor (a), após a realização da tentativa de autocomposição, e não havendo acordo, chega o momento da resposta do réu. Nesta unidade, veremos quais são as posturas que a parte requerida poderá ter em relação aos pedidos e pretensões do autor.

QUESTÕES

1. (2019 - VUNESP - Prefeitura de Cerquilho - SP - Procurador) Sobre as possibilidades de respostas do réu dispostas no CPC, assinale a alternativa correta.

A) A incorreção do valor da causa deverá ser alegada como matéria de mérito.

B) A reconvenção não pode ser proposta contra terceiro.

C) A incompetência relativa poderá ser conhecida de ofício pelo juiz.

D) Não incumbe ao réu, quando alegar sua ilegitimidade, indicar o sujeito passivo da relação jurídica, que tiver conhecimento.

E) A indevida concessão do benefício de gratuidade de justiça deverá ser alegada antes do mérito.

2. (2018 - Dédalus Concursos - Prefeitura de Piratininga - SP - Procurador) Nos termos do Código de Processo Civil, se verificada a incompetência relativa do juízo para julgar a demanda após o recebimento da inicial, o réu deve:

A) Aguardar o juízo, se manifestar por ofício.

B) Alegar a incompetência em preliminar de contestação.

C) Apresentar impugnação à competência.

D) Apresentar exceção de incompetência.

3. (2019 – VUNESP – Prefeitura de Poá – SP – Procurador) A contestação é o instrumento processual pelo qual o réu exerce seu direito fundamental de defesa em face da pretensão autoral. Assinale a alternativa correta a respeito dessa espécie de resposta do réu.

A) O termo inicial do prazo para apresentação da contestação será a data da juntada do pedido de cancelamento da audiência de conciliação ou de mediação apresentado pelo réu, quando ambas as partes manifestarem desinteresse na composição consensual.

B) Se não houve autocomposição na audiência de conciliação ou de mediação, o termo inicial do prazo para apresentação da contestação será a data da juntada aos autos da ata ou termo da última sessão conciliatória realizada.

C) Alegando o réu, na contestação, ser parte ilegítima, o juiz facultará ao autor, em 10 (dez) dias, a alteração da petição inicial para substituição do réu, sob pena de arcar com as custas e honorários.

D) Havendo alegação de incompetência absoluta ou relativa, a contestação poderá ser protocolada no foro de domicílio do réu.

E) Depois da contestação, não é lícito ao réu deduzir novas alegações.

4. (2019 – CESPE – PGM – Campo Grande – MS – Procurador) Considerando essa situação hipotética, julgue o item subsequente, a respeito do valor da causa, jurisdição e improcedência liminar do pedido: Tanto a incompetência territorial quanto o valor da causa deverão ser alegados como preliminares da contestação.

Certo

Errado

5. (2019 – CESPE – Prefeitura de Boa Vista – RR – Procurador Municipal) A respeito de tutela provisória, resposta do réu e juizado especial de fazenda pública, julgue o item que se segue. Não enseja preclusão temporal o fato de o réu deixar de alegar a litispendência ou a coisa julgada em preliminar de contestação.

Certo

Errado

6. (2019 – VUNESP – IPREMM – SP – Procurador Jurídico) Paulo, engenheiro, casado, propôs ação de cobrança contra Pedro, médico, casado, alegando que deveria receber o valor de R$ 30.000,00 (trinta mil reais) pela venda de um automóvel. Ocorre que Pedro, além de entender que a quantia não é devida, uma vez que já realizou o depósito, alega que Paulo é quem deveria lhe pagar a quantia de R$ 200.000,00 (duzentos mil reais) relativos à venda de uma casa. Considerando a situação hipotética apresentada, assinale a alternativa correta.

A) Caso Pedro proponha a reconvenção, Paulo será citado, pelo correio, para apresentar resposta no prazo de 5 (cinco) dias.

B) Caso Paulo desista da ação de cobrança, haverá óbice quanto ao prosseguimento da reconvenção proposta por Pedro.

C) Pedro poderá propor reconvenção independentemente de oferecer contestação na ação de cobrança.

D) Pedro poderá propor reconvenção contra Paulo, mas não poderá aproveitar o processo para cobrar a esposa de Paulo, também proprietária do imóvel.

E) Pedro não poderá propor reconvenção em litisconsórcio com sua esposa caso ela não tenha sido citada na ação de cobrança para pagamento do automóvel.

7. **(2019 – VUNESP – Prefeitura de Cerquilho – SP – Procurador Jurídico)** Sobre as possibilidades de respostas do réu dispostas no CPC, assinale a alternativa correta.

A) A incorreção do valor da causa deverá ser alegada como matéria de mérito.

B) A reconvenção não pode ser proposta contra terceiro.

C) A incompetência relativa poderá ser conhecida de ofício pelo juiz.

D) Não incumbe ao réu, quando alegar sua ilegitimidade, indicar o sujeito passivo da relação jurídica, que tiver conhecimento.

E) A indevida concessão do benefício de gratuidade de justiça deverá ser alegada antes do mérito.

8. **(2018 – FEPESE – Prefeitura de Concórdia – SC – Procurador)** Sobre a resposta do réu, é correto afirmar.

A) A reconvenção pode ser proposta contra o autor e terceiro.

B) Proposta a reconvenção, somente após o consentimento do reconvindo, o reconvinte poderá aditar ou alterar o pedido ou a causa de pedir.

C) A desistência da ação ou a ocorrência de causa extintiva que impeça o exame de seu mérito acarreta na extinção da reconvenção.

D) Proposta a reconvenção, o autor será citado, pessoalmente, para apresentar resposta no prazo de quinze dias.

E) Havendo alegação de incompetência relativa ou absoluta, a contestação deverá ser protocolada no juízo que a parte entender competente.

9. **(2019 – FCC – TRF – 4ª REGIÃO – Técnico Judiciário)** Rodolfo ajuizou ação contra Felipe, versando o litígio sobre direito indisponível. Devidamente citado, o réu não ofereceu contestação no prazo legal, tornando-se revel. Nesse caso, a revelia

A) impõe que o pedido seja julgado procedente.

B) torna precluso o direito de produzir provas.

C) veda a interposição de recurso contra a sentença.

D) impede o réu de intervir no processo, salvo na fase de cumprimento de sentença.

E) não enseja a presunção da veracidade das alegações de fato formuladas pelo autor.

10. (2019 – Instituto Consulplan – TJ-CE Juiz Leigo) Considere a seguinte situação: "João propôs ação de indenização alegando que, ao voltar de um bar, fora atacado por alienígenas que afirmaram agir por ordem de sua vizinha, Maria. Sustenta que Maria é pessoa de má índole e que já havia ameaçado atacar vários moradores do bairro onde residem. Maria, devidamente citada, manteve-se inerte e não contestou a ação". Diante da referida hipótese, nos termos do Código de Processo Civil, é possível afirmar que

A) não ocorrerão os efeitos comuns da revelia em face de Maria.

B) presumem-se verdadeiras as alegações de fato formuladas por João.

C) Maria deve instaurar incidente de insanidade mental em face de João.

D) Maria não poderá intervir no processo após a oitiva do Ministério Público.

1. CONTESTAÇÃO

A contestação é a forma de defesa clássica do réu. **É a resistência à pretensão do autor, manifestada pela petição inicial.**

Assim, na contestação, o réu apresentará **defesas diretas**, em que somente nega a existência dos fatos narrados pelo autor na inicial, ou **defesas de indiretas**, em que, mesmo confessando os fatos do autor na inicial, apresenta outros, impeditivos, modificativos ou extintivos do direito apresentado na inicial.

Deve ser apresentada por petição, no prazo, em regra, de 15 dias.

1.1. Prazo de apresentação da contestação

O prazo de contestação, em regra, é de 15 dias, conforme art. 335 do Código de Processo Civil (CPC).

Podem existir, entretanto, prazos diferenciados para a prática do ato.

Assim, nos termos do art. 180 do CPC**, o Ministério Público tem o prazo em dobro para contestar.** A mesma prerrogativa é concedida à Fazenda Pública (art. 183, CPC/2015), à Defensoria Pública (art. 186 do CPC) e aos núcleos de assistência judiciária das Faculdades de Direito (art. 186, § 3º, do CPC). Alguns desses entes tinham prazo em quádruplo no CPC passado. **Assim, na nova legislação, todos eles têm prazo dobrado para o ato processual.**

Outra questão interessante é o início do prazo para apresentação da defesa. Anteriormente, ele somente fluía a partir da citação. O CPC de 2015, no entanto, estabeleceu como regra que **o prazo de defesa somente começará a fluir a partir da data da audiência de conciliação ou mediação.** No procedimento comum, o réu é citado para o comparecimento nesta audiência. Somente se não houver acordo é que começará, da respectiva audiência, o prazo de defesa.

Todavia, outras variantes podem determinar o início desse prazo:

a) O prazo começará a correr **do protocolo do pedido de cancelamento da audiência de conciliação ou de mediação apresentado pelo réu**, quando ambas as partes manifestarem o seu desinteresse na realização do ato. Assim, no momento em que o réu apresenta o requerimento de cancelamento, inicia-se seu prazo.

b) Caso a audiência nem sequer seja designada, por impossibilidade de transação, **o prazo começará da efetiva citação**, nos termos e modos do art. 231 do CPC (art. 335, III, do CPC).

Assim, ao contrário do sistema anterior, **temos três variantes de início do prazo de defesa:** da audiência, do protocolo do pedido de cancelamento ou da citação realizada. Lembre-se sempre de que o prazo de contestação é sempre um prazo processual, e, portanto, contado em dias úteis (art. 219, CPC).

1.2. Matérias preliminares

O legislador estabeleceu uma ordem de alegação das defesas na contestação. Para tanto, dividiu essas alegações em **defesas preliminares e defesas de mérito**. As defesas preliminares são aquelas que devem ser alegadas antes da discussão do mérito da ação, ou da essência da lide.

Esses tipos de defesa estão estabelecidos no art. 337 do CPC. Portanto, essas matérias devem ser veiculadas na contestação antes mesmo de impugnados especificamente os fatos alegados pelo autor.

Dividem-se em **defesas preliminares peremptórias (que acarretam a extinção do processo, se acolhidas), dilatórias (que somente atrasam a marcha processual) e dilatórias potencialmente peremptórias**, quando atrasam a marcha processual e podem extinguir o processo.

São matérias preliminares no CPC/2015:

a) Inexistência ou nulidade da citação.

Trata-se de matéria dilatória. A ausência de citação acarretará a nulidade de todos os atos processuais subsequentes, o que causará um atraso na marcha processual, sem, contudo, extinguir a relação.

b) Incompetência absoluta e relativa.

Trata-se, também de matéria dilatória, tendo em vista que a sua consequência é o envio dos autos ao juízo competente, para normal prosseguimento do feito. A alegação da incompetência relativa em preliminar é uma diferença em relação ao sistema passado. Anteriormente, era alegada por meio de exceção.

c) Incorreção do valor da causa.

A incorreção do valor da causa é uma **matéria dilatória potencialmente peremptória**. Caso seja acolhida, o magistrado determinará o pagamento da complementação das custas (dilação processual). Se o autor não cumprir a providência, a distribuição será cancelada e o processo, extinto.

d) Inépcia da petição inicial.

Trata-se de matéria peremptória. A inépcia da inicial ocasiona a extinção do processo sem resolução do mérito, nos termos do art. 485, I, do CPC.

e) Perempção.

Da mesma forma, é matéria peremptória. Reconhecida a perempção, o juiz proferirá uma sentença terminativa.

f) Litispendência.

Tem o mesmo destino da perempção. Seu reconhecimento tem como consequência uma sentença sem resolução de mérito.

g) Coisa julgada.

Tem como consequência a sentença terminativa. Portanto, matéria peremptória.

h) Conexão.

Trata-se de matéria dilatória. Havendo o acolhimento da conexão, os autos serão reunidos em juízo conjunto, a fim de se evitar a prolação de decisões contraditórias. Assim, essa postura e sua consequência somente atrasam a marcha do processo.

i) Incapacidade da parte, defeito de representação ou falta de autorização.

É espécie de **matéria dilatória, potencialmente peremptória**. O juiz intimará a parte autora para sanar o defeito de representação. Caso o sane, o processo seguirá normalmente (dilação). Se não for cumprida a providência jurisdicional, o processo terá uma sentença terminativa.

j) Convenção de arbitragem.

Trata-se de matéria peremptória. Seu acolhimento gerará uma sentença terminativa, sem resolução de mérito, relegando as partes ao juízo arbitral anteriormente escolhido. Nos termos do art. 337, § 5º, do CPC, a matéria não pode ser reconhecida de ofício pelo juiz, dependendo de alegação da parte ré.

k) Ausência de legitimidade ou de interesse processual.

É genuína matéria peremptória. A ausência das condições da ação importa em sentença de extinção processual sem mérito.

l) Falta de caução ou de outra prestação que a lei exige como preliminar.

É matéria dilatória, potencialmente peremptória. O juiz intimará a parte para prestar a respectiva caução. Caso assim não proceda, prolatará uma sentença terminativa, sem resolução de mérito.

m) Indevida concessão do benefício de gratuidade de justiça.

É matéria dilatória, potencialmente peremptória. O juiz, ao revogar a concessão do benefício, intimará a parte para recolher as custas prévias de distribuição da ação (dilação). Não procedendo dessa forma, será cancelada a distribuição e o processo será extinto, sem resolução do mérito.

1.3. Defesas de mérito

As defesas de mérito, ou aquelas que dizem respeito aos fatos alegados pelo autor, **costumam ser divididas pela doutrina em defesas diretas e indiretas**, conforme se esteja diante da postura processual do réu. (NEVES, 2018. P. 657). As **defesas diretas** são aquelas em que o réu se resume a negar a existência dos fatos mencionados pelo autor (por exemplo: não houve a ofensa moral estabelecida na inicial); ou, por outro lado, apresenta outra versão dos fatos, sempre com o intuito de negar a veracidade daquilo que foi afirmado na petição inicial.

Já nas **defesas de mérito chamadas de indiretas**, o réu não nega os fatos articulados pelo autor na petição inicial. Em vez disso, o réu apresenta novos fatos, os quais são extintivos, modificativos ou impeditivos do direito do autor. Nessa segunda opção de defesa de mérito, chamada pela doutrina de confissão qualificada, o réu não nega o fato, mas nega a consequência jurídica (por exemplo: ocorreu a discussão alegada na inicial, mas esses fatos não foram bastantes para gerar a ofensa moral do réu). Assim, as defesas de mérito dividem-se em diretas e indiretas.

Um ônus que o réu tem na contestação é o da impugnação específica dos fatos alegados pelo autor. Lembre-se de que, na inicial (art. 319, III, do CPC) o autor deve trazer os fatos constitutivos de seu direito, bem como os fundamentos jurídicos advindos desses fatos. No caso da contestação, o réu deverá impugnar esses fatos constitutivos, um a um, sob pena de serem considerados verdadeiros pelo juiz (art. 341, CPC).

Entretanto, o próprio **Código excetua algumas situações em que, mesmo não impugnado especificamente, o fato não será considerado presumidamente verdadeiro** (incisos do art. 341): a) quando a respeito não for admissível a confissão; b) se a petição não estiver acompanhada de instrumento público, necessário à natureza do ato; ou c) se os fatos alegados na inicial, mesmo que não impugnados especificamente, estiverem em contradição com a defesa, como um todo.

Lembre-se, contudo, de que **algumas figuras estão dispensadas do cumprimento deste ônus processual.** Nos termos do art. 341, parágrafo único, do CPC, estão excetuados desse ônus o curador especial, o defensor público e ao advogado dativo.

Outro **princípio relativo ao mérito da contestação é o da concentração da defesa.** Segundo esse princípio, na peça de contestação, o réu deverá alegar toda a matéria de defesa que tem contra o autor, sob pena de preclusão. É, a princípio, o momento único que o réu tem para resistir à pretensão do autor.

Depois que for ultrapassado o momento processual da contestação, **o réu somente poderá alegar novos argumentos nas hipóteses permitidas pelo art. 342 do CPC**, quais sejam: a) quando o direito alegado (ou o fato) for superveniente ao momento da contestação; b) quando a matéria alegada puder ser conhecida de ofício pelo juiz; c) quando, por expressa autorização legal, puder ser conhecida a qualquer tempo e juízo.

Assim, pelo princípio da concentração da defesa, toda a matéria que o réu possui contra o autor deverá ser alegada em contestação.

Esse princípio da eventualidade permite que o réu alegue as defesas, mesmo que elas sejam contraditórias entre si. A doutrina divide as defesas cumuladas em **cumulação própria** – quando cada defesa diz respeito a um pedido em separado da inicial– **e cumulação eventual ou imprópria de defesas** – quando uma defesa é apresentada, caso a primeira não seja acolhida (DIDIER, 2017. P. 720).

Como esse assunto foi cobrado em provas de concursos públicos

2017 - CESPE - TCE-PE - Analista de Gestão. Com relação ao processo, seus princípios e seus procedimentos, julgue o item subsequente. Na álea cível, o princípio da eventualidade impõe ao réu o dever de formular, em sua contestação, todas as defesas que tiver, sob pena de não poder fazê-lo em outro momento processual. (correto).

2. RECONVENÇÃO

A reconvenção tem natureza jurídica de ação, porém, por economia processual, a lei permite que ela seja veiculada dentro do mesmo processo.

Portanto, se o réu está sofrendo o ônus de uma demanda, mas tem um pedido a fazer contra o autor que seja conexo com a matéria de defesa ou com a petição inicial, **é possível fazê-lo dentro do mesmo processo, mediante a reconvenção.** A reconvenção nada mais é do que uma pretensão autônoma conexa com os fatos da petição inicial, ou com o fundamento da defesa, que o réu manifesta em face do autor para pleitear a sua condenação.

2.1. Estrutura da reconvenção

No CPC de 2015, **a reconvenção é proposta no próprio corpo da contestação**, não havendo necessidade de petição autônoma para tanto (art. 343, *caput*, do CPC).

Como esse assunto foi cobrado em provas de concursos públicos

2018 – CESPE – EBSERH – Advogado. A respeito das regras do atual Código de Processo Civil acerca da resposta do réu, julgue o item que se segue. A reconvenção, incidente processual no qual o réu apresenta pretensão conexa com a ação principal contra o autor, deve ser instrumentalizada em petição avulsa e pode ser apresentada a qualquer tempo. (incorreto).

2.2. Autonomia da reconvenção

Qual a relação entre a ação principal e a reconvenção? A reconvenção tem uma relação de dependência ou é totalmente autônoma processualmente em relação à ação principal? A questão ganha relevo e contornos interessantes diante de uma situação prática que pode acontecer nesse caso.

Imagine o seguinte exemplo: "A" e "B" resolvem manifestar mutuamente as suas pretensões de reparação de dano moral e, depois de alguns meses, "A" se arrepende de ter proposto a ação de indenização contra "B" e desiste de sua demanda (pretensão principal). O juiz intima "B", que já havia apresentado sua defesa, o qual concorda com a desistência, e a pretensão principal é extinta com uma sentença terminativa. **O que acontecerá com a demanda reconvencional que estava no processo principal?**

A pretensão principal será extinta, mas a reconvenção prosseguirá normalmente. **A relação entre a pretensão principal e a reconvenção é total autonomia**, nos termos do art. 343, § 2º, do CPC. Qualquer causa extintiva da demanda principal não obsta a continuidade da reconvenção. Muita atenção neste ponto!

2.3. Ampliação subjetiva

A reconvenção promove uma ampliação objetiva na lide, ou seja, inicialmente só existia um objeto processual (do autor) e, a partir do momento em que se apresenta a reconvenção, tem-se tanto os fatos e objeto material do autor quanto os fatos e objeto material do réu. É da própria natureza da reconvenção realizar essa ampliação objetiva.

O CPC/2015 trouxe, todavia, **a possibilidade de realizar a ampliação subjetiva da reconvenção.** Trata-se do fato de trazer para a demanda reconvencional sujeitos que não estavam na lide principal e que somente foram integrados ao processo por meio da reconvenção.

Assim, **é possível ampliar o polo passivo da reconvenção, conforme art. 343, § 3º, do CPC.** Nessa hipótese, forma-se um litisconsórcio passivo na reconvenção. Também, há a possibilidade de se formar um litisconsórcio ativo, nos termos do § 4º do mesmo dispositivo legal.

3. REVELIA

A revelia é um fato processual **consistente na ausência de apresentação de contestação.** Não há de se confundir a revelia (ausência de contestação) com seus principais efeitos. Essa ausência de contestação gera efeitos específicos, que podem ser divididos em efeitos processuais e efeito material da revelia.

3.1. Efeito material da revelia

Conforme já afirmado, a revelia é somente um ato processual, consistente na ausência de contestação. **A revelia, contudo, induz a efeitos processuais e materiais.** Um dos principais efeitos da revelia é seu efeito material, consistente na presunção de veracidade dos fatos articulados na inicial. Ora, não contestando a ação, presumem-se como verdadeiros todos os fatos articulados na inicial.

Todavia, o próprio CPC excetua algumas situações de réus que - apesar da revelia- não sofrem a incidência da presunção de veracidade dos fatos articulados na inicial. **Essas hipóteses encontram-se no art. 345 do CPC.** Assim, nas seguintes situações, caso o réu não apresente a contestação (seja revel), ainda assim não se verificarão os efeitos materiais da revelia:

a) Havendo pluralidade de réus, um deles apresentará a defesa: esse dispositivo deve ser lido com parcimônia. A defesa apresentada por um somente aproveita aos demais naquelas matérias que lhes forem comuns (art. 345, I, CPC).

b) Se o Litígio versar sobre direitos indisponíveis (art. 345, II, CPC).

c) Se a petição inicial não estiver acompanhada de instrumento que a lei considere indispensável à prova do ato.

d) Se as alegações de fato formuladas pelo autor forem inverossímeis ou estiverem em contradição com prova constante dos autos.

Dentre elas, uma chama mais atenção, principalmente quando se questiona sobre o ente público em juízo, quando atua como réu.

Nos termos do art. 345, II, do CPC, a revelia não induz seu principal efeito quando os direitos disputados na lide são indisponíveis.

Neste sentido, foi levado à apreciação dos tribunais – principalmente do Superior Tribunal de Justiça (STJ) – **se a Fazenda Pública, ao deixar de contestar uma ação, sofreria o efeito material da revelia**, constante no art. 344 do CPC. Ressalte-se que esse posicionamento foi tomado à luz do CPC anterior. Entretanto, pela ausência de disposição específica em sentido contrário, entende-se que ele pode ser ainda aplicado à nova legislação, até ulterior posicionamento do tribunal.

A questão foi objeto do Informativo de nº 508 do STJ. O tribunal, ao avaliar a questão, houve por bem separar duas situações dos entes públicos em juízo. Ou poderiam estar defendendo interesses genuinamente administrativos (interesses públicos primários), ou poderiam estar em juízo defendendo interesses tipicamente privados. Nesse segundo caso, o regulamento processual da Fazenda Pública seria igual aos ônus processuais exercidos pelos particulares. Assim, conforme julgado:

> **Incidem os efeitos materiais da revelia contra o Poder Público na hipótese em que, devidamente citado, deixa de contestar o pedido do autor, sempre que estiver em litígio uma obrigação de direito privado firmada pela Administração Pública, e não um contrato genuinamente administrativo.** (REsp. nº 1.084.745-MG, rel. Min. Luis Felipe Salomão, julgado em 06.11.2012; Informativo nº 508 do STJ).

Nesse sentido, portanto, **quando a Fazenda Pública estaria em juízo defendendo interesses e contratos tipicamente privados, não ligados a interesses públicos primários**, poderia sofrer o efeito material da revelia, constante na presunção de veracidade dos fatos articulados na inicial. Dessa forma, consiste em ônus da Fazenda Pública a contestação, em ação desse jaez, de forma que, não contestada, incidem os efeitos do art. 344 do CPC.

Como esse assunto foi cobrado em provas de concursos públicos

2018 – CESPE – EBSERH – Advogado – A respeito das regras do atual Código de Processo Civil acerca da resposta do réu, julgue o item que se segue. O réu que não contestar tempestivamente os fatos a ele imputados pelo autor na inicial será considerado revel e os referidos fatos serão presumidos verdadeiros, ainda que o litígio verse sobre direitos indisponíveis. (incorreto).

3.2. Efeitos processuais da revelia

Além do efeito genuinamente material, contido nas explanações anteriores, **a revelia poderá induzir a efeitos meramente processuais.** São eles:

a) **Desnecessidade de intimação do réu revel**: nos termos do art. 346 do CPC/2015, não há necessidade de intimação do réu revel para os atos processuais posteriores à verificação da revelia. Entretanto, essa desnecessidade somente alcança o réu revel sem patrono constituído nos autos processuais.

Ainda, registre-se que a intervenção do réu revel no processo é sempre *ex nunc*. Isso quer dizer que **o requerido pega o processo no estado em que se encontra,** não podendo praticar os atos processuais pretéritos. A marcha processual não retroage para beneficiar o revel.

b) **Julgamento antecipado do mérito:** conforme art. 355, I, do CPC, havendo o efeito material da revelia (presunção de veracidade) e se não houver o requerimento de novas provas, a fase instrutória processual será suprimida. Ocorrerá, portanto, o julgamento antecipado do mérito.

Como esse assunto foi cobrado em provas de concursos públicos

2019 – VUNESP – Prefeitura de Arujá – SP – Advogado. Quanto ao Procedimento Comum, previsto no Código de Processo Civil, assinale a alternativa correta acerca da contestação e da revelia. "O revel poderá intervir no processo em qualquer fase, recebendo-o no estado em que se encontrar". Correto.

RESUMO

POSTURAS DO RÉU
1. Contestação
A contestação é a peça processual em que o réu tentará impedir a procedência do pedido do autor, ou por meio de defesas diretas, ou por meio de defesas indiretas, com fatos impeditivos, extintivos ou modificativos do direito do autor.
1.1. Prazo de apresentação da contestação
São três as variantes de início do prazo de 15 dias para a apresentação de defesa; ou da audiência de conciliação ou mediação, ou do protocolo da petição de cancelamento da audiência, ou nos termos do art. 231 do CPC.
1.2. Matérias preliminares
As matérias preliminares, também chamadas de matérias processuais, são aquelas que atacam as condições da ação ou os pressupostos processuais. Têm consequências heterogêneas.
1.3. Defesas de mérito
Defesas de mérito são aquelas que impugnam a causa de pedir do autor, ou os fatos constitutivos de seu direito.

2. Reconvenção
A reconvenção é o instituto processual em que o réu fará pedidos em relação ao autor.
2.1. Estrutura da reconvenção
No CPC/2015, a reconvenção é apresentada dentro da peça de contestação, e não mais em estrutura autônoma.
2.2. Autonomia da reconvenção
Caso a demanda principal seja extinta por qualquer motivação, a reconvenção permanece, tendo em vista que a sua relação com a demanda principal é de autonomia, e não de caráter acessório.
2.3. Ampliação subjetiva
É possível manejar a reconvenção em litisconsórcio ativo, ou passivo, com ou contra pessoas que não fizeram parte da relação processual originária.
3. Revelia
A revelia é um fato processual, constante na ausência de apresentação de contestação.
3.1. Efeito material da revelia
Seu efeito material é a presunção de veracidade dos fatos articulados na inicial. Nem sempre esse efeito ocorre. Nos casos do art. 345 do CPC, ele é afastado. Assim, é importante dissociar a revelia de seus efeitos.
3.2. Efeitos processuais da revelia
Os efeitos processuais da revelia dizem respeito tão somente às consequências no campo do direito adjetivo (processual).

GABARITO

1	E	2	B	3	D	4	Certo	5	Certo
6	C	7	E	8	A	9	E	10	A

CAPÍTULO 26

JULGAMENTO CONFORME O ESTADO DO PROCESSO

RECADO

Caro (a) Leitor (a), após a réplica (impugnação à contestação), chega o momento de o juiz fazer uma análise do processo, e verificar se está presente alguma causa de sua extinção prematura, ou mesmo julgar a lide no estado em que se encontra.

Veremos, pois, ***o julgamento conforme o estado do processo e, ainda, o saneamento e organização da relação processual****, que ganhou novos contornos no CPC/2015.*

QUESTÕES

1. **(2018 – IADES – APEX Brasil – Prova: IADES – 2018 – APEX Brasil – Analista)** Jurídico Acerca da decisão de saneamento e de organização do processo, assinale a alternativa correta.

A) O representante do Ministério Público deverá apresentar o próprio parecer, sob pena de preclusão consumativa.

B) Nos casos em que for determinada a produção de prova testemunhal, o juiz fixará prazo de 20 dias para que as partes apresentem rol de testemunha.

C) O juiz deverá designar dia e hora para a realização da audiência de instrução e julgamento.

D) O juiz deverá delimitar as questões de fato sobre as quais recairá a atividade probatória, especificando os meios de prova admitidos.

E) Não cabe pedido de esclarecimentos da decisão que sanear o processo.

2. **(2018 – CESPE – STJ – Técnico Judiciário)** Julgue o próximo item, relativo ao dever e às responsabilidades dos sujeitos do processo. O dever de sanear o processo impõe ao juiz, sempre que perceber a existência de vício ou ausência sanável, determinar a correção do defeito.

   Correto

   incorreto

3. **(2017 – IBFC – TJ-PE – Analista Judiciário)** No despacho saneador o juiz poderá realizar os seguintes atos, exceto:

A) Definir a distribuição do ônus probatório

B) Designar audiência de instrução

C) Resolver questões processuais pendentes

D) Delimitar as questões de direito controversas

E) Avaliar o mérito, mesmo nos casos complexos, isso nas hipóteses em que entender viável com vistas ao princípio da celeridade processual

4. **(Ano: 2019 – Banca: VUNESP – Órgão: Prefeitura de São José do Rio Preto – SP – Prova: VUNESP – 2019 – Prefeitura de São José do Rio Preto – SP – Procurador do Município)** No que diz respeito ao julgamento antecipado parcial do mérito, assinale a alternativa correta.

A) A decisão proferida com base em julgamento antecipado parcial do mérito não é impugnável por agravo de instrumento.

B) A decisão que julgar parcialmente o mérito não poderá reconhecer a existência de obrigação ilíquida.

C) A liquidação e o cumprimento da decisão que julgar parcialmente o mérito deverão ser processados nos mesmos autos.

D) O juiz decidirá parcialmente o mérito quando um ou mais dos pedidos formulados ou parcela deles se mostrar incontroverso e não houver necessidade de produção de outras provas.

E) A parte poderá liquidar desde logo a obrigação reconhecida na decisão que julgar parcialmente o mérito, desde que prestada caução.

5. **(Ano: 2019 – Banca: CESPE – Órgão: PGE-PE – Prova: CESPE – 2019 – PGE-PE – Analista Judiciário de Procuradoria)** Texto associado" Em razão de uma colisão de veículos, Roberta, motorista e proprietária de um dos veículos, firmou acordo para reparação de danos com Hugo e Eduardo, respectivamente, motorista e proprietário do outro veículo envolvido no acidente. No entanto, por ter sido descumprido o referido pacto, Roberta ajuizou ação em desfavor deles. Hugo apresentou a sua contestação no prazo legal, e Eduardo não realizou esse ato processual. Considerando essa situação hipotética e as disposições do Código de Processo Civil, julgue o item seguinte.

"O juiz poderá julgar antecipadamente o pedido, de modo a proferir a sentença com resolução de mérito, declarando Eduardo como revel, desde que inexista requerimento das partes para produção de provas".

Certo

Errado

6. **(2018 – VUNESP – Prefeitura de São Bernardo do Campo – SP – Assistente jurídico)** O juiz decidirá parcialmente o mérito quando um ou mais dos pedidos formulados, ou parcela deles,

A) dispensar a necessidade de produção de outras provas.

B) mostrar-se ilíquido.

C) mostrar-se incontroverso.

D) não estiver em condições de julgamento na totalidade.

E) mostrar-se certo e determinado.

7. **(2019 – UPENET/IAUPE – UPE Advogado)** Em relação ao julgamento antecipado parcial do mérito, é CORRETO afirmar que

A) a decisão judicial que julga parcialmente o mérito é impugnada por meio de apelação.

B) se houver trânsito em julgado da decisão que tenha julgado parcialmente o mérito, a execução será provisória, tornando-se definitiva somente com o julgamento integral da causa.

C) a decisão que julgar parcialmente o mérito poderá reconhecer a existência de obrigação líquida, vedado o reconhecimento da obrigação ilíquida.

D) a parte poderá executar desde logo a obrigação reconhecida na decisão que julgar parcialmente o mérito, devendo, em regra, prestar caução no caso de recurso contra essa decisão pendente de julgamento.

E) a liquidação e o cumprimento da decisão que julgar parcialmente o mérito poderão ser processados em autos suplementares, a requerimento da parte ou a critério do juiz.

8. **(2018 - CESPE – MPU – Analista MPU (direito))** Com base nas normas que regem o processo civil, julgue o item seguinte, acerca da função jurisdicional; do Ministério Público; de nulidades processuais; e de sentença. "A existência de convenção de arbitragem acarreta a extinção do processo sem resolução do mérito".

Correto

Incorreto

9. **(2018 – CS-UFG – Câmara de Goiânia – GO – Procurador Jurídico legislativo)** Tendo em vista o princípio constitucional da duração razoável do processo, a legislação processual no Capítulo X trouxe hipóteses de julgamento antecipado, conforme o estado do processo. É uma das hipóteses de aplicação deste instituto:

A) desnecessidade de dilação probatória.

B) não apresentação de contestação pelo réu.

C) existência de vícios formais que ensejam resolução da demanda.

D) apresentação de contestação pelo réu, sem requerimento de produção probatória.

10. **(2018 – CONSULPLAN – TJ-MG – Juiz de Direito Substituto)** A propôs ação de cobrança cumulada com indenização por danos materiais contra B. Alegou que as partes celebraram um negócio jurídico e o réu deveria pagar a importância de R$ 90.000,00 no prazo de 90 (noventa) dias, mas ele deixou de adimplir a obrigação. Acrescentou ter deixado de auferir lucro no valor de R$ 5.000,00, porque, diante do inadimplemento, perdeu um bom negócio que estava em vias de concretizar com C. Citado, o réu, no prazo legal, ofereceu contestação e somente negou a existência do lucro cessante alegado, porque não seria verídico estar o autor em negociação com C. Requereu produção de prova oral. As partes, expressamente e em oportunidade pertinente, informaram que não desejavam a audiência de conciliação ou mediação. Acerca desse caso hipotético, o Juiz deverá

A) fazer julgamento parcial de mérito.

B) determinar a produção de prova pericial.

C) extinguir o processo sem julgamento de mérito.

D) fazer julgamento conforme o estado do processo.

1. EXTINÇÃO DO PROCESSO

A primeira questão a ser verificada pelo juiz é se o julgamento comporta a sua extinção prematura. **Assim, após a réplica o magistrado verificará se alguma das causas de extinção do processo sem resolução do mérito (art. 485, CPC)** encontram-se presentes.

Caso alguma das situações ocorra, **o magistrado proferirá uma sentença terminativa, encerrando a relação processual.** Imagine-se que o autor tenha ingressado com uma ação de cobrança. Na Contestação o réu alegue falta de interesse de agir, tendo em vista que a dívida ainda não venceu! Ora, após a réplica, reconhecendo o juiz a ausência de uma das condições da ação, promoverá a extinção do feito, sem mérito.

Também, **o feito será julgado naquele momento se o juiz verificar a ocorrência da prescrição ou decadência.** Assim, caso verifique, portanto, que o feito foi proposto após o lapso prescricional, proferirá uma sentença de mérito, em reconhecimento da perda da pretensão.

Outrossim, **havendo alguma das formas de autocomposição (transação, renúncia, ou reconhecimento)**, o juiz homologará a manifestação de vontade das partes e realizará a extinção do feito com mérito.

Questão interessante diz respeito à decisão de extinção em relação a somente uma parte do objeto processual litigioso. **Qual seria a natureza desta decisão, e, em consequência, o recurso cabível?** Essa questão é objeto de cobrança em concursos públicos.

Um exemplo ajudará melhor na compreensão do tema. Suponhamos que o autor ingresse em litisconsórcio em face de vários réus. Após a réplica, o juiz reconhece a ilegitimidade passiva de somente um deles, mandando que o processo prossiga em relação aos demais. Assim, promove uma redução parcial do objeto litigioso.

Nos termos do art. 354, parágrafo único do CPC, a decisão possui natureza de interlocutória, passível da Agravo de Instrumento! Assim, apesar da decisão judicial fundar-se em um dos incisos do art. 485 do CPC, não encerra o objeto processual em sua totalidade. Portanto, não poderia ser considerada sentença, para fins recursais.

2. JULGAMENTO ANTECIPADO DO MÉRITO

Costuma-se dizer que o procedimento comum comporta quatro fases, até chegar ao final. Em primeiro lugar, tem-se a fase postulatória, que vai da inicial até a apresentação da defesa. Após, temos a fase de saneamento processual, em que eventuais irregularidades e defeitos postulatórios são identificados e corrigidos. Em seguida, tem-se a fase instrutória, na qual são produzidas as provas. Por fim, chega-se à fase decisória, na qual a sentença é proferida.

Assim, em regra, o processo passa por essas quatro fases. **Entretanto, em algumas situações uma dessas fases é suprimida do procedimento.** Em hipóteses específicas previstas em lei a fase instrutória do processo é deixada de lado, de forma que após eventual saneamento ou resposta do réu, passa-se à decisão do feito. **Trata-se do Julgamento Antecipado do mérito.**

A diferença entre a Extinção do Processo e o Julgamento antecipado do mérito **é que neste último o juiz julgará a lide, adentrando na procedência ou improcedência do pedido do autor**, enquanto na extinção proferirá uma sentença terminativa, reconhecer a decadência e a prescrição, ou, ainda, homologar a autocomposição.

As hipóteses desse julgamento antecipado do mérito, que a fase instrutória é mitigada encontram-se no art. 355 do CPC, a saber:

a) quando não houver necessidade de produção de outras provas: Algumas demandas não precisam de desenvolvimento da fase probatória processual. Contentam-se com os documentos acostados na inicial e na contestação. Imagine-se, por exemplo, uma ação Tributária, em que se discuta a incidência ou não de um imposto sobre a atividade do autor. Ora, não há a necessidade do desenvolvimento da atividade de prova, podendo o feito ser julgado de forma antecipada.

b) o réu for revel, ocorrer o efeito previsto no art. 344 e não houver requerimento de prova, na forma do art. 349: Conforme já vimos em outras unidades, a revelia pode importar em seu principal efeito material, que é a presunção de veracidade dos fatos previstos na inicial. Ainda que isso ocorra, o réu revel poderá produzir provas durante o feito, para ilidir esta presunção. Quando essa presunção se verificar, e o réu não desejar ou não comparecer para produzir a prova, o feito poderá ser julgado de forma antecipada.

3. JULGAMENTO ANTECIPADO PARCIAL DO MÉRITO

O julgamento que suprime a fase instrutória pode ocorrer em relação a somente parte do objeto processual. **Neste caso, estaremos diante do julgamento antecipado parcial de mérito.** O Juiz conhecerá sem a necessidade de produção das provas de somente uma parcela do pedido do autor, daí a expressão "parcial" na caracterização do instituto.

São hipóteses dessa espécie de julgamento, nos termos do art. 356:

a) Quando parte ou parcela do pedido mostrar-se incontroverso: O pedido incontroverso é aquele admitido pela parte contrária, ou não impugnado. Imagine-se a seguinte situação: Antônio ingressa com uma ação de cobrança, objetivando receber 10 mil reais de José. Na defesa, José afirma que o débito é de 5 mil reais. Ora, parte do pedido do autor tornou-se incontroverso, em relação aos 5 mil. Não há razão bastante para continuar a demanda pela totalidade do objeto. Nesta situação, o juiz poderá julgar antecipadamente parte do objeto, mandando José pagar os cinco mil incontroversos, e o litígio continuar em relação à outra parte, que ainda existe lide.

b) estiver em condições de imediato julgamento, nos termos do art. 355: Nesta segunda hipótese, temos as condições que legitimam o julgamento antecipado do mérito, mas que ocorrem somente em relação à parte do processo. Imagine-se, por exemplo, que um dos pedidos do autor, entre os vários cumulados, não demanda instrução probatória. Ora, nesta hipótese o juiz poderá julgá-lo, e deixar os demais para prosseguir normalmente com o feito.

O CPC/2015 reconheceu um posicionamento da doutrina em relação à natureza do julgamento parcial. O § 3º do art. 356 deixa claro que o julgamento possui natureza definitiva, e não provisória. **Não se trata de tutela provisória, mas de cisão na coisa julgada,** em que o mérito é decidido e a preclusão leva à coisa Julgada material.

Ainda que a decisão seja definitiva, **o recurso cabível não será o de apelação, mas o de agravo de instrumento,** tendo em vista a ausência de encerramento de fase processual. Esta é a opção do §5º do dispositivo legal.

O Julgamento parcial poderá ter como objeto obrigação líquida (por exemplo: O pagamento de R$ 10.000,00), ou ilíquida (ressarcir os danos causados em virtude do acidente), nos termos do art. 356, § 1º, CPC/2015. Caso a obrigação seja ilíquida, é lícito à parte promover a sua liquidação, para posterior execução, em autos suplementares, ainda que exista recurso interposto contra ela (§ 2º).

Como esse assunto foi cobrado em provas de concursos públicos

2018 – CESPE – TJ-CE – Juiz de Direito Substituto. Após as providências preliminares de saneamento, o juiz decidiu parte do mérito da causa antecipadamente, por considerar que alguns pedidos formulados eram incontroversos. Nessa situação, o juiz exerceu cognição exauriente: a sentença é, necessariamente, líquida e o recurso cabível será a apelação. (Incorreto).

4. SANEAMENTO E ORGANIZAÇÃO DO PROCESSO

O saneamento processual **é o momento do processo em que a relação é preparada para a instrução processual.** Trata-se da oportunidade em que a lide será analisada pelo juiz, verificando quais os pontos probatórios e de direito são relevantes, para que a atividade probatória recaia sobre o que realmente interessa ao conhecimento da verdade real.

São atividades de saneamento e organização, realizados pelo juiz:

a) **resolver as questões processuais pendentes, se houver;**

b) **delimitar as questões de fato sobre as quais recairá a atividade probatória, especificando os meios de prova admitidos;**

c) **definir a distribuição do ônus da prova, observado o art. 373;**

d) **delimitar as questões de direito relevantes para a decisão do mérito;**

e) **designar, se necessário, audiência de instrução e julgamento.**

Perceba-se que a preparação da fase instrutória é extremamente relevante. Todo o objeto processual e probatório será passado a limpo neste momento, inclusive deferindo ou indeferindo as providências probatórias requeridas pelas partes na petição inicial e na contestação. **Essa situação justifica a impossibilidade de as partes mudarem o pedido ou a causa de pedir após a realização do saneamento (art. 329, CPC).** Caso isso fosse possível, estaríamos atribuindo um retrabalho ao órgão jurisdicional, já que as bases fáticas e jurídicas da demanda foram levadas em conta para a realização do ato.

Como esse assunto foi cobrado em provas de concursos públicos

2016 – MPE-GO – Promotor de Justiça Substituto. Assinale a alternativa incorreta: Encerrada a fase do saneamento do processo, não será permitido ao autor, ainda que haja concordância do réu, alterar o pedido e a causa de pedir constantes da petição inicial. (correto).

4.1. Saneamento compartilhado

Importante inovação do CPC, em virtude do princípio da cooperação**, foi a criação do chamado saneamento compartilhado.** Trata-se do ato não ser mais praticado de forma solitária pelo juiz, mas da possibilidade de as partes participarem ativamente dessa delimitação do objeto probatório e das questões jurídicas relevantes. Assim, no saneamento compartilhado, **a decisão é tomada pelo juiz, mas com subsídios e propostas também advindas das partes**, em evidente comportamento **cooperativo.**

Em primeiro lugar, mesmo que a decisão de saneamento seja tomada exclusivamente pelo juiz, **as partes possuem um prazo, de cinco dias, para pedirem esclarecimentos, bem como solicitar ajustes na decisão.** Findo este prazo, a decisão de saneamento torna-se estável (§ 1ª do art. 357, CPC). Imagine-se que o juiz determine a produção da prova pericial médica, de uma determinada especialidade. Entretanto, a parte entende que a área do profissional que irá realizar o laudo é outra. Assim, no prazo mencionado, poderá pedir o ajuste ao magistrado, para que indique a correta área do saber.

Em segundo lugar, o § 2º traz uma espécie de negócio jurídico processual típico da fase de saneamento do processo. Ao invés das partes tão somente participarem passivamente do saneamento (somente podendo apresentar os esclarecimentos posteriores), **elas tornam-se participantes ativamente desta fase processual.** Trata-se da possibilidade de autor e réu chegarem a um consenso sobre quais os pontos devem recair a atividade probatória do processo. O resultado este negócio jurídico deverá ser apresentado ao juiz e, se homologado, vincula todos os atores processuais (partes e juiz).

Conforme disposição do próprio parágrafo, a convenção a que se refere o artigo **somente pode recair sobre a matéria de fato e de direito sobre a qual incidirá a prova**. (incisos II e IV) As outras atividades de saneamento e organização processual fogem ao consenso das partes e permanecem como exclusivo poder dever do magistrado.

Por fim, o saneamento, **quando a causa for de considerável complexidade, poderá ser feito em audiência,** de forma conjunta entre juiz e partes, colhendo o magistrado a razão de cada uma das alegações. Trata-se da expressão máxima do princípio da cooperação, em que autor e réu cooperam com a figura do julgador, a fim de obterem a melhor qualidade na tutela jurisdicional.

Um exemplo poderá estabelecer melhor a questão! Imagine-se uma determinada demanda, em que a parte autora pede uma complexa prova pericial, sem, contudo deixar claro o objetivo da medida. Da mesma forma, o réu solicita a inspeção judicial para o deslinde, tendo em vista que a causa é de grande complexidade. **O Juiz poderá marcar audiência, para colher a intenção real das provas,** para que todos os atores processuais, de forma conjunta, realizem o saneamento processual (§ 3º).

RESUMO

JULGAMENTO CONFORME O ESTADO DO PROCESSO
1. Extinção do processo
Trata-se do julgamento quando ocorre alguma das situações previstas no art. 485 do CPC, ou no art. 487, II e III do CPC. Não resolve a lide, apesar da prescrição e decadência ingressarem no mérito.

2. Julgamento antecipado do mérito
O Julgamento antecipado do mérito é a realização da sentença sem que se cumpra a fase instrutória processual. Sua grande característica é o julgamento da totalidade do pedido do autor.
3. Julgamento antecipado parcial do mérito
Trata-se de julgamento de parte do objeto processual, ingressando-se no mérito da demanda e cindindo o objeto do processo. Tem a mesma natureza do julgamento antecipado, mas diferencia-se somente quanto à extensão do objeto de julgamento.
4. Saneamento e organização
Trata-se de providência processual para organizar a relação processual e eventualmente prepara-la para a instrução. Os incisos do art. 357 do CPC estabelecem quais são as atribuições desta fase do processo.
4.1. Saneamento compartilhado
É a possibilidade de realização do saneamento em cooperação, entre as partes e o juiz, realizando-se, inclusive, audiência para o ato conjunto.

GABARITO

1	D	**2**	Certo	**3**	E	**4**	D	**5**	Errado
6	C	**7**	E	**8**	Certo	**9**	A	**10**	A

CAPÍTULO 27

AUDIÊNCIA DE INSTRUÇÃO E JULGAMENTO

RECADO

Caro (a) leitor (a),

Iniciaremos agora o capitulo atinente à audiência de instrução e julgamento, ***momento no qual são produzidas as provas orais na relação processual****. Trata-se de momento extremamente importante da fase de conhecimento.*

QUESTÕES

1. (2019 - VUNESP - Câmara de Piracicaba - SP - Advogado) Sobre a audiência de instrução e julgamento, é correto afirmar que

A) é una e contínua, podendo ser excepcional e justificadamente cindida na ausência de perito ou testemunha, desde que haja concordância das partes.

B) poderá ser adiada por atraso injustificado de seu início em tempo inferior a trinta minutos do horário marcado.

C) necessariamente o perito e os assistentes técnicos, quando for o caso, devem ser ouvidos antes das testemunhas do autor e do réu.

D) o prazo para razões finais orais nessa audiência é de 20 minutos sem possibilidade de prorrogação para ambas as partes.

E) enquanto depuserem o perito, os assistentes técnicos, as partes e as testemunhas, os advogados poderão intervir ou apartear sem licença do juiz.

2. (2019 – MPE-SC – Promotor de Justiça) Nos termos do Código de Processo Civil, a audiência é una e continua, podendo ser excepcionalmente e justificadamente cindida na ausência de perito ou de testemunha, prescindindo de concordância das partes.

Certo

Errado

3. (2019 – Instituto Consulplan – TJ-CE – Juiz Leigo) Conforme dispõe o Código de Processo Civil, na audiência de instrução e julgamento, as provas orais devem obedecer, preferencialmente, a seguinte ordem

A) autor – réu – perito – testemunhas.

B) testemunhas – réu – perito – autor.

C) perito – testemunhas – autor – réu.

D) perito – autor – réu – testemunhas.

4. (2019 – FCC – AFAP – Analista de fomento – Advogado) Na audiência de instrução e julgamento,

A) uma vez instalada, o juiz tentará conciliar as partes, salvo se anteriormente tenha havido o emprego de outros métodos de solução consensual de conflitos, como a mediação e a arbitragem.

B) as provas orais serão produzidas em ordem peremptória, após o depoimento pessoal das partes.

C) sua unicidade e intermitência obsta que seja adiada, salvo apenas a hipótese de convenção das partes, em que será possível o adiamento por uma única vez.

D) enquanto depuserem o perito, os assistentes técnicos, as partes e as testemunhas, não poderão os advogados e o Ministério Público intervir ou apartear, sem licença do juiz.

E) encerrado o debate ou oferecidas as razões finais, o juiz proferirá sentença de imediato ou, excepcionalmente, se complexas as questões, no prazo de 15 dias.

5. (2018 – FCC – MPE-PE – Analista Ministerial – Área Jurídica) Na audiência de instrução e julgamento serão produzidas as provas orais, ouvindo-se

A) preferencialmente nesta ordem: o perito e os assistentes técnicos; o autor e o réu; e as testemunhas arroladas pelo autor e pelo réu.

B) obrigatoriamente nesta ordem: o perito e os assistentes técnicos; o autor e o réu; e as testemunhas arroladas pelo autor e pelo réu.

C) preferencialmente nesta ordem: o autor e o réu; as testemunhas arroladas pelo autor e pelo réu; e o perito e os assistentes técnicos.

D) obrigatoriamente nesta ordem: o autor e o réu; as testemunhas arroladas pelo autor e pelo réu; e o perito e os assistentes técnicos.

E) obrigatoriamente nesta ordem: o autor e o réu; o perito e os assistentes técnicos; e as testemunhas arroladas pelo autor e pelo réu.

6. **(2018 – VUNESP – FAPESP – Procurador)** No dia e na hora designados, o juiz declarará aberta a audiência de instrução e julgamento e mandará apregoar as partes e os respectivos advogados, bem como outras pessoas que dela devam participar, observando que:

A) instalada a audiência, tentará conciliar as partes, desde que anteriormente não tenha ocorrido o emprego de outros métodos de solução consensual de conflitos.
B) exercerá o poder de polícia sobre ela, incumbindo-lhe ordenar que se retirem da sala de audiência os que se comportarem inconvenientemente.
C) havendo necessidade de prova oral, ouvirá, preferencialmente, as seguintes pessoas na ordem que segue, a saber: partes, testemunhas e por fim o perito.
D) por convenção das partes, em conjunto com as testemunhas, poderá ser adiada.
E) não poderá dispensar a produção das provas requeridas pelo membro do Ministério Público que não esteja presente em audiência, devendo portanto redesigná-la.

7. **(2018 – FGV – TJ-AL – Analista Judiciário – Área Judiciária)** João promoveu, em março de 2015, quando ainda vigente o CPC de 1973, ação de cobrança em face de Antônio. Em outubro de 2015, foi requerida pelas partes a produção de prova oral no processo, o que foi deferido pelo juiz no mesmo mês. Para que se colha o depoimento dessas testemunhas, por ocasião da audiência de instrução e julgamento, designada para junho de 2018:

A) o juiz interrogará as testemunhas sobre os fatos articulados, na forma do sistema presidencialista, colhendo o julgador de forma pessoal e diretamente a prova;
B) as perguntas serão formuladas pelas partes diretamente à testemunha, começando pela que a arrolou, não admitindo o juiz aquelas que puderem induzir a resposta;
C) as perguntas serão formuladas pelas partes diretamente à testemunha, não podendo o julgador intervir na pergunta ou inadmitir qualquer delas;
D) a prova oral será inadmitida no processo, uma vez que com a entrada em vigor da nova legislação processual, essa fase de instrução já estava superada;
E) as perguntas serão formuladas pelas partes diretamente à testemunha, só podendo o juiz inquirir a testemunha depois da inquirição feita pelas partes.

8. **(2017 – FAFIPA – Fundação Araucária – PR – Advogado)** Em se tratando das disposições do Código de Processo Civil vigente (Lei 13.105/2015) acerca da audiência de instrução e julgamento, assinale a alternativa CORRETA.

A) Subscreverão o termo da audiência o juiz, os advogados, o membro do Ministério Público e o escrivão ou chefe de secretaria, dispensadas as partes, exceto quando houver ato de disposição para cuja prática os advogados não tenham poderes.

B) As provas orais serão produzidas em audiência, ouvindo-se nesta ordem, preferencialmente: o autor e, em seguida, o réu, que prestarão depoimentos pessoais; as testemunhas arroladas pelo autor e pelo réu, que serão inquiridas; o perito e os assistentes técnicos.

C) O juiz poderá dispensar a produção das provas requeridas pela parte cujo advogado ou defensor público não tenha comparecido à audiência, não se aplicando essa regra ao Ministério Público.

D) Quando a causa apresentar questões complexas de fato ou de direito, o debate oral poderá ser substituído por razões finais escritas, que serão apresentadas pelo autor e pelo réu, bem como pelo Ministério Público, se for o caso de sua intervenção, em prazos sucessivos de 10 (dez) dias, assegurada a vista dos autos.

9) (2017- FGV - TRT - 12ª Região (SC) Analista Judiciário - Oficial de Justiça Avaliador) A audiência de divórcio litigioso do ex-casal Altamir e Luana estava designada para 13:30 horas. Ocorre que todos estavam esperando e, a despeito de o juiz estar em seu gabinete, já eram 14:15 horas e o pregão não havia sido realizado. Os advogados tentaram saber o que estava acontecendo, e a resposta do escrivão foi que o juiz estava repousando do almoço. Nesse sentido, e de acordo com o disposto no CPC, é correto afirmar que:

A) o ex-casal terá de aguardar, porque o juiz se encontra presente em seu gabinete;

B) não há previsão na Lei de limite temporal para que as partes aguardem o juiz e nem que esse espere os litigantes;

C) a retirada do casal dependeria de autorização judicial, sob pena de aplicação de multa àquele que se retira da Corte sem justificativa;

D) Altamir e Luana poderão se retirar, devido ao atraso transcorrido em relação ao início previsto de sua audiência;

E) a fixação de um horário é referencial, e não vinculante, razão pela qual o atraso de até 1 hora é tolerado por Lei, o que ainda não havia acontecido.

10. (2017 - FMP Concursos - PGE-AC - Procurador do Estado) Considere as seguintes afirmativas sobre o tema da audiência de instrução e julgamento no âmbito do Código de Processo Civil. Assinale a alternativa CORRETA.

A) Instalada a audiência, o juiz tentará conciliar as partes, desde que não tenham sido antes empregados outros métodos de solução consensual de conflitos, como a mediação e a arbitragem.

B) A audiência poderá ser adiada por atraso injustificado de seu início em tempo superior a uma hora do horário marcado.

C) Enquanto depuserem o perito, os assistentes técnicos, as partes e as testemunhas, os advogados e o Ministério Público poderão intervir ou apartear livremente, ainda que sem licença do juiz.

D) Encerrado o debate ou oferecidas as razões finais, o juiz proferirá sentença em audiência ou no prazo de 60 (sessenta) dias.

E) Finda a instrução, o juiz dará a palavra ao advogado do autor e do réu, bem como ao membro do Ministério Público, se for o caso de sua intervenção, sucessivamente, pelo prazo de 20 (vinte) minutos para cada um, prorrogável por 10 (dez) minutos, a critério do juiz.

1. HIPÓTESES EM QUE É DESIGNADA

Caso haja necessidade de produção de prova oral, o juiz designará, ainda no saneamento processual, uma audiência de instrução e julgamento, para a colheita das provas.

Assim, no saneamento processual, nos termos do art. 357, II do CPC o juiz decidirá quais as provas serão produzidas no processo, tendo em vista aquelas requeridas pelas partes na Inicial e na contestação. **Havendo deferimento de prova oral, ou mesmo o esclarecimento pericial, será designada a Audiência de Instrução e Julgamento.**

Portanto, nos termos do art. 357, V do CPC, o juiz, se necessário for, designará a audiência.

Caso tenha sido deferida a prova testemunhal (uma das espécies de prova oral), o juiz no despacho saneador deverá fixar o prazo para apresentação do Rol de testemunhas. No CPC de 2015, este prazo não poderá ser superior a 15 dias (art. 357, §4º, CPC). Repare que o prazo inicialmente é judicial, em que o magistrado é quem deverá fixar os dias de depósito do rol. **A lei, contudo, fixa um limite para tanto. Estabelece que esse prazo não poderá ser superior a 15 (quinze) dias.**

As partes poderão ouvir, no máximo, **10 (dez) testemunhas para sua tese, sendo 3 testemunhas para cada fato a ser provado (art. 357, § 6º, CPC).** Mesmo havendo o quantitativo definido em lei, o juiz poderá limitar o número de testemunhas, caso entenda não ser necessário a oitiva de todas. Assim, como exemplo, se entender que determinado fato encontra-se suficientemente provado com somente uma, **poderá dispensar a oitiva das demais (art. 357, § 7º, CPC).**

2. DINÂMICA DA AUDIÊNCIA DE INSTRUÇÃO E JULGAMENTO

Após Apregoadas as partes (realizada a chamada para início), a audiência começará. (Art. 358, CPC).

Depois do momento do pregão, **o juiz deve tentar a conciliação, mesmo que esta não tenha sido obtida na audiência de tentativa de solução consensual de conflitos.** Mais uma vez o CPC/2015 aposta na autocomposição.

> **Como esse assunto foi cobrado em provas de concursos públicos**
>
> Ano: 2016 – Banca: FUNDATEC – Órgão: Prefeitura de Porto Alegre – RS – Prova: FUNDATEC – 2016 – Prefeitura de Porto Alegre – RS – Procurador Municipal. Bloco IIniciada a audiência de instrução e julgamento, o juiz tentará conciliar as partes, independentemente do emprego anterior de outros métodos de solução consensual de conflitos, como a mediação e a arbitragem. (correto).

Caso a conciliação venha a ser obtida, o processo é extinto com resolução de mérito, com a lavratura do termo de conciliação. (Art. 487, CPC). **O Acordo é reduzido a termo e devidamente homologado pelo Juiz.**

Não sendo obtida a conciliação, o juiz passará a colher as provas orais. (Art. 361, CPC). A ordem da produção das provas orais é a seguinte:

Primeiramente, o juiz escutará o perito e os assistentes técnicos, que responderão aos quesitos de esclarecimentos requeridos no prazo e na forma do art. 477, caso não respondidos anteriormente por escrito. (art. 361, I, CPC). **Nem todo caso de produção de prova pericial haverá a necessidade de oitiva do perito em juízo**. Somente nas hipóteses em que houver a necessidade de o perito, na forma oral, explicar alguma questão ou ponto do laudo, ele será chamado à audiência. Imagine-se, por exemplo, um laudo de matéria extremamente complexa, a qual não pode ser compreendida somente pela apresentação escrita do expert.

Posteriormente, **o juiz ouvirá o autor e, em seguida, o réu, que prestarão depoimentos pessoais. (art. 361, II, CPC).** O depoimento pessoal é uma forma de prova em que a parte contrária tenta provocar a confissão do adversário.

Por fim, ouvir-se-ão **as testemunhas arroladas pelo autor e pelo réu, que serão inquiridas. (art. 361, III do CPC).**

Ressalte-se que, apesar de o CPC/2015 prever esta ordem de produção probatória, encontra-se dentro dos poderes instrutórios do juiz a alteração da ordem de sua produção, se necessário. Assim, **conforme art. 139, VI do CPC, o juiz poderá alterar a dinâmica da produção probatória, caso haja necessidade.** Entende-se, portanto, que o cronograma previsto no art. 361 do CPC poderá ser modificado, nos termos do dispositivo mencionado.

Encerrada a produção probatória, é chega-se o momento de apresentação dos memoriais. É a última manifestação das partes, antes da prolação da sentença. O juiz dará a palavra ao advogado do autor, por vinte minutos, prorrogáveis por mais dez, e para o advogado do réu, pelo mesmo prazo, para fazerem as chamadas alegações finais. (Art. 364, CPC).

Sendo a causa complexa, **as alegações finais poderão ser apresentadas em forma de memoriais, a critério do magistrado. (Art. 364, § 2, CPC).** Os memoriais são peças escritas (por petição), apresentáveis no prazo sucessivo (inicia-se primeiro do autor, depois do réu), de 15 (quinze) dias.

Encerrado o debate ou oferecidas as razões finais, **o juiz proferirá sentença em audiência ou no prazo de 30 (trinta) dias.** (Art. 366, CPC/2015). Ressalte-se que o prazo de sentença previsto na norma **é um prazo impróprio.** Nestes termos, caso seja descumprido pelo magistrado, não há qualquer consequência processual. **Não existem preclusões temporais para prazos impróprios.**

Questão interessante diz respeito à intimação de membros da Defensoria Pública, de sentença eventualmente proferida em audiência**. Conforme art. 186, § 1º do CPC, os seus membros possuem a prerrogativa de serem intimados pessoalmente dos atos processuais**. Todavia, essa intimação realizada em audiência é válida, ou mesmo estando presente no ato, os Defensores possuem a prerrogativa de serem intimados pessoalmente posteriormente? Ainda na vigência do CPC passado, o STJ inclinou-se para este segundo posicionamento. **Tese que, ao meu sentir, continua plenamente aplicável à realidade atual.** Confira-se:

> "É prerrogativa da Defensoria Pública a intimação pessoal dos seus membros de todos os atos e termos do processo. A presença do defensor público na audiência de instrução e julgamento na qual foi proferida a sentença não retira o ônus da sua intimação pessoal que somente se concretiza com a entrega dos autos com abertura de vistas, em homenagem ao princípio constitucional da ampla defesa. REsp 1.190.865-MG**, Rel. Min. Massami Uyeda, julgado em 14/2/2012".**

Novidade no CPC/2015, e que tem sido cobrada bastante nos concursos públicos, **é a possibilidade de gravação da Audiência**. Geralmente, as bancas cobram se essa gravação deve ser previamente autorizada pelo Magistrado, ou, por outro lado, poderá ser realizada independentemente de autorização judicial. O art. 367, §§ 5º e 6º apontam na direção da segunda possibilidade. Perceba:

> **Art. 367**
>
> (...)
>
> § 5º – A audiência poderá ser integralmente gravada em imagem e em áudio, em meio digital ou analógico, desde que assegure o rápido

> acesso das partes e dos órgãos julgadores, observada a legislação específica.
>
> (...)
>
> § 6º **A gravação a que se refere o § 5º também pode ser realizada diretamente por qualquer das partes, independentemente de autorização judicial.**

Assim, as partes podem realizar a sua gravação, sem a necessidade de autorização do Juiz. **Constitui direito de seus procuradores.**

> **Como esse assunto foi cobrado em provas de concursos públicos**
>
> 2016 – VUNESP – TJM-SP – Juiz de Direito. Quanto à audiência de instrução e julgamento em procedimento comum, assinale a alternativa correta. Será possível a gravação da audiência em imagem e em áudio pelas partes, em meio digital ou analógico, somente se houver autorização judicial. (incorreto).

Outra questão interessante, sobre a dinâmica da audiência no CPC de 2015, **é sobre a possibilidade de realização de perguntas diretamente às testemunhas**, sem a necessidade de intercessão do Magistrado no ato. **Assim, nos termos do art. 459 do CPC, os advogados poderão dirigir-se diretamente às testemunhas,** sem a necessidade de dirigir previamente as indagações ao juiz, como acontecia na legislação passada. Essa expediente tornou o ato menos burocrático e mais célere.

Outra novidade interessante diz respeito à intimação das testemunhas arroladas, para comparecerem à audiência. A regra no CPC/2015 **é que as testemunhas sejam intimadas ou informadas do ato pelo próprio advogado que as arrolou (art. 455 CPC),** por meio de carta com aviso de recebimento. A intimação realizada pelo próprio Poder Judiciário passa a ser Excepcional, conforme art. 455, § 4º, CPC.

Por fim, deve-se ressaltar que a audiência é una e contínua, podendo ser excepcional e justificadamente cindida na ausência de perito ou de testemunha, desde que haja concordância das partes. Entende-se que havendo desdobramento da audiência, não há oportunidade para apresentação de novo rol, para oitiva de outras pessoas na nova data a ser designada, tendo em vista a característica da unidade do ato processual.

2.1. Casos em que a audiência poderá ser adiada

Nos termos do art. 362 do CPC, a audiência poderá ser adiada nas seguintes situações:

a) **por convenção das partes:** As partes, de comum acordo, podem realizar a postulação de adiamento da audiência designada. É ato bilateral, que necessita da concordância de todos.

b) **se não puder comparecer, por motivo justificado, qualquer pessoa que dela deva necessariamente participar:** O impedimento do comparecimento, por exemplo, por motivos médicos, deverá ser comprovado até a abertura da audiência (mediante atestado, por exemplo). Caso assim não proceda a parte, o juiz instruirá a demanda (art. 362, § 1º, CPC).

c) **por atraso injustificado de seu início em tempo superior a 30 (trinta) minutos do horário marcado:** O atraso deverá ser injustificado. Caso o ato não tenha início por atraso na audiência anterior, não se justifica a aplicação do dispositivo legal.

Como esse assunto foi cobrado em provas de concursos públicos

2017 – MPE-RS – Secretário de Diligências. Assinale a alternativa INCORRETA acerca do Ministério Público e da audiência de instrução e julgamento, a teor do disposto no Novo Código de Processo Civil. A audiência é una e contínua, todavia, havendo concordância das partes, na ausência de perito ou de testemunha, poderá ser excepcional e justificadamente cindida. (correto).

2.2. Poderes e atos instrutórios do Magistrado

O Juiz, além de exercer as diretrizes instrutórias do processo, colhendo as provas, possui o Poder de Polícia em relação ao ato. Nos termos do art. 361 do CPC, compete ao magistrado, no desenvolver de sua atividade:

> **I – manter a ordem e o decoro na audiência;**
>
> **II – ordenar que se retirem da sala de audiência os que se comportarem inconvenientemente;**
>
> **III – requisitar, quando necessário, força policial;**
>
> **IV – tratar com urbanidade as partes, os advogados, os membros do Ministério Público e da Defensoria Pública e qualquer pessoa que participe do processo;**
>
> **V – registrar em ata, com exatidão, todos os requerimentos apresentados em audiência.**

3. CONSEQUÊNCIA DA AUSÊNCIA DAS PARTES E PROCURADORES NA AUDIÊNCIA

A ausência das partes **somente terá relevância se eles forem devidamente intimadas a prestar o depoimento pessoal.** Nos termos do art. 385 do CPC, o depoimento pessoal como meio de prova, poderá ser solicitado pelas partes, ou mesmo determinado de ofício pelo juiz. Trata-se da possibilidade das partes serem ouvidas em juízo.

Após o seu deferimento, ou determinação pelo magistrado, tanto o autor quanto o réu deverão ser PESSOALMENTE intimados para a produção probatória, e consequente comparecimento em audiência. Caso assim esteja comunicada (de forma pessoal) e não comparecer, **incidirá a pena de confissão**, sobre os fatos que a parte contrária realizaria a prova por meio do respectivo depoimento (art. 385, § 1º). **Assim, a ausência de uma das partes na AIJ poderá gerar a pena de confissão.**

Neste sentido: "O último dos exemplos retrata a necessidade de a parte ser pessoalmente intimada para que compareça à audiência de instrução e julgamento, onde prestará depoimento pessoal, pois a pena de confissão (presunção de veracidade dos fatos afirmados pela outra parte) só pode ser aplicada se a intimação da parte foi pessoal" (FILHO, 2018. P. 276).

O juiz poderá dispensar a produção das provas requeridas pela parte cujo advogado ou defensor público não tenha comparecido à audiência, aplicando-se a mesma regra ao Ministério Público. (Art. 362, § 2º, CPC). Assim, a ausência dos procuradores poderá gerar, por exemplo, a impossibilidade de oitiva das testemunhas arroladas no processo.

RESUMO

AUDIÊNCIA DE INSTRUÇÃO E JULGAMENTO
1. Hipóteses em que é designada
A audiência de instrução e julgamento somente será designada quando houver a necessidade de produção da prova oral (testemunhas e depoimento pessoal), ou de se realizarem-se os esclarecimentos periciais. A decisão de sua designação ou não é realizada no saneamento processual.

2. Dinâmica da audiência de instrução e julgamento
Em primeiro lugar, são prestados os esclarecimentos periciais. Posteriormente, são os depoimentos pessoais do autor e réu. Por último, é colhida a prova testemunhal, também primeiro do autor, posteriormente ao réu. Finaliza-se com as alegações finais, as quais podem ser realizadas por memoriais, a depender da complexidade da causa.
2.1. Casos em que a audiência poderá ser adiada
Poderá ser adiada por convenção das partes, se qualquer das pessoas que nela participariam não puderem comparecer, ou por atraso injustificado em seu início.
2.2. Poderes e atos instrutórios do magistrado
Os poderes e atos instrutórios do magistrado na audiência encontram-se no art. 361 do CPC/2015.
3. Consequência da ausência das partes na audiência
O juiz poderá dispensar a produção das provas requeridas pela parte cujo advogado ou defensor público não tenha comparecido à audiência, aplicando-se a mesma regra ao Ministério Público.

GABARITO

1	A	**2**	Errado	**3**	D	**4**	D	**5**	A
6	B	**7**	A	**8**	A	**9**	D	**10**	E

CAPÍTULO 28

DAS PROVAS

RECADO

Caro (a) leitor (a),

*O estudo das provas é dividido em duas grandes partes: **teoria geral das provas (artigos 369 a 383) e provas em espécie (artigos 384 a 484)**. Iniciaremos o estudo da matéria com a parte geral e, sem seguida, passaremos à análise de cada uma das espécies de provas existentes no nosso ordenamento jurídico.*

QUESTÕES

1. **(2019 – FCC – TJ-AL – Juiz Substituto)** Quanto aos princípios gerais e às modalidades de provas no Processo Civil,

A) a existência e o modo de existir de algum fato podem ser atestados ou documentados mediante ata lavrada por tabelião, salvo em relação a dados relativos a imagem ou som gravados em arquivos eletrônicos.

B) a produção antecipada da prova previne a competência do Juízo para a ação que venha a ser proposta.

C) quando a lei exigir instrumento público como da substância do ato, somente prova pericial pode suprir-lhe a falta.

D) a confissão judicial pode ser espontânea ou provocada; se espontânea, só pode ser feita pela própria parte.

E) o documento feito por oficial público incompetente ou sem a observância das formalidades legais, sendo subscrito pelas partes, tem a mesma eficácia probatória do documento particular.

2. **(2019 – VUNESP – Prefeitura de Ribeirão Preto – SP – Procurador)** No que diz respeito à força probante dos documentos, assinale a alternativa correta.

A) O documento público faz prova apenas da sua formação.

B) Quando a lei exigir instrumento público como da substância do ato, nenhuma outra prova, por mais especial que seja, pode suprir-lhe a falta.

C) O documento feito por oficial público, sem a observância das formalidades legais, sendo subscrito pelas partes, tem a mesma eficácia probatória do documento público.

D) A data do documento particular, quando a seu respeito surgir dúvida ou impugnação entre os litigantes, deverá ser ratificada, necessariamente, por perícia grafotécnica.

E) As declarações constantes do documento particular escrito e assinado, que digam respeito a determinado fato, provam o fato em si.

3. **(2019 – VUNESP – Prefeitura de Valinhos – SP Procurador)** A prova pericial consiste em exame, vistoria ou avaliação. A respeito do tema, é correto afirmar:

A) as partes poderão arguir o impedimento ou a suspensão do perito dentro de 10 (dez) dias contados da intimação do despacho de nomeação do perito.

B) somente o juiz pode escolher o perito, cabendo às partes a indicação de assistentes técnicos.

C) a perícia pode ser substituída pela inquirição de um especialista, pelo juiz, sobre ponto controvertido da causa, quando este for de menor complexidade.

D) quando a matéria não estiver suficientemente esclarecida, o juiz determinará a realização de nova perícia, que substituirá integralmente a primeira.

E) os peritos e assistentes técnicos estão sujeitos a impedimento ou suspeição.

4. **(2019 – VUNESP – Prefeitura de Poá – SP – Procurador)** As partes têm o direito de empregar todos os meios legais, bem como os moralmente legítimos, para provar a verdade dos fatos alegados e influir eficazmente na convicção do juiz. Com relação ao direito probatório, assinale a alternativa correta.

A) A parte que requereu a produção de determinada prova poderá requerer sua desconsideração ou desentranhamento, caso lhe seja desfavorável.

B) O juiz só poderá admitir a utilização de prova produzida em outro processo em caso de convenção processual.

C) A parte que alegar direito municipal, estadual, estrangeiro ou consuetudinário provar-lhe-á o teor e a vigência independentemente de determinação judicial.

D) Incumbe ao terceiro, em relação a qualquer causa, exibir coisa ou documento que esteja em seu poder.

E) Não incumbe à parte colaborar com o juízo na realização de inspeção judicial.

5. **(2019 – MPE-SC – MPE-SC – Promotor de Justiça – Matutina)** Estabelece o Código de Processo Civil que a inspeção judicial é o meio de prova que visa possibilitar o contato direto do magistrado com pessoa, coisa ou lugar a fim de esclarecer sobre fato que interesse à decisão da causa e pode ocorrer em qualquer fase do processo de ofício ou a requerimento da parte.

Certo

Errado

6. **(2019 – IESES – TJ-SC Titular de serviços de notas e registros (remoção))** Segundo o disposto no Código de Processo Civil, relativamente à força probante dos documentos:

I. O documento público faz prova não só da sua formação, mas também dos fatos que o servidor declarar que ocorreram em sua presença.

II. Quando a lei exigir instrumento público como da substância do ato, as partes interessadas podem suprir-lhe a falta mediante declaração expressa nos autos.

III. As declarações constantes do documento particular escrito e assinado ou somente assinado presumem-se verdadeiras em relação ao signatário e ao destinatário.

IV. A nota escrita pelo credor em qualquer parte de documento representativo de obrigação, ainda que não assinada, faz prova em benefício do devedor.

É correto o que se afirma em:

A) Apenas III e IV.

B) Apenas II e III.

C) Apenas I e IV.

D) Apenas I, II e IV.

7. **(2019 – FUNDEP (Gestão de Concursos) – DPE-MG – Defensor Público)** Com relação às provas no Processo Civil, assinale a alternativa incorreta.

A) Encontra-se superado o entendimento do STJ no sentido de que, na ação de exibição de documento, não cabe a aplicação de multa cominatória, visando ao cumprimento da ordem judicial.

B) O princípio da comunhão das provas obsta que o juiz, após deferir a oitiva de testemunhas, cancele audiência designada para esse fim por ter formado seu convencimento mediante análise de documento autuado.

C) Independentemente da forma assumida pela prova constituída no feito originário, a prova emprestada ingressa no segundo processo sob a forma documental.

D) A produção antecipada da prova, ação autônoma desvinculada do requisito da urgência, é admitida quando o prévio conhecimento dos fatos pode evitar o ajuizamento de ação.

8. (2019 – IADES – CRN – 3ª Região (SP e MS) Advogado) No que se refere às provas no direito processual civil, assinale a alternativa correta.

A) O ônus da prova incumbirá à parte que produziu o documento, quando for contestada a autenticidade deste.

B) Ao juiz caberá, somente a requerimento da parte, determinar as provas necessárias ao julgamento do mérito.

C) Não é permitido ao juiz admitir a utilização de prova produzida em outro processo, atribuindo-lhe o valor que considerar adequado, observado o contraditório.

D) A distribuição diversa do ônus da prova também pode ocorrer por convenção das partes, no caso de recair sobre direito indisponível da parte.

E) A declaração quanto à falsidade de documento juntado como prova dos fatos jamais alcançará a autoridade da coisa julgada.

9. (2019 – VUNESP – Prefeitura de Arujá – SP – Advogado) No que se refere à produção de provas, assinale a alternativa correta.

A) Os registros domésticos e o radiograma não são aceitos como meios de prova em processo judicial.

B) A existência de determinado fato pode ser documentada mediante ata notarial lavrada pelo tabelião.

C) Cabe à parte requerer o depoimento pessoal de seu opositor, não podendo o juiz determinar, de ofício, tal providência.

D) A confissão judicial faz prova contra o confitente e contra os litisconsortes, se o teor da confissão os atingir.

E) Quando necessária a exibição de documento ou coisa que estiver em poder de terceiro, o juiz mandará citá-lo para que responda no prazo de 5 (cinco) dias.

10. (Ano:2018–Banca:Quadrix–Órgão:CRM-PR–Prova:Quadrix–2018–CRM-PR–Advogado) Quanto ao direito probatório no CPC/2015, julgue o item que se segue. "Por não poder ser obrigada a produzir prova contra si mesma, pode a parte que proceder à juntada de documento contrário a seus interesses requerer, e ver deferido, seu desentranhamento dos autos."

Certo

Errado

1. PARTE GERAL DAS PROVAS

O processo de conhecimento tem como objeto as provas dos fatos alegados pelas partes, que deverão ser apreciadas pelo juiz para a solução do litígio. Ou seja, a instrução é a fase em que as partes produzem as provas das suas alegações. A prova no processo tem dois sentidos: **objetivo,** de instrumento ou meio para demonstrar um fato; **subjetivo,** que se trata da convicção formada no julgador a partir da instrução probatória.

A Constituição Federal prevê o contraditório e a ampla defesa (CF, art. 5º, LIV e LV) que, embora não lhe faça referência expressa, **envolvem o direito à prova necessária à solução justa do litígio,** uma vez que não é possível alcançá-los sem o direito fundamental à prova.

Toda prova deve conter um **objeto** (fatos relevantes para o julgamento da causa), uma finalidade (formar a convicção do juiz), um destinatário e deve ser obtida por meios e métodos determinados.

Os artigos 369 a 484, do CPC/2015 preveem meios legais de prova e estabelece que as partes têm o direito de empregar, ainda, **meios não especificados, desde que moralmente legítimos,** para provar a verdade dos fatos em que se funda o pedido ou a defesa e influir eficazmente na convicção do juiz.

1.1. Objeto da prova

A prova versa sobre as alegações de fatos feitas pelas partes. Provar as alegações é demonstrar a ocorrência dos fatos dos quais se extrai a pretensão. Logo, os fatos litigiosos são o objeto da prova. Os meios legais de são usados para provar a verdade dos fatos em que se funda o pedido ou a defesa e influir eficazmente na convicção do juiz.

Deve o juiz delimitar, na decisão de saneamento, as questões de fato sobre as quais recairá a atividade probatória, especificando os meios de prova admitidos.

Alguns fatos, contudo mesmo que alegados e presentes na relação processual, não dependem de prova. Assim, em relação a eles, por estar presente alguma situação narrada a seguir, não incide a atividade probatória do processo.

São eles: **Fatos Notórios (I)**: acontecimentos ou situações de conhecimento geral inconteste. Não há a necessidade de prova que a Avenida Paulista situa-se na cidade de São Paulo. **Afirmados por uma parte e confessados pela parte contrária (II)**; a A relação processual serve, em regra, para dirimir as lides, ou seja, pretensões resistidas. Quando não há resistência desta pretensão, seja porque confessados pela parte contrária, seja porque **foram admitidos como incontroversos (III)**, não há a necessidade de esforço probatório.

Por fim, também não dependem de prova os **fatos para os quais milita uma presunção legal (IV).** Neste caso, a lei pressupõe a sua existência pela presunção, o que descarta a necessidade da prova.

a) São objetos de prova:

- Questões relevantes: é necessário que os fatos que serão provados possam influenciar no julgamento da causa.

- Questões precisas: é preciso descrever fatos concretos, não bastando alegações genéricas ou vagas. Por exemplo, a afirmação de que um negócio jurídico precisa ser anulado não comporta prova; é preciso descrever os fatos que serão objeto de prova.

1.2. Sistemas de valoração da Prova

Após a produção da prova nos autos, a cognição do juízo irá sopesar quais delas são decisivas para o seu convencimento. Ao longo do tempo, vários sistemas foram utilizados. **A seguir veremos três sistemas de valoração da prova no direito processual:**

Sistema ou critério Legal da valoração das provas: há rigorosa hierarquia legal entre as provas e o juiz decide com base nisso. É um critério superado, que priorizava o formalismo. Assim, entre os vários meios probatórios, alguns teriam um peso diferenciado, a priori, para a prolação da sentença. Na atualidade, não há adoção deste método. O Juiz pode, inclusive, discordar de laudo pericial e adotar outro meio probatório como apto a seu convencimento. Assim, não há gradação entre os meios probatórios.

Livre convicção: é o contrário do critério anterior. Prevalece unicamente a íntima convicção do juiz. Não haveria, contudo, ligação entre esta convicção e sua justificativa com o que consta nos autos processuais. É um sistema que transforma a cognição e prolação da decisão judicial em um nível altíssimo de subjetivismo.

Persuasão Racional ou livre convencimento motivado: prevalece hoje. O juiz formará seu convencimento com liberdade, examinando livremente as provas, **mas o julgamento deve ser uma conclusão lógica da análise dos elementos existentes no processo.** Logo, sua convicção está condicionada aos fatos alegados, às provas colhidas e às regras legais. Há o dever de apreciar todo o conjunto probatório existente nos autos e justificar com base neles a sua decisão judicial.

Como se vê no artigo 371, o CPC/2015 adotou o **Sistema da Persuasão Racional,** pois determina que o juiz deve apreciar a prova constante dos autos, independentemente do sujeito que a tiver promovido, e indicar na decisão as razões da formação de seu convencimento.

1.3. Prova emprestada

Antes da atual legislação processual civil, a utilização da prova emprestada era objeto de intenso debate na doutrina processual civil. O CPC de 2015, contudo, admite expressamente a produção da prova emprestada, ou seja, da utilização de prova produzida em outro processo, desde que seja respeitado o contraditório (inciso LV do art. 5° da CF e art. 8° do CPC). **A previsão encontra-se no art. 372 do CPC.**

Trata-se de expediente que, muitas das vezes, irá servir à economia e celeridade do processo. Imagine-se inúmeras demandas que discutam a indenização pela contaminação de um determinado Rio. Em uma das ações fora realizada uma perícia ambiental, que constatou a impossibilidade do consumo da água e da sua utilização para fins domésticos. Ora, ao invés de realizar-se outras perícias em cada uma das demandas conexas, **a prova produzida poderá ser utilizada nas relações processuais posteriores.**

1.4. Ônus da prova

Ônus da prova é o encargo de a parte comprovar os fatos em que se apoia a pretensão. Assim, para que se tenha sucesso na pretensão, tanto do autor, quanto dos fatos impeditivos do réu, há de se comprovar o alegado. **Portanto, o que se verá a partir de agora é a quem incumbe este ônus processual.**

Existem dois sistemas de distribuição do ônus probatório. **O primeiro sistema é o da distribuição estática, fixa ou apriorística do ônus da prova.**

Prevista no artigo 373 "caput" e incisos, reparte o ônus da prova de forma anterior à relação processual e de maneira fixa, da seguinte forma: ao autor cabe provar fato constitutivo de seu direito; ao réu cabe provar a existência de fato impeditivo, modificativo ou extintivo do direito do autor. Assim, antes da relação processual dinamizar-se, **as partes e seus advogados, a depender dos fatos que alegarem em juízo, já sabem de antemão quais serão seus encargos probatórios no processo.**

Por outro lado, temos a Teoria um sistema carga dinâmica. Para essa segunda situação, não haveria a distribuição estanque e anterior de distribuição do ônus probatório. **Assim, o ônus probatório seria atribuído a quem melhor tem condições de realizar a prova de determinado fato.**

Apesar de nossa legislação processual adotar, como regra, a distribuição estática, o CPC de 2015 **permitiu também, em determinadas situações A distribuição dinâmica do ônus da prova**, conforme §1º do artigo 373 do CPC:

Questão interessante diz respeito à finalidade do ônus probatório no julgamento. Neste particular, duas correntes antagonizam sobre o tema. A primeira delas apregoa que a atribuição do ônus da prova é uma regra de instrução, ao passo que a segunda delas defende que o estabelecimento do ônus probatório é uma regra de julgamento. **A polêmica ganha mais sentido quando se trata de inversão judicial do ônus probatório, permitida pelo art. 373, § 1º do CPC.**

Para a primeira corrente, é regra de procedimento, servindo de regra de instrução, guiando as partes. A parte tem o encargo de produzir a prova. Assim, a atribuição do encargo probatório deve ser feito anteriormente à instrução, para que a parte que tenha ao seu desfavor o ônus, possa primeiramente antever o trabalho processual e providenciar a prova a que restou incumbida.

Para outros, é regra de julgamento, guiando o juiz, para os casos em chega ao final do procedimento sem se convencer sobre as alegações de fato da causa, ou seja, a parte suporta na sentença as consequências desfavoráveis da falta da produção da prova. Nessa acepção, o art. 373, CPC, é indicativo para o juiz liberar-se do estado de dúvida e decidir o mérito da causa.

A acepção claramente adotada pelo CPC/2015 **é o ônus da prova como regra de instrução.** Assim, o juiz deverá distribuir o Ônus probatório no saneamento processual, antes do início da produção probatória. Principalmente nos casos de inversão, deverá realiza-la antes mesmo da produção, oportunizando a parte de desincumbir do ônus que lhe foi prestado.

Um exemplo poderá clarear melhor a situação: Imagine-se que um determinado cidadão ingresse com uma ação de contra uma instituição financeira, alegando que, apesar de nunca ter tido uma relação contratual com o banco, teve seu nome inscrito nos cadastros restritivos de crédito. Ora, incialmente, caberia ao autor comprovar que houve uma falha na prestação de serviço. Entretanto, utilizando-se da premissa do art. 373 do CPC, o juiz poderá requerer ao banco a apresentação de um contrato, assinado pelo autor. Isso deve ser feito, contudo, dando prazo para que a instituição financeira exiba o documento em juízo.

> **Atenção! A distribuição dinâmica do ônus da prova não pode gerar situação em que a desincumbência do encargo pela parte seja impossível ou excessivamente difícil** (artigo 373, §2º). É uma vedação à denominada **"prova diabólica"**.

Por fim, a distribuição diversa do ônus da prova também pode ocorrer por **convenção das partes**, salvo quando recair sobre direito indisponível da parte ou tornar excessivamente difícil a uma parte o exercício do direito.

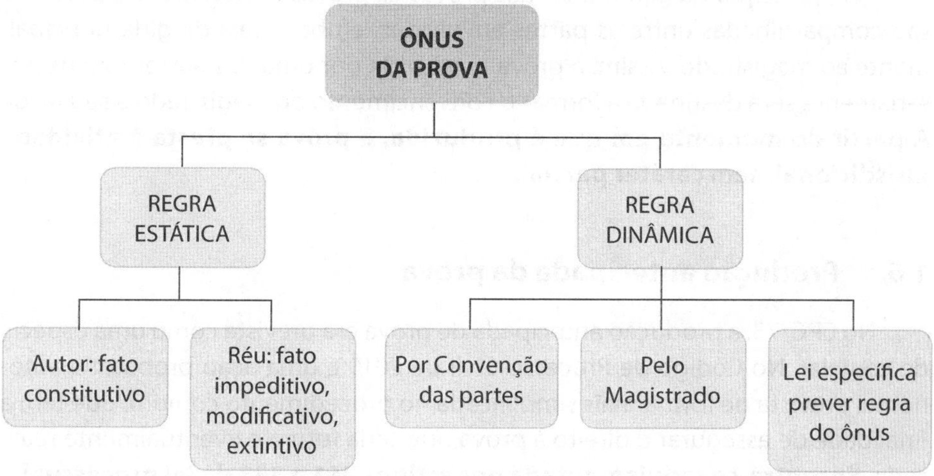

> **Como esse assunto foi cobrado em provas de concursos públicos**
>
> 2018 – VUNESP – UNICAMP – Procurador de Universidade Assistente. Sobre o que prevê o CPC acerca das provas, assinale a alternativa correta. A distribuição do ônus da prova está fixada nos termos da lei e não caberá às partes defini-lo de outra maneira em nenhuma hipótese, devendo o autor provar os fatos constitutivos de seu direito e o réu os fatos impeditivos, extintivos ou modificativos dos direitos do autor, salvo os casos em que se admite a inversão do ônus probatório. (incorreto).

1.5. Destinatário da prova

O juiz da causa, o juiz natural (art. 5º, inciso LIII, da Constituição Federal), é aquele que preside o processo, estando inserido nesta atividade o dever de bem equacionar o litígio e determinar as provas pertinentes a serem produzidas.

Assim, é o juiz da causa o destinatário primordial da prova, que é produzida com o intuito de formar sua convicção sobre os fatos alegados pelas partes.

O CPC/2015 fixa a responsabilidade do magistrado para determinar as provas que serão necessárias ao julgamento do mérito, podendo indeferir provas que entender inúteis ou que sejam apenas protelatórias. Esse poder é conferido ao magistrado para conduzir o processo à luz daquilo que as partes indicarem e, também, de acordo com o que o magistrado entender pertinente. **Isso porque a finalidade principal do processo é chegar à decisão de mérito.**

Pelo princípio da comunhão das provas as provas produzidas no processo são compartilhadas entre as partes envolvidas, embora seja dirigida principalmente ao magistrado. Assim, a prova produzida por uma das partes não necessariamente será destinada a formar o convencimento do magistrado a seu favor. **A partir do momento em que é produzida, a prova se presta à atividade jurisdicional, sem caráter parcial.**

1.6. Produção antecipada da prova

No CPC/73, a produção antecipada de prova era prevista como uma espécie de cautelar. No Código de Processo Civil de 2015 é uma ação probatória autônoma, prevista de forma mais simplificada no procedimento comum, que tem a finalidade de assegurar o direito à prova que seria futura e eventualmente realizada. **Encontra-se regulamentada nos artigos 381 a 383 da lei processual.**

Trata-se em verdade, de instrumento processual que tem por finalidade construir a memória dos fatos a fim de que possa ser utilizada como instrumento de prova em processo eventual e futuro. **Será admitida a ação para produção antecipada de prova nos seguintes casos:**

a) Fundado receio de que venha a tornar-se impossível ou muito difícil a verificação de certos fatos na pendência da ação: É a probabilidade de não ter a parte condições de produzir a prova no momento processual adequado. O exemplo mais citado nesse caso é a inquirição de testemunhas ou o interrogatório da parte quando o depoente tiver de se ausentar ou quando, por motivo de idade ou moléstia grave, houver justo receio de que ao tempo da prova já não exista ou esteja impossibilitado de depor.

b) A prova a ser produzida seja suscetível de viabilizar a autocomposição ou outro meio adequado de solução de conflito: Um exemplo é a realização de perícia para aferir a responsabilidade em um acidente, quando as partes estiverem interessadas em realizar acordo sobre o pagamento dos danos, a fim de evitar processo futuro. Assim, por meio da ação probatória, as partes já conseguem antever a eventual responsabilidade no processo, facilitando a transação da lide.

c) O prévio conhecimento dos fatos possa justificar ou evitar o ajuizamento de ação. Nesse caso, o resultado da produção antecipada de uma prova determinará se a ação será ajuizada ou não. Imagine um contrato bancário em que a parte não tenha conhecimento das cláusulas e eventuais taxas a serem cobradas. Ao realizar uma perícia no documento, poderá antever a possibilidade de ingressar com uma demanda revisional de contrato.

A produção antecipada de provas é da competência do local onde a prova for produzida ou do domicílio atual do futuro réu da eventual demanda a ser ajuizada. (art. 381, § 2º do CPC) A ação de produção de provas, não previne a competência para a ação que seja ajuizada subsequentemente à ação probatória. Cada uma das ações observa regras específicas de competência, sem relação de prevenção. (art. 381, § 1º do CPC).

Questão interessante é a delegação de competência da Justiça Federal para a Justiça Estadual, no caso de produção antecipada de provas. Na maioria dos casos, existem muito mais unidades da Justiça Estadual do que da Justiça Federal nos Estados. Assim, haveria maior facilidade da produção da prova perante o Juízo Estadual. Caso existisse a regra absoluta de escolha da Justiça Federal, poderia ocorrer a necessidade da produção da prova em local distante da sua colheita. **Desta forma, o art. 381, § 4º do CPC permite que a prova seja produzida no juízo estadual.**

Não será admitido recurso, exceto no caso de indeferimento total requerimento originário de produção antecipada de provas. Deve constar da petição de prova antecipada a indicação da razão que justifica o pedido e dos fatos sobre os quais recairão a prova.

2. PROVAS EM ESPÉCIE

2.1. Ata notarial

A existência e o modo de existir de algum fato **podem ser atestados ou documentados, a requerimento do interessado, mediante ata lavrada por tabelião.** Dados representados por imagem ou som gravados em arquivos eletrônicos poderão constar da ata notarial, a fim de preservar a memória do registro.

A ata notarial foi incluída pelo CPC/2015 como meio de prova. **Consiste em um documento público, dotado de fé pública, em que foram descritos os fatos presenciados pelo tabelião.** Ele não dá autenticidade ao fato, apenas o relata, produzindo um documento autêntico. Não é porque descrito em ata que determinado fato ocorreu. Por isso, a ata notarial é diferente da escritura pública, que prova negócios jurídicos e declarações de vontade. **Embora goze de presunção de veracidade, pode ser questionada pela parte.**

Alguns exemplos de sua utilização: Informações veiculadas por página da internet; Diligências de constatação, tais como verificar o descumprimento de decisão judicial; Reuniões de assembleias, em que o tabelião comparece para registrar os fatos.

2.2. Depoimento pessoal

O depoimento pessoal é o meio de prova destinado a realizar o interrogatório do autor e/ou do réu, no curso do processo, a fim de se obter a confissão da parte sobre fatos relevantes, pertinentes e controvertidos da causa.

Pode ser requerido pela parte contrária ou pelo juiz. (art. 385, CPC) Será realizado na audiência de instrução e julgamento. Se a parte for intimada e advertida da pena de confesso, deverá comparecer em juízo e prestar o depoimento pessoal, respondendo ao que lhe for perguntado com clareza e lealdade, **sob pena de confissão (ser admitidos como verdadeiros os fatos contrários).** (art. 385, § 1º, CPC).

Quando a parte, sem motivo justificado, deixar de responder ao que lhe for perguntado ou empregar evasivas, o juiz, **apreciando as demais circunstâncias e os elementos de prova**, declarará, na sentença, se houve recusa de depor, com aplicação da pena de confesso.

A parte não é obrigada a depor sobre fatos: Criminosos ou torpes que lhe forem imputados; A cujo respeito, por estado ou profissão, deva guardar sigilo; Acerca dos quais não possa responder sem desonra própria, de seu cônjuge, de seu companheiro ou de parente em grau sucessível; Que coloquem em perigo a vida do depoente ou das pessoas referidas acima. (art. 388, CPC).

2.3. Confissão

Há confissão, judicial ou extrajudicial, **quando a parte admite a verdade de fato contrário ao seu interesse e favorável ao do adversário**. (art. 398, CPC).

A confissão se diferencia do reconhecimento jurídico do pedido: enquanto aquela se trata de reconhecer a veracidade do fato alegado pela parte contrária, este é o reconhecimento da pretensão, do pedido, gerando a extinção do processo com resolução do mérito. **A confissão pode não resultar em uma sentença desfavorável à parte que a praticou**. Por outro lado, o reconhecimento jurídico do pedido importa em submissão ao que pretende a parte contrária.

A confissão **possui três elementos para que seja válida:** subjetivo (parte que confessa), intencional (vontade de confessar), objetivo (existência de fato contrário ao interesse da parte que confessa).

A confissão pode ser:

- **Provocada** (que resulta de depoimento pessoal) ou **espontânea** (por meio de petição do confitente nos autos);
- **Total** (admite a veracidade de todo o fato arrolado pela parte contrária) ou **parcial** (admite a veracidade de apenas uma parcela do fato);
- **Judicial** (nos autos) ou **extrajudicial** (fora do processo, de forma escrita ou oral, perante a parte contrária ou terceiros);
- **Pessoalmente** ou **por procurador** com poderes especiais.

A confissão é um ato individual, **não prejudicando os litisconsortes**. Nas ações que versarem sobre bens imóveis ou direitos reais sobre imóveis alheios, a confissão de um cônjuge ou companheiro não valerá sem a do outro, salvo se o regime de casamento for o de separação absoluta de bens. (art. 391, parágrafo único do CPC). **Portanto, a regra é que seja exigida dupla confissão para a validade desse meio de prova**. No caso de separação absoluta, a confissão observa a regra geral da confissão individual.

Como esse assunto foi cobrado em provas de concursos públicos

2018 – VUNESP – Câmara de Itaquaquecetuba – SP – Procurador Jurídico. Quanto à produção de provas, assinale a alternativa correta, de acordo com o Código de Processo Civil. "A confissão judicial faz prova contra o confitente e seu teor se estende aos litisconsortes." (incorreto).

2.4. Exibição de documento ou coisa

O juiz pode determinar a exibição de documento ou coisa que se encontre na posse da parte ou em poder de terceiro, **em razão do dever que incumbe a estes de colaborar com o Poder Judiciário para descobrir a verdade**.

A exibição pode se dar no curso do processo, como incidente da fase probatória (artigos 396 a 404, CPC/2015), ou antes do ajuizamento da causa, como tutela cautelar em caráter antecedente (artigos 305 a 310). Não há óbices para a sua realização como tutela de urgência antecedente. Apesar da extinção dos procedimentos cautelares típicos, pode-se ordenar a sua exibição pelo Poder Geral de cautela pelo magistrado. **Entretanto, a realidade processual previu um procedimento incidental para a sua realização.**

a) **Documento ou coisa em poder da parte contrária**

O pedido formulado pela parte requerendo a exibição de documento ou coisa pode ser formulado no bojo dos autos e deverá conter: a) **A individuação**, tão completa quanto possível, do documento ou da coisa; b) **A finalidade da prova**, indicando os fatos que se relacionam com o documento ou com a coisa; c) **As circunstâncias** em que se funda o requerente para afirmar que o documento ou a coisa existe e se acha em poder da parte contrária.

Pretendendo, portanto, a exibição de um contrato, deverá o requerente dizer qual é o contrato celebrado entre as partes (individuação), qual será a finalidade, o objetivo da prova (provar que a assinatura não foi sua, por exemplo), e deverá, também, afirmar que o documento pretensamente encontre-se com a parte diversa. Assim, se há a cobrança de um determinado valor de financiamento pelo réu, o autor dirá que a relação contratual existe em virtude da cobrança.

Após o pedido de exibição, contendo as informações pormenorizadas acima, **a parte contrária será intimada para se manifestar no prazo de 5 dias**, podendo se manifestar das seguintes formas:

- Realizar o requerimento de prazo para exibir o documento ou coisa; Se realizar a exibição, encerra-se o expediente;
- Poderá responder que não possui o documento ou coisa a ser exibida. Se negar possuir o documento ou coisa, **o juiz irá intimar a parte requerente para se faça prova de que a declaração da parte contrária é uma inverdade**. Neste caso o juiz decidirá sobre a posse ou não, ou pelo menor o dever de ter o documento consigo pela parte contrária. O juiz não admitirá a recusa se o requerido tiver obrigação legal de exibir; o requerido tiver aludido ao documento ou à coisa, no processo, com o intuito de constituir prova; ou o documento, por seu conteúdo, for comum às partes.

Se a recusa for havida por ilegítima, **o juiz admitirá como verdadeiros os fatos que, por meio do documento ou da coisa, a parte pretendia provar**. Se permanecer inerte, sem qualquer justificativa, **o juiz profere decisão interlocutória, admitindo como verdadeiros os fatos** que, por meio do documento ou da coisa, a parte pretendia provar.

b) **Documento em poder de terceiro**

Quando o pedido de exibição for formulado contra quem não é parte, será necessária a instauração de novo processo. É um feito incidental, processado em autos próprios, em apenso, e julgado por decisão interlocutória, da qual cabe agravo de instrumento.

Quando o documento ou a coisa estiver em poder de terceiro, **o juiz ordenará sua citação para responder no prazo de 15 dias.** Nesse caso, o terceiro se comportar das formas que seguem:

- Se requerer prazo e se exibir o documento ou coisa, colocará fim ao processo incidental.
- Se houver revelia, haverá confissão presumida de veracidade dos fatos alegados, com sentença de procedência.
- Se contestar, negando a obrigação de exibir ou a posse do documento ou da coisa, haverá fase de instrução, com depoimentos e outras provas.

Em seguida, o juiz poderá ordenar que proceda ao respectivo depósito em cartório ou em outro lugar designado, no prazo de 5 dias, **impondo ao requerente que o ressarça pelas despesas que tiver.** Se o terceiro descumprir a ordem, o juiz expedirá mandado de apreensão, requisitando, se necessário, força policial, sem prejuízo da responsabilidade por crime de desobediência, pagamento de multa e outras medidas indutivas, coercitivas, mandamentais ou sub-rogatórias necessárias para assegurar a efetivação da decisão.

Por fim, destacamos que partes e terceiros podem se recusar a exibir documentos concernentes à própria vida familiar, documentos que impliquem violação dos deveres de honra, documentos que causem desonra à parte ou ao terceiro (abrange parentes até 3º grau), documentos protegidos por sigilo em face do estado ou profissão, motivos graves que justifiquem a entrega de documentos, ou por previsão legal.

2.5. Prova documental

A prova documental é uma das mais relevantes do CPC/2015, prevista nos artigos 405 a 441. Documento é toda e qualquer coisa que presenta um fato.

São exemplos de documentos um DVD, uma fotografia, um pen drive, mensagens trocadas em redes sociais.

a) **Documento Público**

O documento público é aquele produzido por servidor público ou pessoa investida em uma atividade de interesse público, denominados "oficiais públicos". No que tange à força probante dos documentos públicos, **estes gozam de fé pública, presunção relativa (*iuris* tantum) de veracidade.**

O documento público faz prova não só da **formação do documento**, mas também dos **fatos (conteúdo)** que o escrivão, o chefe de secretaria, o tabelião ou o servidor declarar que ocorreram em sua presença. Por isso, art. 19, II, da CF estabelece que é vedado à União, aos Estados, ao Distrito Federal e aos Municípios recusar fé aos documentos públicos.

Precisamos diferenciar documento de instrumento: "Documento não se confunde com instrumento, **sendo o segundo espécie do primeiro. O instrumento é produzido com o objetivo de servir de prova,** como ocorre na celebração de um com raro ou de uma escritura. Caso o documento seja produzido, já rendo o objetivo de provar determinado aro, será considerado um instrumento, mas, não rendo tal finalidade específica, embora em momento posterior até possa vir a ser considerado como prova num processo judicial, ter-se-á somente um documento, c não um instrumento, como ocorre numa carta um e-mail tendo como conteúdo algum fato o aro" (NEVES, 2017, 390).

Quando a lei exigir instrumento público como da substância do ato, nenhuma outra prova, por mais especial que seja, pode suprir-lhe a falta. **Esse é um caso de prova tarifada, em que não se permite ao magistrado apreciar livremente a prova**. Exemplo: o casamento se prova por certidão de casamento. Caso **não sejam observadas as formalidades legais** na confecção do documento ou este **seja produzido por oficial público incompetente**, terá eficácia de documento particular.

b) **Documento Particular**

O documento particular é aquele que não foi elaborado por oficial público ou foi elaborado por oficial público, mas sem observância das formalidades legais. **Só se presume verdadeiro em relação às pessoas que assinaram o documento,** logo sua força probatória é menor que a do documento público.

Documento público com declaração de ciência prova a ciência e o fato. Documento privado com declaração de ciência prova apenas o fato.

c) **Autenticidade**

Considera-se autêntico o documento com reconhecimento de firma, com autoria identificada por qualquer outro meio legal de certificação e, quando apresentado o documento, não for impugnado pela parte contrária. **O documento particular, mesmo quando autenticado, pode ser objeto de impugnação.**

O documento juntado aos autos é indivisível por isso devem ser analisados em sua integralidade (globalidade). Ou seja, a parte que juntou o documento tem que aceitar até as partes que não lhe são benéficas.

Tratemos, agora, dos incisos do artigo 425, que costumam ser objeto de cobrança em provas. Fazem a mesma prova que os originais: Certidões extraídas dos autos pelo escrivão ou chefe de secretaria e por eles subscritas **(inciso I);** Os traslados e as certidões extraídas por oficial público **(inciso II)**; As cópias dos documentos públicos, desde que autenticadas por oficial público ou conferidas em cartório com os respectivos originais **(inciso III);** As cópias reprográficas de peças do próprio processo judicial, declaradas autênticas pelo advogado **(inciso IV);** Os extratos digitais de bancos de dados públicos e privados, desde que atestado pelo seu emitente **(inciso V)**; As reproduções digitalizadas de qualquer documento público ou particular, quando juntadas aos autos pelos órgãos da justiça e seus auxiliares, pelo Ministério Público e seus auxiliares, pela Defensoria Pública e seus auxiliares, pelas procuradorias, pelas repartições públicas em geral e por advogados **(inciso VI).**

Os documentos públicos perdem a fé quando for declarada judicialmente a falsidade do documento não verdadeiro ou alterado.

Os documentos privados perdem a fé quando for declarada judicialmente a falsidade do documento não verdadeiro ou alterado; for impugnada a autenticidade sem a prova da veracidade; for assinado em branco e o seu conteúdo for impugnado por preenchimento abusivo.

Se houver arguição de falsidade de documento particular ou público ou de preenchimento abusivo, o ônus da prova compete à parte que arguir. Se houver impugnação de autenticidade, o ônus da prova compete à parte que produziu o documento.

A alegação de falsidade pode ser feita na **contestação** (quando o documento for juntado com a inicial)**,** na **réplica** (quando o documento for juntado com a contestação), ou no **prazo de 15 dias** quando o documento for juntado no curso do procedimento. Em seguida, a parte que apresentou o documento será intimada para se manifestar no prazo de 15 dias. Após sua manifestação, se não concordar com a exclusão do documento, **será realizado exame pericial.** A falsidade será declarada na sentença quando for suscitada como questão principal e por decisão interlocutória se suscitada como questão preliminar.

A prova documental **deverá ser produzida na inicial pelo autor ou na contestação pelo réu, sob pena de preclusão**.

Como esse assunto foi cobrado em provas de concursos públicos

2018 – FCC – SEFAZ-SC – Auditor Fiscal da Receita Estadual. Quanto à prova documental, o Código de Processo Civil estabelece: O documento feito por oficial público incompetente ou sem a observância das formalidades legais será sempre ineficaz juridicamente. (incorreto).

2.6. Prova testemunhal

a) Disposições Gerais

Prova testemunhal é aquela advinda da declaração de um indivíduo que tenha conhecimento dos fatos a serem elucidados em juízo**. Trata-se de prova a ser produzida na audiência de instrução e julgamento, mediante inquirição do interlocutor.**

Pelo sistema da persuasão racional ou do livre convencimento motivado, a prova testemunhal não é hierarquicamente inferior aos demais meios de prova. É **sempre admissível, exceto se a lei dispuser de modo diverso**. Além disso, é **desnecessária** para fatos provados por documentos ou confissão e **inútil** para fatos que só possam ser provados por exame pericial ou prova documental.

Quando a lei exigir prova escrita da obrigação, admite-se a prova testemunhal nos seguintes casos: Se houver prova documental, mas esta não for suficiente, ou seja, depende da conjugação com outros elementos de prova; houver impossibilidade moral ou material de obter a prova escrita. Exemplo: situações de parentesco, de depósito necessário, de hospedagem em hotel ou das práticas comerciais do local onde contraída a obrigação; A divergência entre a vontade real e declarada em contratos simulados e os vícios do consentimento em quaisquer contratos.

b) Incapacidade, Impedimento e Suspeição

Qualquer pessoa pode testemunhar, exceto as incapazes, as impedidas e as suspeitas. Atenção! **O art. 447, do CPC/2015, prevê hipóteses de incapacidade, impedimento e suspeição, e é muito cobrado em provas objetivas**. Vejamos:

São incapazes de prestar testemunho (essa incapacidade não se confunde com a incapacidade de direito ou de fato do direito civil):

- Interdito por enfermidade ou por deficiência mental;
- Aquele que, acometido por enfermidade ou retardamento mental, ao tempo em que ocorreram os fatos, não podia discerni-los, ou, ao tempo em que deve depor, não está habilitado a transmitir as percepções;
- Quem tiver menos de 16 anos;
- Cego e surdo, quando a ciência do fato depender dos sentidos que lhes faltam.

São impedidos:

- O cônjuge, o companheiro, o ascendente e o descendente em qualquer grau e o colateral, até o terceiro grau, de alguma das partes, por consanguinidade ou afinidade, salvo se o exigir o interesse público ou, tratando-se de causa relativa ao estado da pessoa, não se puder obter de outro modo a prova que o juiz repute necessária ao julgamento do mérito;
- O que é parte na causa;
- O que intervém em nome de uma parte, como o tutor, o representante legal da pessoa jurídica, o juiz, o advogado e outros que assistam ou tenham assistido as partes.

São suspeitos:

- O inimigo da parte ou o seu amigo íntimo;
- O que tiver interesse no litígio.

c) Procedimento

A prova testemunhal é produzida em audiência de instrução e julgamento, na sede do juízo, perante o juiz da causa. Algumas autoridades podem ser inquiridas em suas residências ou onde exercem suas funções (rol do artigo 454).

Caso a produção de prova testemunhal seja deferida pelo juiz, este fixará prazo comum não superior a 15 dias para apresentação do rol de testemunhas (devidamente qualificadas), em no máximo de 10, sendo no máximo 3 para cada fato.

A apresentação do rol atende aos princípios do contraditório e da cooperação e opera a preclusão. Excepcionalmente testemunha arrolada poderá ser substituída: falecimento; impossibilidade de depor por enfermidade ou mudança de endereço.

E como é feita intimação?

1ª possibilidade: pelo advogado, que enviará carta com aviso de recebimento para a testemunha, devendo juntar aos autos o comprovante da intimação e recebimento até 3 dias antes da audiência. Se não cumprir essa obrigação de intimar a testemunha, o juiz entenderá que houve desistência na sua oitiva. Caso a testemunha não compareça, poderá ser conduzida coercitivamente e responderá pelas despesas do adiamento.

2ª possibilidade: pelo juízo, nas hipóteses abaixo:

- Quando frustrada a intimação pelo advogado, conforme mencionado na primeira possibilidade, acima;
- Quando sua necessidade for demonstrada pela parte;
- Quando figurar no rol de testemunhas servidor público ou militar;
- Quando a testemunha houver sido arrolada pelo Ministério Público ou pela Defensoria Pública;
- Quando a testemunha for uma autoridade, que em razão do cargo ou da função que exerça, tem a prerrogativa de ser inquirida em sua residência ou no local onde exerce suas funções.

3ª possibilidade: independentemente de intimação, quando a parte se comprometer a levar a testemunha. Nesse caso, se a testemunha não comparece, o juiz presume que a parte desistiu de sua inquirição, não podendo determinar sua condução coercitiva.

Em geral, o juiz faz as suas perguntas, depois o advogado da parte que arrolou a testemunha, na sequência, o advogado da parte contrária e, por último, o representante do Ministério Público. Uma testemunha não pode ouvir o depoimento da outra, exceto nos casos de acareação (quando há divergência entre as declarações das testemunhas). **O CPC/2015 (art. 459) permite que os advogados das partes realizem perguntas diretamente à testemunha, sem intermediação do juiz**.

Assim que a testemunha for qualificada e antes de ser ouvida, a parte pode oferecer contradita, apresentando causa de incapacidade, impedimento ou suspeição. No caso de ser aceita a contradita, a pessoa que foi arrolada como testemunha poderá ser ouvida como informante.

2.7. Prova pericial

a) Disposições Gerais

Prova pericial é aquela realizada por alguém que possui conhecimento técnico ou científico específico com o objetivo de esclarecer fatos. Pode consistir em exame, vistoria ou avaliação.

A prova pericial é realizada por perito nomeado pelo juiz ou escolhido pelas partes e pode ser tradicional (matéria complexa, com entrega de laudo) ou simplificada (matéria de menor complexidade; consiste na mera inquirição do perito em audiência). As partes podem indicar assistentes técnicos de sua confiança, que não precisam ser imparciais como os peritos.

Será **indeferida quando os fatos não dependerem de conhecimento especial técnico,** for desnecessária em face de outras provas já produzidas nos autos ou quando impraticável a produção de provas técnicas. O indeferimento de prova pericial possível, pertinente, indispensável, configura cerceamento de defesa.

O artigo 471 do CPC prevê uma hipótese de negócio jurídico processual típico: **a nomeação consensual do perito.** Para ser realizado, exige-se a capacidade das partes e a possibilidade de resolução do litígio por autocomposição.

O perito será substituído quando faltar conhecimento técnico ou científico ou quando deixar de cumprir o encargo no prazo injustificadamente. **A prova pericial pode ser dispensada quando houver pareceres técnicos ou documentos elucidativos que considerar suficientes.**

Deve constar no laudo pericial: a) exposição da pessoa/coisa objeto da perícia; b) análise técnica/científica; c) método de trabalho; e d) responsa conclusiva dos quesitos.

Como esse assunto foi cobrado em provas de concursos públicos

2017 – CFC – Perito Contábil. A prova técnica simplificada está definida pelo Art. 464 do Código de Processo Civil – Lei nº 13.105, de 16 de março de 2015 –, e pode substituir a perícia tradicional. Sobre a prova técnica simplificada, assinale a opção CORRETA. Consiste apenas na inquirição do especialista, pelo juiz, sobre ponto controvertido da causa que demandar especial conhecimento científico ou técnico e ocorre quando o ponto controvertido for de menor complexidade. (correto).

2.8. Inspeção Judicial

Inspeção judicial **é o meio de prova que visa possibilitar o contato direto do magistrado com pessoas ou coisas**, a fim de se esclarecer sobre fato, que interesse à decisão da causa. **Ela pode ser determinada de ofício ou a requerimento da parte, em qualquer fase do processo, e pode ocorrer no juízo ou onde se encontre a coisa ou a pessoa**. O ato pode ser acompanhado por peritos. Após a inspeção é lavrado auto circunstanciado.

RESUMO

DAS PROVAS
"Prova é, pois, em sentido objetivo, todo e qualquer elemento material dirigido ao juiz da causa para esclarecer o que foi alegado por escrito pelas partes, especialmente circunstâncias fáticas".
1. Parte Geral das provas
1.1. Objeto da prova
Não dependem de prova os seguintes fatos: notórios; firmados por uma parte e confessados pela parte contrária; admitidos no processo como incontroversos; em cujo favor milita presunção legal de existência ou de veracidade.
1.2. Prova do direito alegado
Critério Legal, Livre convicção, Persuasão Racional, sendo este último o sistema da nossa legislação processual.
1.3. Ônus da prova
Teoria estática, fixa ou apriorística do ônus da prova e Teoria da carga dinâmica.
1.4. Destinatário da prova
No sistema processual, o magistrado mostra-se como o destinatário da prova.
1.5. Produção antecipada da prova
São possibilidades: a) Fundado receio de que venha a tornar-se impossível ou muito difícil a verificação de certos fatos na pendência da ação; b) Desnecessidade de vínculo com processo futuro; c) Justificar a existência de algum fato ou relação jurídica para simples documento e sem caráter contencioso, que exporá, em petição circunstanciada, a sua intenção.

2. Provas em espécie
2.1. Ata notarial
A existência e o modo de existir de algum fato podem ser atestados ou documentados, a requerimento do interessado, mediante ata lavrada por tabelião. Consiste em um documento público, dotado de fé pública, em que foram descritos os fatos presenciados pelo tabelião.
2.2. Depoimento pessoal
O depoimento pessoal é o meio de prova destinado a realizar o interrogatório do autor e/ou do réu, no curso do processo, a fim de se obter a confissão da parte sobre fatos relevantes, pertinentes e controvertidos da causa.
2.3. Confissão
Há confissão, judicial ou extrajudicial, quando a parte admite a verdade de fato contrário ao seu interesse e favorável ao do adversário.
2.4. Exibição de documento ou coisa
O juiz pode determinar a exibição de documento ou coisa que se encontre na posse da parte ou em poder de terceiro, em razão do dever que incumbe a estes de colaborar com o Poder Judiciário para descobrir a verdade.
2.5. Prova documental
A prova documental é uma das mais relevantes do CPC/2015, prevista nos artigos 405 a 441. Documento é toda e qualquer coisa que presenta um fato.
2.6. Prova testemunhal
Prova testemunhal é meio de prova consubstanciado na declaração em juízo de um terceiro que de alguma forma tenha presenciado os fatos discutidos na demanda.
2.7. Prova pericial
Prova pericial é aquela realizada por alguém que possui conhecimento técnico ou científico específico com o objetivo de esclarecer fatos. Pode consistir em exame, vistoria ou avaliação.
2.8. Inspeção Judicial
Inspeção judicial é o meio de prova que visa possibilitar o contato direto do magistrado com pessoas ou coisas, a fim de se esclarecer sobre fato, que interesse à decisão da causa.

GABARITO

1	E	2	B	3	C	4	D	5	Certo
6	C	7	B	8	A	9	B	10	E

CAPÍTULO 29

DA SENTENÇA E COISA JULGADA

RECADO

Caro(a) Leitor (a),

A parte a ser estudada revela-se de extrema importância. O sistema de fundamentação do CPC atual, representado pelo art.489, § 1º do CPC é objeto de intensa cobrança em provas. Os incisos do referido dispositivo são muito recorrentes.

Do mesmo modo, a coisa julgada é tema de grande predileção. Neste aspecto, merece especial atenção à parte da decisão judicial que faz coisa julgada e o tratamento judicial dos motivos da decisão, ainda que determinantes para a sua formação.

Bons estudos!

QUESTÕES

1. (2019 – FGV – TJ-CE – Técnico Judiciário) Vencida e não cumprida determinada obrigação contratual, o credor ajuizou ação em que pleiteava a condenação do devedor a pagá-la. Depois de contestada a demanda, e encerrada a fase instrutória, o juiz reputou configurados os fatos constitutivos do direito alegado pelo autor, vindo a acolher a sua pretensão. Além do pagamento da obrigação contratual, foi o réu condenado a pagar juros moratórios legais, correção monetária e honorários de sucumbência, itens que não haviam sido objeto de pedido na inicial. Nesse quadro, a sentença proferida foi:

A) nula, por ultra petita;

B) nula, por extra petita;

C) nula, por citra petita;

D) válida;

E) válida, embora o seu excesso deva ser podado pelo tribunal.

2. **(2019 – VUNESP – IPREMM – SP – Procurador Jurídico)** São hipóteses de julgamento com resolução do mérito e sem resolução do mérito, quando o juiz, respectivamente:

A) homologar a transação e homologar a desistência da ação.

B) homologar a renúncia à pretensão formulada na reconvenção e decidir de ofício sobre a ocorrência da decadência.

C) reconhecer a existência de litispendência e acolher o pedido formulado na ação.

D) indeferir a petição inicial e acolher a alegação de existência de convenção de arbitragem.

D) verificar a ausência de legitimidade e reconhecer a existência de perempção.

3. **(2019 – FCC – MPE-MT – Promotor de Justiça Substituto)** Patrícia ajuíza demanda indenizatória material e moral contra Renata, por danos havidos em acidente de trânsito. Ao julgar procedente a ação, o juiz monocrático analisa só os danos morais, pedidos em R$ 10.000,00 mas concedidos em R$ 20.000,00, pela gravidade das consequências à autora. Nada diz sobre os danos materiais. Renata apela quanto aos danos morais, limitando-se a repetir os termos da contestação, sem rebater concretamente a sentença. Nessas circunstâncias o juiz julgou

A) citra petita ao omitir o exame dos danos materiais e extra petita ao fixar danos morais acima do pedido, infringindo em ambos os casos o princípio da congruência; Renata não infringiu princípio algum, pois é possível apelar fazendo remissão à contestação apresentada, que deverá ser analisada pelo Tribunal pelo princípio devolutivo recursal, independentemente das razões da sentença.

B) citra petita ao não analisar os danos materiais e infringiu o princípio da eventualidade ao fixar os danos morais acima do pedido, nesse ponto decidindo ainda extra petita; Renata apelou sem obedecer ao principio da dialeticidade.

C) citra petita ao não analisar os danos materiais e infringiu o princípio da adstrição ou congruência ao fixar os danos morais acima do pedido, nesse ponto decidindo ainda ultra petita; Renata apelou sem obedecer ao princípio da dialeticidade.

D) extra petita tanto ao omitir o exame dos danos materiais como ao arbitrar danos morais acima do pedido, infringindo o princípio da adstrição ou congruência, mesmo princípio que Renata feriu ao não rebater concretamente a sentença ao apelar.

E) infra petita ao omitir os danos materiais e nesse ponto infringiu o princípio translativo, bem como na fixação superior ao pedido dos danos morais; Renata lesou o princípio da dialeticidade ao apelar sem atenção à sentença.

4. **(2019 – FCC – SANASA Campinas – Procurador Jurídico)** São hipóteses de extinção do processo, com julgamento do mérito, quando

A) em caso de morte da parte, a ação for considerada intransmissível.

B) o autor desistir da ação após a citação, com a concordância do réu.

C) for acolhido pedido contido na reconvenção.

D) for reconhecida a carência de ação.

E) o autor não promover os atos e diligências que lhe incumbir por mais de 30 dias.

5. **(2019 – FCC – TRF – 4ª REGIÃO – Técnico Judiciário)** Patrícia ajuizou ação indenizatória contra a União. Sem examinar a prova produzida nem apreciar nenhum dos fundamentos deduzidos na contestação, o juiz pronunciou, de ofício, a prescrição, extinguindo o processo por meio de sentença, contra a qual não foi interposto nenhum recurso no prazo legal. Nesse caso, a sentença

A) importou em resolução de mérito, fazendo coisa julgada formal, mas não material.

B) importou em resolução de mérito, fazendo coisa julgada material.

C) não importou em resolução de mérito, nem fez coisa julgada.

D) não importou em resolução de mérito, fazendo coisa julgada formal, mas não material.

E) não importou em resolução de mérito, fazendo coisa julgada material.

6. **(Ano: 2019 Banca: CEV-URCA – Órgão: Prefeitura de Mauriti – CE– Prova: CEV-URCA – 2019 – Prefeitura de Mauriti – CE – Advogado)** Haverá resolução de mérito quando o juiz:

A) Verificar ausência de legitimidade ou interesse processual.

B) Reconhecer a existência de perempção.

C) Homologar a desistência da ação.

D) Homologar a transação.

E) Reconhecer a existência de litispendência.

7. **(2019 – CESPE – PGE-PE – Analista Administrativo)** À luz do Código de Processo Civil, julgue o próximo item, relativos às normas fundamentais do processo civil e aos elementos da sentença, aos honorários advocatícios, à advocacia pública e à aplicação das normas processuais.

Os elementos essenciais da sentença incluem os fundamentos — que consistem na análise das questões de fato e de direito pelo juiz — e o dispositivo — no qual o juiz resolve as questões principais que as partes lhe submeterem —; o relatório, por sua vez, é dispensado, haja vista o direito das partes de obter, em prazo razoável, a solução integral do mérito.

Certo

Errado

8. **(Ano: 2019 – Banca: CESPE – Órgão: TJ-BA – Prova: CESPE – 2019 – TJ-BA – Juiz de Direito Substituto)** O juiz proferirá sentença sem resolução de mérito quando

A) acolher a alegação de existência de convenção de arbitragem.

B) homologar a transação.

C) homologar o reconhecimento da procedência do pedido formulado na ação.
D) homologar a renúncia à pretensão formulada na ação.
E) verificar a impossibilidade jurídica do pedido.

9. **(2018 - Quadrix - SEDF - Professor Substituto (direito))** Com base na lei e na jurisprudência dos tribunais superiores, julgue o item subsequente quanto à fundamentação das decisões judiciais. "Em contraposição à fundamentação exauriente, a fundamentação referencial (per relationem) segue sendo admitida pelo Superior Tribunal de Justiça."

   Certo
   Errado

10. **(2018 - Quadrix - SEDF - Professor Substituto (direito))** Com base na lei e na jurisprudência dos tribunais superiores, julgue o item subsequente quanto à fundamentação das decisões judiciais. "À falta de disposição em sentido contrário na Lei n.º 9.099/1995, a exigência de fundamentação exauriente alcança os juizados especiais cíveis."

    Certo
    Errado

1. CONCEITO DE SENTENÇA

O CPC/2015 modificou um pouco o conceito de sentença daquilo que era previsto no CPC passado. Na lei anterior, a redação legal dizia que sentença é o ato do juiz que implica alguma das situações do art. 485 ou 487. (dizia-se que o que determinava o conceito de sentença, portanto, era somente o seu conteúdo, independentemente do momento processual em que era proferida).

Esse conceito, no entanto, era insuficiente para resolver algumas questões práticas. Então o CPC/2915 o modificou, estabelecendo que sentença **é o ato do juiz que, com base nos Arts. 485 ou 487, CPC/2015, encerra a fase de conhecimento processual ou a fase de cumprimento de sentença. (Art. 203, § 1º CPC).** Assim, a conceituação de sentença no atual Código mescla a necessidade de seu conteúdo estar previsto nos dois artigos mencionados, bem como esclarece que há um momento processual adequado para sua prolação (encerramento de fase processual).

Caso se tenha uma decisão judicial baseada no art. 485 ou no art. 487, mas que não encerra o objeto processual em sua totalidade, isso não poderá ser designado como sentença**, mas como decisão interlocutória passível de agravo de instrumento**. Havendo uma redução subjetiva ou objetiva no processo e isso importar a continuidade de outra fase processual, haverá aí uma decisão interlocutória passiva de agravo na modalidade de instrumento.

Assim, o que eventualmente é cobrado em concursos públicos é o indeferimento parcial da Petição Inicial. Seria uma sentença, ou decisão interlocutória? Ora, o indeferimento da inicial encontra-se no art. 485, I do CPC (satisfaz o requisito de conteúdo). Todavia, quando o juiz assim procede, não encerra o objeto processual em sua totalidade, ou seja, não encerra a fase de conhecimento como um todo. **Desta forma, não satisfaz a conceituação total do ato.**

2. ELEMENTOS DA DECISÃO JUDICIAL

De acordo com o art. 489 do CPC/2015 os elementos da sentença, como de qualquer outra decisão judicial, **são o relatório, a fundamentação e o dispositivo.**

2.1. Relatório

O relatório é o requisito formal da sentença. **Trata-se de um breve resumo do que ocorreu no processo, até a prolação da decisão (art. 489, I, CPC).** Assim, conforme o dispositivo legal citado:

Art. 498, CPC: "O relatório, que conterá os nomes das partes, a identificação do caso, com a suma do pedido e da contestação, e o registro das principais ocorrências havidas no andamento do processo;"

Algumas bancas costumam fazer afirmativas de que o juiz, se quiser, poderá dispensar o relatório.

No entanto, a assertiva é FALSA! **O juiz não pode fazê-lo se o quiser**. De acordo com o art. 489, o relatório, apesar de seu aspecto formal, é uma parte necessária e integrante da sentença. O que pode ocorrer é algum procedimento dispensar o relatório, como por exemplo, o art. 38, da Lei dos Juizados Especiais. O relatório é dispensado pela celeridade e simplicidade que o procedimento em questão requer, mas o juiz não poderá fazê-lo no momento que deseja. **A dispensa, portanto, somente pode ser feita "ex lege".**

2.2. Fundamentação

A fundamentação da decisão judicial é o coração da sentença, pois o juiz pesará as causas de fato e direito, alegações do réu e autor, verificando o que se conseguiu provar e, portanto, chegar à sua conclusão. Também, na fundamentação fará a análise do direito aplicável à espécie.

É o momento para o magistrado posicionar-se em relação à demanda. **A fundamentação constrói o conteúdo decisório para o juiz.** Alguns autores, afirmam que é por meio da fundamentação que o judiciário encontra a sua legitimação democrática dentro do Estado Republicano, pois dentro das três funções é o único poder que não é eleito. Assim, a sua necessidade de fundamentação, de exposição das causas jurídicas da decisão, tornariam o Judiciário democrático.

Dessa forma, a sua ligação democrática com o ordenamento jurídico vem de uma adequada fundamentação. **A sua "vinculação" às normas jurídicas é algo imprescindível.** Tamanha é a importância dessa fundamentação que a própria CRFB/88, em seu art. 93, IX, estabelece que toda decisão judicial deve ser fundamentada sob pena de nulidade.

Neste elemento da decisão reside também a maior diferença do anterior para o CPC/2015. Conforme veremos à frente, não havia na legislação anterior qualquer menção à uma fundamentação completa, o que veremos como fundamentação exauriente no Direito Processual Civil. **A fundamentação exigida pelo CPC/2015 é completa, exauriente e exaustiva**. Para explicarmos a ideia de fundamentação atual, devemos mencionar quais são os sistemas de fundamentação existentes.

Há dois sistemas de fundamentação Processo Civil: **Sistema de fundamentação Suficiente, e sistema de fundamentação exauriente.**

No Sistema de Fundamentação Suficiente, o Magistrado não está obrigado, a princípio, a dialogar com os fundamentos que as partes trouxeram para ele firmar a sua conclusão. **O juiz, neste sistema, só está obrigado a dizer qual as razões de seu posicionamento, sem necessariamente dialogar ou enfrentar todos os argumentos deduzidos pelas partes**. Assim, caso entenda que o fundamento utilizado na sentença é suficiente para manter a decisão, não há a necessidade, neste sistema, de refutar os argumentos deduzidos pelo autor ou réu.

Esse sistema de fundamentação não foi expressamente adotado no CPC/73, **mas era um sistema amplamente utilizado na prática jurídica.** Tratava de velha prática nos Tribunais, ao proferirem um acordão, com os seguintes dizeres: "O Tribunal não está obrigado a analisar todos os argumentos deduzidos pelas partes, mas tão somente expor a fundamentação necessária à manutenção da decisão..."

Entretanto, não é esse o sistema trazido pelo CPC atual. **Ao contrário, nossa legislação processual Civil adotou o sistema de fundamentação exauriente!**

Neste segundo sistema magistrado é **obrigado a dialogar com as partes nos fundamentos que elas trouxeram, ou as partes têm o direito de ver**

seus argumentos considerados na decisão judicial. A decisão não se considera fundamentada caso o juiz não analise todos os fundamentos capazes de, em tese, influenciar no conteúdo da decisão judicial. É o que se extrai do cobradíssimo art. 489, § 1º, IV do CPC de 2015:

> **Art. 489, CPC**
>
> (...)
>
> § 1º Não se considera fundamentada qualquer decisão judicial, seja ela interlocutória, sentença ou acórdão, que:
>
> **IV – não enfrentar todos os argumentos deduzidos no processo capazes de, em tese, infirmar a conclusão adotada pelo julgador**;

Este dispositivo **expõe o que a doutrina chama de "contraditório democrático"**, sendo que as partes possuem o direito de participar da construção da sentença. Em outras palavras, de ter os seus argumentos considerados na decisão judicial. Se assim não for, não se considera fundamentada a sentença ou qualquer decisão judicial.

Além da situação mencionada acima, a fundamentação exauriente do CPC/2015 envolve vários outros deveres ao juiz, os quais deverá segui-lo, sob pena de, repita-se, não se considerar fundamentada uma decisão. O §1º traz uma abrangência ampla do sistema novo. **Não se aplica aos despachos, pois não possuem conteúdo decisório.** Portanto, além da situação outrora mencionada, não se considera fundamentada a decisão:

> I – se limitar à indicação, à reprodução ou à paráfrase de ato normativo, sem explicar sua relação com a causa ou a questão decidida;
>
> II – empregar conceitos jurídicos indeterminados, sem explicar o motivo concreto de sua incidência no caso;
>
> III – invocar motivos que se prestariam a justificar qualquer outra decisão;
>
> IV – não enfrentar todos os argumentos deduzidos no processo capazes de, em tese, infirmar a conclusão adotada pelo julgador;
>
> V – se limitar a invocar precedente ou enunciado de súmula, sem identificar seus fundamentos determinantes nem demonstrar que o caso sob julgamento se ajusta àqueles fundamentos;
>
> VI – deixar de seguir enunciado de súmula, jurisprudência ou precedente invocado pela parte, sem demonstrar a existência de distinção no caso em julgamento ou a superação do entendimento.

Portanto, trata-se de inovação no sistema processual, em comparação à legislação processual passada, exigindo-se o delicado trabalho judicial, nos termos acima. **Lembre-se, contudo, que na ausência de cumprimento do dispositivo, a sentença é nula, a teor do art. 93, IX da Constituição.**

Há, ainda, uma espécie de fundamentação judicial utilizada em nossos tribunais que ainda encontra respaldo no entendimento do Superior Tribunal de Justiça **(EDcl no AgRg no AREsp 94.942-MG, Rel. Min. Mauro Campbell Marques, julgado em 5/2/2013),** apesar de contrastar com a fundamentação exauriente do Código. Trata-se da chamada "fundamentação per relationem", pela qual a decisão judicial faz alusão a um outro documento, e incorpora a sua fundamentação como argumento decisivo. Assim, um acórdão poderia fazer, por exemplo, menção à sentença de primeiro grau, ou mesmo ao parecer do Ministério Público.

Como esse assunto foi cobrado em provas de concursos públicos

2018 – Quadrix – SEDF – Professor Direito – Substituto. Com base na lei e na jurisprudência dos tribunais superiores, julgue o item subsequente quanto à fundamentação das decisões judiciais. "A fundamentação concisa é a fundamentação não exauriente, inquinando de nulidade absoluta a decisão judicial por erro de procedimento." (incorreto).

2.3. Dispositivo

Nos termos do art. 490, O juiz resolverá o mérito acolhendo ou rejeitando, no todo ou em parte, os pedidos formulados pelas partes. **O momento processual em que o Magistrado expõe o resultado do seu julgamento é no dispositivo.** Trata-se da conclusão do julgado, que será realizado, nos termos do artigo mencionado, sempre em função dos pedidos do autor.

Em relação a essa conclusão, como se tem sempre que julgar de aquilo o que o advogado expôs na petição inicial, **há o que se chama de Princípio da Congruência ou da Adstrição. A petição inicial fixa os limites objetivos do processo,** pois o Juiz nunca pode decidir fora, além ou menos daquilo que foi requerido, sob pena de a sentença estar viciada.

A partir do momento em que o juiz desrespeita o princípio da congruência, podem existir três vícios distintos do julgado: **Sentença *extra petita*, sentença *ultra petita* e sentença *citra* ou *infra petita*.** Analisaremos os três, com suas consequências jurídicas distintas.

Em primeiro lugar, quando o juiz julga fora daquilo o que o autor pediu na inicial, tem-se uma sentença *extra petita*.

Por exemplo, ao ingressar com uma ação de reparação por danos morais, o juiz profere a sentença condenando o réu ao pagamento de danos materiais, ou seja, julgando fora do objeto processual litigioso traçado pelo autor na petição inicial. Foi um julgamento *extra petita.* (condenação em objeto diverso daquilo que fora solicitado).

Outro vício que foge ao Princípio da Congruência ou Adstrição é o julgamento *ultra petita.*

Suponhamos que em uma petição inicial tenha sido pedido danos materiais no valor de R$10 mil reais. O juiz julga procedente o pedido para condenar o réu ao pagamento de R$15 mil reais a título de dano material. O julgamento é considerado ultra petita, **tendo em vista que condena o autor em parcela maior do que aquela que foi solicitada na inicial.**

A diferença da sentença extra petita para a ultra petita é que **na primeira, o magistrado não toca no objeto processual da lide**; ao passo que na segunda, **o magistrado acerta o objeto processual litigioso**, mas ele concede além do solicitado na petição inicial.

Por fim, a sentença *citra petita* ou *infra petita* é aquela que o magistrado julga a menos do que se pediu na petição inicial.

Imagine-se um pedido na inicial de danos morais, materiais e estéticos. A pretensão se manifesta em três pedidos. O juiz, na decisão, aborda os danos morais e materiais, mas nada diz sobre os danos estéticos. **Assim, julga menos do objeto processual litigioso.**

Não se deve confundir a sentença citra petita com a procedência parcial do pedido. Quando o magistrado analisa tudo e rejeita algum dos pedidos pedido, há a parcial procedência e não o julgamento inferior. Ocorreria este quando deixasse de analisar quaisquer das pretensões do autor, como no exemplo acima mencionado.

Interessante é o seguinte questionamento: **É possível ao magistrado conceder tutela jurisdicional ao autor sem que o autor a tenha pedido e que isso não caracterize um julgamento *extra petita*?**

Sim! Há uma hipótese em que é possível ao magistrado conceder tutela jurisdicional não pedida pelo autor da petição inicial, sem que isso fira ao Princípio da Congruência e sem que isso caracterize um julgamento *extra petita.* Trata-se da hipótese dos chamados "pedidos implícitos".

Os pedidos implícitos são aqueles que, **mesmo que não realizados na petição inicial, o juiz pode concedê-los por expressa disposição legal.** O CPC/39 dizia que esses pedidos estavam virtualmente incluídos na petição inicial.

O art. 322, §1º, CPC/2015 pontua que são pedidos implícitos os juros legais, a correção monetária, as verbas de sucumbência e honorários advocatícios.

Exemplo: Em uma petição inicial é feito o pedido de condenação do réu ao pagamento de uma dívida no valor de R$10 mil, vencida em 2014. Esse débito estaria sujeita aos juros legais de 1% ao mês, além da correção monetária. Mesmo que o autor não solicite os juros na inicial, o magistrado poderá concedê-los na sentença. **Trata-se de um pedido implícito!**

Como esse assunto foi cobrado em provas de concursos públicos

2018 – VUNESP – TJ-RJ Prova: VUNESP – 2018 – TJ-RJ – Juiz Leigo. A regra a qual o juiz, ao decidir a questão que lhe foi proposta, deve manter-se nos limites das questões trazidas, não podendo julgar acima, abaixo ou diferentemente do que lhe foi trazido (são as jurisdições ou julgamentos ultra, intra ou extra petita) corresponde ao princípio do contraditório. (incorreto)

3. COISA JULGADA

Toda sentença, no direito brasileiro, é passível de recursos. Todavia, o número de recursos é limitado. Quando acabam os recursos de uma determinada decisão e ela se torna irrecorrível, **acontece o chamado transito em julgado, o que traz como consequência a coisa julgada.**

Da mesma forma, **ocorre a coisa julgada quando cabe recurso da decisão e a parte não o interpõe no prazo legal**. Assim, fica impossibilitada de discutir novamente aquela decisão. A ausência de interposição recursal gera a preclusão, levando à coisa Julgada. A doutrina costuma dividir, incialmente, a coisa julgada em formal e material.

A seguir, veremos a diferença entre uma e outra.

3.1. Formal

A coisa julgada formal é a imutabilidade da sentença e sua impossibilidade de discussão em um mesmo processo. **Trata-se de fenômeno com efeitos endoprocessuais**, que somente impede que a demanda seja discutida na mesma relação processual em que a coisa julgada se materializou.

A coisa julgada formal é correlata às sentenças terminativas. Assim, quando o magistrado prolata uma sentença com base no art. 485, do CPC, uma vez ocorrendo seu transito em julgado, **a parte está impedida de rediscutir a mesma matéria dentro da mesma relação processual.**

Todavia, saneado o defeito que deu origem à sentença, **nada obsta que o mesmo litígio seja discutido em outros autos.**

Assim, caso o processo tenha sido extinto por abandono do autor, causa presente no art. 485 do CPC, este poderá propor novamente a demanda, tendo em vista a ocorrência da coisa julgada meramente formal.

3.2. Material

A coisa Julgada material é a imutabilidade da sentença e de seu conteúdo, sendo que aquela demanda, com as mesmas partes, causa de pedir e pedido, **não pode ser discutida nem no mesmo processo e nem em outro processo.** Ocorrendo a coisa julgada material, as portas do poder Judiciário estão definitivamente fechadas para aquela lide.

A nova ação proposta, desconsiderando o fenômeno da coisa julgada material, **será extinta sem resolução do mérito.** As sentenças definitivas, ou de mérito, do art. 487 do CPC/2015 possuem o atributo da coisa julgada material.

Imagine uma ação de cobrança, em que o juiz julgue improcedente o pedido do autor, e este não interponha qualquer recurso da decisão. Ora, ocorreu a coisa julgada material. Neste caso, o autor não poderá discutir novamente aquela lide, seja no mesmo processo, ou em qualquer outra relação processual.

Neste sentido, o art. 502 do CPC conceitua a coisa julgada: **"Denomina-se coisa julgada material a autoridade que torna imutável e indiscutível a decisão de mérito não mais sujeita a recurso".**

3.3. Coisa Julgada em relação de trato sucessivo

Relações de trato sucessivo são aquelas que se prolongam no tempo, nas quais as premissas fáticas que fizeram parte da decisão podem modificar-se ao decorrer dos meses ou anos. Um grande exemplo é a sentença que condena o devedor ao pagamento de alimentos. Ora, a decisão foi fixada em atenção ao binômio necessidade x possibilidade no momento de sua prolação. Mas, **tratando-se de demanda de trato sucessivo, as condições iniciais podem**

modificar-se, levando a uma necessidade de rever os aspectos de fixação do julgamento.

Sensível a este ponto, o código previu um regime especial de ocorrência da coisa julgada nas relações de trato sucessivo. Assim, nos termos do art. 505, I do CPC, "tratando-se de relação jurídica de trato continuado, **sobreveio modificação no estado de fato ou de direito,** caso em que poderá a parte pedir a revisão do que foi estatuído na sentença".

Um exemplo seria a modificação no binômio da prestação alimentícia. Imagine-se um determinado alimentante que, repentinamente, viu-se desempregado! Ora, sua possibilidade declinou, o que faz com que incida o artigo acima mencionado.

3.4. Limites objetivos da coisa julgada

A Decisão somente faz coisa julgada nos limites do que em foi decidido. **Somente aquilo que está no dispositivo da sentença faz.**

Questões principais não decididas pelo juiz não estão acobertadas pela coisa julgada. Assim, o art. 503 do CPC estabelece as primeiras premissas sobre os limites objetivos da coisa julgada, **estabelecendo que somente a questão PRINCIPAL posta em juízo faz coisa julgada.** Todavia, Excepcionalmente a questão prejudicial, que não integra o objeto principal da lide faz coisa julgada, nas hipóteses e condições previstas no § 1º do art. 503 do CPC/2015.

As bancas costumam cobrar se os motivos determinantes, levantados pelo juiz, fazem coisa julgada. Em outras palavras, se a fundamentação da sentença fará coisa julgada, ou tão somente seu dispositivo. Nos termos do afirmado acima, e de acordo com o art. 504 do CPC, **a motivação da decisão, bem como a verdade dos fatos, que serviram de base para a sentença, não fazem coisa julgada**.

Confira-se a redação do dispositivo, no que diz respeito aos elementos que NÃO fazem coisa julgada:

> I – os motivos, ainda que importantes para determinar o alcance da parte dispositiva da sentença;
>
> II – a verdade dos fatos, estabelecida como fundamento da sentença.

Portanto, atento a esta questão, se eventualmente as bancas afirmarem que os motivos determinantes da decisão fazem coisa julgada, a premissa é falsa!

Como esse assunto foi cobrado em provas de concursos públicos

2019 – CESPE – CGE – CE – Auditor de Controle interno. A respeito do devido processo legal e de suas consequências, assinale a opção correta. Os motivos fazem coisa julgada desde que sejam relevantes para determinar o alcance da parte dispositiva da sentença. (incorreto).

3.5. Limites subjetivos da coisa Julgada

A coisa Julgada opera-se **exclusivamente entre as partes da relação processual**. Assim, de acordo com o art. 506 do CPC, "A sentença faz coisa julgada às partes entre as quais é dada, não prejudicando terceiros". São os chamados limites subjetivos da coisa julgada!

4. LIQUIDAÇÃO DE SENTENÇA

Em regra, o pedido deve ser certo e determinado. Apesar da redação legal defeituosa, certeza e determinação são atributos do pedido, conforme art. 322 e 324 do CPC/2015. Entretanto, **nas situações estabelecidas nos incisos do art. § 1º do art. 324, o autor poderá fazer o chamado "pedido genérico",** pelo qual poderá pedir o objeto, sem quantificar a obrigação. Quando o autor realiza o pedido genérico, **o juiz poderá proferir a chamada "sentença ilíquida",** ou sentença que somente determina a obrigação, sem determinar a quantidade da obrigação.

Assim, nos termos do art. 509 do CPC, quando a sentença for ilíquida, **a lide deverá passar por um procedimento prévio à execução, chamado de liquidação de sentença.** A liquidação de sentença, portanto, é o procedimento para quantificar o objeto processual litigioso.

Ressalte-se que é possível que exista na sentença uma parte liquida e outra ilíquida. Pense-se em uma condenação de dano moral com valor certo, mas que em eventual dano material, há a necessidade de liquidação. Assim, a sentença é, ao mesmo tempo (em partes separadas) liquida e ilíquida. **Nesta situação, é licito à parte executar a parte liquida, enquanto se faz a liquidação da outra parte.** Não há necessidade de espera para o cumprimento conjunto (art. 509, § 1º).

Ainda, não há sequer necessidade de aguardar o transito para realizar a liquidação. **É lícito que se faça o procedimento, ainda que esteja pendente recurso de uma determinada decisão (art. 512, CPC).**

O CPC/2015 reconhece duas espécies de liquidação de sentença: **Liquidação por arbitramento, e liquidação pelo procedimento comum (antiga liquidação por artigos do CPC passado).**

4.1. Liquidação por arbitramento

A liquidação por arbitramento está presente no art. 509, I do CPC. **Será necessária sempre que o objeto processual for complexo, ao ponto de demanda exigir a fixação de um valor pelo perito.** Assim, imagine-se uma sentença, que condenou o réu a indenizar o autor pelos danos causados em um quadro de um pintor famoso! Ora, foge ao objeto de conhecimento do juiz, e das próprias partes, a determinação do valor da obrigação, sendo necessária a presença de um perito, para designar o quantum devido.

Interessante estabelecer que existe uma **súmula do STJ (súmula 344 STJ), dizendo que não ofende a coisa julgada se a liquidação for feita de forma diversa do que estabelecido na sentença.** Assim, caso a sentença determine a liquidação por arbitramento, ela poderá até ser feita por outro meio, se assim entenderem as partes ou o juiz.

Na liquidação por arbitramento, o juiz intimará as partes para a apresentação de pareceres ou documentos elucidativos, no prazo que fixar, e, caso não possa decidir de plano, nomeará perito, observando-se, no que couber, o procedimento da prova pericial. (art. 510, CPC/2015). Assim, em primeiro lugar tenta-se realizar pelos pareceres e documentos das próprias partes e, **somente não sendo possível, remete-se à via pericial.**

4.2. Liquidação pelo procedimento comum

A antiga liquidação por artigos, atualmente chamada de liquidação pelo procedimento comum**, é aquela em que é necessário alegar a provar fato novo.** Por fato novo entende-se o fato que não estava contemplado na sentença, no momento em que a decisão judicial foi proferida.

Assim, condenado o réu ao pagamento de tratamento médico, **caso surja gasto posterior à sentença, deverá ser feita essa forma de liquidação.**

Nos termos do art. 511 do CPC/2015, "a liquidação pelo procedimento comum, o juiz determinará a intimação do requerido, na pessoa de seu advogado ou da sociedade de advogados a que estiver vinculado, para, querendo, apresentar contestação no prazo de 15 (quinze) dias, observando-se, a seguir, no que couber, o disposto no procedimento comum".

RESUMO

DA SENTENÇA E COISA JULGADA
1. Conceito de sentença
Sentença é o ato do juiz que, com base nos artigos 485 e 487 do CPC, encerram a fase de conhecimento ou de cumprimento de sentença. Muito cuidado com as decisões de mérito interlocutórias. Apesar de terem fundamento nos dispositivos citados, não podem ser consideradas sentenças.
2. Elementos da decisão Judicial
2.1. Relatório
Trata-se de um breve resumo formal do que ocorreu no processo. O relatório não possui qualquer conteúdo decisório. O juiz não pode dispensá-lo se quiser. É vinculante. Em alguns procedimentos ele é dispensado, mas nunca por deliberação judicial.
2.2. Fundamentação
Trata-se da necessidade de legitimar democraticamente a decisão. O sistema de fundamentação do CPC/2015 é exauriente, exigindo uma técnica apurada do magistrado. Destaque-se o art. 489, § 1º, IV do CPC, para o qual o juiz deverá enfrentar todas as teses desenvolvidas pelas partes, capazes de influenciar no conteúdo da decisão.
2.3. Dispositivo
É a conclusão do Julgado. Pode julgar-se procedente, parcialmente procedente ou improcedente o pedido do autor. É submisso ao princípio da congruência, pelo qual o juiz está vinculado aos pedidos realizados pela parte autora na inicial.
3. Coisa julgada
3.1 formal
Diz respeito às sentenças terminativas. A coisa julgada formal impede que a parte discuta novamente a decisão dentro da mesma relação processual em que foi formada. A princípio, não impede que seja discutida em outros autos processuais.
3.2. Material
É relativa ás sentenças de mérito. Impedem a discussão da matéria nos mesmos autos e em outros autos processuais. O desrespeito à coisa Julgada material ocasiona o julgamento sem resolução do mérito na nova ação.

3.3. Coisa julgada em relação de trato sucessivo
Nos termos do art. 505, I do CPC, as relações jurídicas de trato sucessivo possuem uma particularidade em relação às demais. Caso haja modificação na situação de fato que ensejou a coisa julgada, é possível ingressar novamente com a demanda.
3.4. Limites objetivos à coisa Julgada
A decisão somente faz coisa julgada nos limites em que fora colocada pelas partes. Os motivos determinantes para ela, bem como a verdade dos fatos, não fazer coisa julgada.
3.5. Limites subjetivos à coisa Julgada
A coisa julgada somente se faz entre as partes do processo, não prejudicando e nem influenciando, em regra, a esfera jurídica de terceiros.
4. Liquidação de sentença
Quando a sentença for ilíquida, a lide deverá passar por um procedimento prévio à execução, chamado de liquidação de sentença. A liquidação de sentença, portanto, é o procedimento para quantificar o objeto processual litigioso.
4.1. Liquidação por arbitramento
Trata-se da necessidade da quantificação do objeto ser determinada por perito.
4.2. Liquidação pelo procedimento comum
Quando for necessário alegar e provar fato novo, incluído pelo dispositivo da sentença.

GABARITO

1	D	**2**	A	**3**	C	**4**	C	**5**	B
6	D	**7**	Errado	**8**	A	**9**	Certo	**10**	Errado

CAPÍTULO 30

REEXAME NECESSÁRIO

RECADO

Caro (a) leitor (a),

A remessa oficial ou reexame necessário possui grande incidência em concursos para Tribunais Federais, pela competência cível em razão da pessoa, prevista no art. 109, I da Constituição Federal. Assim, é comum verificarmos questões sobre as hipóteses de dispensa pelo valor, bem como pela consolidação jurisprudencial prevista no § 4º do art. 496 do CPC.

Bons estudos!

QUESTÕES

1. (2016 – Prefeitura de Coqueiral – MG Advogado) Sobre o Reexame Necessário, marque V se a afirmativa for verdadeira e F se a afirmativa for falsa:

( ) Nos Juizados Especiais da Fazenda Pública há reexame necessário das decisões que condenam o Município, sendo o caso encaminhado à Turma Recursal.

( ) No reexame necessário é permitido ao Tribunal agravar a condenação imposta à Fazenda Pública sem que tenha a parte contrária interposto recurso.

( ) É admissível recurso extraordinário ou especial interposto pela Fazenda Pública contra o acórdão do reexame necessário, mesmo que não tenha havido apelação.

( ) A remessa obrigatória transfere ao tribunal o reexame de todas as parcelas da condenação suportadas pela Fazenda Pública, inclusive dos honorários de advogado.

Marque a alternativa com a sequência correta:

A) V – V – V – F
B) F – V – F – V
C) F – F – V – V
D) V – F – V – F

2. **(2019 – VUNESP – Prefeitura de Poá – SP Procurador Jurídico)** Acerca do instituto do reexame necessário, assinale a alternativa correta.

A) Não se aplica à sentença proferida contra autarquias e fundações municipais.
B) A sentença que julgar improcedentes, no todo ou em parte, os embargos à execução fiscal, está sujeita à remessa obrigatória.
C) Aplica-se à sentença fundada em entendimento firmado em incidente de resolução de demandas repetitivas.
D) No caso do Município de Poá, não está sujeita ao duplo grau de jurisdição a condenação de valor inferior a 500 salários-mínimos.
E) A sentença fundada em entendimento coincidente com orientação vinculante firmada no âmbito administrativo do próprio ente público não se submete ao reexame necessário.

3. **(2019 – NC-UFPR – Prefeitura de Curitiba – PR Procurador)** O direito ao duplo grau de jurisdição é garantia de que as partes no processo possam buscar a revisão das decisões judiciais, e, portanto, a parte sucumbente na demanda poderá recorrer, manifestando o seu inconformismo. Ocorre que a Fazenda Pública recebe um tratamento diferenciado pelo legislador no tocante ao direito ao duplo grau de jurisdição, pois algumas sentenças proferidas contra a União, Estados e Municípios estão sujeitas ao chamado reexame necessário, ou duplo grau de jurisdição obrigatório. A respeito do reexame necessário, assinale a alternativa correta.

A) As sentenças proferidas contra autarquias e fundações de direito público vinculadas à União, aos Estados e Municípios não estão sujeitas ao reexame necessário.
B) Haverá reexame necessário quando, no prazo legal, a Fazenda Pública apresentar recurso contra as sentenças de procedência dos embargos à execução fiscal.
C) Não estão sujeitas ao reexame necessário as sentenças proferidas contra a União que estiverem fundamentadas em súmula de tribunal superior, mesmo que o valor da condenação seja superior a 1.000 (mil) salários mínimos.
D) A sentença que julga procedentes os embargos à execução fiscal estará sujeita ao reexame necessário se os embargos forem totalmente acolhidos, sendo dispensável nas hipóteses de provimento parcial.
E) A remessa necessária abrangerá a sentença apelada, não se aplicando para as decisões interlocutórias não agraváveis proferidas ao longo do processo. Para o conhecimento destas, deverá ser interposto o recurso de apelação pela parte interessada.

4. **(Ano: 2012 – Banca: FCC – Órgão: TRT – 18ª Região (GO) – Prova: FCC – 2012 – TRT – 18ª Região (GO) – Juiz do Trabalho)** O reexame necessário

A) admite agravar a condenação imposta à Fazenda Pública, salvo quando esta também recorrer.

B) devolve ao tribunal o reexame de todas as parcelas da condenação suportadas pela Fazenda Pública, salvo os honorários de advogado.

C) é admissível para o Tribunal rever sentença ilíquida proferida contra a Fazenda Pública.

D) não comporta julgamento unipessoal do relator.

E) não é aplicável quando a sentença de mérito for proferida contrariamente a fundações de direito público.

5. **(Ano: 2019 – Banca: NC-UFPR – Órgão: Prefeitura de Curitiba – PR – Prova: NC-UFPR – 2019 – Prefeitura de Curitiba – PR – Procurador)** O direito ao duplo grau de jurisdição é garantia de que as partes no processo possam buscar a revisão das decisões judiciais, e, portanto, a parte sucumbente na demanda poderá recorrer, manifestando o seu inconformismo. Ocorre que a Fazenda Pública recebe um tratamento diferenciado pelo legislador no tocante ao direito ao duplo grau de jurisdição, pois algumas sentenças proferidas contra a União, Estados e Municípios estão sujeitas ao chamado reexame necessário, ou duplo grau de jurisdição obrigatório. A respeito do reexame necessário, assinale a alternativa correta.

A) As sentenças proferidas contra autarquias e fundações de direito público vinculadas à União, aos Estados e Municípios não estão sujeitas ao reexame necessário.

B) Haverá reexame necessário quando, no prazo legal, a Fazenda Pública apresentar recurso contra as sentenças de procedência dos embargos à execução fiscal.

C) Não estão sujeitas ao reexame necessário as sentenças proferidas contra a União que estiverem fundamentadas em súmula de tribunal superior, mesmo que o valor da condenação seja superior a 1.000 (mil) salários mínimos.

D) A sentença que julga procedentes os embargos à execução fiscal estará sujeita ao reexame necessário se os embargos forem totalmente acolhidos, sendo dispensável nas hipóteses de provimento parcial.

E) A remessa necessária abrangerá a sentença apelada, não se aplicando para as decisões interlocutórias não agraváveis proferidas ao longo do processo. Para o conhecimento destas, deverá ser interposto o recurso de apelação pela parte interessada.

6. **(Ano:2019–Banca:Quadrix–Órgão:CREA-GO–Prova:Quadrix–2019–CREA-GO–Analista – Advogado)** No que diz respeito ao direito processual civil, julgue o item. "Suponha-se que uma determinada autarquia federal tenha sido condenada, por sentença, a pagar valor certo e líquido de seiscentos salários mínimos. Nesse caso, a sentença estará sujeita ao duplo grau de jurisdição, não produzindo efeitos senão depois de confirmada, pelo tribunal, por meio da remessa necessária".

Certo

Errado

7. **(Ano: 2019 – Banca: FCC – Órgão: TRF – 4ª REGIÃO – Prova: FCC – 2019 – TRF – 4ª REGIÃO – Analista Judiciário – Oficial de Justiça Avaliador Federal)** Em regra, a sentença proferida contra a União está sujeita ao duplo grau de jurisdição, não produzindo efeito senão depois de confirmada pelo tribunal. Entretanto, não haverá remessa necessária quando a sentença

A) for meramente declaratória.
B) for meramente constitutiva.
C) impuser condenação ilíquida.
D) impuser condenação de até 5.000 (cinco mil) salários mínimos.
E) estiver fundada em súmula de tribunal superior.

8. **(Ano:2019–Banca:MPE-SP–Órgão:MPE-SP–Prova:MPE-SP–2019–MPE-SP–Promotor de Justiça Substituto)** Está sujeita à remessa necessária, não produzindo efeito senão depois de confirmada pelo tribunal, a sentença proferida contra a União, os Estados, o Distrito Federal, os Municípios e suas respectivas autarquias e fundações de direito público, bem como a sentença que julgar procedentes, no todo ou em parte, os embargos à execução fiscal, fundada em

A) acórdão proferido pelo Supremo Tribunal Federal ou pelo Superior Tribunal de Justiça em julgamento de recursos repetitivos.
B) entendimento coincidente com a orientação emanada do respectivo tribunal com competência recursal.
C) entendimento firmado em incidente de resolução de demandas repetitivas ou de assunção de competência.
D) entendimento coincidente com orientação vinculante firmada no âmbito administrativo do próprio ente público, consolidada em manifestação, parecer ou súmula administrativa.
E) súmula de tribunal superior.

9. **(Ano: 2019 – Banca: FUNCERN – Órgão: Prefeitura de Apodi – RN Prova: FUNCERN – 2019 – Prefeitura de Apodi – RN – Procurador)** Sobre a remessa necessária, prevista no artigo 496 do Código de Processo Civil (Lei Federal nº. 13.105/2015), o texto legal prevê, entre outras disposições, que

A) está sujeita ao duplo grau de jurisdição, não produzindo efeito senão depois de confirmada pelo tribunal, a sentença que julgar improcedentes os embargos à execução fiscal.
B) está sujeita ao duplo grau de jurisdição, não produzindo efeito senão depois de confirmada pelo tribunal, a sentença que julgar procedentes, no todo ou em parte, os embargos à execução fiscal.
C) cabe ao autor da ação promover a remessa necessária, sob pena de nulidade da sentença proferida.
D) não ocorre a remessa necessária quando a sentença estiver fundada em súmula do respectivo tribunal de justiça.

10. Ano: 2018 – Banca: CONSULPLAN – Órgão: TJ-MG – Prova: CONSULPLAN – 2018 – TJ-MG – Juiz de Direito Substituto) O município de Belo Horizonte foi condenado no pagamento de indenização, no valor de R$ 2.000,00 claramente contra a prova dos autos e, na sentença, o Juiz determinou a remessa necessária. O Tribunal, de forma correta,

A) não conhecerá da remessa necessária.

B) conhecerá da remessa necessária e reformará a sentença.

C) conhecerá da remessa necessária e confirmará a sentença.

D) determinará o retorno dos autos para o primeiro grau de jurisdição a fim de ser exercido o juízo de retratação.

1. CONCEITO E NATUREZA

As sentenças proferidas contra o ente público **estão sujeitas a um exame obrigatório em segundo grau de jurisdição.** Independentemente de a respectiva procuradoria apresentar o recurso, os autos serão enviados ao tribunal, para que a causa e a sentença sejam revisadas pelo juízo *ad quem*.

Inicialmente, cumpre mencionar que o reexame necessário, ou remessa oficial, **não possui natureza jurídica de recurso**. Uma das principais características recursais é a voluntariedade. O Recorrente deve possuir vontade de modificar a decisão judicial. Ora, o reexame necessário é realizado de ofício pelo juiz, que o faz com base em uma imposição legal. Nos termos do § 1º do art. 496 do CPC:

> Art. 496, CPC
>
> (...)
>
> § 1º Nos casos previstos neste artigo, não interposta a apelação no prazo legal, o juiz ordenará a remessa dos autos ao tribunal, e, se não o fizer, **o presidente do respectivo tribunal avocá-los-á.**

Assim, não pode ser considerado recurso por ausência de voluntariedade.

Da mesma forma, somente os legitimados a recorrer podem apresentar alguma das espécies recursais. Ora, o juiz não figura como um dos legitimados a recorrer. Portanto, **a utilização da antiga terminologia "recurso de ofício" encontra-se totalmente superada pelas considerações doutrinárias feitas na atualidade.** (JUNIOR, 2017. P. 1.113)

O Supremo Tribunal Federal (STF) pacificou o entendimento, por meio de uma Súmula, **de que o reexame necessário seria uma condição de eficácia da sentença**. Apesar de usar a antiga terminologia, o STF deixa clara a sua condição de eficácia da sentença. No mesmo sentido, o art. 496 do CPC, condiciona os efeitos da sentença à confirmação pelo Tribunal. Confira-se o Enunciado nº 423:

> **Súmula nº 423, STF**: Não transita em julgado a sentença por haver omitido o recurso *ex officio*, que se considera interposto *ex lege*.

Como esse assunto foi cobrado em provas de concursos públicos

2017- PGR – Procurador da República. É CORRETO AFIRMAR QUE O NOVO CÓDIGO DE PROCESSO CIVIL: Ampliou as hipóteses de aplicação da remessa necessária. (incorreto)

2. CASOS EM QUE O REEXAME É APLICÁVEL

Nos termos dos incisos do art. 496 do Código de Processo Civil (CPC), são hipóteses em que a remessa necessária será aplicável:

> **Art. 496. Está sujeita ao duplo grau de jurisdição, não produzindo efeito senão depois de confirmada pelo tribunal, a sentença:**
>
> **I – proferida contra a União, os Estados, o Distrito Federal, os Municípios e suas respectivas autarquias e fundações de direito público;**
>
> **II – que julgar procedentes, no todo ou em parte, os embargos à execução fiscal.**

Alguns posicionamentos do Superior Tribunal de Justiça (STJ) complementam o sentido e o alcance do instituto.

A Súmula nº 45 veda ao tribunal agravar a situação da fazenda pública, em caso de reexame necessário. Assim, de acordo com o referido entendimento: "**No reexame necessário, é defeso, ao Tribunal, agravar a condenação imposta à Fazenda Pública**." Caso o Juiz de primeira instância tenha imposto uma condenação de 100 mil ao ente, e nenhuma das partes recorra, não poderá o tribunal majorar a condenação, mas somente mantê-la, ou mesmo diminuí-la.

Também, a Súmula nº 253 do STJ **estabelece que o julgamento monocrático, atualmente previsto no art. 932 do CPC aplica-se ao reexame necessário e não somente aos recursos**. Caso haja um reexame em que a matéria já esteja consolidada em entendimento sumulado, por exemplo, é lícito ao relator julgá-lo monocraticamente.

Por fim, a Súmula nº 325 do STJ estabelece que o reexame **devolve ao tribunal o conhecimento e revisão de todos os capítulos e partes da sentença**, podendo-se incluir aí, inclusive, os honorários de advogado.

3. HIPÓTESES DE DISPENSA

Apesar da previsão genérica contida nos incisos do art. 496 do CPC**, a própria legislação dispensa a aplicação do reexame a algumas situações específicas.** Em verdade, dois motivos levam o magistrado a não enviar os autos ao respectivo tribunal: **O primeiro, de cunho financeiro**, e o **segundo, por posicionamentos jurisprudenciais mencionados no dispositivo legal**. Assim, quando a condenação não atingir determinado valor, mesmo proferida em face dos entes públicos mencionados acima, ela não estará sujeita. Da mesma forma, em segundo lugar, quando houver uma situação contida no § 4º do art. 496 também não caberá o instituto.

Em relação ao valor, cada ente federativo guarda um patamar mínimo, a partir do qual o reexame será aplicado. **Nos termos do § 3º do art. 496 do CPC, somente se aplicará o instituto quando a sentença for superior**:

a) **a mil salários mínimos, nas demandas proferidas em face da União.** Ora, imagine-se uma condenação contra a União, em que a ré é condenada ao pagamento de R$ 100.000,00 (cem mil reais), por danos materiais. Caso a procuradoria não apresente o respectivo recurso, a decisão transitará em julgado.

b) **a quinhentos salários mínimos, nos estados ou municípios capitais, suas autarquias, e fundações de direito público**. Muita atenção neste ponto! Os examinadores costumam colocar que todos os municípios possuem um regramento idêntico no que diz respeito ao reexame. Isso está incorreto. Municípios que constituem capitais dos Estados possuem um patamar mais alto para a aplicação do instituto. Como visto, 500 (quinhentos) salários mínimos.

c) **Demais municípios**, respectivas autarquias e fundações de direito público, **100 salários mínimos.**

> **Atenção!** Não confunda condenação inferior aos patamares legais, com condenação ilíquida em face da fazenda pública! Imagine-se uma sentença em que um determinado juiz condene o ente público a reparar "todos os prejuízos causados em razão da falta de atendimento médico". Trata-se de uma sentença ilíquida. Não há como mensurar o valor da condenação de início. Nestes casos, o reexame será aplicado, nos termos do § 3º do art. 496, c/c a Súmula nº 490 do STJ! **A dispensa somente se aplica às sentenças líquidas.**

Além da dispensa em relação ao valor, **quando estiver presente uma situação de consolidação jurisprudencial, o reexame também será dispensado**.

Nos termos do art. 496, § 4º do CPC, são casos de dispensa por consolidação jurisprudencial, quando a sentença estiver fundada em:

a) súmula de tribunal superior;

b) acórdão proferido pelo STF ou pelo STJ em julgamento de recursos repetitivos;

c) entendimento firmado em incidente de resolução de demandas repetitivas ou de assunção de competência;

d) entendimento coincidente com orientação vinculante firmada no âmbito administrativo do próprio ente público, consolidada em manifestação, parecer ou súmula administrativa.

Assim, imagine-se uma determinada súmula, de tribunal superior, que estabeleça que determinado tributo estadual não se aplica a uma atividade específica. Ora, decidindo o juiz no sentido da súmula, **mesmo que a condenação seja de valor superior aos patamares de dispensa,** não precisará submeter a sua decisão ao juízo *ad quem*, tendo em vista o disposto no § 4º.

Por fim, é importante mencionar que a técnica de julgamento não unânime não se aplica ao reexame necessário. Assim, nos termos do art. 942, § 4º, II do CPC, havendo julgamento divergente na remessa, **não será aplicada a ampliação do colegiado**.

Como esse assunto foi cobrado em provas de concursos públicos

À luz do CPC/2015, acerca dos processos nos tribunais e meios de impugnação das decisões judiciais, assinale a afirmativa INCORRETA. "Quando o resultado da remessa necessária for não unânime, o julgamento terá prosseguimento em sessão a ser designada com a presença de outros julgadores, que serão convocados nos termos previamente definidos no regimento interno, em número suficiente para garantir a possibilidade de inversão do resultado inicial, assegurado às partes e a eventuais terceiros o direito de sustentar, oralmente, suas razões perante os novos julgadores. (incorreta)

RESUMO

REEXAME NECESSÁRIO
1. Conceito e natureza
Nos termos da Súmula nº 423 do STF, trata-se de condição de eficácia da sentença. Não possui natureza jurídica recursal.

2. Casos em que o reexame é aplicável
Conforme art. 496 *caput*, o reexame é aplicável às sentenças: – proferidas contra a União, os estados, o Distrito Federal, os municípios e suas respectivas autarquias e fundações de direito público; – que julgarem procedentes, no todo ou em parte, os embargos à execução fiscal.
3. Hipóteses de dispensa
As hipóteses de dispensa podem ter como objeto o valor da condenação (§ 3º) ou as situações de previstas no § 4º. Entretanto, para a dispensa baseada no valor, a condenação deve ser líquida!

GABARITO

1	C	2	E	3	C	4	C	5	C
6	Errado	7	E	8	B	9	B	10	A

CAPÍTULO 31

PARTE GERAL DO CUMPRIMENTO DE SENTENÇA E CUMPRIMENTO PROVISÓRIO

RECADO

Caro (a) Leitor (a), após o trânsito em julgado da decisão na fase de conhecimento, chega a hora de realizar a efetivação da decisão. Trata-se da fase de cumprimento de sentença, a qual o autor busca receber uma pretensão condenatória.

QUESTÕES

1. **(2018 – FUNRIO – AL-RR –Procurador)** A tutela jurisdicional executiva busca a satisfação do direito já acertado ou definido em titulo judicial ou extrajudicial.

Assinale a alternativa que contenha somente títulos executivos judiciais.

A) o instrumento de transação referendado pelo Ministério Público ou por conciliador ou mediador credenciado por tribunal e o formal e a certidão de partilha.

B) a sentença arbitral e a decisão homologatória de autocomposição extrajudicial de qualquer natureza.

C) a certidão de dívida ativa da Fazenda Pública da União e a sentença estrangeira homologada pelo Superior Tribunal de Justiça.

D) a debênture e a sentença penal condenatória transitada em julgado.

2. **(2017 – CESPE – TRF – 1ª REGIÃO – Analista Judiciário)** Oficial de Justiça Avaliador – A respeito da formação do processo, da penhora e do cumprimento de sentença, julgue o item que se segue. "Decisão judicial incidente a respeito de parcela incontroversa de dívida observará o rito do cumprimento provisório da sentença".

Certo

Errado

3. **(2017 – CESPE – SEDF – Analista de Gestão Educacional)** Julgue o item subsequente, relativo à improcedência liminar do pedido e ao cumprimento de sentença. "Compete ao juízo cível processar o cumprimento de sentença penal condenatória e de sentença arbitral que reconheçam a obrigação de pagar quantia. Tais processos sujeitam-se a distribuição e podem ser impugnados pelos executados nos mesmos moldes das sentenças condenatórias provenientes do juízo cível".

Certo

Errado

4. **(2017 – VUNESP – Câmara de Altinópolis – SP – Procurador Jurídico)** Determinada ação foi julgada totalmente procedente, concedendo na sentença tutela provisória. O réu interpõe recurso de apelação. Diante dessa situação, é correto afirmar que

A) o autor deverá aguardar o julgamento da apelação para dar início ao cumprimento da sentença, tendo em vista que no caso presente o recurso será recebido obrigatoriamente no efeito suspensivo.

B) por ser a apelação desprovida de efeito suspensivo, de acordo com a legislação, o autor já poderá dar início ao cumprimento definitivo da sentença.

C) o juiz poderá, de ofício, dar início ao cumprimento provisório da sentença.

D) caso seja determinado cumprimento provisório de sentença, o réu poderá interpor agravo interno.

E) por se tratar de sentença da qual a apelação é desprovida do efeito suspensivo, poderá o autor requerer o cumprimento provisório de sentença.

5. **(2019 – CESPE – TJ-PR – Juiz substituto)** Paulo requereu o cumprimento provisório da sentença que condenou Fernando a lhe pagar a quantia de cinquenta mil reais em uma demanda que tramitou pelo procedimento comum. À petição em que requereu o início do cumprimento de sentença, Paulo juntou cópia da decisão exequenda, certidão de interposição do recurso de Fernando não dotado de efeito suspensivo e outros documentos necessários ao cumprimento. Ele, ainda, requereu ao juízo no qual o título foi formado que:

• o cumprimento de sentença fosse remetido ao juízo da localidade onde Fernando possui bens; • fossem fixados honorários para a fase de cumprimento de sentença; • fosse imposta multa por eventual inadimplemento de Fernando;

• dispensassem-no do pagamento de caução, em razão da sua situação de necessidade, que foi demonstrada.

Com relação a essa situação hipotética, é correto afirmar que

A) o pedido de remessa à localidade onde Fernando possui bens deve ser rejeitado, porque o cumprimento de sentença é de competência exclusiva do juízo que profere a sentença.

B) não cabe o arbitramento de honorários na fase de cumprimento provisório da sentença, porque essa fase processual é um ato facultativo de Paulo.

C) Fernando poderá depositar o referido valor com o único intuito de evitar a incidência da multa, ato que não será tido como incompatível com o recurso interposto por ele.

D) Paulo poderá ser dispensado do pagamento de caução apenas se tiver firmado com Fernando negócio processual com essa finalidade e devidamente homologado pelo juízo competente.

6. **(2018 – CS-UFG – Prefeitura de Jataí – GO Procurador)** Referendando o norte teórico das reformas processuais do CPC/1973, o CPC/2015 permitiu o cumprimento provisório de sentença. Nesse contexto,

A) o cumprimento provisório de sentença corre por iniciativa da parte exequente, que se exime da responsabilidade de reparar os danos que tenha sofrido o executado, caso a sentença seja reformada.

B) antes do trânsito em julgado, para levantamento de dinheiro proveniente de depósito judicial, é necessário que o exequente promova caução suficiente e idônea arbitrada pelo juiz.

C) se a sentença, objeto do cumprimento provisório, for modificada ou anulada em parte, a execução de todo o objeto da sentença ficará sem efeito.

D) a possibilidade de cumprimento provisório de sentença que reconheça obrigação de fazer, não fazer ou dar coisa não foi referendada pelo CPC/2015.

7. **(Ano: 2018 – Banca: FCC – Órgão: DPE-AM – Prova: FCC – 2018 – DPE-AM – Defensor Público)** Ariovaldo ajuizou ação contra o Plano de Saúde, com pedido de tutela de urgência e, no mérito, a condenação à obrigação de fazer, referente ao fornecimento de exames médicos de que o autor necessita. A tutela antecipada foi deferida pelo juiz e, na sentença, o juiz julgou procedente o pedido e condenou o requerido a fornecer os exames, mas não fixou multa para o caso de descumprimento. O requerido apelou e o processo ainda não foi encaminhado ao Tribunal ad quem. Neste momento, o cumprimento provisório da sentença quanto à obrigação de fazer

A) é possível, bem como é possível ao juiz, nesta fase, de ofício ou mediante requerimento do interessado, fixar multa pelo descumprimento, que também será passível de execução provisória e de levantamento imediato do valor da multa.

B) não é possível, uma vez que pendente de julgamento recurso de apelação com efeito suspensivo.

C) é possível, mas não é possível nesta fase a fixação de multa pelo descumprimento da obrigação, o que deveria ter sido acertado na fase cognitiva.

D) é possível, bem como é possível ao juiz, nesta fase, exclusivamente por meio de requerimento do interessado, fixar multa pelo descumprimento da obrigação.

E) é possível, bem como é possível ao juiz, nesta fase, de ofício ou mediante requerimento do interessado, fixar multa pelo descumprimento, que também será passível de execução provisória, mas cujo levantamento fica condicionado ao trânsito em julgado.

8. **(2018 – CESPE – PGM – Manaus – AM Procurador do Município)** Acerca das disposições do CPC relativas aos procedimentos especiais e ao processo de execução, julgue o item seguinte. "A execução de título executivo judicial se dá em fase processual posterior à sua formação, denominada processo de execução".

Certo

Errado

9. **(2018 – FCC – Prefeitura de Caruaru – PE Procurador Municipal)** Ultimado o processo e proferida a sentença condenatória que reconheceu a exigibilidade de obrigação de pagar quantia certa, o réu sucumbente apela, sendo o recurso recebido no efeito devolutivo, somente. Nesse caso:

A) a sentença poderá ser cumprida provisoriamente, mas os atos de execução não poderão ultrapassar a penhora e avaliação dos bens constritados, sendo defesa a prática de atos que importem transferência de posse ou alienação de propriedade de bens do executado.

B) a sentença poderá ser cumprida provisoriamente do mesmo modo que o cumprimento definitivo, sujeitando-se o credor, entre outros requisitos, a oferecer caução suficiente e idônea, arbitrada de plano pelo juiz e prestada nos próprios autos, se for requerido o levantamento do depósito em dinheiro e a prática de atos que importem transferência de posse ou alienação de propriedade ou de outro direito real, ou dos quais possa resultar grave dano ao executado.

C) a sentença não poderá ser cumprida provisoriamente, em razão da interposição do recurso de apelação, que obsta atos executórios até decisão colegiada em Segunda Instância.

D) a sentença poderá ser cumprida provisoriamente, mas somente se não for oferecida impugnação pelo executado ou, se oferecida, não for recebida no efeito suspensivo, caso em que prosseguirá até avaliação dos bens penhorados, apenas.

E) a sentença não poderá ser cumprida provisoriamente, atividade inexistente no sistema processual atual, que exige o trânsito em julgado para possibilitar atos executórios contra o devedor.

10. (2017 – MPT – MPT Procurador do Trabalho) Analise as assertivas abaixo acerca do cumprimento provisório da tutela jurisdicional:

I. O cumprimento provisório de sentença de obrigação de pagar quantia certa, impugnada por recurso desprovido de efeito suspensivo, poderá alcançar a satisfação antecipada da pretensão do credor, pois realizada da mesma forma que o cumprimento definitivo, desde que observe integralmente o regramento, especialmente no tocante à prestação de caução, disposto no Código de Processo Civil.

II. O cumprimento provisório de sentença de pagar quantia certa não poderá ser instaurado de ofício pela jurisdição, pois corre por iniciativa, conta e responsabilidade do exequente.

III. O cumprimento provisório de sentença de pagar quantia certa ficará sem efeito sobrevindo decisão que modifique ou anule a sentença objeto da execução, restituindo as partes e terceiros ao estado anterior, liquidando-se eventuais prejuízos nos mesmos autos. Inclusive, essa restituição ao estado anterior implica, conforme expressa previsão legal, o desfazimento da transferência de posse ou da alienação de propriedade ou de outro direito real eventualmente já realizado.

IV. A caução prestada nas hipóteses legais, suficiente e idônea, arbitrada de plano pelo juízo e prestada nos próprios autos, poderá ser dispensada, desde que, cumulativamente, o crédito seja de natureza alimentar, independentemente de sua origem, no valor máximo de 60 salários mínimos, e o credor demonstrar situação de necessidade.

Assinale a alternativa CORRETA:

A) Apenas a assertiva III está incorreta.

B) Apenas as assertivas I e II estão incorretas.

C) Apenas as assertivas III e IV estão incorretas.

D) Todas as assertivas estão incorretas.

E) Não respondida.

1. DISPOSIÇÕES GERAIS NO CUMPRIMENTO DE SENTENÇA

A fase de conhecimento destina-se a certificar a existência de um direito, a execução, por outro lado, é uma atividade de satisfação do direito. O procedimento executivo é adequado **para quando a outra parte se nega a cumprir voluntariamente aquilo que está no título.**

Essa satisfação do direito pode ocorrer por vários procedimentos diferentes, e o que divide os ritos executivos são dois fatores trazidos pelo CPC: **o primeiro fator, que é determinante, é a natureza do título executivo.** Assim, ter-se-á o procedimento em relação aos títulos judiciais (art. 515, CPC) e dos títulos extrajudiciais (art. 784 do CPC).

A diferença básica entre a execução de um título judicial e de um título extrajudicial é que **os judiciais são, em regra, executáveis mediante procedimento sincrético**, enquanto **os extrajudiciais são, via de regra, executáveis por procedimento e processo autônomo.** Importante ressaltar que execução sincrética é aquela que é promovida nos mesmos autos processuais em que a decisão transitou em julgado, bastando que após o trânsito em julgado seja requerido o cumprimento dos termos da sentença. Assim, sincretismo é a execução nos mesmos autos judiciais em que o título se formou.

Um exemplo poderá clarear melhor o que foi dito: Imagine que André tenha ingressado com uma ação de reparação por danos morais. A sentença condena o réu ao pagamento de R$ 10.000,00 de indenização. Após o trânsito em julgado, não há a necessidade de André iniciar um novo processo para o recebimento do valor. Basta que faça o requerimento de cumprimento de sentença nos mesmos autos processuais em que a decisão transitou em julgado. Não há a necessidade, portanto, de processo autônomo.

Em relação à execução sincrética, o CPC/2015 trouxe duas informações muito interessantes em relação à legislação passada. **Duas obrigações que eram formalmente executadas em processo autônomo passaram a ser executadas pelo procedimento sincrético.**

O antigo CPC determinava que execuções de alimentos e as execuções em face do poder público eram chamadas de especiais. **Essas execuções eram, em regra, estruturalmente executadas por processo autônomo.** Ou seja, não poderiam ser executadas nos mesmos autos judiciais em que o título se formou.

Porém, o CPC/2015 trouxe o sincretismo judicial para essas duas obrigações. Atualmente tanto a execução de alimentos (art. 528 e seguintes do CPC), quanto a execução em face da fazendo pública (art. 534 e seguintes do CPC), **são executáveis mediante procedimento sincrético, podendo ser feitas nos mesmos autos em que se formou o trânsito em julgado do título. Assim, o CPC/2015 ampliou ainda mais a possibilidade executiva por meio sincrético.**

Por outro lado, os títulos extrajudiciais não são executáveis, em regra, por processo sincrético, uma vez que o portador de um título extrajudicial não precisa passar por um processo de conhecimento prévio. Há, portanto, **impossibilidade prática de existir um procedimento sincrético para os títulos extrajudiciais**.

Imagine a seguinte situação, para facilitar a compreensão: João é portador de um cheque, no valor de R$ 5.000,00 (cinco mil reais). Após o vencimento, o credor não salda o valor do crédito, de forma que o cheque retorna sem fundo. Ao acionar o Poder Judiciário, João não precisa passar pela fase de conhecimento, ingressando direito na execução. Desta maneira, a pretensão executiva de João Inicia-se com uma nova realidade processual, não havendo que se falar em sincretismo.

Assim, o primeiro fator de divisão é saber se o título executivo é judicial (art. 515, CPC) ou extrajudicial (art. 784 do CPC). Se judicial, a regra é execução por procedimento sincrético; se for extrajudicial a regra é procedimento autônomo.

Os concursos costumam questionar se todo título judicial é executável mediante processo sincrético, ou se é possível a existência de um título judicial que possa ser executado por processo autônomo, em que tenha que inaugurar uma nova realidade processual para executá-lo**. E a resposta é sim! Vejamos!**

A sentença arbitral, nos termos do art. 515 do CPC, é um título executivo judicial, sendo que o árbitro possui atribuição e competência para prolatar a decisão. Porém não possui atribuição e competência para efetivá-la, ou seja, para executá-la. Sendo assim, se eventualmente a parte se negar a cumprir voluntariamente a decisão arbitrada, será necessário executar o título mediante procedimento autônomo no poder judiciário, **iniciando uma nova realidade processual.**

Também temos a sentença estrangeira, que é homologada pelo STJ e depois de homologada a competência de sua execução é pela justiça federal, conforme art. 109 da CF/88. O juízo do STJ forma o título à luz do direito brasileiro e após é inicia-se um processo autônomo para sua execução. **Temos, portanto, um título executivo judicial executado por um processo autônomo.**

Outra hipótese é **a sentença penal condenatória, que nos termos do art. 515 do CPC é um título executivo hábil a ser executado na esfera cível**. Um dos efeitos da sentença penal condenatória é tornar certo o dever do ofensor em indenizar o ofendido ou sua família. O juiz criminal dá certeza da indenização, porém a liquidação e execução da sentença devem ser feitas pelo juízo cível. Tem-se, ainda, mais um título judicial que dará azo a uma nova realidade processual para ser cumprido.

Portanto, a regra é que os títulos executivos judiciais são executáveis mediante procedimento sincrético, ou seja, nos mesmos autos processuais em que se formou o título, e que os títulos extrajudiciais são executados mediante procedimento autônomo. Porém excepcionalmente **podemos ter títulos judiciais que podem ser executados mediante procedimento autônomo.**

Sendo a natureza do título o primeiro fator para divisão dos procedimentos, **o segundo fator é a natureza da obrigação exequenda.** Assim, temos cumprimento de sentença de pagar quantia certa, cumprimento de sentença de obrigação de fazer, cumprimento de sentença de pagar alimentos, e em relação à Fazenda Pública.

Ou seja, o segundo fator de divisão dos procedimentos de execução é o conteúdo da obrigação que será executada. Assim, o procedimento executivo irá variar em primeiro lugar de acordo com a natureza do título executivo, sendo judicial ou extrajudicial, **e em segundo lugar pela natureza da obrigação que será executada.**

2. CUMPRIMENTO PROVISÓRIO DA SENTENÇA

Execução provisória é aquela que se baseia em um título executivo ainda não transitado em julgado. Assim, realiza-se a atividade executiva com a pendência de recurso contra a decisão judicial. É necessário que este recurso, contra a decisão, não tenha efeito devolutivo automático, ou mesmo no caso de efeito suspensivo judicial, este não pode ser concedido. **É, portanto, necessário que não exista a suspensão dos efeitos da decisão, seja por força de lei, ou mesmo por decisão**.

Justamente pela possibilidade de mudança de entendimento nos recursos interpostos contra o título exequendo, **a execução provisória possui um tratamento próprio dispensado pelo CPC/2015**, o qual possui alguns pontos em comum com a execução definitivas, mas que também guarda algumas peculiaridades importantes, as quais serão estudadas. Serão analisadas, portanto, as situações referentes à execução provisória. O procedimento para seu cumprimento e efetivação encontra-se nos artigos 520 e seguintes do Código.

Interessante mencionar a diferença entre o cumprimento provisório da sentença e a execução da parcela incontroversa, que foi objeto de julgamento antecipado parcial de mérito (art. 356, CPC). Este julgamento possui a característica de ser definitivo, dividindo o objeto processual em dois. O processo seguirá pela parte controversa e finalizará pela parcela incontroversa. É uma execução definitiva, nos termos do art. 523 do CPC. **A execução provisória incide sobre parcelas ainda controversas, em que pende recurso sobre o tema**.

Em se tratando de cumprimento provisório de sentença que reconheça obrigação de fazer, será aplicável, no que couber, o cumprimento provisório presente nos artigos 520 e seguintes do CPC (art. 520 § 5º).

Ainda, há o contraditório no cumprimento provisório da sentença. Caso tenha alguma das matérias presentes no art. 525, § 1º do CPC, poderá o executado apresentar impugnação (art. 520, § 1º, CPC).

Como esse assunto foi cobrado em provas de concursos públicos

Ano: 2017 - Banca: CONSULPLAN - Órgão: TRF - 2ª REGIÃO - Prova: CONSULPLAN - 2017 - TRF - 2ª REGIÃO - Analista Judiciário - Oficial de Justiça Avaliador Federal. Com a entrada em vigor do Novo Código de Processo Civil (Lei Federal nº 13.105 de 2015) foram introduzidas diversas novidades na sistemática processual civil. Ainda que, em sede executiva, tais alterações tenham sido observadas com menor intensidade, podemos observar algumas mudanças operadas com o propósito de imprimir maior rapidez na perseguição do crédito, tornando tão célere quanto possível a satisfação do credor. Em relação ao processo de execução e à fase de cumprimento de sentença, assinale a alternativa INCORRETA. "Revela-se incabível a apresentação de impugnação no cumprimento provisório da sentença." (incorreto).

2.1. Regime especial

Os recursos no direito brasileiro podem ter efeitos suspensivo automático (*ope legis*), como podem não ser dotados de efeitos suspensivo. A apelação (art. 520, CPC), possui em regra o efeito suspensivo automático, ou também chamado de *ope legis*. Quando a apelação ou qualquer outro recurso for dotado de efeito suspensivo, **não é possível iniciar qualquer ato executivo.** Isto ocorre porque o efeito suspensivo obsta a eficácia do título.

Entretanto, quando a sentença, ou qualquer outro título judicial for recebido exclusivamente no efeito devolutivo, **o autor poderá promover, desde logo, os atos executivos.** Esses atos executivos, todavia, devem ser realizados com as particularidades dos artigos 520 e 521 do CPC. **A execução provisória faz-se da mesma forma que a definitiva, com algumas exceções e diferenças.** Nos tópicos a seguir serão vistas as particularidades da execução provisória.

2.2. Necessidade de caução

A necessidade de prestação de caução está no art. 520, IV do CPC. Uma primeira observação deverá ser feita. A caução não é necessária para a propositura da execução provisória. O exequente pode propor sem prestar caução. **Esta garantia é necessária no momento em que o exequente for levantar dinheiro ou realizar atos de alienação judicial do bem ou, ainda, que possam resultar grave dano de difícil reparação.**

Assim, a necessidade de caução mostra-se conveniente para evitar eventual prejuízo do devedor, caso o título venha a ser reformado ou anulado pelas instâncias superiores. Caso isso ocorra, **o bem dado em caução servirá para garantir eventual reparação de danos ao executado**.

Em algumas situações, a legislação processual excetua a necessidade de garantia. Nestes casos específicos, **é lícito ao exequente realizar os autos de alienação judicial de bens**, ou mesmo transferência de propriedade, sem mesmo garantir o juízo.

Em relação ao CPC passado, foram ampliadas as possibilidades de cumprimento provisório sem garantia. **Nos termos do art. 521 do CPC, são as seguintes situações de dispensa:**

a) **Crédito de natureza alimentar,** independente de sua origem: O dispositivo estabelece que quaisquer espécies de alimentos, sejam eles legítimos ou indenizatórios, podem dispensar a caução.

b) **O credor demonstrar situação de necessidade.**

c) **Pender agravo do art. 1.042 do CPC**: Trata-se do agravo contra a inadmissão do Recurso especial ou Extraordinário. Neste particular, o CPC prima mais pela alta probabilidade de o título vir a ser confirmado, do que especificamente a necessidade do credor. Assim, o Recurso extremo já foi denegado, restando tão somente uma última tentativa do recorrente.

d) **A sentença estiver em consonância com súmula do STF, STJ ou acordão em casos repetitivos** (IRDR e especial e extraordinário repetitivos).

Ainda que estejamos diante de caso de dispensa de caução, o juiz, mesmo assim poderá exigi-la. Quando verificar que mesmo a dispensa da caução poderá resultar grave dano ao devedor, poderá realizar a exigência de sua prestação. **Trata-se de um ato de contracaultela do magistrado.**

Um exemplo em relação a este tópico mostra-se necessário: Imagine que João ingresse com uma ação de alimentos em face de Pedro. O Juiz profere sentença condenando o réu ao pagamento de R$ 1.000,00 (mil reais) a título de pensão alimentícia. Pedro, inconformado com a decisão, apela ao Tribunal de Justiça. Mesmo que este recurso esteja aguardando julgamento, é lícito a João executar os alimentos, tendo em vista que o art. 1.012, § 1º, II do CPC estabelece que a decisão que condena aos alimentos não possui efeito suspensivo automático.

2.3. Multa e honorários

Na legislação passada discutia-se bastante sobre a possibilidade ou não da multa e dos honorários advocatícios serem aplicados ao cumprimento provisório da sentença. Naquela ocasião, o Superior Tribunal de Justiça chegou a firmar posicionamento contrário à incidência destas verbas. O CPC/2015, por outro lado, confrontou essa tese, afirmando que tanto a multa quanto os honorários são aplicáveis ao cumprimento provisório da sentença. **Assim, não havendo pagamento no prazo estipulado (15 dias), as verbas devem ser aplicadas. (art. 520, § 2ª).**

Atenção! Esse ponto costuma ser bastante explorado nas provas de concursos públicos, justamente pela mudança em relação ao entendimento anterior.

Como esse assunto foi cobrado em provas de concursos públicos

2017 – PUC-PR Órgão: TJ-MS – Analista Judiciário. Acerca do cumprimento de sentença, nos termos do Código de Processo Civil, é CORRETO afirmar: "A multa de 10% (dez por cento), bem como os honorários advocatícios de 10% (dez por cento), previstos para o caso de não ocorrer o pagamento voluntário, também incidem no cumprimento provisório de sentença condenatória ao pagamento de quantia certa". (Correto)

2.4. Considerações

Outras questões são interessantes no cumprimento provisório da sentença.

Em primeiro lugar, o CPC trouxe uma disposição sobre a ocorrência ou não de preclusão lógica no cumprimento provisório. O depósito voluntário do executado seria incompatível com o seu ato de recorrer. Ora, a aceitação expressa ou tácita da sentença é um fato impeditivo recursal. **Ao cumprir voluntariamente o cumprimento provisório, estaria o executado impedido de se insurgir contra a decisão?**

Um exemplo poderá clarear melhor a matéria: Antônio é executado provisoriamente, tendo em vista que a sentença foi confirmada pelo Tribunal, e o

Recurso Especial interposto não possui efeito suspensivo. Ao ser intimado para o pagamento em 15 dias, Antônio deposita espontaneamente o valor, para evitar o acréscimo de multa e honorários. Este depósito representaria uma aceitação da decisão?

Para evitar eventuais dúvidas sobre o tema, o CPC trouxe a previsão, no art. 520, § 3º que **eventual depósito do devedor não é incompatível com o seu direito de recorrer**, ou seja, não representa aceitação da decisão judicial.

A responsabilidade do exequente provisório é baseada na teoria do risco/ proveito. **Em outras palavras, é uma responsabilidade objetiva**. Desta maneira, mesmo que o exequente não tenha culpa ou dolo em promover a execução de forma provisória, deverá indenizar a parte adversa. Nos termos do art.520, II do CPC, caso ocorra do acórdão modificar o entendimento executório provisório, as partes serão restituídas ao estado anterior e eventual liquidação dos prejuízos ocorridos serão feitos nos próprios autos processuais principais.

Por fim, ao executado **é lícito a apresentação de impugnação ao cumprimento de sentença, nos termos do art. 520, § 1º do CPC.** Portanto, a forma típica de defesa no cumprimento de sentença é perfeitamente aplicável ao cumprimento provisório.

RESUMO

CUMPRIMENTO PROVISÓRIO DA SENTENÇA
1. Disposições Gerais no Cumprimento de sentença
Em regra, os títulos judiciais são cumpridos mediante procedimento sincrético. Excepcionalmente podem existir títulos dessa natureza executados por procedimento autônomo. Os extrajudiciais são executáveis por procedimento autônomo.
2. Cumprimento provisório da sentença
Trata-se a possibilidade de realizar o cumprimento da sentença mesmo com recurso pendente contra a decisão.
2.1. Regime especial
Para a realização do cumprimento, o recurso que desafia a decisão não pode ser dotado de efeito suspensivo, seja legal ou judicial. Seu procedimento está sujeito a algumas particularidades.

2.2. Necessidade de caução
Em regra, é necessário a prestação de caução. Entretanto, o art. 521 dispensa a sua prestação em algumas situações. Mesmo nessas hipóteses de dispensa, o juiz poderá solicitar a sua prestação, caso verifique a possibilidade de dano.
2.3. Multa e Honorários
A Multa e os honorários são aplicáveis ao cumprimento provisório da sentença.
2.4. Considerações
É possível a apresentação de impugnação, e o ato de pagar voluntariamente para evitar os acréscimos não mostra-se incompatível com o ato de recorrer.

GABARITO

1	B	2	Errado	3	Certo	4	E	5	C
6	B	7	E	8	Errado	9	B	10	C

CAPÍTULO 32

CUMPRIMENTO DEFINITIVO DE PAGAR QUANTIA

RECADO

Caro (a) leitor (a), *após vermos o cumprimento provisório, chegou o momento de analisarmos o cumprimento definitivo da sentença, o qual é realizado somente após o transito em julgado da decisão judicial.* ***Trata-se de matéria muito cobrada em provas de concursos públicos!***

QUESTÕES

1. **(2019 – Quadrix – CRA-PR – Advogado)** Acerca dos honorários advocatícios, julgue o item a seguir "Nos cumprimentos de sentença em geral, somente há de se falar em honorários sucumbenciais se houver resistência do devedor".

   Certo

   Errado

2. **(2018 – FCC – MPE-PE – Prova: FCC – 2018 – MPE-PE – Analista Ministerial – Área Jurídica)** Paulo ajuizou ação de cobrança contra Fernanda, que foi citada por edital e não contestou o pedido, tornando-se revel e vindo a ser condenada ao pagamento da quantia de 100 mil reais. Iniciada a fase de cumprimento de sentença,

A) Fernanda deverá ser intimada para pagar o valor da condenação pelo Diário da Justiça.

B) Fernanda deverá ser intimada para pagar o valor da condenação por carta com aviso de recebimento, salvo se residir em edifício de apartamentos.

C) Fernanda deverá ser intimada para pagar o valor da condenação por Oficial de Justiça, acrescido de multa de 15% sobre o valor da condenação.

D) Fernanda deverá ser intimada, por edital, para pagar o valor da condenação.

E) dispensa-se a intimação de Fernanda para o pagamento do valor da condenação, porquanto revel na fase de conhecimento, salvo se relativa ou absolutamente incapaz.

3. (2018 – VUNESP – MPE-SP – Analisa do Ministério Público) Assinale a alternativa correta a respeito do procedimento de cumprimento da sentença, disciplinado no Código de Processo Civil.

A) A autocomposição judicial pode envolver sujeito estranho ao processo e versar sobre relação jurídica que não tenha sido deduzida em juízo.

B) A decisão judicial transitada em julgado não poderá ser levada a protesto.

C) A decisão homologatória de autocomposição extrajudicial de qualquer natureza é título executivo extrajudicial.

D) O cumprimento da sentença poderá ser promovido em face do fiador, do coobrigado ou do corresponsável que não tiver participado da fase de conhecimento.

E) Há um procedimento especial e benéfico à Fazenda Pública para o caso de cumprimento de sentença que impõe ao ente público o pagamento de quantia certa ou a obrigação de fazer, não fazer e entregar coisa.

4. (2018 – CESPE – EMAP Analista Portuário) Julgue o item seguinte, relativo a atos processuais, mandado de segurança e processo de execução.

Situação hipotética: Ao ser demandado em uma ação de conhecimento de obrigação de pagar, Pedro foi validamente citado por edital, tendo sido sua defesa patrocinada pela curadoria de ausentes da defensoria pública local, que apresentou contestação por negativa geral. A sentença julgou a ação procedente e, após o trânsito desta em julgado, a parte autora iniciou a fase de cumprimento da sentença. Assertiva: Nessa situação, é desnecessária nova intimação de Pedro para cumprir a sentença, bastando, para dar continuidade ao processo, a intimação da curadoria de ausentes.

Certo

Errado

5. (2018 – FGV – TJ-AL Técnico judiciário – Área Judiciária) O réu foi intimado para pagar um débito de cem mil reais que lhe foi imposto por força de uma sentença condenatória transitada em julgado em seu desfavor. Nesse sentido, efetua, no prazo legal, o pagamento de metade do valor devido. Nesse caso, não havendo incidência de custas, deverá o débito ser acrescido de multa de:

A) dez por cento e de honorários advocatícios de dez por cento sobre os cem mil reais;

B) dez por cento e de honorários advocatícios de dez por cento sobre o valor restante de cinquenta mil reais;

C) dez por cento sobre o valor restante de cinquenta mil reais e de dez por cento de honorários advocatícios sobre os cem mil reais;

D) dez por cento sobre o valor restante de cinquenta mil reais e, em face da sucumbência recíproca, sem honorários advocatícios;

E) quinze por cento e de honorários advocatícios de quinze por cento da parcela restante de cinquenta mil reais.

6. **(Ano: 2018 - Banca: FCC - Órgão: PGE-TO - Prova: FCC - 2018 - PGE-TO - Procurador do Estado)** Em relação ao cumprimento definitivo da sentença que obrigue a pagar quantia certa,

A) não havendo pagamento voluntário, o executado só poderá impugnar a execução se oferecer bens a penhora ou caução idônea.

B) o cumprimento do julgado pode ser determinado de ofício pelo juiz.

C) não efetuado tempestivamente o pagamento voluntário, será expedido, desde logo, mandado de penhora e avaliação, seguindo-se os atos de expropriação.

D) o executado será intimado a pagar o débito em 72 horas, sob pena de penhora livre e avaliação de bens.

E) se o pagamento voluntário não ocorrer no prazo legal, o débito será acrescido de multa de 10% e honorários advocatícios de 15% se houver impugnação futura que se julgue improcedente.

7. **(2017 - CESPE - TRF - 1ª REGIÃO - Analista Judiciário - Oficial de Justiça avaliador)** A respeito da formação do processo, da penhora e do cumprimento de sentença, julgue o item que se segue. "Decisão judicial incidente a respeito de parcela incontroversa de dívida observará o rito do cumprimento provisório da sentença".

Certo

Errado

8. **(2017 – CESPE – DPE-AC – Defensor Público)** Um juiz, nos autos da execução de sentença de determinado processo cível, proferiu despacho determinando que os devedores fossem intimados a efetuar o pagamento do débito, bem como a adimplir as custas recolhidas pelo credor para essa fase do processo.

Foi dado aos executados o prazo de quinze dias úteis, sob pena de multa de 10% e de honorários advocatícios de 10% sobre o valor do débito, para que pagassem o débito. Transcorrido esse prazo, caso não houvesse sido realizado o pagamento voluntário, teria início o prazo de quinze dias para que, independentemente de penhora ou de nova intimação, os executados apresentassem, nos próprios autos, sua impugnação, instrumentalizada com o demonstrativo dos cálculos.

Considerando-se as informações apresentadas na situação hipotética, conclui-se que a decisão em questão reconhece a exigibilidade de obrigação de

A) pagar quantia certa pela fazenda pública.
B) entregar coisa.
C) fazer.
D) pagar quantia certa.
E) prestar alimentos.

9. **(Ano: 2017 – Banca: Quadrix – Órgão: CFO-DF – Prova: Quadrix – 2017 – CFO-DF – Procurador Jurídico)** Com base em conhecimentos relativos a direito processual civil e à legislação correlata, julgue o próximo item. "A regra é a intimação do devedor para cumprir a sentença. Todavia, caso tenha sido revel na fase de conhecimento, dispensa-se a sua intimação, bastando-se a notificação da Defensoria como curadora especial".

Certo
Errado

10. **(2017 – FUNECE – UECE – Advogado)** Considerando o cumprimento de sentença, pode-se afirmar corretamente que

A) o cumprimento da sentença que reconhece o dever de pagar quantia, provisório ou definitivo, far-se-á de ofício.
B) o cumprimento da sentença poderá ser promovido em face do fiador, do coobrigado ou do corresponsável, ainda que não tenha participado da fase de conhecimento.
C) a autocomposição judicial pode envolver sujeito estranho ao processo e versar sobre relação jurídica que não tenha sido deduzida em juízo.
D) a decisão judicial transitada em julgado poderá ser levada a protesto, nos termos da lei, ainda que pendente o prazo para pagamento voluntário.

1. REQUERIMENTO

O primeiro questionamento que deve ser feito sobre esse tema é o seguinte: **o procedimento de Cumprimento de Sentença de pagar quantia certa pode ser iniciado de ofício ou necessita do requerimento da parte**?

Suponhamos que uma determinada ação começou, tramitou e foi sentenciada na 1ª Vara Cível da Comarca de Belo Horizonte/MG. A parte apresentou apelação ao respectivo TJMG. A secretaria do Tribunal certificou o trânsito em julgado. A teor do art. 516, II, do Código de Processo Civil (CPC), a competência para realizar o cumprimento dessa sentença ou da decisão judicial é do juízo que sentenciou/decidiu a causa. Com isso, o TJ/MG envia os autos à comarca de origem (Belo Horizonte), para que esta processe o cumprimento de sentença. **Neste caso, o juiz de primeiro grau iniciará os atos executivos de ofício, ou aguardará a parte interessada?**

No sistema do CPC/2015 o cumprimento de sentença de pagar quantia certa sempre começará a requerimento do interessado! O Juiz não poderá iniciar os atos executivos de ofício. O credor fará o requerimento de cumprimento de sentença, cumprindo os requisitos do art. 524 do CPC, incluindo, inclusive, os cálculos de atualização da obrigação.

Questão interessante nesse momento inicial do cumprimento de sentença é a possibilidade de o exequente solicitar uma medida de execução indireta, para forçar o executado a realizar o cumprimento espontâneo da obrigação. **Trata-se da possibilidade de realizar o protesto da decisão transitada em julgado**, após o prazo de pagamento voluntário da obrigação (art. 517 do CPC). Essa medida não afasta a continuidade do procedimento e a realização das medidas típicas de execução patrimonial, como a penhora, avaliação e alienação de bens.

É importante distinguir esse momento inicial no cumprimento de pagar quantia certa, dos atos executivos iniciais na execução de obrigação de fazer. **Nesta última, o juiz poderá determinar os atos executivos de ofício, sem a necessidade de requerimento da parte**. (art. 536, CPC). Assim, a sentença que condena do réu a retirar o nome do autor dos cadastros restritivos de crédito pode trazer em seu comando a multa diária caso seja descumprido o preceito. Assim, eventuais medidas executivas podem ser determinadas oficiosamente nesse caso.

Como esse assunto foi cobrado em provas de concursos públicos

2016 – FCC – TRT – 20ª REGIÃO (SE) – Analista Judiciário – Área Judiciária. Acerca do cumprimento de sentença que reconhece o dever de pagar quantia, é correto afirmar: "Inicia-se de ofício ou a requerimento do exequente". (incorreto)

2. POLO PASSIVO DO CUMPRIMENTO DE SENTENÇA

Um aspecto muito cobrado em concursos públicos é o seguinte: Quem pode compor o polo passivo do cumprimento de sentença? **Quais as pessoas ou quem está habilitado a compor o polo passivo?**

Suponha que a relação de direito material que originou o processo tenha um devedor principal e um fiador. Nesse exemplo, foi elaborado um contrato de mútuo, em que exista uma fiança também determinada. É possível formar um litisconsórcio passivo facultativo na sua ação de conhecimento. Isso ocorre porque a parte autora pode colocar só o devedor principal no polo passivo ou, ainda, caso o fiador tenha renunciado ao benefício de ordem, somente fiador poderá estar no polo passivo.

Por fim, é possível colocar o devedor principal e o fiador no polo passivo, formando um litisconsórcio passivo na relação processual.

Ao propor a ação, suponha que, na época, o devedor principal não possuía recursos. Por esse motivo, o autor propôs a ação somente contra o fiador, de modo que este foi condenado ao pagamento. Contudo, após o trânsito em julgado da ação principal, o credor descobre que o devedor principal passou a ter recursos (por exemplo, ganhou na mega sena).

O credor pode incluir no cumprimento de sentença quem não participou da fase de conhecimento do processo, mesmo que seja coobrigado daquela relação? A resposta é negativa**. Nos termos do art. 513, § 5º do CPC/2015, aquele que não participou da fase de conhecimento processual não pode figurar entre os executados no cumprimento de sentença**. Somente aquele que se encontra apontado no título como devedor (ou que sofreu uma sucessão processual), podem ser colocados como executados.

Como esse assunto foi cobrado em provas de concursos públicos

Ano: 2016 – Banca: FCC – Órgão: Prefeitura de Campinas – SP – Prova: FCC – 2016 – Prefeitura de Campinas – SP – Procurador. Em relação ao cumprimento de sentença, considere:"I. O cumprimento da sentença não poderá ser promovido em face do fiador, do coobrigado ou do corresponsável que não tiver participado da fase de conhecimento". (correto).

3. INTIMAÇÃO DO EXECUTADO

Após o requerimento da parte, **o executado será intimado para a realização do pagamento, dentro do prazo de 15 (quinze) dias**. Questão inexistente no CPC passado, e que gerava bastante polêmica, era a forma pela qual o executado deveria ser comunicado para o pagamento da obrigação.

Seria de forma pessoal, ou por meio de advogado? Após a extensa polêmica, a legislação de 2015 resolveu tratar exaustivamente da matéria, prevendo cada uma das situações de intimação da parte contrária, para pagamento da obrigação. **Essas situações encontram-se regulamentadas no art. 513, § 2º do CPC/2015.**

Assim, são as seguintes hipóteses de intimação:

> **Art. 513, CPC**
>
> (...)
>
> § 2º O devedor será intimado para cumprir a sentença:
>
> I – pelo Diário da Justiça, na pessoa de seu advogado constituído nos autos;
>
> II – por carta com aviso de recebimento, quando representado pela Defensoria Pública ou quando não tiver procurador constituído nos autos, ressalvada a hipótese do inciso IV;
>
> III – por meio eletrônico, quando, no caso do § 1º do art. 246, não tiver procurador constituído nos autos
>
> IV – por edital, quando, citado na forma do art. 256, tiver sido revel na fase de conhecimento.

Denota-se pela leitura do artigo que **a regra é a intimação do devedor na pessoa de seu advogado, e não pessoalmente**. Somente excepcionalmente, quando estiverem presentes situações específicas, é que a intimação será realizada por outros meios. Mas, repita-se esta importante informação que é geralmente cobrada em concursos: **A Regra é que a intimação seja feita na pessoa do Advogado.**

Há uma interessante hipótese em que o executado será intimado pessoalmente, mesmo com advogado constituído nos autos processuais. Nos termos do § 4º do dispositivo, **caso o requerimento de cumprimento de sentença seja realizado após um ano do trânsito, a intimação do devedor será pessoal**, por carta! A lei presume que aquele contato habitual do advogado com a parte perdeu-se após um ano de inatividade processual. Louvável a previsão legislativa.

4. POSTURAS DO EXECUTADO

Após ser intimado pessoalmente, o executado poderá tomar algumas posturas em relação à execução. Veremos, a seguir, quais são essas posturas a serem realizadas.

4.1. Pagamento da obrigação

Em primeiro lugar, o executado pode realizar o pagamento integral da obrigação no prazo de 15 dias. Note-se que a doutrina se posiciona, em sua maioria, pelo prazo em dias úteis de pagamento. Este é, inclusive, o teor do enunciado de número 89 do CJF. Caso o executado realize o pagamento integral neste interregno, **o cumprimento de sentença será extinto, nos termos do art. 924 do CPC, pelo cumprimento da obrigação.**

O Superior Tribunal de Justiça emanou o seu entendimento sobre o tema, **estabelecendo que o prazo de pagamento possui natureza processual e que deverá, portanto, ser contado em dias úteis.** (REsp 1.708.348-RJ, Rel. Min. Marco Aurélio Bellizze, Terceira Turma, por unanimidade, julgado em 25/06/2019, DJe 01/08/2019)

Questão interessante versa sobre a aplicação do art. 229 do CPC ao prazo para pagamento voluntário no cumprimento de sentença. Havendo dois ou mais réus, em autos físicos, com procuradores diferentes, haveria prazo em dobro para o pagamento voluntário? O prazo seria, então, de 30 (trinta) dias?

O Superior Tribunal de Justiça possui o entendimento, por meio de sua quarta turma, **que o prazo contar-se-á em dobro, quando existirem procuradores distintos**. Assim, o prazo seria de 30 dias. Confira-se: "O prazo comum para cumprimento voluntário de sentença deverá ser computado em dobro no caso de litisconsortes com procuradores distintos, em autos físicos". REsp 1.693.784-DF, Rel. Min. Luis Felipe Salomão, por unanimidade, julgado em 28/11/2017, DJe 05/02/2018. **Informativo 619 STJ.**

4.2. Ausência de pagamento

Além de realizar o pagamento, o devedor pode simplesmente deixar de pagar a quantia exequenda. Neste caso, sua postura sujeitar-se-á a algumas sanções processuais. **Conforme art. 523, § 1º do CPC, a ausência de pagamento ocasionará uma multa de 10% sobre o débito, bem como honorários advocatícios de 10% sobre a quantia executada**.

Além da incidência da multa e honorários, será expedido mandado de penhora e avaliação de bens.

Questão interessante versa sobre a incidência da multa em cumprimento de sentenças arbitrais, realizados no Poder Judiciário. A multa somente incidiria no cumprimento da sentença efetivamente proferida pelo juiz togado, ou, caso estejamos diante de um cumprimento arbitral (que deve ser realizado no poder Judiciário), a verba também incidiria? O Superior Tribunal de Justiça possui o entendimento que a incidência da multa também é realizada na execução da decisão arbitral. Confira-se:

> "No âmbito do cumprimento de sentença arbitral condenatória de prestação pecuniária, a multa de 10% (dez por cento) do artigo 475-J do CPC deverá incidir se o executado não proceder ao pagamento espontâneo no prazo de 15 (quinze) dias contados da juntada do mandado de citação devidamente cumprido aos autos (em caso de título executivo contendo quantia líquida) ou da intimação do devedor, na pessoa de seu advogado, mediante publicação na imprensa oficial (em havendo prévia liquidação da obrigação certificada pelo juízo arbitral)". REsp 1.102.460-RJ, **Rel. Min. Marco Buzzi, Corte Especial, julgado em 17/6/2015, DJe 23/9/2015. Informativo 569 STJ**

Outra questão sobre a multa diz respeito à sua natureza jurídica. Para parte da doutrina, teria natureza de execução indireta, à medida que serviria para criar um temor no devedor, para que ele voluntariamente cumprisse o título. Por outro lado, outra parcela da doutrina entende que a multa teria natureza de sanção processual, que puniria o devedor pela ausência de pagamento. **Para o Superior Tribunal de Justiça, a natureza da multa seria híbrida, servindo tanto para criar o temor, quanto para sancionar o devedor inadimplente.**

Ressalte-se que não há a possibilidade de se aplicar a moratória legal ao cumprimento de sentença. O parcelamento forçado, que é direito potestativo do devedor na execução de títulos extrajudiciais, não aplica-se no cumprimento de sentença. **Assim, nos termos do art. 916, § 7º do CPC, não há a possibilidade de transcrição do instituto para o cumprimento de sentença.**

Recentemente o Superior Tribunal de Justiça estabeleceu que a base de cálculo dos honorários de 10% não inclui a multa prevista no art. 523 do CPC. **Assim, havendo ausência de pagamento, os honorários terão como base somente o valor exequendo, sendo a multa excluída do seu computo.**

Imagine o seguinte exemplo: O exequente pretende receber a quantia de R$ 100 mil. Após a regular intimação do executado, este queda-se inerte. Assim, sobre o valor exequendo incidirão a multa processual e os honorários. Os honorários, contudo, somente incidirão sobre os 100 mil, e não sobre o valor acrescido da multa.

Assim, conforme o entendimento do Tribunal: "**A base de cálculo dos honorários advocatícios é o valor do crédito, não se incluindo a quantia relativa à multa de 10%**, RESP 1.757.033-DF, Rel. Min. Ricardo Villas Bôas Cueva, por unanimidade, julgado em 09/10/2018, DJe 15/10/2018".

Como esse assunto foi cobrado em provas de concursos públicos

2018 – COPESE – UFT – Câmara de Palmas – TO – Procurador. Com relação ao cumprimento de sentença previsto no Novo Código de Processo Civil é CORRETO afirmar que:" a reforma do Código de Processo Civil eliminou a multa de 10% e os honorários advocatícios de 10% em caso de não ocorrência de pagamento voluntário da condenação de quantia certa." (incorreto)

RESUMO

CUMPRIMENTO DE SENTENÇA DE OBRIGAÇÃO DE PAGAR QUANTIA CERTA
1. Requerimento
Conforme art. 523 do CPC, o juiz não poderá iniciar o cumprimento de sentença de ofício, demandando o requerimento do credor. Este requerimento deverá observar as normas contidas no art. 524, instruindo, inclusive, com a memória de cálculo e, se possível, já indicando bens à penhora.
2. Polo passivo do cumprimento de sentença
Não há a possibilidade de incluir no polo passivo aquele que não participou da fase de conhecimento processual.
3. Intimação do executado
Em regra, a intimação é realizada na pessoa do advogado. Excepcionalmente será realizada por outras formas, todas elas previstas no art. 513, § 2º do CPC/2015.
4. Posturas do executado
4.1. Pagamento da obrigação
O pagamento do débito causa a extinção da execução, nos termos do art. 924 do CPC.
4.2. Ausência de pagamento
A ausência de pagamento leva à imposição de multa de 10% e honorários advocatícios de 10% sobre o valor da condenação.

GABARITO

1	Errado	2	D	3	A	4	Errado	5	B
6	C	7	Errado	8	D	9	Errado	10	C

CAPÍTULO 33

CUMPRIMENTO DE SENTENÇA DE PAGAR ALIMENTOS

RECADO

Caro (a) leitor (a),

Passaremos agora à análise de uma execução especial, dada a natureza do crédito a ser recebido. Assim, em relação ao procedimento comum, existem diversas particularidades dada a urgência da obrigação.

QUESTÕES

1. (2018 – FGV – TJ-SC – Oficial de Justiça Avaliador) Manoel foi condenado, por sentença judicial transitada em julgado, a pagar prestação alimentícia de um salário mínimo em favor de seu filho incapaz, Joaquim. Após ficar inadimplente por 3 meses, foi requerido o cumprimento da sentença no mesmo processo. Nesse cenário, Manoel será:

A) intimado para oferecer embargos à execução, no prazo de 15 dias, sob pena de protesto do pronunciamento judicial e prisão civil;

B) citado para pagar o débito em 15 dias, provar que já pagou ou justificar a impossibilidade do pagamento, sob pena de multa e de honorários advocatícios de 10%;

C) intimado para pagar o débito em 3 dias, provar que já pagou ou justificar a impossibilidade do pagamento, sob pena de protesto do pronunciamento judicial e prisão civil;

D) citado para oferecer impugnação, no prazo de 15 dias, sob pena de protesto do pronunciamento judicial e prisão civil;

E) intimado para pagar o débito em 48 horas, provar que já pagou ou justificar a impossibilidade do pagamento, sob pena de prisão civil.

2. **(Ano: 2018 Banca: FCC Órgão: DPE-AM Prova: FCC – 2018 – DPE-AM – Analista Jurídico de Defensoria)** Ciências Jurídicas. A respeito da execução de alimentos, é correto afirmar:

A) O débito alimentar que autoriza a decretação da prisão civil do alimentante é o que compreende até as três prestações anteriores ao ajuizamento da execução e as que se vencerem no curso do processo.

B) O cumprimento integral da prisão civil exime o executado do pagamento das prestações que a ensejaram.

C) No cumprimento de sentença que condene ao pagamento de prestação alimentícia ou de decisão interlocutória que fixe alimentos, o juiz, de ofício ou a requerimento do exequente, mandará intimar o executado pessoalmente para, em cinco dias, pagar o débito, provar que o fez ou justificar a impossibilidade de efetuá-lo.

D) Se o executado for funcionário público, não poderá o juiz, em nenhuma hipótese, atender ao requerimento do exequente para que se realize o desconto em folha de pagamento da importância da prestação alimentícia.

E) Cabe a impetração de habeas corpus contra a decisão que decreta a prisão civil do devedor de alimentos por ausência de previsão legal de recurso para atacá-la.

3. **(2017 – MPE-SP Promotor de Justiça Substituto)** Assinale a alternativa correta sobre o cumprimento de ato jurisdicional que fixa ou condena à prestação de alimentos entre parentes.

A) Se o devedor não pagar, não provar que o fez ou se a sua justificativa não for aceita, o juiz, além da decretação da prisão, poderá mandar protestar a sentença que condenou ao pagamento de prestação alimentar ou a decisão interlocutória que fixou alimentos.

B) No cumprimento de sentença que condena ao pagamento de prestação alimentícia ou de decisão interlocutória que fixe alimentos, a requerimento do exequente o juiz mandará intimar o executado pessoalmente para, em 15 (quinze) dias, pagar o débito, provar que o fez ou justificar a impossibilidade, absoluta ou não, de fazê-lo, sob pena de prisão.

C) O débito alimentar que autoriza a prisão civil do devedor é o que compreende até as 3 (três) prestações alimentares anteriores ao ajuizamento da execução, excluídas as que se vencerem no curso do processo.

D) A prisão do executado será decretada pelo período de 1 (um) a 6 (seis) meses e será cumprida em regime semiaberto.

E) O cumprimento da pena exime o executado do pagamento das prestações alimentares vencidas.

4. **(2017 – VUNESP – DPE-RO Defensor Público)** Considerando o cumprimento de sentença que condene ao pagamento de prestação alimentícia, assinale a alternativa correta.

A) O cumprimento da decisão se dará no domicílio do devedor, caso haja pedido de prisão do executado.

B) A pena de prisão somente está autorizada para o cumprimento dos alimentos definitivos e é o que compreende até as três prestações anteriores ao ajuizamento da execução.

C) O cumprimento da pena de prisão exime o executado do pagamento das prestações vencidas, desde que se refira às últimas três anteriores ao julgamento.

D) A decisão não poderá ser protestada, se houver a decretação da prisão do devedor.

E) O exequente poderá promover o cumprimento definitivo, como obrigação de pagar quantia certa, desde logo, caso em que não será admissível a prisão do executado.

5. (2017 – CONSULPLAN – TJ-MG – Titular de notas e registros (provimento)) Sobre o cumprimento de sentença que reconheça a exigibilidade de obrigação de prestar alimentos, analise as seguintes assertivas I. O débito alimentar que autoriza a prisão é o que compreende até as 03 (três) prestações anteriores ao ajuizamento da execução e as que se vencerem no curso do processo. II. Transcorrido o prazo de 03 (três) dias após a intimação do executado, se o mesmo não pagar, não provar que pagou seu débito, ou não justificar a impossibilidade de pagar, o juiz mandará protestar o pronunciamento judicial III. Somente a comprovação de fato que gere a impossibilidade absoluta de pagar justificará o inadimplemento. IV. O cumprimento da pena exime o executado do pagamento da dívida. Está correto apenas o que se afirma em:

A) I, II e IV.

B) I e IV.

C) I, II e III.

D) III e IV.

6. (2016 – FCC – DPE-ES – Defensor Público) Eduardo, maior e capaz, com 19 anos de idade, comparece à Defensoria Pública informando que seu genitor, que está desempregado mas tem recursos financeiros, não realizou o pagamento das duas últimas parcelas da pensão alimentícia fixada em sentença. Diante desta situação, o defensor público deverá

A) orientar Eduardo sobre a impossibilidade de cobrar os alimentos após o atingimento da maioridade civil, pois a exoneração do devedor decorre de previsão legal expressa.

B) pedir o cumprimento da sentença, sob pena de prisão, uma vez que este débito autoriza a prisão civil do devedor de alimentos, sem prejuízo de outros meios coercitivos para o pagamento, tais como o protesto da sentença.

C) pedir o cumprimento da sentença, sob pena de penhora, uma vez que este débito não autoriza a prisão civil do devedor de alimentos.

D) orientar Eduardo para aguardar o próximo mês, uma vez que o pedido de prisão civil depende do inadimplemento das três prestações anteriores ao ajuizamento da execução.

E) pedir o cumprimento, sob pena de penhora, uma vez que, embora este débito autorize a prisão civil do devedor de alimentos, o desemprego do devedor justifica o inadimplemento.

7. (2019 – FCC – MPE-MT – Promotor de Justiça Substituto) Com respeito à execução da prestação alimentícia, considere:

I. Na execução fundada em título executivo extrajudicial que contenha obrigação alimentar, o juiz mandará intimar o executado para, em 3 (três) dias, efetuar o pagamento das parcelas anteriores ao início da execução e das que se vencerem no seu curso, provar que o fez ou justificar a impossibilidade de fazê-lo.

II. O débito alimentar que autoriza a prisão civil do alimentante é o que compreende as três prestações anteriores ao ajuizamento da execução e as que se vencerem no curso do processo.

III. O cancelamento de pensão alimentícia de filho que atingiu a maioridade está sujeito à decisão judicial, mediante contraditório, ainda que nos próprios autos em que houver sido concedida.

IV. Os efeitos da sentença que reduz, majora ou exonera o alimentante do pagamento retroagem à data do vencimento de cada parcela, defesas a repetibilidade e a compensação.

Está correto o que se afirma APENAS em

A) I e IV.

B) III e IV.

C) I, II e III.

D) II e III.

E) II, III e IV.

8. (2019 – FCC - DPE-SP – Defensor Público Substituto) A respeito da execução de alimentos, à luz dos dispositivos legais e respectiva interpretação jurisprudencial, analise as seguintes asserções e a relação entre elas.

I. A prisão civil do devedor de alimentos somente se justifica pelos débitos alimentares atuais

PORQUE

II. o Código de Processo Civil exige o inadimplemento cumulativo das três parcelas imediatamente anteriores à propositura da execução para justificar a prisão civil do alimentante inadimplente.

A respeito dessas asserções, assinale a opção correta:

A) as asserções I e II são falsas.

B) a asserção I é uma proposição verdadeira, e a II é uma proposição falsa.

C) a asserção I é uma proposição falsa, e a II é uma proposição verdadeira.
D) as asserções I e II são verdadeiras, e a II é uma justificativa da I.
E) as asserções I e II são verdadeiras, mas a II não é uma justificativa da I.

9. **(2016 – MPE-SC – Promotor de Justiça Substituto)** Nos termos do novo Código de Processo Civil, os alimentos definitivos, provisórios e os provisionais, estabelecidos consensualmente em título executivo extrajudicial ou fixados judicialmente, podem ser buscados mediante a ameaça de coação pessoal; por desconto em folha de pagamento; ou via expropriação.

Certo

Errado

10. **(2018 – COPESE – UFT – Câmara de Palmas – TO – Procurador)** Com relação ao cumprimento de sentença previsto no Novo Código de Processo Civil é CORRETO afirmar que:

A) dispensa-se o requerimento do exequente para iniciar o cumprimento da sentença que reconhece o dever de pagar quantia provisória ou definitiva.
B) nos termos do Novo Código de Processo Civil é possível a prisão civil do devedor de alimentos que não pagar o valor da condenação, ou que, mesmo apresentando justificativas para o seu descumprimento, o juiz às rejeite.
C) o cumprimento de sentença poderá ser feito em face do fiador ou coobrigado, mesmo que não tenha participado da fase processual de conhecimento.
D) a reforma do Código de Processo Civil eliminou a multa de 10% e os honorários advocatícios de 10% em caso de não ocorrência de pagamento voluntário da condenação de quantia certa.

1. PROCEDIMENTOS

A depender do momento de cobrança dos alimentos, **o rito procedimental de execução pode dar-se de duas formas diferentes.** Portanto, fala-se em cobrança de alimentos recentes e cobrança de alimentos pretéritos, cada um com seu rito procedimental próprio.

O CPC/2015 resolveu adotar a divisão com base em uma antiga súmula do STJ. **Trata-se do enunciado de nº 309**. Segundo este entendimento, alimentos recentes seriam aqueles executados e vencidos nos últimos três meses anteriores à propositura da demanda. Aquelas que fossem anteriores a este prazo, seriam considerados alimentos pretéritos. Um exemplo poderá clarear melhor a situação:

José, alimentando, identifica que seu pai não depositou os alimentos relativos aos meses de março, abril e maio de 2018. No mesmo mês do último vencimento, o autor ingressa com a execução dos alimentos (cumprimento de sentença). **Ora, a execução realizada é dos alimentos recentes, ou seja, dos últimos três meses anteriores à propositura da demanda.**

Agora, imagine-se outra situação: José resolve cobrar os alimentos vencidos em setembro de 2017. Todavia, somente propõe a execução em março de 2018, passados mais de três meses do seu vencimento. **Neste caso, estamos diante de alimentos pretéritos, e o rito procedimental a ser seguido é outro.**

A seguir veremos cada um dos procedimentos, para depois passarmos a algumas particularidades interessantes.

1.1. Alimentos recentes

Inicialmente, cumpre dizer que o cumprimento de sentença de alimentos se faz por mera fase processual, não havendo necessidade de processo autônomo para seu cumprimento. Assim, tão logo transitada em julgado a decisão judicial, **faz-se nos próprios autos o cumprimento da sentença.** Assim como as outras formas, a execução dos alimentos inicia-se pelo requerimento do interessado.

Após este requerimento, o executado será intimado (já que não se trata de nova relação processual), **para pagar em três dias, ou apresentar a sua justificativa**. Essa intimação, contudo, não é realizada na pessoa do advogado, mas sim de forma pessoal. O mandado vai diretamente ao devedor.

Dentro dos três dias, o devedor poderá efetuar o pagamento do débito. Interessante que a extinção do cumprimento de sentença somete se dará quando o executado realiza o pagamento dos meses anteriores à propositura do débito, e aqueles meses que se vencera no curso do processo. **Caso não realize o pagamento de todas essas obrigações, estará sujeito às sanções processuais cabíveis, inclusive a prisão.**

Imagine que Augusto esteja sofrendo uma execução de alimentos, e que, no momento da propositura da demanda esteja devendo três meses. Até a sua citação venceram-se mais dois meses. Ora, ao realizar o pagamento, Augusto terá que saldar os cinco meses! Tanto aqueles iniciais da propositura da demanda, quanto aqueles que se venceram no curso do processo.

Assim, a primeira postura do executado, ao ser citado, é a realização do pagamento. Se assim proceder, o cumprimento da sentença é extinto, conforme art. 924, II do CPC.

Destaque-se que o pagamento parcial não ilide a prisão do devedor! Assim, caso o débito seja de 5 mil reais, e o devedor pague somente dois mil, o débito não está satisfeito e, portanto, não há que se falar em afastamento da prisão civil do devedor. Confira-se o seguinte posicionamento do STJ que, apesar de ter sido proferido no CPC passado, ainda continua aplicável na atualidade:

> "A Turma reafirmou que o pagamento parcial da obrigação alimentar não afasta a regularidade da prisão civil. Destacou-se que este Superior Tribunal entende ser legítima a prisão civil do devedor de alimentos, quando fundamentada na falta de pagamento de prestações vencidas nos três meses anteriores à propositura da execuçãoou daquelas vencidas no decorrer do processo (Súm. n. 309/STJ). Ademais, eventuais alegações quanto à incapacidade material do recorrente de satisfazer a prestação alimentícia devem ser discutidas nos autos da ação de alimentos, não no âmbito estreito do *writ*, cujo trâmite não comporta dilação probatória. Precedente citado: HC 209.137-SP, DJe 13/9/2011. RHC 31.302-RJ**, Rel. Min. Antonio Carlos Ferreira, julgado em 18/9/2012". Informativo 504 do STJ.**

Além de realizar o pagamento, **o executado poderá justificar a impossibilidade de fazê-lo**. Conforme art. 528, §2º do CPC, somente a absoluta impossibilidade de realizar o pagamento afasta a pena de prisão! Os juízes são bem rigorosos na análise de eventual justificativa. Assim, poderíamos imaginar como aceita a justificativa de o executado encontrar-se internado, sem a possibilidade de exercer as suas atividades econômicas. Caso a justificativa seja aceita, a prisão não será decretada. Por outro lado, o débito continua existindo.

Além de pagar e justificar, **o executado pode simplesmente permanecer inerte, ou mesmo ter a sua justificativa recusada.** Nestas hipóteses o juiz tomará duas medidas de execução indireta. Mandará realizar o protesto do título (§ 1º), e, além disso, decretará a prisão do devedor. (§ 3º).

A prisão pode durar de 1 a 3 meses. Há entendimento do STJ estabelecendo que a decretação da prisão acima do prazo mínimo (1 mês) exige fundamentação e justificativa. Assim, vide HC 25.399-SP**, Rel. Min. Castro Filho, julgado em 12/8/2003. Somente o pagamento da obrigação faz suspender a prisão decretada.**

A prisão será cumprida integralmente no regime fechado! Todavia, o preso civil deve ficar separado dos demais condenados criminais. (§ 4º).

Contra a decisão que decreta a prisão do devedor, é cabível o recurso de Agravo de instrumento, nos termos do art. 1.015, parágrafo único do CPC. Entretanto, existem decisões do Superior Tribunal de Justiça a permitir a impetração de habeas corpus contra a decisão. Todavia, essa ação constitucional não é cabível para impugnar o mérito da decisão (se a justificativa deveria ou nãos ser aceita). **O HC deve ser utilizado para atacar a legalidade ou não do ato prisional.**

Imagine, por exemplo, a decretação de prisão em execução de alimentos pretéritos. Sem dúvida, seria um caso de cabimento do remédio.

Neste sentido: "O habeas corpus não é via adequada para o exame aprofundado de provas e a verificação da necessidade, ou não, da credora dos alimentos. RHC 16.005-SC, **Rel. Min. Carlos Alberto Menezes Direito, julgado em 1º/6/2004".**

Como esse assunto foi cobrado em provas de concursos públicos

Ano: 2017 – Banca: PUC-PR – Órgão: TJ-MS – Prova: PUC-PR – 2017 – TJ-MS – Analista Judiciário – Área Fim. Acerca do cumprimento de sentença, nos termos do Código de Processo Civil, é CORRETO afirmar: O débito alimentar que autoriza a prisão civil do alimentante é o que compreende os alimentos atuais, ou seja, as prestações alimentares que vencerem no curso do processo. (incorreto).

1.2. Alimentos pretéritos

Conforme já afirmado, **os alimentos pretéritos são aqueles executados há mais de três meses de seu vencimento**. Seu procedimento, contudo, mostra-se diferente do anterior.

O rito procedimental de execução dos alimentos pretéritos é o mesmo do cumprimento de sentença de pagar quantia certa, conforme art. 523 e seguintes do CPC. Assim, o devedor será intimado, na pessoa de seu advogado, para realizar o pagamento em 15 dias, sob pena de penhora de seus bens. Assim, não havendo pagamento neste prazo, incidirão a multa e os honorários, do art. 523, § 1º do CPC.

Um questionamento interessante se impõe, no que diz respeito aos procedimentos adotados no cumprimento de sentença de alimentos. É possível um credor que tenha a possibilidade de execução dos alimentos pelo rito dos recentes, optar por executar pela forma pretérita? **Em outras palavras, é possível abrir mão da medida mais gravosa (prisão) e executar somente pela penhora?**

Sob a égide da legislação passada, o Superior Tribunal de Justiça já entendia ser possível esta situação, com base no princípio da disponibilidade da execução. Ora, o CPC atual, endossando o posicionamento do Tribunal, **confirmou o entendimento, o estabelecendo no art. 528, § 8º.**

2. ALIMENTOS DE EXECUTADO EMPREGADO

Quando o executado possui vínculo formal de emprego, o procedimento de execução torna-se muito mais fácil. Nos termos do art. 529 do CPC, basta que o juiz oficie a sua entidade empregadora, e **determine o desconto do valor ou percentual a ser cobrado, creditando-o diretamente na conta do beneficiário.**

Um exemplo poderá clarear melhor a situação! José Trabalha na empresa X, onde recebe cinco mil reais líquidos em sua remuneração. Ao ser condenado ao pagamento de alimentos, em 30% de seus rendimentos, não há a necessidade de José realizar o depósito mensalmente. O Juiz, na forma do dispositivo citado, oficiará a empresa X, para que ela proceda ao desconto de R$ 1.500,00 mensais, a serem creditados diretamente na conta de seu filho! Eventual descumprimento da ordem poderá penalizar o responsável por crime de desobediência.

O CPC/2015 enfrentou uma questão que já havia aparecido no entendimento do STJ. **Havendo alimentos vencidos no momento do ofício ao empregador, seria possível o seu desconto também?** Ou, ao contrário, somente os vincendos, que venceriam nos meses subsequentes, poderiam ser descontados?

O Tribunal já possuía o entendimento de que era possível juntar os dois no desconto, desde que a soma não comprometesse a dignidade do devedor. Confira-se:

A Turma entendeu ser possível o descontoem folha de pagamento do devedor de alimentos, inclusive quanto a débito pretérito, desde que em montante razoável e que não impeça sua própria subsistência. REsp 997.515-RJ**, Rel. Min. Luis Felipe Salomão, julgado em 18/10/2011.**

A mesma dinâmica foi repetida no art. 528, § 3º do CPC. O Código, porém, limitou a soma dos alimentos vencidos e vincendos a 50% da remuneração do executado. Assim, serão descontados, simultaneamente, os alimentos vincendos – aqueles que irão vencer – e os vencidos (aqueles que já estavam devidos no momento do desconto em folha). Contudo, a soma dos dois não poderá descontar percentual maior do que 50% dos rendimentos do executado.

3. ALIMENTOS INDENIZATÓRIOS

Os alimentos indenizatórios são aqueles advindos da prática de um ato ilícito em relação à vítima.

Exemplo! Imagine que João esteja trafegando com seu automóvel em uma determinada avenida, em alta velocidade. Em virtude de um ato de imprudência, atropela Pedro, que vem a óbito. Pedro era arrimo de família, de maneira que a previdência não supre todas as suas receitas laborais. João poderá ser condenado a pagar alimentos à família de Pedro. Estes alimentos, contudo, não possuem a origem familiar, mas sim em um ato ilícito praticado. São chamados de indenizatórios.

O procedimento de cumprimento destes alimentos encontra-se no art. 533 do CPC. Em primeiro lugar, caberá ao executado constituir capital, que assegure o pagamento da prestação indenizatória. Desta maneira, deverá, por exemplo, depositar em juízo um montante expressivo, para que seu rendimento garanta o pagamento do pensionamento. Contudo, não somente de capital pode ser a constituição da renda, destinada ao pagamento de pensão. Nos termos do § 1º do artigo, a destinação de renda pode vir, por exemplo, de imóveis, ou mesmo em títulos da dívida pública. Confira:

> Art. 533, CPC
>
> (...)
>
> § 1º O capital a que se refere o caput, representado por imóveis ou por direitos reais sobre imóveis suscetíveis de alienação, títulos da dívida pública ou aplicações financeiras em banco oficial, será inalienável e impenhorável enquanto durar a obrigação do executado, além de constituir-se em patrimônio de afetação.

Há a possibilidade, ainda, de o juiz substituir a garantia por desconto em folha de pessoa jurídica de notória capacidade financeira, nos termos do § 2º. Assim, imaginemos que o executado trabalhe em um banco público, instituição das mais sólidas. Ao invés de determinar o devedor que constitua capital (ou que mesmo ele não tenha condições), **o magistrado poderá oficiar ao Banco e determinar que o valor do pensionamento seja descontado em folha**.

Cessada a obrigação alimentar, o desconto será interrompido, e o capital ou garantia serão liberados (art. 528, § 5º).

4. CONSIDERAÇÕES GERAIS

O CPC de 2015 aproveitou para dirimir algumas questões que eram polêmicas na legislação anterior. Em primeiro lugar, reafirmou que a obrigação alimentar poderá ser fixada em salários mínimos, 533, § 4º do CPC.

Também, nos termos do art. 532 do CPC, caso o magistrado verifique a conduta procrastinatória do devedor no processo, **poderá oficiar ao Ministério Público, para eventual denúncia por crime de abandono material.**

Como esse assunto foi cobrado em provas de concursos públicos

2018 – Banca: FUNDEP (Gestão de Concursos) – Órgão: MPE-MG – Prova: FUNDEP (Gestão de Concursos) - 2018 - MPE-MG - Promotor de Justiça Substituto. Assinale a alternativa INCORRETA sobre Cumprimento de Sentença e/ou Processo de Execução: "No cumprimento de sentença que reconheça a exigibilidade de obrigação de prestar alimentos, verificada a conduta procrastinatória do executado, o juiz deverá, se for o caso, dar ciência ao Ministério Público dos indícios da prática do crime de abandono material."

RESUMO

CUMPRIMENTO DE SENTENÇA DE PAGAR ALIMENTOS
1. Procedimentos
Existem dois procedimentos, a depender do momento em que os alimentos são executados: cumprimento dos alimentos recentes (permite prisão), e cumprimento dos alimentos pretéritos (somente penhora).
1.1. Alimentos recentes
O devedor será intimado em 3 dias, para realização do pagamento, ou justificar a impossibilidade de fazê-lo. Caso a sua justificativa seja rejeitada, ou não haja o pagamento, será decretada sua prisão, em regime fechado, pelo prazo de 1 a 3 meses.
1.2. Alimentos pretéritos
São executáveis mediante o procedimento do art. 523 e seguintes do CPC, admitindo-se a penhora dos bens do devedor, com multa e honorários do § 1º.
2. Alimentos do executado empregado
Basta que o juiz oficie ao empregador do devedor, para que este proceda ao desconto em folha de pagamento.
3. Alimentos indenizatórios
São aqueles devidos em razão da prática de um ato ilícito.
4. Considerações
A obrigação alimentar poderá ser fixada em salários mínimos, e, eventualmente, o juiz poderá oficiar ao MP para a verificação da prática de crime de abandono de incapaz.

GABARITO

1	C	**2**	A	**3**	A	**4**	E	**5**	C
6	B	**7**	D	**8**	B	**9**	Errado	**10**	B

CAPÍTULO 34

CUMPRIMENTO DE SENTENÇA EM FACE DA FAZENDA PÚBLICA

RECADO

Caro (a) leitor (a), entraremos agora em uma unidade cujo tema sofreu grandes avanços no CPC/2015. Trata-se do cumprimento de sentença em Face da Fazenda Pública.

QUESTÕES

1. **(2019 – VUNESP – Prefeitura de Valinhos – SP – Procurador)** No cumprimento de sentença que reconheça a exigibilidade de obrigação de pagar quantia certa pela Fazenda Pública, é correto afirmar:

A) não ocorrendo o pagamento voluntário no prazo de 15 (quinze) dias, o débito será acrescido de multa de dez por cento.

B) havendo pluralidade de exequentes, cada um deverá apresentar o seu próprio demonstrativo discriminado e atualizado do crédito.

C) o prazo para impugnar a execução é de 15 (quinze) dias contados da intimação de seu representante judicial, por carga, remessa ou meio eletrônico.

D) na impugnação, poderá ser arguida qualquer causa modificativa ou extintiva da obrigação, desde que anterior ao trânsito em julgado da sentença.

E) o pagamento de obrigação de pequeno valor será realizado no prazo de 2 (dois) meses, contados do trânsito em julgado da decisão que julgar a impugnação à execução.

2. **(2019 – COMPERVE – Prefeitura de Parnamirim – RN – Advogado)** A execução de sentenças contra a Fazenda Pública sofreu profundas mudanças quando da publicação do novo Código de Processo Civil. Mesmo considerando a peculiaridade inerente aos entes públicos, dentre essas mudanças, está a

A) execução no mesmo processo em que a sentença foi proferida, na fase de cumprimento, a exemplo do que já ocorria com particulares no antigo Código.

B) possiblidade de aplicação da multa de 10% do valor da condenação em caso do não cumprimento espontâneo da sentença em 15 dias.

C) citação, na pessoa de seu representante legal, para embargar em 30 dias o cumprimento de sentença.

D) possibilidade de efeito suspensivo automático, ainda que parcial a impugnação, da execução que perdurará até o julgamento da improcedência da impugnação.

3. **(2019 – FUNCERN – Prefeitura de Jardim de Piranhas – RN – Procurador Adjunto)** Acerca do cumprimento de sentença que reconheça a exigibilidade de obrigação de pagar quantia certa pela Fazenda Pública, o Código de Processo Civil assevera que

A) o exequente deve requerer que a Fazenda Pública apresente demonstrativo discriminado e atualizado do crédito indicando o índice de correção adotado.

B) o exequente deve apresentar demonstrativo discriminado e atualizado do crédito indicando o índice de correção adotado.

C) não ocorrendo o pagamento voluntário no prazo de quinze dias, o débito será acrescido de multa de dez por cento.

D) tratando-se de impugnação parcial, a parte não questionada pela fazenda executada não poderá ser objeto de cumprimento.

4. **(Ano: 2019 – Banca: VUNESP – Órgão: Prefeitura de Arujá – SP – Prova: VUNESP – 2019 – Prefeitura de Arujá – SP – Advogado)** Tendo sido a Fazenda Pública condenada ao pagamento de quantia certa, assinale a alternativa correta quanto ao cumprimento da sentença.

A) Não efetuando o pagamento da condenação no prazo legal, a dívida exequenda será acrescida de multa de 10% (dez por cento) e honorários advocatícios.

B) Cabe à Fazenda Pública apresentar demonstrativo atualizado de seu débito, a fim de que se inicie o cumprimento da sentença.

C) A Fazenda Pública poderá opor-se ao cumprimento da sentença por meio de impugnação, que será apresentada em autos apartados.

D) Não impugnada a execução ou rejeitadas as alegações da executada, o pagamento da obrigação se dará no prazo de 3 (três) meses, quando se tratar de requisição de pequeno valor.

E) Em impugnação, a Fazenda Pública pode arguir qualquer causa extintiva da obrigação, como pagamento, prescrição ou compensação, desde que supervenientes ao trânsito em julgado da sentença.

5. **(2019 – NC-UFPR – Prefeitura de Curitiba – PR – Procurador)** A respeito do cumprimento de sentença e da execução contra a Fazenda Pública, assinale a alternativa correta.

A) Nos embargos à execução fundada em título extrajudicial, a Fazenda Pública não poderá alegar incompetência absoluta ou relativa do juízo da execução, já que tal matéria deve ser discutida em exceção de incompetência.

B) No cumprimento de sentença que reconheça a exigibilidade de obrigação de pagar quantia certa pela Fazenda Pública, após intimada, esta terá o prazo de 15 (quinze) dias para o pagamento da dívida, sob pena de incidência da multa de 10% (dez por cento) do valor executado.

C) Na execução fundada em título extrajudicial, a Fazenda Pública será citada para opor embargos em 60 (sessenta) dias.

D) No cumprimento de sentença que reconheça a exigibilidade de obrigação de pagar quantia certa pela Fazenda Pública, considera-se inexigível a obrigação reconhecida em título executivo judicial fundado em lei ou ato normativo considerado inconstitucional pelo Supremo Tribunal Federal.

E) No cumprimento de sentença para pagamento de quantia certa contra a Fazenda Pública, caso a executada apresente impugnação parcial, o cumprimento da parte não questionada ficará suspenso até decisão final da impugnação.

6) **(Ano: 2019 – Banca: CESPE – Órgão: TJ-DFT – Prova: CESPE – 2019 – TJ-DFT – Titular de Serviços de Notas e de Registros – Remoção)** Um cidadão ajuizou ação de cobrança em desfavor do município no qual reside. Após o regular trâmite processual, o pedido foi julgado procedente e o município foi condenado ao pagamento de quinze salários mínimos. Como não houve recurso, a sentença transitou em julgado. Porém, em razão do não cumprimento do disposto em sentença pelo município, o advogado do autor apresentou petição de cumprimento de sentença. Uma vez que a petição apresentada está regular, o juiz, à luz do disposto no Código de Processo Civil, deverá determinar

A) a intimação da procuradoria do município para que apresente impugnação no prazo de trinta dias.

B) a citação da procuradoria do município para que, no prazo de trinta dias, promova o pagamento do valor da condenação ou apresente embargos, sob pena de penhora de bens.

C) a intimação da procuradoria para que, no prazo de quinze dias, promova o pagamento do valor da condenação, sob pena de incidência de multa diária de 2%.

D) a intimação do chefe do executivo do município para que pague o valor da condenação ou demonstre, no prazo de trinta dias, a inclusão desse valor no orçamento municipal do ano seguinte.

E) a expedição de ordem de pagamento no valor integral da condenação, acrescido de multa no percentual de 15% sobre o valor da condenação.

7. **(2019 – VUNESP – TJ-AC – Juiz de Direito Substituto)** A execução contra a Fazenda Pública pode ser feita com base em título executivo judicial ou extrajudicial. Em relação ao cumprimento de sentença que reconheça a exigibilidade de obrigação de pagar quantia certa pela Fazenda Pública, cabe asseverar que

A) a alegação de impedimento ou suspeição do Juiz da causa deve ser feita como preliminar de impugnação.

B) a executada será intimada pessoalmente na pessoa de seu representante judicial, por carga, remessa ou meio eletrônico, para, querendo, impugnar a execução no prazo de 15 (quinze) dias.

C) não impugnada a execução, por ordem do juiz, será expedida requisição de obrigação de pequeno valor, a ser quitada pela Executada no prazo de 3 (três) meses contados da entrega da requisição à devedora.

D) a Executada, nos próprios autos, poderá impugnar a execução arguindo incompetência absoluta ou relativa do juízo da execução.

8. **(2019 – CESPE – PGE-PE – Analista Administrativo e de Procuradoria)** A respeito de liquidação e cumprimento de sentença, da execução contra a fazenda pública e dos auxiliares da justiça, julgue o item a seguir, à luz do Código de Processo Civil. Situação hipotética: Na fase de cumprimento de sentença que reconheceu a obrigação da fazenda pública de pagar quantia certa, o procurador responsável, com base na manifestação técnica da contadoria de seu órgão, embargou parcialmente os valores especificados no demonstrativo discriminado e atualizado do crédito. Assertiva: Nessa situação, o credor deverá aguardar o final do processo para receber a quantia total objeto do cumprimento, inclusive a incontroversa, que será paga por intermédio de expedição de precatório ou requisição de pequeno valor.

Certo

Errado

9. **(2018 – Banca: VUNESP – Órgão: Prefeitura de São Bernardo do Campo – SP – Prova: VUNESP – 2018 – Prefeitura de São Bernardo do Campo – SP – Assistente Jurídico)** No cumprimento de sentença que lhe impuser o dever de pagar quantia certa, a Fazenda Pública será

A) intimada, na pessoa de seu representante judicial, por carga, remessa ou meio eletrônico, para, querendo, no prazo de 30 (trinta) dias e nos próprios autos, impugnar a execução.

B) intimada, na pessoa de seu representante legal, por carga, remessa ou meio eletrônico, para, querendo, no prazo de 15 (quinze) dias e nos próprios autos, impugnar a execução.

C) citada, na pessoa de seu representante judicial, por carga, remessa ou meio eletrônico, para, querendo, no prazo de 15 (quinze) dias e nos próprios autos, impugnar a execução.

D) intimada, na pessoa de seu representante legal, por carga, remessa ou meio eletrônico, para, querendo, no prazo de 30 (trinta) dias e em autos apartados, impugnar a execução.

E) citada, na pessoa de seu representante judicial, por carga, remessa ou meio eletrônico, para, querendo, no prazo de 30 (trinta) dias e em autos apartados, impugnar a execução.

10. **(2018 – VUNESP – UNICAMP – Procurador Assistente)** A Fazenda Pública Municipal foi condenada ao pagamento de uma indenização por danos materiais e morais a favor de Nicanor das Dores, sendo que tal decisão encontra-se transitada em julgado. Nicanor pretende receber o valor da condenação. Nesse caso, é certo afirmar:

A) caso a executada, intimada para pagamento em quinze dias, não o faça, deverá pagar o saldo executado com multa de dez por cento além dos honorários de advogado.

B) a intimação para pagamento do saldo executado deverá ser feita exclusivamente por oficial de justiça, e para ser válida deve ser recebida pelo representante legal da executada.

C) uma vez intimado, deverá o representante legal da executada apresentar embargos à execução, que tramitarão em autos apartados, necessariamente a eles atribuído o efeito suspensivo.

D) inerte a executada após a intimação, ou, caso as razões de sua defesa sejam rejeitadas, se de pequeno valor a obrigação exequenda, deverá ser realizado o pagamento em dois meses contados da entrega da requisição, mediante depósito em agência oficial mais próxima da residência do exequente.

E) se além de Nicanor houvesse outro exequente, deveria ser apresentado um único demonstrativo de crédito, sendo que não há nesse caso qualquer limitação para o caso do litisconsórcio ativo.

1. MODELO SINCRÉTICO

Em primeiro lugar, **a maior inovação no que diz respeito à execução em face do ente público é o modelo sincrético adotado pelo Código**. No CPC passado, a execução em face da fazenda Pública era feita por processo autônomo. Assim, encerrada da fase de conhecimento, era necessária a abertura de uma nova realidade processual, para o recebimento de eventuais créditos.

Todavia, na legislação atual, conforme o próprio título sugere, **a realização da execução é feita por cumprimento de sentença**, ou seja, nos mesmos autos em que a obrigação é fixada. Não há mais a necessidade de abertura de uma nova realidade processual para a efetivação da decisão. Trata-se, portanto, da adoção do modelo sincrético.

2. PROCEDIMENTO

O cumprimento de sentença inicia-se por requerimento da parte. O CPC de 2015 trouxe todos os itens necessários à provocação inicial, constando as informações que devem compor a peça inaugural. **São elas, nos termos do art. 534 do CPC**:

> I – o nome completo e o número de inscrição no Cadastro de Pessoas Físicas ou no Cadastro Nacional da Pessoa Jurídica do exequente;
>
> II – o índice de correção monetária adotado;
>
> III – os juros aplicados e as respectivas taxas;
>
> IV – o termo inicial e o termo final dos juros e da correção monetária utilizados;
>
> V – a periodicidade da capitalização dos juros, se for o caso;
>
> VI – a especificação dos eventuais descontos obrigatórios realizados.

Assim, inaugura-se o procedimento com o requerimento nos próprios autos, desde que satisfaça as exigências do dispositivo acima. Há a possibilidade de o requerimento ser feito em litisconsórcio, com vários exequentes. Ora, é totalmente possível, tendo em vista a uniformidade usual de demandas em face do Ente Público. Nestes termos, **cada um dos exequentes deverá apresentar o seu memorial de cálculo, individualizado e discriminando os valores a ele devidos**. (art. 534, § 1º, CPC). Neste particular, há a possibilidade, ainda, de limitação do litisconsórcio ativo, caso estejamos diante de alguma das situações previstas no art. 113, § 1º do CPC.

Após a provocação inicial, **a Fazenda Pública será intimada, na pessoa de seu representante judicial (procurador) para em 30 (trinta) dias, apresentar a impugnação**. Algumas considerações iniciais são pertinentes neste primeiro momento.

Como esse assunto foi cobrado em provas de concursos públicos

Ano: 2018 – Banca: FGV – Órgão: AL-RO – Prova: FGV – 2018 – AL-RO – Analista Legislativo – Processo Legislativo. Acerca do cumprimento de sentença que reconhece obrigação de pagar quantia em face da Fazenda Pública, assinale a afirmativa correta. A Fazenda Pública será citada na pessoa de seu representante judicial, para o cumprimento de sentença. (incorreto).

A primeira delas diz respeito ao prazo de 30 dias estabelecido no dispositivo. **Ele seria contado de forma simples, ou de forma dobrada?**

PRAZO PARA IMPUGNAÇÃO	FORMA DE CONTAGEM
30 dias	O respectivo prazo não é contado em dobro, tendo em vista a previsão específica à Fazenda Pública

Ora, a princípio a Fazenda Pública teria o prazo dobrado para todas as suas manifestações processuais, nos termos do art. 183, "caput" do CPC/2015. Entretanto, quando o prazo estabelecido no CPC for exclusivamente do ente público, como no caso em análise, ele não será contado de forma dobrada, mas simples. **Assim, sem sombra de dúvidas, o prazo será efetivamente de 30 (trinta) dias, e não de 60 (sessenta) dias.**

Outra questão a ser ventilada é a seguinte: a execução em face do ente público não se dará através de penhora e expropriação de bens. Pelo princípio da continuidade do serviço público, as penhoras realizadas em conta dos entes poderiam paralisar a prestação de serviços. Assim, ao ser intimada, a Fazenda **não recebe esta comunicação processual para a realização do pagamento da obrigação,** mas somente para apresentar a impugnação. **Por este motivo, a multa do art. 523 do CPC não é compatível com o cumprimento de sentença em Face da Fazenda.**

As bancas costumam cobrar se a imposição da multa é aplicável ao cumprimento de sentença em face da Fazenda Pública. **Conforme já mencionado, o dispositivo é incompatível com essa execução especial.**

Como esse assunto foi cobrado em provas de concursos públicos

2018 – VUNESP – Prefeitura de Sorocaba – SP – Procurador do Município. "A respeito da execução contra a Fazenda Pública, assinale a alternativa correta. "Intimada a Fazenda Pública, não ocorrendo a concordância com a execução ou a apresentação de impugnação em até 15 dias, o débito será acrescido de multa de dez por cento e, também, de honorários de advogado de dez por cento do valor executado". (incorreto)

2.1. Impugnação

A impugnação, à semelhança do que ocorre com o cumprimento de pagar quantia certa, somente pode versar sobre matéria predeterminadas em lei. Costuma-se dizer que é um incidente de fundamentação vinculada, à medida que matérias restritas podem ser alegadas pelo ente Público. **Estas matérias encontram-se no art. 535 do CPC**.

O Julgamento da impugnação**, caso não tenha como consequência a extinção da execução, importa em decisão interlocutória**, passível de agravo de instrumento. Por outro lado, sendo acolhida a impugnação e tendo como consequência a extinção do procedimento executivo, é cabível o recurso de apelação.

As matérias alegáveis encontram-se nos incisos do art. 535 do CPC. As bancas costumam chamar atenção e realizar a cobrança, entre outros temas, do disposto no inciso VI do dispositivo legal. Note-se que as causas de extinção da obrigação que podem ser alegadas pelo ente público **são aquelas posteriores ao trânsito em julgado**. Eventuais matérias que deveriam ter sido apresentadas na fase de conhecimento estão acobertadas pela preclusão.

2.2. Julgamento e consequências

Julgada a impugnação (ou mesmo sequer apresentada), e ainda existente o crédito, **será expedido o competente RPV**, ou mesmo a execução deverá ser feita por meio de precatório, **a depender do valor a ser recebido**. Há uma diferença procedimental importante entre as duas figuras. A requisição de pequeno valor é realizada por meio de intimação pelo próprio juiz da causa. Por outro lado, o precatório é consolidado e estabelecido por meio do presidente do Tribunal, cabendo ao juiz da causa realizar tão somente o ofício requisitório, com as informações enviadas ao respectivo Tribunal para a formação do instrumento.

Como esse assunto foi cobrado em provas de concursos públicos

Ano: 2018 – Banca: FCC – Órgão: DPE-AM – Prova: FCC – 2018 – DPE-AM – Defensor Público. Reaplicação "Nas demandas contra a Fazenda Pública, à luz das disposições do Código de Processo Civil, não impugnada a execução ou rejeitadas as arguições da executada, o próprio juiz da causa expedirá precatório em favor do exequente. (incorreto)".

É possível a realização do cumprimento da parte incontroversa da execução. Não se confunda este instituto com o cumprimento provisório da sentença condenatória contra a Fazenda, o que não é permitido. O cumprimento provisório é incompatível com o sistema adotado em nossa constituição, para o recebimento em face da fazenda. Um exemplo poderá clarear as duas situações distintas:

Imagine que haja um cumprimento em face de um determinado Estado, em que os cálculos apresentados pelo exequente somam a quantia de R$ 1.000.000,00 (um milhão de reais). A respectiva procuradoria apresenta impugnação, alegando que o correto valor é de R$ 700.000,00 (setecentos mil reais). Assim, perceba-se que parte do crédito, em execução definitiva, tornou-se incontroverso. O que permite o CPC é a execução do valor não impugnado, que, de certo, já está acobertado pelo trânsito em julgado.

Por outro lado, imagine que a mesma condenação tenha sido proferida por um juiz de primeira instância e que ela tenha sido confirmada pelo Tribunal, mas ainda se encontra pendente Recurso especial. Ora, não há a possibilidade de execução provisória em face do Ente Público, de forma que haverá a necessidade de aguardar o transito em Julgado para realizar-se o cumprimento.

RESUMO

CUMPRIMENTO DE SENTENÇA EM FACE DA FAZENDA PÚBLICA
1. Modelo Sincrético
Trata-se da mudança de paradigma, do CPC passado para o atual. Atualmente o cumprimento da sentença faz-se por meio de mera fase processual, não demandando ação autônoma para tanto.
2. Procedimento
Requerimento da parte, posteriormente intimação na pessoa do procurador, para apresentação de impugnação. Após, é expedido o competente RPV, ou o cumprimento continua por precatório.

GABARITO

1	E	**2**	A	**3**	B	**4**	E	**5**	D
6	A	**7**	D	**8**	Errado	**9**	A	**10**	D

CAPÍTULO 35

CUMPRIMENTO DE SENTENÇA DE OBRIGAÇÃO DE FAZER, NÃO FAZER

RECADO

Caro (a) Leitor (a), iniciaremos agora o cumprimento da obrigação de fazer, não fazer, matéria que se inicia no art. 536 do CPC.

QUESTÕES

1. (2016 – FCC – PGE-MT – Analista) No cumprimento de sentença que reconheça a exigibilidade de obrigação de fazer ou não fazer, para a efetivação da tutela específica, o juiz poderá,

A) de ofício ou a requerimento, impor multa, em decisão passível de cumprimento provisório, permitindo-se o levantamento do valor após o trânsito em julgado da sentença favorável à parte.

B) desde que a requerimento da parte, determinar busca e apreensão de pessoas e coisas, cujo mandado será cumprido por um oficial de justiça.

C) de ofício ou a requerimento, impor multa, em decisão passível de cumprimento provisório, permitindo-se o levantamento imediato do valor, independentemente do trânsito em julgado da sentença favorável à parte.

D) desde que a requerimento, impor multa, em decisão passível de cumprimento provisório, permitindo-se o levantamento imediato do valor, independentemente do trânsito em julgado da sentença favorável à parte.

E) desde que a requerimento da parte, impor multa que será devida desde o dia em que se configurar o descumprimento, até a prolação da sentença.

2. **(2016 – MPE-SC – Promotor de Justiça Substituto)** No que se refere às astreintes, não havendo limite máximo de valor para a multa, tomando-se em conta sua natureza jurídica, reconhece o Superior Tribunal de Justiça ser lícito ao magistrado, de ofício ou a requerimento das partes, alterar o montante a qualquer tempo, inclusive na fase de execução, quando modificada a situação para a qual foi imposta.

   Certo

   Errado

3. **(Ano: 2018 – Banca: FCC – Órgão: DPE-AP – Prova: FCC – 2018 – DPE-AP – Defensor Público)** No cumprimento de sentença que reconheça a exigibilidade de obrigação de fazer ou de não fazer,

A) o executado incidirá nas penas de litigância de má-fé quando injustificadamente descumprir a ordem judicial, prejudicada a responsabilização por crime de desobediência.

B) o mandado de busca e apreensão de pessoas e coisas será cumprido por dois oficiais de justiça, defeso o arrombamento.

C) o juiz poderá, de ofício ou a requerimento, modificar o valor ou a periodicidade da multa vincenda, ou excluí-la, caso verifique que se tornou insuficiente ou excessiva e que o obrigado demonstrou cumprimento parcial superveniente.

D) a multa depende de requerimento da parte e poderá ser aplicada em qualquer fase do processo, de conhecimento, em tutela provisória ou em fase de execução.

E) a decisão que fixa a multa não é passível de cumprimento provisório, só se permitindo sua execução com o trânsito em julgado da sentença favorável à parte.

4. **(2017 – CESPE – Prefeitura de Fortaleza – CE – Procurador do Município)** Julgue o item seguinte, com base no que dispõe o CPC sobre atos processuais, deveres das partes e dos procuradores e tutela provisória. De acordo com o STJ, a sentença declaratória que reconheça a exigibilidade de obrigação de pagar quantia, de fazer, de não fazer ou de entregar coisa constitui título executivo judicial.

   Certo

   Errado

5. **(2018 – VUNESP – TJ-RJ Juiz Leigo)** Em relação à ação de obrigação de fazer, para o fornecimento de medicamento à pessoa hipossuficiente, promovida em face da Fazenda Pública, e a imposição de multa diária, assinale a alternativa correta.

A) O valor e a periodicidade da multa não poderão ser modificados, exceto por recurso das partes.

B) A multa depende de requerimento da parte e somente pode ser aplicada após a sentença.

C) É permitida a imposição de multa diária para compelir o cumprimento de ofício.

D) O ente estatal não está sujeito à multa diária cominatória.

E) O valor da multa será devido ao Fundo de Assistência Judiciária.

6. **(2016 – FAURGS – TJ-RS – Juiz de Direito Substituto)** Na vigência do Novo Código de Processo Civil, instituído pela Lei nº 13.105/2015, Susan propõe ação pedindo que Frederico se abstenha de produzir ilegalmente ruídos em excesso. Apresenta, ainda, na petição inicial, pedido de antecipação de tutela. O juiz, ao despachar a inicial, concede ordem de não fazer, fixando multa de R$ 5.000,00 para caso de descumprimento. Cerca de 20 dias depois da intimação pessoal de Frederico, Susan verifica que ele está fazendo ingressar, no pátio de sua residência, potentes caixas de som e instrumentos musicais elétricos. Susan peticiona, juntando fotografias, vídeos e uma ata notarial, que dão conta de tais fatos, e afirma que, caso o som seja produzido, sofrerá danos materiais na ordem de R$ 5.000,00. Nesse contexto, é correto afirmar que, em tese,

A) o juiz não pode alterar a técnica executiva para outra mais contundente, uma vez que o comando de não fazer emitido em sede liminar não foi desrespeitado.

B) o juiz não pode aumentar o valor da multa, considerando que R$ 5.000,00 é valor suficiente para indenizar Frederico em caso de descumprimento da ordem.

C) o juiz poderá alterar a técnica executiva para outra mais contundente, mas não poderá utilizar força policial, por não se tratar de direitos indisponíveis.

D) o juiz poderá alterar a técnica executiva para outra mais contundente, como determinar a busca e apreensão dos cabos de ligação dos equipamentos de som à rede elétrica.

E) o juiz poderá alterar a técnica executiva para outra mais contundente, desde que promova a oitiva do Ministério Público na condição de fiscal da lei.

7. **(2018 – Banca: FCC – Órgão: DPE-AP – Prova: FCC – 2018 – DPE-AP – Defensor Público)** No cumprimento de sentença que reconheça a exigibilidade de obrigação de fazer ou de não fazer,

A) o executado incidirá nas penas de litigância de má-fé quando injustificadamente descumprir a ordem judicial, prejudicada a responsabilização por crime de desobediência.

B) o mandado de busca e apreensão de pessoas e coisas será cumprido por dois oficiais de justiça, defeso o arrombamento.

C) o juiz poderá, de ofício ou a requerimento, modificar o valor ou a periodicidade da multa vincenda, ou excluí-la, caso verifique que se tornou insuficiente ou excessiva e que o obrigado demonstrou cumprimento parcial superveniente.

D) a multa depende de requerimento da parte e poderá ser aplicada em qualquer fase do processo, de conhecimento, em tutela provisória ou em fase de execução.

E) a decisão que fixa a multa não é passível de cumprimento provisório, só se permitindo sua execução com o trânsito em julgado da sentença favorável à parte.

8. **(Ano: 2018 – Banca: Quadrix – Órgão: CRM-PR – Prova: Quadrix – 2018 – CRM-PR – Advogado)** Com base no CPC/2015, julgue o item seguinte acerca do cumprimento de sentença. Os princípios da disponibilidade da execução e da inércia são, em alguma medida, relativizados pela possibilidade de o juízo dar início, de ofício, ao cumprimento de sentença de obrigação de fazer, não fazer, entregar coisa e pagar quantia certa.

   Certo
   Errado

9. **(2019 – CESPE – Prefeitura de Boa Vista – RR – Procurador Municipal)** A respeito de tutela provisória, resposta do réu e juizado especial de fazenda pública, julgue o item que se segue. O deferimento de tutela provisória em ação de obrigação de não fazer permite que o juiz determine, de ofício, a imposição de multa no caso de descumprimento da ordem judicial, além de remoção e de busca e apreensão de coisas.

   Certo
   Errado

1. ATIPICIDADE DOS MEIOS EXECUTIVOS

CPC estabelece que a execução das obrigações de fazer e não fazer serão feitas conforme o art. 536 do Código de processo Civil.

O dispositivo legal, porém, **consagra a atipicidade dos meios executivos**, somente mencionando que o juiz poderá realizar a efetivação do pedido ou a garantia do resultado prático equivalente por todos os meios necessários a tanto.

O procedimento inicia-se por simples petição nos autos, ou de ofício, de acordo com o o estabelecido no Código. Assim, ao contrário do que ocorre com o cumprimento de pagar quantia certa, **na execução de obrigação de fazer o juiz poderá impor a medida, e iniciar o procedimento mesmo sem o requerimento da parte**.

Esse início de ofício pode ser verificado, por exemplo, nas sentenças que condenam o réu a retirar o nome do autor do SERASA. Ora, o juiz poderá intimar a parte para realizar a obrigação, impondo na sentença multa diária pelo seu descumprimento. Trata-se de medida de implantação de ofício da atividade executiva.

Como esse assunto foi cobrado em provas de concursos públicos

Ano: 2017 – Banca: CONSULPLAN – Órgão: TJ-MG – Prova: CONSULPLAN – 2017 – TJ-MG – Titular de Serviços de Notas e de Registros – Remoção. Com relação à liquidação e cumprimento de sentença, analise as seguintes assertivas: A multa decorrente do descumprimento de obrigação de fazer ou não fazer depende do requerimento da parte, não podendo ser aplicada de ofício pelo magistrado. (incorreto)

Assim, o juiz poderá tomar as medidas necessárias para que a sua decisão judicial possa ser cumprida. O Rol do § 1º do dispositivo é meramente exemplificativo, **de forma que o juiz poderá adotar outras medidas**, desde que não suplantem as garantias constitucionais do processo, para realizar o cumprimento da obrigação.

1.1. Posicionamentos do Superior Tribunal de Justiça sobre as medidas de apoio

A questão do cumprimento de sentença da obrigação de fazer ou não fazer foi objeto de intensos debates jurisprudenciais no CPC anterior. Assim, algumas posições do STJ, apesar de terem sido tomadas na legislação revogada, ainda se encontram aplicáveis na atualidade. **Desta forma, as traremos neste material, para aprofundamento dos estudos.**

Em primeiro lugar, o STJ posiciona-se pela possibilidade de bloqueio de verbas públicas, caso estejamos diante da garantia do direito à vida, ou à saúde; Desta feita, quando discutido como objeto processual o direito à vida de alguém ou mesmo a saúde, **pode ser realizado o bloqueio de repasse de verbas, para fins de cumprimento da obrigação**.

Assim, imagine-se uma obrigação de fazer, consistente em fornecimento de um determinado medicamento extremamente urgente e necessário à manutenção da vida do autor. Neste caso, na hipótese de omissão do ente público, **seria possível o bloqueio de conta ou repasse de verbas para a efetivação da decisão.** Note-se, contudo, que somente quando o direito à vida ou à saúde estiverem envolvidos será possível este expediente. Confira-se:

Dessa forma, é lícito o magistrado adotar, com o intuito de promover a efetivação da tutela, medida judicial que não esteja explicitamente prevista no § 5º do art. 461, mormente na hipótese em que a desídia do ente estatal frente a comando judicial possa implicar grave lesão à saúde ou risco à vida da parte demandante, uma vez que, nessas hipóteses, o direito fundamental à saúde (arts. 6º e 196 da CF) prevalece sobre os interesses financeiros da Fazenda Nacional. Precedentes citados: EREsp 770.969-RS, Primeira Seção, DJ 21/8/2006; REsp. 840.912-RS, Primeira Turma, DJ 23/4/2007; e REsp. 1.058.836/RS, Segunda Turma, DJe 1º/9/2008. REsp 1.069.810-RS**, Rel. Min. Napoleão Nunes Maia Filho, julgado em 23/10/2013. Informativo 532, STJ.**

Questão que se discutiu, também, se é possível a prisão do executado, quando ele descumpre a obrigação de fazer ou não fazer. Assim, estaria no rol do art. 461, § 5º do CPC a possibilidade de prisão do devedor ou não. **O Posicionamento atual do STJ estabelece que o juiz cível não pode decretar a prisão do executado, mas tão somente encaminhar os autos ao ministério público**, para providências. Confira-se:

Neste sentido: "**Não é possível que o magistrado**, ao conceder tutela antecipada no âmbito de processo cível cujo objeto não consista em obrigação de natureza alimentícia, **efetue ameaça de decretação de prisão para o caso de eventual descumprimento dessa ordem judicial**, sob a justificativa de que, nesse caso, configurar-se-ia crime de desobediência (art. 330 do CP). Rel. Min. Paulo de Tarso Sanseverino, julgado em 5/3/2013. Informativo 517, STJ".

Assim, apesar de serem posicionamentos anteriores à nova legislação, não há impedimentos de aplicação à luz do CPC/2015, inclusive para cobrança em provas de concursos.

2. MULTA COMO FORMA EXECUTIVA

Um dos meios mais frequentes de medida de apoio, estabelecida na prática, é a imposição de multa periódica.

A primeira questão que deve ser colocada é que **o Superior Tribunal de Justiça entende que a cobrança da multa depende de prévia intimação pessoal do devedor para cumpri r a obrigação principal**, nos termos da súmula 410 do STJ. Outra questão que deve ser entendida é que o juiz poderá impor a multa de ofício, independente de pedido do autor, conforme dicção do próprio art. 537 do CPC. Assim, pode ser concedida e fixada de ofício a multa diária.

O art. 537, § 1º do CPC estabelece que o juiz poderá alterar a periodicidade ou o valor da multa. Assim, no momento do descumprimento da obrigação,

o juiz poderá modular o valor da multa, para fazer a coerção necessária ao cumprimento da obrigação. Questão interessante diz respeito à possibilidade de redução do valor final da multa, após o encerramento da fase de conhecimento em primeira instância.

Imagine que Antônio sofra ação, cujo objeto encerre uma obrigação de fazer. Ao ser proferida a sentença, o juiz fixa multa diária de R$ 500,00 (quinhentos reais) por descumprimento da obrigação. O montante total da multa, por desídia do devedor, alcança o valor de R$ 300.000,00 (trezentos mil reais). Antônio vai até o STJ, buscando reduzir o montante final das astreintes. Seria possível a redução?

Duas são as correntes existentes no STJ sobre os critérios utilizados para a redução da multa diária.

A Terceira turma Só admite a redução das astreintes quando o réu comprova impossibilidade extraordinária de cumprimento da obrigação. Se o não cumprimento resultar de sua própria desídia, não é cabível a redução, por mais elevado que o valor seja diminuído. (REsp 1.229.335-SP**, Rel. Min. Nancy Andrighi, julgado em 17/4/2012).**

Já para a Quarta Turma o filtro para redução, não seria a impossibilidade ou não do réu em cumpri-la, mas sim a proporcionalidade. Assim, seria possível a redução, de acordo com o princípio da proporcionalidade, quando a multa se tornar exorbitante, evitando-se o enriquecimento ilícito. (**AgRg no** REsp 692.932-RS**, Rel. Min. Luis Felipe Salomão, julgado em 15/2/2011)**

Portanto, não se confunda a possibilidade de redução, pelo juiz, no momento de sua imposição, da possibilidade de minoração ao final da demanda, em eventuais fases recursais. Na primeira ocasião, **o próprio CPC prevê expressamente que o juiz pode livremente modular o valor da obrigação**, justamente ao verificar a situação do caso concreto. **Já a possibilidade de revisão final ainda há entendimentos diversos no próprio Superior Tribunal de Justiça.**

Aliás, o próprio CPC prevê os motivos pelos quais o juiz poderá alterar o valor da multa, na imposição da obrigação. Como a multa é medida de execução indireta, deve servir para criar um temor no devedor. **Se a multa for insuficiente para gerar este medo, pode ser majorada**. Todavia, **caso se verifique que a multa tornou-se excessivamente alta,** também não servindo à realidade de criar um temor no devedor, porquanto encontra-se muito fora da realidade, poderá ser minorada. (art. 537, § 1º, I, CPC).

Um exemplo poderá clarear melhor a situação: Imagine que Pedro tenha obtido uma liminar contra uma instituição financeira, para a retirada de seu nome dos cadastros restritivos de crédito. Ao deferir a tutela, o juiz fixa multa diária de 50 reais por dia. O Banco, ao analisar a parca multa, não cumpre a obrigação. Assim, o juiz, verificando a sua insuficiência, poderá aumentá-la para, por exemplo, R$ 500,00 (quinhentos reais), a fim de criar o temor exigido pela norma.

Por outro lado, **o juiz poderá modificar o valor da multa, caso o obrigado tenha demonstrado que cumpriu parcialmente a obrigação**. Assim, o juiz verifica a boa-fé em sua conduta e o esforço para adequar-se à decisão e, portanto, lhe concede uma redução parcial, baseado no cumprimento.

Ainda, caso o executado alegue justa causa para o descumprimento, **como dependência de terceiros**, por exemplo, o juiz poderá operar a modificação no valor da obrigação.

Outro exemplo: Imagine que determinado empresário realiza um loteamento fechado em uma cidade. Após o prazo de entrega, as obras não são totalmente concluídas. O Juiz, ao analisar uma demanda individual, fixa multa diária de mil reais para a entrega. Entretanto, o réu comprova que a estrutura ainda não foi entregue por conta de atraso na Companhia de saneamento básico, ou seja, por força de terceiros.

2.1. Momento de exigibilidade da multa

Questão interessante a saber é a **partir de que momento a multa pode ser cobrada efetivamente do devedor.** Se de imediato ou após o trânsito em julgado da decisão judicial.

O CPC/2015 houve por bem primar pela segurança jurídica no recebimento da multa. Assim, estabeleceu um sistema misto em seu cumprimento provisório. **Caso o autor queira executar a multa antes do trânsito em julgado, é perfeitamente possível.** Entretanto, os valores eventualmente percebidos não podem ser imediatamente usufruídos pelo credor. **Devem ser depositados em juízo.** Seu levantamento está condicionado ao trânsito em julgado, após a finalização da relação processual, nos termos do art. 537, § 3º do CPC.

Nos termos do § 2º do mesmo dispositivo legal, o valor da multa é devido ao exequente. (credor).

Por fim, resta mencionar que a multa será devida desde a data do descumprimento da obrigação, até a sua efetiva satisfação. (art. 537, §4º).

Como esse assunto foi cobrado em provas de concursos públicos

2017 – PUC-PR – TJ-MS – Analista Judiciário. Acerca do cumprimento de sentença, nos termos do Código de Processo Civil, é CORRETO afirmar: No cumprimento de sentença que reconheça exigibilidade de obrigação de fazer ou de não fazer, a decisão que fixa a multa (astreintes) não é passível de cumprimento provisório, pois o levantamento do valor somente pode ser realizado após o trânsito em julgado da sentença favorável à parte.

RESUMO

CUMPRIMENTO DE SENTENÇA DE OBRIGAÇÃO DE FAZER E NÃO FAZER
1. Atipicidade dos meios executivos
O CPC de 2015 somente enumera alguns meios executivos, os quais não são taxativos, para a imposição da obrigação de fazer e não fazer. Assim, o meio executivo adequado para a realização deverá ser encontrado pelo juiz. Entretanto, os Tribunais Superiores, notadamente o STJ, limitam os meios ao menor sacrifício do executado, conforme decisões vistas.
1.1. Posicionamentos do STJ
É possível o bloqueio de verbas públicas, quando o direito à vida ou à saúde estiverem envolvidos no cumprimento da obrigação. Não é possível a prisão do devedor, como forma de coação ao cumprimento de obrigação de fazer.
2. Multa como forma executiva
2.1. Momento de exigibilidade
Em regra, a multa somente pode ser exigida após o trânsito em julgado da obrigação. Todavia, é possível a sua exigência anterior, por meio de cumprimento provisório. Entretanto, o valor ficará depositado em juízo, somente podendo ser levantado após o trânsito em julgado da relação processual.

GABARITO

1	A	**2**	Certo	**3**	C	**4**	Correto	**5**	C
6	D	**7**	C	**8**	Errado	**9**	Certo		

CAPÍTULO 36

PROCEDIMENTOS ESPECIAIS

RECADO

Caro (a) leitor(a), no processo de conhecimento podem ser adotados dois procedimentos: comum (artigo 319, CPC/2015) e especial (previstos a partir do artigo 539, do CPC/2015, e em legislação extravagante). Nessa unidade vamos estudar os principais Procedimentos Especiais previstos pelo CPC/2015.

QUESTÕES

1. **(2019 – CONSULPLAN – TJ-MG – Titular de serviços de notas e registros (remoção)** Isabelle P. firmou contrato com obrigação de pagamento em dinheiro e entrega de coisa em favor de Pedro B., com vencimento de prestações a cada mês, com local de pagamento no domicílio do credor (obrigação portável), com fixação de cláusula resolutória em caso de não pagamento e mora. Pedro B., por sua vez, arrependido das condições firmadas entre as partes, tenta recusar o pagamento e receber a coisa, criando embaraços para o recebimento. Ciente das previsões atinentes à consignação em pagamento, é correto afirmar que:

A) Tratando-se de múltiplas obrigações – pagamento em dinheiro e entrega de coisa – Isabelle P. deverá ajuizar a competente ação de consignação em pagamento, vez que não será possível a utilização da via extrajudicial.

B) Tratando-se de obrigação em dinheiro, poderá o valor ser depositado em estabelecimento bancário, oficial onde houver, situado no lugar do pagamento, cientificando-se Pedro B., por carta com aviso de recebimento, assinado o prazo de dez dias para a manifestação da recusa.

C) Tratando-se de obrigação em dinheiro, poderá o valor ser depositado em estabelecimento bancário, oficial onde houver, situado no lugar do pagamento, cientificando-se Pedro B., por carta com aviso de recebimento, assinado o prazo de quinze dias para a manifestação da recusa.

D) Tratando-se de obrigação em dinheiro e entrega de coisa, poderá o valor ser depositado em estabelecimento bancário, oficial onde houver, situado no lugar do pagamento, cientificando-se Pedro B., por carta com aviso de recebimento, assinado o prazo de dez dias para a manifestação da recusa, ajuizando-se a ação de consignação quanto à entrega da coisa após o prazo de um mês.

2. **(2019 – FCC – MPE-MT – Promotor de Justiça Substituto)** No que tange às ações possessórias, é correto afirmar:

A) Contra as pessoas jurídicas de direito público poderá ser deferida de imediato a manutenção possessória, mas a reintegração liminar dependerá de prévia audiência dos respectivos representantes judiciais.

B) No litígio coletivo pela posse de imóvel, quando o esbulho ou a turbação afirmado na petição inicial houver ocorrido há menos de ano e dia, o juiz, antes de apreciar o pedido de concessão da medida liminar, deverá designar audiência de mediação, a realizar-se em até quinze dias.

C) É lícito ao autor cumular ao pedido possessório o de condenação em perdas e danos, mas a indenização dos frutos deverá ser pleiteada por ação autônoma.

D) Na pendência de ação possessória é possível, tanto ao autor quanto ao réu, propor ação de reconhecimento do domínio, que obstará a manutenção ou a reintegração de posse.

E) A propositura de uma ação possessória em vez de outra não obstará a que o juiz conheça do pedido e outorgue a proteção legal correspondente àquela cujos pressupostos estejam provados. No caso de ação possessória em que figure no polo passivo grande número de pessoas, serão feitas a citação pessoal dos ocupantes que forem encontrados no local e a citação por edital dos demais, determinando-se, ainda, a intimação do Ministério Público e, se envolver pessoas em situação de hipossuficiência econômica, da Defensoria Pública.

3. **(2019 – MPE-SC – MPE-SC – Promotor de Justiça substituto)** Conforme o Código de Processo Civil, no caso de ação possessória em que figure no polo passivo grande número de pessoas, serão feitas a citação pessoal dos ocupantes que forem encontrados no local e a citação por edital dos demais, determinando-se, ainda, a intimação do Ministério Público e, se envolver pessoas em situação de hipossuficiência econômica, da Defensoria Pública.

Certo

Errado

4. (2019 – MPE-SC – Promotor de Justiça) Estabelece o Código de Processo Civil que, quando o valor dos bens do espólio for igual ou inferior a 1.000 (mil) salários-mínimos, o inventário processar-se-á na forma de arrolamento. Se qualquer das partes ou o Ministério Público impugnar a estimativa, o juiz nomeará avaliador, que oferecerá laudo em 10 (dez) dias.

Certo

Errado

5. (2019 – VUNESP – TJ-RS – Titular de serviços de notas e registros) Consoante os ditames do Novo Código de Processo Civil, assinale a alternativa correta sobre o procedimento especial de inventário

A) O processo de inventário e de partilha deve ser instaurado dentro de 3 (três) meses, a contar da abertura da sucessão, ultimando-se nos 12 (doze) meses subsequentes.

B) O tabelião somente lavrará a escritura pública se todas as partes forem capazes e concordes, dispensando-se a assistência por advogado.

C) O inventário e a partilha podem ser feitos por escritura pública, a qual constituirá documento hábil para levantamento de importância depositada em instituições financeiras.

D) Não havendo testamento ou interessado incapaz, proceder-se-á ao inventário judicial.

E) O credor de dívida líquida e certa, ainda que vencida, pode requerer habilitação no inventário.

6. (2019 – FCC – TJ-AL – Juiz Substituto) Os embargos de terceiro podem ser

A) ajuizados pelo adquirente de bens cuja constrição decorreu de decisão que declara a ineficácia da alienação realizada em fraude à execução, dentre outras hipóteses.

B) impugnados em dez dias, após o que seguirão procedimento comum.

C) opostos até ser proferida a sentença nos autos em que ocorreu a constrição.

D) ajuizados somente pelo terceiro proprietário, ainda que fiduciário.

E) utilizados sempre para manutenção ou reintegração de posse, necessariamente em exame inicial e com prestação de caução pelo embargante.

7. (2019- VUNESP – TJ-RS – Titular de serviços de notas e registros (remoção)) Quem, não sendo parte no processo, sofrer constrição ou ameaça de constrição sobre bens que possua ou sobre os quais tenha direito incompatível com o ato constritivo, poderá requerer seu desfazimento ou sua inibição por meio de embargos de terceiro, a respeito do qual, é correto afirmar que

A) o possuidor direto, como autor da demanda, pode alegar a sua posse, mas não o domínio alheio.

B) acolhido o pedido inicial, o ato de constrição judicial indevida será cancelado, porém sem o reconhecimento do domínio, da manutenção da posse ou da reintegração definitiva do bem ou do direito ao embargante.

C) o juiz poderá condicionar a ordem de manutenção ou de reintegração provisória de posse à prestação de caução pelo requerente, ressalvada a impossibilidade da parte economicamente hipossuficiente.

D) os embargos serão distribuídos por dependência ao juízo que ordenou a constrição, correndo nos mesmo autos onde foi emanada a referida ordem.

E) serão legitimados passivos o sujeito a quem o ato de constrição aproveita, assim como a autoridade judicial que determinou a constrição.

8. (2017 – FCC – TJ-SC – Juiz Substituto) Mário propõe ação reivindicatória contra João Roberto, a quem acusa de ter invadido ilicitamente área imóvel de sua propriedade. Após a citação de João Roberto e oferecimento de sua contestação, ingressa nos autos José Antônio, alegando que o imóvel não é de Mário nem de João Roberto e sim dele, juntando documentos e pedindo a retomada do imóvel para si. A intervenção processual de José Antônio denomina-se

A) litisconsórcio.

B) chamamento ao processo.

C) denunciação da lide.

D) assistência litisconsorcial.

E) oposição.

9. (2019 – CONSULPLAN – TJ-MG – Titular de serviços de notas e registros) Segundo a Súmula 247 do STJ, o contrato de abertura de crédito em conta-corrente, acompanhado do demonstrativo de débito, constitui documento hábil para o ajuizamento em juízo de ação de interesse do credor. Nesse diapasão, considerando as diretrizes da referida súmula, é correto afirmar que a ação em questão é:

A) Monitória.

B) De cobrança.

C) De execução por quantia certa.

D) De execução em desfavor de devedor insolvente.

10. (2018 – FCC – DPE-MA – Defensor Público) A legitimidade ativa do Ministério Público para a ação de interdição

A) não apresenta qualquer restrição quanto ao fundamento da interdição, e é concorrente com os demais legitimados ordinários.

B) é restrita ao caso de doença mental grave, e é subsidiária, pois incidente somente quando os legitimados ordinários não existirem, forem incapazes ou, ainda, caso não promovam a interdição.

C) não apresenta qualquer restrição quanto ao fundamento da interdição, mas é subsidiária em relação aos legitimados ordinários, pois incidente somente quando os legitimados ordinários não existirem ou forem incapazes.

D) é restrita ao caso de doença mental grave, mas é concorrente em relação aos legitimados ordinários.

E) é restrita ao caso de doença mental grave, e é subsidiária, pois incidente somente quando os legitimados ordinários não existirem ou forem incapazes.

1. AÇÃO DE CONSIGNAÇÃO EM PAGAMENTO

1.1. Introdução

A consignação em pagamento **é uma modalidade de extinção da obrigação**, colocada à disposição do devedor, para os casos em que o pagamento não puder ser realizado em virtude da recusa do credor em receber ou em dar quitação ou, ainda, quando existir um obstáculo fático ou jurídico alheio à vontade do devedor que impossibilite o pagamento eficaz.

O devedor não pode ser deixado indefinidamente à mercê do credor malicioso ou displicente, ou seja, o vínculo obrigacional não pode se eternizar nem depender exclusivamente da vontade do credor. Assim, por meio da consignação em pagamento, admite-se o pagamento feito em juízo, independentemente da anuência do credor, mediante depósito. **É, pois, uma ação declarativa, já que a sentença se limita a dar eficácia liberatória geral, em razão do depósito promovido pelo devedor**.

O depósito judicial liberatório é cabível quando houver impossibilidade real de pagamento, seja pela recusa injusta do credor em receber a prestação, seja por desconhecimento do sujeito ativo da obrigação. Além disso, é cabível nos casos em que houver risco de pagamento ineficaz, por exemplo, quando o credor se recusar a dar quitação. **Portanto, caberá ao autor da ação de consignação demonstrar na inicial a ocorrência da mora do credor ou do risco de pagamento ineficaz**.

Somente a dívida líquida e certa é passível de consignação em pagamento. São passíveis de consignação em pagamento as obrigações de pagar quantia e obrigações de entregar coisa. **Não é possível consignação para obrigações de fazer e não fazer. (art. 539, CPC).**

A Ação de Consignação em Pagamento deve ser proposta no lugar do pagamento, pelo devedor, seus sucessores (legitimidade ativa) ou terceiros

(artigo 539, do CPC/2015). No regime de comunhão de bens, o cônjuge tem legitimidade na qualidade de parte devedora, e não terceiro. Na consignação de bem imóvel, é indispensável a anuência de ambos os cônjuges.

O legitimado desta ação passivo será o credor ou, **em caso de desconhecimento ou incerteza quanto à titularidade do crédito, todos os possíveis interessados**.

1.2. Procedimento

a) Consignação Extrajudicial

Quando a prestação for pecuniária (pagamento de quantia), além da consignação judicial, por meio de ação de consignação em pagamento, é possível a realização de consignação extrajudicial, que segue o procedimento abaixo:

Primeiramente, o devedor deve realizar o depósito do valor em agência bancária, informando o endereço do credor, que será notificado pelo banco. **No prazo de 10 dias, o credor poderá levantar o valor consignado, quando se considera quitado o débito**. Se não se manifestar, o devedor será liberado da obrigação, ficando à disposição do credor a quantia depositada.

Além disso, pode apresentar recusa expressa e escrita ao valor depositado. **Neste caso, o devedor terá o prazo de um mês para promover ação de consignação judicial**, instruindo a inicial com a prova do depósito e da recusa. Não sendo proposta a ação no prazo, ficará sem efeito o depósito, podendo ser levantado pelo depositante.

É importante mencionar que a consignação extrajudicial é cabível tão somente para dinheiro (quantia certa), não sendo possível realizada para coisa, **nos termos do art. 539, § 1º do CPC.**

b) Consignação Judicial

Para propor a consignação judicial, a petição inicial deve conter, além dos requisitos do artigo 319, do CPC, **um pedido de depósito da quantia ou da coisa devida e de citação do réu para levantar o depósito ou oferecer contestação**. Com o deferimento do pedido, o autor terá o prazo de 5 dias para realizar o depósito, sob pena de extinção do processo sem resolução do mérito. (art. 542, CPC).

Em seguida, o credor poderá aceitar o depósito, se manter inerte ou apresentar contestação. No primeiro caso, o pagamento é realizado e o processo se extingue com resolução do mérito. Em caso de ter sido realizado o depósito, mas o réu se mantiver inerte, o processo segue o procedimento normal e o prazo para defesa começa a fluir da citação. Só após o transcurso do prazo sem a apresentação da defesa é que o réu poderá ser considerado revel.

No prazo para defesa, o réu pode apresentar contestação e reconvenção, se limitando a alegar que não houve recusa ou mora em receber a quantia ou a coisa devida, que foi justa a recusa, que o depósito não se efetuou no prazo ou no lugar do pagamento, ou que o depósito não é integral. (art. 544, CPC).

Se a alegação for somente de insuficiência no depósito, **é possível que haja complementação pelo autor, seguido da sentença que declara extinta a obrigação.** (art. 545, CPC).

Se este não realizar a complementação, o réu pode levantar, desde logo, o valor depositado, prosseguindo o processo quanto à parcela controvertida. **Se a sentença concluir pela insuficiência de depósito, o montante que se entende devido valerá como título executivo em favor do réu. (art. 545, § 2º, CPC).**

Como esse assunto foi cobrado em provas de concursos públicos

2019 – VUNESP – Prefeitura de São José do Rio Preto – SP – Procurador. No que diz respeito à Ação de Consignação em Pagamento, assinale a alternativa correta. "Deverá ser proposta no domicílio do credor". (INCORRETO).

2. AÇÃO DE EXIGIR CONTAS

2.1. Introdução

O procedimento de prestação de contas pode ser utilizado sempre que houver dever de uma parte prestar contas à outra (exemplos: administrador judicial, gestor de negócios, inventariante), a fim de avaliar responsabilidade ou cobrar eventuais pendências.

Vislumbra-se a ocorrência de duas fases distintas: **na 1ª fase, discute-se apenas a existência da relação de direito material e da obrigação de prestar contas; na 2ª, serão analisadas as contas, determinando a existência de saldo e sua apuração, bem como condenando o réu ao pagamento da referida quantia.**

2.2. Procedimento

Na primeira fase deste procedimento, o autor apresenta petição inicial, com documentos comprobatórios das razões pelas quais exige as contas. (art. 550, § 1º, CPC). Ajuizada a ação, o réu será citado, quando poderá se manter inerte, reconhecer sua obrigação e exibir as contas ou apresentar contestação no prazo de 15 dias.

Na ausência de manifestação do réu, **o juiz poderá realizar o julgamento antecipado do mérito, nos termos do artigo 355, do CPC/2015**. (art. 550, § 4º, CPC).

Se o réu contestar, sem apresentar as contas, o juiz analisará os argumentos e proferirá decisão de mérito sobre a existência ou não da obrigação de prestar contas. **Existindo a obrigação, o réu é intimado a prestar as contas; não existindo a obrigação, haverá extinção do feito com julgamento de mérito**.

Se o réu apresentar as contas, opera-se o reconhecimento do pedido, concedendo ao autor o prazo de 15 dias para aceitar ou impugnar as contas, **caso em que haverá discussão das contas pelo procedimento comum**. (art. 550, § 2º, CPC). Conforme o **Enunciado 177 do FPPC**, "A decisão interlocutória que julga procedente o pedido para condenar o réu a prestar contas, por ser de mérito, é recorrível por agravo de instrumento".

Na segunda fase, prestadas as contas, o autor terá 15 (quinze) dias para se manifestar. O autor pode aceitar as contas, quando então ocorrerá o julgamento conforme o estado do processo, ou rejeitar as contas, apresentando impugnação. Nesse último caso, o juiz analisará a necessidade produção de provas e as contas são analisadas, podendo culminar em sentença, **que constitui um título executivo judicial para pagamento da quantia devida pelo réu.** (art. 550, § 6º, CPC).

Como esse assunto foi cobrado em provas de concursos públicos

2019 – COPS-UEL – Prefeitura de Londrina – PR – Procurador do Município. Sobre procedimentos especiais, considere as afirmativas a seguir "A decisão que julgar procedente o pedido de exigir contas condenará o réu a prestar as contas no prazo de 30 dias, sob pena de não lhe ser lícito impugnar as que o autor apresentar".
Resposta: Incorreto.

3. AÇÕES POSSESSÓRIAS

Iniciemos o estudo das ações possessórias com a distinção entre proprietário, possuidor e detentor, **a fim de compreender a diferença entre posse, propriedade e detenção.**

Considera-se possuidor **todo aquele que tem de fato o exercício, pleno ou não, de algum dos poderes inerentes à propriedade (art. 1.196, CC)**. O detentor é aquele que, achando-se em relação de dependência para com outro, **conserva a posse em nome deste e em cumprimento de ordens ou instruções suas**. A posse é, pois, o poder de fato sobre a coisa, exercida em nome próprio (autonomia), eis que quem exerce a posse em nome alheio é mero detentor e não possuidor.

A ação petitória tem como causa de pedir a propriedade e segue o procedimento comum, **enquanto a ação possessória se destina à defesa da posse e seguem o procedimento especial do CPC/2015 (artigos 554 e seguintes)**. Lembre-se que o procedimento especial é reservado para as ações de força nova, ou seja, aquelas apresentadas dentro de ano e dia do ato de moléstia à posse. Nas ações de força velha, segue-se o procedimento comum, normalmente.

3.1. Fungibilidade das ações possessórias

Um dos efeitos da posse é a sua defesa por meio dos interditos. **São ações possessórias típicas a reintegração de posse, a manutenção de posse e o interdito proibitório**.

A Reintegração de posse **é a ação adequada para proteção da posse quando há esbulho**, ou seja, a perda total da posse molestada injustamente.

A manutenção de posse, por sua vez, **é a ação adequada para a tutela da posse contra a turbação (incômodo, limitação, perda parcial da posse),** ou seja, nos casos em que o possuidor direto fica impossibilitado de exercer tranquilamente a sua posse por ato de outrem.

Já Interdito proibitório é uma tutela inibitória, **para os casos em que ainda não ocorreu moléstia à posse do demandante, mas ameaça ou o justo receio**. Difere das outras duas ações porque estas visam proteger uma posse violada.

O Código de Processo Civil prevê que a fungibilidade entre as ações possessórias, de modo que a propositura de uma ação possessória em vez de outra não obstará a que o juiz conheça do pedido e outorgue a proteção legal correspondente àquela cujos pressupostos estejam provados. (art. 554, CPC). **Isso ocorre porque, muitas vezes, é difícil delimitar, no caso concreto, se há uma situação de esbulho, de turbação ou de ameaça**.

Um exemplo poderá clarear melhor o raciocínio: Imagine que um determinado indivíduo comece a sofrer atos materiais de incômodo à posse, como a derrubada de uma cerca, quebra de janelas, entre outros. Para proteger a sua posse, maneja a competente ação de manutenção. Entretanto, antes mesmo da inicial ser conclusa ao magistrado, o sujeito passivo pratica o ato de esbulho. **Ora, basta noticiar essa situação aos autos, e o magistrado poderá deferir a tutela de reintegração, ainda que na ação de manutenção.**

A ação de reintegração de posse tem natureza predominantemente executiva e a a ações de manutenção de posse e de interdito proibitório têm natureza predominantemente mandamental.

3.2. Ação de força nova e força velha – diferenças

As ações possessórias podem ser de força nova ou de força velha. É considerada ação de força nova quando for intentada dentro de um ano e dia a contar da data do esbulho, da turbação ou da iminência de o possuidor sofrer a perda total ou parcial da posse, seguirá rito especial (artigo 558, CPC/2015).

Já a ação de força velha envolve ações possessórias que foram ajuizadas com mais de um ano um dia. Nesse caso, será comum o procedimento, mas sem perder o caráter possessório, e o autor pode se valer do disposto nos artigos 497 a 501 e 536 a 538, além do inciso IV do art. 139 e do art. 297 do CPC.

3.3. Procedimento da ação de força nova

O Código de Processo Civil determina a utilização do procedimento especial para as ações possessórias de força nova, e a observância do procedimento ordinário nas ações possessórias de força velha. **Por isso, vejamos como se dá o procedimento nos casos de ação de força nova,** já que para as ações propostas após ano e dia o procedimento será o ordinário.

A petição inicial: deve preencher os requisitos do artigo 319, do CPC/2015 e, além disso, **incumbe ao autor provar a sua posse, a turbação ou o esbulho praticado pelo réu, a data da turbação ou do esbulho e a continuação da posse ou a perda da posse.** (art. 561, CPC).

Poderá haver a cumulação com os pedidos de condenação do demandado ao pagamento de indenização por perdas e danos e indenização dos frutos e, ainda, de cominação de medida necessária para evitar nova turbação ou esbulho e se cumprir a tutela provisória ou final. (art. 555, CPC).

a) Requisitos para concessão da liminar

Na ação possessória de força nova, o demandante faz jus a uma tutela liminar independente do cumprimento dos requisitos do artigo 300, do CPC/2015, ou seja, **sem necessidade de provar a urgência ou perigo da demora.** Essa medida está prevista no artigo 562, do CPC/2015, e possui natureza de **tutela de evidência**, uma vez que adianta os efeitos práticos da sentença, em razão da alta probabilidade da existência do direito, **sem indagar sobre os efeitos que a demora pode produzir na relação processual ou no próprio direito**.

Demonstrados os requisitos para a concessão da medida liminar *inauditera altera pars* (sem oitiva da parte contrária), será expedido mandado de manutenção ou de reintegração. **Caso contrário, será determinado que o autor justifique previamente o alegado, citando-se o réu para comparecer à audiência que for designada**.

Na ação possessória de força velha, também é admissível a concessão da liminar, **mas é necessário comprovar o preenchimento dos requisitos dos artigos 300 (tutela de urgência) e 311 (tutela de evidência)**.

b) Prazo de contestação

Estando devidamente instruída a petição inicial, deverá o juiz deferir, sem ouvir o réu, a medida liminar, devendo em cinco dias o autor promover a citação do réu. Há a possibilidade, também, de o juiz indeferir o pleito liminar incontinenti, sem designar a audiência. **Nesta hipótese, em que foi deferido ou indeferido sem a realização da audiência, o prazo de defesa correrá da sua citação** (art. 564, CPC), aplicando-se, para tanto, o art. 231 do CPC.

Ou seja, concedido ou não o mandado liminar de manutenção ou de reintegração, o autor promoverá, nos 5 dias subsequentes à intimação da decisão, a citação do réu para, querendo, contestar a ação no prazo de 15 dias. **Da que conceder ou que indeferir a tutela de evidência possessória, cabe agravo de instrumento (inciso I do art. 1.015 do CPC).**

Se, por outro lado, **o juiz designar audiência de justificação para a apreciação da liminar, o prazo de defesa correrá da intimação da decisão**, nos termos do art. 564, parágrafo único do CPC. Esse deferimento ou indeferimento poderá acontecer em audiência ou mesmo em decisão posterior, mediante conclusão prévia dos autos ao juiz.

3.4. Ação possessória e conflito coletivo pela posse de imóvel

O litígio coletivo pela posse de imóvel é trazido pelo artigo 565, do CPC/2015, trazendo regras específicas. Serão citados para a ação possessória coletiva os réus presentes no local, os réus ausentes citados por edital, **o Ministério Público e a Defensoria Pública, nos casos de hipossuficiência econômica.**

3.5. Ação possessória e litisconsórcio multitudinário passivo

O litisconsórcio, isto é, o cúmulo de diversos litigantes em um dos polos da ação, para a defesa de seus direitos subjetivos individuais, contrapõe-se às ações coletivas, que são identificadas pela matéria litigiosa e não pela estrutura subjetiva do processo. Por isso, a ação coletiva não se confunde com o litisconsórcio multitudinário.

Há litisconsórcio multitudinário em casos de ações possessórias: no caso de ação possessória em que figure no polo passivo grande número de pessoas, **serão feitas a citação pessoal dos ocupantes que forem encontrados no local e a citação por edital dos demais**, determinando-se, ainda, a intimação do Ministério Público e, se envolver pessoas em situação de hipossuficiência econômica, da Defensoria Pública. (art. 554, § 1º do CPC).

Como esse assunto foi cobrado em provas de concursos públicos

2019 – CESPE – PGM – Campo Grande – MS – Procurador Municipal. Dionísio ajuizou ação possessória em desfavor de Paulo sob o fundamento de que, durante os últimos seis meses, o demandado estaria lhe prejudicando a entrada em seu próprio terreno, visto que Paulo havia descarregado um caminhão de areia no portão de entrada da propriedade de Dionísio. Ao redigir a exordial, o advogado do autor narrou nos fatos a ocorrência de esbulho, o que justificaria o ajuizamento da referida ação como de reintegração de posse.

Julgue o item subsecutivo, no que se refere a procedimentos especiais, contestação, reconvenção e petição inicial. "O único meio processual cabível para que Paulo pudesse expor suas pretensões na demanda possessória seria a reconvenção, na qual ele poderia pleitear proteção possessória e indenização por prejuízos". (incorreto).

4. AÇÃO DE DIVISÃO E DEMARCAÇÃO DE TERRAS

4.1. Considerações gerais

A ação demarcatória é proposta pelo proprietário em face do seu confinante, com o objetivo de demarcar prédios, fixando novos limites ou aviventando os apagados. **Já a ação divisória** é proposta pelo condômino em face dos demais consortes, a fim de exigir a divisão da coisa comum ou estremar os quinhões. (art. 569, CPC).

A demarcação e a divisão podem ser realizadas por escritura pública, desde que maiores, capazes e concordes todos os interessados. As duas espécies podem ser propostas a qualquer tempo, inexistindo prazo prescricional, por se tratarem de direitos potestativos. Além disso, é lícita a cumulação destas ações. **O CPC de 2015 prevê o prazo comum de quinze dias para contestar,** ao contrário do CPC de 1973, que previa o prazo comum de vinte dias para contestar.

5. AÇÃO DE DISSOLUÇÃO PARCIAL DE SOCIEDADE

5.1. Considerações Gerais

A dissolução parcial da sociedade nada mais é do que a resolução ou resilição do contrato de sociedade em relação a um ou mais sócios, mediante a existência de motivos capazes de provocar a extinção do contrato societário. **A ação de dissolução parcial de sociedade é destinada a resolver o vínculo entre uma pessoa jurídica e uma pessoa física na parte que lhe interesse ou lhe era ideal na sociedade.**

A ação de dissolução parcial de sociedade pode ter por objeto: a) a resolução da sociedade empresária contratual ou simples em relação ao sócio falecido, excluído ou que exerceu o direito de retirada ou recesso; b) a apuração dos haveres do sócio falecido, excluído ou que exerceu o direito de retirada ou recesso ou c) somente a resolução ou a apuração de haveres. (art. 599, CPC).

A petição inicial deve ser instruída com o contrato social consolidado e pode ser proposta pelas seguintes pessoas: pelo espólio do sócio falecido, pelos sucessores, pela sociedade, pelo sócio que exerceu o direito de retirada ou recesso, pelo sócio excluído. (art. 600, CPC).

Proposta a demanda por um dos legitimados, os sócios e a sociedade serão citados para, no prazo de 15 dias, concordar com o pedido ou apresentar contestação. Havendo contestação, deve ser observado o procedimento comum para a instrução processual. **A liquidação da sentença segue o disposto previsto nos artigos 599 e seguintes, do CPC/2015.**

Se todos os sócios forem citados para a ação, a sociedade não o será. Mas a sentença proferida sujeitará a pessoa jurídica aos efeitos da decisão judicial (art. 601, parágrafo único do CPC). **Assim, se eventualmente houver o**

pagamento das quotas pela sociedade, a pessoa jurídica estará sujeita ás consequências do comando da sentença.

Como esse assunto foi cobrado em provas de concursos públicos

2019 – VUNESP – TJ-AC – Juiz de Direito Substituto. Nos exatos termos previstos no Código de Processo Civil acerca da ação de dissolução parcial de sociedade, é correto afirmar que "a sociedade não será citada se todos os seus sócios o forem, mas ficará sujeita aos efeitos da decisão e à coisa julgada". (correto).

6. INVENTÁRIO E PARTILHA

Os procedimentos especiais de inventário e partilha estão disciplinados nos artigos 610 a 673, do CPC/2015. Com o falecimento, a herança será transmitida aos herdeiros, **mas os bens e direitos precisam ser individualizados,** por isso a transmissão, em um primeiro, se dá para o espólio (ente sem personalidade jurídica), **que será administrado pelo inventariante ou pelos herdeiros.**

O inventário constitui a relação de bens de determinada pessoa, descritos e individualizados em relação ao conjunto. A partilha envolve a divisão desses bens entre os sucessores.

O inventário e a partilha podem ser **extrajudiciais** (partilha amigável), desde que os herdeiros sejam capazes, concordes e assistidos por advogado ou defensor público, ou **judiciais,** que pode ser litigioso ou consensual. **Havendo testamento ou interessado incapaz, o inventário precisa ser judicial.** (art. 610, CPC).

6.1. Inventário, arrolamento comum e arrolamento sumário

O arrolamento é uma alternativa ao procedimento ao inventário, pelo qual, desde a petição inicial, todos os herdeiros se manifestam de comum acordo sobre a nomeação do inventariante, sobre os títulos de herdeiros e os bens do espólio e sobre seu valor para fins de partilha. Temos duas espécies de arrolamento, o comum e o sumário.

Quando o valor dos bens deixados for igual ou inferior a 1.000 salários mínimos, o inventário será processado como arrolamento comum, pelo rito do artigo 664, do CPC/2015, em que o inventariante designado apresenta declaração com atribuição dos valores. Se a estimativa for impugnada, pode ser nomeado avaliador. Com o pagamento dos tributos, julga-se a partilha.

Já o arrolamento sumário se processa sob o rito do artigo 660, do CPC/2015, em que as partes requerem a nomeação de inventariante que designarem e realizam a declaração de títulos dos herdeiros e bens do espólio, com atribuição de valor aos bens do espólio para a partilha.

Cumpre mencionar, em relação ao arrolamento sumário, que a jurisprudência do Superior Tribunal de Justiça, antes da entrada em vigor do CPC/2015, **posicionava-se pela necessidade de cumprimento das obrigações tributárias, antes do juiz realizar a partilha**. Registre-se que o CPC anterior, assim como o atual, possuía dispositivo legal específico, dispensando o cumprimento das obrigações tributárias para o deferimento da partilha. Confira-se o dispositivo relativo ao CPC/2015:

> Art. 662. No arrolamento, **não serão conhecidas ou apreciadas** questões relativas ao lançamento, ao pagamento ou à quitação de taxas judiciárias e de tributos incidentes sobre a transmissão da propriedade dos bens do espólio.
>
> § 1º A taxa judiciária, se devida, será calculada com base no valor atribuído pelos herdeiros, cabendo ao fisco, se apurar em processo administrativo valor diverso do estimado, exigir a eventual diferença pelos meios adequados ao lançamento de créditos tributários em geral.
>
> § 2º O imposto de transmissão **será objeto de lançamento administrativo, conforme dispuser a legislação tributária,** não ficando as autoridades fazendárias adstritas aos valores dos bens do espólio atribuídos pelos herdeiros.

O Posicionamento atual, contudo, baseado no dispositivo acima, é pela dispensa de cumprimento das obrigações tributárias, para o julgamento da partilha e expedição do respectivo formal. **Somente após o encerramento é que o fisco será intimado, para apuração de eventual tributo.** Confira-se:

O novo Código de Processo Civil de 2015, ao tratar do arrolamento sumário, **permite que a partilha amigável seja homologada anteriormente ao recolhimento do imposto de transmissão causa mortis**, e somente após a expedição do formal de partilha ou da carta de adjudicação é que a Fazenda Pública será intimada para providenciar o lançamento administrativo do imposto, supostamente devido. (REsp 1.751.332-DF, Rel. Min. Mauro Campbell Marques, por unanimidade, julgado em 25/09/2018, DJe 03/10/2018)

6.2. Legitimidade para requerer o inventário

Preferencialmente, **a instauração do processo de inventário deve ser requerida pelo administrador provisório (art. 615, CPC)**, que é aquele que estiver na posse e na administração do espólio, no prazo de 2 meses a contar do falecimento. (art. 611, CPC).

Havendo omissão do administrador provisório, que não formula requerimento de instauração do processo de inventário no prazo previsto, serão legitimados concorrentes: cônjuge ou companheiro supérstite; herdeiro; legatário; testamenteiro; cessionário do herdeiro ou do legatário; credor do herdeiro, do legatário ou do autor da herança; Ministério Público, havendo herdeiros incapazes; Fazenda Pública, quando tiver interesse; Administrador judicial da falência do herdeiro, do legatário, do autor da herança ou do cônjuge ou companheiro supérstite. (art. 616, CPC).

Note-se, contudo, que não há uma legitimidade subsidiária, em que somente o administrador provisório teria a possibilidade de requerimento e, somente na omissão deste, a legitimidade passaria aos demais. **O Dispositivo legal ressalta que a legitimidade é concorrente, ou seja, independe da aquiescência ou concordância ou omissão dos demais**.

O processo de inventário e de partilha deve ser instaurado dentro de 2 meses, a contar da abertura da sucessão, e deve ser concluído em 12 meses (prazo impróprio), **podendo o juiz prorrogar esses prazos, de ofício ou a requerimento de parte.**

6.3. Nomeação do inventariante

A petição inicial deve ser acompanhada com a certidão de óbito do "autor da herança", isto é, daqueles cujos bens, em virtude de sua morte, deverão ser inventariados e partilhados. (art. 615, parágrafo único, CPC).

Recebendo a petição inicial, o magistrado nomeará o inventariante, isto é, quem administrará o espólio, representando-o ativa e passivamente em juízo e fora dele. **Não há mais a possibilidade de instauração de inventário e partilha de ofício.** O rol sucessivo de pessoas que serão investidas na administração dos bens ao longo do processo de inventário e partilha é exposto no art. 617, do CPC/2015, e sua ordem deve ser observada.

Apesar de a ordem, de início, ser peremptória, o superior Tribunal de Justiça possui entendimento de que é possível a sua subversão, **quando o magistrado possui fundamentos bastantes.** Pense, por exemplo, que o cônjuge sobrevivente não esteja em condições psicológicas para o procedimento.

A decisão foi proferida sob a análise do CPC passado, mas seus fundamentos continuam aplicáveis à legislação atual. Assim, de acordo com a decisão do

Tribunal: "que a ordem de nomeação de inventariante, prevista no artigo 990 do Código de Processo Civil de 1973, **não apresenta caráter absoluto, podendo ser alterada em situação excepcional,** quando tiver o juiz fundadas razões para tanto, sendo possível a flexibilização e alteração da ordem de legitimados, inclusive com a nomeação de inventariante dativo, para se atender às peculiaridades do caso concreto". **(AgInt no AREsp 1388943/SP, Rel. Ministro LUIS FELIPE SALOMÃO, QUARTA TURMA, julgado em 18/06/2019, DJe 25/06/2019).**

6.4. Remoção do inventariante

Se o inventariante não prestar, no prazo, as primeiras e as últimas declarações, não der ao inventário regular andamento, der motivo a perecimento de bens, além das outras hipóteses previstas no art. 622, **ele pode ser removido, de ofício ou a requerimento dos interessados.**

O incidente de remoção correrá em apartado, sendo intimado o inventariante para se manifestar no prazo de quinze dias, seguindo-se de decisão do magistrado. Se a remoção for determinada, outro inventariante será nomeado, cabendo ao antigo entregar imediatamente a seu substituto os bens do espólio, sob pena de busca e apreensão ou imissão na posse, sem prejuízo da multa a ser fixada pelo magistrado. **A decisão é passível de agravo de instrumento, o que encontra fundamento no parágrafo único do art. 1.015.**

6.5. Primeiras e últimas declarações

Dentre as diversas incumbências do inventariante previstas nos arts. 618 e 619 destaca-se a apresentação das "primeiras declarações", isto é, **todas as informações relevantes ao falecido e dos bens, direitos e dívidas que deixou, no prazo de vinte dias a contar de sua nomeação**. As primeiras declarações darão ensejo a um termo circunstanciado ou serão fornecidas por petição assinada por procurador com poderes específicos.

O prazo para prestar as primeiras declarações é dilatório, podendo ser ampliado a requerimento do inventariante, **mas o seu descumprimento é causa de remoção.** (art. 622, I do CPC). Feitas as primeiras declarações, o juiz mandará citar o cônjuge ou companheiro, os herdeiros e os legatários, além da intimar a Fazenda Pública, o Ministério Público (se houver herdeiro incapaz ou ausente), e o testamenteiro (se houver testamento), nos termos do art. 626, do CPC.

Todos poderão se manifestar sobre as primeiras declarações e sobre a nomeação do inventariante, **no prazo de quinze dias**. (art. 627, CPC). **Acolhidas**

eventuais impugnações, as primeiras declarações serão ratificadas; se acolhida impugnação do inventariante, outro será nomeado, **sempre de acordo com a ordem do art. 617.**

Findas as manifestações sobre as primeiras declarações, serão avaliados os bens do espólio, sendo nomeado um perito para tanto. Se a Fazenda Pública concordar com o valor indicado nas primeiras declarações e todos os interessados forem capazes, a avaliação é dispensada.

Havendo concordância, pelos herdeiros, dos valores indicados pela Fazenda, a avaliação restringir-se-á aos demais bens**. As partes terão o prazo de quinze dias para se manifestarem sobre o laudo de avaliação.** Superados eventuais questionamentos, o magistrado determinará a lavratura do termo das últimas declarações, seguindo-se o cálculo do tributo devido, sobre o qual as partes serão previamente ouvidas, decidindo o magistrado.

Na fase das "colações", **os herdeiros deverão informar no inventário bens que eventualmente tenha recebido durante a vida do falecido ou seus respectivos valores.** (artigos 639 a 641, CPC).

Antes da partilha dos bens inventariados, os credores do espólio poderão pleitear a cobrança de dívidas vencidas e exigíveis, por meio de petições distribuídas por dependência ao inventário. Havendo concordância de todas as partes com o pedido, serão reservados ou alienados os bens suficientes para pagamento das dívidas. Caso contrário, a solução do pedido deverá ser processada mediante o procedimento comum. (art. 642 a 646 do CPC).

6.6. Partilha

Após todo esse procedimento, é possível passar à partilha. Os herdeiros poderão requerer o valor que lhe é devido (pedido de quinhão) no prazo de 15 dias. **O juiz poderá deferir antecipadamente aos herdeiros o exercício do direito de usar e fruir do bem até a efetiva transferência**.

Como esse assunto foi cobrado em provas de concursos públicos

2019 IADES – CRN – 3ª Região (SP e MS) – Advogado. De acordo com os procedimentos especiais do Código de Processo Civil, assinale a alternativa correta. "Em procedimento de inventário e partilha, o magistrado está proibido de deferir antecipadamente a um herdeiro o direito de uso e fruição de bem do espólio." (incorreto).

Há três regras que devem ser observadas na partilha, nos termos do art. 648 do CPC: A máxima igualdade possível quanto ao valor, à natureza e à qualidade dos bens; A prevenção de litígios futuros; A máxima comodidade dos coerdeiros, do cônjuge ou do companheiro, se for o caso.

Nada impede que as partes, desde que capazes, celebrem, por acordo de vontades, a partilha. Não havendo acordo, será organizado o chamado "esboço de partilha", feito por um partidor, nomeado que devendo atentar para a ordem de distribuição dos bens prevista no artigo 651 (dívidas atendidas, meação do cônjuge, meação disponível, quinhões hereditários, a começar pelo coerdeiro mais velho). **Após isso, os interessados serão intimados a se manifestar no prazo de 15 dias.**

Resolvidos eventuais questionamentos, será efetivada a partilha que, após o recolhimento do tributo e apresentada certidão negativa (ou equivalente) de tributos, será julgada por sentença. Após o trânsito em julgado, os herdeiros receberão os bens que lhe couberem e um formal de partilha que pode, consoante o caso, ser substituído por certidão de pagamento do quinhão hereditário.

7. EMBARGOS DE TERCEIRO

7.1. Introdução

Caro leitor, embora o processo seja uma relação jurídica entre autor, réu e Estado-juiz e só faça coisa julgada entre as partes, é certo que suas consequências indiretas ou reflexas podem atingir terceiros estranhos ao processo. Por essa razão, foram criados remédios processuais, **colocados à disposição de quem não é parte, mas pode ser atingido pelo resultado da prestação jurisdicional.**

É o caso dos **Embargos de Terceiro**, ação proposta por terceiro para evitar ou se desfazer de uma constrição judicial indevida, ou seja, em defesa dos seus bens, ilegalmente atingidos num processo entre estranhos.

7.2. Considerações gerais

Os Embargos de Terceiro constituem um instrumento para a defesa pelo proprietário-possuidor (ou apenas possuidor, nos termos do art. 674, § 1º do CPC) **de bem objeto de indevida constrição por ordem judicial**, logo viabiliza proteção possessória ou dominial.

Seu objeto é impedir ou fazer cessar a constrição ou ameaça de constrição sobre bens do terceiro ou sobre os quais este tenha direito incompatível com o ato constritivo, por ato de apreensão judicial derivado de processo alheio. **Os embargos serão distribuídos por dependência ao juízo que ordenou a constrição e autuados em apartado**. (art. 676, CPC).

Assim, imagine uma execução de título executivo extrajudicial, que realize a penhora de determinado apartamento. O Bem, apesar de ainda estar em nome do executado, já foi objeto de compra e venda anterior, desprovida de registro. Ora, o comprador, na condição apontada, pode ser considerado terceiro, para fazer cessar os atos de constrição em processo que não é parte.

No que tange ao cabimento temporal dos Embargos de Terceiro, estes **podem ser manejados ainda no curso do processo de conhecimento, enquanto não transitada em julgado a sentença**, de modo que o terceiro não precisa aguardar a execução da decisão (Art. 675, CPC, 1ª parte). Também são cabíveis no processo de execução.

Se a medida for tomada apresentada em execução, poderá ser apresentada em até 5 (cinco) dias da respectiva arrematação ou adjudicação do bem. **Entretanto, este ato deve ser realizado antes da assinatura da carta,** o que transferirá em definitivo a propriedade ao adquirente (art. 675, CPC 2ª parte). Esse ponto do limite temporal da apresentação dos embargos em execução costuma ser bastante explorado em provas de concursos.

Como esse assunto foi cobrado em provas de concursos públicos

2019 – CESPE – TJ-DFT – Titular de serviços de notas e registros. De acordo com a legislação processual civilista, há dois tipos de procedimentos especiais: os de jurisdição contenciosa, que dizem respeito à solução de litígios, e os de jurisdição voluntária, que se referem à administração judicial de interesses privados não litigiosos. A propósito desse assunto, assinale a opção correta. "Os embargos de terceiro poderão ser opostos a qualquer tempo no processo de conhecimento enquanto não transitada em julgado a sentença, mas não são oponíveis no cumprimento de sentença nem na execução".

Relevante entendimento pacificado pelo Superior Tribunal de Justiça, na Súmula 84, é que, **mesmo que sem registro, a promessa de compra e venda serve para fundamentar a oposição de embargos de terceiro** em um processo discutindo a posse de um imóvel. Convém destacar, ainda, que não são cabíveis embargos de terceiro para se anular ato jurídico por fraude contra credores (Súmula 195, do STJ), devendo ser utilizada a ação pauliana.

São legitimados passivos da ação de embargos de terceiro todos aqueles que, no processo originário, têm interesse nos efeitos da medida atacada. Agora, para apresentar embargos como terceiro (legitimidade ativa), não basta verificar se o embargante figurou em um dos polos da relação processual. **Isso porque o CPC/2015 prevê expressamente quem é considerado terceiro para ajuizamento dos embargos. São eles** (art. 674, § 2º CPC):

a) O cônjuge ou companheiro, quando defende a posse de bens próprios ou de sua meação, ressalvada a situação de penhora de bem indivisível.

Exemplificando: o cônjuge/companheiro pode figurar como devedor solidário (corresponsável pela dívida) desde o início do processo ou vir a integrá-lo por força obrigatória da sua intimação (litisconsórcio necessário), quando a penhora na execução contra um dos cônjuges recair sobre bem imóvel do casal. No primeiro caso, sua defesa se dá por meio de embargos do devedor. Já no segundo caso, para defender a posse de bens próprios ou de sua meação, deverá se valer dos embargos de terceiro.

b) O adquirente de bens cuja constrição decorreu de decisão que declara a ineficácia da alienação realizada em fraude à execução.

É o caso em que o adquirente acredita que os bens que lhe foram alienados estavam desimpedidos, mas se depara com a decretação de fraude à execução, com declaração de ineficácia da alienação do bem à terceiro. **Nesse caso, o terceiro poderá ajuizar embargos de terceiro para provar sua boa fé.**

c) Quem sofre constrição judicial de seus bens por força de desconsideração da personalidade jurídica, de cujo incidente não fez parte.

Por exemplo, se o sócio não foi parte no incidente de desconsideração de personalidade jurídica, **mas seus bens foram constritos por força do incidente, poderá ajuizar embargos de terceiro**.

d) O credor com garantia real para obstar expropriação judicial do objeto de direito real de garantia, caso não tenha sido intimado, nos termos legais dos atos expropriatórios respectivos.

Esse caso envolve o credor que, embora seja detentor de garantia real sobre o bem imóvel, não foi citado da ação. Se isso ocorrer, e havendo prejuízo ou possibilidade real de prejuízo a seus bens, admite-se a discussão em sede de embargos.

7.3. Procedimento

Além dos requisitos gerais do artigo 319, do CPC/2015, a petição inicial dos Embargos de Terceiro precisa estar instruída com prova sumária da posse ou do domínio e da qualidade de terceiro, juntando desde logo documentos e indicando rol de testemunhas (art. 677, CPC). **É possível a concessão de liminar de manutenção ou reintegração de posse ao embargante, mas esta poderá ser condicionada à prestação de caução.**

O valor da causa deve ser o valor dos bens disputados pelo embargante. **A ação será distribuída por dependência à ação que implicou a constrição judicial ou a ameaça de constrição.** Se o embargado tiver procurador constituído nos autos da ação principal, a citação poderá ser feita através dele; se não tiver, a citação será pessoal.

Apresentada a petição de embargos, os réus podem apresentar contestação no prazo de 15 dias. (art. 679, CPC).

A sentença que acolhe os embargos tem eficácia executiva imediata. Se houve liminar, a caução é liberada em favor do autor. **Se não houve liminar, será expedida ordem de cassação da medida constritiva e liberação dos bens apreendidos**. (art. 681, CPC).

8. OPOSIÇÃO

8.1. Considerações Gerais

No antigo CPC a oposição era uma modalidade de intervenção de terceiros. **O CPC/2015 transferiu a oposição para os procedimentos especiais,** reconhecendo sua natureza de ação autônoma, embora seu procedimento seja bem semelhante ao comum.

A oposição é uma **ação prejudicial proposta por terceiro que se julga titular de bem ou de direito disputado em juízo (Art. 682, CPC)**. Ou seja, é cabível quando o terceiro quer defender, desde logo, a coisa ou o direito que é total ou parcialmente seu, mas está sendo disputado em processo alheio.

A oposição será **distribuída por dependência** para o mesmo juízo da ação principal, em razão da conexão das causas, assim a competência para julgamento da oposição será a mesma da causa principal. (art. 683, parágrafo único, CPC).

Como o autor e o réu da ação principal ou originária se tornam réus da oposição, serão citados na pessoa de seus advogados para contestar a oposição **no prazo comum de quinze dias.**

Se a oposição é ajuizada antes da audiência de instrução e julgamento do processo principal, as duas ações irão tramitar simultaneamente, com julgamento por uma só sentença. Se for ajuizada após a audiência, o processo principal será suspenso para aguardar a instrução da oposição e, só depois, será dada a sentença. (art. 685, parágrafo único).

9. AÇÕES DE FAMÍLIA

Caro (a) leitor (a), o antigo CPC previa o rito da separação consensual como procedimento de jurisdição voluntária. Depois, esse procedimento passou a ser aplicado também ao divórcio consensual. **O CPC/2015 estabeleceu um rito especial para as ações de família**, que passaremos a estudar agora, e se aplica aos seguintes casos: divórcio, separação, reconhecimento e extinção de união estável, guarda, visitação e filiação.

As ações de alimentos serão regidas pela Lei nº 5.478/68 (Lei de Alimentos) e aquelas que versarem sobre interesses de crianças e adolescentes observarão a Lei nº 8.069/90 (Estatuto da Criança e do Adolescente), podendo ser aplicado o procedimento especial no que couber.

O princípio basilar do direito processual de família é **resolução consensual dos conflitos**, por isso o Poder Judiciário deve se empenhar em buscar a conciliação (ferramenta que já era prevista no CPC/73) e a mediação (integrada ao Código de Processo Civil em 2015).

Inclusive, as partes podem requerer a suspensão do processo, sem prazo, para tentar mediação extrajudicial ou atendimento multidisciplinar, tais como aqueles realizados na presença de psicólogo e assistente social. **Além disso, é possível a realização de mais de uma sessão de conciliação ou mediação, se necessário.**

9.1. Procedimento

Se não houver pedido de conciliação ou mediação extrajudicial pelas partes, o juiz analisa os pedidos de medidas para a concessão de tutela provisória, como o pagamento de alimentos, ordens de restrição, entre outros, e ordena a citação do réu, não para contestar a ação, **mas sim para comparecer à audiência de mediação e conciliação**, sendo obrigatória a presença das partes, acompanhadas de advogado ou defensor público.

Atenção! O mandado de citação conterá apenas os dados necessários à audiência e deverá estar desacompanhado de cópia da petição inicial, a fim de preservar as partes envolvidas. Além disso, a citação deve ser realizada com antecedência mínima de 15 (quinze) dias da data designada para a audiência de mediação e conciliação.

Se houver realização de acordo na audiência de mediação e conciliação, este será homologado pelo juiz, tendo sido ouvido o Ministério Público, nos casos envolvendo interesse de incapaz. **O termo de acordo na mediação constitui título executivo extrajudicial e, se for homologado, pelo juiz, será título executivo judicial**.

Se a tentativa de conciliação frustrar, o processo seguirá de forma litigiosa, pelo rito comum, com intimação do réu, em audiência, para apresentar contestação em 15 dias. **Após apresentação da defesa, ocorrerá a instrução e o julgamento da ação pelo juiz.**

10. AÇÃO MONITÓRIA

10.1. Introdução

A ação monitória se aplica ao credor que possui prova escrita sem eficácia de título executivo, não fazendo sentido exigir que recorra à ação de conhecimento para posteriormente requerer o cumprimento da obrigação determinada na sentença. Assim, a parte não dispõe de um documento que lhe permite ingressar diretamente na tutela executiva (art. 784, CPC), mas também possui prova suficiente e bastante, para qual seria uma demasiada formalidade submetê-la à fase de conhecimento.

Conforme lição da doutrina, "A monitória é uma tutela jurisdicional diferenciada, sumária, de evidência e com contraditório diferido, situada entre a tutela de conhecimento e a tutela executiva, **que objetiva abreviar o caminho para a formação de um título executivo judicial**" (FREIRE, CUNHA, 2016, p. 746).

10.2. Considerações Gerais

A ação monitória pode ser proposta por quem afirmar tem direito ao pagamento de uma **quantia em dinheiro**, à entrega de **coisa fungível ou infungível** ou de **bem móvel ou imóvel** ou ao adimplemento de **obrigação de fazer ou de não fazer**, com base em prova escrita, documental ou documentada, sem eficácia de título executivo. Atenção porque esse rol foi ampliado em relação ao antigo CPC, que só previa os casos de soma em dinheiro, coisa fungível e bem móvel.

A quantia em dinheiro significa quantia certa. A entrega de coisa fungível se refere às obrigações de dar coisas genéricas ou incertas; e a entrega de coisa infungível se refere à obrigação de dar coisa certa. O CPC/2015 incluiu as obrigações de fazer e não fazer.

> **Atenção!** O Superior Tribunal de Justiça entende que podem servir como prova escrita sem eficácia de título executivo **o cheque prescrito (Súmula 299 do STJ)**, o **contrato de abertura de crédito em conta corrente acompanhado do demonstrativo de débito (Sumula 247 do STJ)** e o **saldo remanescente oriundo de venda extrajudicial de bem alienado fiduciariamente em garantia (Súmula 384 do STJ).**

No que tange à competência, a ação monitória deve ser proposta, em regra, **no foro de domicílio do réu**, por força do artigo 46, do CPC (ação fundada em direito pessoal).

E o que se entende por prova escrita, requisito para a Ação Monitória? Prova escrita pode ser tanto a prova elaborada no ato de realização do negócio jurídico, quanto aquele escrito que não foi produzido com intenção de documentá-lo, mas que é suficiente para provar sua existência. **Admite-se, ainda, a prova que não seja completa, mas que pode ser completada usando-se outros elementos de convicção** ("começo de prova por escrito").

10.3. Procedimento

Além dos requisitos dos artigos 319 e 320, do CPC, na petição inicial o autor deverá explicitar a importância devida, com a respectiva memória de cálculo, o valor atual da coisa reclamada e o conteúdo patrimonial em discussão ou o proveito econômico perseguido.

Sem o cumprimento destes requisitos, **a petição inicial será indeferida**, exceto nos casos de vício sanável, quando o juiz concederá o prazo de 15 dias para o autor emendar ou completar a inicial.

Convém destacar relevante informativo de jurisprudência, do STJ, sobre o tema: "A **petição inicial da ação monitória para cobrança de soma em dinheiro deve ser instruída com demonstrativo de débito atualizado até a data do ajuizamento**, assegurando-se, na sua ausência ou insuficiência, o direito da parte de supri-la, nos termos do art. 284 do CPC. (REsp 1.154.730- PE, Rel. Min. João Otávio de Noronha, 2º S., DJe 15.4.15" (Info STJ 559).

Em seguida, em vez de citar o réu para contestar, o juiz mandará expedir mandado para pagar, entregar coisa ou cumprir obrigação de fazer ou não fazer. É cabível a citação por edital (súmula 282, STJ). O CPC atual foi além, estabelecendo no art. 700, § 7º do CPC **que qualquer forma de citação no procedimento comum é passível na ação monitória**. Após essa citação, devedor tem três opções:

1ª. **Cumprir o que foi determinado no mandado no prazo de 15 dias**: nesse caso, ficará isento de custas e pagará honorários reduzidos, de 5% do valor da causa. Em seguida, o processo é extinto e arquivado. (art. 701, CPC).

2ª. **Permanecer inerte:** se o réu não cumpre o que é determinado no mandado, nem oferece embargos, é considerado revel. **Portanto o mandado de pagamento se converte de pleno direito em título executivo judicial.** Aplica-se, a partir de então, o procedimento previsto nos artigos 513 a 538, do CPC/2015 (rito do cumprimento de sentença). A revelia converte a ação monitória em execução por título judicial, cabendo eventual impugnação, mas não mais os embargos monitórios.

3ª. **Oferecer embargos à ação monitória:** sobre essa defesa, trataremos detalhadamente no próximo item.

10.4. Embargos à ação monitória

O mandado monitório possui a função de citar o réu e, ainda, de ordenar o pagamento de uma quantia, a entrega de uma coisa ou a satisfação de uma obrigação fazer ou de não fazer. **A defesa do demandado, nesse caso, se dará por meio de Embargos à Ação Monitória,** apresentados no prazo de 15 dias, nos autos da ação monitória, independente de se garantir previamente o juízo.

Os embargos monitórios devem conter toda a matéria de defesa, material (exemplo: apresentação de fato impeditivo, modificativo ou extintivo do direito do autor) ou processual (exemplo: incompetência absoluta, coisa julgada), cabível no procedimento comum. **Os embargos têm efeito suspensivo**, de modo que o mandado de pagamento ficará suspenso até o julgamento em primeiro grau, mas nada impede a concessão de tutela provisória.

O devedor pode, ainda, apresentar reconvenção. Em seguida, o credor será intimado a responder aos embargos no prazo de 15 dias. **Atenção!** Se houve reconvenção pelo devedor no momento de apresentação dos embargos, **não pode o credor apresentar nova reconvenção. (art. 702, § 6º, CPC).**

Se os embargos forem rejeitados, será constituído título executivo judicial, **que deverá ser processado pelo cumprimento de sentença.** Se os embargos forem acolhidos, o mandado será revogado e o processo será extinto. Da sentença que julgar os embargos, acolhendo ou rejeitando, cabe apelação.

Por fim, questão que se encontrava pacificada no âmbito do superior Tribunal de Justiça e foi incorporada pelo atual CPC é do cabimento da ação Monitória em face da Fazenda Pública, nos termos do art. 700, § 6º do CPC.

Como esse assunto foi cobrado em provas de concursos públicos

2019 – COPS-UEL – Prefeitura de Londrina – PR – Procurador do Município. Sobre procedimentos especiais, considere as afirmativas a seguir. "É admissível ação monitória em face da Fazenda Pública." (correto).

11. DA INTERDIÇÃO

11.1. Introdução

A ação de interdição visa à decretação **da perda ou restrição da capacidade para a prática de atos da vida civil da pessoa natural** que, por motivos de ordem patológica ou acidental, congênita ou adquirida, é incapaz de comandar seus atos na vida civil.

Uma vez decretada a interdição pelo magistrado, o interditado não mais poderá comandar os atos a sua vida civil, portanto, **faz-se necessário a nomeação de um curador**. Trata-se de medida excepcional e forma coisa julgada *erga omnes*.

É competente para o procedimento da interdição o **foro de domicílio do interditando**.

A interdição pode ser requerida pelo cônjuge ou companheiro do interditando, pelos parentes ou tutores do interditando, pelo representante da entidade em que se encontra abrigado o interditando, pelo Ministério Público e pela própria pessoa. **O Ministério Público só promove nos seguintes casos**: se os demais legitimados não existirem ou não promoverem a interdição ou, se existindo, forem incapazes. **O Ministério Público atuará como fiscal da ordem jurídica, na defesa dos melhores interesses do interditando.**

11.2. Procedimento

Na petição inicial devem ser informados fatos que justifiquem a incapacidade do interditando, o momento em que ela se manifestou e os limites que o requerente entenda que deva ser dado à curatela. **Além disso, deve estar instruída com laudo médico, requisito este essencial para o deferimento da medida**. É possível a nomeação de curador provisório em caso de urgência.

Em seguida, o interditando será citado para comparecer a uma entrevista com o juiz, geralmente na sede do juízo, para avaliar a necessidade e os limites da curatela, sendo obrigatória sua presença. **O juiz poderá, ainda, realizar a oitiva de parentes e pessoas próximas do interditando. (art. 751, CPC).**

Após a entrevista, abre-se prazo de 15 dias para impugnação ao pedido de interdição, apresentada pelo advogado do interditando ou por curador especial nomeado pelo juiz, se não houver procurador constituído nos autos.

Logo após, **é indispensável a realização de perícia médica, sob pena de nulidade do processo**, e a prova pericial segue o procedimento comum, com produção de laudo. Realizada a perícia, haverá designação de audiência de instrução e julgamento, para produção de outras provas e colheita de depoimentos, ou proferida sentença desde logo.

A sentença é recorrível por apelação. Nela é nomeado curador, fixado os limites da curatela. Deve, pois, considerar as características pessoais do interdito, observando suas potencialidades, habilidades, vontades e preferências.

Uma vez cessadas as causas da interdição, o interdito, o curador e o Ministério Público podem requerer o seu levantamento, para que o interdito volte à plena capacidade civil, em apenso aos autos da interdição. Nesse caso, serão ouvidos o curador e o órgão do Ministério Público, serão realizadas entrevista, perícia e audiência de instrução e julgamento, se necessário. A sentença que acolher o pedido só produz efeitos após o trânsito em julgado, após a devida publicidade. **Cessadas as funções do curador, deverá ele prestar contas.**

Como esse assunto foi cobrado em provas de concursos públicos

2019 – MPE-GO – Promotor de justiça substituto. Em se tratando do procedimento especial de jurisdição voluntária de Interdição, é incorreto afirmar: A interdição pode ser promovida: I – pelo cônjuge ou companheiro; II – pelos parentes ou tutores; III – pelo representante da entidade em que se encontra abrigado o interditando; IV – pelo Ministério Público. (correto)

RESUMO

PROCEDIMENTOS ESPECIAIS
1. Ação de consignação em pagamento
A consignação em pagamento é uma modalidade de extinção da obrigação, colocada à disposição do devedor, para os casos em que o pagamento não puder ser realizado em virtude da recusa do credor em receber ou em dar quitação ou, ainda, quando existir um obstáculo fático ou jurídico alheio à vontade do devedor que impossibilite o pagamento eficaz.
2. Ação de exigir contas
O procedimento de prestação de contas pode ser utilizado sempre que houver dever de uma parte prestar contas à outra (exemplos: administrador judicial, gestor de negócios, inventariante), a fim de avaliar responsabilidade ou cobrar eventuais pendências.
3. Ações possessórias
A Reintegração de posse é a ação adequada para proteção da posse quando há esbulho, ou seja, a perda total da posse molestada injustamente.
A manutenção de posse é a ação adequada para a tutela da posse contra a turbação (incômodo, limitação, perda parcial da posse), ou seja, nos casos em que o possuidor direto fica impossibilitado de exercer tranquilamente a sua posse por ato de outrem.
Interdito proibitório é uma tutela inibitória, para os casos em que ainda não ocorreu moléstia à posse do demandante, mas ameaça ou o justo receio.
4. Ação de divisão e demarcação de terras
A ação demarcatória é proposta pelo proprietário em face do seu confinante, com o objetivo de demarcar prédios, fixando novos limites ou aviventando os apagados. Já a ação divisória é proposta pelo condômino em face dos demais consortes, a fim de exigir a divisão da coisa comum ou estremar os quinhões.
5. Ação de dissolução parcial de sociedade
A dissolução parcial da sociedade nada mais é do que a resolução ou resilição do contrato de sociedade em relação a um ou mais sócios, mediante a existência de motivos capazes de provocar a extinção do contrato societário. A ação de dissolução parcial de sociedade é destinada a resolver o vínculo entre uma pessoa jurídica e uma pessoa física na parte que lhe interesse ou lhe era ideal na sociedade.
6. Inventário e partilha
O inventário constitui a relação de bens de determinada pessoa, descritos e individualizados em relação ao conjunto. A partilha envolve a divisão desses bens entre os sucessores.

O inventário e a partilha podem ser **extrajudiciais** (partilha amigável), desde que os herdeiros sejam capazes, concordes e assistidos por advogado ou defensor público, ou **judiciais,** que pode ser litigioso ou amigável. Havendo testamento ou interessado incapaz, o inventário precisa ser judicial.
7. Embargos de Terceiro
É a ação proposta por terceiro para evitar ou se desfazer de uma constrição judicial indevida, ou seja, em defesa dos seus bens, ilegalmente atingidos num processo entre estranhos.
Legitimados: a) O cônjuge ou companheiro, quando defende a posse de bens próprios ou de sua meação, ressalvada a situação de penhora de bem indivisível. b) O adquirente de bens cuja constrição decorreu de decisão que declara a ineficácia da alienação realizada em fraude à execução. c) Quem sofre constrição judicial de seus bens por força de desconsideração da personalidade jurídica, de cujo incidente não fez parte. d) O credor com garantia real para obstar expropriação judicial do objeto de direito real de garantia, caso não tenha sido intimado, nos termos legais dos atos expropriatórios respectivos.
8. Oposição
A oposição é uma ação prejudicial proposta por terceiro que se julga titular de bem ou de direito disputado em juízo. Ou seja, é cabível quando o terceiro quer defender, desde logo, a coisa ou o direito que é total ou parcialmente seu, mas está sendo disputado em processo alheio.
9. Ações de família
O CPC/2015 estabeleceu um rito especial para as ações de família, que se aplica aos seguintes casos: divórcio, separação, reconhecimento e extinção de união estável, guarda, visitação e filiação. O princípio basilar do direito processual de família é resolução consensual dos conflitos.
10. Ação monitória
A monitória é uma tutela jurisdicional diferenciada, sumária, de evidência e com contraditório diferido, situada entre a tutela de conhecimento e a tutela executiva, que objetiva abreviar o caminho para a formação de um título executivo judicial.
A ação monitória pode ser proposta por quem afirmar tem direito ao pagamento de uma quantia em dinheiro, à entrega de coisa fungível ou infungível ou de bem móvel ou imóvel ou ao adimplemento de obrigação de fazer ou de não fazer, com base em prova escrita, documental ou documentada, sem eficácia de título executivo.

A defesa do demandado, na ação monitória, se dará por meio de Embargos à Ação Monitória, apresentados no prazo de 15 dias, nos autos da ação monitória, independente de se garantir previamente o juízo.
11. Da interdição
A ação de interdição visa à decretação da perda ou restrição da capacidade para a prática de atos da vida civil da pessoa natural que, por motivos de ordem patológica ou acidental, congênita ou adquirida, é incapaz de comandar seus atos na vida civil.

GABARITO

1	A	**2**	E	**3**	Certo	**4**	Certo	**5**	C
6	A	**7**	C	**8**	E	**9**	A	**10**	B

CAPÍTULO 37

PARTE GERAL DA EXECUÇÃO DE TÍTULO EXTRAJUDICIAL

RECADO

Caro (a) Leitor (a),

Os títulos executivos extrajudiciais propiciam ao titular do direito o ingresso direto na execução, sem a necessidade prévia da fase de conhecimento. Nesta parte em específico, as cobranças direcionam-se para atos decorrentes de descumprimento da boa-fé na execução (atos atentatórios) e suas consequências.

Temas sobre a impenhorabilidade de bens também são bastante cobrados.

Bons estudos!

QUESTÕES

1. **(2018 – INSTITUTO AOCP – TRT – 1ª REGIÃO (RJ) Analista Judiciário/Oficial de Justiça Avaliador)** Júlio manejou procedimento de execução contra Marco com base em título executivo extrajudicial contendo obrigação de pagamento de quantia. Marco perdeu o prazo para embargos à execução e deixou de realizar o cumprimento da obrigação a ele imputada. Diante do exposto e de acordo com os ditames da legislação processual civil, assinale a alternativa INCORRETA.

A) Caso Marco aliene seu patrimônio a fim de impossibilitar o pagamento da obrigação, poderá incorrer em fraude à execução, o que poderá gerar a ineficácia da alienação em relação ao exequente Júlio.

B) As atitudes de Marco que dificultem a realização de penhora poderão ser classificadas como ato atentatório à dignidade da justiça, podendo acarretar em multa de até 20% (vinte por cento).

C) Caso Marco aliene seu patrimônio a fim de impossibilitar o pagamento da obrigação, poderá incorrer em fraude contra credores, o que poderá gerar a anulação da alienação com efeitos erga omnes.

D) Caso Marco houvesse manejado embargos à execução e obtido sucesso nesse procedimento com a declaração de inexistência da obrigação que deu ensejo à execução, Júlio teria a obrigatoriedade de ressarcir eventuais danos causados pelo procedimento executivo.

E) Tendo-se em vista que Marco não manejou embargos à execução, Júlio pode desistir de toda a execução, independentemente da concordância de Marco.

2. (2018 – VUNESP- PGE-SP Procurador do Estado) Em relação à fraude de execução, assinale a alternativa correta.

A) O simples fato de alguém ter alienado seus bens após a citação, no processo de conhecimento, já caracteriza plenamente a fraude de execução, sejam os bens passíveis de registro ou não.

B) Quanto aos bens imóveis, o ônus de provar sua existência pode ser satisfeito mediante averbação na matrícula do imóvel, prévia à alienação, da existência de uma ação, ainda que de natureza penal, dentre outras, que pode reduzir o devedor à insolvência.

C) É sempre do exequente o ônus da prova da fraude de execução quando ocorrer a venda de bens não sujeitos a registro após a citação, na execução civil, ou após a intimação, no caso do cumprimento de sentença.

D) Os atos praticados em fraude de execução são juridicamente inexistentes, independentemente de o executado ter ficado insolvente ou não.

E) Caracteriza-se exclusivamente quando, após o início do cumprimento de sentença ou da execução civil, ocorre a alienação de bens por parte do executado, dispensados outros requisitos.

3. (2019 – CESPE – Prefeitura de Boa Vista – RR – Procurador do Município) No item a seguir é apresentada uma situação hipotética seguida de uma assertiva a ser julgada a respeito de processo de execução e ação popular. "A pedido do exequente, o juízo deferiu a penhora de um imóvel de propriedade do executado. No entanto, o exequente não procedeu à averbação do ato no respectivo cartório de registro de imóveis. Após a penhora, o executado alienou o imóvel penhorado. Nessa situação, o ato de alienação do imóvel caracteriza fraude à execução."

Certo

Errado

4. (2016 – FCC – TRT – 14ª Região (RO e AC) – Analista Judiciário – Oficial de Justiça Avaliador) Paula ajuizou ação de indenização contra Maria postulando uma indenização no importe equivalente a R$ 300.000,00, decorrente de dano causado em imóvel residencial. A ação é julgada procedente e o pedido inicial integralmente acolhido. Iniciada a fase de cumprimento de sentença, não são localizados bens passíveis de constrição judicial em nome da devedora Maria, que possui apenas um bem imóvel em seu nome, exatamente onde reside com a família. Inconformada Paula começa a diligenciar e apura que durante o trâmite da ação indenizatória Maria vendeu para terceiros um imóvel e um veículo. Neste caso, noticiado o fato no processo com comprovação documental, o Magistrado deverá reconhecer a fraude à execução e considerar o ato da executada como atentatório à dignidade da justiça, condenando-a ao pagamento de multa, exigível na própria execução, NÃO superior a

A) 5% do valor atualizado do débito em execução, revertida em proveito do credor.
B) 1% do valor atualizado do débito em execução, revertida em proveito do credor.
C) 10% do valor atualizado do débito em execução, revertida em proveito do credor.
D) 20% do valor atualizado do débito em execução, revertida em proveito do credor.
E) 30% do valor atualizado do débito em execução, revertida em proveito do credor.

5. **(2018 – FGV – TJ-AL – Analista Judiciário – Oficial de Justiça avaliador)** O exequente obteve uma certidão de que a execução por ele proposta foi admitida pelo juiz. Ato contínuo, averbou a referida certidão no registro de imóveis, onde consta inscrito um apartamento do devedor. Antes da sua citação no processo, o executado alienou a propriedade do referido bem para um terceiro. No curso do processo, percebe-se que esse apartamento, que fora indicado pelo exequente para penhora, não pertencia mais ao patrimônio do devedor. Nesse contexto:

A) a alienação não configura fraude à execução, pois o executado não tinha ciência do processo;
B) a alienação é eficaz, pois o registro é ato capaz de ensejar a ciência do processo;
C) a alienação efetuada após a averbação é presumida em fraude à execução;
D) a averbação é indevida, pois não se admite emissão de certidão para esse fim;
E) a averbação é indevida, pois só se a admite após a extinção da execução.

6. **(2018 – IBFC – TRF – 2ª REGIÃO Juiz Federal Substituto)** Considera-se atentatória à dignidade da justiça a conduta comissiva ou omissiva do executado que:

A) I – frauda a execução; II – se opõe maliciosamente à execução, empregando ardis e meios artificiosos; III – dificulta ou embaraça a realização da penhora; IV – resiste injustificadamente às ordens judiciais; V – interpuser recurso com intuito manifestamente protelatório.
B) I – frauda a execução; II – se opõe maliciosamente à execução, empregando ardis e meios artificiosos; III – dificulta ou embaraça a realização da penhora; IV – provocar incidente manifestamente infundado; V – intimado, não indica ao juiz quais são e onde estão os bens sujeitos à penhora e os respectivos valores, nem exibe prova de sua propriedade e, se for o caso, certidão negativa de ônus.
C) I – frauda a execução; II – se opõe maliciosamente à execução, empregando ardis e meios artificiosos; III – alterar a verdade dos fatos; IV – resiste injustificadamente

às ordens judiciais; V – intimado, não indica ao juiz quais são e onde estão os bens sujeitos à penhora e os respectivos valores, nem exibe prova de sua propriedade e, se for o caso, certidão negativa de ônus.

D) I – frauda a execução; II – se opõe maliciosamente à execução, empregando ardis e meios artificiosos; III – dificulta ou embaraça a realização da penhora; IV – resiste injustificadamente às ordens judiciais; V – intimado, não indica ao juiz quais são e onde estão os bens sujeitos à penhora e os respectivos valores, nem exibe prova de sua propriedade e, se for o caso, certidão negativa de ônus.

E) I – frauda a execução; II – deduzir pretensão ou defesa contra texto expresso de lei ou fato incontroverso; III – dificulta ou embaraça a realização da penhora; IV – resiste injustificadamente às ordens judiciais; V – intimado, não indica ao juiz quais são e onde estão os bens sujeitos à penhora e os respectivos valores, nem exibe prova de sua propriedade e, se for o caso, certidão negativa de ônus.

7. **(2018 – IDHTEC – CRQ – 19ª Região (PB) – Advogado)** Ainda sobre as regras processuais de Execução, é incorreto afirmar que são impenhoráveis:

A) As quantias depositadas em caderneta de poupança.

B) O seguro de vida.

C) Os materiais necessários para obras em andamento, salvo se essas forem penhoradas.

D) Os vestuários, bem como os pertences de uso pessoal do executado, salvo se de elevado valor.

E) Os recursos públicos do fundo partidário recebidos por partido político, nos termos da lei.

8. **(2018 – NC-UFPR – Câmara de Quitandinha – PR – Advogado)** Tem legitimidade ativa para ajuizar ação de execução, EXCETO:

A) Ministério Público, nos casos previstos em lei.

B) espólio, herdeiros ou sucessores do credor, sempre que, por morte deste, lhes for transmitido o direito resultante do título executivo.

C) o responsável tributário.

D) o cessionário, quando o direito resultante do título executivo lhe for transferido por ato entre vivos.

E) o sub-rogado, nos casos de sub-rogação legal ou convencional.

9. **(2018 – NC-UFPR – Câmara de Quitandinha – PR – Advogado)** Sobre Título Executivo, identifique como verdadeiras (V) ou falsas (F) as seguintes afirmativas:

( ) Título executivo é o ato jurídico que a lei qualificar como tal.

( ) As partes não estão autorizadas a negocialmente criar novas hipóteses de título executivo.

( ) Título executivo é instituto do âmbito do direito material.

( ) Os títulos executivos podem ser judiciais ou extrajudiciais.

Assinale a alternativa que apresenta a sequência correta, de cima para baixo.

A) V – F – V – F.

B) F – F – F – V.

C) V – V – F – V.

D) F – F – V – V.

E) V – V – V – F.

10. (2018 - CS-UFG - SANEAGO - GO - Advogado) J., detentor de título de crédito extrajudicial líquido, certo e exigível, objetivando receber a importância constante na cártula, ajuíza ação de cobrança em face do credor. Nesse contexto fático e tomando o previsto no Código de Processo Civil,

A) é incabível o ajuizamento da ação de cobrança ante a falta de interesse processual, vez que deve ajuizar ação de execução, por constituir meio próprio e mais célere para a satisfação de sua pretensão.

B) é cabível o ajuizamento da ação de cobrança, pois a existência de título executivo extrajudicial não impede a parte de optar pelo processo de conhecimento, a fim de obter título executivo judicial.

C) é inviável o pedido de cobrança, haja vista que o caso posto é de fazer uso de mandado de segurança por consistir o título líquido, certo e exigível em direito líquido e certo.

D) é permissível o manejo da ação de cobrança, por consistir na melhor forma de obtenção do crédito previsto no título.

1. PRINCÍPIOS DA EXECUÇÃO

1.1. Princípio da disponibilidade

Em decorrência do desfecho único da execução, tanto no cumprimento de sentença, quanto na execução de títulos extrajudiciais, a desistência da ação independe de concordância da parte contrária. Ao contrário do processo de conhecimento, em que a regra é a aquiescência do réu para a desistência (art. 485, § 4º CPC), na execução a regra é que a extinção processual por desinteresse do exequente não necessita da concordância do executado. (art. 775, CPC). **Costuma-se dizer, portanto, que a execução é disponível**.

Como esse assunto foi cobrado em provas de concursos públicos

2018 – INSTITUTO AOCP – TRT – 1ª REGIÃO (RJ) – Analista Judiciário – Área Judiciária. Processo de conhecimento, oferecida a contestação, não é possível ao autor alterar o pedido ou desistir da ação sem o consentimento do réu. De outra monta, desconsiderando a existência de embargos à execução, no processo de execução, ocorre uma maleabilidade desta regra processual de base, sendo que o credor poderá desistir de toda a execução, de parte dela ou até mesmo de determinados atos executivos. (correto)

Questão interessante é a própria disponibilidade do procedimento executivo. Caso o credor tenha um título executivo extrajudicial em mãos, poderá optar pela tutela de conhecimento. Não necessariamente estará obrigado a seguir a execução, caso assim deseje. Essa questão era polêmica nos nossos Tribunais. **Todavia, o art. 785 do CPC a pacificou no sentido acima explicitado**. Portanto, caso o autor tenha um contrato, devidamente assinado por duas testemunhas (um título extrajudicial), poderá optar pela ação de cobrança, se assim desejar.

1.2. Princípio da lealdade e boa-fé na execução

Apesar da proteção geral, nos artigos 77 e seguintes do CPC, da lealdade e boa-fé processual, o CPC resolveu estabelecer previsão específica da Boa-fé em relação à fase executiva. Assim, previu no art. 774, condutas que nominou **"atos atentatórios à dignidade da justiça", puníveis com multa de até 20% sobre o valor exequendo**. Assim, são condutas assim consideradas:

> I – frauda a execução;
>
> II – se opõe maliciosamente à execução, empregando ardis e meios artificiosos;
>
> III – dificulta ou embaraça a realização da penhora;
>
> IV – resiste injustificadamente às ordens judiciais;
>
> V – intimado, não indica ao juiz quais são e onde estão os bens sujeitos à penhora e os respectivos valores, nem exibe prova de sua propriedade e, se for o caso, certidão negativa de ônus.

A multa eventualmente fixada por cometimento destes atos é revertida em proveito do exequente.

Como esse assunto foi cobrado em provas de concursos públicos

2017 – FAFIPA – Fundação Araucária – PR – Advogado. Nos casos de conduta atentatória à dignidade da justiça, o juiz fixará multa em montante não superior a dez por cento do valor atualizado do débito em execução, a qual será revertida em proveito do exequente, exigível nos próprios autos do processo, sem prejuízo de outras sanções de natureza processual ou material. (incorreto).

1.3. Princípio do menor sacrifício

Segundo este princípio, estabelecido no art. 620 do CPC, quando por várias formas puder ser realizada a atividade executiva, **ela será feita na forma menos gravosa ao executado.**

Trata-se de norma destinada a preservar a dignidade e a mínima condição de subsistência do devedor, impedindo que o juiz imprima medidas extremamente gravosas ao devedor.

Nos termos do parágrafo único do art. 805 do CPC, princípio somente pode ser aplicado, **quando o meio executivo indicado pelo devedor seja mais eficaz ao credor e um deles represente um menor sacrifício ao devedor**. Assim, não se pode servir ao menor sacrifício, sem retirar a eficácia ao credor.

1.4. Princípio do contraditório na execução

No processo ou fase de conhecimento, o contraditório é amplo, sendo que as partes possuem a possibilidade de alegar e provar as alegações por meio de várias espécies probatórias dispostas no CPC. Entretanto, na execução, o princípio do contraditório apresenta-se de forma diferente. **Costuma-se dizer que na execução o contraditório é mitigado, ou diminuído.**

Como o desfecho normal da execução é a satisfação do crédito, e os olhos do legislador estão voltados para o cumprimento da obrigação já reconhecida no título, não são amplas as possibilidades do real contraditório no processo. O contraditório no processo de execução está muito mais ligado à possibilidade de o devedor controlar a invasão patrimonial do Estado, alinhando-a com as restrições legais, do que propriamente a discussão sobre a origem do crédito cobrado.

Costuma-se dizer que o contraditório, sobre a origem do débito ou mesmo sobre a validade do procedimento é eventual. Isto porque as formas de defesa do executado (embargos e impugnação), somente são instauradas a requerimento do réu. Caso eles não tomem a iniciativa de instaurar a defesa, não haverá discussão sobre a legalidade ou não dos atos executivos.

2. LEGITIMIDADE NA EXECUÇÃO

2.1. Ativa

Inicialmente, a lei atribui ao credor, titular do crédito mencionado no título, a legitimidade para ingressar com a execução, nos termos do art. 778, "caput" do CPC. do CPC utiliza a expressão "credor que a lei confere o título executivo". Ora, faz isso de forma proposital, pois existem situações em que o credor não constará do título e terá legitimidade para a execução. **Um exemplo desta situação é a do advogado, cuja legitimidade é conferida pelo art. 23 da lei 8.906 de 1994.**

Além do legitimado ordinário, podem também promover a execução, nos termos do art. 778, § 1º do CPC:

Possui legitimidade o Ministério Público, nos casos previstos em lei. A legitimidade do Ministério público para a execução é extraordinária. Será extraordinária quando propuser uma ação em nome próprio, defendendo direito alheio e executá-la. Ocorre, por exemplo, na ação civil pública, **em que a legitimidade para a fase de conhecimento é extraordinária e o é para a execução**.

Existe uma interessante hipótese que o Ministério Público não possui legitimidade para propor a ação, mas o tem para executar, de forma subsidiária. **Trata-se da ação popular**, que pela lei 4.717 de 1.965 somente o cidadão possui legitimidade para propô-la. Todavia, não havendo execução pelo cidadão no prazo de 60 dias, o parquet deve realizar a sua execução.

Também, nos termos do inciso II**, o espólio, os herdeiros e os sucessores possuem legitimidade para a execução.** O Sucessor pode adquirir a qualidade de titular do crédito em duas situações: Ou antes do falecimento do credor, hipótese na qual basta ingressar com a execução com a prova dos direitos sucessórios; ou adquire a qualidade de sucessor durante o curso do processo.

Nos termos dos incisos III e IV, havendo sub-rogação ou cessão anterior ao início do processo, basta que o novo credor ou sub-rogado apresente a prova do negócio jurídico. Assim, adquirirá a legitimidade depois da criação do título, **mas deverá apresentar o documento de habilitação para o início do processo**.

2.2. Passiva

A legitimidade passiva da execução encontra-se no art. 779 do CPC. **Podem suportar a responsabilidade patrimonial os seguintes sujeitos:**

> I – O devedor reconhecido no título
>
> II – O espólio, herdeiros ou sucessores
>
> III – O Novo devedor, no caso de assunção de dívida
>
> IV – O fiador, constante em título executivo
>
> V – O responsável pelo bem vinculado a título de garantia real, ao pagamento do débito.
>
> VI – O responsável Tributário, assim definido em lei.

3. COMPETÊNCIA NA EXECUÇÃO DE TÍTULOS EXECUTIVOS EXTRAJUDICIAIS

No antigo CPC não havia previsão específica ou regra acerca da competência para execução dos títulos extrajudiciais. A legislação anterior somente afirmava que os títulos executivos extrajudiciais seriam executados conforme as regras usuais de competência. Porém as regras usuais eram insuficientes, **de modo que o CPC/2015, através de seu art. 781, criou regras específicas de competência para estes títulos.**

Assim, o CPC/2015, através de seu art. 781, criou regras específicas de competência. **O mais interessante talvez seja a criação também foros concorrentes para execução de título extrajudicial**, assim, como ocorre nos títulos executivos judiciais.

Estes foros concorrentes estão estabelecidos os incisos I e V do art. 781 do CPC:

> **Art. 781.** A execução fundada em título extrajudicial será processada perante o juízo competente, observando-se o seguinte:
>
> **I – A execução poderá ser proposta no foro de domicílio do executado, de eleição constante do título ou, ainda, de situação dos bens a ela sujeitos;**
>
> (...)
>
> **V – A execução poderá ser proposta no foro do lugar em que se praticou o ato ou em que ocorreu o fato que deu origem ao título, mesmo que nele não mais resida o executado.**

Assim, a escolha entre os diversos foros presentes nos dispositivos em questão seria do exequente, que poderia livremente optar entre eles.

Entretanto, alguns autores afirmam que a ordem do inciso I do art. 781 do CPC não seria de foros concorrentes propriamente ditos. Segundo essa parcela da doutrina, havendo foro de eleição, este deveria ser respeitado, e não seria uma opção do exequente escolher entre ele e os demais. **Somente na ausência do foro de eleição é que se poderia livremente escolher entre os outros diversos previstos na lei.** Portanto, quando se tem um foro onde as partes escolheram para demandar o título extrajudicial, ele deve prevalecer sobre os demais, vinculando as partes.

4. TÍTULO EXECUTIVO

Três são as teorias que versam sobre a natureza do título executivo.

A primeira delas, de Carnelutti, estabelece que o título executivo seria um documento representativo do crédito a ser executado. **Segundo ele, o título teria natureza probatória.**

Uma segunda teoria, de Enrico Túlio Liebman, preconiza que o título não teria natureza documental probatória, pois dessa forma, estaria muito ligado ao direito material. Segundo seu pensamento, se assim fosse, não existiria a execução caso os embargos fossem julgados procedentes. Independentemente de existência ou não do crédito, sendo o título inócuo ou não, a execução pode ser deflagrada. **Assim, para ele o título seria um ato jurídico necessário à instauração da execução.**

Existe, todavia, uma terceira teoria sobre o assunto. Trata-se da teoria mista, defendida no Brasil por Teori Albino Zavascki. Segundo o professor, o título ora se apresenta como ato jurídico materializado, sendo que a lei dá mais primazia ao ato do que ao documento (Aluguel, art. 784, VIII do CPC), ora dá mais primazia ao documento (contrato particular assinado por duas testemunhas, art. 784, II do CPC). **Esta teoria, portanto, estabelece que o título é um fato complexo, devendo ser analisado no caso concreto.**

Em relação aos títulos executivos, vige o chamado princípio da taxatividade, pelo qual somente aqueles documentos ou atos previstos em lei são considerados títulos. **A jurisprudência, ou mesmo a vontade das partes, não possuem o condão de criar novos tipos, sendo matéria reservada à lei realizá-lo.** Apesar desse ponto, o Superior Tribunal de Justiça emanou o entendimento recente de que o contrato eletrônico, assinado digitalmente, mesmo que não tenha a assinatura de duas testemunhas, é considerado título executivo extrajudicial. Confira-se:

> (...). Ademais, é necessário destacar que, com base nos precedentes desta Corte, em regra, exigem-se duas testemunhas em documento físico privado para que seja considerado executivo, mas excepcionalmente, **poderá ele dar azo a um processo de execução, sem que se tenha cumprido esse requisito formal** entendimento este deve-se aplicar aos contratos eletrônicos, desde que observadas as garantias mínimas acerca de sua autenticidade e segurança". REsp 1.495.920-DF, Rel. Min. Paulo de Tarso Sanseverino, por maioria, julgado em 15/05/2018, DJe 07/06/2018

5. RESPONSABILIDADE PATRIMONIAL

A responsabilidade patrimonial encontra-se prevista nos artigos 789 e seguintes do CPC. Trata-se do estudo de quais os bens que devem integrar a execução, bem como em que momento da presença no patrimônio das partes estes bens responderiam.

Nos termos do art. 789 do CPC, todos os bens do devedor, a princípio, estariam abarcados pela Responsabilidade Patrimonial. Entretanto, as restrições previstas em lei poderiam retirar alguns bens da tutela executiva. **Essas restrições são os chamados bens impenhoráveis.**

Portanto, O princípio da Patrimonialidade da execução, pelo qual os bens do devedor responderão por suas dívidas, **não é absoluto**. Em regra todos os bens do devedor estão sujeitos ao pagamento da execução. No entanto, o legislador separou alguns bens, os quais são considerados intocados para pagamentos de dívidas e execuções judiciais. Estes bens garantem o mínimo existencial ao devedor, sem os quais sua sobrevivência e a de sua família ficariam prejudicadas.

Os bens separados pelo legislador e destacados da responsabilidade patrimonial são chamados de bens impenhoráveis. O nosso direito processual conhece duas categorias de bens impenhoráveis, nos artigos 833 e 834 do CPC. **Os primeiros são chamados de bens absolutamente impenhoráveis, ao passo que os segundos são denominados bens relativamente impenhoráveis.**

Dentro do estudo das impenhorabilidades, existem situações interessantes, que com alguma frequência são cobradas em provas de concursos. À semelhança do que ocorria na legislação passada, a caderneta de poupança é impenhorável em nossa legislação. Entretanto, essa impenhorabilidade alcança somente um determinado valor, de 40 (quarenta) salários mínimos. **Acima deste limite, ainda que esteja em poupança, os valores são penhoráveis.**

Além dos bens absolutamente e relativamente impenhoráveis, é interessante vermos, neste ponto de nosso estudo, as fraudes do devedor. **Existem situações que os bens, mesmo que alienados e fora do patrimônio do devedor, respondem pela obrigação.** Assim, veremos como essas alienações fraudulentas impactam na responsabilidade patrimonial. Analisaremos, portanto, a fraude contra credores e a fraude à execução.

5.1. Fraude Contra credores

A fraude contra credores é um instituto pré-processual. Trata-se da alienação ou oneração de bens, reduzindo o devedor à insolvência, **antes da existência de ação judicial.**

Assim, a fraude contra credores ocorre entre a realização do negócio jurídico e a existência de ação, capaz de reduzir o devedor à insolvência. Aexistência de ação, acompanhada de sua respectiva ciência pelo devedor, levará à ocorrência da fraude à execução.

No entanto, não é qualquer alienação na pendência de dívidas que constitui a fraude contra credores. Para tanto, a doutrina costuma reconhecer dois requisitos: **O Eventus Damini (prejuízo ao credor, representado pela insolvência após a alienação)**, e o concilium fraudis, representado pela ciência do terceiro adquirente da situação de insolvência do devedor. **Pode-se conceituar este último requisito como a má-fé do terceiro adquirente.**

Nos Negócios Jurídicos gratuitos, esta má-fé é presumida. (art. 158, CC/02).

Para combater a fraude contra credores, o interessado deverá propor **uma ação chamada de "ação Pauliana", em um prazo de 4 (quatro) anos**, a contar da realização do Negócio Jurídico. (art. 178, CC/02).

A sentença proferida na ação Pauliana é Constitutiva negativa, anulando o negócio entabulado entre as partes, e restituindo as partes ao estado anterior, portanto, voltando o bem ao patrimônio do devedor e sujeitando-o à execução.

Entretanto, apesar da lei civil mencionar que o ato será anulado, com a consequência exposta anteriormente, existe posicionamento do Superior Tribunal de Justiça, entendendo que, em verdade, **a sentença causará a ineficácia do ato em relação ao credor, e não a sua anulação total.** Confira-se:

> "Quanto aos efeitos da declaração de fraude contra credores, consignou que a sentença pauliana sujeitará à excussão judicial o bem fraudulentamente transferido, mas apenas em benefício do crédito fraudado e na exata medida desse. **Naquilo que não interferir no crédito do credor, o ato permanecerá hígido, como autêntica manifestação das partes contratantes.** Caso haja remissão da dívida, o ato de alienação subsistirá, não havendo como sustentar a anulabilidade. Assim, a Turma, ao prosseguir o julgamento, deu parcial provimento ao recurso. Precedente citado: REsp 506.312-MS, DJ 31/8/2006. REsp 971.884-PR, **Rel. Min. Sidnei Beneti, julgado em 22/3/2011".**

FRAUDE CONTRA CREDORES

Momento	Requisitos	Forma de impugnar	Efeitos
Instituto pré processual, alienação de bens na existência de dívida	*Eventus Damini* e *Concilium fraudis*	Ação Pauliana, em um prazo de 4 anos da realização do negócio	CC/02 – Anulação Para o STJ – Ineficácia do ato

5.2. Fraude à execução

A fraude à execução é um instituto processual. É a alienação ou oneração de bens, pendente a existência de processo judicial, capaz de reduzir o devedor à insolvência. Nos termos do art. 792, do CPC, são atos considerados em fraude à execução:

> **Art. 792. A alienação ou a oneração de bem é considerada fraude à execução:**
>
> I – quando sobre o bem pender ação fundada em direito real ou com pretensão reipersecutória, desde que a pendência do processo tenha sido averbada no respectivo registro público, se houver;
>
> II – quando tiver sido averbada, no registro do bem, a pendência do processo de execução, na forma do art. 828;
>
> III – quando tiver sido averbado, no registro do bem, hipoteca judiciária ou outro ato de constrição judicial originário do processo onde foi arguida a fraude;
>
> **IV – quando, ao tempo da alienação ou da oneração, tramitava contra o devedor ação capaz de reduzi-lo à insolvência;**
>
> V – nos demais casos expressos em lei.

Ressalte-se que todas as três primeiras formas de caracterização da fraude já contém a integração do devedor ao processo judicial. No caso do inciso IV uma polêmica se instaura. Seria necessária a integração do devedor ao processo, ou somente a existência da demanda já seria capaz de gerar o instituto?

Para o STJ, a caracterização somente ocorre com a citação válida do devedor. Essa posição, inclusive, foi consagrada pelo art. 792, § 2º do CPC. Confira-se:

> "A fraude à execução só poderá ser reconhecida se o ato de disposição do bem for posterior à citação válida do sócio devedor, quando redirecionada a execução que fora originariamente proposta em face da pessoa jurídica. REsp 1.391.830-SP, **Rel. Min. Nancy Andrighi, por unanimidade, julgado em 22/11/2016, DJe 1/12/2016".**

Os requisitos para a caracterização da fraude à execução vêm estabelecidos na **súmula 375 do STJ**. Além do prejuízo ao credor, o Tribunal consagrou que a má-fé do terceiro adquirente também é necessária para a ocorrência do instituto.

O meio de atacar a fraude à execução é por simples petição nos autos processuais, não demandando ação autônoma para sua impugnação. **Reconhecida a fraude, a alienação é ineficaz em relação ao terceiro, e não anulada (art. 792, § 1º, CPC).**

FRAUDE À EXECUÇÃO

Momento	Requisitos	Impugnação	Efeitos
Ocorre após a existência de processo capaz de reduzir o devedor à insolvência.	Súmula 375 STJ – Insolvência do devedor e má-fé do terceiro adquirente.	Petição nos autos.	Ineficácia do ato em relação ao credor.

Uma observação deve ser feita em relação a este instituto. Viu-se que a jurisprudência do STJ estabelece a citação como marco para a existência formal da demanda em relação ao réu e, portanto, como início do ato da fraude à execução. Todavia, é possível o reconhecimento da fraude antes mesmo da citação. Trata-se da hipótese em que o devedor realizou a averbação estabelecida no art. 828 do CPC, da certidão de admissibilidade da execução. **Neste caso, já averbada a demanda, a venda do bem, ainda que não exista a formal citação, é presumida em fraude à execução**.

Como esse assunto foi cobrado em provas de concursos públicos

2013 – BANPARÁ – Advogado. O reconhecimento da fraude à execução independe do registro da penhora do bem alienado ou da prova de má-fé do terceiro adquirente.

RESUMO

PARTE GERAL DA EXECUÇÃO DE TÍTULOS EXTRAJUDICIAIS

1. Princípios da Execução
1.1. Princípio da disponibilidade da execução
Nos termos do art. 775 do CPC, o exequente poderá, a qualquer momento, desistir de um ou de mais atos executivos. Diferentemente da fase de conhecimento, na qual a concordância do devedor é necessária, na execução a regra é a dispensa desta concordância.
1.2. Princípio da lealdade e boa-fé processual
O art. 774 do CPC traz as condutas descritas como atos atentatórios à dignidade da justiça, os quais são puníveis com multa de até 20% sobre o valor exequendo, revertidos ao exequente.

1.3. Princípio do menor sacrifício do executado
Nos termos do art. 805 do CPC, quando por vários meios a execução puder ser realizada, será feita da forma menos gravosa ao devedor, desde que não resulte prejuízo ao credor.
1.4. Princípio do Contraditório na execução
Contraditório de natureza eventual, que depende da instauração do devedor, por meio de impugnação ou mesmo embargos à execução.
2. Legitimidade
2.1. Ativa
A legitimidade ativa na execução encontra-se no art. 778 do CPC.
2.2. Passiva
A Legitimidade passiva, por sua vez, encontra-se no art. 779 do CPC.
3. Competência na execução de títulos extrajudiciais
Na legislação passada não havia regra para a competência na execução de títulos extrajudiciais. O art. 781 do CPC trouxe previsão expressa, adotando a mesma técnica dos foros concorrentes para a execução de títulos extrajudiciais.
4. Título executivo
Teoria do título como documento, como ato jurídico e como fato complexo.
5. Responsabilidade patrimonial
5.1. Fraude contra credores
A fraude contra credores é um instituto pré-processual, consiste na alienação de bens, reduzindo o devedor à insolvência, antes da existência de processo capaz de reduzi-lo à insolvência. Demanda ação própria, no prazo de quatro anos da realização do Negócio Jurídico.
5.2. Fraude à execução
A fraude à execução é a realização de negócio jurídico, após a existência de processo capaz de reduzir o devedor à insolvência, tendo a má-fé do terceiro adquirente. Ataca-se com simples petição nos autos.

GABARITO

1	C	**2**	B	**3**	Errado	**4**	D	**5**	C
6	D	**7**	A	**8**	C	**9**	C	**10**	B

CAPÍTULO 38

EXECUÇÃO DE PAGAR QUANTIA CERTA

RECADO

Caro (a) leitor (a), veremos agora a execução de título executivo extrajudicial de pagar quantia certa. Os títulos extrajudiciais encontram-se no art. 784 do CPC. Para o início do procedimento a seguir, é indispensável que a parte disponha de um destes documentos em mãos.

QUESTÕES

1. **(2019 – VUNESP – TJ-AC – VUNESP – Juiz de Direito Substituto)** A execução por quantia certa fundada em título executivo extrajudicial tem como instrumento típico de coerção a realização da expropriação de bens do executado, que se inicia através da penhora, sobre a qual é correto asseverar que

A) para presunção absoluta de conhecimento por terceiros, cabe ao exequente providenciar a averbação da penhora no registro competente, necessariamente por mandado judicial.

B) em se tratando de penhora de bem indivisível, o equivalente à quota-parte do coproprietário ou do cônjuge alheio à execução recairá sobre o produto da alienação do bem.

C) o executado pode, no prazo de 15 (quinze) dias contados da intimação da penhora, requerer a substituição do bem penhorado, desde que comprove que lhe será menos onerosa e não trará prejuízo ao exequente.

D) para que o executado ofereça bem imóvel em substituição à penhora realizada pelo credor, deverá juntar, ao seu requerimento, expressa anuência do cônjuge, seja lá qual for o regime de bens do casamento.

2. (2019 – NC-UFPR – TJ-PR – Titular de serviços de notas e registros) Na execução por quantia certa, se a penhora houver recaído sobre dinheiro, chega-se mais rapidamente ao final da execução. Recaindo a penhora sobre outros bens, há necessidade de se efetivarem as modalidades de expropriação. Sobre a penhora de bens e as modalidades de expropriação, assinale a alternativa INCORRETA.

A) A alienação antecipada dos bens penhorados, quando houver manifesta vantagem ou se tratar de bens sujeitos à depreciação ou à deterioração, não se confunde com a alienação por iniciativa particular, que é modalidade de expropriação.

B) Para que possa adjudicar os bens penhorados, o exequente não poderá oferecer preço inferior ao da avaliação.

C) A averbação da penhora no registro competente é providência indispensável para a verificação do direito de preferência sobre os bens penhorados.

D) Havendo, entre os legitimados, mais de um interessado em adjudicar o bem penhorado, haverá licitação entre eles, e a respectiva decisão poderá ser impugnada por meio de agravo de instrumento.

E) Os bens penhorados não poderão ser arrematados por preço vil. Considera-se vil o preço inferior ao mínimo estipulado pelo juiz, ou, não havendo estipulação, inferior a cinquenta por cento do valor da avaliação.

3. (2019 – CESPE – TJ-BA – Juiz de Direito Substituto) De acordo com o CPC, se, em processo de execução de contrato inadimplido, ocorrer a penhora judicial de dinheiro depositado em conta bancária do executado, o juiz poderá cancelar o ato de penhora caso acolha o pedido de impenhorabilidade sob o argumento de que a quantia bloqueada

A) pertence a terceiro

B) decorreu de venda de imóvel.

C) corresponde a salário do executado e não ultrapassa cinquenta salários mínimos.

D) estava vinculada ao pagamento de conta exclusivamente em débito automático.

E) acarretará enriquecimento ilícito.

4. (2018 – CONSULPLAN -TJ-MG – Juiz de Direito substituto) A sociedade empresária X, pequena empresa que se dedica à atividade econômica de prestação de serviços (consertos de celulares) sem atendimento domiciliar, aceitou uma duplicata emitida por seu fornecedor Y. No vencimento, a obrigação foi inadimplida, o credor aforou ação de execução e indicou para penhora um automóvel utilizado pelo sócio-gerente da devedora. A executada foi citada e, no prazo legal, ofereceu embargos à execução somente para alegar impenhorabilidade absoluta do veículo porque seria instrumento de trabalho. Nesse caso a alegação deve ser rejeitada porque

A) a impenhorabilidade é relativa.

B) o usuário do veículo pode utilizar transporte público.

C) o bem não é utilizado na atividade empresarial da devedora.

D) a impenhorabilidade, no caso narrado, beneficia somente a pessoa natural devedora.

5. **(2018 – CESGRANRIO – Transpetro – Advogado Júnior)** X contratou com Z, empresário, proprietário de uma casa de festas infantis, o aluguel do estabelecimento para comemorar o aniversário de sua filha. O valor relativo ao uso do espaço foi pago antecipadamente. Na data da festa, para surpresa de X, as portas do estabelecimento estavam trancadas, sem ninguém no local. Com o objetivo de ser ressarcido do prejuízo, X moveu ação contra Z, em que, na fase de execução, o juiz determinou on-line a penhora de aplicação financeira mantida pelo réu. Diante do exposto,

A) o juiz pode determinar à instituição financeira que torne indisponíveis os valores existentes em nome do executado, se isto tiver sido comunicado ao executado antes.

B) o juiz pode determinar de ofício a indisponibilidade dos ativos financeiros existentes no nome de Z.

C) o juiz pode determinar à instituição financeira que torne indisponíveis os valores existentes em nome do executado, se o exequente solicitar.

D) a lavratura de termo é necessária para que a indisponibilidade dos ativos financeiros se converta em penhora.

E) a penhora de aplicação financeira só é cabível se o réu não tiver bens móveis no valor do quantum exequendo.

6. **(2018 – CESPE – STJ – Oficial de Justiça avaliador)** A respeito de recursos nos tribunais, meios de impugnação das decisões judiciais, processo de execução e mandado de segurança, julgue o item a seguir. Para fins de substituição da penhora, a legislação processual equipara ao dinheiro a fiança bancária e o seguro garantia judicial, desde que o valor não seja inferior ao do débito constante da inicial da execução acrescido de 30%.

Certo

Errado

7. **(Ano: 2018 Banca: FUNDATEC – Órgão: AL-RS – Prova: FUNDATEC – 2018 – AL-RS – Procurador)** No tocante à execução civil, é correto afirmar que:

A) É penhorável, pela sistemática processual civil, o seguro de vida ainda não recebido e aquele que o segurado ou o beneficiário já recebeu.

B) Para possibilitar a penhora de dinheiro em depósito ou em aplicação financeira, o juiz, a requerimento do exequente, determinará às instituições financeiras, por meio de sistema eletrônico gerido pela autoridade supervisora do sistema financeiro nacional, que torne indisponíveis ativos financeiros existentes em nome do executado, limitando-se a indisponibilidade ao valor indicado na execução, desde que com prévia ciência do ato ao executado.

C) Efetivada a penhora de dinheiro em depósito ou de aplicação financeira, poderá o executado, no prazo de 10 (dez) dias, alegar e comprovar que as quantias tornadas indisponíveis são impenhoráveis e/ou que ainda remanesce a indisponibilidade excessiva de ativos financeiros.

D) É possível o parcelamento do valor da execução, quando o executado, no prazo para embargos, reconhece o crédito do exequente e comprova o depósito de cinquenta por cento do valor da execução, acrescido de custas e honorários advocatícios, ocasião em que pode requerer que lhe seja permitido pagar o restante em até 6 (seis) parcelas mensais, acrescidas de correção monetária e de juros de um por cento ao mês.

E) A conduta omissiva do executado no sentido de se opor maliciosamente à execução, empregando ardis e meios artificiosos, assim como dificultando ou embaraçando a realização da penhora, é considerada ato atentatório à dignidade da justiça.

8. **(2017 – CESPE – TRF – 1ª REGIÃO – Analista Judiciário Oficial de Justiça Avaliador)** A respeito da formação do processo, da penhora e do cumprimento de sentença, julgue o item que se segue. São insuscetíveis de penhora os instrumentos necessários ao exercício da profissão do executado, desde que seja profissão reconhecida pelo Ministério do Trabalho.

   Certo

   Errado.

9. **(Ano: 2017 Banca: FGV Órgão: TRT – 12ª Região (SC) Prova: FGV – 2017 – TRT – 12ª Região (SC) – Analista Judiciário – Oficial de Justiça Avaliador Federal)** Em hasta pública designada pela 50ª Vara Cível da Comarca de Itajaí (SC), foi feita a tentativa de venda de um automóvel penhorado e avaliado em R$6.000,00. Compareceu uma pessoa interessada que apresentou, antes de ser iniciado o leilão, uma proposta por escrito de pagamento em 3 parcelas de R$2.000,00 para arrematar o bem. Diante do que dispõe o CPC, é correto afirmar que:

A) a proposta não pode ser aceita porque apresentada antes do início do leilão;

B) é viável a proposta parcelada sugerida pelo candidato à arrematação;

C) não há dispositivo próprio prevendo o lance parcelado, portanto, competirá ao juiz decidir;

D) a venda judicial somente pode ser feita à vista, pelo que a proposta é inaceitável;

E) somente pode ser aceita a proposta se as partes envolvidas no processo concordarem.

10. **(2017 – CONSULPLAN – TJ-MG – Titular de serviços de notas e registros)** A adjudicação é uma forma indireta de satisfação do crédito do exequente, que se realiza pela transferência do bem penhorado para o credor. A esse respeito, analise as afirmações que seguem: I. Requerida a adjudicação, o executado será

intimado para manifestar-se. II. É lícito a terceiros, oferecendo preço não inferior ao valor da avaliação, requerer que lhe sejam adjudicados os bens penhorados. III. Se houver mais de um pretendente à adjudicação, proceder-se-á a licitação entre eles. IV. Considera-se perfeita e acabada a adjudicação com a lavratura e assinatura do auto pelo juiz, pelo adjudicatário, pelo escrivão e, se estiver presente, pelo executado. Está correto o que se afirma em:

A) I, II e III, apenas.

B) I, III e IV, apenas.

C) II, III e IV, apenas.

D) I, II, III e IV.

1. INTRODUÇÃO

Em primeiro lugar, é importante destacar que **a execução de título executivo extrajudicial ocorre em processo autônomo**, o portador do título extrajudicial não necessita passar pela fase de conhecimento para depois transformá-lo em título. A execução de título executivo extrajudicial sempre se inicia, portanto, por meio de processo autônomo. Ao portador do documento contido no art. 784 do CPC está garantida a via executiva.

Havia uma questão bastante interessante decidida pela jurisprudência do STJ, endossada pelo CPC/2015, cobrada em provas do CESPE. O portador de um título executivo extrajudicial (cheque, nota promissória, contrato assinado por duas testemunhas) **poderia abrir mão da via executiva e entrar com uma ação de conhecimento?** Ou lhe falta interesse de agir?

Alguns autores e alguns setores da jurisprudência criticavam a possibilidade do portador de um título optar pela via de conhecimento. Os Portadores dessa corrente entendiam que faltava interesse de agir ao portador do título, uma vez que o interesse de agir se releva na adequação do procedimento a ser realizado. Assim, para estes autores, a parte não poderia optar pela tutela de conhecimento porquanto esse procedimento não seria o adequado a garantir a parte a satisfação de seu direito.

O STJ entendia de modo contrário, permitindo o ingresso pela fase de conhecimento. O CPC/2015 endossou o entendimento do STJ. **Conforme artigo 785 é permitida a adoção pela fase de conhecimento.**

Um exemplo explicará melhor a questão!

Pedro realizou um contrato de mútuo com Alberto. Este contrato encontra-se materializado em um documento assinado por duas testemunhas, o que é, à luz do art. 784 do CPC, um título extrajudicial. Apesar de poder ingressar diretamente na via executiva, Pedro opta por ingressar com uma ação de cobrança. **Ora, sob a luz no art. 785 do CPC, esse expediente é perfeitamente possível.**

2. CERTIDÃO COMPROBATÓRIA DE ADMISSIBILIDADE DA EXECUÇÃO

Entre a distribuição da petição inicial e a citação do réu pode levar algum tempo, e, em virtude disso, é possível que o exequente evite atos de fraude à execução pelo executado **por meio da certidão comprobatória de admissibilidade de execução**. O instituto também é chamado de averbação pré monitória. Trata-se da possibilidade de o exequente averbar a existência da execução nos bens do devedor, **para que eventual alienação posterior constitua fraude à execução.** O instituto encontra-se no art. 828 do CPC/2015.

Na ocasião do CPC anterior, se exequente tivesse ajuizado a execução ele já seria possível solicitar essa certidão comprobatória. Tratava-se de ato contínuo à distribuição, sem passar por qualquer crivo da autoridade judicial. Não havia um filtro pelo juiz. **Uma vez averbada qualquer alienação posterior por parte do devedor constituiria em fraude à execução.**

No CPC de 2015, essa certidão é chamada de certidão comprobatória de "admissibilidade" da execução, pois entre a celeridade de impedir que o devedor constitua alienação fraudulenta e segurança jurídica da execução passar primeiramente pelo crivo, preferiu-se no CPC/2015 a segurança jurídica. Dessa forma, para que seja requerida e averbada essa certidão nos bens do devedor, não basta que o credor proponha a execução, **é necessário que uma vez proposta seja admitida pelo juiz, para que depois seja averbada.**

A finalidade da certidão é prevenir fraude à execução. **Eventual alienação posterior do bem será havida em fraude!** Vejamos um exemplo:

João ajuíza uma ação de execução de título executivo judicial contra José. Ao despachar a inicial, ordenando a citação, João solicita à secretaria a Certidão do art. 828 do CPC/2015. Ao extrair a certidão, João averba às margens do Registro do automóvel de José. Quem comprar o referido bem pode estar sujeito à decretação de ineficácia da venda, tendo em vista a existência da anotação. Assim, o comprador será havido de má-fé e a venda poderá ser inoponível ao credor!

Após a realização das averbações, o exequente deverá comunicar ao juiz, no prazo de 10 dias, os atos realizados (art. 828, § 1º). Realizada a penhora, que representa a garantia de que o crédito será pago, **as averbações nos demais bens não penhorados deverão ser canceladas no prazo de 10 dias (§ 2º).** Se eventualmente o exequente não realizar o cancelamento, poderá responder pelos danos eventualmente causados ao devedor (§ 4º).

3. PROCEDIMENTO DA EXECUÇÃO DE TÍTULO EXTRAJUDICIAL

A execução de título extrajudicial inicia-se por petição inicial.

Após a distribuição ou registro, o juiz irá realizar a análise prévia da inicial.

Caso o juiz defira o processamento do ajuizamento dessa execução, irá determinar a citar o réu, para realizar o pagamento em 3 dias, **contados a partir da efetiva citação**. Assim, o prazo de 3 dias não é contado a partir da juntada aos autos do mandado, mas da efetiva citação. Algumas bancas costumam confundir o candidato, ao dar a ideia ou realizar a afirmação de que o prazo para pagamento se conta da juntada aos autos processuais. **Entretanto, como já a firmado, o seu início dá-se pela efetiva citação.**

Imagine que o juiz tenha deferido o processamento da execução e o executado tenha assinado a contrafé do mandado no dia 25/03/2019, porém esse só foi juntado aos autos processuais no dia 4/4/2019. Os 3 dias para pagamento serão contados do dia 25/03 ou do dia 4/4?

O CPC/2015 no art. 829, do CPC/15, dispõe que o prazo para pagamento é da efetiva citação do executado, ou seja, 25 de março de 2018!

Outra consideração importante é sobre a modalidade de citação a ser utilizada. Na legislação passada, a citação na execução de título extrajudicial deveria ser feita, necessariamente, por oficial de justiça. **Todavia, o CPC/2015 não mais faz essa exigência.**

Note-se que pelo art. 247 do CPC, no qual encontram-se as hipóteses de citação por oficial, não há a exigência para o processo de execução. A doutrina, em sua maioria, admite a citação na execução via correio. Neste sentido é o enunciado 85 da 1ª jornada de direito processual Civil do CJF: **"Na execução de título extrajudicial ou judicial (art. 515, § 1º, do CPC) é cabível a citação postal".**

Note-se que o CPC/2015 se preocupou em listar os requisitos específicos desta inicial. Inicialmente, e de forma subsidiária, a petição deverá obedecer ao disposto nos requisitos gerais, contidos no art. 319 do CPC. Além destes requisitos comuns a toda petição, deverá, também, **observar aqueles específicos, estabelecidos nos artigos 798 e 799 do CPC.**

3.1. Fixação dos honorários Advocatícios

Como já afirmado, a execução de título extrajudicial inicia-se com a petição inicial, cujos requisitos específicos estão presentes nos artigos 798 e 799, do CPC/2015. (além do respeito aos requisitos gerais dos artigos 319 e seguintes do CPC).

Feita a conclusão para o juiz, determina-se a citação do réu. Entretanto, o magistrado, além de determinar a citação do réu, **fixa honorários advocatícios ao advogado do exequente.** Estes honorários são fixados no início do procedimento executivo, diferentemente da fase de conhecimento, na qual a fixação dos honorários advocatícios é realizada ao final do processo, na sentença.

Assim, o momento de fixação dos honorários sucumbenciais é no despacho da petição inicial pelo juiz.

FIXAÇÃO DOS HONORÁRIOS

Fase conhecimento	Fase execução
Realizada ao final do processo na sentença	No despacho da petição inicial

Na legislação passada não havia percentual fixado na execução de título executivo extrajudicial. No art. 20, § 4º, do CPC/73, estabelecia que nas execuções, nas ações de família, nas ações de inestimável valor, os honorários seriam fixados equitativamente, o que gerava certas iniquidades.

No CPC/2015, no que concerne aos honorários advocatícios, o percentual está fixado, conforme art. 827, caput, **no qual consta que os honorários advocatícios serão fixados em 10% (dez por cento) sobre o valor exequendo**.

HONORÁRIOS NA EXECUÇÃO DE TÍTULO EXTRAJUDICIAL
Percentual 10%

Exemplo: Imagine-se uma execução no valor de R$ 100 mil reais. Neste caso, o juiz admita a execução, fixará em 10% os honorários (R$ 10.000,00).

Cabe ressaltar que nesse momento inicial a fixação de honorários não pode ser em outro valor que não no percentual indicado pelo art. 827 do CPC.

Todavia, esses honorários advocatícios fixados, **ora podem ser majorados, ora podem ser diminuídos.** Assim, os 10% fixados no despacho da inicial pelo juiz, podem sofrer modulações, para mais ou para menos. Vejamos as hipóteses!

De acordo com o art. 827, § 2º, do CPC/2015, os honorários advocatícios podem ser majorados em duas hipóteses:

a) **Se o devedor apresentar embargos à execução e esses forem rejeitados**, ou seja, se eventualmente, o advogado tiver que trabalhar na execução e nos embargos, o trabalho pensado pelo legislador na fixação do percentual dos honorários advocatícios será dobrado, sendo justa a majoração em até 20% (vinte por cento);

b) **Se o juiz verificar que o trabalho que o advogado realizou na execução foi excessivo,** poderá majorar os honorários em até 20% (vinte por cento) sobre o valor do crédito do exequendo. Insta mencionar que trabalho excessivo é aquele trabalho que não é comum para uma execução expropriatória normal. Imagine-se uma execução que dura mais de 10 anos, com desconsideração da personalidade jurídica, entre outros incidentes. Nesse caso, mesmo que a defesa não tenha apresentado embargos à execução, o percentual dos honorários poderá ser majorado para até 20%.

Entretanto, também existe a hipótese de os honorários serem minorados. Isso irá ocorrer quando o executado paga tempestivamente a obrigação. Ora, caso o devedor efetue o pagamento em três dias, o trabalho imaginado ao causídico também será reduzido. **Nesta situação, o CPC/2015 determina que o valor da verba honorária seja reduzido à metade.**

Questão interessante, e que foi debatida recentemente no âmbito do STJ é a extinção da execução por ausência de bens (por desistência do credor), e a possibilidade ou não de fixação de honorários ao advogado do devedor. Ora, o Tribunal decidiu que a extinção por falta de bens não afasta a causalidade do executado, mostrando-se impossível a fixação de honorários ao advogado do devedor. Assim:

> **"Na vigência do novo CPC, a desistência da execução por falta de bens penhoráveis não enseja a condenação do exequente em honorários advocatícios".** REsp 1.675.741-PR, Rel. Min. Luis Felipe Salomão, Quarta Turma, por unanimidade, julgado em 11/06/2019, DJe 05/08/2019

Como esse assunto foi cobrado em provas de concursos públicos

2017 – FCC – TRT – 24ª REGIÃO (MS) – Analista Judiciário/Oficial de Justiça avaliador. José é credor de Joaquim da quantia de R$ 50.000,00 decorrente de contrato de empréstimo particular assinado pelas partes e por duas testemunhas. Vencido o prazo de um ano estabelecido para pagamento e inadimplida a obrigação José propõe ação de execução de quantia certa contra Joaquim com o escopo de receber o seu crédito, com juros e correção monetária. Ao despachar a inicial o juiz fixará, de plano, os honorários advocatícios de "10%, a serem pagos pelo executado, que serão reduzidos pela metade no caso de integral pagamento da dívida no prazo de 5 dias." (incorreto).

3.2. Pagamento parcelado do débito (moratória legal).

Ao ser citado, o devedor pode realizar a opção de pagar o débito exequendo de forma parcelada. Assim, ao invés de optar por realizar o pagamento do valor total no prazo de 3 (três) dias, **é possível que execute a faculdade de pagar o débito em mais vezes, nos termos do instituto previsto no art. 916 do CPC/2015**.

No CPC anterior essa possibilidade já era permitida, o que era chamado por alguns autores de moratória legal. **Era assim chamada em razão de ser um pagamento forçado pelo devedor em condições diferentes daquelas estabelecidas no título**.

O artigo 916 do CPC/2015 também traz a hipótese de pagamento parcelado.

Um questionamento se faz importante! **Esse pagamento parcelado é considerado moratória legal ou transação na execução?** Caso entendamos que é uma moratória, o devedor possui o direito de pagar parceladamente sem a concordância do credor. Por outro lado, se chegarmos à conclusão de sua natureza de transação, haveria a necessidade de aquiescência do titular do crédito. Qual seria, portanto, a natureza do instituto?

A possibilidade de pagamento do devedor considerando-se uma moratória legal, pressupõe uma vontade unilateral do devedor, sendo um direito potestativo, ou seja, independe da anuência do credor. Considerar que esse pagamento parcelado possui natureza de moratória legal significa que se trata de um direito potestativo do devedor. O CPC de 2015 conservou a sua natureza de moratória!

Assim, caso o devedor manifeste o interesse de realizar o pagamento, o credor não poderá obstá-lo, por razões de conveniência.

Vejamos os requisitos para a utilização do instituto!

O primeiro requisito é o reconhecimento do débito exequendo.

Posteriormente o devedor deverá no prazo dos embargos (15 dias), depositar 30% do valor do crédito mais custas e honorários, e solicitar o pagamento do restante em até 6 vezes mensais e consecutivas.

Ainda, **deverá renunciar à possibilidade de defesa na Execução**! Trata-se, em verdade, de confissão sobre a pretensão do credor. Para a utilização, portanto, é necessário que o devedor confesse o débito, renuncie a defesa, deposite 30% e parcele o restante em até seis pagamentos.

REQUISITOS PARA PAGAMENTO PARCELADO
Reconhecimento da Integralidade do débito; No prazo dos embargos o devedor deve depositar 30% do valor integral da execução mais honorários; e Realizar o requerimento do restante em até 6 vezes mensais.

No CPC/2015, quando o devedor requer o pagamento parcelado, o juiz deve intimar a parte contrária para se manifestar. **Essa manifestação diz respeito apenas ao preenchimento ou não dos requisitos formais do instituto**. Nesse sentido, se o devedor tiver cumprido os requisitos formais, não há possibilidade de o credor impedir o pagamento parcelado. Trata-se, como dito, de verdadeiro direito potestativo do devedor.

Dessa forma, **assemelha-se mais a uma moratória legal, um direito potestativo do que uma transação na execução**.

Enquanto não analisado o requerimento é necessário que o executado continue efetuando o depósito. Assim, mesmo que o juiz não tenha realizado a análise do requerimento, é necessário o depósito mensal, sob pena de indeferimento do instituto.

Por expressa determinação lega, nos termos do art. 917, § 6º do CPC, **o instituto do pagamento parcelado não se aplica ao cumprimento de sentença**! Esse tema é de suma importância para provas de concursos, sendo objeto de cobrança em várias bancas!

4. PENHORA

Caso o devedor pague o débito no prazo de 03 dias, a execução é extinta.

No entanto, **caso não seja realizado o pagamento, será realizada a penhora dos bens do executado.** A penhora é o ato de constrição judicial que reserva bens disponíveis no patrimônio do devedor, para responder pela obrigação judicial.

Pela penhora a responsabilidade patrimonial do devedor, anteriormente abstrata, nos termos do art. 787 do CPC, concretiza-se, **com um bem (ou vários, a depender do valor exequendo) individualizado para o cumprimento da obrigação.**

Note-se, contudo, que existem bens considerados impenhoráveis em nossa legislação processual civil. Existem, de um lado, as impenhorabilidades absolutas (as quais estão excluídas da responsabilidade patrimonial, a princípio), e as impenhorabilidades relativas, que permitem que o bem ou rendimento seja penhorado, à falta de outros. **As primeiras encontram-se no art. 833 do CPC, enquanto que a segunda categoria se encontra no art. 834 do CPC.**

Um dos bens que possuem grande tradição de impenhorabilidade no direito brasileiro é o salário. O salário, na atual legislação, somente admite a penhora para pagamento de débitos alimentares (art. 833, § 2º) e, excepcionalmente, para pagamento de dívidas quirografárias. Entretanto, nessa segunda situação somente **quando o devedor auferir ganhos líquidos acima de 50 salários mínimos. (permissão presente no mesmo dispositivo legal).**

Recentemente, **o Superior Tribunal de Justiça permitiu a penhora de parte do salário de um executado fora da hipótese de alimentos**, e com ganhos inferiores ao patamar estabelecido em lei. Segundo o Tribunal, a execução deve basear-se a boa-fé, em que as proteções ao devedor não podem representar um sacrifício extremado do credor. Assim, ainda que o devedor não tenha renda superior ao disposto em lei, é permitida a penhora salarial, em percentuais que não comprometam a sua sobrevivência digna. Confira-se:

> "Dessa forma, só se revela necessária, adequada, proporcional e justificada a impenhorabilidade daquela parte do patrimônio do devedor que seja efetivamente necessária à manutenção de sua dignidade e da de seus dependentes. EREsp 1.582.475-MG, Rel. Min. Benedito Gonçalves, por maioria, julgado em 03/10/2018, DJe 16/10/2018".

Imagine, portanto, que o devedor aufira uma renda líquida de R$ 10.000,00 (dez mil) mensais. Ora, não se enquadra no permissivo do art. 833, § 2º do CPC.

No entanto, à luz do entendimento acima mencionado, poderia o exequente pedir a penhora de um percentual de seu salário (10% por exemplo), que não comprometa a sua dignidade. Assim, o valor seria descontado em conta, para abatimento no débito exequendo.

Situação interessante, e até corriqueira no ambiente forense, é a realização de penhora sobre bem indivisível, sobre o qual penda condomínio. Ora, imagine-se a penhora de bem, sobre o qual penda meação de cônjuge. **Neste caso, a existência de condomínio ou de meação impedirá a alienação do bem?**

Primeiramente, a situação não impede a alienação e expropriação do bem penhorado. A legislação, contudo, protege a meação ou a quota parte do proprietário não devedor. **Assim, essa meação ou parte será garantida após a alienação do bem, entregando-se parte do produto da venda ao coproprietário. (art. 842, CPC).** Ainda, para que a parte do não devedor seja integralmente protegida, **não se pode levar o bem à venda por preço inferior à avaliação**. (Art. 842, § 2º, CPC). Caso se permitisse o contrário, haveria penalização do outro proprietário para pagamento de débito que não é de sua responsabilidade.

4.1. Efeitos da penhora

A penhora é um ato executivo, para concretizar a responsabilidade patrimonial do exequente, que, antes da sua efetivação, era abstrata, nos termos do art. 787 do CPC. Tradicionalmente, **costuma-se dividir os efeitos da penhora em efeitos processuais da penhora e efeitos materiais da penhora.**

Os efeitos processuais da penhora são: **a Garantia do juízo; gerar o direito de preferência em relação ao crédito apurado na venda do bem; e individualização dos bens que servirão para a execução.**

Assim, um dos efeitos processuais da penhora é gerar o direito de preferência na alienação do bem para pagamento da dívida. Nos termos do art. 797 do CPC**, o ato de penhora é que gera a preferência do credor sobre o bem.**

Todavia, deve-se ter em mente que **esta preferência só é gerada nos credores de mesma estatura de crédito**.

Em relação a créditos preferenciais, estes preferem aos outros, ainda que seja realizada a penhora em primeiro lugar. Discutiu-se bastante, no âmbito dos tribunais, se a penhora em si gera a preferência, ou se é o ato de registro da penhora no cartório, no caso de bens imóveis. **O entendimento atual do Superior Tribunal de Justiça é que a mera penhora já é o bastante para gerar a**

preferência. Assim, eventual registro posterior da penhora não possui qualquer influência no ato de recebimento do crédito de forma preferencial.

Questão interessante que se coloca é se o arresto, tanto executivo quanto cautelar, geram o direito de preferência no produto da alienação do bem, em relação ás penhoras realizadas posteriormente. Em relação ao arresto executivo (art. 830 do CPC), a doutrina e a jurisprudência são pacíficas em relação ao seu direito de preferência. **Ou seja, havendo o arresto executivo, mesmo que ele ainda não tenha convertido em penhora, há a preferência do credor que arrestou o bem.**

Neste particular, é interessante estabelecermos o momento no qual a penhora considera-se realizada. Ora, se foi dito que a penhora gera o direito de preferência, é salutar que determinemos o instante de sua realização. Nos termos do art. 839 do CPC, considera-se realizada a penhora no momento de apreensão e depósito do bem.

Ainda que não gere o direito de preferência, o registro da penhora torna-se necessário **para gerar a publicidade absoluta de conhecimento de terceiros sobre a situação da coisa**. Ora, a súmula 375 do Superior Tribunal de Justiça estabelece que eventual fraude à execução dependerá desse registro. A prova da má-fé do terceiro também será provada mediante a publicidade gerada pelo registro imobiliário. Para efetivar o registro, basta a apresentação do mandado ao Cartório, sendo desnecessário mandado judicial específico para tanto. (art. 844, CPC de 2015).

Os chamados efeitos materiais da penhora são **a retirada da posse do executado do bem, e a ineficácia da alienação dos bens penhorados**.

No primeiro caso, os bens penhorados deverão restar em Poder dos bancos oficiais (caixa e Banco do Brasil), no caso de crédito e pedras preciosas (art. 840, I do CPC). É o que ocorre com a penhora *on-line*. Quando é feita a constrição na conta do executado, o valor é transferido para uma conta judicial em um dos dois bancos oficiais, a depender do Tribunal.

Já em relação aos bens móveis, e imóveis, o CPC (art. 840, II), estabelece que deverão restar em Poder do depositário público. Entretanto, a figura não existe na maioria dos foros. Neste caso, costumam os bens ficarem na posse do próprio executado, conforme art. 666, 2 1º do CPC.

A ineficácia da alienação dos bens penhorados é um dos efeitos materiais da penhora. O Devedor, antes de expropriado o bem, não perde o domínio sobre ele, podendo livremente alienar esses bens. Essa possibilidade de alienação decorre da permissão que a lei dá de o executado poder remir a execução (pagar o valor), enquanto não alienados os bens (art. 826 do CPC). Ele pode simplesmente vender o bem e remir a execução, liberando-o da constrição realizada. Essa venda, todavia, é ineficaz em relação ao credor.

Entretanto, a jurisprudência do Superior Tribunal de Justiça tende a proteger o terceiro de boa-fé. Assim, **de acordo com a súmula 375 do STJ**, essa ineficácia somente se verificará quando houver o registro da penhora, tratando-se de bens imóveis, ou a prova da má-fé do terceiro adquirente.

4.2. Ordem legal de penhora

O art. 835 estabelece que, havendo vários bens no patrimônio do devedor, dar-se-á preferência àqueles que estiverem em primeiro lugar na ordem estabelecida.

Note-se que **a ordem ali não é peremptória, sendo isto confirmado pela expressão "preferencialmente".** Homenageando o entendimento que a ordem legal de penhora não é absoluta, podendo ser modificada, o STJ editou a súmula de nº 417, a qual estabeleceu que dinheiro não é absoluto na ordem legal de penhora. Assim, de acordo com o teor da súmula: **"Na execução civil, a penhora de dinheiro na ordem de nomeação de bens não tem caráter absoluto".**

Este entendimento foi consolidado com o § 1º do art. 835 do CPC, por meio do qual o juiz pode modificar a ordem legal de penhora, estabelecendo outros bens ao invés do dinheiro, apesar deste ser o primeiro na ordem. **O seguro e a fiança bancária equiparam-se a dinheiro, para fins de realização da penhora**, desde que o valor do seguro ou da fiança sejam superiores em 30% sobre o valor do débito, nos termos do § 2º do art. 835.

Ainda que a penhora esteja pronta e acabada, é possível ao executado requerer a substituição do bem penhorado. Imagine que o devedor tenha vários imóveis, e que o ato de constrição tenha recaído sobre um deles. Deseja o devedor, portanto, apresentar outro imóvel à penhora, em substituição ao anterior. **Neste caso, após efetivado o ato, o devedor terá 10 dias para requerer a substituição**, desde que comprove que lhe será menos oneroso e não trará qualquer prejuízo ao exequente. (art. 847, CPC). Imagine-se, por exemplo, que o nome imóvel seja mais valioso. Nesta hipótese será possível a apresentação de outro bem.

Caso o requerimento de substituição indique bem que esteja sujeito à meação, o acolhimento da substituição somente pode ser feito com a expressa anuência do cônjuge, **ressalvado em caso de regime de separação de bens.** (art. 847, § 3º, CPC).

> **Como esse assunto foi cobrado em provas de concursos públicos**
> Ano: 2017 – Banca: CONSULPLAN – Órgão: TJ-MG – Prova: CONSULPLAN - 2017 - TJ-MG – Titular de Serviços de Notas e de Registros – Remoção. O exequente providenciará a averbação no ofício imobiliário mediante a apresentação de certidão de inteiro teor do ato, independentemente de mandado judicial. (correto)

4.3. Penhora de dinheiro

A penhora de dinheiro, também usualmente chamada de penhora *on-line*, é regulamentada pelo CPC de 2015 pelos artigos 854 e seguintes. Trata-se de regulamentação de procedimento usual na realidade forense.

Em primeiro lugar, **registre-se que o deferimento da penhora *on-line* será feito sem a ciência prévia do executado**. Esta medida permite uma maior eficácia na realização do ato. Caso o executado saiba de antemão a sua realização, poderia retirar o dinheiro antes de fazer a sua efetivação. Assim, nos termos do "caput" do art. 854 do CPC, o ato será realizado sem o contraditório prévio. Na verdade, trata-se de contraditório diferido, em que o devedor terá a oportunidade de ser manifestar posteriormente.

Após a concretização do ato pela autoridade do sistema financeiro nacional, esta enviará uma resposta ao juízo, informando quais contas e quer valores foram efetivamente constritos. **O juiz, neste caso, de acordo com o § 1º, irá determinar o cancelamento de eventual indisponibilidade excessiva nos bens do devedor.**

Um exemplo poderá esclarecer melhor a situação: Imagine-se que o devedor tenha sofrido um pedido de penhora, no valor de R$ 10.000,00 em execução. Ao cumprir a ordem, a autoridade do sistema financeiro realiza a penhora de cinco contas do executado, todas elas com o valor de R$ 10.000,00. O juiz, portanto, após a resposta, pode eventualmente determinar o desbloqueio de alguma delas, por entender que a manutenção de todas seria danoso ao devedor e representaria um excesso no ato.

Efetivada a constrição, retirados eventuais excessos, **o devedor será intimado para que, em 5 dias, manifeste sobre a penhora realizada.** Neste prazo, poderá alegar duas matérias. A primeira delas é que eventual valor constrito é impenhorável. E, em segundo lugar, poderia alegar que ainda remanesce algum excesso na execução. Caso seja acolhida pelo juiz, determinará a desconstituição da penhora ou o cancelamento de eventual excesso.

Imagine-se que o executado é aposentado recebendo os valores do INSS. Assim, no dia certo, após o pagamento de sua aposentadoria pelo órgão, é realizada uma indisponibilidade em sua conta, restringindo os valores. **Ora, no prazo de cinco dias, poderá alegar a impenhorabilidade do valor, tendo em vista o disposto no art. 833, IV do CPC.**

> **Como esse assunto foi cobrado em provas de concursos públicos**
>
> 2018 – FCC – TRT – 2ª REGIÃO (SP) – Analista Judiciário/Oficial de Justiça avaliador. Realizada a penhora on-line de dinheiro em depósito ou em aplicação financeira, consumada a indisponibilidade dos ativos financeiros, o executado será intimado na pessoa do seu advogado ou, não o tendo, pessoalmente, e terá o prazo de 5 dias para comprovar que as quantias tornadas indisponíveis são impenhoráveis. (correto)

4.4. Alienação antecipada do bem penhorado

Normalmente, entre a penhora de um bem e sua efetiva alienação, há uma certa demora. Isso pode acarretar extensa desvalorização da coisa, fazendo com que a avaliação inicial seja totalmente incompatível com os valores angariados. Em determinadas situações é possível que se realize a alienação antecipada, antes mesmo do momento processual adequado.

O art. 852 do CPC permite que os bens sejam vendidos de forma adiantada nas seguintes situações: **em caso de veículos, pedras, metais preciosos e de outros bens sujeitos à deterioração** (inciso I) e **quando houver manifesta vantagem na alienação.** (inciso II).

Imagine-se determinado automóvel que fora avaliado em uma execução. O passar do tempo traz a sua desvalorização natural. Ainda, as condições de depósito do bem influenciam no preço de venda. Há, portanto, a possibilidade de requerer a venda antecipada, nos termos do dispositivo acima mencionado.

5. EXPROPRIAÇÃO DE BENS

A fase de expropriação de bens é o momento no qual os bens penhorados são transformados em dinheiro, ou entregues ao credor como forma de pagamento do débito. A seguir veremos as formas existentes de expropriação dos bens, momento no qual são retirados da propriedade do devedor.

5.1. Adjudicação

A primeira forma, e a forma preferencial à lei, é a adjudicação de bens. **Por ela, qualquer legitimado (876, § 5º CPC), poderá requer a entrega do bem, exonerando-se o exequente, via de regra, da execução proposta.** O bem não é transformado em dinheiro, mas ele mesmo satisfaz a obrigação. Lembre-se que na adjudicação o bem será adjudicado no valor da avaliação (art. 876, "caput").

Pode ser que o bem adjudicado não supra o valor da execução, ou sobeje o seu valor, neste caso, seguintes são os resultados possíveis da adjudicação: **a. Se o valor do bem adjudicado for superior ao da Execução**, o exequente deverá depositar em juízo a diferença entre valor exequendo e o valor do bem. (art. 876, § 4º, I, CPC). B. **Se o valor do bem adjudicado for inferior ao do crédito**, a execução prosseguirá com o saldo remanescente.

Caso o valor do bem seja igual ao do crédito exequendo, encerra-se a execução, e nenhum ato posterior deverá ser praticado.

Questão interessante diz respeito ao momento de realização da adjudicação. Ora, conforme mencionado, a adjudicação é a forma preferencial de expropriação do bem penhorado. Caso o exequente concorde em ficar com o bem, toda uma fase de venda será poupada. Essa fase de alienação é cara, demorada e burocrática. Na legislação passada, havia previsão da adjudicação em primeiro lugar, mas não havia nenhuma hipótese de sua realização ao final do procedimento, depois de frustradas todas as alternativas de venda do bem.

Imaginemos a seguinte situação: Alberto consegue penhorar do devedor uma máquina de pintura industrial, bem de baixa liquidez. No momento inicial da execução, o exequente reluta em realizar a adjudicação, pois tem esperanças de conseguir bons preços em eventual venda. Após todas as tentativas de venda do bem, Alberto não consegue um comprador. Assim, não restaria uma alternativa senão adjudica-lo, para minimizar seus prejuízos.

A adjudicação posterior é expressamente prevista no CPC. Nos termos do art. 878 do CPC, caso as outras formas de alienação sejam frustradas, **é possível que o credor adjudique o bem ao final do procedimento, como forma de minimizar seu prejuízo.** Será feita, contudo nova avaliação do bem, tendo em vista a possibilidade de ter se deteriorado durante do procedimento.

Por fim, resta trazer ao presente material **o momento no qual a adjudicação considera-se finalizada.** Nos termos do art. 877, § 1º do CPC, quando se tratar de bem imóvel, considera-se finalizada com a carta de adjudicação e o mandado de imissão na posse e, quando se tratar de bem móvel, pela ordem de entrega do bem adjudicado.

Como esse assunto foi cobrado em provas para concursos públicos

2017 – CONSULPLAN – TJ-MG **Titular de serviços e notas – remoção**
Com relação à alienação em leilão judicial, assinale a única afirmativa correta: A alienação será realizada através de leilão judicial, ainda que o exequente requeira a adjudicação do bem penhorado. (incorreta).

5.2. Alienação

No CPC de 2015, os termos leilão e praça foram abolidos. Existem, portanto, dois tipos de alienação. A **alienação por inciativa particular**, e a **alienação judicial** (antiga hasta pública). Preferencialmente, após a oportunidade de adjudicação, a legislação coloca ao credor a possibilidade de venda por iniciativa particular.

A alienação judicial vem sendo deixada de lado pelo legislador, tendo em vista que é demorada, cara, e pouco eficaz. Assim, a ainda sob a vigência do CPC passado, a lei processual trouxe uma outra forma de alienação do bem penhorado. Pela alienação por iniciativa particular**, o exequente, ou profissional habilitado, possuem um prazo para tentar vender o bem no mercado**, simplificando a expropriação. Há menos formalidade do que no procedimento judicial. A venda é feita no mercado em geral, para os interessados da comunidade.

O exequente poderá requerer a alienação por iniciativa particular, por simples petição. Em razão do princípio da economia processual, na mesma petição o exequente deverá indicar se venderá o bem por si só, ou por meio de corretor credenciado no Tribunal. Lembre-se, contudo, que nos locais onde não houver profissional credenciado, a escolha será do exequente, de forma livre (§ 4º).

Após o requerimento do exequente, o magistrado fixa as seguintes condições: **O juiz fixará o prazo em que a alienação deve ser efetivada, a forma de publicidade, o preço mínimo, as condições de pagamento, as garantias e, se for o caso, a comissão de corretagem**. (art. 880, § 1º, CPC).

Um exemplo poderá clarear melhor o raciocínio: Imagine-se que Pedro realiza a penhora de um automóvel, com boa liquidez. Ao invés de esperar a alienação judicial do bem, que é demorada e burocrática, Pedro solicita ao juiz, por meio de petição, que utilize a alienação por iniciativa particular. Deferido, Pedro, ou pessoalmente, ou por meio de corretor, começa a tentativa de venda do bem, de maneira informa, respeitando as determinações inicialmente fixadas pelo Magistrado.

As condições em que se considera acabada a alienação encontram-se no art. 879, § 2º do CPC.

A terceira forma preferencial na alienação do bem é a alienação judicial. Trata-se entre as três até agora vistas, a última na preferência do legislador, conforme art. 881 do CPC. Assim, a própria redação legal determina que somente será feita a venda judicial se não for efetivada a venda particular do bem penhorado.

Ainda, nos termos do art. 882 do CPC, **a forma preferencial do leilão judicial é a modalidade eletrônica**, e, somente não sendo possível a sua realização desta forma, é que o ato será presencial. O leiloeiro será designado pelo juiz, com a possibilidade de indicação pelo exequente.

Há limitação quanto ao preço de venda judicial do bem. O art. 891 do CPC estabelece que a alienação não pode ser praticada por preço vil. **A princípio, caberá ao juiz determinar qual será o preço mínimo de venda**. Assim, poderá o magistrado fixar que a coisa somente será vendida por 65% do preço de avaliação. Na ausência de fixação pelo magistrado, **considera-se preço vil aquele de valor inferior a 50% da avaliação** (parágrafo único).

É possível a aquisição parcelada do bem penhorado, à vista do previsto no art. 895 do CPC. O comprador deverá pagar 25% à vista do valor do bem, e o restante deverá ser parcelado em até 30 (trinta) vezes, garantidos por caução idônea. A proposta deverá ser apresentada por escrito.

RESUMO

EXECUÇÃO DE PAGAR QUANTIA CERTA
1. Introdução
2. Certidão comprobatória de admissibilidade da execução
Trata-se da possibilidade de o exequente requerer certidão de que a execução foi admitida pelo juízo, para fins de registro nos bens do devedor, como carros e imóveis. A certidão gera a presunção da fraude à execução na alienação do bem, à medida que coloca o terceiro adquirente como ciente da situação do devedor.

3. Procedimento
A execução de títulos extrajudiciais inicia-se por meio de uma petição inicial. Não há como se falar em sincretismo processual na execução extrajudicial. O portador do título está dispensado da fase de conhecimento.
3.1. fixação de honorários
Os honorários são fixados em 10% na execução. Caso o devedor realize o pagamento tempestivo, os honorários serão reduzidos à metade (5%). Todavia, os honorários inicialmente fixados podem ser majorados, em caso de apresentação de embargos, ou quando o trabalho em execução for excessivo. Nos dois casos, o montante pode atingir até 20% da execução.
3.2. pagamento parcelado
Encontra-se no art. 916 do CPC. É a possibilidade de o devedor realizar o pagamento do débito, depositando a quantia de 30% mais custas e honorários, e parcelando o restante em até 6x. Não se aplica ao cumprimento de sentença.
4. Penhora
Trata-se do momento da concretização da responsabilidade patrimonial.
4.1. Efeitos
Dividem-se em efeitos processuais e materiais da penhora.
4.2. Ordem legal
A ordem legal de penhora encontra-se no art. 835 do CPC. Tanto a redação legal quanto o entendimento dos tribunais sinalizam que a ordem não é peremptória, podendo ser modificada fundamentadamente pelo juiz.
4.3. Penhora de Dinheiro
A penhora *on-line* de créditos encontra-se no art. 854 do CPC. O juiz, após o requerimento, a deferirá sem a oitiva da parte contrária. Após a constrição, intimará o executado para manifestar-se em 5 dias, sobre eventual excesso ou impenhorabilidade dos valores.
5. Expropriação
Trata-se da fase de transformação do bem penhorado em dinheiro, para satisfação da execução. Ou, como no caso da adjudicação, da entrega do bem como forma de pagamento da obrigação.
5.1. Adjudicação
A adjudicação é a possibilidade de satisfação da execução pela entrega do bem penhorado. É a forma preferencial de expropriação de bens no CPC atual.
5.2. Alienação
A alienação pode ser realizada judicialmente ou por iniciativa particular.

GABARITO

1	B	2	C	3	C	4	C	5	C
6	Correto	7	E	8	Errado	9	B	10	D

CAPÍTULO 39

DEMAIS EXECUÇÕES POR TÍTULO EXECUTIVO EXTRAJUDICIAL

RECADO

Caro (a) leitor (a),

As demais execuções por título extrajudicial possuem uma incidência menor em concursos, se comparadas à execução por quantia certa, mas merecem atenção.

Bons estudos!

QUESTÕES

1. **(2019 - NC-UFPR - Prefeitura de Curitiba - PR - Procurador)** A respeito do cumprimento de sentença e da execução contra a Fazenda Pública, assinale a alternativa correta.

A) Nos embargos à execução fundada em título extrajudicial, a Fazenda Pública não poderá alegar incompetência absoluta ou relativa do juízo da execução, já que tal matéria deve ser discutida em exceção de incompetência.

B) No cumprimento de sentença que reconheça a exigibilidade de obrigação de pagar quantia certa pela Fazenda Pública, após intimada, esta terá o prazo de 15 (quinze) dias para o pagamento da dívida, sob pena de incidência da multa de 10% (dez por cento) do valor executado.

C) Na execução fundada em título extrajudicial, a Fazenda Pública será citada para opor embargos em 60 (sessenta) dias.

D) No cumprimento de sentença que reconheça a exigibilidade de obrigação de pagar quantia certa pela Fazenda Pública, considera-se inexigível a obrigação reconhecida em título executivo judicial fundado em lei ou ato normativo considerado inconstitucional pelo Supremo Tribunal Federal.

E) No cumprimento de sentença para pagamento de quantia certa contra a Fazenda Pública, caso a executada apresente impugnação parcial, o cumprimento da parte não questionada ficará suspenso até decisão final da impugnação.

2. (2019 – CESPE – PGE-PE – Analista Administrativo de Procuradoria) A respeito de liquidação e cumprimento de sentença, da execução contra a fazenda pública e dos auxiliares da justiça, julgue o item a seguir, à luz do Código de Processo Civil. Situação hipotética: Procurador de determinado estado da Federação encaminhou ao setor de contadoria da procuradoria estadual onde trabalha processo judicial no qual a fazenda pública, por ele representada, é executada com fundamento em título extrajudicial, para elaboração de manifestação técnica quanto aos cálculos apresentados pela parte contrária. Para essa análise, o procurador responsável fixou prazo de até quarenta dias para a elaboração do parecer, por entender que, nessa hipótese e à luz do Código de Processo Civil, o prazo de resposta do ente público, de trinta dias, deveria ser contado em dobro. Assertiva: Nessa situação, caso a contadoria apresente o parecer no prazo indicado pelo procurador, sendo, na mesma data, protocolados os embargos à execução do ente público, parecer e embargos serão considerados intempestivos pelo juiz

Certo

Errado

3. (2018 – FCC – SEFAZ-SC – Auditor Fiscal da Receita Estadual) No tocante à execução contra a Fazenda Pública, é correto afirmar:

A) A Fazenda Pública será intimada para opor embargos em trinta dias.

B) Não é cabível ação monitória contra a Fazenda Pública.

C) É cabível execução por título extrajudicial contra a Fazenda Pública

D) Não opostos embargos, expedir-se-á precatório em favor do exequente, para pagamento imediato, qualquer que seja o valor exigido judicialmente por ele, haja vista o regime jurídico especial previsto em favor do ente fazendário.

E) Ao embargar, a Fazenda Pública só poderá alegar questões preliminares prejudiciais e, no mérito, pagamento ou compensação creditícia.

4. (2018 – COSEAC – Prefeitura de Maricá – RJ – Procurador do Município) O prazo para que a Fazenda Pública impugne a execução, nas execuções por título extrajudicial, a contar da intimação de seu representante judicial, é de:

A) quinze dias.

B) dez dias.

C) sessenta dias

D) trinta dias.

E) quarenta e cinco dias.

5. **(2018 – FAUEL – AGEPAR – Advogado)** Na execução fundada em título extrajudicial, a Fazenda Pública será citada para opor embargos em:

A) 15 (quinze) dias.

B) 30 (trinta) dias.

C) 10 (dez) dias.

D) 5 (cinco) dias.

1. EXECUÇÃO PARA ENTREGA DE COISA

Caro aluno, essa espécie de execução abrange duas subespécies: **execução para entrega de coisa certa e execução para entrega de coisa incerta.** Encontram-se disciplinadas nos artigos 806 a 813 do CPC.

1.1. Execução para entrega de coisa certa

A execução para entrega de coisa certa está disciplinada nos artigos 806 a 810, do CPC/2015. Coisa certa é a coisa previamente determinada e perfeitamente identificada pelas suas características.

Quando a entrega de coisa certa determinada por sentença, não é necessário o ajuizamento de ação de execução autônoma, podendo o credor exigir o adimplemento da obrigação nos próprios autos, desde que a sentença transite em julgado ou que o recurso interposto pelo vencido seja dotado apenas do efeito devolutivo. Ou seja, quando o título for **judicial** e o devedor não adimplir voluntariamente a obrigação, o seu cumprimento poderá ser exigido no processo primitivo.

A ação judicial de execução para entrega de coisa certa serve, pois, para exigir o adimplemento de obrigação constante de título executivo **extrajudicial**. Nesse caso, a ação é de iniciativa do credor, **que deve apresentar de petição inicial em que constem os requisitos do artigo 319, do CPC/2015, no que for aplicável à execução, e 798, do CPC/2015**, além de estar acompanhada do título executivo extrajudicial.

Presentes os requisitos da inicial, o magistrado determina a citação do executado **para satisfazer a obrigação no prazo de 15 (quinze) dias, podendo fixar multa por dia de atraso no cumprimento da obrigação**. O mandado de citação conterá ordem para imissão na posse, se o bem for imóvel, ou para busca e apreensão, se o bem for móvel, para os casos em que não haver satisfação a obrigação no prazo legal. (art. 806, CPC).

Com a citação, o devedor pode entregar a coisa, manter-se inerte ou opor embargos à execução. Vejamos:

Se o devedor entregar a coisa, a obrigação estará satisfeita, portanto a execução só prossegue se houver necessidade de pagamento de frutos ou o ressarcimento de prejuízos. **Se o devedor não satisfizer a obrigação no prazo que lhe foi designado, nem apresentar embargos à execução,** será cumprida a ordem para imissão na posse (bem imóvel) ou para busca e apreensão (bem móvel).

Por fim, pode o devedor opor **embargos à execução** no mesmo prazo que tem para entregar a coisa, independentemente de seu depósito. E quais alegações podem ser feitas nesse caso? O devedor poderá suscitar as matérias do artigo 917, do CPC/2015. Por exemplo, excesso de execução, inexigibilidade da obrigação, incompetência do juízo, retenção por benfeitorias necessárias ou úteis.

> **Atenção!** Nos embargos de retenção por benfeitorias, o exequente poderá requerer a compensação de seu valor com o dos frutos ou dos danos considerados devidos pelo executado.

Se houver oposição de embargos, **o exequente é ouvido e, em seguida, designa-se audiência de instrução e julgamento ou profere-se julgamento imediato.**

No caso de a sentença extinguir o processo sem resolução do mérito ou julgar improcedentes os embargos à execução, **a apelação interposta não terá efeito suspensivo**, sendo recebida somente no efeito devolutivo, por isso já será possível a prática dos atos executivos.

E se a coisa for alienada a terceiro quando já litigiosa? Nesse caso, o mandado de imissão na posse ou de busca e apreensão será expedido, mas o terceiro poderá se opor ao ato por embargos de terceiro, desde que prove que é possuidor de boa-fé e realize o depósito da coisa.

Nos casos em que a coisa for deteriorada, não for entregue ao exequente, não for encontrada ou não for reclamada do poder de terceiro adquirente, este pode cobrar o seu valor, além das perdas e danos, **sendo a execução transformada em execução por quantia certa**, sendo apurados os prejuízos e o valor da coisa em liquidação.

1.2. Execução para entrega de coisa incerta

Coisa incerta é aquela determinada pelo gênero e pela quantidade. **A sua individualização (escolha) pertence ao devedor, caso não haja estipulação em contrário.**

Por isso, na execução para entrega de coisa incerta, o executado (devedor) deverá ser citado para entregar a coisa, individualizada, não podendo dar a coisa pior, nem ser obrigado a prestar a melhor. **Nos casos em que ficou estabelecido que a individualização cabe ao credor, este deverá defini-la na petição inicial**. (art. 811, parágrafo único, CPC).

A título de exemplo, citamos a compra e venda de gado destinado ao abate. Se as partes celebram contrato de compra e venda, em que um criador de gados se compromete a entregar 100 (quantidade) bovinos (gênero), o outro adquire animais identificados pelo gênero e pela quantidade. Se os animais não são entregues em determinado prazo, o credor poderá propor ação de execução para entrega de coisa incerta.

Em regra, a escolha cabe ao devedor (como é a regra), este é citado para entregar a coisa devidamente individualizada no prazo de quinze dias, **conferindo-se ao credor a prerrogativa de impugnar a escolha feita pelo seu adversário processual**, também no prazo de 15 (quinze) dias. Se a escolhe couber ao credor, este deverá individualizar coisa na petição inicial e, a partir de então, segue-se o procedimento da execução para a entrega de coisa certa. (Art. 812, CPC).

2. EXECUÇÃO DE OBRIGAÇÃO DE FAZER E NÃO FAZER

Obrigação de **fazer é aquela em que o devedor se comprometeu a prestar um ato positivo**, por exemplo, construir um muro, escrever um livro. **Obrigação de não fazer é aquela em que o devedor assume o compromisso de se abster de praticar determinado ato**, como não construir edifício com mais de três andares, não impedir a passagem do vizinho.

Sempre que o título executivo prever uma obrigação de fazer e não fazer, o seu cumprimento poderá ser forçado por meio da execução. É o caso, por exemplo, da construtora que se obrigou a construir uma casa para o adquirente, da obrigação de realizar intervenção cirúrgica objeto de contrato assinado entre o médico e o paciente, da obrigação de se abster de criar animal em condomínio.

Porém, proposta a ação, se o devedor não cumprir a obrigação principal, não há como forçá-lo ao adimplemento, **por isso será necessário adotar medidas coercitivas ou apurar o valor da obrigação específica para que a execução seja convertida em execução por quantia certa**, a fim de que o credor não fique desprotegido.

Vejamos, agora, o procedimento que se aplica a cada caso.

2.1. Execução de fazer

A petição da ação de execução, neste caso, deve estar instruída pelo título executivo e cumprir os requisitos dos artigos 319 e 798, do NPCP. **No caso específico de obrigação de fazer, o magistrado citará o executado para que cumpra a obrigação.** O juiz fixará multa (astreinte) por período de atraso no cumprimento da obrigação e a data a partir da qual será devida. **O prazo depende da natureza e da complexidade da obrigação.**

Com a citação, o devedor pode cumprir a obrigação, manter-se inerte ou opor embargos à execução, no prazo de 15 dias.

Se o devedor cumprir a obrigação, o processo é extinto por sentença. **Se não cumprir nem satisfizer a obrigação**, o credor tem a opção de requerer a satisfação da obrigação à custa do executado, por um terceiro ou pelo próprio exequente, ou de pedir a conversão da obrigação em indenização por perdas e danos.

Atenção a este ponto! **Obrigação de fazer fungível** é aquela que pode ser adimplidas por qualquer pessoa, não sendo *intuitu personae* (em consideração à pessoa). Nas obrigações de fazer fungíveis, é possível que a obrigação seja executada por terceiro à custa do executado ou convertida em perdas e danos.

Uma vez realizado o fato pelo terceiro, o juiz ouvirá as partes no prazo de dez dias e, não havendo impugnação, **considerará cumprida a obrigação, extinguindo o processo; caso contrário, decidirá a impugnação**. E se o terceiro não realizar a prestação no prazo ou fizer de modo incompleto defeituoso? Nesse caso, o exequente pode requerer ao juiz que o autorize a concluí-la ou a repará-la à custa do contratante, já que ele é o responsável primeiro pelo cumprimento da obrigação, devendo arcar com o ônus oriundo da prestação defeituosa de terceiro que tiver contratado.

Já para os casos de descumprimento de **obrigação de fazer infungível,** só há a possibilidade de conversão em perdas e danos, porque é obrigação personalíssima, que só pode ser cumprida pelo devedor, e nunca por terceiros.

Por fim, o devedor pode, ainda, **opor embargos,** caso em que o embargado será intimado para se manifestar no prazo de 15 dias. Em seguida, poderá ser designada audiência de instrução e julgamento. No caso de a sentença extinguir o processo sem resolução do mérito ou julgar improcedentes os embargos à execução, a apelação interposta não terá efeito suspensivo, sendo recebida somente no efeito devolutivo, por isso já será possível a prática dos atos executivos.

2.2. Execução de não fazer

Na execução da obrigação, **o exequente pleiteia o desfazimento do ato, a cuja abstenção estava obrigado por lei ou por contrato, ou a conversão em perdas em danos**. Surge, pois, para o devedor, o dever de desfazer o ato à sua custa ou de indenizar o credor pelas perdas e danos.

É o caso, por exemplo, da obrigação de não construir parede divisória sem respeitar a distância mínima em relação ao prédio vizinho.

O devedor descumpre a obrigação, **praticando o ato que não deveria ter praticado.** Não estamos diante de uma pretensão judicial de que o devedor se abstenha de praticar ato em decorrência de obrigação legal ou contratual. O ato já foi praticado pelo devedor, o que nos faz concluir que a execução na verdade não de não fazer (porque o que não deveria ter sido feito já o foi), mas de fazer (de desfazer o ato que não deveria ter sido praticado).

Conforme Enunciado 444 do FPPC, "Para o processo de execução de título extrajudicial de obrigação de não fazer, não é necessário propor a ação de conhecimento para que o juiz possa aplicar as normas decorrentes dos artigos 536 e 537".

O executado pode desfazer o ato, satisfazendo a obrigação, quando a execução poderá ser extinta, com condenação do executado a pagar as custas, as despesas processuais e os honorários advocatícios. **O executado pode opor embargos à execução** no prazo de quinze dias, independentemente da segurança do juízo. **O executado pode se manter omisso**, não satisfazendo à obrigação nem opondo os embargos.

Neste caso, o juiz poderá mandar que seja feito à custa do devedor, respondendo este por eventuais perdas e danos. Por outro lado, se for impossível o retorno ao estado anterior, a obrigação terá que ser resolvida em perdas e danos, observando daí por diante as normas que disciplinam a execução por quantia certa, após liquidação do prejuízo.

3. EXECUÇÃO DE ALIMENTOS

A execução de alimentos fundada em título executivo extrajudicial se aplica nos casos em que os alimentos foram fixados por meios extrajudiciais, **embasados em escritura pública ou documento particular,** tais como acordos, contratos ou títulos, e não por uma sentença judicial transitada em julgado.

A ação será proposta por meio de uma petição inicial com preenchimento dos requisitos do artigo 319 e deve estar acompanhado do título. **O executado será citado para, no prazo de três dias**, efetuar o pagamento das parcelas anteriores ao início da execução, bem como daquelas que se vencerem no seu curso ou fazer a prova de ter realizado o pagamento ou da impossibilidade de fazer.

Ou seja, quando fundado em título executivo extrajudicial, a execução é feita por meio de um processo de execução autônomo. Por outro lado, quando amparado por uma sentença judicial transitada em julgado, se dá como fase de cumprimento de sentença.

Na execução fundada em título extrajudicial, se o devedor não comprovar o pagamento ou se a escusa apresentada for rejeitada, **também será admitida a decretação da prisão do devedor**, se o débito alimentar compreenda até as três parcelas anteriores ao ajuizamento da execução e as que se vencerem no curso do processo.

O artigo 911 prevê que os parágrafos do artigo 528 podem ser utilizados na ação de execução fundada em título extrajudicial. Como excluiu os §§ 1º, 8º e 9º, tem-se que o exequente não pode propor a ação de execução no juízo de seu domicílio, devendo observar as regras do artigo 781.

Como esse assunto foi cobrado em provas de concursos públicos

2019 – FCC – MPE-MT – Promotor de Justiça Substituto. Com respeito à execução da prestação alimentícia, considere: Na execução fundada em título executivo extrajudicial que contenha obrigação alimentar, o juiz mandará intimar o executado para, em 3 (três) dias, efetuar o pagamento das parcelas anteriores ao início da execução e das que se vencerem no seu curso, provar que o fez ou justificar a impossibilidade de fazê-lo. (incorreto).

4. EXECUÇÃO EM FACE DA FAZENDA PÚBLICA

A possibilidade de ação de execução fundada em título extrajudicial contra a Fazenda Pública era polêmica, porque alguns defendiam a necessidade de prévio processo de conhecimento para obtenção do título judicial.

Isso ocorria porque o artigo 100 da Constituição Federal menciona que os pagamentos devidos pelas Fazendas em virtude de sentença judiciária serão feitos por inscrição em precatório judicial, sem mencionar os títulos extrajudiciais.

No entanto, a questão foi resolvida com a edição da Súmula 279, do STJ: "É cabível a execução por título extrajudicial contra a Fazenda Pública". Neste caso, ela será citada para opor embargos em trinta dias. **É o que está previsto no artigo 910, do CPC/2015**. Nos embargos, a Fazenda Pública poderá alegar qualquer matéria que poderia ser alegada em processo de conhecimento.

Em caso de não se manifestar ou após transitar em julgado a decisão que rejeitar os embargos, **será expedido precatório, por intermédio do presidente do respectivo Tribunal, ou requisição de pequeno valor em favor do exequente.**

Atenção para o Enunciado 240 do FPPC: 240. "São devidos honorários nas execuções fundadas em título executivo extrajudicial contra a Fazenda Pública, a serem arbitrados na forma do §3º do art. 85".

A Fazenda Pública poderá deduzir nos embargos quaisquer matérias que seriam cabíveis na ação de conhecimento (art. 910, § 2º, CPC). Isso quer dizer que não há limitação de alegações, como ocorre na impugnação ao cumprimento de sentença. **Trata-se de defesa com fundamentação livre.**

Como esse assunto foi cobrado em provas de concursos públicos

2018 – FCC – DPE-AM – Defensor Público. Nas demandas contra a Fazenda Pública, à luz das disposições do Código de Processo Civil, não impugnada a execução ou rejeitadas as arguições da executada, o próprio juiz da causa expedirá precatório em favor do exequente. (incorreto).

RESUMO

DEMAIS EXECUÇÕES POR TÍTULO EXECUTIVO EXTRAJUDICIAL
1. Execução para entrega de coisa
1.1. Execução para entrega de coisa certa
Coisa certa é a coisa previamente determinada e perfeitamente identificada pelas suas características. A ação judicial de execução para entrega de coisa certa serve para exigir o adimplemento de obrigação constante de título executivo extrajudicial.
O devedor pode entregar a coisa, manter-se inerte ou opor embargos à execução.

1.2. Execução para entrega de coisa incerta
Coisa incerta é aquela determinada pelo gênero e pela quantidade. Conforme estabelece o código civil, a sua individualização (escolha) pertence ao devedor, caso não haja estipulação em contrário. Na execução para entrega de coisa incerta, o executado (devedor) deverá ser citado para entregar a coisa, individualizada, não podendo dar a coisa pior, nem ser obrigado a prestar a melhor.
2. Execução de obrigação de fazer e não fazer
Obrigação de fazer é aquela em que o devedor se comprometeu a prestar um ato positivo, por exemplo, construir um muro, escrever um livro. Obrigação de não fazer é aquela em que o devedor assume o compromisso de se abster de praticar determinado ato, como não construir edifício com mais de três andares, não impedir a passagem do vizinho.
3. Execução de alimentos
A execução de alimentos fundada em título executivo extrajudicial se aplica nos casos em que os alimentos foram fixados por meios extrajudiciais, embasados em escritura pública ou documento particular, tais como acordos, contratos ou títulos, e não por uma sentença judicial transitada em julgado.
4. Execução em face da Fazenda Pública
Súmula 279, do STJ: "É cabível a execução por título extrajudicial contra a Fazenda Pública".

GABARITO

1	D	2	Certo	3	C	4	D	5	B

CAPÍTULO 40

SUSPENSÃO E EXTINÇÃO DO PROCESSO DE EXECUÇÃO

RECADO

Caro (a) leitor (a), como toda e qualquer ação judicial, o processo de execução é distribuído, formado, até ser extinto, se possível com a satisfação da obrigação. Durante seu curso, poderá também ser paralisado, até que a causa que determinou a paralisação seja extinta. Vejamos, agora, quais as causas de suspensão e de extinção do processo de execução.

QUESTÕES

1. (2018 – COSEAC – Prefeitura de Maricá – RJ – Procurador do Município) Não possuindo o executado bens penhoráveis, o juiz poderá suspender o curso do processo de execução pelo prazo de:

A) dois anos.

B) seis meses.

C) um ano.

D) dezoito meses.

E) três anos.

2. (2018 – FGV – TJ-AL – Técnico judiciário/área judiciária) O ato por meio do qual o juiz extingue a execução é:

A) despacho;

B) decisão interlocutória;

C) sentença;
D) acórdão;
E) certidão.

3. (Ano: 2017 – Banca: IESES – Órgão: ALGÁS – Analista de Projetos Organizacionais – Jurídica) Suspende-se a execução:

A) No todo ou em parte, quando recebidos com efeito suspensivo os embargos à execução.
B) Se a alienação dos bens penhorados não se realizar por falta de licitantes e o exequente, em 20 (vinte) dias, não requerer a adjudicação nem indicar outros bens impenhoráveis.
C) Quando o executado possuir bens penhoráveis.
D) Pela não admissão de incidentes de demandas repetitivas.

4. (Ano: 2016 – Banca: TRT – 4º Região – Órgão: TRT – 4ª REGIÃO (RS) – Juiz do Trabalho Substituto) Assinale a assertiva correta sobre a suspensão do processo de execução.

I. Suspende-se a execução se a alienação dos bens penhorados não se realizar por falta de licitantes e o exequente, em 15 (quinze) dias, não requerer a adjudicação nem indicar outros bens penhoráveis.
II. O direito subjetivo de o executado pagar parceladamente a dívida, desde que a reconheça e preencha os requisitos legais, não configura hipótese de suspensão do processo de execução.
III. O Juiz suspenderá a execução pelo prazo de 1 (um) ano quando o executado não possuir bens penhoráveis, hipótese em que ter-se-á igualmente por suspensa a prescrição.

Quais são corretas?

A) Apenas I
B) Apenas II
C) Apenas III
D) Apenas I e III
E) I, II e III

5. (2018 – IDECAN – IPC – ES – Procurador Previdenciário) Segundo o Código de Processo Civil vigente, o processo de execução NÃO pode ser extinto, quando:

A) For concedido o parcelamento.
B) A obrigação for satisfeita.
C) A petição inicial for indeferida.
D) Ocorrer a prescrição intercorrente.

1. CAUSAS DE SUSPENSÃO DO PROCESSO DE EXECUÇÃO

As causas de suspensão do processo de execução estão previstas nos incisos do artigo 921, do CPC. Analisemos, agora, cada uma delas.

Nas hipóteses dos artigos 313 e 315, do CPC/2015, no que couber.

O artigo 313 trata, por exemplo, dos casos de morte ou pela perda da capacidade processual de qualquer das partes, de convenção das partes, da arguição de impedimento ou de suspeição.

Há, ainda, as hipóteses do artigo 315, quando o conhecimento do mérito depender de verificação da existência de fato delituoso, o juiz pode determinar a suspensão do processo até que se pronuncie a justiça criminal.

Assim, pode ocorrer que o procedimento executivo, para a satisfação do crédito, depender do que for decidido em outro processo, por exemplo. Imagine uma demanda de conhecimento, em que o objetivo é anular o contrato exequendo. **Poderá o magistrado, à vista da possibilidade de decisões conflitantes, suspender a execução para decidir sobre a validade ou não do título.**

a) Suspensão da execução em decorrência do recebimento dos embargos à execução no efeito suspensivo

Em regra, o ajuizamento de ação incidental autônoma não suspende o curso da ação principal. Porém, o embargante pode requerer que seja conferido efeito suspensivo aos embargos. Haverá suspensão da ação de execução em decorrência da oposição dos embargos à execução se preenchidos os requisitos para a concessão da tutela provisória e desde que seja feita a segurança do juízo (garantia por penhora, depósito ou caução).

> **Atenção! A suspensão só se aplica a quem opôs os embargos**, não se estendendo aos demais devedores, contra quem a execução não ficará suspensa. A execução prossegue, sem suspensão parcial, também quando os embargos impugnarem apenas parte dos pedidos do exequente, já que a outra parte se torna incontroversa.

Assim, haverá suspensão da ação de execução por recebimento dos embargos com efeito suspensivo até a ação incidental autônoma ser julgada procedente, **já que a apelação, em regra, não tem efeito suspensivo.**

b) Suspensão da execução quando o devedor não possuir bens penhoráveis

Para a satisfação da obrigação, é necessário localizar os bens do devedor. Caso contrário, não há como o processo prosseguir.

Neste caso, o juiz suspenderá a execução pelo prazo de um ano, **durante o qual, também, se suspenderá a prescrição.** Decorrido o prazo máximo de um ano sem que seja localizado o executado ou que sejam encontrados bens penhoráveis, **o juiz ordenará o arquivamento dos autos.** Também, começa a correr o prazo de prescrição intercorrente. Assim, após o decurso de um ano de suspensão, **inicia-se a contagem da prescrição intercorrente** (art. 921, § 4º do CPC).

Os autos serão desarquivados para prosseguimento da execução se, a qualquer tempo, não estando prescrita a pretensão executiva, forem encontrados bens penhoráveis. **O juiz, depois de ouvidas as partes, no prazo de 15 (quinze) dias, poderá, de ofício, reconhecer a prescrição intercorrente.**

Logo, a suspensão não perdura por tempo indeterminado, uma vez que, conforme estudaremos adiante, o CPC prevê a extinção da execução quando ocorrer a prescrição intercorrente, assim, decorrido o prazo máximo de um ano sem que seja localizado o executado ou que sejam encontrados bens penhoráveis, **o juiz ordenará o arquivamento dos autos, após manifestação das partes.**

Na ação de execução fiscal (artigo. 40, da Lei nº 6.830, de 22 de setembro de 1980), o juiz suspenderá o curso da execução, enquanto não for localizado o devedor ou encontrados bens, sobre os quais possa recair a penhora, e, nesses casos, não correrá o prazo de prescrição.

Já nas ações que têm curso pelo procedimento sumaríssimo, não encontrando o devedor ou inexistindo bens penhoráveis, o processo será imediatamente extinto, devolvendo-se os documentos ao autor (artigo 53, §4º, da Lei nº 9.099, de 1995).

Atenção para os seguintes Enunciados FPPC: Enunciado 194. "A prescrição intercorrente pode ser reconhecida no procedimento de cumprimento de sentença". Enunciado 195. **"O prazo de prescrição intercorrente previsto no art. 921, § 42, tem início automaticamente um ano após a intimação da decisão de suspensão de que trata o seu §1º"**.

Qual o prazo em que se consuma a prescrição? A legislação processual nada diz sobre o lapso temporal que deverá se esvair, até que o juiz decrete. E nem poderia fazê-lo, tendo em vista que a matéria diz respeito ao direito material. Ao direito processual compete tão somente a forma de reconhecimento da prescrição e seu procedimento. **Para tanto, a súmula 150 do STF estabelece que a execução prescreve no mesmo tempo da ação.** Assim, caso uma ação tenha o prazo de 5 (cinco) anos para seu ingresso, a sua pretensão executiva também será de 5 anos. Neste mesmo sentido é o Enunciado 196. "O prazo da prescrição intercorrente é o mesmo da ação".

Como esse assunto foi cobrado em provas de concursos públicos

2019 – FUNDEP (Gestão de Concursos) – DPE-MG – Defensor Público. O juiz poderá, independentemente da oitiva das partes, reconhecer a prescrição intercorrente e extinguir o processo executivo, restando evidenciada a inércia da parte exequente. (incorreto)

c) Suspensão quando a alienação dos bens penhorados não se realizar por falta de licitantes e o exequente, em 15 dias, não requerer a adjudicação nem indicar outros bens penhoráveis

Quando a tentativa de alienação judicial do bem penhorado falhar e o exequente se mantiver inerte, sem requerer a adjudicação **nem indicar outros bens penhoráveis**, haverá suspensão do processo. Nesse caso, não está autorizada a extinção do processo por prescrição intercorrente, que se limita ao caso mencionado no tópico anterior.

d) Suspensão em decorrência da concessão do parcelamento de que trata o art. 916 da lei processual

O artigo 916 prevê que, no prazo para embargos, reconhecendo o crédito do exequente, o executado poderá requerer que lhe seja permitido pagar o restante em até seis parcelas mensais, acrescidas de correção monetária e de juros de um por cento ao mês.

Uma vez concedido o parcelamento, que está condicionado ao depósito de 30% do valor em execução, acrescido de custas e de honorários advocatícios, o processo ficará suspenso durante o parcelamento. **Com a quitação integral, o processo é extinto.** Por outro lado, se não houver quitação, o processo segue o seu curso.

e) Por convenção das partes

As partes podem convencionar a suspensão, estabelecendo o exequente um prazo para o executado cumprir a obrigação. Pressupõe um motivo específico, qual seja, o cumprimento voluntário da obrigação pelo executado. O processo permanece suspenso, voltando a correr se o prazo se verificar sem o cumprimento da obrigação ou sendo extinto se o executado adimplir.

Suspensa a execução, **fica proibida a prática de quaisquer atos processuais**, ressalvado ao magistrado a possibilidade de ordenar, quando cabível e necessário, as providências consideradas urgentes, como a alienação antecipada de bens ou a prática de atos de conservação sobre a coisa penhorada.

2. CAUSAS DE EXTINÇÃO DO PROCESSO DE EXECUÇÃO

Caro aluno, o artigo 924 **prevê cinco hipóteses que dão causa à extinção da execução.** Ela ocorre quando a petição inicial for indeferida, quando a obrigação for satisfeita, se o executado obtiver a extinção total da dívida por outro meio, quando o exequente renunciar ao crédito e se ocorrer a prescrição intercorrente.

Além disso, a execução pode ser extinta em outros casos, tais como por reconhecimento pelo juiz da ilegitimidade de uma das partes por matéria de ordem pública, por constatação de prescrição, quando o credor desistir da execução ou em decorrência do julgamento dos embargos à execução pela procedência dos pedidos.

Em todos os casos a execução é extinta por sentença, recorrível por apelação. Sentença tem, pois, natureza declaratória. Faremos, agora, algumas considerações sobre as causas de extinção do processo de execução previstas no CPC.

a) **Quando a petição inicial for indeferida:** é necessário que, antes do indeferimento, seja concedido o prazo de 15 dias para a parte emendar a inicial.

b) **Quando a obrigação for satisfeita:** pode ser por meio da entrega do bem, do adimplemento da obrigação de fazer ou de não fazer, da entrega de soma em dinheiro ao credor ou da adjudicação de bens pelo credor.

c) **Quando o executado obtiver, por qualquer outro meio, a extinção total da dívida:** pode se dar, por exemplo, pela remissão (artigos 385 a 388, do Código Civil), ato unilateralmente praticado pelo credor liberando o devedor, extinguindo a relação obrigacional.

d) **Quando o exequente renunciar ao crédito:** A renúncia ao crédito, capaz de extinguir a execução, conforme o disposto no artigo 924, IV, do CPC/2015 , pressupõe a manifestação expressa do exequente, renunciando ao crédito a que faz jus. Não se pode admitir a presunção de renúncia tácita pela simples ausência de manifestação do exequente nos autos.

e) **Quando ocorrer a prescrição intercorrente:** consumada a prescrição intercorrente, a execução será extinta com resolução do mérito. O juiz poderá reconhecer, de ofício, a prescrição intercorrente, depois de ouvida as partes.

RESUMO

SUSPENSÃO E EXTINÇÃO DO PROCESSO DE EXECUÇÃO
1. Causas de suspensão do processo de execução
Nas hipóteses dos artigos 313 e 315, do CPC/2015, no que couber.
Suspensão da execução em decorrência do recebimento dos embargos à execução no efeito suspensivo
Suspensão da execução quando o devedor não possuir bens penhoráveis
Suspensão quando a alienação dos bens penhorados não se realizar por falta de licitantes e o exequente, em 15 dias, não requerer a adjudicação nem indicar outros bens penhoráveis
Suspensão em decorrência da concessão do parcelamento de que trata o art. 916 da lei processual
Por convenção das partes
2. Causas de extinção do processo de execução
Quando a petição inicial for indeferida
Quando a obrigação for satisfeita
Quando o executado obtiver, por qualquer outro meio, a extinção total da dívida
Quando o exequente renunciar ao crédito
Quando ocorrer a prescrição intercorrente

GABARITO

1	C	2	C	3	A	4	D	5	A

CAPÍTULO 41

DEFESAS DO EXECUTADO

RECADO

Caro (a), leitor (a), iniciaremos agora uma unidade relativa às defesas do executado. Assim, falaremos das defesas em títulos executivos judiciais (impugnação ao cumprimento de sentença) e das defesas em execução de títulos extrajudiciais (embargos à execução).

QUESTÕES

1. (2017 – VUNESP – TJ-SP Juiz Substituto) Na impugnação ao cumprimento de sentença,

A) poderá, ainda que já tenha se operado o trânsito em julgado da sentença, ser alegada inexigibilidade da obrigação reconhecida no título, se ele estiver fundado em lei ou ato normativo considerado inconstitucional pelo Supremo Tribunal Federal, ou fundado em aplicação ou interpretação da lei ou do ato normativo, tido pelo Supremo Tribunal Federal como incompatível com a Constituição Federal, em controle de constitucionalidade concentrado ou difuso.

B) o prazo para a apresentação não será contado em dobro, mesmo que, sendo físicos os autos, haja litisconsortes com procuradores diferentes, de escritórios de advocacia distintos.

C) quando se alegar excesso de execução, é ônus da parte, sob pena de não ser conhecida a alegação, indicar desde logo o valor que entenda correto, mediante demonstrativo, ainda que entenda que a apuração dependa de prova pericial.

D) a respectiva apresentação impedirá a penhora, sua substituição, reforço ou redução, se concedido efeito suspensivo pelo juiz.

2. **(2016 – TRT 4º Região Juiz do Trabalho Substituto)** Assinale a assertiva incorreta sobre impugnação ao cumprimento da sentença.

A) Para que o executado apresente impugnação, transcorridos os 15 (quinze) dias após a intimação para pagamento do débito, é indispensável que proceda à segurança do juízo, a exemplo da penhora prévia.

B) É permitido, nas hipóteses de impugnação na fase de execução da sentença, que não apenas o título executivo, mas também a obrigação, quando inexigíveis, sejam impugnados.

C) A declaração in abstrato da inconstitucionalidade, pelo Supremo Tribunal Federal, é matéria capaz de amparar a inexigibilidade da obrigação, podendo fundamentar a impugnação.

D) Em se tratando de impugnação à sentença de liquidação, pela Fazenda Pública, esta somente poderá alegar falta ou nulidade da citação, na fase de conhecimento, se o processo tiver corrido à sua revelia.

E) Nas hipóteses de cumprimento de sentença que reconheça a exigibilidade de obrigação de entregar coisa, a eventual existência de benfeitorias deve ser alegada quando da contestação, na fase de conhecimento, não sendo admitida na fase de cumprimento da sentença.

3. **(2018 – FCC – PGE-TO – Procurador do Estado)** Em relação à impugnação ao cumprimento definitivo de sentença que obrigue a pagar quantia certa,

A) podem ser alegadas qualquer causa modificativa ou extintiva da obrigação, como pagamento, novação, compensação, transação ou prescrição, desde que supervenientes à sentença.

B) a concessão de efeito suspensivo à impugnação impede a efetivação dos atos de substituição, de reforço ou de redução da penhora e de avaliação dos bens.

C) desde que garantido o juízo com penhora, caução ou depósito suficientes, a concessão de efeito suspensivo dar-se-á automaticamente, como regra geral.

D) se atribuído efeito suspensivo à impugnação, a execução do julgado prosseguirá até avaliação dos bens, defesa a prática de atos expropriatórios.

E) quando o executado alegar que o exequente, em excesso de execução, pleiteia quantia superior à resultante da sentença, caberá ao juiz remeter necessariamente os autos ao contador judicial para verificar se o argumento de excesso procede.

4. **(2016 – FCC – PGE-MT – Analista)** Por meio de impugnação ao cumprimento definitivo da sentença que reconhece a exigibilidade de obrigação de pagar quantia certa,

A) deve ser apresentada no prazo de 10 dias, em autos apartados.

B) deve ser precedida de garantia do juízo, sob pena de rejeição liminar.

C) o executado poderá alegar excesso de execução, caso em que deverá declarar de imediato o valor que entende correto, apresentando demonstrativo discriminado e atualizado de seu cálculo, sob pena de rejeição liminar da impugnação, se este for seu único fundamento, ou de não conhecimento do argumento, caso outro também tenha sido alegado.

D) pode versar sobre a incompetência absoluta do juízo da execução, porém não da relativa.

E) impede, em regra, a prática de atos executivos.

5. (2018 – INSTITUTO AOCP – TRT – 1ª REGIÃO (RJ) – Analista Judiciário/Área Judiciária) Marlene ajuizou ação de indenização por danos morais contra Salete, sendo que seu pedido foi julgado procedente, condenando a ré em dez mil reais. Transitada em julgado a sentença, Salete não realizou o pagamento, mesmo diante de intimação solicitada por Marlene para que viesse a cumprir sua obrigação definida em sentença. Diante da inadimplência, Marlene requereu a instauração da fase de cumprimento de sentença visando forçar o cumprimento da obrigação definida pelo título judicial. De acordo com o Código de Processo Civil de 2015, quanto ao procedimento de Cumprimento de Sentença Por Quantia Certa, assinale a alternativa correta.

A) Caso Salete realize impugnação ao cumprimento de sentença manejado por Marlene, não poderá ela se valer de pedido de suspensão do cumprimento de sentença, visto que o Código de Processo Civil de 2015 veda tal possibilidade.

B) Caso Salete realize impugnação ao cumprimento de sentença manejado por Marlene, limitando sua alegação a excesso de execução sem apresentar memória de cálculo do valor que entende devido, sua impugnação sofrerá rejeição liminar.

C) Para que possa Marlene manejar seu cumprimento de sentença, poderá ela realizar a mera alegação do valor que se entende devido, sendo tal ato suficiente para basear o pedido de instauração do cumprimento de sentença de pagamento de quantia, cabendo ao alegado devedor discutir o valor, caso equivocado.

D) Caso Salete verifique a possibilidade e interesse de manejo de impugnação ao cumprimento de sentença, será ela obrigada a realizar a garantia do juízo, sendo aceitas tanto a caução quanto eventual penhora já realizada nos autos.

E) Caso Salete verifique a possibilidade e interesse de manejo de impugnação ao cumprimento de sentença, terá ela o prazo de 15 (quinze) dias para tanto, contados da intimação para cumprir a sentença.

6. (2019 – FGV – TJ-CE – Técnico Judiciário) Tendo transitado em julgado sentença que condenara o réu a pagar ao autor determinada soma pecuniária, este requereu, a juízo situado em foro diverso do da condenação, o cumprimento do julgado. Sem que tivesse satisfeito voluntariamente a obrigação, o réu, pretendendo arguir a incompetência relativa do foro em que a execução foi deflagrada, deve ofertar:

A) embargos à execução;

B) exceção de incompetência;

C) impugnação;

D) objeção de pré-executividade;

E) contestação.

7. (2019 – FUNDEP (Gestão de Concursos) – CAU-MG – Advogado) Sobre o processo de execução e os embargos à execução disciplinados pelo Código de Processo Civil, assinale com V as afirmativas verdadeiras e com F as falsas.

( ) Os embargos à execução serão autuados em apartado, de forma a tornar possível o desenvolvimento autônomo das duas ações com decisões em momentos distintos.

( ) Havendo litisconsórcio passivo na execução, o prazo para cada um dos litisconsortes embargar contar-se-á de forma independente, ou seja, para cada executado a contagem do prazo tem início com a juntada nos autos do respectivo comprovante da citação, salvo tratando-se de cônjuges ou companheiros.

( ) O prazo para propositura dos embargos à execução é de quinze dias, salvo quando haja litisconsórcio passivo com patronos diferentes, de diferentes sociedades de advogados.

( ) Os embargos à execução seguem o procedimento comum, com abertura de prazo para apresentação de defesa pelo embargado, realização de audiência de conciliação, necessidade formal de uma fase de saneamento e decisão final impugnável por agravo de instrumento, já que o seu julgamento não põe fim à execução.

Assinale a sequência correta.

A) F F F V

B) V V F F

C) F V V F

D) V F V V

8. (2019 – FUNDEP (Gestão de Concursos) – DPE-MG – Defensor Público) Concernente aos embargos à execução, assinale a alternativa correta.

A) A ausência de impugnação do credor aos embargos à execução é insuficiente para elidir a presunção de certeza consubstanciada no título executivo, motivo pelo qual são inaplicáveis os efeitos da revelia.

B) Conforme a jurisprudência do STJ, apesar de o processo executivo ter como finalidade a satisfação do crédito constituído, é plenamente cabível reconvenção em embargos à execução.

C) Quando houver litisconsórcio passivo na execução, o prazo para cada um dos executados embargar, incluindo réus cônjuges ou companheiros, conta-se a partir da juntada do último comprovante da citação.

D) Citado por edital o executado, revela-se possível a oposição de embargos à execução pelo curador especial, desde que a execução já esteja garantida por penhora, depósito ou caução suficientes.

9. (2018 – FCC – DPE-MA – Defensor Público) Paulo e Roberto são demandados em uma ação de execução de título extrajudicial. Paulo, foi citado em 5 de novembro, e Roberto foi citado no dia 09 do mesmo mês. Paulo, sem que tenha assegurado o juízo, apresentou embargos à execução, alegando somente excesso de execução. Nesse caso, o início do prazo para os embargos é contado

A) a partir da juntada do último comprovante de citação; os embargos de Paulo serão liminarmente rejeitados caso ele não tenha apresentado na petição o valor que entende correto e o demonstrativo discriminado e atualizado do seu cálculo.

B) separadamente para os executados, a partir da juntada do respectivo comprovante de citação; os embargos de Paulo serão liminarmente rejeitados em razão de não ter assegurado o juízo.

C) separadamente para os executados, a partir da juntada do respectivo comprovante de citação; os embargos de Paulo serão liminarmente rejeitados caso ele não tenha apresentado na petição o valor que entende correto e o demonstrativo discriminado e atualizado do seu cálculo.

D) a partir da juntada do último comprovante de citação; os embargos de Paulo serão liminarmente rejeitados em razão de não ter assegurado o juízo.

E) a partir da juntada do último comprovante de citação; os embargos de Paulo devem ser conhecidos apesar de não ter assegurado o juízo ou apresentado na petição o valor que entende correto e o demonstrativo discriminado e atualizado do seu cálculo, pois tais requisitos não são exigidos por lei.

10. (2018 – ATENA – Prefeitura de Presidente Getúlio – SC – Advogado) A respeito dos embargos à execução, tal como regulado no Código de Processo Civil, analise os itens a seguir e em seguida assinale a alternativa correta:

I. Nos embargos à execução, o executado poderá alegar inexequibilidade do título ou inexigibilidade da obrigação;

II. Nos embargos à execução, o executado poderá alegar incompetência absoluta ou relativa do juízo da execução;

III. Há excesso de execução quando o exequente, sem cumprir a prestação que lhe corresponde, exige o adimplemento da prestação do executado.

A) Apenas o item I está correto.

B) Os itens I e II estão corretos, apenas.

C) Os itens I e III estão corretos, apenas.

D) Todos os itens estão corretos.

1. EMBARGOS À EXECUÇÃO

No processo de execução por título executivo extrajudicial não há julgamento do mérito, pelo menos em sua acepção clássica (resolução do conflito de interesses).

Não há discussão sobre a veracidade do direito contido no título executivo. Assim, para que o magistrado possa verificar a procedência do direito afirmado pelo exequente, **caberá ao executado instaurar uma demanda autônoma e incidental – um novo processo** – a qual terá como objeto veracidade do conteúdo do título executivo. Esse processo é chamado de embargos do executado.

Assim, apesar de ter natureza jurídica de defesa, **os embargos à execução são um processo autônomo**, distribuídos por dependência à demanda executiva.

Assim, como já ocorria no sistema anterior, o CPC/2015 entendeu por bem **dispensar a garantia do juízo para a propositura dos embargos**. Assim, a sua apresentação não depende de penhora realizada, bem tampouco de oferecimento de bem em garantia, nos termos do art. 914.

O Ministro Luis Fux faz uma observação interessantíssima sobre os embargos. Esses **podem ter como objeto a pretensão de desconstituir o crédito, ou o título executivo que materializa o crédito**. Caso desconstitua o crédito, não haverá mais possibilidade de cobrança judicial pelo exequente, em qualquer via processual que seja. Todavia, caso os embargos ataquem o título, nada obsta que o exequente possa buscar a satisfação de seu crédito em ação de cobrança, ou monitória. (FUX, 2004. P. 1489/1.490).

Como esse assunto foi cobrado em provas de concursos públicos

2018 – VUNESP – FAPESP – Procurador. O executado, independentemente de penhora, depósito ou caução, poderá se opor à execução por quantia certa, por meio de embargos, anotando-se que: serão distribuídos livremente. (incorreto).

1.1. Tempestividade

O prazo para ingressar com os embargos é de 15 dias, sendo contado a partir da juntada do mandado de citação para a execução (Art. 915, "caput"). Trata-se de inegável prazo processual, motivo pelo qual aplica-se a contagem do prazo em dias úteis, nos termos do art. 219 do CPC.

Quando o executado for citado por carta precatória, o juiz deprecado irá comunicar ao juiz deprecante que efetuou a citação, sendo que, nestes casos, **o prazo começará a correr da juntada aos autos desta comunicação**, independente se a precatória for juntada posteriormente (art. 915, § 2º, II do CPC). A intenção do legislador é agilizar o procedimento exequendo, dispensando o momento posterior de juntada da precatória aos autos originais.

Quando essa comunicação não ocorrer (quando o juiz deprecado não a enviar), o prazo será contado da juntada aos autos da carta precatória devidamente cumprida. Ressalte-se, entretanto, que **essa forma de contagem de prazo aplica-se às hipóteses de embargos que versem sobre questão material**.

Quando, por outro lado, os embargos versarem somente sobre questão processual relativa a vícios ou defeitos da penhora, avaliação ou alienação dos bens, o prazo começará a contar a partir da juntada da comunicação de citação na carta precatória.

Qual a motivo do início diferenciado da contagem dos prazos?

A forma diferenciada de contagem de prazo justifica-se pela diferença da competência para julgamento dos embargos. Neste instituto processual, **ora a competência de julgamento dos embargos será do juízo deprecante, ora será do juízo deprecado**.

Será do juízo deprecado quando a matéria versar unicamente sobre vícios ou defeitos da penhora, avaliação ou alienação de bens penhorados. (art. 914, § 2º CPC). Isto ocorre porque estes atos serão praticados pelo juízo deprecado, e nada mais adequado do que este mesmo juízo ter competência para julgar os atos por si praticados. **Ora, é o juízo deprecado que pratica os atos materiais destinados e efetivar a responsabilidade patrimonial**.

Imagine a seguinte situação: Uma determinada execução processa-se na comarca de Belo Horizonte/MG. Os atos de penhora e avaliação de bens devem ser feitos e Montes Claros/MG. Ao juízo desta última comarca competirá efetivá-los, inclusive procurando os bens do devedor. Nada mais lógico que a este juízo competir julgar os atos por ele praticados.

Para todas as demais matérias, **ou quando as matérias acima mencionadas forem cumuladas com outras**, a competência de julgamento será do juízo deprecante.

Portanto, a forma de contagem do prazo está intimamente ligada à competência para julgamento da demanda.

Geralmente, na fase de conhecimento, os prazos contam-se, quando de vários réus, a partir da juntada do último mandado de citação (art. 231, CPC). A partir desta data, começa a correr o prazo para todos os réus contestarem. Caso estejam acompanhados por diferentes procuradores, nos termos do art. 191, o prazo será computado em dobro. **Costuma-se dizer, portanto, que na fase de conhecimento os prazos de defesa são comuns**, já que correm ao mesmo tempo para todos os demandados.

Nos embargos à execução, o procedimento é diferente, por expressa exclusão do art. 915, § 1º do CPC.

Quando houver vários réus, **o prazo começará a contar da juntada do mandado de citação de cada um, de forma independente**, em regra. Isso quer dizer que não há a juntada do último mandado para o início do prazo de contagem. O disposto acima, quanto à juntada dos mandados, somente é ressalvado em caso de executados cônjuges ou companheiros, conforme art. 915, § 1º, caso no qual os prazos não serão independentes. Assim, neste caso, esperará a juntada do último mandado para a contagem do prazo.

Vamos a um exemplo, para a compreensão melhor do tema:

Em uma primeira hipótese, João e Maria são executados em uma determinada demanda, e não possuem qualquer relação matrimonial ou de união estável. O mandado de João foi juntado aos autos no dia 10 de janeiro, já o de Maria, dia 15 de janeiro. Assim, o prazo de João começará no dia 11 (se dia útil) e de Maria dia 16 (se dia útil). Agora, na situação de serem casados, ou manterem união estável, o prazo de ambos começaria no dia 16 (após a juntada do último).

Outra questão interessante sobre o prazo dos embargos, diz respeito à aplicação do art. 229 do CPC (prazo dobrado). **Esta disposição nunca se aplica aos embargos à execução!** Não existe prazo dobrado para esta fora de defesa do executado.

Como esse assunto foi cobrado em provas de concursos públicos

2018 – VUNESP – TJ-RJ – VUNESP – 2018 – TJ-RJ – Juiz Leigo. Os embargos à execução devem ser opostos após a efetivação da penhora. (incorreto)

1.2. Rejeição liminar dos embargos

A inicial dos embargos poderá ser liminarmente indeferida, nos casos do art. 918, CPC: Quando inepta a petição (art. 330, CPC), quando intempestivos, ou quando meramente protelatórios. No caso de rejeição liminar dos embargos, o recurso cabível é o de apelação, tendo em vista que o provimento é uma sentença, pois extinguirá um processo autônomo.

Neste caso, **o recurso cabível é o de apelação**, nos termos do art. 1.009 do CPC, sem efeito suspensivo, conforme art. 1.012 do CPC.

O parágrafo único do dispositivo legal considera ato atentatório à dignidade da Justiça a apresentação de embargos manifestamente protelatórios.

1.3. Embargos e efeito suspensivo

Não sendo caso de rejeição liminar, os embargos serão recebidos.

Todavia, o efeito suspensivo não é automático, nos termos do art. 920, CPC.

A atribuição do efeito suspensivo é condicionada a alguns requisitos estabelecidos pelo art. 920, § 1º, quais sejam: **Garantia do Juízo**, sendo que deve haver penhora anterior aos embargos; além da penhora, considera-se garantido o juízo por caução ou depósito judicial.

Além da garantia do juízo, deve haver **requerimento para a concessão de efeito suspensivo**. Assim, é vedado ao juiz o conceder de ofício.

Ainda, é **necessário que o embargante comprove estarem presentes os requisitos para a concessão da tutela provisória**. Note-se que aqui o CPC utiliza o termo "tutela provisória" propositalmente, englobando tanto as tutelas de urgência (cautelar e antecipada), quanto a tutela da evidência. Nos termos do art. 1.015, X do CPC, a decisão que versa sobre o efeito suspensivo é desafiada mediante agravo de instrumento.

A concessão do efeito suspensivo aos embargos **somente impede os atos de alienação de bens do devedor, conforme art. 919, § 5º do CPC**. Assim, mesmo pendendo o efeito suspensivo é possível realizar reforço de penhora, ou mesmo a avaliação dos bens penhorados.

É possível, também a concessão de efeito suspensivo a parte do objeto de execução. Neste caso, a parte que não se encontra albergada pela suspensão poderá prosseguir normalmente.

Imagine a hipótese de os embargos versarem sobre excesso na execução. O embargante apresenta os embargos e demonstra, pelos requisitos da tutela de urgência, que o valor exequendo é maior do que se extrai do título, requerendo o efeito suspensivo em relação à parte do crédito em discussão. Caso o juiz entenda pela sua concessão, a paralização dos atos executivos ficará restrita tão somente à parcela do efeito suspensivo concedida. **Nestes termos, o débito não impugnado, ou incontroverso, poderá continuar em execução**, inclusive com a prática de atos de alienação patrimonial.

Ainda, nos termos do § 4º, caso o efeito suspensivo for conseguido por somente um dos embargantes, **este efeito não se aproveita aos demais**, se a matéria for exclusivamente beneficiária do embargante.

Imagine-se que exista em um título executivo extrajudicial um devedor e dois fiadores. Os três são colocados no polo passivo da execução. Todos os devedores apresentam embargos, sendo que um deles consegue efeito suspensivo, baseado na ausência da assinatura da esposa, para a concessão da fiança. Ora, essa matéria aproveita exclusivamente a um dos embargantes, justamente o que conseguiu o efeito suspensivo. Desta forma, a suspensão da execução não aproveita aos demais.

1.4. Matérias alegáveis nos embargos

Costuma-se dizer que os embargos possuem cognição ilimitada, tanto em extensão, quanto em profundidade. Isto quer dizer que é **possível alegar nos embargos à execução qualquer matéria que seria lícito apresentar em defesa**, na fase de conhecimento. Ao contrário da impugnação ao cumprimento de sentença, em que há limitação de matérias a serem alegadas, nos embargos, por expressa disposição do art. 917, VI do CPC, o embargante poderá ser valer de qualquer disciplina.

Imagine-se uma execução de título extrajudicial, advinda de um contrato de empréstimo bancário. Nos embargos poderá o executado alegar, por exemplo, excesso de juros, ou mesmo a sua cumulação com a comissão de permanência. Ou, então, a nulidade de alguma cláusula, entre outras matérias.

1.5. Procedimento

Após a propositura da demanda, e não sendo caso de rejeição liminar dos embargos, **o juiz intimará a parte contrária para responder em 15 dias**.

Após a resposta, a postura do juiz dependerá da atividade probatória a ser desenvolvida nos embargos. Se necessária a audiência, a designará e após dará a sentença. Caso esta não seja necessária, conhecerá diretamente do pedido, proferindo a sentença.

O Recurso cabível em face da decisão que julga os embargos é a apelação, tendo em vista tratar-se de uma sentença. **Rejeitados os embargos, a apelação não terá efeito suspensivo.**

2. IMPUGNAÇÃO AO CUMPRIMENTO DE SENTENÇA

A forma de defesa do "executado" disponível no direito processual civil para o cumprimento de sentença **é a impugnação ao cumprimento de sentença, presente nos artigos 525, do CPC**. A diferença primordial entre este instituto e os embargos do executado é que aqui não há necessidade de instauração de processo autônomo, mas as questões são resolvidas mediante mero incidente processual. Assim, enquanto nos embargos há a necessidade de instauração de outra realidade processual, a impugnação é apresentada nos mesmos autos processuais.

2.1. Prazo de apresentação

Nos termos do art. 525 do CPC, **a impugnação deverá ser apresentada em 15 dias.** É inegável que este prazo se trata de um prazo processual, motivo pelo qual é contado em dias úteis, nos termos do art. 229 do CPC.

Diferentemente do que ocorria no CPC passado, o prazo de impugnação ao cumprimento de sentença tem seu termo a quo iniciado de uma forma totalmente diferente. Anteriormente, a impugnação deveria ser apresentada após a intimação da penhora, já que na legislação passada era necessária a garantia do juízo para a sua apresentação. No CPC/2015 o sistema mudou radicalmente.

O início do prazo para impugnação dá-se com o final do prazo para pagamento espontâneo da obrigação. Assim, após os 15 dias para pagamento espontâneo, independentemente de nova intimação ou comunicação, já se inicia o prazo para apresentação de impugnação.

Nos termos do art. 525, § 3º do CPC, **aplica-se o art. 229 ao prazo de impugnação**. Assim, quando houver autos físicos, com litisconsórcio, de procuradores diferentes, vinculados a escritórios diferentes, o prazo para impugnar será de 30 dias, e não de 15, pois contará em dobro.

2.2. Necessidade de garantia do juízo

Questão interessante é saber se a garantia do juízo é uma condição *sine qua non* para a impugnação ou, por outro lado, pode-se, em algumas hipóteses, impugnar sem garantir o Juízo. No sistema processual passado, a garantia do juízo era condição de apresentação da impugnação. O STJ, naquela ocasião, já havia reafirmado que a impugnação sequer seria conhecida, se apresentada sem a devida garantia.

Parte da doutrina posicionava-se contrariamente a esta exigência legal. Assim, estes setores defendiam a possibilidade de apresentação sem a garantia.

O CPC/2015 resolveu inovar quanto a esse tema. Note-se que o art. 525 "caput" do CPC estabeleceu que **a impugnação será apresentada independentemente de garantia do juízo**. Em outras palavras, nas duas defesas do executado não há a necessidade de penhora, caução ou depósito.

2.3. Matérias alegáveis na impugnação

Os fundamentos da impugnação vêm descritos no art. 525, § 1º do CPC. Note-se que, nas causas de impugnação, em regra, somente se pode alegar fatos ou fundamentos restritos na lei, ou seja, **não é permitido ao impugnante apresentar matérias que não estejam descritas no dispositivo legal**. Ainda, quase que a sua totalidade é composta de matérias posteriores à formação da coisa julgada. Assim, a impugnação não pode ser utilizada com instrumento rescisório.

Esta particularidade é estabelecida para garantir a efetividade da coisa julgada, e impedir que se discutam as matérias já albergadas pela preclusão.

Uma exceção, em relação às matérias posteriores à formação do título, vem estabelecida no inciso I do dispositivo comentado. Poderá o executado, neste caso, alegar falta ou nulidade de citação, caso o processo tenha corrido à revelia. **Perceba-se, contudo, que esta alegação somente poderá ser acolhida se, e somente se, o processo correu à revelia.** Caso o executado, posteriormente à ausência de citação tenha comparecido espontaneamente no processo de conhecimento, ou lhe tenha sido nomeado curador especial, para acompanhamento do feito, a alegação é ineficaz.

Se procedente a impugnação do inciso I, volta-se ao início da fase processual de conhecimento, abrindo-se novo prazo para a defesa do executado. **Tem uma nítida função rescindenda.**

Também, possui caráter rescisório a impugnação baseada na Inexigibilidade do título, fundada em decisão inconstitucional transitada em julgado. Ora, se a decisão judicial transitar em julgado, desrespeitando declaração de inconstitucionalidade emanada pelo STF, poderá ser objeto de impugnação, nos termos do art. 525, § 12º do CPC. Pela complexidade da matéria, apresentaremos o dispositivo legal, para melhor compreensão:

> **Art. 525,**
>
> (...)

> § 12. Para efeito do disposto no inciso III do § 1º deste artigo, considera-se também inexigível a obrigação reconhecida em título executivo judicial fundado em lei ou ato normativo considerado inconstitucional pelo Supremo Tribunal Federal, ou fundado em aplicação ou interpretação da lei ou do ato normativo tido pelo Supremo Tribunal Federal como incompatível com a Constituição Federal, em controle de constitucionalidade concentrado ou difuso

A decisão de inconstitucionalidade deve ser proferida antes do trânsito em julgado.

Assim, esta hipótese também terá cunho rescisório, pois poderá rever uma decisão já transitada em julgado.

Há um ponto nas matérias alegáveis que é bastante explorado em provas de concursos. Trata-se da alegação de excesso de execução, prevista no art. 525, § 1º, V do CPC. Quando o executado apresentar esta matéria, **deverá indicar na sua peça qual é o valor que entende correto para o crédito exequendo**, sob pena de ser rejeitada liminarmente a defesa. Esse expediente visa coibir alegações meramente protelatórias, destituídas de fundamento. (art. 525, §§ 4º e 5º do CPC).

Como esse assunto foi cobrado em provas de concursos públicos

2019 – CESPE – TCE-RO – Procurador do Ministério Público de Contas. No cumprimento definitivo de sentença que reconhece a exigibilidade de obrigação de pagar quantia certa, o executado foi intimado a pagar o débito. Nessa situação hipotética, findo o prazo para pagamento, o executado poderá apresentar impugnação, na qual é lícito alegar excesso de execução, sendo desnecessária a indicação do valor que o executado entenda ser o correto.

2.4. Efeito suspensivo

A impugnação à título executivo judicial não possui efeito suspensivo automático, regra igualmente adotada para os Extrajudiciais.

Todavia, apesar de não ter efeito suspensivo automático, **é possível a concessão do efeito, mediante a demonstração e prova de alguns requisitos legais**. O primeiro deles é o requerimento. O Juiz não poderá concedê-lo de ofício. Assim, o interessado deverá solicitar ao juízo a paralisação do cumprimento de sentença.

Além da solicitação, o juízo deverá estar garantido. A garantia do juízo não é condição para a apresentação da impugnação, **mas para a suspensão do cumprimento de sentença é necessário**. Portanto, deve haver penhora, depósito ou caução nos autos, para efetivamente dar segurança ao juízo de que a obrigação será satisfeita.

Ainda, o postulante deverá comprovar a relevância dos fundamentos, bem como o risco de grave dano no prosseguimento do cumprimento de sentença. **Todos estes requisitos encontram-se no art. 525, § 6º do CPC.**

A mesma dinâmica do efeito suspensivo relativa aos embargos à execução é aplicável à impugnação ao cumprimento de sentença. **A concessão do efeito somente obsta os atos de disposição de bens**, mas não os atos de penhora, reforço da penhora e alienação de bens, nos termos do art. 515, § 7º do CPC/2015.

Em relação à concessão do efeito de parte do processo e relativo a somente um dos impugnantes, remetemos o leitor ao tema nos embargos da execução, tendo em vista que a dinâmica na impugnação é a mesma.

Por fim, existe uma questão interessante na legislação processual. Trata-se da possibilidade de prosseguir nos atos expropriatórios, mesmo diante da concessão de efeito suspensivo pelo magistrado. O exequente, se desejar, poderá oferecer caução na execução suspensa - ato de contracautela - e continuar com os atos.

Vamos a um exemplo! Imagine a seguinte situação: João apresenta impugnação, dando um automóvel em garantia, e pede a concessão de efeito suspensivo. O carro cobre os valores exequendos. Demonstrando a presença dos demais requisitos, o juiz concede o efeito suspensivo, obstando os atos de alienação patrimonial. O exequente, então, apresenta caução, em bem seu, e solicita ao juiz o prosseguimento da execução. Assim, com base no art. 525, § 10ª do CPC, é possível a execução continuar, mesmo que o efeito suspensivo esteja presente.

2.5. Decisão que julga impugnação e seu recurso

Dependendo do resultado da impugnação, a decisão que a resolver poderá ter diferentes naturezas jurídicas.

Caso a decisão importe na extinção do cumprimento de sentença, terá natureza jurídica de sentença, **sendo cabível o recurso de apelação**. Entretanto, se a decisão importar na continuidade do cumprimento, terá natureza de decisão interlocutória e, **a teor do art. 1.015, parágrafo único, será agravável.**

Um exemplo poderá esclarecer melhor a situação.

Imagine que o exequente apresente o cumprimento de sentença. Na impugnação o executado alega a ilegitimidade ativa, tendo em vista que aquele que está no polo ativo do cumprimento não estava contemplado no título. O juiz, ao acolher a impugnação, promoverá a extinção do cumprimento de sentença. Este pronunciamento, portanto, é uma sentença, passível de apelação.

Imagine, por outro lado, uma impugnação que verse somente sobre excesso de execução. O juiz, ao acolhê-la somente adequa o valor exequendo, determinando o prosseguimento do feito em relação à parte correta. Nestes termos, a decisão judicial não promove a extinção do feito, sendo interlocutória. É passível, então, de agravo de instrumento.

3. OBJEÇÃO DE PRÉ-EXECUTIVIDADE

A época em que a defesa do executado, em títulos executivos judiciais, fazia-se mediante processo autônomo, a jurisprudência criou um procedimento mais simples, a fim de que o magistrado analisasse as questões de ordem pública, sem a necessidade do processo incidente. **Esse procedimento é chamado de exceção de pré-executividade; ou objeção de pré-executividade**.

As matérias que podem ser alegadas na exceção são matérias de ordem pública, ligadas à admissibilidade da execução. Ainda, o entendimento jurisprudencial sempre condicionou a apresentação da objeção à ausência de dilação probatória na matéria. Assim, para que fosse aceita, tradicionalmente se precisaria de matérias de ordem pública, relativas à admissibilidade do procedimento executivo, e ausência de produção probatória que não seja a documental, pré-constituída.

A exceção, ou objeção de pré-executividade, sempre foi vista como uma defesa atípica na legislação processual civil. Essa característica adveio da ausência de previsão legal no CPC anterior. Somente os embargos e a impugnação eram consagrados no sistema passado, sem qualquer menção legal à exceção.

Há quem sustente que a exceção de pré-executividade não é mais uma defesa atípica em nosso ordenamento. (DIDIER JR, 2017. P. 793). Isso porque, na visão destes autores, existe previsão expressa na legislação atual para o seu manejo. Em relação aos títulos judiciais, a regulamentação do tema encontra-se no art. 518 do CPC, pelo qual as questões relativas à validade do procedimento do cumprimento de sentença poderão ser apresentadas nos próprios autos, e serão decididas pelo juiz. Tratar-se-ia, portanto, da previsão do instituto ao cumprimento de sentença. Ainda, o art. 525, § 11º também traria uma previsão do instituto, ao permitir alegações posteriores à impugnação por simples petição.

Já nos títulos extrajudiciais, a previsão estaria no art. 803, parágrafo único do CPC. Segundo este dispositivo, as matérias que alegariam a falta de certeza, liquidez e exigibilidade do título, relativas à citação na execução, e ausência de ocorrência do termo ou condição, podem ser alegadas por simples petição nos autos, independentemente de apresentação dos embargos. Seria, portanto, a previsão da exceção de pré-executividade nos títulos extrajudiciais.

Questão interessante foi decidida no STJ, sobre a possibilidade de alegação de pagamento no âmbito da exceção de pré-executividade. **O Tribunal entendeu que o pagamento retira do título a exigibilidade**. Nos termos do art. 803 do CPC, é nula a execução em que o título não preencha os atributos de certeza, liquidez e exigibilidade. Portanto, a execução paga seria nula, o que permite a alegação via exceção de pré-executividade. O Tribunal, todavia, faz uma importante ressalva. Para que seja alegável, não deve demandar dilação probatória. Confira-se:

> "Dessa forma, considerando que o efetivo pagamento do título constitui causa que lhe retira a exigibilidade e que é nula a execução se o título executivo extrajudicial não corresponder a obrigação certa, líquida e exigível (art. 618, I, do CPC), é possível ao executado arguir essa matéria em exceção de pré-executividade, sempre que, para sua constatação, mostrar-se desnecessária dilação probatória. Precedentes citados: AgRg no Ag 741.593-PR, Primeira Turma, DJ 8/6/2006, e REsp 595.979-SP, Segunda Turma, DJ 23/5/2005. Informativo 521, STJ".

Também, O STJ consagrou o entendimento geral sobre a objeção de pré-executividade. O Tribunal editou a súmula 393, que, além de estabelecer que o incidente é cabível nas execuções fiscais, fixou o entendimento, já doutrinário e jurisprudencial anterior, **que o incidente só é cabível nas defesas de ordem pública, que não requerem dilação probatória**.

A decisão sobre a exceção poderá ter dois resultados. Caso importe na extinção do módulo executivo, terá natureza jurídica de sentença, **sendo impugnável mediante Recurso de Apelação**. Todavia, caso seja rejeitada, continuando o módulo executivo, terá natureza de decisão interlocutória, **sendo impugnável mediante agravo de instrumento.**

Como esse assunto foi cobrado em provas de concursos públicos

2018 – INSTITUTO AOCP – TRT – 1ª REGIÃO (RJ) Analista Judiciário/ Oficial de Justiça Avaliador. Referente à exceção de pré-executividade, também denominada objeção de pré-executividade, assinale a alternativa correta. Em sede de procedimento de execução, a prescrição não pode ser assunto tratado em exceção/objeção de pré-executividade, visto que a legislação processual civil reserva tal matéria para as defesas denominadas de embargos à execução ou impugnação ao cumprimento de sentença. (incorreto).

RESUMO

DEFESAS DO EXECUTADO
1. Embargos à execução
1.1. Tempestividade
São apresentados em 15 dias úteis. Em regra, os prazos são independentes, à exceção de cônjuges ou companheiros. Não se aplica o art. 229 do CPC aos embargos.
1.2. Rejeição liminar
As hipóteses de rejeição liminar encontram-se no art. 918 do CPC.
1.3. Efeito suspensivo
Em regra, os embargos não terão efeito suspensivo. Os requisitos para a sua concessão encontram-se no art. 919, § 1º do CPC.
1.4. Matérias alegáveis
A cognição é ilimitada, podendo o embargante alegar quaisquer matérias alegáveis na fase de conhecimento.
1.5. Procedimento
Petição, após, intimação, audiência (se necessário), e sentença.
2. Impugnação ao cumprimento de sentença
2.1. Tempestividade
A impugnação é apresentada em até 15 dias após o transcurso do prazo de pagamento voluntário da obrigação.

2.2. Necessidade de garantia do juízo
Não há necessidade de garantia do juízo no CPC/2015 para a sua apresentação.
2.3. Matérias alegáveis
Incidente de fundamentação vinculada. Somente podem ser alegáveis as matérias presentes no art. 525, § 1º.
2.4. Efeito suspensivo
Não possui efeito suspensivo automático, necessitando de preenchimento de requisitos.
2.5. Decisão
Caso a decisão cause a extinção, o recurso é a apelação, caso importe na continuidade, agravo de instrumento.
3. Objeção de pré-executividade
Trata-se de defesa que se encontra presente no art. 803, parágrafo único e art. 518 do CPC. Matérias de ordem pública, ligadas à admissibilidade do procedimento.

GABARITO

1	C	**2**	A	**3**	A	**4**	C	**5**	B
6	C	**7**	B	**8**	A	**9**	C	**10**	D

CAPÍTULO 42

DA ORDEM DOS PROCESSOS NO TRIBUNAL E PROCESSOS DE COMPETÊNCIA ORIGINÁRIA

RECADO

Caro (a) leitor (a), neste capítulo veremos questões relativas ao procedimento dos Processos nos Tribunais, bem como os processos e procedimentos de competência originária dos Tribunais.

QUESTÕES

1. **(2019 – VUNESP – Prefeitura de Ribeirão Preto – SP – Procurador do Município)** A instauração do incidente de resolução de demandas repetitivas será pertinente quando presentes os seguintes requisitos: efetiva repetição de processos que contenham controvérsia sobre a mesma questão unicamente de direito, aliado ao risco de ofensa à isonomia e à segurança jurídica, anotando-se que

A) a desistência ou o abandono do processo que lhe deu causa impede o seu exame de mérito.

B) serão exigidas custas processuais para sua instauração.

C) do julgamento do seu mérito caberá recurso extraordinário ou especial, sem efeito suspensivo.

D) é incabível a sua instauração, quando um dos tribunais superiores, no âmbito de sua respectiva competência, já tiver afetado recurso para definição de tese sobre questão de direito material ou processual repetitiva.

E) não observada a tese adotada no incidente, caberá correição parcial.

2. (2019 – MPE-SP – MPE-SP – Promotor de Justiça Substituto) Em relação ao incidente de resolução de demandas repetitivas, assinale a alternativa INCORRETA.

A) Não será examinado o mérito do incidente se houver desistência ou abandono do processo.

B) A sua admissão provoca a suspensão dos processos pendentes, individuais ou coletivos, que tramitam no Estado ou na Região, conforme o caso.

C) Autoriza o juiz, nas causas que dispensem a fase instrutória, a julgar liminarmente improcedente o pedido que contrarie o entendimento nele firmado.

D) Admite-se recurso do amicus curiae contra a decisão que o julga.

E) Deverá intervir obrigatoriamente o Ministério Público.

3. (2019 – MPE-SC – MPE-SC – Promotor de Justiça) O Código de Processo Civil dispõe que é admissível a assunção de competência quando o julgamento de recurso, de remessa necessária ou de processo de competência originária envolver relevante questão de direito, com grande repercussão social, sem repetição em múltiplos processos. Ocorrendo a hipótese de assunção de competência, o relator proporá, de ofício ou a requerimento da parte, do Ministério Público ou da Defensoria Pública, que seja o recurso, a remessa necessária ou o processo de competência originária julgado pelo órgão colegiado que o regimento indicar.

Certo

Errado.

4. (2019 – VUNESP – Câmara de Tatuí – SP – Procurador Legislativo) Sobre o incidente de assunção de competência, assinale a alternativa correta.

A) É admissível a assunção de competência quando o julgamento de recurso envolver relevante questão de direito, com repetição em múltiplos processos.

B) O órgão colegiado julgará o recurso, a remessa necessária ou o processo de competência originária se reconhecer interesse público na assunção de competência.

C) A assunção de competência poderá ser requerida pela parte, Ministério Público ou Defensoria Pública, mas não poderá ser requerida de ofício.

D) O acórdão proferido em assunção de competência vinculará todos os juízes e órgãos fracionários, desde que tenha revisão de tese.

E) Não se aplica o incidente de assunção de competência quando ocorrer relevante questão de direito a respeito da qual seja conveniente a prevenção entre câmaras ou turmas do tribunal.

5. (2019 – VUNESP – Câmara de Piracicaba – SP – Advogado) Analise o conceito do seguinte instituto processual: "configura, modernamente, instrumento de extração constitucional, inobstante a origem pretoriana de sua criação destinado a viabilizar, na concretização de sua dupla função de ordem político-jurídica, a preservação da competência e a garantia da autoridade das decisões" (STF, Rcl 336/DF, Pleno, rel. Min. Celso de Melo, DJ 15.03.1991.). Está a se falar:

A) do Incidente de Desconsideração da Personalidade Jurídica.
B) do Recurso de Embargos de Divergência.
C) do Recurso Extraordinário.
D) da Reclamação.
E) do Recurso Especial.

6. **(2019 – VUNESP – Câmara de Serrana – SP – Procurador Jurídico)** Assinale a alternativa correta sobre a Reclamação, conforme o Código de Processo Civil.

A) É admissível propor para garantir a observância de acórdão de recurso extraordinário com repercussão geral reconhecida, quando não esgotadas as instâncias ordinárias.
B) A reclamação deverá ser instruída com prova documental e testemunhal e dirigida ao presidente do tribunal.
C) É admissível propor após o trânsito em julgado da decisão reclamada.
D) A inadmissibilidade ou o julgamento do recurso interposto contra a decisão proferida pelo órgão reclamado prejudica a reclamação.
E) Qualquer interessado poderá impugnar o pedido do reclamante.

7. **(2019 – CESPE – MPC-PA – Procurador de Contas)** A decisão de mérito, transitada em julgado, poderá ser rescindida

A) quando for proferida por juiz suspeito.
B) somente quando estiverem esgotados todos os recursos.
C) se for verificado que foi proferida por força de prevaricação, concussão ou corrupção do juiz.
D) caso resulte de culpa da parte vencedora em detrimento da parte vencida.
E) se tiver por objeto até dois capítulos da decisão.

8. **(2019 – VUNESP – Prefeitura de São José do Rio Preto – SP – Procurador do Município)** Marta propôs ação de reparação de danos materiais em face de Maria. No curso do processo, as partes decidem firmar um acordo e para tanto celebram uma transação. O juiz homologa a transação realizada entre as partes e extingue o processo com resolução do mérito. Passados 8 (oito) meses, Marta percebe que foi enganada por Maria e deseja desfazer a transação realizada entre as partes. Assinale a alternativa que corresponde ao instrumento jurídico adequado para satisfazer as pretensões de Marta.

A) Apelação.
B) Ação anulatória.
C) Ação rescisória.
D) Agravo de instrumento.
E) Pedido de revisão.

9. **(Ano: 2019 – Banca: CESPE – Órgão: DPE-DF – Prova: CESPE – 2019 – DPE-DF – Defensor Público)** No que se refere a mandado de segurança, ação civil pública, ação de improbidade administrativa e ação rescisória, julgue o seguinte item. "De acordo com o Código de Processo Civil, sentença transitada em julgado que tenha sido baseada em transação inválida poderá ser rescindida se o vício for verificado mediante simples exame dos documentos dos autos."

   Certo

   Errado

10. **(2019 – Quadrix – CRA-PR – Advogado)** No que se refere à ordem dos processos de competência originária dos tribunais, julgue o item a seguir. "O conflito de competência, positivo ou negativo, uma vez suscitado, suspende automaticamente o processo".

    Certo

    Errado

1. PODERES DO RELATOR

A distribuição de um recurso, ou mesmo um procedimento de competência originária de um Tribunal, necessariamente reclama o sorteio de um relator. Assim, pode-se dizer que o relator **é a autoridade judiciária responsável pela condução do Processo em grau recursal**, ou quando o Tribunal funciona como órgão de primeiro grau de jurisdição.

No CPC/2015, **os poderes do relator na condução do processo encontram-se no art. 932 do CPC.** Segundo Araken de Assis, "Os poderes do relator previstos no art. 932, III, IV e V, respeitam aos recursos, em geral, e não alcançam as ações impugnativas autônomas – rescisória, mandado de segurança e habeas corpus". (ASSIS, 2017. P. 251). Assim, somente em relação à atuação recursal os Poderes descritos no art. 932 do CPC estariam em sua alçada.

Assim, nos termos do art. 932 do CPC, são as seguintes as atribuições do relator, na condução do processo:

a) **Dirigir o ordenar o processo,** no Tribunal, inclusive em relação à produção de provas, bem como, quando for o caso, homologar a composição entre as partes: Imagine-se uma demanda de competência originária do Tribunal: Uma ação rescisória. Ora, nesta espécie de ação, pede-se um novo julgamento ao Tribunal. Este julgamento, contudo, poderá depender de atividade probatória. Esta condução probatória dependerá, portanto, da atividade do relator. (inciso I)

b) **Apreciar os pedidos de tutela de urgência nos recursos**, e nos processos de competência originária dos Tribunais: Imagine-se uma apelação em face de uma sentença que julga improcedente o pedido de alimentos. Caso o recorrente espere até o julgamento final do recurso, poderá sofrer sérios danos, em virtude da ausência da verba alimentar. Assim, poderá pedir ao relator a concessão de uma antecipação dos efeitos da tutela, em grau recursal, o que é de competência do relator. (inciso II)

c) **Não conhecer de recurso inadmissível, prejudicado, ou que não tenha impugnado especificamente os fundamentos da decisão recorrida**: Em primeiro lugar, recurso inadmissível é aquele que não preenche os requisitos de admissibilidade recursal. Assim, caso o recurso seja, por exemplo, intempestivo, o próprio relator poderá negar seguimento monocraticamente.

Recurso prejudicado, por sua vez, **é aquele em que o interesse recursal desapareceu posteriormente à interposição recursal.** Imagine-se a hipótese de um recurso contra uma decisão que julga improcedente um pedido em ação de cobrança. Antes da apreciação do relator, o autor da demanda renuncia ao direito que se funda a ação. Ora, nesta hipótese, temos um recurso prejudicado, porquanto o interesse em impugnar a decisão desapareceu durante o processo.

Recurso que não impugna especificamente os fundamentos da decisão recorrida. Os recursos servem para reformar ou anular a decisão judicial. Assim, devem impugnar aqueles capítulos, ou a integralidade, da decisão. É muito comum na realidade judiciária brasileira o autor, ou mesmo réu, repetir os fundamentos da petição inicial na peça recursal, ou da contestação. Ora, não se está impugnando a decisão judicial. Em verdade, o recurso não está servindo aos seus fins. **Se isso ocorrer, ou relator poderá inadmitir a espécies recursal, ou não impugnar a decisão especificamente.** (inciso III).

d) **Negar provimento a recurso que for contrário a súmula do STF, STJ, ou do próprio Tribunal, acórdão repetitivo do STF ou STJ, entendimento firmado em IRDR e IAC**. Trata-se da hipótese de prestigio aos mecanismos de consolidação da jurisprudência dos Tribunais superiores, ou do próprio Tribunal em específico. Este inciso, contudo, diferencia-se dos demais anteriores, tendo em vista que o mérito da pretensão recursal é analisado. Não se está diante de uma situação de ausência de conhecimento recursal, mas sim de análise dos fundamentos recursais e negativa de provimento jurisdicional.

Imagine-se a seguinte situação: um determinado cidadão para de pagar alimentos ao filho, assim que este completa dezoito anos. O alimentando, então, ingressa com a execução de alimentos. No prazo de justificativa, o devedor insiste que os alimentos não são mais devidos, tendo em vista que o credor se tornou maior. Todavia, a súmula 358 do STJ estabelece que o corte do pensionamento, ainda que de filho maior, deve ser feito mediante decisão judicial em contraditório. O juiz de primeiro grau, portanto, indefere a justificativa e expede o mandado de prisão. Contra esta decisão, o executado interpõe o agravo de instrumento. Ora, o relator, ao analisa-lo, poderá negar provimento ao recurso, nos termos do inciso analisado. (inciso IV).

e) **Depois de oportunizada as contrarrazões, dar provimento a recurso quando a decisão for contrária a súmula do STF, STJ, ou do próprio Tribunal, acórdão repetitivo do STF ou STJ, entendimento firmado em IRDR e IAC**. Trata-se da mesma hipótese de julgamento monocrático por consolidação jurisprudencial. Todavia, no presente caso, a decisão dada pelo juiz ou Tribunal é contrária à corrente majoritária no Tribunal. Ressalte-se que o provimento do recurso depende da oferta das contrarrazões, oportunizando a parte contrária oferecer a sua resposta.

f) **decidir o incidente de desconsideração da personalidade jurídica, quando for requerido no tribunal.** Conforme artigos 133 e seguintes do CPC, a desconsideração pode ser requerida a qualquer momento do processo, inclusive no cumprimento de sentença ou na execução de títulos extrajudiciais. Caso este requerimento seja feito no Tribunal, caberá ao relator decidi-lo.

g) **determinar a intimação do Ministério Público, quando for o caso**. Caso a demanda enquadre-se nas atribuições do MP, como o interesse de incapazes, este deverá intervir em grau recursal. Imagine-se uma apelação em face de uma decisão que nega alimentos a um absolutamente incapaz. Ora, a intervenção do MP faz-se necessária em todas as fases do processo, inclusive em grau recursal. Assim, caberá ao relator realizar a sua intimação.

h) **Exercer outras atribuições estabelecidas no regimento do Tribunal**. Os Tribunais podem estabelecer competências adicionais ao relator, de acordo com sua competência legislativa.

2. PRINCÍPIO DA PRIMAZIA DO CONHECIMENTO DO MÉRITO

Quaisquer recursos dentro do ordenamento jurídico brasileiro envolvem o acontecimento de duas fases recursais. A primeira fase recursal é formal, prévia e prejudicial. **É chamada de "juízo de admissibilidade recursal". A segunda fase é chamada comumente de "juízo de mérito recursal".**

Ainda sobre a primeira fase, o que se quer dizer com formal**, prévia e prejudicial e juízo de mérito**, é que na primeira etapa de julgamento serão analisados tão somente requisitos formais para admissão de seu recurso. Os requisitos formais para admissão de recurso são chamados de pressupostos recursais, que se dividem em pressupostos intrínsecos e extrínsecos. São pressupostos intrínsecos recursais a legitimidade, o cabimento, a adequação, a ausência de impedimentos recursais. Por conseguinte, são pressupostos extrínsecos a tempestividade, o preparo e a regularidade formal.

Nessa primeira etapa de julgamento não se analisa a pretensão recursal do recorrente. Apenas e somente se o recorrente ultrapassar todos esses pressupostos recursais é que o tribunal, então, reconhecerá o mérito do recurso.

Um exemplo poderá clarear melhor a explicação: no caso de uma apelação em que o cidadão teve o seu nome indevidamente incluído nos cadastros restritivos de crédito, o juiz *a quo* deu R$ 5 mil de reparação por danos morais. Não havendo concordância com essa reparação, o autor recorre da decisão. Na apelação alega-se que houve um erro de julgamento do magistrado, pedindo um aumento do valor da condenação.

Ocorre que para que a apelação seja conhecida e julgada no mérito, para que tenha o núcleo de sua pretensão analisada, ela terá que preencher, primeiro, os requisitos formais. Caso preenchidos, o recurso será reconhecido e o tribunal analisará o mérito, dando provimento ou negando provimento à pretensão recursal. Se, eventualmente, não se ultrapassar a primeira etapa e formar o juízo de admissibilidade, o que acontecerá é que o recurso não será conhecido e o mérito recursal não será analisado. **Por isso, ele é formal, prévio (porque é antes do juízo de mérito) e prejudicial (pois se não ultrapassar a admissibilidade, não chegará ao mérito).**

Em relação a esta etapa de julgamento, No CPC/73, qualquer defeito ou não atendimento ao juízo de admissibilidade recursal levava ao não conhecimento do recurso de forma direta do recurso, sem a parte ter a oportunidade de sanear o vício, antes de seu não conhecimento.

Por exemplo, **a Súmula 115,** STJ diz respeito a um dos pressupostos de admissibilidade extrínsecos, que é a regularidade formal do recurso. Preceitua o entendimento que o recurso especial interposto por advogado sem procuração nos autos é inexistente. Era um defeito existente no juízo de admissibilidade recursal, que levava a inexistência do recurso e, por consequência, o seu não conhecimento. Assim, a súmula, editada à luz do CPC anterior, estabelecia que este defeito da regularidade formal recursal levava à sua inadmissão.

Todavia, o CPC/2015 trouxe um princípio que norteia a atividade do relator, na realização da admissibilidade recursal. **Trata-se do princípio da primazia do conhecimento do mérito, presente no art. 932, parágrafo único do CPC.** O relator, ou mesmo o colegiado, possuem o dever de relevar eventuais vícios formais dos recursos, leia-se entraves à sua admissibilidade, para prestigiar o conhecimento do mérito. Assim, sempre que houver a possibilidade, de o vício ser sanável, o relator deverá dar 5 dias para a parte saneá-lo, antes de não conhecer a espécie recursal.

Assim, analisemos a citada súmula à luz deste princípio. No atual código, caso o recurso seja interposto por advogado sem procuração nos autos, ao invés de não conhecer a espécie recursal imediatamente, o relator deverá das 5 dias, para que o advogado junto o instrumento de procuração aos autos, antes de realizar a inadmissão recursal. **Assim, a previsão no dispositivo legal citado é a principal presença do princípio no CPC/2015.**

Igualmente, existem outros exemplos espalhados pelo CPC/2015 de aplicação do Princípio da Primazia do Mérito, como no agravo de instrumento.

De acordo com o art. 1.017, CPC/2015, o agravo de instrumento talvez seja o recurso de regularidade formal mais complexo no ordenamento jurídico brasileiro, pois além de ter de elaborar o recurso com todo cuidado em relação às formalidades estruturais da peça processual, há que se acostar ao recurso cópias consideradas como indispensáveis ao conhecimento recursal.

Se faltar um dos documentos indispensáveis a propositura do agravo, a consequência no CPC/73 consistia na não oportunização da juntada do material faltante. No CPC/2015, ao aplicar uma das variantes do Princípio da Primazia do Mérito, presente no art. 1.017, §3º, **o relator, antes de conhecer do recurso, dará 5 dias de prazo para complementação do agravo de instrumento**.

Outra variante do Princípio da Primazia do Mérito encontra-se no art. 1.029, §3º, CPC/2015. O dispositivo em questão estabelece que o relator, em recurso especial ou recurso extraordinário, poderá desconsiderar vício formal que padece o recurso ou mandar sanear antes de não conhecê-lo. Trata-se de um poder dever do relator. Se houver vícios sanáveis, o relator é obrigado ou a os ignorar, ou permitir que se faça o saneamento.

3. TÉCNICA DE JULGAMENTO NÃO UNÂNIME

Caro (a) leitor (a), falaremos agora de uma novidade muito interessante no CPC/2015. **Trata-se da chamada técnica de julgamento não unânime,** que substituiu uma espécie recursal existente no CPC passado, os embargos infringentes.

Os embargos infringentes só existiam no Brasil. Costumava-se dizer que era um recurso Jabuticaba, dada a sua "originalidade" nacional. Os embargos infringentes eram cabíveis quando a decisão do Tribunal de Justiça, ou TRF reformava a sentença de mérito da primeira instância, por maioria, ou julgava procedente a Ação Rescisória.

Os julgamentos nos tribunais são subordinados, em sua maioria, ao **Princípio da Colegialidade.** Se o julgamento em primeira instância é monocrático, nas instâncias superiores, em regra, é feito por um colegiado de juízes, que em segunda instância são chamados de Desembargadores. A maioria dos tribunais utiliza a composição ternária no tribunal (3 desembargadores participariam do julgamento da demanda que originou em primeira instância).

O resultado em segunda instância, nesse caso, pode ser de 4 variantes possíveis, como I) unanimidade para confirmar a sentença (3x0 para manter a decisão do juiz), II) julgamento por maioria para confirmar a sentença (2x1 para manter a decisão do juiz), III) unanimidade para reformar a sentença (3x0 para modificar a decisão do juiz) ou IV) maioria para reformar a sentença (2x1 para modificar a decisão do juiz).

Na legislação processual civil passada, a atuação dos embargos infringentes tinha lugar todas as vezes que se operava uma reforma na sentença de primeira instância por maioria. Ou, também, por maioria, julgava-se procedente a ação rescisória. Dentre os 4 resultados possíveis no tribunal, mencionados acima, o único resultado que era passível da representação do recurso de embargos infringentes era o julgamento por maioria para reformar a sentença. (o mesmo ocorria com a ação rescisória).

A lógica da criação dos embargos infringentes era **desempatar qualitativamente uma demanda**. Quando se tem um julgamento em primeira instância e um julgamento colegiado em um tribunal, 4 magistrados deram um veredito sobre aquela demanda: um magistrado de primeira instância e 3 magistrados de segunda instância (1 magistrado que votou em um sentido, 2 magistrados que votaram para reforma da sentença e 1 outro magistrado de segunda instância que votou no mesmo sentido que o juiz de primeira instância).

Qualitativamente, então, se tinha 2x2. Essa era a lógica do antigo recurso.

Essa espécie recursal sempre foi objeto de crítica pelos autores, pois se já há um resultado em segunda instância para reformar uma sentença, porque se continuaria a geração de aptidão recursal? **Diante disso, pensando na celeridade processual, na economia, o CPC/2015 resolveu extinguir os embargos infringentes.**

Entretanto, **o legislador transformou os embargos infringentes em técnica de julgamento não unânime (art. 942, CPC/2015) ou julgamento em continuação** (nomenclatura adotada no por alguns Tribunais). Essa técnica consiste na continuação do julgamento todas as vezes que o resultado da apelação for não unânime, tanto para reformar quanto para confirmar a sentença.

Logo, paralisa-se o julgamento, designa-se outra sessão de julgamento, com a presença de mais desembargadores que garantam a inversão do resultado original.

Vamos exemplificar, para a melhor compreensão do instituto.

João ingressou com ação de reparação por danos morais, a qual foi julgada procedente em primeira instância. A parte ré apresentou apelação. No Tribunal, os Desembargadores, durante os votos proferidos, iriam dar provimento ao recurso, por maioria. Neste caso, o julgamento paralisa, convocam-se mais magistrados a uma próxima sessão, para garantir a inversão do resultado original no Tribunal. Por exemplo, mais dois desembargadores, o que permitiria a confirmação da sentença pelo voto qualificado dos dois.

Trazemos a redação do dispositivo legal:

> **Art. 942. Quando o resultado da apelação for não unânime**, o julgamento terá prosseguimento em sessão a ser designada com a presença de outros julgadores, que serão convocados nos termos previamente definidos no regimento interno, em número suficiente para garantir a possibilidade de inversão do resultado inicial, assegurado às partes e a eventuais terceiros o direito de sustentar oralmente suas razões perante os novos julgadores.

Portanto, perceba-se que qualquer possível resultado da apelação não unânime, seja para confirmar ou seja para reformar a decisão, é passível de aplicação da referida técnica.

A técnica não fica restrita tão somente à apelação. Aplica-se, também ao Agravo de instrumento, contra a decisão parcial de mérito, bem como à ação rescisória, nos termos do § 3º do CPC. Todavia, nessas duas situações, a técnica somente se aplica ao caso de reforma da decisão judicial. Observe! No caso da apelação, qualquer que seja o resultado não unanime a técnica é aplicável. Já nas outras hipóteses, somente se o julgamento importar em modificação do resultado originário.

A técnica, no entanto, não se aplica ao reexame necessário, bem tampouco a julgamentos em plenário dos Tribunais e corte especial. Nestes dois últimos casos, é da natureza do julgamento, dado o elevado número de julgadores, a divergência.

4. INCIDENTE DE ASSUNÇÃO DE COMPETÊNCIA

Após analisarmos alguns aspectos interessantes sobre a ordem dos processos no Tribunal, passaremos à verificação das relações processuais de competência originária dos Tribunais. **Veremos, em primeiro lugar, o incidente de assunção de competência.**

Conforme art. 947 do CPC, "É admissível a assunção de competência quando o julgamento de recurso, de remessa necessária ou de processo de competência originária envolver relevante questão de direito, com grande repercussão social, sem repetição em múltiplos processos"

A primeira questão que deve ser argumentada, em relação ao instituto, que a **sua atuação é para a prevenção de divergências**, a priori da criação de múltiplos posicionamentos diferentes sobre uma determinada questão de direito. Assim é que a parte final do dispositivo legal estabelece s impossibilidade de realização do IAC quando houver repetição em múltiplos processos. O instrumento a ser utilizado para a pacificação da jurisprudência quando houver a multiplicação de processos é o IRDR, nos termos do art. 976, I do CPC.

Há autores, contudo, que defendem que pode haver a multiplicidade de questões de direito, em processos com objetos diferentes, hipótese na qual seria possível a instauração do IAC. Portanto, os processos seriam diferentes, de objetos diferentes (não seriam idênticos), mas todos eles possuiriam em comum uma questão de direito relevante. (CÂMARA, 2017. P. 390).

Portanto, o cabimento mostra-se estabelecido no art. 947 do CPC. Em primeiro lugar, não se pode tratar de demandas repetitivas, mas sim **de relevante questão de direito, com repercussão social, mas sem repetição de processos idênticos.** Ainda, o IAC somente pode ser instaurado em Tribunais, tendo em vista que a dicção do artigo submete a sua realização a recurso, remessa necessária, ou processo de competência originária de Tribunal.

Somente a título de exemplo, o Tribunal de Justiça do Estado de Minas solicitação de IAC para a resolução da seguinte questão de direito: **"Questão acerca da legitimidade ativa do Ministério Público para atuar no**

âmbito dos Juizados Especiais regidos pela Lei Federal nº 12.153/09". (IAC 1.0145.14.025628-3/002).

A legitimidade para a instauração do IAC, nos termos do art. 947, § 1º do CPC, é atribuída ao próprio relator da relação (recursal, reexame ou processo originário), ao Ministério Público, à parte, ou à Defensoria Pública. Questão que tem sido cobrada em concursos é a possibilidade de o relator realizar a instauração de ofício do incidente. Ora, nos termos do dispositivo citado, é perfeitamente possível.

Após a propositura de instauração, ou após a respectiva provocação, votar-se-á pela instauração ou não do incidente na Câmara originária da relação processual. (caso a demanda esteja tramitando na 10ª Câmara Cível do TJMG votar-se-á pela instauração ou não do IAC). **Sendo instaurado, o julgamento da demanda terá a competência deslocada, para o órgão fracionário indicado pelo Regimento interno do respectivo Tribunal. Assim, a instauração do incidente é uma causa de modificação de competência no âmbito dos Tribunais.**

Chegando ao órgão colegiado, este poderá realizar uma nova admissibilidade de instauração do incidente. (§ 2º), e, reconhecendo o interesse público, julgará a demanda.

Interessante ressaltar o efeito vinculante do incidente. O que for decidido no âmbito do órgão competente para seu julgamento, **vinculará todos os demais desembargadores do Tribunal, bem como os juízes de primeira instância a ele vinculados. (947, § 3º).**

Um questionamento mostra-se importante sobre o instituto estudado. A instauração do IAC somente é possível em Tribunal de segundo Grau, ou, seria possível, também, a sua instauração perante o STJ?

Inicialmente, a doutrina mostrou-se inclinada a somente admitir o IAC em Tribunais de Segundo Grau (TJ ou TRF). Entretanto, a jurisprudência do Superior Tribunal de Justiça posicionou-se em sentido contrário, admitindo a instauração do IAC no Tribunal.

A instauração do incidente no âmbito do Superior Tribunal de Justiça é possível com base no § 4º do art. 947 do CPC. Assim, seria possível afetar o recurso a um órgão colegiado de maior composição (uma Seção, por exemplo), todas as vezes que houver a possibilidade de divergências entre turmas do STJ.

Assim, trazermos ao presente material trecho RESP 1.604.412/STJ, o qual foi o primeiro IAC admitido naquele Tribunal. Perceba-se que pelo voto do Ministro relator, que **a possibilidade de instauração do incidente advém da necessidade de composição de divergência entre turmas**:

> "Verifica-se, no caso em tela, a existência de notória e atual divergência entre os entendimentos das duas Turmas que compõem a Segunda Seção do STJ, bem como estar-se diante de matéria exclusivamente de direito e de relevante interesse social, porquanto cuida da aplicação de norma cogente. **Com efeito, o novel incidente, nascido de disposição expressa do Código de Processo Civil, destina-se, entre outros fins, à prevenção e composição de divergência jurisprudencial, cujos efeitos são inegavelmente perversos para a segurança jurídica e previsibilidade do sistema processual".**

Portanto, o IAC faz parte do microssistema de criação de precedentes vinculantes no CPC de 1973, tendo em vista que a decisão nele proferida vincula todos os membros do Tribunal, bem como aos juízos inferiores.

Como esse assunto foi cobrado em provas de concursos públicos

2019 – Quadrix – CRA-PR – Advogado. No que se refere à ordem dos processos de competência originária dos tribunais, julgue o item a seguir. "O incidente de assunção de competência, que independe de multiplicidade de processos, depende de provocação do relator, não podendo ser suscitado por requerimento da parte integrante do caso concreto". (incorreto).

5. INCIDENTE DE RESOLUÇÃO DE DEMANDAS REPETITIVAS

O Incidente de Resolução de demandas Repetitivas, conhecido pela sigla IRDR, é um **instrumento processual criado para homogeneizar entendimento sobre demandas seriais**, ou demandas repetitivas. Segundo o Professor Alexandre Freitas Câmara, "Entende-se, então, por demandas repetitivas aquelas demandas idênticas, seriais, que, em grandes quantidades, são propostas perante o Judiciário. Diz-se que elas são idênticas por terem objeto e causa de pedir idênticas, ainda que mudem as partes". (CÂMARA, 2017. P. 411).

O IRDR, então, é um mecanismo em que o Tribunal decide uma determinada demanda, e este julgamento valerá de forma vinculante a todas as outras demandas iguais (demandas seriais). Possui, portanto, caráter objetivo, que transborda ao interesse das partes em juízo. A decisão tomada no incidente valerá para todas as outras demandas idênticas. Seu caráter objetivo fica mais evidente pelo disposto no artigo 976, § 2º do CPC, **sendo que a desistência individual da demanda não afeta o julgamento do incidente.**

Mas, quais seriam os requisitos para a instauração deste mecanismo de resolução de demandas Seriais? **Os pressupostos para a aplicação do instituto encontram-se no art. 976, do CPC.** A seguir, veremos quais são.

Em primeiro lugar, o IRDR **somente pode ser instaurado em caráter repressivo às demandas repetitivas.** Para que o instrumento seja apresentado, requer-se que haja uma multiplicidade de processos com a mesma questão de direito. Não existe um número mínimo de demandas, a serem observadas para a instauração do incidente. Focará a cargo da autoridade judiciária competente a verificação do número que considera adequado, para a verificação do entendimento sobre demandas seriais.

A questão a ser afetada ao IRDR deve ser exclusivamente de direito. Não se confunda demanda exclusivamente de direito, com questão exclusivamente de direito, para fins de IRDR. Ora, podemos ter várias demandas seriais, que envolvem questão de fato, mas que exista uma questão exclusivamente de direito que toca a todas elas.

Imagine-se, por exemplo, demandas que versem sobre a inclusão errônea do nome dos autos nos cadastros restritivos de crédito. Trata-se de demanda que necessita de apuração de matéria de fato, como a existência ou não da inclusão do nome do devedor. Entretanto, nessas demandas, apesar da inegável carga fática, pode haver a discussão sobre a legitimidade ou não do órgão de inscrição para responder sobre os eventuais danos causados. Perceba-se, esta é uma questão exclusivamente de direito, em demandas que necessitam da atividade probatória.

Somente a título de exemplo, veja-se o tema 09 de IRDR do TJMG: "**Aplicabilidade da teoria do adimplemento substancial em contrato de mútuo bancário garantido por alienação fiduciária**". Ora, certamente, cada um dos processos seriais que serão resolvidos pelo IRDR possuem as suas particularidades de fato. Entretanto, todos eles possuem essa controvérsia exclusivamente de direito, a qual poderá ser pacificada, para a resolução em massa.

Em segundo lugar, nos termos do art. 976, II do CPC, **a repetição de demandas deve gerar risco à isonomia ou à Segurança jurídicas.** Nestes termos, somente se entre os processos seriais houver divergências de entendimentos, é útil a instauração do incidente. Se eventualmente os processos forem decididos todos no mesmo sentido, não há qualquer utilidade em sua instauração.

Além dos dois requisitos acima, que são chamados de requisitos positivos, existe um terceiro, denominado "requisito negativo" para a caracterização do IRDR, presente no art. 976, § 4º do CPC. **Trata-se da inexistência de Recurso Especial ou extraordinário repetitivos sobre o mesmo tema.** Perceba: O IRDR trata-se de um instrumento de pacificação de entendimento no âmbito territorial do Tribunal. Os repetitivos do STJ ou STF são instrumentos de pacificação nacional do entendimento. Assim, não haveria interesse de IRDR (local), quando a perspectiva for de pacificação nacional.

A doutrina costuma aludir, ainda, a um quarto requisito. Para a instauração do incidente, deve haver pelo menos um processo (de preferência o paradigma), que esteja tramitando no Tribunal (recurso, remessa necessária ou competência originária).

Somente se instaurará o incidente quando estiverem presentes todos estes requisitos acima citados. Se eventualmente um dos pressupostos faltar, não há a sua instauração. Todavia, a ausência de instauração do incidente por ausência de requisito, não impede a sua instauração posterior, caso os requisitos estejam presentes. (art. 976, § 3º, CPC).

Imagine a seguinte situação: Em um determinado Estado há demanda serial, que possui questão de direito comum. Todavia, todas as decisões dessas demandas são em um mesmo sentido, o que não traduz o requisito do inciso II do art. 976 do CPC. Assim, não há risco à isonomia ou a insegurança. Eventual incidente apresentado, será rejeitado. Após algum tempo, começam a surgir decisões em sentido contrário, preenchendo, assim, o requisito faltante. Portanto, nada obsta o novo pedido de sua realização, tendo em vista o dispositivo legal citado.

Dada a sua natureza de interesse coletivo, **não está o incidente sujeito ao pagamento de custas (art. 976, § 5º, CPC).**

5.1. Legitimidade

Podem provocar a instauração do incidente, em petição dirigida ao Tribunal:

- **Juiz ou relator, de ofício**
- **Pelas partes, em petição**
- **Pelo Ministério Público, ou Defensoria, por petição**

Eventuais petições ou o requerimento de ofício deverão ser acompanhados da comprovação da existência dos pressupostos do incidente (art. 977, parágrafo único).

Caso o Ministério Público não seja o provocador (autor) do incidente, deverá ser necessariamente ouvido como fiscal da lei. Também, caso uma parte provoque o incidente, depois abandone o procedimento, o Ministério Público assumirá a sua titularidade. (art. 976, §2º, CPC).

5.2. Competência para julgamento

A competência para julgamento do IRDR será do órgão do Tribunal responsável pela uniformização de sua jurisprudência (art. 978, CPC). O órgão não fixará somente a tese de direito, sobre a controvérsia jurídica, mas também fará o julgamento do caso concreto, sujeito ao IRDR. (parágrafo único).

Conforme Regimento Interno do TRF 1, compete às seções julgarem os IRDR´s de sua competência.

5.3. Procedimento

Após a distribuição do incidente, o órgão responsável pelo seu julgamento fará a sua admissibilidade, ou seja, a verificação da presença ou não dos pressupostos do art. 976 do CPC, nos termos do art. 981. Assim, é feito um juízo prévio.

Se efetivamente instaurado, ou seja, admitido pelo órgão competente para seu julgamento, haverá ampla publicidade do Tribunal sobre o procedimento, a tese a ser julgada e sua identificação. Assim, nos termos do art. 979 do CPC:

> **Art. 979. A instauração e o julgamento do incidente serão sucedidos da mais ampla e específica divulgação e publicidade, por meio de registro eletrônico no Conselho Nacional de Justiça.**
>
> § 1º Os tribunais manterão banco eletrônico de dados atualizados com informações específicas sobre questões de direito submetidas ao incidente, comunicando-o imediatamente ao Conselho Nacional de Justiça para inclusão no cadastro.
>
> § 2º Para possibilitar a identificação dos processos abrangidos pela decisão do incidente, o registro eletrônico das teses jurídicas constantes do cadastro conterá, no mínimo, os fundamentos determinantes da decisão e os dispositivos normativos a ela relacionados.

Além da determinação da ampla publicidade, **o relator mandará sobrestar os processos idênticos, individuais ou coletivos, que tramitam na esfera de competência do respectivo órgão jurisdicional.** (art. 982, I, CPC). Durante a suspensão, eventuais pedidos de tutela de urgência deverão ser dirigidos e decididos pelo juízo o qual tramita a causa individual, nos termos do art. 982, § 2º, CPC. Assim, o órgão especial do Tribunal não possui atribuição para avaliar eventual tutela antecipada, por exemplo, requerida por uma das partes envolvidas.

Interessante que, apesar de o incidente estar restrito ao âmbito territorial do Tribunal, **quaisquer dos legitimados poderá requerer ao STF ou STJ (dependendo da matéria a ser resolvida no incidente), para suspender as ações individuais em todo território nacional**, para a preservação da segurança jurídica. Assim, apesar de somente o órgão limitado a sua competência territorial o julgar, os processos em todo o território nacional ficarão suspensos. Essa medida é interessante em caso de eventual recurso especial ou extraordinário apresentado contra a decisão do incidente. Caso este especial ou extraordinário sejam julgados posteriormente, poderão afetar todos os processos em território nacional, pelo regime dos repetitivos.

Um exemplo elucidará melhor o tema:

Imagine-se que se tenha um IRDR instaurado em Minas Gerais. Todavia, a efetiva repetição da matéria se dá em todo território nacional, e não somente no Estado. As partes que provocaram o incidente, então, tratando-se de matéria infraconstitucional, pedem ao STJ a suspensão daquelas demandas em todo o território nacional. Após o acordão do incidente em MG, as partes interpõem o recurso Especial. Esta matéria, então, terá a resolução abrangendo todo o território, daí a justificativa para a suspensão nacional. Se eventualmente o recurso especial não for interposto, a suspensão acaba, pois não há mais possibilidade de resolução nacional do tema.

Além das posturas acima, **poderá solicitar informações** aos juízos que tramitam os processos idênticos (982, II) e **intimar o Ministério Público**, se este não foi o autor do incidente. (982, III).

Após as suspensões e providências acima, o relator ouvirá os interessados, conforme art. 983 do CPC. **Veja-se que é possível a intervenção a título de "amicus curiae" (o que amplia a qualidade do contraditório)**, bem como a realização de audiências públicas, nas quais a comunidade é chamada a opinar sobre o tema.

> Art. 983. O relator ouvirá as partes e os demais interessados, inclusive pessoas, órgãos e entidades com interesse na controvérsia, que, no prazo comum de 15 (quinze) dias, poderão requerer a juntada de documentos, bem como as diligências necessárias para a elucidação da questão de direito controvertida, e, em seguida, manifestar-se-á o Ministério Público, no mesmo prazo.

> § 1º Para instruir o incidente, o relator poderá designar data para, em audiência pública, ouvir depoimentos de pessoas com experiência e conhecimento na matéria.

Nos termos do § 2º, concluídas as diligências, acima, o relator solicitará dia para julgamento do incidente. Nos termos do art. 980, o incidente deverá ser julgado em um prazo máximo de um ano após a sua instauração.

O Julgamento ocorrerá conforme a ordem do art. 984 do CPC, a saber:

> I – o relator fará a exposição do objeto do incidente;
>
> II – poderão sustentar suas razões, sucessivamente:
>
> a) o autor e o réu do processo originário e o Ministério Público, pelo prazo de 30 (trinta) minutos;
>
> b) os demais interessados, no prazo de 30 (trinta) minutos, divididos entre todos, sendo exigida inscrição com 2 (dois) dias de antecedência.

Assim, após as providências acima, o Tribunal julgará o incidente. Interessante a previsão do art. 984, § 2º do CPC, ao prever o **contraditório substancial para o IRDR.** Segundo o dispositivo legal, o acórdão deverá contemplar todos os argumentos deduzidos pelas partes, tanto favoráveis quanto contrários, para que as razões sejam as mais analíticas o possível.

A revisão da tese firmada em IRDR será realizada pelo próprio órgão prolator, mediante provocação dos legitimados, previstos no art. 977 do CPC. Qualquer nova provocação dependerá da demonstração dos requisitos necessários à instauração, conforme art. 976 do CPC.

5.4. Recurso cabível

A depender da matéria julgada em IRDR, **caberá Recurso Especial (na hipótese de matéria infraconstitucional), ou extraordinário**, se matéria constitucional. Em ambos os casos, ao contrário da regra relativa aos recursos extremos, ambos terão efeito suspensivo legal. Em regra, os recursos extremos somente são dotados de efeito devolutivo, sem suspensão automática da decisão. Todavia, quando desafiam decisões em IRDR, são dotados de suspensão automática (§ 1º).

Ainda, tratando-se de caso de cabimento de extraordinário, **haverá presunção de repercussão geral.**

Se eventualmente o Extraordinário ou especial forem conhecidos, e julgados em seu mérito, **a tese será aplicada a todo território nacional**. Assim, conforme já mencionado anteriormente, a admissão de um IRDR no Estado poderá gerar a suspensão de todas as ações no território nacional. Essa medida é justamente prevendo a possibilidade de um recurso extremo e sua eficácia em todo território.

Como esse assunto foi cobrado em provas de concursos públicos

2019 – MPE-SP – MPE-SP – Promotor de Justiça Substituto. É cabível a instauração do incidente de resolução de demandas repetitivas "mesmo quando um dos tribunais superiores, no âmbito de sua respectiva competência, já tiver afetado recurso para definição de tese sobre questão de direito material ou processual repetitiva." (incorreto).

6. RECLAMAÇÃO

A reclamação é um instrumento processual para a preservação da autoridade das decisões do Tribunal, ou de sua competência. Anteriormente, somente tinha previsão na Constituição Federal de 1988, para o supremo Tribunal Federal e Superior Tribunal de Justiça.

Um exemplo poderá trazer melhor as hipóteses de cabimento.

Imagine-se que uma determinada parte interponha recurso de apelação. Como se sabe, não se encontra mais na competência do juízo de primeira instancia realizar a sua admissibilidade. É competência exclusiva do Tribunal. Apesar disso, o juiz de primeira instância inadmite a apelação, pois entende que está ausente o devido preparo recursal. Ora, trata-se de invasão de competência do Tribunal. Caberia, portanto, reclamação para a preservação de sua competência.

Para ilustrar o cabimento de Reclamação para garantir a autoridade das decisões do Tribunal, **trazemos o seguinte exemplo, mencionado pelo Professor Alexandre Freitas Câmara:** "juízo de primeira instância indefere inversão do ônus da prova requerida pelo autor. Desta decisão se interpõe agravo de instrumento (art. 1.015, XI), que vem a ser provido, determinando o tribunal uma nova distribuição dos ônus probatórios. O juízo de primeiro grau, então, emite pronunciamento em que comunica às partes que julgará a causa sem a inversão do ônus da prova, por entender não ser o caso de invertê-lo. Este pronunciamento, como parece claro, desrespeita a autoridade da decisão do tribunal, e pode ser impugnado por via de reclamação". (CÂMARA, 2017. P. 419).

Além das hipóteses previstas acima, também é **possível o manejo da reclamação contra decisão judicial que não observa súmula vinculante ou decisão do STF em controle concentrado de constitucionalidade.**

Ainda, é possível a apresentação da reclamação em face de **decisão que desrespeita acórdão proferido em IRDR e IAC**. Conforme visto anteriormente, os dois institutos fazem parte do microssistema de precedentes vinculantes. Assim, a decisão proferida neles vincula todos os juízes e tribunais inferiores. Eventual desrespeito, portanto, estará sujeito à reclamação.

O CPC/2015 traz algumas restrições ao cabimento da reclamação. Assim, conforme art. 988, § 5º do CPC, **não é cabível a reclamação após o trânsito em julgado da decisão reclamada.** Portanto, o processo ainda deverá estar em curso. Da mesma maneira, não caberá a reclamação contra decisão que contrarie ou deixe de aplicar RE ou RESP repetitivos ou RE com repercussão geral, se ainda não esgotadas as instâncias ordinárias. (inciso II).

6.1. Legitimados

Conforme art. 988, I do CPC, qualquer interessado e o Ministério Público podem ingressar com a reclamação. Caso não seja o provocador da reclamação, o Ministério Público será necessariamente ouvido, conforme art. 991 do CPC.

6.2. Procedimento

A reclamação é apresentada perante o tribunal, endereçada ao seu respectivo presidente, que se quer preservar a autoridade ou a competência, nos termos do art. 988 do CPC. Ao realizar o pedido, o autor deverá instruir a inicial com todos os documentos necessários ao julgamento da demanda, bem como à prova da alegação. (art. 988, § 2º).

Assim que distribuída, será sorteado um relator, o qual tomará as seguintes posturas (art. 989, CPC):

- Requisitará informações da autoridade a quem for imputada a prática do ato impugnado, que as prestará no prazo de 10 (dez) dias;
- Se necessário, ordenará a suspensão do processo ou do ato impugnado para evitar dano irreparável;

- Determinará a citação do beneficiário da decisão impugnada, que terá prazo de 15 (quinze) dias para apresentar a sua contestação. (além do beneficiário, qualquer interessado poderá impugnar o pedido do reclamante).

O Julgamento da reclamação não possui como consequência a reforma da decisão impugnada. A reclamação não se trata de um recurso. O Tribunal, ao julgar a reclamação, cassará a decisão impugnada (declarará a sua nulidade), determinando a medida adequada à solução da controvérsia.

Como esse assunto foi cobrado em provas de concursos públicos

2019 – UPENET/IAUPE – Advogado. No que concerne à Reclamação, na sistemática do Código de Processo Civil, e consoante entendimento jurisprudencial do Supremo Tribunal Federal e do Superior Tribunal de Justiça, é CORRETO afirmar que assim que recebida, a reclamação será autuada e distribuída ao relator do processo principal, sempre que possível; todavia, a reclamação será admissível mesmo após o trânsito em julgado da decisão, imputando-se-lhe, nessa circunstância, força rescindenda do respectivo julgado. (incorreto).

7. AÇÃO RESCISÓRIA

Para a impugnação das decisões judiciais, existem os sucedâneos recursais internos, e os sucedâneos recursais externos. Os primeiros são aviados dentro do mesmo processo em que a decisão foi proferida. Já os segundos são oriundos de nova abertura processual.

A Ação Rescisória é uma ação impugnativa autônoma, a qual é aviada após o trânsito em julgado da decisão judicial de mérito. Assim, apresenta-se como uma hipótese de relativização da coisa julgada material, em um rol taxativo.

Além das decisões de mérito, **também podem ser objeto de rescisão, de forma excepcional as decisões terminativas**. Antes, na legislação passada, a questão desta possibilidade era traçada jurisprudencialmente, sem presença positivada no Código. O CPC/2015, por outro lado, resolveu a polêmica, estabelecendo as hipóteses em que a decisão que não resolve o mérito pode ser objeto de ação rescisória. (art. 966, § 2º, CPC).

Em primeiro lugar, caberá ação rescisória de decisões terminativas, **todas as vezes que elas impedirem a propositura novamente da demanda**. Pense-se, por exemplo, em uma decisão terminativa que declara a ilegitimidade da parte autora. Ora, apesar de não enfrentar o mérito, não há como aquela parte propor novamente a demanda, pois o vício da ilegitimidade não pode ser sanado. Ainda, pense-se na hipótese de uma sentença extinguir uma relação processual pela ocorrência da perempção. Ora, a perempção não analisa o mérito, e ainda impede a nova propositura da demanda.

Em segundo lugar, **é admissível Ação Rescisória de decisão que não conhece recurso.** Ora, a decisão que inadmite uma espécie recursal não adentra no mérito da pretensão do recorrente. Imagine-se que se tenha uma decisão de não conhecimento do recurso, tomada por um juiz impedido. Apesar de não julgar o recurso, é passível de rescisão.

Nos termos da súmula 514 do STF, não há a necessidade de esgotamento das vias recursais ordinárias, ou mesmo extraordinárias, para o ingresso da ação rescisória. Assim, se o autor não tiver apresentado o recurso de apelação contra a sentença, e esta tiver transitado em julgado sem a interposição recursal, ainda assim é possível o manejo da ação. Conforme o teor da súmula: **"Admite-se ação rescisória contra sentença transitada em julgado, ainda que contra ela não se tenham esgotado todos os recursos".**

Outra questão interessante diz respeito à **possibilidade de apresentação da Ação Rescisória contra somente parte da decisão**, ou, mas palavras do art. 966, § 3º do CPC, contra capítulo da decisão. A este respeito, trazemos ao nosso material a interessante lição dos Professores Fernando Gajardoni:

> "Como exemplo, uma demanda que se peça danos morais e materiais. A sentença acolhe ambos os pedidos, mas perde-se o prazo da apelação. Analisando o caso, conclui-se que não há margem para AR discutindo o dano material; porém, o dano moral foi fixado de forma que em tese viola o inciso V. Nesse caso, seria possível AR apenas para discutir o dano moral? A resposta está expressa no § 3º: sim, é possível. 9.3. Relembre-se que o CPC/2015 expressamente menciona o termo "capítulos" da decisão ou sentença em três oportunidades (além deste art. 966, arts. 1.009, § 3º, e 1.013, § 5º), mostrando a relevância do tema na atual legislação". (GAJARDONI, 2018. P. 623).

O § 4º do art. 966 do CPC consagra e repete a impossibilidade da apresentação da ação rescisória para impugnar atos meramente homologatórios, praticados pelas partes e chancelados pelo juiz. Ora, em relação a estes atos, o meio cabível de impugna-los é por ação anulatória, e não rescisória. Pense-se, por exemplo, em um acordo entabulado pelas partes e devidamente homologado pelo juiz. Eventual impugnação deste acordo deverá ser realizado pela ação anulatória, e não rescisória.

7.1. Competência para ação rescisória

A ação rescisória, nos termos do art. 970 do CPC, é de competência originária de Tribunal. Assim, **eventual apresentação de rescisória na primeira instância caracteriza incompetência absoluta**. Trata-se de competência em razão do grau hierárquico. Assim, por exemplo, caso a sentença de primeiro grau não tenha sido objeto de recurso, a competência será do Tribunal de Justiça, no caso de Justiça Estadual, ou dos TRF´s, em caso de Justiça Federal.

Em caso de Recurso Especial e Extraordinário, **a competência será destes tribunais sempre que os Recursos Extremos forem conhecidos em seu mérito**. Caso contrário, a competência será do Tribunal Recorrido. Desta forma, o Tribunal que adentrar ao mérito da demanda, será o competente para seu julgamento.

O STF e o STJ fazem nítida confusão terminológica entre juízo de admissibilidade e Juízo de mérito Recursal. Sendo que a controvérsia levou o STF a editar a súmula de nº 249, para solucionar a questão sobre sua competência para a ação Rescisória. Assim, de acordo com o entendimento sumulado acima citado:

> **"É competente o Supremo Tribunal Federal para a ação rescisória, quando, embora não tendo conhecido do recurso extraordinário, ou havendo negado provimento ao agravo, tiver apreciado a questão federal controvertida".**

Questão interessante, e que fora resolvida no CPC/2015 diz respeito à declaração de incompetência da ação rescisória. Sob a égide do CPC passado, a jurisprudência possuía o entendimento de que o reconhecimento da incompetência na Ação rescisória gerava a extinção processual. Ao contrário das demais ações, em que este reconhecimento sempre gerou o envio dos autos ao juízo competente, na rescisória entendia-se que a consequência era a extinção. Atualmente, nos termos do art. 968, § 5º, **caso se verifique a incompetência, o autor será intimado, para complementação da inicial.**

7.2. Legitimidade para a ação rescisória

Primeiros legitimados a manejar a ação rescisória são **as partes no processo, ou seus sucessores, a título Universal ou singular**. Repare que a lei fala em parte no processo, e não parte na demanda. Assim, engloba-se no inciso I, tanto as partes na demanda – autor e réu – quanto terceiros intervenientes (oposição, assistência e etc.).

Do mesmo modo, o MP tem legitimidade para propor ação rescisória (art. 967, CPC). O inciso III do artigo faz menção ao MP não como parte, porque, nesta situação, cairia-se no inciso I. As alíneas do dispositivo legal determinam que o Ministério Público terá legitimidade quando a sentença resultar de colusão entre as partes, ou quando o Ministério Público deveria ter sido ouvido na relação e não o foi. Ainda, em outras hipóteses expressamente previstas em lei.

Ainda, possui legitimidade **o terceiro juridicamente interessado no feito,** bem como aquele que deveria ter sido ouvido no processo e não o foi (incisos II e IV do art. 967, CPC).

A doutrina e a jurisprudência possuem o entendimento de que todas as pessoas que figuraram como parte no processo originário, ainda que como autoras, caso não sejam elas integrantes do polo ativo da ação rescisória.

O pedido rescidendo será sempre unitário, porquanto não se admite a rescisão do julgado em relação a uma das partes processuais e a manutenção da decisão em relação a outras. Todavia, **o pedido rescisório não será unitário**, sendo que irá decorrer da natureza do pedido do autor.

7.3. Prazo para ingresso

O prazo para ingresso da ação rescisória possui natureza decadencial. Na legislação passada existia uma polêmica sobre a prorrogação do prazo para o próximo dia útil, caso o seu final desse em dia não útil, havendo entendimento dos Tribunais superiores pela impossibilidade de prorrogação. Entretanto, o CPC de 2015, no art. 975, § 1º, resolveu a questão, estabelecendo a prorrogação do prazo, caso seu termo ad quem caia em dia não útil.

Imagine o seguinte exemplo: Os dois anos de uma determinada ação rescisória cairiam em um sábado, dia em que não há expediente forense. Assim, conforme a disposição anterior, a ação poderá ser proposta na segunda, primeiro dia útil após a finalização do prazo.

A regra de prazo são dois anos, após o trânsito da última decisão proferida no processo. Também aqui uma polêmica foi encerrada. Existiam entendimentos anteriores que a decisão de não conhecimento recursal era somente declaratória, de forma que o prazo da rescisória deveria ser contado da última decisão de mérito do processo. Entretanto, a partir da nova legislação, encampando a súmula 401 do STJ, independentemente da última decisão do processo ser de mérito, ou sem resolução de mérito, o prazo contará de seu trânsito em julgado.

Assim, se eventual recurso especial não é conhecido, é do trânsito em julgado dessa decisão de não conhecimento que se contará o prazo, **e não da decisão de mérito recorrida.**

Apesar da regra ser de dois anos, **existem algumas disposições especiais no CPC/2015.** Em primeiro lugar, se a ação rescisória tiver fundamento no inciso VII – descoberta de "nova" prova, o prazo terá início não do trânsito em julgado da decisão, mas sim da descoberta da nova prova. Entretanto, há um prazo limite para o ingresso da ação. Este limite é de 5 anos, a contar do Trânsito. Assim, conta-se dois anos a partir da descoberta da nova prova, limitados a cinco anos após o trânsito em julgado.

Ainda, outra hipótese possui o início do prazo de forma diferenciada. **Trata-se da rescisória fundada em colusão entre as partes.** Nesta hipótese o termo a quo da contagem do prazo inicia-se da ciência da colusão entre as partes.

7.4. Procedimento

Além dos requisitos gerais da inicial, presentes no art. 319 do CPC, a ação rescisória deverá observar alguns pressupostos especiais, contidos no art. 968 do CPC. **O primeiro deles é a possível cumulação de pedidos, entre os pedidos rescindendo e rescisório.**

O julgamento da rescisória é composto de dois momentos. O primeiro deles, **chamado de *jus rescidens***, visa à desconstituição da coisa julgada, tão somente. Os desembargadores, ou Ministros, devem deliberar, em início, se desconstituem ou não a coisa julgada. **Posteriormente, se for o caso, passam ao *jus rescissorium***, ou seja, ao novo julgamento da causa. Insta argumentar que o *jus rescidens* é sempre necessário. Entretanto, existem casos em que o *jus rescissorium* não será cabível.

Além da possível cumulação de pedidos**, o autor da rescisória deverá realizar um depósito prévio, de 5% sobre o valor da causa, nos termos do art. 968, II do CPC.** Este valor será convertido em multa, na hipótese de a ação rescisória ser declarada inadmissível (juízo de admissibilidade prévio ao mérito), ou improcedente (rejeitada em seu mérito). Lembre-se que o depósito somente será convertido em multa no caso de unanimidade na rejeição da demanda.

O CPC, no entanto, traz um fator limitador do depósito. **O § 1º do dispositivo limita, em qualquer hipótese, o depósito a mil salários mínimos.** Mesmo que a ação tenha um valor significativo, o depósito sempre ficará limitado, em seu máximo, a esta quantia.

A multa não se aplica aos entes previstos no § 1º do dispositivo, destacando-se a sua dispensa para os beneficiários da gratuidade judiciária.

Após a sua distribuição, observando-se os requisitos apresentados acima, o relator mandará citar o réu, fixando-se prazo para apresentação de defesa. **O prazo é de fixação judicial, e deve ser estabelecido de 15 a 30 dias. (art. 970, CPC).** Em eventual atividade probatória, o relator poderá delegar a competência instrutória ao juiz de primeiro grau, para colher as provas e realizar a devolução dos autos processuais (972, CPC).

Após a regular instrução, as partes poderão apresentar alegações finais, no prazo sucessivo de 10 dias, findos os quais os autos serão conclusos para o acórdão.

Por fim, é importante mencionar que a propositura da ação rescisória não possui efeito suspensivo legal. Ora, a sua apresentação em juízo não paralisa a eficácia da decisão recorrida. Nos termos do art. 969, eventual suspensão da execução em primeira instância dependerá da concessão da tutela provisória.

Como esse assunto foi cobrado em provas de concursos públicos

2019 – VUNESP – Prefeitura de Valinhos – SP – Procurador. A ação rescisória é uma demanda autônoma que tem por objetivo desconstituir uma decisão judicial e, no comum dos casos, também a realização de um novo julgamento. Com relação ao instituto, é correto afirmar que a decisão de mérito, transitada em julgado, pode ser rescindida quando houver injustiça na decisão proferida. (incorreto).

8. HOMOLOGAÇÃO DE SENTENÇA ESTRANGEIRA

Em primeiro lugar, ressalte-se que **a competência para a homologação de sentença estrangeira é do Superior Tribunal de Justiça**.

Questão interessante sobre o tema é a dispensa do procedimento para as ações de divórcio consensual ocorridas fora do território nacional. Apesar de serem homologadas por autoridade estrangeira**, não precisam de passar pelo procedimento no STJ.** Nos termos do art. 961, § 5º do CPC, elas produzirão efeitos no brasil sem necessidade da homologação. Todavia, qualquer juiz controlará a sua validade, se eventualmente for questionada no Poder Judiciário.

Imagine-se a hipótese de duas partes realizarem o divórcio consensual fora de nosso país. Entretanto, a sentença homologatória determinou a guarda e visita dos filhos de uma forma a prejudicar um dos cônjuges. Apesar da sentença ter plena eficácia em território nacional, sem passar pela homologação no STJ, a parte prejudicada poderá ir ao Poder Judiciário, por meio de ação própria ou mesmo por meio de questão incidental, e questionar a sua validade. A competência, portanto, do controle da validade do ato é do juiz de primeiro grau.

Outro ponto interessante é que **as sentenças estrangeiras somente serão homologadas em causas de competência concorrente entre a autoridade judiciária brasileira e a estrangeira. (art. 954, CPC).** Assim, por exemplo, as demandas que se encontram no art. 23 do CPC são de competência exclusiva da autoridade judiciária brasileira, não podendo produzir efeitos em nosso território uma decisão estrangeira que delibere sobre um desses pontos. Imagine-se, por exemplo, uma demanda internacional que homologue a partilha de um imóvel situado no Brasil. Ora, essa decisão não poderia produzir efeitos em nosso território.

Em regra, a autoridade judiciária brasileira, no caso **o STJ, não fará um juízo de mérito sobre a decisão a ser homologada.** Em geral, a análise é de pressupostos básicos do procedimento, e de análise de competência. A única hipótese de análise do mérito encontra-se no art. 963, VI do CPC, em que o STJ verificará se a decisão afronta a ordem pública nacional. Os outros requisitos são: Era proferida pela autoridade judiciária competente (inciso I); Ser precedida de citação regular, ainda que ocorra a revelia (inciso II), Ser eficaz no país em que foi proferida (inciso III), não ofender a coisa julgada brasileira (IV), e estar acompanhada de tradução oficial (inciso V).

Apensar de ser homologada no Superior Tribunal de Justiça, a sentença estrangeira não será por ele executada (cumprimento de sentença). **Nos termos do art. 965 do CPC, a sua execução será feita pelo Juízo federal de primeiro grau.** Nos termos do art. 516, III do CPC, combinado com o parágrafo único, aplicam-se as regras de foros concorrentes à sentença estrangeira.

9. CONFLITO DE COMPETÊNCIA

O conflito de competência está presente nos artigos 951 e seguintes do Código de Processo Civil. Existem dois tipos de conflito. **O primeiro deles é o conflito positivo, pelo qual dois juízes ou Tribunais declaram-se competentes para o conhecimento de determinada causa.** Assim, imagine-se que o autor distribua uma demanda, em que o réu apresente a alegação de conexão com outra que tramita em outro juízo. Ambos os juízes avocam os respectivos processos, por entenderem serem competentes, em virtude da prevenção. Trata-se, portanto, do conflito positivo de competência.

Por outro lado, existe a hipótese do **conflito negativo de competência.** Neste caso dois juízes consideram-se incompetentes para o julgamento de determinada causa. Imagine-se que ao distribuir uma determinada demanda em uma vara cível, o juiz reconhece de ofício a sua incompetência absoluta, enviando os autos a um juízo que considera competente para o processamento da demanda. Este, por sua vez, também se considera incompetente. Está estabelecido o conflito negativo de competência.

A natureza do instituto é de incidente processual.

Registre-se, ainda, que **não existe conflito de competência quando um dos processos já fora definitivamente julgado**, tendo a sentença transitado em julgado, conforme súmula de nº 59 do STJ.

O conflito de competência **poderá ser proposto pelas partes, pelo Ministério Público ou pelo juiz.** A parte, contudo, que apresentou alegação de incompetência relativa não poderá suscitar o conflito, nos termos do art. 952 do CPC. Entretanto, se eventualmente a parte não arguir, e o conflito por instaurado, esta poderá arguir a incompetência relativa.

O conflito, em regra, é julgado pelo Tribunal ao qual está vinculado os juízos conflitantes. Imagine-se um conflito de competência entre o juízo federal da seção judiciária de Ipatinga, Minas Gerais, e de Belo Horizonte. Ora, o TR da 1ª Região é quem será competente para dirimi-lo. Entretanto, o conflito entre juízos vinculados a Tribunais diversos, terão regras especiais, as quais encontram-se previstas na Constituição federal de 1988.

Primeiramente, o STF possui competência para julgar o conflito de competência. Nos termos do art. 102, I, "o" da Constituição Federal de 1988, o Supremo Julgará os conflitos entre o STJ e qualquer tribunal, entre tribunais Superiores, e entre os Tribunais superiores e qualquer outro tribunal. Já a competência do STJ para dirimir conflitos de competência vem estabelecida no art. 105, I "d" da Constituição Federal de 1988.

O STJ. Por seu turno, é competente para julgar o conflito de competência entre quaisquer tribunais (exceto aqueles conflitos de competência do STF); entre tribunais e juízes a ele não vinculados (Juiz do Trabalho x TJ). Da mesma forma, o STJ é competente para julgar conflitos entre juízes de Tribunais Diversos.

Questão interessante existe quando o conflito de competência surge entre juízo federal, e juízo estadual, atuando por delegação prevista no art. 109, § 3º da Constituição Federal de 1988. Caso se entenda que os Juízos são de tribunais diferentes, a competência seria do STJ, à luz do art. 105, I "d" do CPC. **Entretanto,**

o STJ, por meio da súmula 03, entendeu que, como o juízo estadual atua por delegação, a competência originária ainda é da Justiça Federal.

Considera-se, portanto, juízos do mesmo Tribunal. Assim, a decisão do conflito caberia ao TRF e não ao STJ. Nos termos do teor da referida súmula: **"Compete ao Tribunal Regional Federal dirimir conflito de competência verificado, na respectiva Região, entre Juiz Federal e Juiz Estadual investido de jurisdição federal".**

Outro posicionamento interessante diz respeito à competência para dirimir o conflito de competência entre juiz federal, das varas federais, e juiz federal dos juizados especiais federais. Ora, inicialmente o STJ entendia que a competência era do próprio Superior Tribunal de Justiça para realizar a dissolução do conflito. Posteriormente, o Tribunal editou a súmula 428, pela qual entendeu pela competência do TRF para o seu julgamento. Confira-se o teor da súmula: **"Compete ao Tribunal Regional Federal decidir os conflitos de competência entre juizado especial federal e juízo federal da mesma seção judiciária".**

Questão interessante diz respeito ao julgamento monocrático do conflito. Nos termos do art. 955, parágrafo único do CPC**, o relator poderá julgá-lo todas as vezes em que houver sumula do STF, STJ ou do próprio Tribunal, ou tese firmada em IRDR ou IAC**.

Como esse assunto foi cobrado em provas de concursos públicos

2018 – TJ-MT – TJ-MT – Juiz Leigo. Analise as proposições abaixo referentes ao tema da incompetência no processo civil e assinale aquela que se encontra CORRETA à luz da legislação aplicável. Não há conflito de competência quando entre 2 (dois) ou mais juízes surge controvérsia acerca da reunião ou separação de processos. (incorreto)

10. INCIDENTE DE ARGUIÇÃO DE INCONSTITUCIONALIDADE

A inconstitucionalidade de norma poderá ser suscitada, por controle difuso, pelas partes, pelo Ministério Público, ou mesmo de ofício.

O Julgamento da inconstitucionalidade de norma, realizado no Tribunal, **obedecerá à cláusula de reserva de plenário, nos termos do art. 97 da CF/88.** Assim, somente o plenário do Tribunal, ou seu órgão especial designado em seu regimento interno, poderão declarar a inconstitucionalidade de norma.

A arguição, por outro lado, não é feita diretamente em plenário. Nos termos do art. 948 do CPC, a questão será apresentada perante o relator. Este, por sua vez, submeterá a questão à Câmara a qual estiver vinculado. A Câmara, então, fará a admissibilidade ou não do incidente, ao verificar a possibilidade de inconstitucionalidade da norma.

Ora, concluindo pela sua constitucionalidade**, o julgamento prosseguirá no órgão fracionário originário**. Se, por outro lado, vislumbrarem a possibilidade de inconstitucionalidade, **submeterão a matéria ao plenário ou ao órgão especial designado a tanto.**

RESUMO

DA ORDEM DOS PROCESSOS NO TRIBUNAL E PROCESSOS DE COMPETÊNCIA ORIGINÁRIA
1. Poderes do Relator
Encontram-se no art. 932 do CPC. Trata-se da possibilidade de o relator, entre outras atribuições, julgar monocraticamente os recursos, ou mesmo negar seguimento, em hipóteses definidas em lei.
2. Princípio da primazia do conhecimento do mérito
Possui sua matriz no art. 932, parágrafo único do CPC. É a necessidade de o julgador, antes de inadmitir uma espécie recursal, permitir à parte sanar o vício. Nem todo vício é sanável, à exemplo da intempestividade.
3. Técnica de julgamento não unânime
Veio a substituir os embargos infringentes. Não é espécie recursal.
4. IRDR
Parte integrante do sistema de precedentes vinculantes. Trata-se do instrumento para uniformização de entendimento do Tribunal, em demandas seriais, que possuem a mesma questão de direito, com risco à isonomia ou segurança jurídicas.
5. IAC
Trata-se de instrumento de entendimento vinculante no Tribunal, em demanda com relevância social, mas sem repetição de demandas seriais.
6. Reclamação
Instrumento para a preservação da autoridade do Tribunal ou de sua competência. É cabível em qualquer Tribunal, e não somente nos Tribunais superiores.

7. Ação Rescisória
Ação para rescindir a coisa julgada material. Em hipóteses excepcionais, é possível a sua apresentação para decisões terminativas ou de inadmissão recursal. Hipóteses legais e taxativas previstas no art. 966 do CPC.
8. Homologação de sentença estrangeira
Procedimento para conceder eficácias às sentenças e decisões estrangeiras, em nosso território. É realizado no STJ, mas sua execução é feita na Justiça Federal.
9. Conflito de competência
Surge quando dois ou mais juízes se declaram competentes – conflito positivo, ou quando dois ou mais juízes se declaram incompetentes (conflito negativo).

GABARITO

1	B	**2**	A	**3**	Certo	**4**	B	**5**	D
6	E	**7**	C	**8**	B	**9**	Errado	**10**	Errado

CAPÍTULO 43

DOS RECURSOS EM ESPÉCIE

RECADO

Caro (a) leitor (a),

Dentre os recursos em espécie, exige maior atenção o estudo das hipóteses de cabimento do Agravo de instrumento, bem como as situações nas quais é possível a sua interposição (art. 1015). O tema ganhou destaque pela proliferação de decisões judiciais permissivas de interposição fora do dispositivo legal mencionado.

Bons estudos!

QUESTÕES

1. **(2019 – VUNESP – Prefeitura de São José do Rio Preto – SP – Procurador do Município)** Marta propôs ação de reparação de danos materiais em face de Maria. No curso do processo, as partes decidem firmar um acordo e para tanto celebram uma transação. O juiz homologa a transação realizada entre as partes e extingue o processo com resolução do mérito. Passados 8 (oito) meses, Marta percebe que foi enganada por Maria e deseja desfazer a transação realizada entre as partes. Assinale a alternativa que corresponde ao instrumento jurídico adequado para satisfazer as pretensões de Marta.

A) Apelação.
B) Ação anulatória.
C) Ação rescisória.
D) Agravo de instrumento.
E) Pedido de revisão.

2. **(2019 – FUNDATEC – IMESF – FUNDATEC – 2019 – IMESF – Assessor Jurídico)** Em uma demanda cível de procedimento comum, a decisão do juiz de primeiro grau que indefere o pedido do autor de realização de prova pericial:

A) É irrecorrível.

B) Poderá ser recorrida em preliminar de apelação ou contrarrazões desse recurso.

C) Poderá ser atacada por recurso de agravo de instrumento.

D) Poderá ser atacada por recurso de agravo retido.

E) Poderá ser atacada por protesto para evitar preclusão.

3. **(2019 – VUNESP – Câmara de Sertãozinho – SP – Procurador Legislativo)** As questões resolvidas na fase de conhecimento, se a decisão a seu respeito não comportar agravo de instrumento,

A) são cobertas pela preclusão e não podem ser suscitadas em apelação, eventualmente interposta contra a decisão final.

B) não são cobertas pela preclusão, mas não podem ser suscitadas em apelação, eventualmente interposta contra a decisão final, mas apenas em preliminar nas contrarrazões.

C) se forem suscitadas em contrarrazões, gerarão a intimação do recorrente para, em 5 (cinco) dias, manifestar-se a respeito delas.

D) não são cobertas pela preclusão e devem ser suscitadas no mérito da apelação, eventualmente interposta contra a decisão final.

E) não são cobertas pela preclusão e devem ser suscitadas em preliminar de apelação, eventualmente interposta contra a decisão final, ou nas contrarrazões.

4. **(2019 – VUNESP – Câmara de Mauá – SP – Procurador Legislativo)** Com relação ao Agravo de Instrumento, assinale a alternativa correta.

A) Se o juiz comunicar que reformou inteiramente a decisão agravada, o relator julgará liminarmente provido o recurso.

B) Sob pena de inadmissibilidade do recurso, sendo eletrônico os autos, o agravante requererá a juntada, em três dias, aos autos do processo, da cópia da petição recursal.

C) No caso de algum vício que comprometa sua admissibilidade, o relator concederá o prazo de cinco dias ao recorrente para que seja sanado o defeito.

D) Não é agravável o pronunciamento judicial que condiciona a análise do pedido de tutela provisória a uma determinada exigência.

E) É agravável a decisão que acolhe a arguição de convenção de arbitragem.

5. **(2019 – CESPE – TCE-RO – Procurador de Contas)** Em determinado caso, após a interposição de recurso especial e apresentação das contrarrazões, os autos foram conclusos ao presidente do tribunal recorrido, que negou seguimento ao recurso sob o fundamento de ele ter sido interposto contra acórdão que estava em conformidade com entendimento do STJ exarado no regime de recursos repetitivos. Considerando essa situação hipotética, assinale a opção que apresenta o único recurso cabível contra essa decisão.

A) agravo de instrumento
B) agravo interno
C) agravo em recurso especial
D) recurso extraordinário
E) recurso ordinário

6. **(2019 – IESES – SC – Gás – Advogado)** Sobre o recurso de agravo de instrumento, responda as questões:

I. O agravo de instrumento deve ser obrigatoriamente instruído com cópias da petição inicial, da contestação, da petição que ensejou a decisão agravada, da própria decisão agravada, da certidão da respectiva intimação ou outro documento oficial que comprove a tempestividade e das procurações outorgadas aos advogados do agravante e do agravado, sejam os autos do processo físicos ou eletrônicos.
II. O agravante deverá requerer a juntada, aos autos do processo, de cópia da petição do agravo de instrumento, do comprovante de sua interposição e da relação dos documentos que instruíram o recurso no prazo de 3 dias, sob pena de inadmissibilidade do recurso, sejam os autos do processo físicos ou eletrônicos.
III. Não é cabível interposição de agravo de instrumento contra decisões interlocutórias proferidas na fase de liquidação de sentença ou de cumprimento de sentença.

Assinale a correta:

A) Apenas as assertivas I e II são verdadeiras.
B) Todas as assertivas são verdadeiras
C) Todas as assertivas são falsas.
D) Apenas a assertiva II é verdadeira

7. **(2019 – MPE-GO – MPE-GO – Promotor de Justiça Substituto)** A respeito dos recursos, segundo o Código de Processo Civil, é correto afirmar que:

A) O recurso de agravo interno comporta juízo de retratação pelo relator.
B) A sentença que versar sobre alimentos produz efeitos imediatamente após a sua publicação, pois a apelação não terá efeito suspensivo.
C) Os embargos de declaração não têm efeito suspensivo e suspendem o prazo para a interposição do recurso.
D) A decretação da nulidade de sentença por falta de fundamentação implicará no retorno dos autos ao juízo de primeiro grau para prolação de nova sentença.

8. (2019 – VUNESP – Prefeitura de Francisco Morato – SP – Procurador) Marli propôs ação contra uma loja de eletrodomésticos na cidade onde reside. Na petição inicial, pediu a indenização por danos materiais causados pela explosão do equipamento adquirido na loja. A loja de eletrodomésticos apresentou contestação e a ação foi julgada procedente pelo juiz. Na sentença publicada, o juiz condenou a loja à indenização por R$ 10.000,00 (dez mil reais) a serem pagas em 8 (oito) parcelas de R$ 1.000,00 (mil reais), bem como omitiu-se em relação ao nome da parte autora. Diante da situação hipotética, assinale a alternativa correta em relação às possibilidades de correção da sentença.

A) O juiz poderá corrigir de ofício a omissão do nome da parte autora, mas só poderá corrigir o número de parcelas a pedido da parte.

B) Para correção do nome da parte autora, Marli poderá opor embargos de declaração, mas, para corrigir o número de parcelas, é necessária a interposição de apelação.

C) Depois de publicada a sentença, o juiz só poderá alterá-la por meio de embargos de declaração.

D) O juiz só poderá corrigir a omissão do nome da parte autora a pedido de uma das partes, mas poderá corrigir de ofício o número de parcelas.

E) O juiz pode corrigir, de ofício ou a requerimento da parte, tanto a omissão do nome da autora quanto o número de parcelas.

9. (2019 – FAFIPA – Prefeitura de Foz do Iguaçu – PR – Procurador do Município) Marinoni, Arenhart e Mitidiero explicam que "[...] um recurso somente é cabível quando a lei processual indicar-lhe – diante de determinada finalidade específica e certo ato judicial – como o adequado para extravasar a insurgência. O cabimento diz respeito à adequação de determinado meio recursal para promover o ataque de dada decisão judicial. " (MARINONI, Luiz Guilherme; ARENHART, Sergio Cruz; MITIDIERO, Daniel. Novo curso de processo civil [livro eletrônico]: Tutela dos direitos mediante procedimento comum. v. 2. 2. ed. São Paulo: RT, 2016) A respeito do tema, assinale a alternativa INCORRETA:

A) O autor poderá opor embargos de declaração para suprir omissão da sentença que deixou de seguir enunciado de súmula invocado por ele na inicial e a cujo respeito o juiz deixou de demonstrar que, no caso em julgamento, existia distinção ou a superação do entendimento.

B) Para o autor reformar apenas o capítulo da sentença que revogou a tutela provisória de urgência antecipada concedida liminarmente, caberá apelação.

C) Se o juiz de 1ª instância julgar liminarmente improcedente apenas 01 dos 03 pedidos deduzidos na inicial, por entender que em relação a ele ocorreu a prescrição, o autor deverá interpor apelação para reformar referido capítulo da decisão.

D) O autor requereu a redistribuição do ônus da prova e na decisão saneadora o juiz de primeira instância a deferiu. Se o réu quiser anular referida decisão, deverá interpor Agravo de Instrumento, no prazo legal de 15 dias, que será contado da data da intimação da mesma, sob pena de preclusão.

E) Para anular a decisão interlocutória saneadora proferida pelo juiz de 1ª instância que indeferiu a produção de prova pericial, de acordo com o disposto no CPC, caberá Apelação, apenas após a prolação da sentença.

10. (2019 – VUNESP – Prefeitura de Arujá – SP – Advogado) Acerca dos embargos de declaração, que podem ser opostos contra qualquer decisão judicial, é correto afirmar que

A) em regra, são dotados de efeito suspensivo e interrompem o prazo para a interposição de outros recursos.

B) quando manifestamente protelatórios, o juiz ou tribunal condenará o embargante ao pagamento de multa em valor não excedente a 5% (cinco por cento) do valor da causa.

C) o juiz julgará os embargos no prazo de 5 (cinco) dias e, em caso de decisão colegiada, os embargos serão apresentados em mesa na sessão subsequente.

D) da sentença que não enfrenta todos os argumentos trazidos pela parte, são oponíveis embargos de declaração por obscuridade.

E) os embargos de declaração opostos contra sentença serão dirigidos ao Tribunal competente para julgamento do recurso e estão sujeitos a preparo.

1. APELAÇÃO

Apelação, nos termos do art. 1.009 do CPC/2015, **é o recurso cabível para reformar ou anular uma sentença**, seja ela de mérito ou terminativa. Não há distinção da natureza da sentença para o cabimento deste recurso.

No entanto, no CPC/2015 a apelação passou a ser o recurso para impugnar outra espécie de decisão, que não somente às sentenças. Com o fim do agravo na modalidade retida, **as decisões interlocutórias não passíveis de agravo de instrumento são impugnadas por preliminar de apelação**. (art. 1.009, § 1º, CPC).

Um exemplo disso é o indeferimento de provas, decisão interlocutória que não pode ser recorrida de imediato por meio de agravo de instrumento. Em relação às provas, a única decisão que comporta agravo de instrumento é a que define a distribuição dos ônus da prova.

Assim, as decisões interlocutórias que não constam no rol do art. 1.015 do CPC **são impugnáveis por meio de preliminar de apelação**, na forma do dispositivo legal já mencionado. Se eventualmente o juiz indeferir o requerimento de provas solicitado pela parte, a impugnação desta decisão deverá ser feita em preliminar de apelação, ou de contrarrazões de apelação.

ATENÇÃO

O Recurso de apelação destina-se a impugnar as sentenças e as decisões interlocutórias não passíveis de agravo de instrumento, conforme art. 1.009, § 1º do CPC.

1.1. Juízo de admissibilidade

No sistema processual civil anterior, a apelação apresentada em 15 dias da sentença tinha a sua admissibilidade analisada pelo juiz de primeira instância. Assim, tão logo apresentada em primeiro grau, o próprio juiz sentenciante já analisaria a sua possibilidade ou não de ser enviada ao Tribunal. Incluía-se, em sua competência, portanto, a negativa de envio dos autos ao Tribunal, caso entendesse que a apelação não preenchia um dos pressupostos de admissibilidade recursal.

Assim, o primeiro momento de apreciação dos pressupostos era feito no momento de interposição recursal.

Após apreciados pelo juiz os pressupostos recursais de admissibilidade da apelação, o juiz intimava a parte contrária para apresentação de contrarrazões. Apresentadas as contrarrazões era feito novo juízo de admissibilidade pelo juiz e, em caso positivo de admissibilidade, os autos eram enviados para o Tribunal. Em caso negativo, o juiz não recebia a apelação, negando o envio do recurso ao Tribunal.

Negado o seguimento ao recurso de apelação, era apresentado agravo de instrumento ao Tribunal para que este destrancasse o recurso. **Veja-se, portanto, que a admissibilidade era duplamente realizada pelo magistrado de primeira instância, tanto no momento de interposição, quanto nas contrarrazões.**

Todavia, esse sistema mudou. Graças ao CPC de 2015, **o juiz não exerce mais o juízo de admissibilidade do recurso de apelação.**

O juiz, hoje, é tão somente executor procedimental da apelação, que manda que a parte recorrida apresente contrarrazões para, em seguida, os autos serem enviados diretamente ao Tribunal, **sem exame de admissibilidade do recurso de apelação apresentado, o que é feito unicamente pelo Tribunal**. Assim, confira-se o dispositivo legal:

> **Art. 1.010**
>
> (...)
>
> § 1º O apelado será intimado para apresentar contrarrazões no prazo de 15 (quinze) dias.
>
> § 2º Se o apelado interpuser apelação adesiva, o juiz intimará o apelante para apresentar contrarrazões.

> **§ 3º Após as formalidades previstas nos §§ 1º e 2º, os autos serão remetidos ao tribunal pelo juiz, independentemente de juízo de admissibilidade.**

Assim, **a admissibilidade da apelação é feita exclusivamente pelo Tribunal respectivo**, de Justiça ou Tribunal Regional Federal.

O que ocorreria se um juiz que, a despeito da previsão legal de não poder exercer o juízo de admissibilidade da apelação, inadmita o recurso? Ou seja, qual o instrumento jurídico que o ordenamento dispõe para combater a atuação do magistrado fora dos limites de sua competência?

Nesse caso, houve usurpação da competência de outro órgão, que é o Tribunal, único competente para o juízo de admissibilidade do recurso de apelação. **Assim, nessa hipótese é cabível a apresentação de reclamação perante o Tribunal com a finalidade de ser preservada a sua competência. (art. 988, I, CPC/2015)**.

1.2. Efeitos da apelação

Costuma-se mencionar que a apelação, em regra, possui dois efeitos principais: **Devolutivo e Suspensivo.**

A apelação sempre foi e sempre será recebida no efeito devolutivo. **Trata-se do efeito que transfere ao Tribunal a matéria efetivamente impugnada pela parte**. É próprio da Apelação.

Durante a tramitação do CPC/2015, alguns autores posicionaram-se para que a apelação, em regra, não tivesse efeito suspensivo, de forma que a parte interessada pudesse fazer o cumprimento provisório da sentença de imediato, enquanto o recurso tramitasse no Tribunal. **Entretanto, a apelação, no CPC de 2015 continua a ter, em regra, o efeito suspensivo automático, por força de lei.**

Excepcionalmente, nos casos do art. 1.012, §1º do CPC é que a apelação não terá efeito suspensivo, mas apenas devolutivo, **casos em que a parte deve requerer efeito suspensivo ao Tribunal**. Nestas situações, mesmo que o recurso esteja tramitando no Tribunal, é lícito à parte realizar o seu cumprimento de imediato. Assim, para a verificação destas situações, sugerimos ao leitor a consulta do art. 1.012, § 1º, CPC.

A grande inovação do CPC é a designação da autoridade judiciária à qual se pede efeito suspensivo nos casos em que, como regra, a apelação possui apenas efeito devolutivo. Nos termos do art. 1.012, § 3º do CPC, **o recorrente deverá solicitar o efeito suspensivo** (nas hipóteses que a apelação não o possui, é claro)

diretamente ao Tribunal. Caso o recurso já tenha sido distribuído, pede-se ao relator a sua atribuição. Caso ainda não tenha sido distribuído, a solicitação é feita ao Tribunal. Neste último caso, o relator designado para conceder o efeito ficará prevento para o julgamento recursal.

Vamos a um exemplo.

Suponhamos um réu em ação de alimentos que foi condenado a uma quantia de alimentos excessiva, que não tem condições de pagar. Na forma do art. 1.012, §1º, inciso II do CPC, a apelação não possui efeito suspensivo de imediato.

Se o recurso não tiver sido distribuído a um relator, o pedido de efeito suspensivo a ser atribuído a essa apelação é dirigido diretamente ao Presidente do Tribunal, o qual sorteará um relator para apreciar a solicitação. O relator está prevento para a futura apreciação do recurso. Por outro lado, se a apelação já foi distribuída a um Desembargador no Tribunal, será este quem decidirá a respeito do efeito suspensivo. **Em ambos as hipóteses ocorrem o chamado efeito suspensivo judicial, atribuído pelo julgador.**

Um outro efeito que a apelação pode possuir é o regressivo. O efeito regressivo recursal ocorre a partir da interposição de certos recursos previstos pela lei processual. Esse efeito permite que o juiz volte atrás em sua decisão, após a interposição do respectivo recurso.

O efeito regressivo sempre esteve presente no agravo de instrumento. Assim, interposto o agravo, o magistrado poderia "reconsiderar" a sua decisão judicial, em virtude deste efeito recursal. **O que o CPC/2015 trouxe foi a possibilidade de o efeito regressivo ser estendido a outras hipóteses em que é cabível o recurso de apelação**. Assim, o que antes era excepcional na apelação (poder reconsiderar a sentença), passou a ser mais frequente, em virtude de novas previsões legais. Veja-se:

A primeira das hipóteses de efeito regressivo na apelação é na situação de **indeferimento da petição inicial**, na forma prevista pelo art. 331 do CPC. Assim, se eventualmente o juiz indefere a inicial, e o autor apela desta decisão, o juiz poderá reconsiderar o indeferimento, e determinar o prosseguimento do feito. De acordo com o dispositivo legal, o juiz terá 5 dias para reconsiderar a sentença.

A segunda hipótese de efeito regressivo na apelação ocorre na de **improcedência liminar do pedido.** Apresentado o recurso de apelação dessa decisão de indeferimento liminar, o juiz pode voltar atrás no prazo de 5 dias.

No entanto, as duas hipóteses acima descritas já estavam presentes no CPC anterior. **A grande novidade do efeito regressivo no recurso de apelação está no art. 485, §7º do CPC.**

Como cediço, o art. 485 do CPC traça as hipóteses de sentença terminativa, as quais não resolvem o mérito da lide. A partir do CPC de 2015, todas as vezes em que houver uma sentença terminativa e a parte apresentar recurso de apelação, o juiz poderá "voltar atrás" em 5 dias no seu entendimento. Confira-se:

> Art. 485. O juiz não resolverá o mérito quando:
>
> (...)
>
> **§ 7º Interposta a apelação em qualquer dos casos de que tratam os incisos deste artigo, o juiz terá 5 (cinco) dias para retratar-se**

A novidade do CPC de 2015, portanto, é que ele ampliou as hipóteses de efeito regressivo no recuso de apelação a todos os casos de extinção do processo sem resolução do mérito previstos no art. 485 do CPC.

1.3. Procedimento

A parte possui o prazo de 15 dias úteis para a interposição recursal, nos termos do art. 1.003, § 5º do CPC**. Essa interposição é feita perante o mesmo juiz que prolatou a decisão** (juiz singular, de 1ª instância). Após a sua interposição, o juiz sentenciante intimará a parte contrária, para apresentação das contrarrazões recursais. Apresentadas, o magistrado enviará os autos ao Tribunal, para conhecimento e julgamento da demanda.

A apelação, em regra, é julgada por um colegiado de Desembargadores, os quais proferem um acordão.

Todavia, **existem hipóteses de julgamento singular do recurso**, realizada tão somente pelo relator. Em algumas situações, o julgamento não será realizado de forma colegiada, mas de forma monocrática.

Essas situações estão previstas no art. 932 do CPC. São elas:

> **Art. 932. Incumbe ao relator:**
>
> (...)
>
> **III – não conhecer de recurso inadmissível, prejudicado ou que não tenha impugnado especificamente os fundamentos da decisão recorrida;**
>
> **IV – negar provimento a recurso que for contrário a:**
>
> a) súmula do Supremo Tribunal Federal, do Superior Tribunal de Justiça ou do próprio tribunal;

b) acórdão proferido pelo Supremo Tribunal Federal ou pelo Superior Tribunal de Justiça em julgamento de recursos repetitivos;

c) entendimento firmado em incidente de resolução de demandas repetitivas ou de assunção de competência;

V – depois de facultada a apresentação de contrarrazões, dar provimento ao recurso se a decisão recorrida for contrária a:

a) súmula do Supremo Tribunal Federal, do Superior Tribunal de Justiça ou do próprio tribunal;

b) acórdão proferido pelo Supremo Tribunal Federal ou pelo Superior Tribunal de Justiça em julgamento de recursos repetitivos;

c) entendimento firmado em incidente de resolução de demandas repetitivas ou de assunção de competência;

Portanto, nas hipóteses acima mencionadas, não será julgado o recurso de forma colegiada, mas exclusivamente pelo relator.

1.4. Julgamento da causa madura

Questão que já existia no CPC anterior, e que foi expandida na nova legislação, é a aplicação do julgamento da causa madura. Trata-se da possibilidade de o Tribunal, em algumas situações específicas, conhecer diretamente o pedido recursal do apelante, ao invés de retornar os autos processuais à primeira instância, para prolação de nova decisão.

Na legislação processual passada, **esse expediente somente era permitido quando o juiz de primeira instância extinguia o processo sem resolução de mérito**. Todavia, o CPC/2015 inovou, permitindo a causa madura nas demais situações a seguir (art. 1.013, § 3º, CPC):

I – reformar sentença fundada no art. 485;

II – decretar a nulidade da sentença por não ser ela congruente com os limites do pedido ou da causa de pedir;

III – constatar a omissão no exame de um dos pedidos, hipótese em que poderá julgá-lo;

IV – decretar a nulidade de sentença por falta de fundamentação.

Ainda, além das situações acima mencionadas, a legislação de 2015 incluiu uma outra hipótese, a qual já era permitida pela jurisprudência do Superior Tribunal de Justiça. **Trata-se da aplicação da causa madura nos casos de reforma de decisão que reconheceu a decadência ou a prescrição em primeira instância (art. 1.1013, § 4º, CPC).**

Como esse assunto foi cobrado em provas de concursos públicos

2019 – VUNESP – Câmara de Monte Alto – SP – Procurador. Quanto à apelação, assinale a alternativa correta. O juiz remeterá os autos ao Tribunal para julgamento do recurso, após cumprimento de todas as formalidades legais e de fazer o juízo de admissibilidade.

2. AGRAVO DE INSTRUMENTO

2.1. Sistema de cabimento no CPC/2015

O CPC de 2015 inovou de forma substancial o sistema de cabimento do agravo de instrumento. Além da extinção de uma das modalidades de cabimento do Agravo, a forma retida, a própria analise da recorribilidade das decisões interlocutórias via agravo de instrumento recebeu uma transformação.

No Sistema processual anterior, **existiam dois distintos critérios de cabimento do agravo**. As três hipóteses contempladas no art. 522 do CPC de 1973 traziam duas de cunho casuístico – na qual eram previstas decisões específicas que comportavam o recurso – e uma hipótese de cabimento genérico, por meio do qual a legislação trazia uma cláusula aberta, a ser preenchida judicialmente na interposição recursal. Explica-se.

As duas primeiras hipóteses eram as seguintes: Apresentava-se o Agravo de Instrumento da decisão do juiz singular que inadmitia a apelação (naquela época o magistrado de primeira instância tinha a competência para realização a sua admissibilidade); bem como da decisão sobre os efeitos em que a apelação era recebida (também o juiz monocrático era quem declarava os efeitos em que a apelação seria recebida). Assim, perceba-se que o critério adotado para as duas decisões era legal e restritivo. A legislação apontava duas espécies de decisão judicial, que, verificando-se na prática, eram passíveis de Agravo de instrumento.

Todavia, as hipóteses anteriores eram responsáveis por um número mínimo de agravos de instrumento que tramitavam nos Tribunais. A maioria das situações em que o Recurso era interposto, alicerçava-se na terceira situação de cabimento. Conforme já exposto acima, essa última situação trazia um cabimento genérico recursal, por meio de um conceito jurídico vago, a ser preenchido e analisado judicialmente. Nos termos do art. 522 da legislação anterior, **caberia agravo de instrumento quando a decisão interlocutória fosse passível de causar "grave dano de difícil reparação" à parte.**

Assim, nos termos desse terceiro cabimento, de cunho genérico, qualquer decisão interlocutória, desde que fosse passível da causar grave dano, caberia a interposição do Agravo de Instrumento. Dessa disposição, surgiam duas consequências distintas. A primeira delas é que o advogado do recorrente é quem fazia era primeira análise do cabimento recursal. Ele, ao decidir que a decisão traria um grave dano ao seu cliente, manejava a hipótese de instrumento, para ver reformada pelo Tribunal. Todavia, após a sua interposição, o preenchimento prático do conceito jurídico aberto (grave dano de difícil reparação) ficava à cargo do Relator do Recurso. Assim, **se eventualmente o relator entendesse que a decisão recorrida não fosse passível de causar o dano, convertia o Agravo de Instrumento em Agravo Retido**. (art. 527, I CPC 1973).

O que se quer dizer, portanto, é que a maioria de Agravos interpostos no sistema anterior era baseada na cláusula aberta legal, em um sistema de controle judicial do cabimento recursal. O relator, portanto, é quem determinava os contornos da norma aberta, para então, em decisão irrecorrível (art. 527, parágrafo único), **converter a forma de instrumento em retido se entendesse não ser caso de cabimento do instrumento**. Era, portanto, um sistema de controle judicial do cabimento do Recurso.

A legislação de 2015 intentou, entre outras coisas, reduzir significativamente o número de agravos de instrumento tramitando nos Tribunais. Para tanto, utilizou-se da modificação total no seu sistema de cabimento. Ao invés de preservar o sistema de controle judicial, adotou outro, mais restritivo, objetivo e previsível. **A legislação atual adotou, portanto, o sistema de controle legal do cabimento recursal.** Para o atual código, nem todas as decisões interlocutórias são passíveis de agravo de instrumento, nem se forem potencialmente causadoras de dano de difícil reparação.

O Novo sistema elegeu como regra, em um rol legal e taxativo, quais são as decisões interlocutórias passíveis de Agravo de instrumento, **relegando todas as outras à impugnação em preliminar de apelação (art. 1009, § 1º, CPC de 2015).** Portanto, o critério utilizado na atualidade não é mais da análise judicial (via relator do agravo) se a decisão é potencialmente causadora de dano. Mas, ao contrário, é a legislação que previamente ao ato, elege uma série de decisões que comportam o cabimento da espécie recursal. **Assim, passou-se do sistema de controle judicial de cabimento, para o sistema de controle legal de hipóteses**.

Não se questiona, portanto, a adoção e opção legislativa expressa do sistema de controle legal do recurso. **Alguns entendimentos, todavia, apresentam uma interpretação extensiva de hipóteses legais de cabimento**. À exemplo, tem-se o enunciado 29 do Fórum Permanente de Processualistas civis, o qual entende como agravável a decisão que posterga a análise da tutela de urgência. Assim, de acordo com o referido enunciado:

> **"Enunciado 29**. É agravável o pronunciamento judicial que postergar a análise do pedido de tutela provisória ou condicionar sua apreciação ao pagamento de custas ou a qualquer outra exigência".

Ora, o entendimento não cria uma nova hipótese de cabimento recursal, mas apenas adota uma interpretação extensiva do art. 1.015, I do CPC. Ainda, pode-se mencionar o enunciado 71 do CJF, também dando interpretação extensiva a dispositivo do art. 1.015:

> **"Enunciado 71** – É cabível o recurso de agravo de instrumento contra a decisão que indefere o pedido de atribuição de efeito suspensivo a Embargos à Execução, nos termos do art. 1.015, X, do CPC".

Recentemente, o Superior Tribunal de Justiça por meio do RESP 1.679.909, julgado na quarta Turma, **admitiu hipótese de interposição do Agravo de Instrumento fora do Rol legal de interposição** (art. 1.015, e outros dispositivos legais constantes na lei processual). Trata-se de decisão que confronta o novo sistema, abertamente adotado pela legislação, e teleologicamente criado para afastar o grande número de Agravos em nossos Tribunais. Pelo menos em tese, afasta-se o STJ do sistema de controle legal – base do cabimento e interposição do Agravo de Instrumento – voltando a prestigiar o sistema anterior, baseado em decisão capaz de causar "grave dano", sem previsão legal específica.

Ainda, em decisão recente, o Superior Tribunal de Justiça teve a oportunidade de apreciar a natureza do rol do art. 1.015 do CPC. **Segundo o entendimento exarado, o rol seria de taxatividade mitigada.** O Tribunal entendeu que seria possível a interposição de agravo de instrumento fora das hipóteses do rol todas as vezes em que houver urgência, **sendo que essa urgência seria representada pela inutilidade da impugnação da matéria via preliminar de apelação**.

Confira-se: "(...)Assim, nos termos do art. 1.036 e seguintes do CPC/2015, fixa-se a seguinte tese jurídica: O rol do art. 1.015 do CPC é de taxatividade mitigada, por isso admite a interposição de agravo de instrumento quando verificada a urgência decorrente da inutilidade do julgamento da questão no recurso de apelação. REsp 1704520 / MT. Ministra NANCY ANDRIGHI (1118). DJe 19/12/2018".

2.2. Hipóteses de cabimento do agravo

De acordo com o sistema legal de cabimento do agravo, são hipóteses em que o recurso é permitido, em nossa legislação:

I – tutelas provisórias;

As tutelas provisórias encontram-se nos artigos 294 e seguintes do CPC. A decisão do Juiz que as aprecia, concedendo ou negando, é passível de agravo de instrumento.

II – mérito do processo;

Nos termos do art. 356 do CPC, é possível ao magistrado realizar o julgamento antecipado parcial do mérito**. Nestas hipóteses, o juiz cinde o objeto da lide, resolvendo parte dele e deixando o restante para a resolução da sentença.** Quando o juiz proferir a decisão de julgamento antecipado parcial do mérito, ou qualquer outra decisão de mérito no curso do processo, que não diga respeito à totalidade processual, o recurso cabível é o Agravo de instrumento.

III – rejeição da alegação de convenção de arbitragem;

Nos termos do art. 337 do CPC, a convenção de arbitragem deverá ser alegada em preliminar de contestação. Se acolhida, gera a extinção processual, cabendo apelação. **Caso indeferida, o recurso será o de agravo de instrumento**.

IV – incidente de desconsideração da personalidade jurídica;

Nos termos do art. 133, caso a desconsideração seja realizada no curso da demanda, será instaurado um incidente, a ser resolvido mediante decisão interlocutória, desconsiderando ou não a personalidade jurídica. **Desta decisão caberá o recurso de Agravo de Instrumento.**

V – rejeição do pedido de gratuidade da justiça ou acolhimento do pedido de sua revogação;

Nos termos do art. 99 do CPC, "O pedido de gratuidade da justiça pode ser formulado na petição inicial, na contestação, na petição para ingresso de terceiro no processo ou em recurso." Sendo requerido pela parte, e negado pelo juiz, caberá agravo de instrumento.

Nos termos do art. 100, CPC: "Deferido o pedido, a parte contrária poderá oferecer impugnação na contestação, na réplica, nas contrarrazões de recurso ou, nos casos de pedido superveniente ou formulado por terceiro, por meio de petição simples, a ser apresentada no prazo de 15 (quinze) dias, nos autos do próprio processo, sem suspensão de seu curso.".

Assim, em caso de revogação dos benefícios, nos termos do art. 100, caberá, também, o agravo de instrumento.

VI – exibição ou posse de documento ou coisa;

O procedimento de exibição documental ou de coisa está presente no art. 396 do CPC. Caberá a parte solicitar a sua exibição. Da decisão interlocutória que versar sobre o tema, caberá Agravo de Instrumento.

VII – exclusão de litisconsorte;

Caso o juiz exclua um dos sujeitos processuais, tanto no polo ativo quanto no passivo, promovendo uma redução subjetiva, caberá o agravo de instrumento.

VIII – rejeição do pedido de limitação do litisconsórcio;

A limitação do litisconsórcio, nos termos do art. 113, § 1º do CPC, pode ser feita de ofício, ou a requerimento da parte. Assim, quando o réu entender que o elevado número de litigantes prejudica seu direito de defesa, poderá solicitar a redução. **Caso seja indeferida, poderá interpor o agravo de instrumento.**

IX – admissão ou inadmissão de intervenção de terceiros;

As formas de intervenção de terceiros podem ser espontâneas (promovidas pela própria parte), ou provocadas, em que a parte ingressa contra a sua própria vontade. Desta forma, eventuais decisões nestes termos são impugnáveis mediante agravo de instrumento.

X – concessão, modificação ou revogação do efeito suspensivo aos embargos à execução;

Os embargos à execução são a defesa do devedor, na execução de título extrajudicial. O efeito suspensivo não é automático, dependendo do requerimento da parte e da análise judicial. Contra a decisão, caberá o agravo de instrumento.

XI – redistribuição do ônus da prova nos termos do art. 373, § 1º;

Conforme dispositivo legal mencionado, é possível no CPC/2015 a inversão judicial do ônus probatório, o que deverá ser feito no saneamento processual. Caso o juiz inverta o ônus probatório, caberá o Agravo de Instrumento.

XII – outros casos expressamente referidos em lei.

Ressalte-se que além das hipóteses previstas no artigo, o parágrafo único do 1.015 traz situações de cabimento de agravo pelo procedimento. Assim, "Também **caberá agravo de instrumento contra decisões interlocutórias proferidas na fase de liquidação de sentença ou de cumprimento de sentença, no processo de execução e no processo de inventário**".

2.3. Procedimento

O Agravo de Instrumento é interposto diretamente no Tribunal, endereçado ao seu respectivo presidente. Como os autos permanecem em primeira instância, faz-se necessário à Juntada de documentos, para que os julgadores em segunda instância possam conhecer a integralidade da lide.

Assim, o CPC divide entre documentos indispensáveis e facultativos. **São documentos indispensáveis:**

Cópias da petição inicial, da contestação, da petição que ensejou a decisão agravada, da própria decisão agravada, da certidão da respectiva intimação ou outro documento oficial que comprove a tempestividade e das procurações outorgadas aos advogados do agravante e do agravado (art. 1.017, I, CPC).

Ainda, facultativamente, **com quaisquer outras peças que o agravante entender conveniente. (art. 1.017, II, CPC).**

Questão interessante versa sobre a ausência de algum desses documentos, principalmente os indispensáveis. No sistema processual anterior, ocorreria o não conhecimento recursal. Nos termos do art. 1.017, § 3º do CPC, o relator deverá dar cinco dias para a juntada da documentação cabível. Assim, aplicando-se o princípio da primazia do mérito, **o recorrente terá a oportunidade de sanear o vício, antes do não conhecimento recursal.**

SISTEMA DE CABIMENTO ANTERIOR	SISTEMA DE CABIMENTO NO CPC ATUAL
A maioria das hipóteses de interposição do agravo baseava-se no fato de a decisão ser passível de causar grave dano, de difícil reparação. Tratava-se de análise judicial do cabimento do agravo de instrumento.	O CPC de 2015, com a intenção de diminuir o número de recursos, apostou em um sistema de cabimento legal, em que a legislação estabeleceria um rol prévio de decisões agraváveis (art. 1.015).

Como esse assunto foi cobrado em provas de concursos públicos

Ano: 2018 – Banca: FGV – Órgão: MPE-RJ – Prova: FGV – 2018 – MPE-RJ – Estágio Forense. O juiz, na fase de saneamento e organização de um processo, no qual figuram três empresas particulares, uma no polo ativo, e as outras duas, no passivo, reconhece a ilegitimidade passiva de uma destas, que tinha sido arguida em defesa, e determina o prosseguimento do feito apenas em relação à ré que permaneceu no processo. Inconformada com a referida decisão judicial, pode a autora: interpor agravo de instrumento no prazo de 15 dias; (correto).

3. AGRAVO INTERNO

O agravo interno é o recurso cabível contra as decisões monocráticas no âmbito dos Tribunais. Conforme já mencionado neste curso, o relator possui alguns poderes decisórios e condutores do processo nos Tribunais. Se alguma decisão monocrática do relator, nos limites de sua competência, eventualmente contrariar os interesses de uma das partes, caberá o recurso de agravo interno, nos termos do art. 1.021 do CPC/2015.

Conforme art. 1.003, § 5º, **o prazo para a apresentação do Agravo interno é de 15 dias, contados em dias úteis.**

O objetivo recursal é reformar ou anular a decisão monocrática do relator. Assim, tome-se como exemplo o indeferimento de uma tutela antecipada recursal, requerida pela parte interessada. Ora, este indeferimento fora realizado por uma decisão monocrática. Caso a parte tenha intenção de revertê-la ou mesmo anulá-la, deverá utilizar-se do Agravo Interno.

Nos termos do art. 1.021, §2º do CPC, o procedimento do agravo é bastante simplificado. O agravo será dirigido ao relator, que intimará o agravado para manifestar-se sobre o recurso no prazo de 15 (quinze) dias. Após, não havendo retratação, o relator levá-lo-á a julgamento pelo órgão colegiado, com inclusão em pauta.

Para a vedação de agravos manifestamente protelatórios **o colegiado poderá imprimir uma multa ao recorrente**, de um a cinco por cento sobre o valor da causa. Ressalte-se que essa multa somente pode ser estabelecida pelo COLEGIADO! (art. 1.021, § 4º, CPC/2015).

A interposição de qualquer outra espécie recursal ficará condicionada ao seu pagamento.

4. EMBARGOS DE DECLARAÇÃO

4.1. Tempestividade

Inicialmente, **a tempestividade dos embargos de declaração foi a única que não se modificou do CPC passado para o atual**. Houve uma mudança significativa nos outros recursos em relação à tempestividade, porém os embargos de declaração continuam a ser apresentados no prazo de 5 (cinco) dias a contar da publicação da decisão judicial.

O que se modificou foi a forma da contagem do prazo, que passou a ser em dias úteis, porém o prazo em si não se modificou. **E continua sendo o recurso de menor tempestividade do CPC/2015, com prazo de 5 (cinco) dias.**

4.2. Cabimento

Nos termos do art. 1.022 do CPC, quatro são as hipóteses de cabimento dos Embargos de Declaração no CPC/2015:

HIPÓTESES DE CABIMENTO DOS EMBARGOS DE DECLARAÇÃO	
Obscuridade	Ocorre quando a decisão não pode ser compreendida pelo destinatário.
Omissão	O CPC/2015 repaginou o entendimento de decisão judicial omissa: tradicionalmente era visto como a decisão que não apreciava um dos pedidos ou teses do autor ou réu; o CPC/2015 entende como omissa a decisão que deixe de se manifestar sobre tese firmada em julgamento de casos repetitivos ou em incidente de assunção de competência aplicável ao caso sob julgamento; ou que incorra em qualquer das condutas descritas no art. 489, § 1º.
Contradição	A contradição ocorre quando a decisão possui premissas ilógicas entre si. Assim, podemos imaginar uma sentença com a fundamentação de procedência do pedido, com o dispositivo de improcedência. A intenção dos embargos será adequar as duas partes da decisão judicial.
Erro material	Erro material é o vício na decisão que não evidencia a vontade do julgador. Um exemplo seria o nome de uma rua errado no processo, ou mesmo o nome de uma das partes.

4.3. Efeito interruptivo

Quando apresentamos embargos de declaração de determinada decisão, temos um prazo simultâneo para apresentação dos embargos e para interposição de apelação. Assim, o prazo dos embargos e do outro recurso, destinado à modificação da decisão, iniciam-se ao mesmo tempo.

Um exemplo permitirá a melhor compreensão: Suponhamos uma sentença publicada em 10/11/2017 (sexta-feira), a partir dessa data temos de 5 dias para apresentação dos embargos de declaração e de 15 dias para apelação, sendo prazo simultâneos, ou seja, correm ao mesmo tempo.

A legislação processual civil deixa claro que a apresentação dos embargos de declaração gera a interrupção do prazo para outra espécie recursal. **Importante lembrar que suspensão e interrupção são institutos diferentes.**

Na interrupção do prazo, cessada a causa interruptiva há restituição integral do prazo ao qual a parte tinha direito. Enquanto na suspensão, cessada a causa suspensiva é restituído apenas aquilo que faltava para completar o prazo.

Ex.: num prazo de 15 dias que foi suspenso no quinto dia, acabada a causa suspensiva **a parte terá mais 10 dias para praticar o ato processual**. Já num prazo de 15 dias que foi interrompido, cessada a causa interruptiva haverá restituição da totalidade do prazo, ou seja, dos 15 dias.

Assim, os embargos de declaração apresentados tempestivamente têm o condão de **interromper o prazo para outros recursos**, e a interrupção leva a restituição integral do prazo.

Outro ponto interessante, tratado pelo CPC/2015, é a interposição de um recurso tendente a reformar a decisão antes da apresentação de embargos de declaração. **Haveria a necessidade de complementá-lo, mesmo sem a modificação causada pelos embargos?**

Como exemplo, imagine uma sentença publicada em 10/11/2017 (sexta-feira) que julga pedido parcialmente procedente. Há, assim, sucumbência recíproca (tanto o autor quanto o réu foram vencidos e vencedores no processo) o que cria interesse recursal para ambas as partes. Supondo que o autor interponha apelação em 12/11/2017, e o réu apresente embargos de declaração em 13/11/2017.

Nesse caso, a depender do julgamento dos embargos de declaração teremos duas consequências diferentes:

Caso os embargos de declaração não sejam conhecidos ou sejam conhecidos, mas não resultem modificação, **o recurso de apelação apresentado pela parte autora será julgado independentemente de qualquer retificação**, pois o julgado permaneceu inalterado.

Caso os embargos de declaração sejam acolhidos e modifiquem a a decisão originária, a parte que apresentou apelação terá o prazo de 15 dias, contados da publicação da decisão dos embargos de declaração, para complementar, retificar ou ratificar as razões apresentadas anteriormente.

Isso acontece em razão da decisão em que foi baseado o recurso de apelação ter sido modificada, de modo que a parte que o interpôs deve ter a chance posterior de mencionar seus fundamentos jurídicos sobre as alterações da decisão.

Em relação aos embargos de declaração, ainda é importante ressaltar uma outra alteração que o CPC/2015 trouxe. **Trata-se da previsão de ausência de**

efeito suspensivo automático aos embargos de declaração! Eventual interposição deste recurso não exime a parte de realizar o cumprimento da decisão embargada. Isso evita a apresentação de embargos de declaração com propósito de postergar o cumprimento de eventual decisão judicial.

Imagine a seguinte decisão: O autor ingressa com ação de reparação de danos morais, pedindo antecipadamente a retirada de seu nome dos cadastros de proteção ao crédito. O juiz concedeu, por decisão interlocutória, o pedido, sob pena de multa diária de quinhentos reais.

Da decisão interlocutória, a empresa apresenta embargos de declaração. E durante o julgamento dos embargos, não retira o nome do autor do cadastro de proteção ao crédito. Nessa situação, o CPC passado era silente, o que levava alguns juristas a apresentarem os embargos de declaração como forma de protelar a decisão interlocutória.

Porém, o CPC/2015 previu expressamente em seu art. 1.026 que os embargos de declaração não possuem efeito suspensivo automático. O mero fato de apresentar embargos em juízo, não isenta o cumprimento da decisão embargada, podendo, entretanto, ter efeito suspensivo judicial. **Demonstrando probabilidade do direito e risco de dano deve ser pedido à autoridade competente que atribua efeito suspensivo aos embargos de declaração.**

4.4. Embargos de Declaração e prequestionamento

É requisito do recurso especial e do recurso extraordinário o chamado prequestionamento, ou seja, **a necessidade da matéria que será levada ao STF ou STJ estar previamente decidida nas instâncias ordinárias**. Assim, não se pode inovar em sede de recurso especial e extraordinário.

Entretanto, pode ocorrer da parte apresentar três matérias para reforma da sentença e o tribunal apreciar apenas duas. Assim, a matéria a ser levada aos Tribunais superiores não está previamente analisada, e, portanto, não há prequestionamento.

Nesse caso, houve omissão na decisão, uma vez que apenas duas das três matérias apresentadas foram analisadas, cabendo embargos de declaração. Ocorre que, mesmo constatada a omissão e apresentados os embargos, muitas vezes o tribunal sequer analisava a matéria omissa.

Quando isso ocorre temos o chamado prequestionamento ficto, pois ele não é feito pela autoridade judiciária do tribunal, e sim via embargos de declaração.

Assim, o prequestionamento ficto é a apresentação de embargos de declaração sobre o ponto omisso, o qual não foi efetivamente analisado pelo Tribunal de Origem.

Na ocasião do CPC anterior, **o STJ possuía a súmula 211**, a qual vedava o prequestionamento ficto. Ou seja, só considerava prequestionada uma decisão para fins de recurso especial quando ela estava expressamente contida no acórdão, a mera apresentação dos embargos de declaração não considerada a matéria prequestionada.

Porém o CPC/2015 trouxe o entendimento diverso, ao adotar um sistema contrário ao posicionamento anteriormente mencionado. Confira-se:

> "Art. 1.025. Consideram-se incluídos no acórdão os elementos que o embargante suscitou, para fins de pré-questionamento**, ainda que os embargos de declaração sejam inadmitidos ou rejeitados**, caso o tribunal superior considere existentes erro, omissão, contradição ou obscuridade".

Assim, **o CPC/2015 trouxe a possibilidade do prequestionamento ficto**, que já era admitido pelo STF, porém inadmitido pelo STJ, de modo que a súmula 211 do STJ não resiste ao entendimento do art. 1.025 do CPC.

4.5. Embargos de Declaração e contraditório

Sobre os embargos de declaração há mais uma importante consideração a ser feita. **Eles em regra não estão sujeitos ao contraditório**, ou seja, logo após serem apresentados os embargos o juiz já decide os embargos sem intimar a parte contrária, pois o objetivo dos embargos de declaração não é modificar o conteúdo da decisão embargada.

Entretanto, excepcionalmente, se o magistrado verificar a possibilidade de infringência dos embargos de declaração, ou seja, **a possibilidade de os embargos modificarem o conteúdo da decisão embargada**, ele deve intimar a parte contrária para apresentação de contrarrazões.

A modificação da decisão embargada através dos embargos de declaração é chamada de efeitos infringentes dos embargos, e quando houver a possibilidade disso acontecer **o juiz deverá intimar a parte contrária para contrarrazoar os embargos.**

Como esse assunto foi cobrado em provas de concursos públicos

2019 – VUNESP – Prefeitura de Itapevi – SP – Procurador Municipal. No que diz respeito ao recurso de embargos de declaração, assinale a alternativa correta. Podem ser aviados para suprir omissão, contra sentença que deixe de se manifestar sobre tese firmada em julgamento de casos repetitivos aplicável a lide por ela resolvida. (correto).

5. RECURSO ESPECIAL

O Recurso Especial, para sua admissão, deverá preencher todos os pressupostos recursais genéricos, comuns a todos os recursos (intrínsecos e extrínsecos).

Além deles, **existem pressupostos específicos**, contidos no art. 105, da CF/88. Estes se dividem em cumulativos, os quais são comuns a qualquer Recurso Especial; e alternativos, os quais o RESP, para ser admitido, deve conter apenas um. **Os cumulativos são aqueles previstos no "caput" do art. 105.** Já os alternativos são aqueles presentes nos incisos do art. 105. Nestes últimos, a admissão está condicionada à demonstração da presença da um deles. Os cumulativos são: Esgotamento de instância, decisão proferida por Tribunal, e prequestionamento. **A seguir, veremos quais são os pressupostos cumulativos e alternativos desta espécie recursal**:

5.1. Pressupostos cumulativos

a) Esgotamento de instância: Todas as vias ordinárias recursais deverão ser esgotadas, antes que se interponha o RESP.

Assim é que a súmula 207 do STJ vedava a interposição de recurso especial quando ainda cabível os embargos infringentes. Com a extinção desta espécie recursal, a súmula tornou-se inaplicável.

Atualmente, o CPC/2015 prevê a possibilidade de julgamento monocrático recursal pelo relator (art. 932 do CPC). Caso isso ocorra, somente após a apresentação do Agravo interno (art. 1.021), é possível a apresentação de Recurso Especial, pois assim estará satisfeito o esgotamento. Mesmo no caso de ED´s contra a decisão monocrática, somente caberá o RESP quando forem eles recebidos como Agravo Interno (Art. 1.024, § 3º).

Assim, de acordo com a posição do Superior Tribunal de Justiça: "Não é cabível interpor recurso especial para discutir o mérito de controvérsia enfrentada apenas por decisão unipessoal de relator no Tribunal de origem, ainda que os embargos de declaração opostos em face dessa decisão monocrática sejam julgados pelo colegiado, AgRg no REsp 1.231.070-ES, Rel. Min. Castro Meira, julgado em 3/10/2012".

b) Decisão Proferida por Tribunal: Conforme art. 105, "caput", a decisão deverá ser proferida por TRF ou TJ.

Conforme súmula 203, do STJ, **não é cabível RESP de acórdão proferido em Turma Recursal dos Juizados Especiais Cíveis** (lei 9.099 de 1995), tendo em vista que a composição do colégio Recursal é de Juízes de primeira instância.

Apesar de não ser cabível o RESP, o próprio STJ, após a consolidação de sua jurisprudência, criou uma resolução (Resolução 12 de 2009), **admitindo Reclamação, no prazo de 15 dias, em face de decisão das Turmas Recursais do JESP que contrariar Súmula, Recurso Repetitivo ou Jurisprudência do STJ.** Todavia, utilizando-se de analogia ao art. 14 da lei 10.259 de 2001, o STJ somente admite a reclamação quando a turma recursal contrariar entendimento de direito material, não sendo cabível para ferimento a direito processual.

A instância recursal do JEF é composta das turmas recursais. A lei 10.259 de 2001 prevê um instrumento de Uniformização de entendimentos sobre a interpretação de lei material federal, quando houver divergência entre as turmas. (art. 14). Se a divergência for entre turmas da mesma região, o julgamento será realizado pela reunião conjunta delas (art. 14, § 1º). Entretanto, se a Divergência for entre turmas de diferentes Regiões a divergência será Julgada pela Turma de Uniformização (art. 14, § 2º). **Caso a decisão da turma de Uniformização for contrária à súmula ou entendimento dominante do STJ, caberá pedido de Uniformização ao STJ (art. 14, § 4º).** Assim, não é possível o especial, mas o pedido de Uniformização.

O mesmo expediente é utilizado nos artigos 18 e 19 da lei 12.153 de 2009 (pedido de Uniformização ao STJ), quando houver decisão decisões divergentes das turmas Estaduais de Uniformização, ou a decisão da turma Estadual for contrária à súmula do STJ.

c) Prequestionamento: O prequestionamento é pressuposto de admissibilidade do RESP derivado da expressão "causas decididas", contida no "caput" do Art. 105 da CF/88. No sentido da interpretação do dispositivo, somente será cabível RESP **quando a matéria está previamente decidida pelo Tribunal de Origem**. Em outras palavras, não há como inovar em Recurso Especial.

Questão interessante surge na interpretação que era dada pelo STJ, na vigência do CPC de 1973, sobre o chamado "prequestionamento ficto".

No entendimento anterior, sumulado pelo enunciado 211, quando o Tribunal de origem não apreciava o ponto a ser enviado ao STJ, a mera apresentação de embargos de declaração não satisfazia o requisito do prequestionamento. Permanecendo a omissão, a parte teria que apresentar um RESP, alegando ofensa ao art. 535 do CPC, para que o STJ, reconhecendo a omissão, determinasse o envio dos autos ao Tribunal de Origem, para que o ponto omisso fosse analisado.

Posteriormente à sua análise, seria possível a interposição de RESP sobre a matéria pré-questionada.

No entanto, com a entrada em vigor do CPC/2015**, o art. 1.025 fez com que esse entendimento fosse superado,** tornando letra de lei a aceitação do prequestionamento via embargos de declaração.

Situação interessante, principalmente se analisada à luz do CC/2015, é a existência de prequestionamento, quando a matéria é tratada somente no voto vencido. O STJ possui o entendimento sumulado de que, se a questão for tratada somente no voto vencido, não se satisfaria o requisito do prequestionamento. É o teor da súmula 320.

Todavia, o CPC/2015 afrontou o referido enunciado, ao dispor no art. 941, § 3º **que a questão mencionada somente no voto vencido satisfaz o requisito do prequestionamento.**

5.2. Pressupostos alternativos

a) Decisão que contrariar ou negar vigência a tratado ou lei federal: Entende-se que lei Federal é expressão abrangente, que inclui tanto leis nacionais, quanto federais, ou quaisquer espécies legislativas de aplicação nacional (Decreto-lei, lei complementar, lei delegada, etc.). No entanto, não é cabível Recurso Especial se a decisão contrariar súmula do STJ. (Súmula 518, STJ).

Não é possível o manejo do Recurso Especial para a verificação de ofensa a lei loca (municipal ou Estadual). O Superior Tribunal de Justiça possui o entendimento que se aplica a súmula 280 do STF por analogia. Assim, de acordo com o posicionamento do Tribunal:

> "Trata-se de REsp sob o regime do art. 543-C do CPC e Res. n. 8/2008-STJ, em que a Seção, ao retomar o julgamento, decidiu pelo não conhecimento da impugnação ao reafirmar a orientação no sentido de ser incabível, em sede de recurso especial, o exame da legislação local. No mérito, discute-se sobre reajustes concedidos aos servidores do município ora recorrido, com base em legislação local. O cerne da controvérsia diz respeito unicamente à interpretação e à aplicação

de leis municipais, seja para efeito de apurar o percentual de reajuste de vencimentos para o mês de fevereiro de 1995, seja para saber se os reajustes supervenientes atenderam adequadamente o objeto da condenação. Observou-se ser aplicável, nesse caso, por analogia, o enunciado da Súm. n. 280 do STF. Frisou-se ser, na hipótese, soberana a palavra do tribunal *a quo*. REsp 1.217.076-SP, **Rel. Min. Teori Albino Zavascki, julgado em 28/9/2011. INF. 484."**

b) Decisão que julgar válido ato de governo local em face de lei federal: Decisão do Tribunal que Julgar válido ato de Governo Local (entende-se municipal ou Estadual), em contraponto à legislação federal, pode ser objeto de Recurso Especial.

c) Decisão que der à lei federal interpretação divergente da que lhe haja atribuído outro Tribunal: Em primeiro lugar, é de se ressaltar que a divergência interna de Tribunais não dá azo à RESP. A divergência deve ser entre Tribunais diferentes (súmula 13, STJ).

Ainda, o STJ possui o entendimento que somente os Tribunais que se encontram sob a sua jurisdição é que podem servir como paradigma de interposição baseado no art. 105, III da CF/88. Desta forma, não é possível utilizar-se um acórdão do TST, ou mesmo do STM para fundamentar um RESP com base em dissídio. Assim:

Os julgados da justiça especializada não servem à demonstração de dissídio jurisprudencial para a apreciação em sede de recurso especial, haja vista que seus órgãos não estão sujeito à jurisdição do STJ. Precedentes citados: REsp 989.912-RS, DJe 23/10/2012, e REsp 824.667-PR, DJ 11/9/2006. **AgRg no** REsp 1.344.635-SP, **Rel. Min. Maria Isabel Gallotti, julgado em 20/11/2012.**

Por outro lado, **é possível utilizar como paradigma um acórdão do próprio STJ, de acordo com o posicionamento do Tribunal**.

Caso a divergência já tenha sido superada pelo STJ – tendo o Tribunal pacificado o entendimento no mesmo sentido do acórdão recorrido – não é possível o conhecimento do Especial. (Súmula 83, STJ).

Como esse assunto foi cobrado em provas de concursos públicos

2019 – UPENET/IAUPE – UPE – Advogado. Assinale a alternativa CORRETA no que concerne ao recurso especial. Para o preenchimento do requisito do prequestionamento, a matéria suscitada no recurso especial deve ter sido debatida no voto condutor do acórdão recorrido e não apenas no voto vencido, porque este não compõe o acórdão para fins de impugnação. (Incorreto)

6. RECURSO EXTRAORDINÁRIO

Assim como ocorre com o Recurso Especial, **o Extraordinário também está subordinado a pressupostos genéricos e cumulativos (de quaisquer recursos), e específicos e alternativos** (o qual somente um deve estar presente), para o seu conhecimento. Os pressupostos genéricos encontram-se no "caput" do art. 102, da CF/88, ao passo que os alternativos se encontram nos incisos do mesmo dispositivo legal. São cumulativos: Decisão de última ou única instância; prequestionamento, repercussão geral.

6.1. Pressupostos cumulativos

a) Decisão de última ou única instância: Assim como no RESP, é necessário o esgotamento das vias ordinárias para que se chegue ao recurso extraordinário. Entretanto, para esta espécie recursal, não há a exigência que a decisão seja prolatada por um Tribunal. (o art. 105 expressamente o faz). Basta que o *decisium* sejam de última ou única, sem necessariamente ser de Tribunal, para que seja cabível o RE. Neste sentido, a súmula 640 do STF admite a interposição de Extraordinário de decisão das turmas recursais dos Juizados Especiais. Assim:

> **Súmula 640 STF É cabível recurso extraordinário contra decisão proferida por juiz de primeiro grau nas causas de alçada, ou por turma recursal de juizado especial cível e criminal.**

No mesmo sentido, da decisão dos embargos infringentes de alçada, previstos no art. 34 da lei 6830 de 1980 (LEF) também é possível a interposição de Recurso Extraordinário.

b) Prequestionamento: De início, o STF possuía um entendimento diferente sobre prequestionamento, em comparação ao STJ (pela súmula 211). A súmula 356 do STF admitia o chamado prequestionamento ficto. Assim, caso constatada uma omissão no acórdão recorrido, e sendo apresentados embargos de declaração, caso o STF entenda pela omissão, considera-se a matéria já prequestionada. **Veja-se, portanto, que o art. 1.025 do CPC/2015 endossou o posicionamento do STF**, impondo a sua observação tanto ao Tribunal Constitucional, quanto ao STJ.

Interessante notar que mesmo havendo omissão pelo Tribunal, a matéria somente será considerada prequestionada **se o Recorrente já tiver suscitado anteriormente no Recurso do Tribunal de Origem**. Assim, não é possível a inovação em sede de embargos de declaração, para fins de prequestionamento. Assim:

> "São ineficazes e tardios os embargos de declaração opostos para fins de prequestionamento se a questão constitucional não foi suscitada oportunamente no recurso interposto perante o Tribunal de origem. **Incidência das Súmulas 282 e 356 do STF. AR no RE 449.137 STF".**

Ainda, interessante mencionar que, a teor do art. 941, § 3º, a matéria tratada somente no voto vencido satisfaz o requisito do prequestionamento.

c) **Repercussão Geral:** A repercussão Geral é um pressuposto de admissibilidade que não pode ser analisado pelo Tribunal Recorrido. Assim, nos termos do art. 1.035, § 2º do CPC de 2015, somente o STF possui competência para analisa-lo. Ressalte-se que de acordo com a redação do CPC/2015, não há a necessidade de demonstração em tópico preliminar, o que era exigido na legislação anterior. Assim, poderá o recorrente demonstrá-lo no corpo recursal.

Inicialmente, duas são as hipóteses de demonstração da repercussão geral. Uma delas, baseada no § 1º do art. 1.035 do CPC/2015 é baseada em um conceito jurídico indeterminado. Assim, nos termos do dispositivo citado, terá repercussão geral o Recurso que demonstrar que a causa é relevante sob o aspecto Político, jurídico, econômico ou Social, e que transcenda os interesses das partes em juízo.

A repercussão geral é qualitativa e quantitativa, nos termos do § 1º do art. 1.035 do CPC. Assim, a questão deve ser relevante do ponto de vista das matérias expostas e, ao mesmo tempo, ultrapassar os limites subjetivos dos litigantes. A questão deverá ser relevante sob o aspecto político, jurídico, social ou econômico (requisito qualitativo) e, ao mesmo tempo, ter transcendência subjetiva (requisito quantitativo). Perceba que são conceitos indeterminados a serem analisadas no caso concreto pelos Ministros.

Há, todavia, **hipóteses casuísticas e de presunção absoluta de ocorrência de repercussão geral**, previstas no art. 1.035, § 3º do CPC. Quando a decisão recorrida contrariar súmula ou entendimento dominante no STF, ou ainda, quando a decisão houver reconhecido a inconstitucionalidade de lei ou tratado, há presunção absoluta de repercussão.

Quanto ao procedimento, **O relator encaminhará aos demais Ministros o recurso, para a análise da Repercussão Geral.** Nos termos do art. 102, § 3º, a competência para a análise da repercussão geral é do pleno, com o voto de, no mínimo, 8 ministros.

Assim, incumbe ao relator enviar aos demais membros do Tribunal, a análise da Repercussão geral. O RISTF estabelece que esse encaminhamento será eletrônico. Caso os Ministros não manifestem a ausência da repercussão geral no prazo de 20 (vinte) dias, considera-se que há a repercussão. Portanto, o silêncio dos demais julgadores importa em reconhecimento da repercussão.

Questão interessante é saber se o plenário, no julgamento do Recurso, poderá rejeitar a repercussão geral, mesmo tendo havido manifestação de sua admissão por meio eletrônico. Parte da doutrina posiciona-se pela possibilidade, tendo em vista que todo requisito de admissibilidade recursal pode ser analisado até o julgamento do Recurso. Este também é o posicionamento do STF (STF – ARE 694.294.). **Há a possibilidade de admissão de *amicus curiae*, para a intervenção no reconhecimento da Repercussão Geral.**

Segundo o art. 1.035 "caput" a decisão que versa sobre a repercussão Geral é irrecorrível. Questão a saber é se é possível a interposição de embargos de declaração da decisão.

Conforme art. 1.035, § 8º do CPC, quando o STF negar a existência da Repercussão Geral, todos os outros Recursos Extraordinários presentes nos Tribunais de Origem, que versem sobre a mesma matéria, terão seguimento negado. **Trata-se de aplicação obrigatória dos presidentes ou vice-presidentes dos Tribunais, pois a competência para analisar esse requisito é somente do STF (1.035, § 2º).**

Segundo o Professor Humberto Theodoro Júnior (JÚNIOR, 2016), os efeitos do reconhecimento da repercussão geral devem ser divididos, em processos que tramitam em grau inferior de jurisdição (1ª instância e Tribunais de Justiça ou Federais), e outros processos que estejam no STF.

Havendo o reconhecimento da Repercussão geral, todos os outros processos idênticos, que tramitam no território nacional, serão sobrestados, para aguardar o posicionamento do STF sobre o tema (art. 1.035, § 5º). Não há período máximo desse sobrestamento, mas o art. 1.035, § 9º determina que os recursos cuja repercussão geral tenha sido reconhecida, deverão ser julgados em um ano. A medida possui a serventia de franquear aos Juízos inferiores a aplicação do mesmo entendimento do STF sobre o tema.

Havendo outros vários processos idênticos no STF sobre o mesmo tema, o Tribunal aplicará o rito dos artigos 1.036 e seguintes do CPC (Julgamento de RE repetitivos). O presidente do Tribunal de origem selecionará 2 ou mais recursos representativos da controvérsia e enviará ao STF, para Julgamento.

Também, todos os processos no próprio Tribunal e em grau inferior serão suspensos, para aguardarem a posição do STF sobre o tema. Veja que, o Supremo ainda não julgou o mérito do extraordinário, mas apenas reconheceu a repercussão geral, requisito de admissibilidade do Recurso. O mero reconhecimento desse requisito já traz essas consequências.

Após o julgamento do recurso afetado, aplicar-se-á o art. 1.040 do CPC, com as consequências ali previstas. Por fim, lembre-se que, a teor do art. 998 do CPC, o reconhecimento da repercussão geral em RE faz com que o STF julgue a tese, **mesmo que a parte desista do recurso interposto.** Não se veda a desistência, mas, pela questão da transcendência subjetiva, o recurso ainda será julgado pelo STF.

6.2. Requisitos específicos do Recurso Extraordinário

Após analisarmos os requisitos cumulativos e genéricos de quaisquer recursos, previstos no "caput" do art. 102 da CF/88, passar-se-á à análise dos requisitos alternativos e específicos.

a) **Decisão que contrariar dispositivo constitucional:** Caso a decisão ofenda, ou negue vigência a dispositivo constitucional, caberá o RE. Segundo a súmula 636 do STF, não caberá Recurso Extraordinário por ofensa reflexa à Constituição Federal de 1988. Caso a decisão tenha ofendido uma norma federal, e reflexamente a CF, caberá recurso especial, e não extraordinário.

b) **Decisão que declarar a inconstitucionalidade de tratado ou lei federal:** A hipótese prevista neste dispositivo é para o controle difuso de constitucionalidade, realizado, em regra, nos termos do art. 97 da Constituição Federal de 1988. Assim, havendo declaração de inconstitucionalidade de norma federal, caberá recurso extraordinário.

c) **Decisão que julgar válido ato de governo local, contestado em face da CF/88:** Nesta hipótese, caso a lei local (estadual ou municipal), ou o ato administrativo (municipal ou estadual), houver sido impugnado em sua constitucionalidade, e o Tribunal declarar constitucional, caberá RE ao STF.

d) **Decisão que julgar válida lei de governo local, contestado em face de lei federal:** Essa competência foi adicionada ao STF pela emenda constitucional 45 de 2004. Segundo o professor Barbosa Moreira (citados por NEVES, 2016), quando se contrasta uma norma local em face da federal, o que se tem que dirimir, em verdade, é o conflito de competência legislativa, da União (lei federal), e o governo local (Estado ou Município). Assim, preservar a competência legislativa da União é matéria constitucional, o que justifica a quarta possibilidade de manejo do extraordinário.

7. AGRAVO EM RE E RESP

A admissibilidade dos recursos Extremos no Ordenamento jurídico brasileiro é feita no Tribunal Recorrido, primeiramente. Assim, caso o litígio seja realizado na Justiça Estadual, a admissibilidade é feita no próprio TJ, por meio de seu presidente ou vice-presidente. Caso a demanda esteja no TRF, será neste Tribunal a admissibilidade.

Assim, nos termos do art. 1.042 do CPC/2015, o cabimento desta espécie recursal é realizada nas seguintes situações:

> "**Art. 1.042. Cabe agravo contra decisão do presidente ou do vice-presidente do tribunal recorrido que inadmitir recurso extraordinário ou recurso especial,** salvo quando fundada na aplicação de entendimento firmado em regime de repercussão geral ou em julgamento de recursos repetitivos".

Interessante notar que o presidente ou vice do Tribuna Recorrido não podem deixar de enviar o agravo ao Tribunal Superior competente. Não possui o juízo a quo qualquer ingerência na admissibilidade recursal. Assim, nos termos da súmula 727 do STF:

> "**Não pode o magistrado deixar de encaminhar ao Supremo Tribunal Federal o agravo de instrumento interposto da decisão que não admite recurso extraordinário**, ainda que referente a causa instaurada no âmbito dos juizados especiais". (Súmula 727, STF).

Portanto, trata-se da espécie recursal para demonstrar o inconformismo **em face de decisão que inadmite Recurso Especial ou Extraordinário.**

8. EMBARGOS DE DIVERGÊNCIA

Os Embargos de Divergência são uma espécie recursal para **uniformizar entendimento divergente dentro dos Tribunais Superiores (STF/STJ).** Assim, é embargável a decisão:

> **"Art. 1.043. É embargável o acórdão de órgão fracionário que:**
>
> "I – em recurso extraordinário ou em recurso especial, divergir do julgamento de qualquer outro órgão do mesmo tribunal, sendo os acórdãos, embargado e paradigma, de mérito";
>
> "III – em recurso extraordinário ou em recurso especial, divergir do julgamento de qualquer outro órgão do mesmo tribunal, sendo um acórdão de mérito e outro que não tenha conhecido do recurso, embora tenha apreciado a controvérsia";

RESUMO

DOS RECURSOS EM ESPÉCIE
1. Apelação
É o recurso cabível contra as sentenças e as decisões interlocutórias não passíveis de agravo de instrumento, fora do rol legal.
1.1 Juízo de admissibilidade
O Juízo de admissibilidade na apelação não é mais realizado pelo juiz de primeiro grau. Este irá encaminhar aos autos ao Tribunal independentemente de juízo de admissibilidade.
1.2. Efeitos da apelação
Além de outros efeitos característicos, a apelação continua, em regra, tendo o efeito suspensivo automático. Nas hipóteses do § 1º do art. 1.012 terá somente efeito devolutivo reucursal.
1.3. Procedimento
A apelação é interposta em 15 dias, no primeiro grau, após a juntada de contrarrazões, é enviada ao Tribunal, onde será julgada ou monocraticamente, ou coletivamente.
1.4. Julgamento da causa madura
Trata-se das hipóteses de julgamento da apelação contidas no art. 1.013, § 3º do CPC.
2. Agravo de instrumento
2.1. Sistema de cabimento no CPC/2015
Na legislação processual civil atual, o cabimento do agravo é de controle legal. Somente é passível de apresentação de agravo aquelas decisões que se encontram expressamente previstas em lei. Estão no rol do art. 1.015, no parágrafo único do art. 354, e no art. 356 do CPC. Ainda, existem situações do agravo de instrumento cabível pelo procedimento, presentes no parágrafo único do art. 1.015 do CPC.
2.2 Hipóteses de cabimento do agravo
Encontram-se no art. 1.015 e seu parágrafo, ar.t 354 e art. 356, além de outras hipóteses previstas em legislação especial.
2.3. Procedimento
Ao contrário da apelação, a interposição do agravo é realizada diretamente no Tribunal, endereçado ao presidente do órgão.
3. Agravo interno
Trata-se do recurso cabível contra as decisões monocráticas tomadas pelo relator em um Tribunal.

4. Embargos de declaração
Trata-se de um recurso interposto e julgado pela mesma autoridade judicial que proferiu a decisão judicial. Suas hipóteses de cabimento encontram-se no art. 1.022 do CPC.
4.1. Tempestividade
Prazo de 5 dias para interposição.
4.2. Cabimento
Contradição, obscuridade, omissão ou erro material.
4.3. Efeito interruptivo
A interposição tempestiva dos embargos de declaração interrompe o prazo das outras espécies recursais. Após o seu julgamento, é restituído à parte a integralidade do prazo para a apresentação do recurso destinado a reformar ou anular a decisão.
4.4. Embargos de declaração e prequestionamento
O art. 1.025 do CPC inovou ao admitir como regra o prequestionamento ficto, contrariando o então vigente posicionamento do STJ.
4.5. Embargos de declaração e contraditório
Quando houver a possibilidade de infringência, o embargado será intimado para manifestar-se.
5. Recurso especial
Trata-se do recurso julgado pelo Superior Tribunal de Justiça, nas hipóteses previstas no art. 105, III da Constituição Federal.
6. Recurso Extraordinário
Trata-se de recurso julgado pelo STF, nas hipóteses previstas no art. 102, III da Constituição Federal.
7. Agravo em RE e RESP
Espécie Recursal destinada a viabilizar o conhecimento dos Recursos extremos, quando negada a admissibilidade pelo juízo recorrido.
8. Embargos de divergência
Recurso destinado a uniformizar o entendimento nos Tribunais Superiores.

GABARITO

1	B	**2**	B	**3**	E	**4**	C	**5**	B
6	C	**7**	A	**8**	E	**9**	C	**10**	C

BIBLIOGRAFIA

ALVIM, José Manuel Arruda. Manual de Direito Processual Civil. 8. Ed. São Paulo: Revista dos Tribunais. 2003.

ASSIS, Araken de. Manual dos Recursos. 1. Ed. São Paulo: Revista dos Tribunais. 2017.

BARROSO, Luís Roberto. Neoconstitucionalismo e constitucionalização do Direito (O triunfo tardio do direito constitucional no Brasil). In: Revista de Direito Administrativo/FGV. vol. 240, 2005.

BUENO, Cássio Scarpinella. Novo Código de Processo Civil Anotado. 3. Ed. São Paulo: Saraiva. 2017.

CÂMARA, Alexandre Freitas. O novo processo civil brasileiro. 3. ed. São Paulo: Atlas, 2017.

CARREIRA ALVIM, JE. Teoria Geral do Processo. 21.ed. Rio de Janeiro: Forense. 2018.

CINTRA, Antônio Carlos de Araújo; DINAMARCO, Cândido Rangel; GRINOVER, Ada Pellegrini. Teoria geral do processo. 25. ed. São Paulo: Malheiros, 2009.

CUNHA, Leonardo Carneiro da. A Fazenda Pública em Juízo. 14. Ed. Rio de Janeiro: Forense. 2017.

DIDIER JR, Fredie. Curso de Direito Processual Civil. Vol I. 19.ed. Salvador: Juspodivm. 2017.

DIDIER JR, Fredie. Curso de Direito Processual Civil. Vol I. 19.ed. Salvador: Juspodivm. 2017.

DIDIER JR., Fredie. Curso de direito processual civil: introdução ao direito processual civil, parte geral e processo de conhecimento. 19. ed. Salvador: Juspodivm, 2017.

DIDIER JR, Fredie. Coleção Novo CPC: doutrina Selecionada. Procedimento Comum. 2. Ed. Salvador: Juspodivm, 2016.

DINAMARCO, Cândido Rangel. A instrumentalidade do processo. São Paulo: Revista dos Tribunais, 1987.

DINAMARCO, Cândido Rangel . Relativizar a coisa julgada material. Revista de Processo, Rio de Janeiro, v. 28, n. 9, p. 9-38, 2003.

DINAMARCO, Candido Rangel; LOPES, Bruno Vasconcelos Carrilho. Teoria Geral do Novo Processo Civil. 2. Ed. São Paulo: Malheiros. 2017.

DINAMARCO, Candido Rangel; LOPES, Bruno Vasconcelos Carrilho. Teoria Geral do Novo Processo Civil. 2. Ed. São Paulo: Malheiros. 2017.

DONIZETTI, Elpídio. Novo Código de Processo Civil Comentado. 3. Ed. Rio de Janeiro: Editora Atlas. 2018.

FILHO, Misael Montenegro. Direito Processual Civil. 13. Ed. Rio de Janeiro: Editora GEN. 2018.

FREIRE, Rodrigo da Cunha Lima; CUNHA, Maurício Ferreira. Novo Código de Processo Civil para concursos: doutrina, jurisprudência e questões de concursos. 6. ed. rev., ampl. e atual. Salvador: Juspodivm, 2016.

GAJARDONI, Fernando da Fonseca et al. Teoria Geral do Processo. Comentários ao CPC de 2015. 2.ed. Rio de Janeiro: Editora Método. 2018.

GAJARDONI, Fernando da Fonseca et al. Comentários ao CPC de 2015: Parte Geral. 2. Ed. São Paulo: Editora Método. 2018.

GAJARDONI, Fernando da Fonseca, et al. Comentários ao CPC de 2015: Execução e Recursos. 2. Ed. 2018.

JÚNIOR, H. T. Curso de direito processual civil. 59. ed. Rio de Janeiro: Forense, 2018.

JÚNIOR, Humberto Theodoro. Código de Processo Civil anotado. 20. ed. revista e atualizada. Rio de Janeiro: Forense, 2016.

JÚNIOR, Humberto Theodoro. Curso de Direito Processual Civil. Vol. I. 59.ed. Rio de Janeiro: Forense. 2018.

JÚNIOR, Nelson Nery. Princípios do Processo na Constituição Federal. 9;ed. São Paulo: revista dos Tribunais. 2009.

JÚNIOR, Nelson Nery. Princípios do processo na Constituição Federal. 9. ed. São Paulo: Revista dos Tribunais, 2009. p. 315.

MARINONI, Luiz Guilherme; ARENHART, Sérgio Cruz; MITIDIERO, Daniel. Código de Processo Civil comentado. 2. ed. atual. e ampl. São Paulo: Revista dos Tribunais, 2016.

MARINONI, Luiz Guilherme; ARENHART, Sérgio Cruz; MITIDIERO, Daniel. Curso de processo civil. Vol II. São Paulo: Ed. RT, 2017.

MARINONI, Luiz Guilherme; ARENHART, Sérgio Cruz; MITIDIERO, Daniel. Novo Curso de Processo Civil. Vol I. São Paulo: Editora Revista dos Tribunais. 2017.

NEVES, Daniel Amorim Assumpção. Manual de Direito Processual Civil. 10.ed. Salvador: Juspodivm. 2018.

PINHO, Humberto Dalla Bernardina de. Direito Processual Civil Contemporâneo. 7. Ed. São Paula: Saraiva. 2017.

RUBIN, Fernando. Teoria geral da prova: do conceito de prova aos modelos de constatação da verdade. Disponível em https://fernandorubin.jusbrasil.com.br/artigos/121943642/teoria-geral-da-prova-do-conceito-de-prova-aos-modelos-de-constatacao-da-ver.

STRECK, Lenio. A cooperação processual do novo CPC é incompatível com a Constituição. Disponível em: <https://www.conjur.com.br/2014-dez-23/cooperacao-processual-cpc incompativel constituicao>. Acesso em: 19 jun. 2018.

ZAVASCKI. Teori Albino. Antecipação de tutela e colisão de direitos fundamentais. http://egov.ufsc.br/portal/sites/default/files/anexos/15394-15395-1-PB.pdf. , ACESSO EM 09 de agosto de 2018.